Volker Kronenberg

Patriotismus in Deutschland

Volker Kronenberg

Patriotismus in Deutschland

Perspektiven für eine weltoffene Nation

2. Auflage

Mit Interviews u. a. von
Ernst-Wolfgang Böckenförde,
Ralf Dahrendorf, Axel Honneth
und Helmut Kohl

VS VERLAG FÜR SOZIALWISSENSCHAFTEN

Bibliografische Information Der Deutschen Nationalbibliothek
Die Deutsche Nationalbibliothek verzeichnet diese Publikation in der
Deutschen Nationalbibliografie; detaillierte bibliografische Daten sind im Internet über
<http://dnb.d-nb.de> abrufbar.

1. Auflage Februar 2005
2. Auflage Oktober 2006

Alle Rechte vorbehalten
© VS Verlag für Sozialwissenschaften | GWV Fachverlage GmbH, Wiesbaden 2006

Lektorat: Monika Mülhausen

Der VS Verlag für Sozialwissenschaften ist ein Unternehmen von Springer Science+Business Media.
www.vs-verlag.de

Umschlaggestaltung: KünkelLopka Medienentwicklung, Heidelberg
Druck und buchbinderische Verarbeitung: Krips b.v., Meppel
Gedruckt auf säurefreiem und chlorfrei gebleichtem Papier
Printed in the Netherlands

ISBN-10 3-531-34491-9
ISBN-13 978-3-531-34491-1

Vorwort zur 2. Auflage

Wer hätte das gedacht? Deutschland im Sommer 2006: Kaum hatte die Fußballweltmeisterschaft begonnen, ging ein Stimmungsaufschwung – wie fragil auch immer – durch das Land. Politische Sachthemen traten mit der Eröffnungsfeier und dem ersten Anpfiff in den Hintergrund. Die (Fußball-)Nation Deutschland hatte anderes im Sinn, wenn nicht den Weltmeistertitel, so doch ein gutes Abschneiden der eigenen Mannschaft, zumindest 30 fröhliche Tage rund um den Ball und das Tor. Wer in den Tagen und Wochen der WM, da schwarz-rot-goldene Banner allüberall von Flensburg bis Garmisch, von Karlsruhe bis Görlitz geschwenkt, da Kinder, Jugendliche und selbst mancher Erwachsene mit schwarz-rot-golden geschminkten Gesichtern durch die Straßen zog und der eigene Nachbar die Fahne hisste, wer in dieser Zeit vor einem nationalen Überschwang warnte bzw. einen neuerlichen deutschen Nationalrausch beschwor, hatte einen schweren Stand. Die Rolle der nationalen „Kassandra", in der Vergangenheit stets beliebt und dutzendfach besetzt, war schlichtweg nicht gefragt – obwohl oder gerade weil soviel Schwarz-Rot-Gold seit 1989/90 nicht mehr war und sich das Ausland, statt in Alarmismus ob des deutschen Nationalbewusstseins zu verfallen, als „Gast bei Freunden" fühlte. Paradox, aber wahr: „Deutschsein" ist im Sommer 2006 wieder „in", sich zum eigenen Land zu bekennen fast eine Selbstverständlichkeit geworden und der Begriff des „Patriotismus" nicht länger ein Wort, das aus dem deutschen Sprachgebrauch fast vollständig exiliert schien. „Du bist Deutschland!" – was zunächst von vielen als missglückte Werbekampagne ostentativ ignoriert wurde, scheint nun, im Nachhinein, eine positive Wirkung zu entfalten. Der Imperativ wird, in Frageform gewendet, zu einer Selbst-Verständigung der Deutschen über sich selbst und das Land, in dem sie leben.

Diese Entwicklung allein mit dem Phänomen der Fußball-Weltmeisterschaft zu erklären, griffe zu kurz. Denn bereits seit längerem zeichnet sich ein gesellschaftlich-kultureller Wandel ab, der nicht zuletzt durch entsprechende Publikationen – jenseits eines eingefahrenen ideologischen Lagerdenkens – begleitet und forciert wird. Zu nennen wären exemplarisch Matthias Matusskes Essay *„Wir Deutschen. Warum die anderen uns gern haben können"* (Frankfurt a. M. 2006), Eckhard Fuhrs Plädoyer für *„Die Berliner als Vaterland"* (Berlin 2005), Reinhard Mohrs *„Deutschlandgefühl"* (Reinbek 2005) oder Udo Di Fabios Streitschrift für *„Die Kultur der Freiheit"* (München 2005).

Tatsache ist: Deutscher Patriotismus hat im 16. Jahr der nationalen Einheit und sechzig Jahre nach Gründung der Bundesrepublik wieder Konjunktur und weckt das öffentliche Interesse. Denn das Nachdenken über „Deutschsein 2006", sei es im geschichtspolitischen, im außenpolitischen oder im gesellschaftspolitischen Kontext, fokussiert sich brennglasartig im Patriotismus-Begriff, den keineswegs zufällig so unterschiedliche Persönlichkeiten wie Gerhard Schröder, Horst Köhler oder Charlotte Knobloch auf das eigene Land, die Bundesrepublik Deutschland, beziehen.

Tatsache ist auch, dass man der Frage nach dem „Deutschsein", nach deutscher Identität in Geschichte und Gegenwart nun in einer groß angelegten und allgemein positiv aufgenommenen Dauerausstellung im Deutschen Historischen Museum im

Zeughaus Unter den Linden auf den Grund gehen und sich die Höhen und Tiefen der deutschen Geschichte „vor Augen" führen kann, ohne Gefahr zu laufen, einer Nationalapologetik oder Geschichtsteleologie auf den Leim zu gehen. Die Furcht, vor nunmehr zwanzig Jahren einer der Katalysatoren des unseligen „Historikerstreits", mit einer solchen Ausstellung solle ein verbindliches, gar ein nationalistisch angehauchtes und geschöntes Geschichtsbild der Deutschen installiert und zementiert werden, scheint heute, im Jahr 2006, vollständig verflogen – zumal „Auschwitz" unbestritten als wesentlicher Bestandteil unserer Gedächtniskultur anerkannt ist. Jedenfalls liegt es nahe, nicht zuletzt als Konsequenz der sommerlichen „patriotischen" Begeisterung im Zeichen der WM, über Patriotismus in Deutschland und die Perspektiven für eine weltoffene deutsche Nation im vereinten Europa nachzudenken.

Warum? Weil sich der Patriotismus-Begriff hervorragend zu einer Selbstvergewisserung der deutschen Bürgergesellschaft eignet, wie sie nun von allen Seiten aus Politik, Kultur und Wissenschaft eingefordert wird. Im Patriotismus spiegelt sich die Paradoxie des modernen Staates, dass dieser, als freiheitlicher und säkularer auf Voraussetzungen beruht, die er selbst nicht zu garantieren – mithin auch nicht zu erzwingen – vermag und damit jenes bürgerlichen Verhaltens seiner Mitglieder bedarf, das sich weder in einem hoch individualisierten Hedonismus erschöpft, noch dem Staatsverständnis einer „Deutschland AG" entspricht.

Aufgeklärter, weltoffener Patriotismus, so die Argumentation im vorliegenden Buch, hat nichts mit Nationalismus, nichts mit Chauvinismus oder gar Rassismus zu tun. Patrioten, die für ihr Land eintreten, sich engagieren und es womöglich – wie Bundespräsident Horst Köhler unmittelbar nach seiner Wahl zum Bundespräsidenten bekannte – gar lieben, Patrioten achten die Vaterländer der anderen ebenso, wie sie Achtung für ihr eigenes Land erwarten.

Patrioten, während der Fußballweltmeisterschaft verstärkt dekoriert mit Trikolore, mit Georgskreuz oder eben Schwarz-Rot-Gold, sie alle, zumindest der ganz überwiegende Teil, begreifen ihre Nationalität, ihre Begeisterung für ihr Land nicht als Gegensatz zu einem vereinten Europa, sondern als selbstverständlichen Teil des gemeinsamen Ganzen. „Du bist Deutschland!" meint, auf einer höheren Ebene, „Du bist Europa!", doch wem bereits das Nationale als abstrakt und allein das Regionale, das Kommunale, Heimatliche als anschaulich-konkret gilt, für den ist Europa, trotz aller Gegenwart, allzu weit und groß, um sich selbst damit identifizieren, sich dafür engagieren zu können.

Patriotismus ist, daran lässt die nachfolgende Rekonstruktion eines politischen Schlüsselbegriffs in gegenwartsbezogener Absicht keinen Zweifel, mehr, weit mehr als Partystimmung in schwarz-rot-goldener Kostümierung. Patriotismus meint, ja fordert dazu auf, dass jeder, der in diesem Land lebt, sich dafür verantwortlich fühlt, es womöglich gar „liebt", seinen Teil zum Erfolg dieses Landes, zu seinem Gemeinwohl beiträgt. Sei es aus Verantwortungssinn, sei es Geschichtsbewusstsein, sei es ganz pragmatisch, aus Scham, aus Freude oder gar mit Lust.

Bonn, im September 2006 *Volker Kronenberg*

Vorwort

Die vorliegende Arbeit wurde im Sommersemester 2004 von der Hohen Philosophischen Fakultät der Rheinischen Friedrich-Wilhelms-Universität Bonn als Habilitationsschrift mit dem Titel „Patriotismus in Deutschland. Zur politikwissenschaftlichen Rekonstruktion eines geschichtlichen Grundbegriffs im Beziehungsgeflecht von Nation, Nationalismus, Verfassung und Europa in gegenwartsbezogener Absicht" angenommen. Mein Dank gilt nicht nur dem Dekan der Philosophischen Fakultät, Prof. Dr. Georg Rudinger, sondern allen am Habilitationsverfahren beteiligten schriftlichen Gutachtern: Prof. Dr. Frank Decker, Prof. Dr. Tilman Mayer, Prof. Dr. Werner Gephart, Prof. Dr. Joachim Scholtyseck sowie besonders Prof. Dr. Christian Hacke, der den Fortgang des Verfahrens tatkräftig unterstützt und an dem Gelingen des Habilitationsprojektes durch seine konstruktive Kritik wesentlichen Anteil hatte. Mein weiterer Dank gilt Lord Ralf Dahrendorf (London), Prof. Dr. Ernst-Wolfgang Böckenförde (Freiburg i. Br.), Prof. Dr. Axel Honneth (Frankfurt a. M.) sowie Prof. Dr. Dieter Grimm (Berlin) für ihre Bereitschaft zu persönlichen Gesprächen. Ganz besonderes danke ich in diesem Zusammenhang Herrn Bundeskanzler a. D. Dr. Helmut Kohl, der sich die Zeit für ein ebenso ausführliches wie freimütiges Gespräch über „Patriotismus in Deutschland" genommen hat. Der Inhalt dieses Gesprächs, wie auch derjenige der anderen Gespräche, ist im Anhang des Buches auszugsweise veröffentlicht. Herrn Dr. Wolfgang Schäuble (MdB) danke ich ebenfalls sehr herzlich für ein ausführliches und aufschlussreiches Gespräch zum Thema, auf dessen Abdruck ich im Anhang verzichtet habe. Prof. Dr. Vittorio Hösle, (Essen), Prof. Dr. Peter Glotz (St. Gallen) sowie Herrn Botschafter a. D. Joachim Bitterlich (Madrid) sei für ihre schriftliche Beantwortung meiner Fragen herzlich gedankt. Ihre Stellungnahmen finden sich ebenfalls im Anhang.
Prof. Dr. Dr. h.c. Elisabeth Noelle (Allensbach), Prof. Dr. Eckhard Jesse (Chemnitz), Prof. Dr. Ernst Nolte (Berlin), Prof. Dr. Heinrich Fisch (Bonn) sowie Dr. Klaus Wippermann (Bonn) danke ich für anregende Diskussionen bzw. wertvolle Hinweise ebenso wie Prof. Dr. Otto Dann (Köln), dessen Forschungen zu Nation und Nationalismus mich nachhaltig geprägt und bei der Analyse des „Patriotismus in Deutschland" inspiriert haben.
Aus verschiedenen Gründen ist mir ein Dank an Prof. Dr. Dr. h.c. mult. Hans-Adolf Jacobsen, Prof. Dr. Dr. h.c. mult. Karl Dietrich Bracher, Prof. Dr. Klaus Hildebrand, Prof. Dr. Ludger Kühnhardt, Prof. Dr. Wolfgang Bergsdorf, Dr. Enno Bartels (†), Dr. Harald Neubert, Herrn Lazaros Miliopoulos M.A., Herrn Michael Roik M.A., Frau Wiltrud Wenniges (†) sowie Frau Monika Deklerk sehr wichtig.
Prof. Dr. Dr. h.c. Josef Isensee, dem ich mich in respektvoller Bewunderung verbunden fühle, gilt ein ganz besonders herzlicher Dank.
Ohne die ideelle wie finanzielle Unterstützung der Erich und Erna Kronauer-Stiftung hätte das Buch in der vorliegenden Form nicht erscheinen können. Den Stiftern, Erich und Erna Kronauer, danke ich für ihre großzügige Förderung und interessierte Begleitung meines Forschungsprojektes sehr herzlich.

Für ihre tatkräftige redaktionelle Unterstützung bei der Abfassung des Manuskripts bzw. bei der Anfertigung der Druckvorlage sei Frau cand. phil. Cordula Huesmann sowie Herrn stud. phil. Kalle W. Holzfuß sehr herzlich gedankt.

Mein allergrößter Dank gilt, neben meinen Eltern, meinen Schwiegereltern und Frau Hilde Schöttler, meiner Frau Natalie, geb. Funke. Ihr sowie unseren beiden Töchtern Leoni und Emily ist das vorliegende Buch aus tiefer Dankbarkeit in Liebe gewidmet.

Bonn, zum Jahreswechsel 2004/2005 *Volker Kronenberg*

„Anmut sparet nicht noch Mühe

Leidenschaft nicht noch Verstand

Daß ein gutes Deutschland blühe

Wie ein andres gutes Land

Daß die Völker nicht erbleichen

Wie vor einer Räuberin

Sondern ihre Hände reichen

Uns wie andern Völkern hin.

Und nicht über und nicht unter

Andern Völkern wolln wir sein

Von der See bis zu den Alpen

Von der Oder bis zum Rhein.

Und weil wir dies Land verbessern

Lieben und beschirmen wir's

Und das liebste mag's uns scheinen

So wie andern Völkern ihrs."

Bertolt Brecht

„Deutschland, Deutschland über alles! ist vielleicht die blödsinnigste
Parole, die je gegeben worden ist. Warum überhaupt Deutschland, frage ich.
Wenn es nicht etwas will, vertritt, darstellt, das mehr Wert hat."

Friedrich Nietzsche

Inhaltsverzeichnis

I.   Einleitung

Ungleichzeitigkeiten und Widersprüche kennzeichnen die politisch-kulturelle Situation der Gesellschafts- und Staatenwelt zu Beginn des dritten Jahrtausends. Während einerseits eine zunehmende Globalisierung politisch-ökonomischer Problemlagen, wachsende internationale Verflechtungen, Ausbau und Vertiefung internationaler Kooperation bzw. supranationaler politischer Kompetenzen und damit Funktionsverluste des klassischen Nationalstaates zu beobachten sind, lässt sich auf der anderen Seite eine Renaissance des Nationalen, nicht zuletzt infolge der Auflösung der Sowjetunion und ihres hegemonialen Paktsystems in Mittelost- und Osteuropa[1] feststellen. Diese divergierende Entwicklung, einhergehend mit Wahlerfolgen regionalistischer, separatistischer und auch populistischer Parteien[2] im Osten wie Westen Europas erzeugen neue Unsicherheiten hinsichtlich der alten Fragen nach dem Verhältnis von Partikularismus und Universalismus, von Nation, Nationalstaat, Patriotismus und Nationalismus.[3] So auch in Deutschland. Hans Magnus Enzensberger, einer der hellsichtigen kritischen Intellektuellen der Bundesrepublik, streitbar wider jedweden Konformismus, versammelte unlängst eine Schar jüngerer Autoren zu einem Nachdenken über Patriotismus in Deutschland – in einer Ausgabe des *Kursbuchs*, jener deutschtümelnder Positionen gänzlich unverdächtigen Zeitschrift zu Fragen der Zeit. „Ach Deutschland!" – überschrieb Enzensberger seine „patriotische Kleinigkeit"[4] und ironisierte in seiner nachfolgenden Betrachtung Deutschlands als dem „gelobten Land" eine von Politik, Medien und Kultur verursachte Überproduktionskrise deutscher Selbstkritik: Eine Suchmaschine, in deren Maske man das Stichwort „Deutschland" eingäbe, müßte „vermutlich Hunderttausende, wenn nicht Millionen von Titeln auswerfen. Eine Schrift über die Vorzüge Deutschlands wäre nicht dabei. (Die allfälligen Äußerungen von rechtsradikaler Seite beschreiben nicht die Vorzü-

---

[1]   Vgl. Pearson, Raymond: The making of '89: nationalism and the dissolution of communist Eastern Europe, in: Nations and Nationalism 1 (1995), S. 69-79. Vgl. auch Rothschild, Joseph: Nationalism and Democratization in East Central Europe: Lessons from the Past. An Essay, in: Nationalities Papers 1 (1994), S. 27-34. Die vierteljährlich erscheinenden "Nationalities Papers" widmen sich als "the only journal in the world [...] exclusively all non-Russian nationalities of the former USSR and national minorities in Eastern and Central European countries". Vgl. www.nationalitiespapers.org

[2]   Vgl. Decker, Frank: Der neue Rechtspopulismus, 2. überab. Aufl., Opladen 2004; vgl. des weiteren die Beiträge in Loch, Dietmar / Heitmeyer, Wilhlem (Hrsg.): Schattenseiten der Globalisierung. Rechtsradikalismus, Rechtspopulismus und seperatistischer Regionalismus in westlichen Demokratien, Frankfurt a. M. 2001; vgl. grundsätzlich auch Backes, Uwe / Jesse, Eckhard: Politischer Extremismus in der Bundesrepublik Deutschland, 3., völlig überarb. u. aktual. Aufl., Bonn 1993.

[3]   Vgl. dazu die grundsätzlichen Überlegungen hinsichtlich des Verhältnisses von Patriotismus und Kosmopolitismus bzw. Universalismus bei Nussbaum, Martha C.: For love of country: debating the limits of patriotism. Martha C. Nussbaum with respondents (ed. By Joshua Cohen), Boston 1996.

[4]   Vgl. Enzensberger, Hans Magnus: Ach Deutschland! Eine patriotische Kleinigkeit, in: Kursbuch 9 (2000), S. 1-4 [der Titel dieser Ausgabe lautet „Das gelobte Land", V. K.].

ge, sondern die Scheußlichkeiten des Landes.) [...] So, wie der geübte Hypochonder am kleinsten Pickel eine lebensgefährliche Krankheit diagnostiziert, suchen unsere Präzeptoren den Gesellschaftskörper fortwährend nach verdächtigen Symptomen ab, und dabei scheuen sie nicht den kleinen Schritt von der Ungeheuerlichkeit zur Banalität". Freilich brauche ein solches Ritual nicht unbedingt zu schaden, und doch, so Enzensberger, sei dieses damit verbundene Palaver nicht ohne Risiko. Auf die Dauer wirke es eintönig und selbstgefällig. Das einheimische Publikum langweile sich, und jenseits der Landesgrenzen weiche die Verwunderung dem Misstrauen. „Selbstlob stinkt, aber ein gewisses Maß an Selbstbewußtsein ist nicht nur für einen selber, sondern auch für die anderen leichter zu ertragen als das penetrante Nölen derer, die an ihrer deutschen Herkunft tragen, als handele es sich um ihren Hauptberuf."[5] Mit Wilhelm Hennis gefragt: „Haben wir Günter Grass jemals lächeln sehen?"[6] In einer Grundsatzkritik am Zustand der politischen Kultur in Deutschland verweist Hennis auf jene bedenkliche Tendenz, „daß die Nachwachsenden sich diesem Staat und seiner Politik mehr und mehr entziehen, weil er sie als Objekt des Erlebnisses kalt läßt. Will die Bundesrepublik bestehen, so muß sie ein Gegenstand der Parteinahme, der seelischen Identifikation sein können, es langt nicht, daß der Bürgerstatus sich ‚rechnet'".[7] Hysterie eines emeritierten Freiburger Politikwissenschaftlers oder realistische Beobachtung einer bedenklichen Erosion der bürgerschaftlichen Fundamente des deutschen Gemeinwesens?

Tatsache ist, dass Deutschland als „Zentralmacht Europas"[8] zu Beginn des 21. Jahrhunderts vor mannigfachen inneren und äußeren Herausforderungen steht[9]: Vollendung der „Inneren Einheit", Zukunft der europäischen Integration – Vertiefung und Erweiterung der EU als „Staatenverbund", Bundesstaat oder Staatenbund –, Konsequenzen der ökonomischen und politischen Globalisierung im Zeichen eines „Globalismus" (Michael Albrow), die aufgrund ihrer direkten oder indirekten Auswirkungen auf Politik, Gesellschaft und Kultur bereits die Frage provoziert haben, ob Deutschland sich auf dem Weg in die „dritte Republik" seiner Geschichte befinde.[10] „As the twentieth century ends and a new millennium begins", so bilanziert Mary Fulbrook am Ende ihrer Analyse „German National Identity after the Holo-

---

[5] Ebd., S. 1f.
[6] Hennis, Wilhelm: Die Überforderung der Menschenordnung. Haben wir Günter Grass jemals lächeln sehen? Die Bundesrepublik beschreitet mit ihrem Verständnis von Religion, Staat und Kultur historisch riskante Wege, in: Frankfurter Allgemeine Zeitung v. 04. Oktober 2003.
[7] Ebd.
[8] Vgl. Schwarz, Hans-Peter: Die Zentralmacht Europas. Deutschlands Rückkehr auf die Weltbühne, Berlin 1994.
[9] Vgl. in diesem Sinne auch die einleitende Analyse bei Köhler, Henning: Deutschland auf dem Weg zu sich selbst. Eine Jahrhundertgeschichte, Stuttgart 2002, S. 11-20. In Deutschland, so der Befund Köhlers, herrsche heute „kein innerer Frieden, vielmehr gibt es ein hohes Maß an innerer Spaltung und Zerrissenheit, Aggressivität [...], vor allem aber einen Dissens in nationalen Fragen". Ebd., S. 19.
[10] Vgl. Hennecke, Hans Jörg: Die dritte Republik. Aufbruch und Ernüchterung, München 2003. „Jenseits von Begriffsspielereien wird auf lange Sicht entscheidend sein, ob es dieser Republik gelingt, sich von den primär negativen, nämlich nichtweimaranischen und antitotalitären Bestimmungen zu lösen und zu einer Verständigung über ihre Wertgrundlagen und ihren historischen Ort zu finden. Die Traditionsfolge von Weimar – Bonn – Berlin, in der sich zudem die ostdeutschen Erfahrungen nicht angemessen widerspiegeln, stellen hierfür keine überzeugende Deutungsachse dar"" wie Hennecke zu Bedenken gibt. Ebd., S. 11.

caust", „the enlarged German state is a very different entity from what it was over half a century earlier. It is embedded in a very different world and European context, both economically and politically [...] Changes in patterns of values, in the character of the political system, and in prevailing political cultures have made citizens of Germany today very different from their (real or assumed) ancestors"[11] – eine Bilanz, die nicht zuletzt mit den Befunden eines jüngst auf fundierter empirischer Grundlage erschienenen "Deutschland-TrendBuchs: Fakten und Orientierungen"[12] übereinstimmt.

Tatsache ist, dass tradierte politikwissenschaftliche Kategorien gegenwärtig erneut fragwürdig, möglicherweise gar obsolet (bspw. „Demokratie"[13], „Nation"[14], Nationalstaat"[15]) werden, andere bedürfen der genaueren Bestimmung (bspw. „Globalisierung", „Globalismus").[16] Zu diesen Fragen, die sich an die deutsche Politikwissenschaft richten, kommen jene nach den Konsequenzen aus dem „totalitären Zeitalter"[17]. Was kommt nach der „Zeit der Ideologien"[18]? Wer oder was schützt die „offene Flanke der offenen Gesellschaft"[19] nach deren Sieg über ihre Feinde? Welche Richtung wird der „deutsche Weg" – nach Egon Bahr heute „selbstverständlich und normal"[20] – zu Beginn des 21. Jahrhunderts einschlagen? Wie verhält sich das Postulat eines „deutschen Weges" zur Perspektive der europäischen Integration? Der „deutsche" vielleicht doch eher ein „europäischer Weg" (Peter Glotz)?[21] Nach Ansicht Bahrs jedenfalls gilt: „Für viele Völker unseres Kontinents bildet die Nation den Kern ihrer Identität, den Organismus ihrer Freiheit. Nur langsam, widerwillig und vorsichtig bewegen sie sich in die Richtung der Supranationalität. Gerade diejenigen in unserem Land, die sich vor Singularisierung fürchten, müssten sich in die Richtung der Nationalität bewegen. Wer sich gegen die Nationalität sträubt, wählt

---

[11] Fulbrook, Mary: German National Identity after the Holocaust, Cambridge 1999, S. 231.

[12] Vgl. Korte, Karl-Rudolf / Weidenfeld, Werner (Hrsg.): Deutschland-TrendBuch: Fakten und Orientierungen, Bonn 2001; vgl. ebd. komprimiert Bürklin, Wilhelm / Jung, Christian: Deutschland im Wandel. Ergebnisse einer repräsentativen Meinungsumfrage, S. 675-711.

[13] Vgl. hierzu die Überlegungen bei Weidenfeld, Werner (Hrsg.): Demokratie am Wendepunkt. Die demokratische Frage als Projekt des 21. Jahrhunderts, Berlin 1996.

[14] Vgl. dazu grundsätzlich die Ausführungen bei Mayer, Tilman: Prinzip Nation. Dimensionen der nationalen Frage am Beispiel Deutschlands, 2. Aufl., Opladen 1987; vgl. auch Hübner, Kurt: Das Nationale. Verdrängtes, Unvermeidliches, Erstrebenswertes, Graz 1991.

[15] So die These bei Albrow, Martin: Abschied vom Nationalstaat. Staat und Gesellschaft im Globalen Zeitalter, Frankfurt a.M. 1998.

[16] Erinnert sei in diesem Zusammenhang an die Bemerkung Carl Schmitts: „*Cuius industria, eius regio, oder cuius regio, eius industria*. Denn der industrielle Fortschritt bringt seinen eigenen Raumbegriff mit sich." Zitiert nach: Ders.: Die legale Weltrevolution. Politischer Mehrwert als Prämie auf juristische Legalität und Superlegalität, in: Der Staat 3 (1978), S. 321-339, S. 328.

[17] Vgl. Hornung, Klaus: Das totalitäre Zeitalter: Bilanz des 20. Jahrhunderts, Berlin 1993; vgl. auch die Beiträge in Söllner, Alfons / Walkenhaus, Ralf / Wieland, Karin (Hrsg.): Totalitarismus. Eine Ideengeschichte des 20. Jahrhunderts, Berlin 1997.

[18] Vgl. Bracher, Karl Dietrich: Zeit der Ideologien. Eine Geschichte politischen Denkens im 20. Jahrhundert, Stuttgart 1982.

[19] Fest, Joachim C.: Die schwierige Freiheit. Über die offene Flanke der offenen Gesellschaft, 2. Aufl., Berlin 1994.

[20] Vgl. Bahr, Egon: Der deutsche Weg. Selbstverständlich und normal, München 2003.

[21] Vgl. in Auseinandersetzung mit Egon Bahrs Thesen die Argumentation bei Glotz, Peter: Der europäische Weg. Deutsche „Normalität" wird ein Fremdwort bleiben – auch in der Außenpolitik, in: Rheinischer Merkur v. 25. September 2003.

die Einzigartigkeit. Nationalbewusstsein ist die europäische Normalität. Ein ähnlich normales Verhältnis zur Nation zu entwickeln, ist fast eine Bringschuld der Deutschen."[22]

Notwendig werden politikwissenschaftliche Überlegungen hinsichtlich des Verhältnisses von Freiheit und sozialen Bindungen – nicht zuletzt angesichts der klassisch-virulenten Frage nach der Integration von modernen Gesellschaften[23] -, denn es ist augenscheinlich: „Die politische Demokratie und Marktwirtschaft sind kalte Projekte. Sie sind zivilisierte Erfindungen aufgeklärter Geister und Gemeinwesen, aber sie rühren nicht ans Herz, und sie sollen das auch gar nicht tun. Sie sind Mechanismen der Problemlösung, geschaffen, um Veränderungen des Geschmacks, der Politik und sogar des Führungspersonals ohne Blutvergießen und unnötige Schmerzen möglich zu machen. Als solche sind sie brillante und zu Recht hochgeschätzte Erfindungen. Aber Heimat sind sie nicht; sie geben Menschen weder Identität noch Zugehörigkeit."[24] Diesen Gedankengang führt Maximilian Forschner fort, indem er darauf verweist, dass der neuzeitliche liberale Staat, der sich primär instrumental als vom Kalkül der Bürger geschaffene Sicherungsinstanz privater Rechte versteht, dass die tiefgreifende ökonomische und politische Verschränkung der Nationen und ein gesellschaftliches Leben, welches zunehmend durch universal standardisierte Formen der Arbeit, des Wettbewerbs und der Kommunikation geprägt ist, den Patriotismus als geschichtlich überholt, als sittlich indifferent, unter Umständen gar als bedenklich erscheinen lassen. Gleichwohl zeige die jüngste Geschichte, dass die Ignorierung jeder Bindung der Menschen an seine nähere Heimat und deren besondere sittliche und kulturelle Traditionen durch einen zentralistisch organisierten "Mehrvölkerstaat" für diesen auf Dauer selbstdestruktiv sei. Gelebte Sittlichkeit baue sich auf in konzentrischen integrativen Kreisen. Ein politisches Weltbürgertum und moralischer Universalismus bedürften offensichtlich der Stützung und Bodenhaftung in partikulär und regional gelebten und erlebten Handlungs- und Traditionsgemeinschaften mit besonderen Sitten und Symbolen, um auf Dauer tragfähig zu sein.[25] An diesem Punkt, der Relationierung von Weltbürgertum, bzw. Universalismus und Partikularismus setzen die nachfolgenden Betrachtungen und Analysen des Patriotismus in Deutschland an.

---

[22] Bahr, Egon: Der deutsche Weg, S. 136f; vgl. im Kontext die kritischen Anmerkungen zur politischen Kultur der Bundesrepublik bei Seebacher-Brandt, Brigitte: Wenn der Geist der Zeit entflieht. Zum Selbstverständnis der Zeitgeschichte, in: Sabrow, Martin / Jessen, Ralph / Große Kracht, Klaus (Hrsg.): Zeitgeschichte als Streitgeschichte. Grosse Kontroversen seit 1945, München 2003, S. 188-204:"Es kann ohne jede Reflexion, außer der auf sich selbst, mit Hitler politisiert, mit Auschwitz alles und von allem auch das Gegenteil begründet und umstandslos der ‚deutsche Weg' propagiert werden." Ebd., S. 199.

[23] In soziologischer Perspektive vgl. die wegweisenden Studien bei Durkheim, Émile: Über soziale Arbeitsteilung. Studie über die Organisation höherer Gesellschaften. Frankfurt a. M. 1992 (Erstauflage 1893) bzw. Tönnies, Ferdinand: Gemeinschaft und Gesellschaft. Grundbegriffe der reinen Soziologie, 3.Aufl. des Nachdrucks der 8. Aufl. von 1935, Darmstadt 1992; vgl. auch Parsons, Talcott: The System of Modern Societies, New Jersey 1971.

[24] Dahrendorf, Ralf: Freiheit und soziale Bindungen. Anmerkungen zur Struktur einer Argumentation, in: Michalski, Krzysztof (Hrsg.): Die liberale Gesellschaft. Castelgandolfo-Gespräche 1992, Stuttgart 1993, S. 11-20, S. 11.

[25] Vgl. Forschner, Maximilian: Patriotismus - Kosmopolitismus, in: Höffe, Otfried u.a. (Hrsg.): Lexikon der Ethik, 5. neu bearb. Aufl., München 1992, S. 225f (226).

A   Erkenntnisinteresse

Bei einer angemessenen Analyse und entsprechenden Bewertung des Patriotismus in Deutschland [aufgrund der historischen Entwicklung, die exemplarisch mit den Jahreszahlen 1806, 1815, 1848, 1870/1871, 1914, 1918/19, 1933/1945, 1990 konnotiert werden kann, ein Thema von besonderem Interesse, auch und gerade für die deutsche Politikwissenschaft] gilt es die Perspektive unweigerlich über Deutschland hinaus zu erweitern, weil Patriotismus in Deutschland *stets* auf äußere Einflüsse und Ereignisse – als Stichwort: Französische Revolution – bezogen war. Die theoretische Analyse von Nation bzw. Nationalismus im Rahmen einer Begriffsbestimmung macht dies ebenso deutlich, wie jene nationale Selbstfindung in Frankreich, den Vereinigten Staaten, England und Deutschland.

Der Blick wird nachfolgend mehrfach nach „Westen"[26], im 18. und 19. Jahrhundert vor allem nach Frankreich und gegenwärtig hinüber zu den Vereinigten Staaten, gerichtet. Die amerikanische Kommunitarismus-Debatte gibt auch Aufschlüsse für die Frage nach Patriotismus in Deutschland. Folglich wird die erweiterte Perspektive über Deutschland hinaus nach Frankreich, USA bzw. Großbritannien – so auch bei der Beleuchtung der historischen Rahmenbedingungen nationaler Selbstfindung – gesucht; phasenweise mehr explizit, phasenweise, so vor allem bei der Analyse der Entwicklung von 1949-1990, mehr implizit.

In einer abschließenden Analyse des Verhältnisses von Patriotismus, Nation und Europa, tritt die erweiterte Perspektive wieder verstärkt – diesmal auch gen „Osten" – in den Blickpunkt.

Dass und inwieweit sich die Frage nach Patriotismus in Deutschland heute anders stellt als in Frankreich, Großbritannien, den Vereinigten Staaten oder anderen klassischen Nationalstaaten, wird nicht erst bei der Analyse der historischen Entwicklung offenkundig [man erinnere sich an Heinrich Heines Diktum über den „Patriotismus der Deutschen"[27]] – bereits eine weitgehend konsensuale Selbstbeschreibung der Bundesrepublik Deutschland im Verlauf der siebziger Jahre als *„postnationale Demokratie unter Nationalstaaten"*[28] macht diese Differenz deutlich.

Am Ende seiner Abhandlung über die „Ordnung der deutschen Gesellschaft" bemerkt Paul Nolte[29] im Hinblick auf diese Selbstcharakterisierung der Bundesrepublik, jene von Jürgen Habermas und anderen Intellektuellen in den achtziger Jahren

---

[26]   Vgl. in diesem Kontext die Kritik an der Allgemeinheit des mit der Trias „Menschenrechte, Freiheit, Demokratie" konnotierten Begriffs „Westen" bei Hildebrand, Klaus: Das Dritte Reich, 6. neubearb. Aufl., München 2003, S. 320f. Zu Recht weist Hildebrand in Auseinandersetzung mit Heinrich August Winklers These eines deutschen „Sonderweges" von 1871 bis 1933 bzw. 1945 auf die Notwendigkeit der historischen Differenzierung hin. Vgl. dazu die Ausführungen in Kapitel V der vorliegenden Arbeit.

[27]   Vgl. Heine, Heinrich: Die Romantische Schule, in: Ders.: Sämtliche Werke. Band IX (hrsg. v. Hans Kaufmann), München 1964, S. 7-152, S. 31. „Der Patriotismus des Deutschen besteht darin [...], daß er nicht mehr Weltbürger, nicht mehr Europäer, sondern nur ein enger Deutscher sein will."

[28]   Vgl. die Begriffsprägung bei Bracher, Karl Dietrich: Politik und Zeitgeist. Tendenzen der siebziger Jahre, in: Ders. / Jäger, Wolfgang / Link, Werner: Republik im Wandel 1969-1974. Die Ära Brandt, Stuttgart 1986, S. 285-406, S. 406.

[29]   Nolte, Paul: Die Ordnung der deutschen Gesellschaft. Selbstentwurf und Selbstbeschreibung im 20. Jahrhundert, München 2000.

geführte Debatte über den „Verfassungspatriotismus" könne als Reaktion auf das Gefühl einer zu weit getriebenen politischen Entleerung der Gesellschaft im „postnationalen Zeitalter" verstanden werden. Denn die emphatische Verpflichtung auf die Verfassung, auf das westdeutsche Grundgesetz, habe nicht nur Loyalität stiften, sondern auch verlorengegangene Bindungskräfte der Gesellschaft zu übergeordneten politischen Zwecken mobilisieren sollen. Auch wenn sich dieses Problem durch die politischen Ereignisse seit 1989 in Deutschland und Europa, durch die Wiederkehr der „Nation", verschoben hätte, so habe es dadurch keineswegs an Dringlichkeit verloren. Im Gegenteil.[30] Wenn Paul Nolte diesen Gedanken mit dem Konzept der „*civil society*", der Zivil- bzw. Bürgergesellschaft, mit der Europa- und Globalisierungsdiskussion und nicht zuletzt mit dem Aspekt des Multikulturalismus in Verbindung bringt, so sind dies eben jene Gesichtspunkte, unter denen der Patriotismus in Deutschland in gegenwartsbezogener Absicht im Folgenden politikwissenschaftlich analysiert wird – eingedenk der Paradoxie, dass sich zwar 90% der Deutschen ihrem Heimatland sehr oder ziemlich verbunden fühlen[31] (gerade einmal 6% der Deutschen verstehen sich in erster Linie als Europäer[32]), aber immerhin 36% der Befragten „Patriotismus" als ein „heikles Thema" im öffentlichen Diskurs der Bundesrepublik Deutschland betrachten, bei dem „man sich leicht den Mund verbrennen kann".[33] Diese Paradoxie, die auf eine „Leerstelle namens Patriotismus"[34] im öffentlichen Diskurs der Bundesrepublik Deutschland verweist, rückte unlängst im Verlauf der Affäre um den Bundestagsabgeordneten Martin Hohmann und dessen als antisemitisch bewertete Rede anlässlich des 03. Oktober 2003 in das politischmediale Bewusstsein. Weil Hohmann mit antisemitischen Klischees wie denen eines jüdischen „Tätervolks" argumentierte und sich selbst in diesem Kontext als deutscher „Patriot" zu stilisieren suchte, trat die CDU-Vorsitzende Merkel einer derartigen Okkupation des Begriffs „Patriotismus" entgegen und forderte eine öffentliche Diskussion über einen „vernünftigen Patriotismus" in Deutschland. Doch was bedeutet „vernünftiger Patriotismus"? Wenn es einen „vernünftigen Patriotismus" gibt, gibt es auch einen unvernünftigen, einen pervertierten bzw. einen missbrauchten Patriotismus? Ohne Zweifel, wie die Geschichte zeigt. Werner Sombarts „patriotische Besinnungen", im Jahre 1915 unter dem Titel „Händler und Helden"[35] publi-

---

30 Vgl. ebd., S. 410f.
31 Vgl. die statistische Angabe des EUROBAROMTER 58: Deutschland in Europa 2002. An der Schwelle zur Erweiterung. Die Europäische Union vor einer großen Aufgabe (hrsg. v. der Vertretung der Europäischen Kommission in der Bundesrepublik Deutschland am 31. Januar 2003), S. 27. Während sich rund 90% der Deutschen mit ihrem Heimatland verbunden fühlen, liegt der Wert derer, die sich in gleicher Weise der Europäischen Union verbunden fühlen, bei 46%.
32 So die statistische Angabe des EUROBAROMTER 57: Auf dem Weg zur Erweiterung. Image, Aufgaben und Zukunft der Europäischen Union (hrsg. v. der Vertretung der Europäischen Kommission in der Bundesrepublik Deutschland am 16. September 2002), S. 26. Unter allen EU-Staaten, so ein weiterer Befund der Erhebung, sei der Nationalstolz in Deutschland am wenigsten verbreitet.
33 Vgl. die statistische Angabe bei Noelle-Neumann, Elisabeth / Köcher, Renate (Hrsg.): Allensbacher Jahrbuch für Demoskopie 1998-2002, München 2002, S. 707. Bei einer 1999 vom Institut für Demoskopie im Auftrag der Finanzzeitschrift CAPITAL durchgeführten Umfrage unter Führungskräften der deutschen Wirtschaft erklärten gar 62, 3% der Befragten, „Patriotismus" stelle ein „Tabu-Thema" im öffentlichen Diskurs der Bundesrepublik Deutschland dar.(IFD-Archiv-Nr. 4204).
34 Vgl. Kamann, Matthias: Die Leerstelle namens Patriotismus, in: Die Welt v. 12.11.2003.
35 Sombart, Werner: Händler und Helden. Patriotische Besinnungen, München 1915.

ziert, legen davon exemplarisch Zeugnis ab. Wenn bei Sombart an die Stelle des Wohlergehens der menschlichen Gemeinschaft wie des einzelnen das „steile Pathos einer Pflicht [tritt, V.K.], die im Grunde schon zur ‚Einsatzbereitschaft‘ korrumpiert ist, zu jenem leeren Heroismus, der Entschlossenheit zu sich selbst"[36] als Lebensform begreift, so handelt es sich um eine pervertierte Form des Patriotismus, um die „äußerste Überbietung nationaler Borniertheit, die, als ein gesamteuropäisches Weltkriegsphänomen, auch das deutsche philosophisch-politische Denken bannte".[37]

Rückblickend auf die Erfahrungen des Ersten, vor allem aber des Zweiten Weltkrieges formuliert Gerhard Ritter im Rahmen seiner Analyse des „deutschen Problems"[38] die bis heute gültige Einsicht: „Der jähe Umschlag vom übersteigerten (und schwer mißbrauchten) Patriotismus zu skeptisch-kühler Neutralität dem Gedanken des Vaterlandes gegenüber ist natürlich eine Folge der totalen Katastrophe von 1945 [...]".[39] Tatsächlich, und dies kennzeichnet die Tragik des Patriotismus in Deutschland im Zeichen des Hakenkreuzes, missbrauchte der Nationalsozialismus das patriotische Engagement zahlreicher Deutscher, die für ihr Land einzutreten bereit waren und ihren Dienst für das Gemeinwesen leisten wollten, ohne damit zwangsläufig die Ziele Hitlers und seiner engsten Gefolgsleute gekannt oder gar geteilt zu haben. Der patriotische Dienst an der Nation, er kann, wie die nationalsozialistische Erfahrung zeigt, missbraucht und damit pervertiert werden. „Die Radikalität, die das eigentliche Wesen im Nationalsozialismus ausmacht, hat [...] wenig mit der Mobilisierung von Affekten und den Verheißungen rechenschaftsloser Triebbefriedigung zu tun; sie ist kein Problem der kriminellen, sondern eines der pervertierten moralischen Energie."[40] [Vgl. dazu nachfolgend Kapitel V.]

Gerade in historischer Perspektive wird also deutlich, „wie dringend der Patriotismus der Pflege durch die freiheitliche Demokratie bedarf. Diese war oft schlampig bei jener Pflege, und deshalb wächst gerade in der jüngeren Generation der Unmut über den Mangel an öffentlich darstellbarer Bejahung des eigenen Landes. Das Bedürfnis nach solcher Selbstbejahung braucht endlich einen demokratischen Resonanzraum, braucht Formen die sich mit den Erfahrungen der Moderne und der Globalisierung verbinden lassen."[41] Immerhin, ein Resultat der Affäre „Hohmann" liegt in der Erkenntnis, dass man über Patriotismus nicht nur vernünftig reden kann[42], sondern dies angesichts der mannigfachen sozio-kulturellen und politischen Herausforderungen, mit denen die Bundesrepublik Deutschland konfrontiert ist, auch tun sollte[43] – zumal, wenn ein grundsätzliches „Manko in der politischen Rechtfertigungslehre der Bundesrepublik" parteiübergreifend spürbar geworden ist.[44]

[36] Lübbe, Hermann: Politische Philosophie in Deutschland. Studien zu ihrer Geschichte, Basel 1963, S. 213.
[37] Ebd., S. 212.
[38] Ritter, Gerhard: Das Deutsche Problem. Grundfragen deutschen Staatslebens gestern und heute. 2. erw. Aufl., München 1966.
[39] Ebd., S. 7.
[40] Fest, Joachim C.: Hitler. Eine Biographie, Berlin 1995 (Nachdruck v. 1973).
[41] Kamann, Matthias: Die Leerstelle namens Patriotismus, in: Die Welt v. 12.11.2003.
[42] Vgl. Prantl, Heribert: Ein Mittel gegen die Selbstvergiftung, in: Süddeutsche Zeitung v. 15.11. 2003.
[43] Vgl. Poschardt, Ulf / Schwilk, Heimo: Die Zukunft des Patriotismus, in: Welt am Sonntag v. 09. November 2003. Vgl. im Kontext auch das Plädoyer von Bundespräsident Johannes Rau für ein „Mehr" an „Selbstgewissheit" der Deutschen, in: www.dradio.de/dlf v. 28.Dezember 2003; vgl. in diesem

Thematisch gefordert ist damit – jenseits tagespolitischer Kontroversen – die Politische Wissenschaft. Indem Politische Wissenschaft als *praktische* Wissenschaft[45] zur Explikation der sozio-moralischen Funktions- und Bestandsvoraussetzungen einer freiheitlich-demokratischen Ordnung verstanden wird, sucht die Arbeit im Folgenden jener von Herfried Münkler kritisierten szientistischen Engführung des Faches Politische Wissenschaft seit Ende der sechziger Jahre[46] zu entgehen bzw. einen Beitrag zu deren Überwindung zu leisten. Das Problem einer szientistischen, d.h. strikt an Modellen der Ökonomie wie der empirischen Soziologie angelehnten Politischen Wissenschaft besteht Münkler zufolge darin, dass sich das genuin Eigenständige des politikwissenschaftlichen Gegenstandsbereichs, die Untersuchung der Ermöglichungsbedingungen einer demokratischen Ordnung, infolge der untrennbaren Verbindung empirischer *mit* normativen Fragen einer streng szientifischen Betrachtungsweise entzieht. Die Konsequenz dessen ist, dass die sozio-moralische Dimension politischer Gemeinwesen, in der sich die Frage nach den tatsächlichen Dispositionen und Erwartungen der Bürger mit der Frage nach der Erfordernis bestimmter Einstellungen unter den Bedingungen einer auf der Freiheit der Bürger gründenden Demokratie – was eine *normative* Frage ist! – untrennbar verbindet, sukzessive in den Hintergrund politikwissenschaftlicher Fragestellungen getreten ist.[47] Eben jene sozio-moralische Dimension des politischen Gemeinwesens steht bei der folgenden Analyse des „Patriotismus in Deutschland" im Zentrum eines auf das „Ethos der Demokratie"[48] gerichteten Erkenntnisinteresses, wie es Karl Dietrich Bracher vorbildhaft in dem politikwissenschaftlichen Streben nach einer Theorie der Demokratie formuliert hat, welche den spannungsvollen Zusammenhang von Geist, Politik und Moral zum Ausdruck bringt und sich dabei stets des Umstands bewusst bleibt, dass Demokratie die fragile, stets angefochtene Staatsform der Selbstbeschränkung und der Einsicht in die Unvollkommenheit des Menschen ist.

Indem Bracher als zentralen Impuls der Politischen Wissenschaft „die alte politisch-anthropologische Grundfrage nach dem Wert des Einzelmenschen und einem zugleich freiheitlich-gemeinschaftsbezogenen Menschenbild, die Idee des ‚Zoon politikon' als Person, die der europäischen Herkunft der Demokratie das Gepräge gibt"[49] betrachtet, aktualisiert er damit Alexis de Tocquevilles ideelle und zugleich praktisch-politische politikwissenschaftliche Reflexion und Bemühung um Demo-

---

Sinne bereits das Plädoyer Richard von Weizsäckers für ein Mehr an Patriotismus in: Ders.: Im Gespräch mit Gunter Hofmann und Werner A. Perger, Frankfurt a. M. 1992, S. 80ff.

[44] „Wer Bundeskanzler ist oder wer es je werden wollte, spürt", so kommentiert Georg Paul Hefty in seiner politischen Jahresbilanz 2003, „daß es ein Manko in der politischen Rechtfertigungslehre der Bundesrepublik gibt, daß Wohlstandsstreben einerseits und europäische Zielsetzung andererseits die Gesellschaft, das Volk nicht wirklich zusammenhalten." Ders.: Es geht ums Eingemachte, in: Frankfurter Allgemeine Zeitung v. 27. Dezember 2003.

[45] Vgl. paradigmatisch Hennis, Wilhelm: Politik als praktische Wissenschaft, München 1968; vgl. ebenso ders., Politik und praktische Philosophie, Stuttgart 1977.

[46] Vgl. Münkler, Herfried: Die Moral der Politik. Politik, Politikwissenschaft und die sozio-moralische Dimension politischer Ordnungen, in: Leggewie, Claus (Hrsg.): Wozu Politikwissenschaft? Über das Neue in der Politik, Darmstadt 1994, S. 228-242.

[47] Vgl. ebd., S. 238f.

[48] Vgl. entsprechend Bracher, Karl Dietrich: Das Ethos der Demokratie, in: Ders.: Wendezeiten der Geschichte. Historisch-politische Essays 1987-1992, Stuttgart 1992, S. 259-271.

[49] Ebd., S. 271.

kratie, wie Tocqueville sie in seiner Einleitung des Buches „Über die Demokratie in Amerika" formuliert hat: „Die Demokratie belehren, wenn möglich ihren Glauben beleben, ihre Sitten läutern, ihre Bewegungen ordnen, nach und nach ihre Unerfahrenheit durch praktisches Wissen, die blinden Regungen durch die Kenntnis ihrer wahren Vorteile ersetzen; ihre Regierungsweise den Umständen der Zeit und des Ortes anpassen; sie je nach Verhältnissen und Menschen ändern: das ist die Pflicht, die heute den Lenkern der Gesellschaft auferlegt ist. Eine völlig neue Welt bedarf einer neuen politischen Wissenschaft."[50]

Wenn in einem Blick „zurück nach vorn" am Ende der vorliegenden Arbeit zu Tocqueville und dem alt/neuen Gedanken der *civil society*, der Bürgergesellschaft, zurückgekehrt und wenn die damit korrespondierende Frage nach Gemeinsinn als notwendiger Voraussetzung eines freiheitlich-demokratischen Staates [Stichwort: „Böckenförde-Paradoxon"] im Zeitalter der Globalisierung einem Antwortversuch zugeführt wird[51], so dürfte spätestens dann evident geworden sein, dass ein politikwissenschaftliches Nachdenken über Patriotismus in Deutschland ebenso lohnenswert wie notwendig ist – vor allem dann, wenn Politische Wissenschaft als ideelles wie praktisch-politisches Ringen um das Ethos der Demokratie verstanden wird. Deshalb spricht Herfried Münkler davon, dass vor allem die Entwicklung und beratende Begleitung des unter dem Begriff der „Zivilgesellschaft" rubrizierten bürgerschaftlichen Engagements in Deutschland „für das Selbstverständnis der Politikwissenschaft von zentraler Bedeutung sein" werde.[52] Entsprechend widmete sich eine von Münkler geleitete interdisziplinäre Arbeitsgruppe der Berlin-Brandenburgischen Akademie der Wissenschaften der Erforschung der historischen Semantik von „Gemeinwohl und Gemeinsinn", an deren Ergebnisse die vorliegende Untersuchung partiell anknüpfen kann.[53] Doch während bei dem von Münkler initiierten Forschungsprojekt nationübergreifend semantische Einzeldiskurse verschiedenster Epochen und Disziplinen im Zentrum des Erkenntnisinteresses stehen, wie z.B. „Die Konstruktion einer territorialen Ökonomie am Beginn der Neuzeit"[54], die „Gemeinwohldiskussion in der Forstwirtschaft"[55] oder „Großunternehmen zwischen Shareholder Value, Mitbestimmung und Gemeinwohl"[56] , so geht es im Folgenden – eingedenk des von

---

[50] Tocqueville, Alexis de: Über die Demokratie in Amerika (hrsg. von I.P. Mayer in Verbindung mit Theodor Eschenburg und Hans Zbinden), Stuttgart 1959, S. 9.

[51] Vgl. im Kontext die Analyse bei Shils, Edward: Nation, nationality, nationalism and civil society, in: Nations and Nationalism 1 (1995), S. 93-118; die „civil society" steht als Forschungsobjekt im Zentrum eines an der London School of Economics angesiedelten „Centre for Civil Society". Vgl. mit zahlreichen Publikationsverweisen www.lse.ac.uk.collections/CCS/

[52] Münkler, Herfried/Krause, Skadi: Geschichte und Selbstverständnis der Politikwissenschaft in Deutschland, in: Ders. (Hrsg.): Politikwissenschaft. Ein Grundkurs, Reinbek 2003, S. 13-54, S. 48.

[53] Vgl. ders. u.a. (Hrsg.): Gemeinwohl und Gemeinsinn. Band I-IV, Berlin 2002.

[54] Vgl. Krauth, Wolf-Hagen: Gemeinwohl als Interesse. Die Konstruktion einer territorialen Ökonomie am Beginn der Neuzeit, in: Münkler, Herfried / Bluhm, Harald (Hrsg.): Gemeinwohl und Gemeinsinn, Band I, S. 191-212.

[55] Vgl. Weber, Norbert: Zehntausend Klafter Holz oder grüne Menschenfreunde? Zur Gemeinwohldiskussion in der Forstwirtschaft, in: Münkler, Herfried / Fischer, Karsten (Hrsg.): Gemeinwohl und Gemeinsinn, Band II, S. 243-264.

[56] Vgl. Windbichler, Christine: Der Gemeinsinn der juristischen Person. Großunternehmen zwischen Shareholder Value, Mitbestimmung und Gemeinwohl, in: Münkler, Herfried / Fischer, Karsten, Gemeinwohl und Gemeinsinn im Recht, Band III, S. 165-178.

Bracher formulierten Erkenntnisinteresses – um eine bislang ausgebliebene, zeithistorisch fundierte Konkretisierung des gemeinwohlorientierten Patriotismus in Deutschland in gegenwartsbezogener Absicht. Insofern eine „Rehabilitierung des Gemeinwohldiskurses"[57] auf der Agenda von Wissenschaft und Politik steht und insofern Patriotismus in Deutschland „eine komplizierte Angelegenheit"[58] ist, gilt es, die Komplexität zu erläutern. Die Kompliziertheit hängt mit dem Umstand zusammen, dass Patriotismus ebenso wie Nationalismus auf die Nation gerichtet, auf sie bezogen ist. Dies bedeutet jedoch *nicht*, dass Patriotismus *gleich* Nationalismus sei; Wort wie Bedeutung differieren. Inwiefern, sollen folgende Analysen verdeutlichen. Und doch bleiben verschiedene Sichtweisen auf das Phänomen „Patriotismus" selbstverständlich bestehen[59], unterschiedliche Interpretationen von „Patriotismus" sind möglich und durchaus wünschenswert – die nachfolgenden Ausführungen lassen diesen unterschiedlichen Perspektiven und Interpretationen in Auseinandersetzung mit der vom Autor gewählten (vgl. die nachfolgend formulierte Hypothese) bewusst Entfaltungsraum, um mittels der vorliegenden Abhandlung sowohl die Diskussion um „Patriotismus" nachvollziehen, aber auch, um diese weiterführen zu können bis hin zu der Frage nach Patriotismus und Gemeinsinn in der *civil society*,[60] der Bürgergesellschaft des 21. Jahrhunderts. Damit verbindet sich zugleich der Anspruch, den wissenschaftlichen Forschungsstand zu reflektieren und um einen eigenen Beitrag, die Rekonstruktion des historischen Patriotismus-Begriffs in gegenwartsbezogener Absicht, zu ergänzen.

B   Forschungsstand und -literatur

Die Auswahl der herangezogenen Forschungsliteratur ergibt sich konsequent aus jenem thematischen Beziehungsgeflecht von Nations- bzw. Nationalismus-, Verfassungs- und Europa- Diskurs, in dem „Patriotismus in Deutschland" verortet wird. Besondere Berücksichtigung finden im Folgenden die Standard-Werke zur Nation- und Nationalismus-Forschung von Historikern wie Friedrich Meinecke („Weltbürgertum und Nationalstaat"), Otto Dann („Nation und Nationalismus in Deutschland"), Rudolf Vierhaus („Deutschland im 18. Jahrhundert"), Dieter Langewiesche („Nation, Nationalismus, Nationalstaat"), Heinrich August Winkler („Liberalismus und Antiliberalismus"), Eugen Lemberg („Geschichte des Nationalismus in Europa"), Hans Kohn („Die Idee des Nationalismus"), Peter Alter („Nationalismus") oder Johannes Willms („Nationalismus ohne Nation"). Der von Reinhart Koselleck

---

[57]   Vgl. Portinaro, Pier Paolo: Über die Rehabilitierung des Gemeinwohldiskurses. Pro und Contra, in: Gemeinwohl und Gemeinsinn, Band IV, S. 305-320.

[58]   Stolleis, Michael: Reichspublizistik und Reichspatriotismus vom 16. zum 18. Jahrhundert, in: Birtsch, Günter (Hrsg.): Patriotismus, Hamburg 1989, S. 7-23, S. 7.

[59]   Vgl. exemplarisch die Deutung bei Wehler, Hans-Ulrich: Nationalismus. Geschichte, Formen, Folgen, München 2001; vgl. demgegenüber die Deutung bei Dann, Otto: Nation und Nationalismus in Deutschland 1770-1990, München 1993 [vgl. auch die überarbeitete und erweiterte Neuauflage von 1996].

[60]   Vgl. im Sinne einer ersten definitorischen Annäherung: Edward Shils: Was ist eine Civil Society?, in: Michalski, Krzysztof (Hrsg.): Europa und die Civil Society. Castelgandolfo-Gespräche 1989, Stuttgart 1991, S. 13-51.

u.a. verfasste Beitrag „Volk, Nation, Nationalismus, Masse" der „Geschichtlichen Grundbegriffe" bietet eine wertvolle Orientierungshilfe bei der definitorischen Annäherung an die Materie. Beachtung finden ebenfalls die theoretische Perspektive von Brian Jenkins und Spyros Sofos bei ihrer Analyse von „Nation and Nationalism in Contemporary Europe" sowie die thematisch relevanten Beiträge der Zeitschriften „Nations and Nationalism" bzw. „National Identities".[61]

Hans-Martin Blitz hat im Jahre 2000 eine Dissertation über die deutsche Nation im 19. Jahrhundert vorgelegt; Rudolf Speth im gleichen Jahr eine Habilitationsschrift zu „Polititschen Mythen im 19. Jahrhundert". Beide Werke der jüngeren Generation verdienen neben der von Jörg Echternkamp 1998 vorgelegten Dissertation über den „Aufstieg des deutschen Nationalismus 1770-1840" insofern gebührende Beachtung, als diese den heute aufgrund des quantitativen Umfangs kaum noch zu überblickenden Forschungsstand der jüngeren Nations- bzw. Nationalismusforschung im deutsch- wie im englischsprachigen Bereich widerspiegeln und jeweils einer spezifischen Interpretation zuführen, die ihrerseits im Rahmen der vorliegenden Arbeit einer kritischen Analyse unterzogen werden.

Aus soziologischer Perspektive werden Autoren wie Benedict Anderson, Ulrich Beck, Bernhard Giesen und Ralf Dahrendorf herangezogen; aus staatstheoretischer Perspektive bietet Ernst-Wolfgang Böckenförde neben Ernst-Rudolf Huber Einblicke in das Themengebiet Verfassung, Nation und Europa. Bei der Analyse der historischen Entwicklung von Staat und Gesellschaft in Deutschland wird im Folgenden vornehmlich auf die jeweiligen politikwissenschaftlichen bzw. historiographischen Standard-Werke von Karl Dietrich Bracher, Klaus Hildebrand, Lothar Gall, Thomas Nipperdey, Hagen Schulze, Peter Graf Kielmansegg, Hans-Ulrich Wehler, Heinrich-August Winkler, Wolfgang J. Mommsen, Golo Mann und nicht zuletzt Alexander Rüstow zurückgegriffen, d.h. auf Werke, die den wissenschaftlichen Diskurs über Deutschlands Weg vom 18. in das 21. Jahrhundert bis heute nachhaltig prägen.

Spezifische Abhandlungen bzw. Analysen zum Phänomen des „Patriotismus" in Deutschland finden sich in historischer Perspektive wenige.[62] Neben einer von Irmtraud Sahmland 1990 vorgelegten Abhandlung über „Christoph Martin Wieland und die deutsche Nation. Zwischen Patriotismus, Kosmopolitismus und Griechentum" ist für den Zeitraum von 1750-1850 vor allem die Untersuchung des Verhältnisses von „Vaterlandsliebe und Freiheit" durch Christoph Prignitz zu nennen, die wichtige Anregungen und Interpretationen zu bieten vermag. Erwähnung finden muss ebenfalls

---

[61] Vgl. Nations and Nationalism. Journal of the Association for the Study of Ethnicity and Nationalism. Als eine multi- bzw. interdisziplinäre Zeitschrift sucht sie der "urgent need for systematic study" angesichts der „consequent explosion of interest in ethnicity and nationalism [...] since the demise of the Soviet Union" Rechnung zu tragen, wie es im Editorial der Zeitschrift heißt. Vgl. dazu paradigmatisch die Ausführungen von Smith, Anthony D.: Gastronomy or geology? The role of nationalism in the reconstruction of nations, in: Nation and Nationalism 1 (1995), S. 3-23. Vgl. des Weitern die thematisch weit ausgreifenden Beiträge der seit 1999 erscheinenden Zeitschrift "National Identities"; vgl. exemplarisch die Analyse bei Beyme, Klaus von: Shifting National Identities: The Case of German History, in: National Identities 1 (1999), S. 39-52.

[62] Der Schwerpunkt des historischen Forschungsinteresses konzentrierte sich zumeist auf Entstehung, Struktur und Funktion von „Nation" in Europa; vgl. dazu „Patriotism in Europe: Law, religion and the re-configuring of communities in early modern Europe". Symposium der Herzog August Bibliothek Wolfenbüttel (AHF-Informationen Nr. 96, 2001).

für den Zeitraum des 18. Jahrhunderts ein Band zum Thema Patriotismus der inter-
disziplinären Halbjahresschrift „Aufklärung", herausgegeben von Günter Birtsch,
mit Beiträgen von Michael Stolleis und Karl Otmar Freiherr von Aretin. Für den
Zeitraum des 19. und 20. Jahrhunderts existieren eigenständige, nennenswerte politikwissenschaftliche Abhandlungen zum „Patriotismus in Deutschland" nicht. Allenfalls der „Verfassungspatriotismus", durch die staatstheoretischen Schriften von
Dolf Sternberger popularisiert und durch die philosophischen Abhandlungen von
Jürgen Habermas weiterentwickelt bzw. umgeprägt, findet mannigfaltige wissenschaftliche Rezeption. Entsprechend stehen Sternbergers und Habermas' Argumentationen sowohl in ihrem jeweiligen Kontext als auch in der Rezeptionsperspektive
gebührende Beachtung zu. Josef Isensee hat sich aus staats- bzw. verfassungstheore-
tischer Perspektive sowohl mit den Phänomenen des „Verfassungspatriotismus", der
„Globalisierung" bzw. der Zukunft der Nationalstaaten im Spannungsverhältnis von
Partikularismus und Universalismus, als auch mit der Frage nach Solidarität und
Gemeinsinn in modernen Gesellschaften beschäftigt, seine Positionen, zumeist prononciert vorgetragen, finden nachfolgend ebenso Beachtung.

Signifikante Bedeutung kommt im Folgenden den wissenschaftlichen Beiträgen
von Ralf Dahrendorf[63], Herfried Münkler[64], Ernst-Wolfgang Böckenförde[65], Heinrich August Winkler[66], Otto Dann[67] sowie Dolf Sternberger[68] (und damit, wenn auch
zumeist kontrapunktisch, Jürgen Habermas[69]) zu. Die Rezeption dieser aus unterschiedlichen Disziplinen stammenden und jeweils verschiedene thematische
Schwerpunkte setzenden Argumentationen bzw. Positionen lässt eine Art multiper-
spektivisches „Koordinatensystem" zur Explikation der sozio-moralischen Funktions-
ons- und Bestandsvoraussetzungen einer freiheitlich-demokratischen Ordnung entstehen, an dem sich die nachfolgende Rekonstruktion des Patriotismus in Deutschland im Beziehungsgeflecht von Nation, Nationalismus, Verfassung und Europa ori-

---

[63] Vgl. exemplarisch Dahrendorf, Ralf: Freiheit und soziale Bindungen (FN 13); ders.: Die Zukunft des
Nationalstaates, in: Merkur 48 (1993), S. 751-761; ders.: Anmerkungen zur Globalisierung, in: Beck,
Ulrich (Hrsg.): Perspektiven der Weltgesellschaft, Frankfurt a. M. 1998, S. 41-54.

[64] Vgl. exemplarisch – neben den von Münkler edierten und bereits genannten Bänden über „Gemeinwohl und Gemeinsinn" – ders.: Bürgersinn und Bürgerehre. Warum die Zivilgesellschaft engagierte
Bürger braucht, in: Universitas 666 (2001), S. 1220-1233; ders.: Gemeinwohl und Gemeinsinn. Thematisierung und Verbrauch soziomoralischer Ressourcen der modernen Gesellschaft (zus. mit Karsten Fischer), in: Berlin-Brandenburgische Akademie der Wissenschaften (Hrsg.): Berichte und Abhandlungen, Bd. 7, Berlin 1999, S. 237-265.

[65] Vgl. Böckenförde, Ernst-Wolfgang: Recht, Staat, Freiheit: Studien zur Rechtsphilosophie, Staatstheorie und Verfassungsgeschichte, 2. Aufl., Frankfurt a. M. 1992; ders.: Staat, Nation, Europa. Studien
zur Staatslehre, Verfassungstheorie und Rechtsphilosophie, Frankfurt a. M. 1999.

[66] Vgl. Winkler, Heinrich August: Der lange Weg nach Westen. Band 1: Deutsche Geschichte vom Ende des Alten Reiches bis zum Untergang der Weimarer Republik, München 2000; Band 2: Vom
„Dritten Reich" bis zur Wiedervereinigung, München 2000.

[67] Vgl. Dann, Otto: Nation und Nationalismus in Deutschland 1770-1990; vgl. auch ders.: Vereinsbildung und Nationsbildung. Sieben Beiträge (hrsg. v. Albert Eßer / Johannes Koll / Georg Mölich /
Raimund Neuß), Köln 2003.

[68] Vgl. Sternberger, Dolf: Verfassungspatriotismus, in: Ders.: Schriften X (hrsg. v. Peter Haungs u.a.),
Frankfurt a. M. 1990.

[69] Vgl. exemplarisch Habermas, Jürgen: Faktizität und Geltung. Beiträge zur Diskurstheorie des Rechts
und des demokratischen Rechtsstaats, 4. Aufl., Frankfurt a.M. 1994. Ein von Seiten des Verfassers
erbetenes Interview mit Jürgen Habermas ist bedauerlicher Weise nicht zustande gekommen.

entiert. Ohne dabei die eigene Perspektive einer Rekonstruktion des Patriotismus in gegenwartsbezogener Absicht in Frage stellen zu wollen, mag jene, die genannten Autoren bei aller Verschiedenheit verbindende Perspektive eines *kritischen Liberalismus* als richtungsweisend für die eigene Analyse anerkannt werden.

Das Selbstverständliche einer jeden wissenschaftlichen Abhandlung in Erinnerung rufend, sei auf die Notwendigkeit der eigenen Schwerpunktsetzung und eine damit verbundene Auslassung bzw. Verkürzung verschiedener historischer Aspekte bzw. theoretischer Positionen unter Bezugnahme auf Robert Michels verwiesen. Der berühmte Soziologe gab bei seiner historischen Analyse des Patriotismus im Jahre 1913 zu bedenken, eine wissenschaftliche Arbeit könne allenfalls einem Rembrandtschen Bilde gleichen, indem sie auf einige bevorzugte Vorgänge, nämlich die wertvollsten und merkwürdigsten, ein scharfes Licht fallen lasse, während alles andere dem Dunkel anheim falle, um hinzuzufügen: „Wir sind uns voll bewusst, dass auch unsere Analyse des Patriotismus nur einem Rembrandtschen Bilde gleichen kann."[70] Mit Michels über Michels hinaus geht es nachfolgend um den Versuch, jenseits eines Empirie-fernen Impressionismus und eines bemühten Eklektizismus den Begriff des „Patriotismus" zur Explikation der sozio-moralischen Funktions- und Bestandsvoraussetzungen einer freiheitlich-demokratischen Ordnung in Deutschland zu rekonstruieren; oder schlichtweg: es geht um ein *Nachdenken über die Bedeutung, die Bezugsgröße und die Voraussetzungen von Patriotismus in Deutschland gestern und heute.*

Ein Blick in verschiedene deutschsprachige Enzyklopädien des 19. und 20. Jahrhunderts vermittelt einen ersten Eindruck von der Komplexität des Themas: Bedeutete Patriotismus im Jahre 1828 die Liebe zum „Vaterland", mit der „das Wohl desselben zu befördern sei"[71], so verengte sich laut „Brockhaus" die Bedeutung im Jahre 1933 auf die „Liebe zum Boden": „Diese kann so stark sein, daß die Zugehörigkeit zur Heimat als eine ins Mythische reichende Vorbestimmung betrachtet wird. Dieser Glaube findet seinen Ausdruck in dem Eifer, die nationalen Eigentümlichkeiten der Heimat zu wahren, ihre besonderen Kräfte auf andere Völker zu übertragen und sie gegen Fremde bis zur Selbstaufopferung zu verteidigen."[72] „Nach den historischen Erfahrungen mit den Mißbrauchsmöglichkeiten patriotischer Gefühle", so heißt es 65 Jahre später, sei ein naiver Patriotismus nicht mehr angemessen, sondern ein Verfassungspatriotismus, der die Treue zum Vaterland ausdrücklich an seine Recht und Freiheit sichernde Wertordnung binde. Ein Kosmopolitismus ohne Zwischenstufen bleibe dagegen unkonkret und letztlich unverbindlich[73] – eine Position, die nicht zuletzt Charles Taylor heute teilt, wenn er insistiert: „We need patriotism as well as cosmopolitanism because modern democratic states are extremely exigent common enterprises in self-rule. They require a great deal of their members, demanding much greater solidarity toward compatriots than toward humanity in general. We cannot make a success of these enterprises without strong common identi-

---

[70] Michels, Robert: Zur historischen Analyse des Patriotismus, in: Archiv für Sozialwissenschaft und Sozialpolitik 36 (1913), S. 394-449, S. 445.
[71] Vgl. „Patriotismus" in: Krug's Philosophisches Wörterbuch, Bd. 3, Leipzig 1828, S. 148.
[72] Vgl. „Patriotismus", in: Der große Brockhaus, Bd. 14, Leipzig 1933, S. 245f.
[73] Vgl. „Patriotismus", in: Lexikon für Theologie und Kirche, Bd. 7, 3. Aufl., Freiburg 1998, S. 1470.

fication. And considering the alternatives to democracy in our world, it is not in the interest of humanity that we fail in these enterprises."[74]

Eine systematische Reflexion des Bedeutungsgehaltes und der Dimensionen des neuzeitlichen Begriffs von „Patriotismus" in Deutschland ist bislang nicht erfolgt. Auch wenn Patriotismus ein altes Wort ist, so steht – eingedenk des als „Sattelzeit" charakterisierten Übergangs von der ständisch geordneten Gesellschaft Alteuropas in eine neue, vom Streben nach Freiheit und Gleichheit geprägten Gesellschaft[75] – jener *neuzeitliche* Patriotismus-Begriff im Zentrum der nachfolgenden Analyse; eben als einer der Begriffe, „die den sozialen Umwandlungsprozeß im Gefolge der politischen und der industriellen Revolution erfassen bzw., von diesem Vorgang betroffen, umgewandelt, ausgestoßen oder provoziert werden".[76]

C   Hypothese

Patriotismus, so lautet die Hypothese der vorliegenden Arbeit, verstanden als ein spezifisches, nachfolgend näher zu bestimmendes sozialpolitisches Verhalten: als Bürgertugend, artikuliert im Verlauf der historischen Entwicklung in Deutschland seit dem 18. Jahrhundert ein nationszentriertes und zugleich dem aufklärerischen Universalismus verpflichtetes Emanzipations- und Selbstbestimmungsrecht einer freiheitlichen *res publica*, welches damit, *cum grano salis*, in latentem Gegensatz steht zu den politisch-administrativen Verhältnissen in Deutschland. Erst im Zuge der deutschen Einheit 1990 wird ein Zustand erreicht, in dem patriotischer Anspruch und politische Wirklichkeit übereinstimmen können – und dies durchaus auch im Hinblick auf die europäische Integrationsbewegung. Während Patriotismus im 18. Jahrhundert, wie zu zeigen sein wird, im Namen der aufstrebenden Bürgergesellschaft gegen obrigkeitsstaatliche Zwänge opponiert und eine nationalstaatliche Einigung im Zeichen von Freiheit intendiert und im 19. Jahrhundert – nach Wiener Kongreß und der Enttäuschung von 1848 – mit der Reichsgründung 1871 im Zeichen eines wachsenden Nationalismus, konfrontiert wird, findet er seinen Gestaltungsanspruch im Nationalsozialismus geradezu pervertiert. Jener mit dem Untergang des „Dritten Reiches" geteilte deutsche Nationalstaat gerät erneut zu einem Provisorium, zu „zwei Staaten in Deutschland", deren einer, die freiheitlich-demokratische Bundesrepublik Deutschland, im Laufe der Zeit Bezugsgröße einer spezifischen Sonderform des Patriotismus wird, die ihrerseits im Zuge der nationalstaatlichen deutschen Einheit 1990 auf ihre Zukunftsfähigkeit im Zeichen von Globalisierung und Europäischer Union in Frage steht.

---

[74]   Taylor, Charles: Why Democracy Needs Patriotism, in: Nussbaum, Martha C.: For love of country, S. 119-121, S. 120. Vgl. pron005cierter die Argumentation bei Barber, Benjamin R.: Constitutional Faith, ebd., S. 30-37 (S. 31), wo dieser betont: „What we require are healthy, democratic forms of local community and civic patriotism rather than abstract universalism and the thin gruel of contract relations." [Vgl. dazu ausführlich Kapitel VIII der vorliegenden Arbeit.]

[75]   Vgl. in diesem Sinne Winkler, Heinrich August: Der lange Weg nach Westen. Band I, S. 39.

[76]   Koselleck, Reinhart: Einleitung, in: Ders. / Brunner, Otto / Conze, Werner (Hrsg.): Geschichtliche Grundbegriffe. Historisches Lexikon zur politisch-sozialen Frage in Deutschland, Band 1, Stuttgart 1972, S. XIII-XXVII, S. XIV.

Eine Analyse des „Patriotismus" in Deutschland kann – eingedenk der exemplarisch von Dahrendorf, Fest, Forchner, Böckenförde und Furet formulierten Fragen – einen wichtigen Beitrag im Dienste einer politikwissenschaftlichen „Ortsbestimmung der Gegenwart"[77] unserer *res publica* an der Schwelle des 21. Jahrhunderts leisten. *Quo vadis, Patria?*[78] Damit zugleich: *Quo vadis, Europa?*[79]

Die klassische politikwissenschaftliche Frage nach dem „Woher kommen wir?" „Wo stehen wir?" Wohin gehen wir?"[80], die sich aus deutscher Perspektive gegenwärtig vor allem in der Dichotomie „Europa der Vaterländer" und „Vaterland Europa" als *scheinbar* (!) gegensätzliche Wege spiegelt, sie bedarf im Sinne einer realistischen Beantwortung angesichts einer doppelten totalitären Erfahrung auf deutschem Boden zunächst der Vergewisserung darüber, was der Deutschen *patria* war und ist. So wird im Folgenden stets der Patriotismus-Diskurs mit dem Nation-Diskurs verknüpft sein. Es ist eine Grundannahme der Arbeit, dass Patriotismus, verstanden als eine spezifische, in einer konkreten historischen Situation entstandene sozialpolitische Verhaltensweise – kurz: als eine politische Tugend, als Bürgertugend[81] – sich auch in Zukunft auf die Nation, auf einen europäisch integrierten, heterogenen und *nicht* homogenen, gar völkisch fixierten Nationalstaat beziehen wird. Gleichwohl: Nation und Integration, Deutschland und Europa sind – gerade aus der Perspektive des Patriotismus – *keine* Gegensätze. Nation, Nationalstaatlichkeit und europäische Einigung sind aufeinander bezogene Größen politischer Vergemeinschaftung. Doch erst dann, wenn deutlich geworden ist, welche Bedeutung Patriotismus in Deutschland gestern, heute und morgen hat(te), kann die bereits vereinzelt artikulierte Forderung nach einem „Europäischen Patriotismus"[82] – nur 15% der Deutschen zeigen sich davon überzeugt, dass es in der nächsten Generation eine Art „Europa-Patriotismus" geben wird[83] – seriös aufgegriffen werden, können Möglichkeiten und Grenzen eines solchen Integrationskonzeptes benannt, historische Erfahrungen angemessen berücksichtigt[84] und Vorstellungen eines europäischen oder gar

---

[77] Vgl. Rüstow, Alexander: Ortsbestimmung der Gegenwart. Eine universalgeschichtliche Kulturkritik, Band I: Ursprung der Herrschaft, Stuttgart 1950; Band II: Freiheit gegen Unfreiheit, Zürich 1952; Band III: Herrschaft oder Freiheit?, Zürich 1957.

[78] Vgl. im Sinne einer ersten Annäherung an die Fragestellung Kronenberg, Volker: Quo vadis patria? Zeitgemäßer Patriotismus angesichts der europäischen Verfassungsdiskussion, in: liberal (1) 2003, S. 45-47.

[79] Vgl. dazu Kronenberg, Volker: Europa am Scheideweg?, in: MUT (428) 2003, S. 34-38.

[80] Vgl. im Kontext die an diese Frage anknüpfenden Ausführungen bei Weidenfeld, Werner: Geschichte und Identität, in: Ders. / Korte, Karl-Rudolf (Hrsg.): Deutschland-TrendBuch, S. 29-58; vgl. ebd. Weidenfelds Verweis auf die „Konjunkturen des Historischen als Seismograph der Identität", S. 29ff.

[81] Vgl. zum Begriff der „Bürgertugend" vorab Mewes, Horst: Zum Verhältnis von liberaler Demokratie, Verfassungspatriotismus und Bürgertugend, in: Gebhardt, Jürgen / Schmalz-Bruns, Rainer (Hrsg.): Demokratie, Verfassung und Nation. Die politische Integration moderner Gesellschaften, Baden-Baden 1994, S. 169-186.

[82] Vgl. den Bericht „Europäischer Patriotismus" gefordert, in: Frankfurter Allgemeine Zeitung v. 15. 10. 1999.

[83] Vgl. die statistische Angabe bei Noelle-Neumann, Elisabeth / Köcher, Renate (Hrsg.): Allensbacher Jahrbuch für Demoskopie 1998-2002, München 2002, S. 950.

[84] Dass traditioneller Patriotismus keinesfalls zwangsläufig „aggressive, despotische und kriegerische Begleiterscheinungen" mit sich bringt (vgl. das Stichwort „Verfassungspatriotismus", in: Nohlen, Dieter (Hrsg.): Lexikon der Politik, Bd. 7, München 1998, S. 674f suggeriert), wird auf diesem Wege deutlich werden.

universalen Verfassungs-patriotismus, wie ihn Jürgen Habermas heute exemplarisch fordert[85], auf ihre Tragfähigkeit hin überprüft werden.

Es ist in diesem Zusammenhang die Konzeption eines *Verfassungspatriotismus*, wie sie Dolf Sternberger dreißig Jahre nach Gründung der Bundesrepublik Deutschland erstmals postulierte und an der Jürgen Habermas nachfolgend anknüpfte, die erneut in das Blickfeld genommen wird. Denn angesichts der ökonomischen wie politischen Globalisierungs-, respektive Transnationalisierungs-tendenzen und der daraus resultierenden Notwendigkeit einer Neujustierung des Verhältnisses von politischem Weltbürgertum und moralischem Universalismus sowie partikulären und regional gelebten Handlungs- und Traditionsgemeinschaften ist es Sternbergers Konzeption eines „Verfassungspatriotismus", die – als Synthese eines Gefühls- und Rechtsverhältnisses jeder nationalistischen Engführung ebenso widerstrebt wie einem abstrakten Normativismus – dazu einen wesentlichen Beitrag zu leisten vermag und zugleich der Sorge Rechnung trägt, die Klaus von Beyme unter Bezugnahme auf Habermas' Vorstellung eines europäischen Verfassungspatriotismus artikuliert: „Je stärker die Identitätsgefühle forciert auf größere Einheiten gelenkt werden, um so häufiger regen sich Tendenzen eines Neonationalismus in den europäischen Nationalstaaten und der regionalistischen Identitätssuche, wenn der Nationalstaat nach dem Gefühl der Bürger gegen ‚Brüssel' zu willfährig gewesen ist."[86]

Insofern die „Politische Kultur"[87] das „Ethos" einer jeweils bestimmten Gesellschaft artikuliert, wie Jürgen Gebhardt hinsichtlich des Verhältnisses von „Politischer Kultur und Zivilreligion"[88] in Erinnerung ruft und insofern die Analyse der politisch-kulturellen Grundlagen der modernen Bürgergesellschaft zu den „gegenwärtig brisanten Fragestellungen" der politischen Kulturforschung zählt[89], dienen die nachfolgenden Betrachtungen und Analysen des „Patriotismus" nicht zuletzt als ein Beitrag zur politischen Kulturforschung[90] der Beantwortung der Frage, was Patrio-

---

[85] Vgl. Habermas, Jürgen: Faktizität und Geltung. Beiträge zur Diskurstheorie des Rechts und des demokratischen Rechtsstaats, 4. Aufl., Frankfurt a.M. 1994. Vgl. ebd. v. a. Habermas' Ausführungen über „Staatsbürgerschaft und nationale Identität", S. 632-660, S. 658f.

[86] Beyme, Klaus von: Kulturpolitik und nationale Identität. Studien zur Kulturpolitik zwischen staatlicher Steuerung und gesellschaftlicher Autonomie, Opladen 1998, S. 87.

[87] Vgl. vorab „Was ist ‚Politische Kultur'? Notwendige Vorüberlegungen" bei Greiffenhagen, Martin / Greiffenhagen, Sylvia: Ein schwieriges Vaterland. Zur Politischen Kultur Deutschlands, München 1979, S. 18-33. Die Autoren weisen der politischen Kulturforschung die Aufgabe zu, „die Physiognomie einer Staatsgesellschaft" - vor allem auch in historischer Perspektive - zu erkunden.

[88] Vgl. Gebhardt, Jürgen: Politische Religion und Zivilreligion, in: Berg-Schlosser, Dirk / Schissler, Jakob (Hrsg.): Politische Kultur in Deutschland. Bilanz und Perspektiven der Forschung (Sonderheft 18 der Politischen Vierteljahresschrift), Opladen 1987, S. 49-60, S. 57.

[89] So die These bei Dörner, Andreas: Politische Kulturforschung, in: Münkler Herfried (Hrsg.): Politikwissenschaft, S. 587-619, S. 606.

[90] Zur Politischen Kultur und ihrer Analyse vgl. auch die Erläuterungen bei Rohe, Karl: Politische Kultur und ihre Analyse. Probleme und Perspektiven der Politischen Kulturforschung, in: Historische Zeitschrift 250 (1990), S. 321-346. Klassisch zur Politischen Kulturforschung vgl. die Untersuchung bei Almond, Gabriel A. / Verba, Sidney: The Civic Culture. Political Attitudes and Democracy in Five Nations, Princeton 1963; vgl. daran anknüpfend Gabriel, Oscar W.: Politische Kultur. Postmaterialismus und Materialismus in der Bundesrepublik Deutschland, Opladen 1986; vgl. aus vergleichender Forschungsperspektive kritisch: Kaase, Max: Sinn oder Unsinn des Konzepts Politische Kultur für die vergleichende Politikforschung, oder auch: Der Versuch, einen Pudding an die Wand zu nageln, in: Ders. / Klingemann, Hans Dieter (Hrsg.): Wahlen und politisches System. Analysen aus

tismus angesichts der „Geschichte als Erfahrung" (Karl Dietrich Bracher)[91] zu Beginn des 21. Jahrhunderts für die *res publica* Bundesrepublik Deutschland bedeuten
bzw. ob und inwiefern er einen Beitrag zur Stabilität der Demokratie in Deutschland[92] leisten kann. Um hierauf eine politikwissenschaftliche Antwort „jenseits von
Links und Rechts"[93] der politischen Auseinandersetzung jenseits politisierender Agitation und simplifizierender Gleichsetzungen ungleicher Phänomene wie „Patriotismus" und „Nationalismus" zu suchen, müssen grundlegende Fragen aufgeworfen
werden:

D   Leitende Fragestellungen

Was kennzeichnet „Patriotismus" historisch – vor allem im Zeichen der Aufklärung
– und was kennzeichnet „Patriotismus" in der Gegenwart? Damit korrespondierend:
Wenn Patriotismus „kein Wort aus unserer Zeit" ist[94], woher stammt der Begriff,
worauf bezieht er sich ursprünglich, wer sind seine Träger und welchen Wandlungen
unterliegt er im historischen Verlauf? Warum hat er als alter Begriff „schwere
Schläge"[95] gerade in Deutschland hinnehmen müssen und worin bestehen diese?
Konkret: Wie verhalten sich hier Patriotismus und „Nation" zueinander? Wer sind
die Träger des Patriotismus in Deutschland, was überhaupt kennzeichnet die „Nation", was den „Nationalismus"? Kann man gar mit Blick auf Bismarcks Reich, eine
„Großmacht ohne Staatsidee" (Helmuth Plessner)[96] von einem „Nationalismus ohne
Nation" sprechen? Wie verhält sich Patriotismus zum „integralen Nationalismus",
bzw. zum totalitären „Nationalsozialismus"? Wurde Patriotismus von Hitler miss-

---

Anlaß der Bundestagswahl 1980, Opladen 1983, S. 144-172. Bei Politischer Kultur, verstanden als
Prozess, geht es, wie Karl Rohe es einleuchtend formuliert, um „kulturschöpferische Leistungen, mag
es sich dabei um politisch-kulturelle Anpassungsleistungen oder um politisch-kulturelle Innovationen
handeln, die neue politische Denk- und Handlungsmöglichkeiten eröffnen, in der Tradition aufbe-
wahrte Sinnbezüge neu erschließen oder für eine wie immer genauer zu qualifizierende Gruppe neue
politische Formen und Symbole entwickeln". Ders.: Politische Kultur und ihre Analyse, S. 339; zur
„Politischen Kultur" als Begriff bzw. als „Summe der politisch relevanten Einstellungen, Meinungen
und Wertorientierungen innerhalb der Bevölkerung einer Gesellschaft zu einem bestimmten Zeitpunkt" vgl. Glaab, Manuela / Korte, Karl-Rudolf: Politische Kultur, in: Weidenfeld, Werner / Korte,
Karl-Rudolf (Hrsg.): Handbuch zur deutschen Einheit, Bonn 1993, S. 550-555 (vgl. ebd., S. 550).

[91]   Vgl. Bracher, Karl Dietrich: Geschichte als Erfahrung. Betrachtungen zum 20. Jahrhundert, Stuttgart
2001.

[92]   Vgl. Glaab, Manuela / Korte, Karl-Rudolf: Politische Kultur, in: Weidenfeld, Werner / Korte, Karl-
Rudolf (Hrsg.): Handbuch zur deutschen Einheit, S. 555, wo die Autoren im Hinblick auf das „histo-
risch-affektive Bezugsfeld der Nation" von einem „wichtigen Kompensationsfaktor" sprechen, „der
die Stabilität der Demokratie auch in schlechten Zeiten schützen kann. „Gleichzeitig", so Glaab und
Korte abschließend, habe „das vereinte Deutschland die Chance, ein Stück europäischer Normalität
zu erreichen: eine plurale, offene nationale Identität mit legitimitätsstiftender Kraft."

[93]   Giddens, Anthony: Jenseits von Links und Rechts. Die Zukunft radikaler Demokratie, Frankfurt a.
M. 1997.

[94]   Weizsäcker, Richard v.: Nachdenken über Patriotismus. Rede, gehalten am 6. November 1987 an der
Universität Heidelberg (hrgs. v. Presse- und Informationsamt der Bundesregierung, Bulletin Nr.
119/S. 1021ff), S. 1025.

[95]   Ebd.

[96]   Vgl. Plessner, Helmuth: Die verspätet Nation. Über die politische Verführbarkeit bürgerlichen Geistes, Stuttgart 1974, S. 43.

braucht bzw. pervertiert? Wie verhält sich Patriotismus andererseits zu antitotalitä-
rem Widerstand, der sich in der deutschen Geschichte mit dem Stichwort „20. Juli
1944" verbindet?

Wenn Patriotismus in neuzeitlicher Perspektive auf die Nation bzw. den Nationalstaat bezogen ist, worauf fokussiert sich Patriotismus im geteilten Deutschland
infolge des Zweiten Weltkrieges – Stichwort: „Zwei Staaten, eine Nation"? Was
versteht man in diesem Zusammenhang unter der „Sonderform"[97] bzw. der „Kopfgeburt"[98] des bundesrepublikanischen „Verfassungspatriotismus"? Gibt es einen Zusammenhang zwischen der Diskussion um das Konzept des „Verfassungspatriotismus" sowie um die Frage nach der Bedeutung des „17. Juni" bzw. des „23. Mai" im
öffentlichen Bewusstsein eines Gemeinwesens, welches sich im Laufe der Zeit zunehmend als „postnationale Demokratie" unter Nationalstaaten verstand? Stimmt es,
dass das Grundgesetz „symbolisch in die Leerstelle eines unbesetzt gebliebenen i-
dentitären Zentrums der bundesrepublikanischen Gesellschaft eingerückt" war, wie
Hans Vorländer unlängst unter Bezugnahme auf das Konzept des „Verfassungspatriotismus" feststellte?[99] Doch kann man überhaupt von „dem" Verfassungspatriotismus sprechen, oder divergiert die Konzeption von Dolf Sternberger, für den der
„Verfassungspatriotismus" keineswegs das Substitut eines nationalen Patriotismus
darstellte, nicht doch signifikant von derjenigen Jürgen Habermas' – wenn ja: worin? Ist es möglich, dass gerade das von Jürgen Habermas in den achtziger Jahren
postulierte „postnationale", posttraditionale Verständnis des „Verfassungspatriotismus" in der Bundesrepublik vielfach dazu führte, die deutsche Einheit 1990 als „un-
erhofftes" Ereignis zu begreifen, welches womöglich im Widerspruch zum europäischen Einigungsprozess stehe? Hieran anknüpfend gilt es zu fragen: Was ist die
Zielperspektive des europäischen Einigungsprozesses und wie verhalten sich nationale und europäische Identität zueinander? Widersprechen sie sich oder ergänzen sie
einander nicht vielmehr? Wie stark divergieren hierüber die Auffassungen in Europa
– im „alten" bzw. „neuen" Europa – und welche Bedeutung kommt in diesem Zusammenhang der Diskussion und der Schaffung einer „Verfassung" für Europa, für
die Europäische Union, zu? Welche Funktion kommt Patriotismus im künftigen Europa[100] – Stichwort: „Vaterland Europa" (Thomas Mann / Peter Koslowski) oder
„Europa der Vaterländer" (i. S. Charles de Gaulle)? – überhaupt zu?

Um hierauf gültige Antworten formulieren zu können, soll vorangehend nach der
Zukunft des Nationalstaates im Zeichen der Globalisierung gefragt werden. Was

---

[97] „Der Verfassungspatriotismus", so die Auffassung Vittorio Hösles, „ist nur eine Sonderform, nicht
der Normalfall von Patriotismus". Vgl. ders.: Moral und Politik. Grundlagen einer Politischen Ethik
für das 21. Jahrhundert, München 1997, S. 597f.

[98] So die Formulierung Ralf Dahrendorfs; vgl. ders.: Die Zukunft des Nationalstaats, in: Merkur 48
(1994), S. 757.

[99] Vorländer, Hans: Integration durch Verfassung? Die symbolische Bedeutung der Verfassung im politischen Integrationsprozess, in: Ders. (Hrsg.): Integration durch Verfassung, Opladen 2002, S. 9-40,
S. 31f. Vgl. ebd. Vorländers Bezugnahme auf den „Verfassungspatriotismus", S. 24ff.

[100] Vgl. exemplarisch die Überlegungen von Rengeling, Hans-Werner: Eine Charta der Grundrechte. Die
EU wird zur Wertgemeinschaft, in: FAZ v. 21.07.1999.

kennzeichnet „Globalisierung"[101], ja transzendiert „Globalisierung" nicht jegliche Art von „Grenzen" oder lässt sich – eingedenk der „Partikularität des Politischen" im Sinne einer räumlichen Gemeinschaft anstelle eines grenzenlosen, potentiell universellen Kommunikationszusammenhanges – allenfalls ein Funktionswandel von „Grenzen" beobachten? Wie also verhalten sich „Patriotismus" und „Kosmopolitismus" zueinander, schließen sich „Globalismus" bzw. „Globalisierung" und „Patriotismus" aus oder bedingen sie einander?[102] „Must We Choose between Patriotism and Universal Reason?"[103] Bezeichnet bzw. sichert „Patriotismus" die notwendigen sozio-moralischen Grundlagen, auf denen der moderne Verfassungsstaat beruht? Wenn ja, welche Hinweise bzw. Impulse vermag die amerikanische „Kommunitarismus"-Debatte – was bedeutet „Kommunitarismus"? – im Hinblick auf jenes von Böckenförde formulierte Paradoxon des modernen Staates zu geben? Welche Hinweise vermag diese Debatte nicht zuletzt auch im Hinblick auf die Frage nach Immigration und demographischem Wandel, nach „Multikulturalismus"[104] – was ist das? – bzw. „kulturellem Pluralismus" zu geben? *Cum grano salis*: Braucht Deutschland – als Einwanderungsland – eine „Leitkultur" gerade um eines „kulturellen Pluralismus" willen? In einem bilanzierenden Blick zurück nach vorn gilt es unter Heranziehung von Alexis de Tocqueville sowie des alt/neuen Begriffs der „civil society" bzw. der Zivil – oder Bürgergesellschaft zu fragen, inwieweit ein nation- und zugleich verfassungsorientierter Patriotismus, verstanden als nicht erzwungene und nicht erzwingbare Intention der Orientierung unserer Handlungen am Gemeinwohl, kurzum: als politische Tugend, heute der Zentralbegriff der Selbstexplikation einer Gesellschaft zu sein vermag, welche die Ideale von Toleranz und Freiheit weniger mit dem Imperativ ihrer institutionell gebundenen Verstetigung als vielmehr dem ihrer Regenerations- und Anpassungsfähigkeit unter den Bedingungen traditionelle Werte konsumierender und/oder korrumpierender gesellschaftlicher und technologischer Entwicklungen zu kombinieren sucht. Die „civil society", die „Bürgergesellschaft" – was überhaupt bezeichnen diese Begriffe und warum sind sie gegenwärtig im politisch-gesellschaftlichen Diskurs so omnipräsent? – als Quelle und Bezugsgröße eines deutschen Patriotismus im 21. Jahrhundert?

Im Sinne einer Beantwortung dieser, auf die Konnotation von Freiheit und Bindung, von Freiheit und Solidarität im Horizont von Universalismus und Partikularismus gerichteten Fragen – kurzum: im Sinne einer Beantwortung der Frage, ob bzw. wie „individualisierte und ethnisch-kulturell vielfältige Gesellschaften noch in-

---

[101] Vgl. aus geo-ökonomischer Perspektive die Analyse „Transnationale Globalisierung oder Regionalisierung und Regionalismus" bei Link, Werner: Die Neuordnung der Weltpolitik. Grundprobleme globaler Politik an der Schwelle zum 21. Jahrhundert, 2. Aufl., München 1999, S. 50-102.

[102] Vgl. dazu Sutor, Bernhard: Nationalbewußtsein und universale politische Ethik, in: Aus Politik und Zeitgeschichte B 10 (1995), S. 3-13.

[103] Vgl. Putnam, Hilary: Must We Choose between Patriotism and Universal Reason?, in: Nussbaum, Martha C.: For love of country, S. 91-97, wo Putnam die Frage verneint und betont: "Critical intelligence and loyality to what is best in our traditions, including our national and ethnic traditions, are interdependent." Ebd., S. 97.

[104] Vgl. vorab die vergleichende Analyse bei Rex, John: Multiculturalism in Europe and America, in: Nations and Nationalism 2 (1995), S. 243-259.

tegrierbar sind"[105] – bedarf es zunächst der begrifflichen Annäherung an die mit dem
„Patriotismus" korrespondierenden Phänomene „polis, „patria" bzw. die ihm relati-
onierten Phänomene „Nation", „Nationale Identität", „Volk" und „Nationalismus".
Daran anschließend werden die neuzeitlichen Entwicklungslinien eines deutschen
Patriotismus im europäischen bzw. transatlantischen Kontext auf der Grundlage der
bisherigen Forschung gebündelt und schließlich eine Ortsbestimmung des Patriotismus in Deutschland an der Schwelle des 21. Jahrhunderts unternommen.

E   Begriffsbestimmungen

a)   *Patriotismus, polis/patria, Vaterland*

Anhand des Begriffs „Patriotismus" wird im Folgenden ein sozialpolitisches Verhalten analysiert, in dem nicht die eigenen, die individuellen Interessen – oder die einiger weniger Mitglieder einer politischen Gemeinschaft – handlungsleitend sind,
sondern das Wohl aller Mitglieder, das *bonum commune*[106], das Gemeinwohl als Inbegriff der Bedingungen des Leben- und Sich-entfalten Könnens der Menschen als
einzelne, in sozialen Gemeinschaften und als politisch organisierte Gemeinschaft.[107]
Patriotismus, der neben der rationalen auch stets eine emotionale Komponente enthält, ist damit auf die Gesamtheit des politischen Gemeinwesens fokussiert und entstand historisch als ein persönlicher Einsatz für die Kommune, für die Heimat und
das Vaterland (lat. *patria*).
 War der sokratisch-platonische Patriotismus auf das seit früher Jugend Vertraute,
auf die überschaubare *polis* Athen gerichtet[108], so entstand die *polis* ursprünglich
nicht als Gebietsherrschaften, sondern hatte den Charakter von Personengemein-

---

[105] Vgl. Heitmeyer, Wilhelm: Sind individualisierte und ethnisch-kulturell vielfältige Gesellschaften
noch integrierbar?, in: Ders. (Hrsg.): Was hält die Gesellschaft zusammen? Bundesrepublik Deutschland: Auf dem Weg von der Konsens- zur Konfliktgesellschaft, Bd. 2, Frankfurt a. M. 1997, S. 9-19.

[106] Vgl. Böckenförde, Ernst-Wolfgang: Staatliches Recht und sittliche Ordnung, in: Ders.: Staat, Nation,
Europa. Studien zur Staatslehre, Verfassungstheorie und Rechtsphilosophie, Frankfurt a. M. 1999, S.
208-232. Vgl. ebd., S. 212. Vgl. dazu ursprünglich die von Aristoteles formulierte Einsicht in das
Wesen des Menschen als einem von Natur aus politischen, d.h. auf die polis hin angelegten Wesen,
in: Aristoteles: Politik, Frankfurt a. M. 1973, Nr. 1253 a]

[107] Vgl. übereinstimmend Dann, Otto: Nation und Nationalismus in Deutschland 1770-1990, S. 16; vgl.
im Kontext auch Kronenberg, Volker: Patriotismus, in: Evangelisches Soziallexikon, Neuausgabe,
Stuttgart 2001, Sp. 1221f.

[108] Vgl. im Gesamtzusammenhang den Überblick über die politischen Theorien der Antike bei Demandt,
Alexander: Der Idealstaat. Die politischen Theorien der Antike, 3. Aufl., Köln 2000; vgl. ebd. besonders die Kapitel „Platon und der Idealstaat", S. 71-108; „Aristoteles und die Demokratie", S. 109-
138; „Cicero und die Res Publica", S. 221-244; „Der geistige Widerstand gegen Rom", S. 307- 332;
„Christentum und Staat", S. 365- 392, sowie „Wirkungen", S. 393- 422; vgl. ebenso die komprimierte Analyse bei Raaflaub, Kurt: Politisches Denken im Zeitalter Athens, in: Fetscher, Iring / Münkler,
Herfried (Hrsg.): Pipers Handbuch der Politischen Ideen, Band I: Frühe Hochkulturen und europäische Antike, München 1988, S. 273-368; vgl. ebd. die Zusammenfassung „Polis, Politik und politisches Denken", S. 353-358; vgl. ebd. auch die Ausführungen über Platon bei Annas, Julia: Platon, S.
369-395; sowie zu Aristoteles bei Spahn, Peter: Aristoteles, ebd., S. 397-437. Vgl. dort besonders das
Kapitel „Die aristotelische ‚Politik' und die Krise der Polis", S. 434-436. Vgl. auch Meier, Christian:
Die Entstehung des Politischen bei den Griechen, Frankfurt a. M. 1980.

schaften. Die bäuerlichen und adligen Hausherren machten die *polis* aus, sie und nicht etwa alle Einwohner bildeten die *polis*. Auf der *agora*, dem zentralen Kult- und Versammlungsort, kamen sie zusammen, um einerseits die vielen Feste zu begehen, welche zum Leben einer *polis* gehörten, und andererseits, um sich über gemeinsame Nöte, Aufgaben und Unternehmungen auszutauschen bzw. darüber zu beratschlagen. Es war dabei natürlich, dass die Angesehenen und Reichen (*aristoi*), die erfolgreichen Anführer bisheriger militärischer Unternehmungen das Wort führten, Einfluss und Macht gewannen. Auf diese Weise verbanden sich genossenschaftliche Grundstruktur und Konzentration von Macht und Einfluss bei einigen Wenigen, vor allem den Adligen, sofern sie sich selbst in die *polis* begaben. Diese Wenigen bildeten, je nach Größe der *polis*, eine eigene Schicht und standen untereinander in Konkurrenz um Macht und Ansehen. Soweit sich in der *polis* Institutionen ausbildeten, gelangten diese zunächst in ihre Hand. Auch wenn die *aristoi* die Agierenden – und in diesem Sinne die Herrschenden – waren, so bestand für die politischen Aufgaben der *polis* eine relativ breite Beteiligung und Lastenübernahme bei den Bürgern (*politai*), deren Einfluss jedoch, da die Versammlung auf der *agora* noch für längere Zeit kein demokratisches Beschlussorgan, sondern eine beredende Zusammenkunft darstellte, eher akklamatorischer Art war.[109] Die *polis* war Bezugspunkt aller Theorien zur Vergesellschaftung der Menschen. Mit der Ausbildung von Institutionen und Ämtern und einer sukzessiven Territorialisierung des Begriffs *polis*, bezeichnet *polis* die Burg und die dazugehörende Siedlung, dann die Stadt sowohl im Sinne eines von Mauern umgebenden Siedlungszentrums, als auch im Sinne eines aus Stadt und Hinterland bestehenden Gemeinwesens. Als konstitutiv für eine *polis* als Gemeinwesen galt: sie war ein kollektiv verantwortlicher, zu verbindlichen Entscheidungen im Inneren und gemeinsamem Handeln nach außen befähigter Verband, dessen Ordnung auf Recht und Gesetz beruhte. Die Mitglieder des *polis*-Verbandes, die Bürger, waren das konstitutive Element des Gemeinwesens, nicht die Stadt oder die Stadtmauern. Die Qualität einer Siedlung als Ort politischer Vergesellschaftung zeigte sich in der Existenz eines Amts- und Ratsgebäudes, von Gymnasien und Tempeln. Andere Organisationsformen, vor allem die sich über größere Gebiete erstreckenden Wehrverbände, die mit dem Sammelbegriff des *ethnos* erfasst wurden, hatten für die politische Theorie keine große Bedeutung erlangt. Nach dem Mythos des Protagoras fanden sich die ursprünglich vereinzelt lebenden Menschen zum Schutz gegen die wilden Tiere in *poleis* – das heißt hier: in befestigten Siedlungen – zusammen. Diese Zusammenschlüsse konnten jedoch nicht von Dauer sein, da es den Menschen an der politischen Tugend fehlte; erst als Zeus ihnen *aidos* (Respekt vor den anderen) und *dike* (Gerechtigkeit) als Voraussetzung von Ordnung, Zusammenhalt und Freundschaft untereinander verliehen hatte, konnte die *polis* als stabile Vereinigung bestehen.[110]

---

[109] Vgl. Böckenförde, Ernst-Wolfgang: Geschichte der Rechts- und Staatsphilosophie. Antike und Mittelalter, Tübingen 2002, S. 15f.

[110] Vgl. Nippel, Wilfried: Politische Theorien der griechisch-römischen Antike, in: Lieber, Hans-Joachim (Hrsg.): Politische Theorien von der Antike bis zur Gegenwart, Bonn 1991, S. 17- 46. Vgl. ebd., S. 23f. Vgl. grundsätzlich im Kontext auch Finley, Moses I.: Das politische Leben in der antiken Welt, München 1991; vgl. schließlich auch Rosen, Klaus: Griechenland und Rom, in: Fenske,

War es also die konkrete *polis*, die in ihrer unmittelbaren Evidenz Identität[111] und Lebensführung des einzelnen prägte, so unterscheidet Cicero zwei Varianten von *patria*[112] eines jeden Römers: die *patria naturae* als denjenigen heimatlichen Raum des Privaten, Intimen und Familiären, zu dem neben Vaterhaus, Muttersprache, Andenken an Vorfahren und ihre vorbildliche Lebensführung, der Kult der Lokal- und Hausgottheiten gehörte, von der *patria civitatis*. Diese stand für jene politische Idee, die alle Individuen, die das römische Bürgerrecht besaßen, zu einer Gemeinschaft, dem römischen Staat verband.[113]

Zur Zeit Ciceros war der politische *patria*-Begriff ein Ausdruck der Vorstellungen der Senatspartei von der Ausgestaltung der *res publica*. Er zeigte sich geprägt vom unerschütterlichen Glauben an die Beispielhaftigkeit der Handlungen der Staatsgründer, an ihre Widerstandskraft und ihr Durchsetzungsvermögen in Zeiten innerer und äußerer Bedrohung und an die Mission Roms. Die Nachfolge ihrer *exempla*, die Beachtung ihres Kanons altrömischer Tugenden und der tatkräftige Einsatz eines jeden für die öffentliche Sache garantierte den Bestand des römischen Staatswesens. Am prägnantesten formuliert findet man diesen moralischen Appell, im Interesse der Allgemeinheit selbst höchste Opfer nicht zu scheuen, in Horaz' *dul-*

Hans u.a. (Hrsg.): Geschichte der politischen Ideen. Von Homer bis zur Gegenwart, 2. Aufl., Frankfurt a. M. 1987, S. 19-139.

[111] Vgl. Meier, Christian: Die politische Identität der Griechen, in: Marquard, Odo / Stierle, Karlheinz (Hrsg.): Identität, München 1979, S. 371-406.

[112] Vgl. Cicero: De legibus, in: Staatstheoretische Schriften (hrsg. v. Kurt Ziegler), Berlin 1979, S. 211-342: „omnibus municipibus duas esse censeo patrias, unam naturae, alteram civitatis". Thomas Eichenberger weist in seiner fundierten Analyse der Bedeutung des Wortes „*patria*" im Mittelalter [vgl. ders.: Patria. Studien zur Bedeutung des Wortes im Mittelalter (6.-12. Jahrhundert), Sigmaringen 1991; vgl. ebd. Eichenbergers Ausführungen „*Omnibus municipibus duas esse censeo patrias*. Der Begriff Patria in Antike und Spätantike", S. 25-36 – Hervorhebung im Original, V. K.] zurecht darauf hin, dass die Vorstellung von den zwei „*patriae*" jedes Bürgers ihren Ursprung nicht bei Cicero habe; Cicero seinerseits, so Eichenberger, habe sich auf griechische Vorbilder gestützt. Vgl. ebd., S. 25 (FN 1). Zu Cicero vgl. die Analyse bei Fuhrmann, Manfred: Cicero und die römische Republik, 1989; vgl. auch die Ausführungen zu Cicero sowie grundsätzlich zum politischen Denken der Römer zur Zeit der Republik bei Olshausen, Eckart: Das politische Denken der Römer zur Zeit der Republik, in: Fetscher, Iring / Münkler, Herfried (Hrsg.): Pipers Handbuch der Politischen Ideen, Band I, S. 485-519.

[113] In Ermangelung einer umfassenden Studie zum politischen „*patria*"-Begriff vgl. Krattinger, L.: Der Begriff des Vaterlandes im republikanischen Rom, Zürich 1944. Vgl. dazu Cicero: De re publica (hrsg. v. Kurt Ziegler), 6. Aufl., 1964; In dieser ersten staatstheoretischen Schrift in lateinischer Sprache – konzipiert als philosophisches Gegenstück zu Platons Politeia [vgl. ders.: Der Staat, über das Gerechte (hrsg. v. Otmar Apelt), Hamburg 1961] suchte Cicero, wie Eckart Olshausen erläutert, „den in dieser Welt bestmöglichen Staat und meinte ihn annähernd in der römischen Republik zur Zeit des Jüngeren Scipio sehen zu können". Vgl. ders.: Das politische Denken der Römer zur Zeit der Republik, in: Fetscher, Iring / Münkler, Herfried (Hrsg.): Pipers Handbuch der Politischen Ideen, Band I, S. 513f. Vgl. im Kontext sowie zum Vorherigen die Analyse bei Rüstow, Alexander: Ortsbestimmung der Gegenwart, Zweiter Band, S. 90-180; vgl. ebd. das Kapitel „Rom und Römisches Reich", S. 166-180; vgl. auch ebd., S. 83ff die Ausführungen zu „Athens Aufstieg, Größe und Fall"; vgl. ebd. S. 142ff auch Rüstows vehemente Kritik an Platons „Abwertung der Materie und des Leibes, der diesseitigen Welt", der „die Aufwertung eines immateriellen, göttlichen, geistigen, besseren Jenseits [entspreche, V. K.]" sowie an Platons Vorwegnahme des christlichen memento mori in der ars moriendi. Die gesamte philosophische Entwicklung des Abendlandes bis heute stehe in verhängnisvoller Weise unter platonischem Einfluss, wie Rüstow meint: „Alle Idealisten unmittelbar durch Filiation, alle Materialisten mittelbar durch Widerspruch, und Aristoteles, der Erbe der Vorsokratiker und Schüler Platons, durch Kompromiß und Synthese". Vgl. ebd., S. 144.

ce et decorum est pro patria mori. Die Haltung des Römers zur *patria* hat jeder ostentativer Gefühlsbetonung entbehrt; Begriffe wie *caritas* und *pieta*s machen deutlich, dass insbesondere Pflichtbewusstsein und Gemeinsinn das Verhältnis des Römers zur *patria* prägten. Aufgrund der engen Bindung des politischen *patria*-Begriffs an die Entwicklung der inneren Verfassung des römischen Staates hatten das Ende der Republik und die Errichtung des augusteischen Prinzipats zwangsläufig eine Modifikation des *patria*-Gedankens zur Folge. Diese äußerte sich vorerst in einem höheren Abstraktionsgrad, der vor allem durch die starke Betonung des *Roma aeterna*-Mythos und durch den Einfluss des griechischen Kosmopolitismusgedankens begründet wurde. Diesem gesteigerten Abstraktionsgrad wirkte zum einen die zunehmende Personifizierung Roms etwa im *Dea Roma*-Kult und zum anderen die enge Bindung von *patria* an den Kaiser, ihren Vater, den *pater patriae*, entgegen.[114]

Das zunehmend abstraktere Konzept der *patria civitatis*, in dem alle Wertvorstellungen enthalten waren, die mit dem Römischen Reich als *patria* identifiziert wurden, ermöglichte es, den zunächst auf das Landsmannschaftliche und Überschaubare[115] ausgerichteten Patriotismus schließlich auf die moderne Nation bzw. den modernen National- und Verfassungsstaat zu übertragen. Das „Vaterland" erwies sich nun als Größe, welche die Merkmale der Epoche, aus der sie geschichtlich heraufstieg, wesentlich in sich aufnahm: Aufklärung, Emanzipation, Industrialisierung, Rationalisierung sowie nicht zuletzt den Aufbruch neuer sozialer und politischer Gruppierungen. Als Patriot verstand sich im Zuge der Aufklärung und des modernen Nationsdenkens derjenige, der sich national engagierte und – im Unterschied zum Nationalisten! – unter Beachtung von *aidos* und *dike* sein diesbezügliches Handeln am *bonum commune* eines konkreten nationalen Verbandes ausrichtete und damit zu einem Ausgleich von Partikularismus (der je spezifische nationale Verband) und Universalismus (die Beachtung universaler, naturrechtlicher Normen im Sinne allgemeiner Menschen- und Bürgerrechte) beizutragen vermochte; aufklärerischer Universalismus und Patriotismus schlossen sich folglich keineswegs aus.

Wenn Robert Michels in seiner „historischen Analyse des Patriotismus" von 1913 formuliert, der Patriotismus sei „nationale Affirmation eines Sein, oder nationale Aspiration nach einem Seinsollen"[116], so gilt dies, Michels Definition modifizierend, unter Beachtung der Eigenart fremder politischer Gemeinschaften sowie durch die Anerkennung jedes Menschen als Zweck an sich und verweist auf die Gefahr einer Perversion des Patriotismus für den Fall, dass die nationale Affirmation

---

[114] Eichenberger, Thomas, Patria, S. 26f.

[115] Vgl. diesbezüglich Eichenbergers Anmerkungen zu dem Begriff der „*patria naturae*", die jenen Raum bezeichnete, in den der Mensch hineingeboren wurde. Zu dieser mit Jugenderinnerungen behafteten Landschaft gehörten Eichenberger zufolge für den Römer Eltern, Geschwister und Jugendfreunde, das Vaterhaus, der über Generationen hinweg vererbte Familienbesitz, die Familientraditionen, das Andenken an die Vorfahren sowie deren vorbildliche Lebensführung und der Kult der Haus- und Lokalgottheiten. Die enge Verbindung zu einem geographischen Raum wie der „patria naturae" könne wohl als eine der grundlegenden Bindungen des Menschen betrachtet werden, eine Bindung, die je nach Zeitumständen mehr oder weniger in seinem Bewusstsein vorhanden sei, die aber in ihrer Emotionalität einen Grundpfeiler der menschlichen Existenz darstelle. Vgl. ebd., S. 29f.

[116] Michels, Robert: Zur historischen Analyse des Patriotismus, in: Archiv für Sozialwissenschaft und Sozialpolitik 36 (1913), S. 394-449, S. 413.

der Bürger, dass das bürgerschaftliche Engagement für den nationalen Verband seitens der Regierung für ideologische Zwecke missbraucht wird.

b)   Nation, Nationale Identität

Doch was ist eine Nation? Alle auf diese Frage gegebenen Antworten verraten insofern eine große subjektive Sicherheit in der Wortdefinition, als dass sie auf die Ableitung von der lateinischen oder romanischen Grundform hinweisen; sie werden aber schwach und unzulänglich, sobald sie an die wirklichen in der Weltgeschichte als geschlossene Nation auftretenden Menschheitskomplexe angelegt werden.[117] Immerhin, seit der Französischen Revolution gehört der Begriff der „Nation" zu den Grundbegriffen der politischen Sprache. Fast alle Staaten der Welt verstehen sich heute als Nationalstaaten. Grundlage eines Staates ist eine Nation. Gleichwohl gab es und gibt es Nationen, die keinen eigenen Staat haben, und es gibt wiederum Staaten, die verschiedene Nationen umfassen.[118]

Der Begriff „Nation" bedeutet nicht lediglich eine Staatsbevölkerung – seine Definition muss allgemeiner ansetzen: Die vorliegende Arbeit definiert „Nation"[119] als *eine politisch orientierte Bewusstseinsgesamtheit, die als diese handlungsbereit und handlungswillig ist.*

Die Nation bezeichnet eine Gesellschaft, die aufgrund gemeinsamer geschichtlicher Herkunft eine politische Willensgemeinschaft bildet. Eine Nation versteht sich insofern als Solidargemeinschaft, die von der rechtlichen Gleichheit ihrer Mitglieder ausgeht. Sie ist angewiesen auf einen grundlegenden Konsens in ihrer politischen Kultur und stets auf ein bestimmtes Territorium orientiert, ihr Vaterland.[120] Ihr wichtigstes Ziel stellt die eigenverantwortliche Gestaltung ihrer Lebensverhältnisse, politische Autonomie innerhalb ihres Territoriums, d.h. ein eigener Nationalstaat, dar.[121]

---

[117] Vgl. in diesem Sinne Kirchhoff, Alfred: Was ist national?, Halle 1902, S. 1.

[118] Vgl. grundsätzlich im Folgenden den Überblick bei Langewiesche, Dieter: Nation, Nationalismus, Nationalstaat: Forschungsstand und Forschungsperspektiven, in: Neue Politische Literatur 40 (1995), 190-236; vgl. klassisch für die deutsche Forschung zur Geschichte von Nation, Nationalismus und Nationalstaat in Europa: Schieder, Theodor: Nationalismus und Nationalstaat. Studien zum nationalen Problem im modernen Europa (hrsg. v. Otto Dann und Hans-Ulrich Wehler), 2. Aufl., Göttingen 1992; vgl. desweiteren auch die Beiträge des Bandes von Winkler, Heinrich August / Kaelble, Hartmut (Hrsg.): Nationalismus – Nationalitäten – Supranationalität, Stuttgart 1993.

[119] Darin folgt der Autor der differenzierten Deutung bei Böckenförde, Ernst-Wolfgang: Die Nation – Identität in Differenz, in: Ders.: Staat, Nation, Europa, a. a. O., S. 24-58, S. 38. „Das", so Böckenförde, „prägt und bestimmt den modernen Begriff der Nation. Es ist genuin ein Begriff der politischen Sphäre und bewegt sich in ihr, bleibt nicht in einem vor-politischen Raum stehen oder stecken."

[120] Vgl. in diesem Sinne Dann, Otto: Nation und Nationalismus in Deutschland 1770-1990, S.12.

[121] Vgl. ebd. Vgl. auch die Definition von „Nation" im Rahmen der Analyse bei Estel, Bernd: Grundaspekte der Nation, in: Ders. / Mayer, Tilman (Hrsg.): Das Prinzip Nation in modernen Gesellschaften. Länderdiagnosen und theoretische Perspektiven, Opladen 1994, S. 13-81, S. 19: Eine Nation ist Estel zufolge eine zumindest teilweise geschlossen siedelnde Bevölkerung, die eine eigene, arbeitsteilige Gesellschaft auch modernen Zuschnitts bildet oder bilden kann, und deren Angehörige sich mehrheitlich als eigene ethnische oder historisch, d.h. durch Gemeinsamkeit des kollektiven, insbesondere des politischen Schicksals begründete Einheit verstehen; eine Einheit, die nach diesem Verständnis ein natürliches Recht auf Unabhängigkeit nach außen besitzt, und die deshalb auch einen eigenen, den Nationalstaat errichten oder behalten soll. Vgl. demgegenüber Sheehan, James J.: Nation und Staat.

Eine Nation entsteht mit der Ausprägung von „Nationalbewusstsein" innerhalb einer Bevölkerung. Hierbei handelt es sich um den „Prozeß einer kollektiven politischen Bewusstwerdung, in dem die Mitglieder eines Volkes [..] bzw. Bewohner eines Territoriums entdecken, daß sie gemeinsame Traditionen und Interessen haben"[122], d.h., dass sie eine Solidargemeinschaft bilden wollen. Eine solche „nationale Identität"[123] im Sinne eines „Wir-Bewusstseins"[124] bzw. eines „Gemeinsamkeitsglaubens" (Max Weber)[125] steht neben anderen sozialen Identitäten, in denen der einzelne lebt, z. B. der Region oder der Religion. Nationale Identität kann sich mit diesen anderen Identitäten verbinden oder auch in Konkurrenz zu ihnen geraten[126].[127] Charakteristisches

---

Deutschland als „imaginierte Gemeinschaft", in: Hettling, Manfred / Nolte, Paul (Hrsg.): Nation und Gesellschaft in Deutschland. Historische Essays, München 1996, S. 33-45, der ausgehend von einem abweichenden Nations-Begriff betont, der Nationalstaat könne nicht als das „einzig authentische Resultat der Entwicklung zur Nation" begriffen werden. Die historiographische und konzeptuelle Gleichsetzung von Nation und Staat verzerre sowohl die deutsche Situation wie auch den Prozeß nationaler Entwicklung im allgemeinen. Nationen und Staaten mögen Sheehan zufolge zwar denselben politischen Raum beanspruchen und die Gefolgschaft derselben Menschen fordern, „aber ihre Traditionen und Merkmale unterscheiden sich. Staaten sind staatsbürgerliche Gemeinschaften, gestützt auf Gesetze und Institutionen; sie haben klare Grenzen und objektiv definierte Zugehörigkeitskriterien. Nationale Gemeinschaften dagegen stützen sich auf subjektiv definierte Gemeinsamkeiten, z.B. von Sprache, Kultur oder Identität. Im Gegensatz zu Staaten, die klare Verhältnisse zu schaffen lieben, sind Nationen im Innersten mehrdeutig. Ihre Zugehörigkeitskriterien sind oft vage, ihre Grenzen durchlässig, der Kern ihres Wesens ist schwer zu greifen und umstritten. Es besteht daher fast immer eine latente Spannung zwischen den Staatsbürgern eines Staates und der imaginierten Gemeinschaft der Nation". Ebd., S. 37f.

122 Dann, Otto: Nation und Nationalismus in Deutschland 1770-1990, S. 14.

123 Zur „Struktur nationaler Identität" sowie zu „Voraussetzungen und Grundproblematik kollektiver Identität" vgl. die Ausführungen bei Estel, Bernd: Grundaspekte der Nation, in: Ders. / Mayer, Tilman (Hrsg.): Das Prinzip Nation in modernen Gesellschaften, S. 33ff.

124 Vgl. Böckenförde, Ernst-Wolfgang: Die Nation – Identität in Differenz, in: Ders.: Staat, Nation, Europa, S. 57: „[...] So kann der Rückgriff auf die Nation, solange eine solche besteht, auf das in ihr erhaltene, emotional bindungsfähige Wir-Bewußtsein, nicht mehr umgangen werden. [...]" Vgl. ebd. auch S. 42, wo der Autor betont, die Nation gewinne ihr Eigenes, was sie zum „Wir" verbinde, auch und gerade aus dem Unterschied oder Gegensatz zu anderen; auch dies sei jeweils historisch-konkret bestimmt, abhängig von Situationen und Konstellationen. Zugleich erstrebe oder verteidige sie ein bestimmtes Territorium als den ihr zugehörigen Boden und Raum, ihr eigenes Land, gegen andere Ansprüche und Prätendenten. Bernd Estel spricht in diesem Kontext von „Wir-Sie-Differenzen", deren Herstellung eine „doppelte Stoßrichtung" aufweise. Mit der sozial möglichst verbindlichen Feststellung von Eigentümlichkeiten oder Besonderheiten, die den Nationsangehörigen mehr oder minder gemeinsam sind, sei stets die Errichtung von gerade symbolischen Grenzen nach außen gekoppelt. Schon die ideelle Bestimmung und nicht erst die faktische Realisierung von innerer Einheit bzw. Einheitlichkeit gehe zwangsläufig mit der Abgrenzung einem außen gegenüber einher, das aufgrund „schwerwiegender" Unterschiede nicht oder nur teilweise zu ihm gehöre; und nicht selten müßten gerade anfänglich die Errichtung solcher Grenzen den Mangel an innerer Einheitlichkeit überdecken. Vgl. ders.: Grundaspekte der Nation, in: Ders. / Mayer, Tilman (Hrsg.): Das Prinzip Nation in modernen Gesellschaften, S. 54.

125 Vgl. Weber, Max: Wirtschaft und Gesellschaft (hrsg. v. Johannes Winckelmann), Teil 2, Kapitel 4, 5. Aufl., Tübingen 1956; vgl. ebd. Webers Definition der „Nation" als „eine spezifische Art von Pathos, welches sich in einer durch Sprach-, Konfessions-, Sitten- oder Schicksalsgemeinschaft verbundenen Menschengruppe mit dem Gedanken einer ihr eigenen, schon bestehenden oder von ihr ersehnten politischen Machtorganisation verbindet", S. 316.

126 Zu dem Aspekt der „Identität" vgl. grundsätzlich die Beiträge des Bandes von Marquard, Odo / Stierle, Karlheinz (Hrsg.): Identität, München 1979. Vgl. exemplarisch ebd. die Ausführungen von Lübbe, Hermann: Identität und Kontingenz, S. 655-659; Henrich, Dieter: Identität und Geschichte – Thesen

Merkmal der nationalen Identität ist die Verbundenheit mit einem politischen Territorium, das als Vaterland begriffen wird.[128] Ernst-Wolfgang Böckenförde weist rückbezogen auf sein Nations-Verständnis einer *„Identität in Differenz"* in diesem Kontext auf den wesentlichen Umstand hin, dass die einmal ausgeformte Identität der Nation, mag sie so oder anders zur Erscheinung kommen, *nicht* etwas Unabänderliches darstellt. Wo sich das erwachende politische Selbstbewusstsein nicht am bereits vorhandenen Staat bilden konnte – bei den staatenlosen Völkern –, orientierte es sich an vorstaatlichen, natürlichen Kriterien und griff dabei zurück auf Sprache, Abstammung, Geschichte, Kultur. Die Abstammungs-, Sprach- und Kulturgemeinschaft macht ein Volk aus, aber nicht nur das Volk, sondern auch – politisch – die Nation. So verstanden wird man in die Nation hineingeboren, sie ist primär Schicksals-, nicht Willensgemeinschaft. Die Zugehörigkeit zu ihr haftet dem einzelnen gewissermaßen seinsmäßig an. Dieser Nationsbegriff hat seinen Ursprung in Deutschland. Die Deutschen waren – aus dem alten Reich herkommend – eine staatlose Nation, die sich ihren Staat erst suchen und erkämpfen mußte. Von hier aus hat sich dieser Nationsbegriff nach Mittel- und Ost-Europa verbreitet, vor allem zu den slawischen Völkern. Dabei begann die nationale Bewegung immer als linguistische und Bildungsbewegung, die die Sprachgemeinschaft zur Kulturnation formte, den angestammten Lebensraum entdeckte und von dort zur politischen Bewegung voranschritt.

Diesem Nationsbegriff steht der *politische* Nationsbegriff derjenigen Völker gegenüber, die sich am bereits vorhandenen Staat zur Nation bildeten. Die Nation entstand und besteht als politische Bekenntnisgemeinschaft: Man will gemeinsam in und unter einer bestimmten politischen Ordnung leben. Dieser gemeinsame Wille macht die Nation aus, nicht natürliche, seinsmäßige Vorgegebenheiten. Dieser politische Nationsbegriff ist seinerseits einem imperialen Ausgriff leichter zugänglich als der ethnisch-kulturelle; insofern es nur auf das willentliche Bekenntnis ankommt, kann dies auch von bisher Fremden, werden sie dem sich ausdehnenden Staat eingegliedert, verlangt und entsprechender Integrationsdruck ausgeübt werden. Der *ethnisch-kulturelle* Nationsbegriff hingegen verlangt hier, bleibt er sich treu, die Begrenzung. Für beide Nationenbegriffe ergibt sich so – ungeachtet ihrer Unterschiede – die Sprachkonformität als wesentliches Merkmal nationaler Einheit.[129]

Ist die Nationbildung[130] ein Vorgang der Herausbildung eines kollektiven Bewusstseins und hat dieser Vorgang prozesshaften Charakter, dann ist allerdings das

---

über Gründe und Folgen einer unzulänglichen Zuordnung, S. 659-664; vgl. auch Marquard, Odo: Identität – Autobiographie – Verantwortung (ein Annäherungsversuch), S. 690-699.

[127] Vgl. mit Blick auf das Verhältnis von „nationaler Identität" und „Religion" das Kapitel „Religion und Konfession" bei Langewiesche, Dieter: Nation, Nationalismus, Nationalstaat: Forschungsstand und Forschungsperspektiven, in: Neue Politische Literatur, S. 214-216.

[128] Vgl. Dann, Otto: Nation und Nationalismus in Deutschland 1770-1990, S. 12.

[129] Vgl. Böckenförde, Ernst-Wolfgang: Die Schweiz – Vorbild für Europa?, in: Ders.: Staat, Nation, Europa, S. 25-33, S. 26:. Ebd., S. 26ff.

[130] Vgl. dazu klassisch die Analyse der massenkommunikativen Verdichtungen als gesellschaftliche Grundlage für die Prozesse des „nation-building" bei Deutsch, Karl W.: Nationenbildung – Nationalstaat – Integration, Düsseldorf 1972; vgl. dazu die Studie von Weiser, Thomas: K. W. Deutschs Modell der Nationswerdung und sein Beitrag für die historische Nationalismusforschung, in: Schmidt-

einmal entstandene Bewusstsein *nicht* eine Größe, die unabänderlich ein für allemal da ist.

Es muss fortgetragen, lebendig erhalten, muss in die nachfolgende Generation hinein vermittelt und von dieser angeeignet werden. Nur so kann die Identität einer Nation als Bewusstseinsgesamtheit Bestand haben. Damit ist sie aber auch veränderlich.[131] Mit anderen Worten: Die Nation konkretisiert sich als Handlungsergebnis von Individuen. Sie besteht aus Individuen, die sich aus verschiedensten Gründen zu einer Gruppe zusammenfinden, gemeinsame Handlungs- und Kommunikationsregeln vereinbaren, Organisationsformen ausbilden und Stellvertreter bestimmen.[132] Nationale Identität kann sich so auf der individuellen Ebene in Einstellungen gegenüber der wie auch immer definierten Nation ausdrücken.[133] Betrachtet man das Dreieck „Nation", „Gesellschaft", „Staat", so lässt sich ihr Verhältnis folgendermaßen bestimmen: Gesellschaft macht funktional den Staat erforderlich, trägt partiell zu dessen Entlastung bei, produziert jedoch ebenso viele neue Forderungen und Überforderungen, die ihrerseits nur partiell von supranationalen Strukturen aufgenommen und verarbeitet werden können. Die in der gesellschaftlichen bzw. staatlichen Ordnung fortbestehenden Integrationsdefizite zu kompensieren, ist die Aufgabe der „Nation", gewissermaßen als „Integral moderner Gesellschaften"[134].

Dabei gilt: Nationen existieren, solange sie in den Köpfen und Herzen der Menschen sind, und erlöschen in dem Moment, wenn sie nicht mehr empfunden, gedacht und gewollt werden: Sie erkennen sich in einer gemeinsamen Geschichte, in gemeinsamem Ruhm und gemeinsamen Opfern wieder – wobei die Gemeinsamkeiten „in aller Regel mehr erträumt und konstruiert als wirklich" sind.[135]

Neue Bewusstseinsprozesse können vorhandenes Bewusstsein verändern oder fortentwickeln. Solche Prozesse können spontan entstehen, ausgelöst etwa durch grundstürzende politische Ereignisse, sie können bewusst angestoßen werden durch eine aufkommende geistige Bewegung. Folglich kommt es darauf an, in welcher Weise sie Resonanz finden und sich dem Bewusstsein der Menschen einprägen. Auf diese Weise erscheint es durchaus möglich, eine ethnisch ausgeprägte Nationidentität zu einer anders gearteten oder anders akzentuierten Nationidentität umzubilden,

---

Hartmann, Eva (Hrsg.): Formen des nationalen Bewusstseins im Lichte zeitgenössischer Nationalismustheorien, München 1994, S. 127-143.

[131] Böckenförde, Ernst-Wolfgang: Die Nation – Identität in Differenz, in: Ders.: Staat, Nation, Europa, S. 54.

[132] Den Kommunikationsaspekt akzentuiert Dirk Richter in seiner Analyse der Nation, indem er diese als „eine Semantik, die kommuniziert wird", definiert. Vgl. ders.: Nation als Form, Opladen 1996, S. 253.

[133] Eine solche Charakterisierung nimmt auch Thomas Blank auf der Grundlage einer repräsentativen Studie im Rahmen eines DFG-Projekts zum Thema „Nationale Identität der Deutschen" vor, das im Rahmen des Schwerpunktprogramms „Sozialer und politischer Wandel im Zuge der Integration der DDR-Gesellschaft" gefördert wurde [vgl. dazu ders. / Schmidt, Peter: Konstruktiver Patriotismus im vereinigten Deutschland?, in: Mummendey, Amélie / Simon, Bernd (Hrsg.): Identität und Verschiedenheit, Bern 1997, S. 127-148]. Vgl. ders.: Wer sind die Deutschen? Nationalismus, Patriotismus, Identität – Ergebnisse einer empirischen Längsschnittstudie, in: Aus Politik und Zeitgeschichte 13 (1997), S. 38-46, S. 40.

[134] Weinacht, Paul-Ludwig: Nation als Integral moderner Gesellschaft, in: Gebhardt, Jürgen / Schmalz-Bruns, Rainer (Hrsg.): Demokratie, Verfassung und Nation, S. 102-122, S. 104.

[135] Schulze, Hagen: Staat und Nation in der europäischen Geschichte, München 1994, S. 110f.

wie Böckenförde angesichts der Differenzierung einer „politisch-voluntativen" sowie einer „ethnisch-kulturell" bestimmten Ausdrucksform eines einheitlichen Nationbegriffs[136], der jeweils in „Differenz zur Erscheinung"[137] kommt, bemerkt.

Dies bedeutet nicht, dass die Wandlung eines ethnisch-kulturellen zu einem voluntaristischen Nationbegriff schon allein durch einen bloßen Willensakt ins Werk gesetzt werden kann.

Gerade Ernest Renan, dessen berühmter Vortrag „Was ist eine Nation?" inhaltsreicher ist, als die oft zitierte Aufforderung zu einem *„plébiscite de tous les jours"*, hat darauf hingewiesen, dass die Nation – als sogenannte Willensnation, wie er sie sieht – eine Seele sei, ein geistiges Prinzip, dessen eine Seite der gemeinsame Besitz eines reichen Erbes an Erinnerungen nicht nur an Siege, sondern auch an Niederlagen, „Endpunkt einer langen Vergangenheit von Anstrengungen, von Opfern und Hingabe" sei. Sie bedürfe einer tragenden politischen Idee, verknüpft auch mit emotional bindenden großen Geschehnissen, die sich dem kollektiven Gedächtnis einbildeten.[138]

Gleichwohl hätte die Vereinigung Deutschlands nach 45 Jahren der Teilung als Folge des verlorenen Krieges durchaus eine Chance zur Wandlung des Nationsbegriffs geboten: im Zuge einer gemeinsamen Verfassungsgebung, der darin liegenden konstituierenden politischen Kraft und verbunden mit dem politisch induzierten Aufbruch zu Opferbereitschaft und Lastenverteilung. Der gewählte Weg des Beitritts, der jede politische Neukonstituierung vermeiden wollte und sie auch vermieden hat, war anders.[139] Dazu mehr in dem Kapitel „1990 – die ‚unerhoffte' Einheit".

---

[136]   Vgl. Böckenförde, Ernst-Wolfgang: Die Nation – Identität in Differenz, in: Ders.: Staat, Nation, Europa, S. 34, wo Böckenförde die politisch-voluntative Ausdrucksform des Nationbegriffs exemplarisch Frankreich und den Vereinigten Staaten zuordnet, die ethnisch-kulturelle Ausdrucksform demgegenüber Deutschland sowie Mittel- und Osteuropa [Böckenfördes Analyse der „Nation – Identität in Differenz erschien erstmals in: Michalski, Krszyztof (Hrsg.): Identität im Wandel. Castelgandolfo-Gespräche 1994, Stuttgart 1995, S. 129-154].

[137]   Vgl. Böckenförde, Ernst-Wolfgang: Die Nation – Identität in Differenz, in: Ebd., S. 36.

[138]   Vgl. Renan, Ernest: Was ist eine Nation?. Vortrag an der Sorbonne am 11. März 1882, in: Jeismann, Michael / Ritter, Henning (Hrsg.): Grenzfälle. Über neuen und alten Nationalismus, Leipzig 1993, S. 290-311; vgl. ebd., S. 309, wo Renan formuliert: „Eine Nation ist also eine große Solidargemeinschaft, getragen von dem Gefühl der Opfer, die man gebracht hat, und der Opfer, die man noch zu bringen gewillt ist. Sie setzt eine Vergangenheit voraus, aber trotzdem faßt sie sich in der Gegenwart in einem greifbaren Faktum zusammen: der Übereinkunft, dem deutlich ausgesprochenen Wunsch, das gemeinsame Leben fortzusetzen. Das Dasein einer Nation ist – erlauben Sie mir dieses Bild – ein tägliches Plebiszit, wie das Dasein des einzelnen eine andauernde Behauptung des Lebens ist".

[139]   Die Empfehlung oder gar Forderung, den ethnisch-kulturellen Nationbegriff zugunsten des politisch-voluntativen Begriff der Franzosen aufzugeben oder sich zumindest an der „westlichen" Nationidee zu orientieren, kann, wie Ernst-Wolfgang Böckenförde in diesem Kontext mit Blick auf die Diskussion in Deutschland sicherlich zurecht bemerkt, auf fatale Auswirkungen hinweisen, die der ethnisch-kulturelle Nationbegriff, als Grundlage für die Bildung von geschlossenen Nationalstaaten genommen, gehabt habe und weiterhin hat, und auf die Schwierigkeiten bei der Ausländerintegration, die er hervorruft. Beides fehlt Böckenförde zufolge in Deutschland und müsse erst einmal wachsen. Mit dem unbefangenen Blick des Beobachters von außen hat ein Amerikaner es kürzlich auf den Punkt gebracht: „Die Franzosen verstehen die Nation als das Produkt des Staates, die Deutschen sehen ihre Nation als Basis des Staates an" [vgl. dazu im Original diese Einschätzung bei Brubaker, Roger: Staats-Bürger. Deutschland und Frankreich im historischen Vergleich, Hamburg 1994, S. 238; vgl. dazu die Rezension von Ernst-Wolfgang Böckenförde, in: Ders.: Staatsbürgerschaft und Nationali-

c)   Volk

„Nation" und „Volk" – obgleich in der politischen Sprache vielfach synonym gebraucht – bedürfen gerade im Hinblick auf die Situation der größeren Völker, besonders der Deutschen in Europa, einer begrifflichen Unterscheidung[140]: Völker sind
soziale Großgruppen, gekennzeichnet durch eine gemeinsame Sprache, eine Kultur,
eine Religion, eine gemeinsame Geschichte. Auf der Grundlage eines oder mehrerer
dieser Kennzeichen sind sie in der Lage, eine Kommunikationsgemeinschaft zu bilden und sich gesellschaftlich enger zusammenzuschließen. So ist ein Volk im Regelfall auch die Grundlage einer Nationsbildung. Gleichwohl gibt es Völker (Ethnien),
„die keine eigene Nationsbildung durchmachen, und es gibt Nationen, die mehrere
Völker oder Volksgruppen umfassen (in Europa z.B. die Schweiz oder Belgien). Im
Unterschied zu einer Nation, die unter bestimmten Bedingungen entstehen und auch
zerfallen kann, hat ein Volk [...] eine wesentlich längere Lebensdauer".[141] Die Unterscheidung zwischen Volk und Nation ist in der politischen Sprache auch deshalb
so schwierig, weil beide Worte eine zweifache Bedeutung haben, eine ethnische und
eine politische.[142] „Nation" bedeutet von seiner lateinischen Wurzel her eine Gemeinschaft mit gleicher Abstammung, also eine ethnische Gemeinschaft[143]. Erst mit

---

tätskonzept, in: Ders.: Staat, Nation, Europa, S. 59-67; erstmals publiziert als: Ders.: Wer ist das
Volk?, in: Frankfurter Allgemeine Zeitung v. 11.04.1995]. Ebd., S. 55f.

[140]   Zur Begriffsgeschichte von „Volk", „Nation", „Nationalismus" und „Masse" vgl. den gleichnamigen
Beitrag Von Koselleck, Reinhart u. a. in: Geschichtliche Grundbegriffe. Historisches Lexikon zur politisch-sozialen Sprache in Deutschland, hrsg. von Brunner, Otto / Conze, Werner / Koselleck, Reinhart, Band 7, Stuttgart 1992, S. 141-431.

[141]   Dann, Otto: Nation und Nationalismus in Deutschland, S. 12f. Gleichwohl stellt die Nation sowenig
wie das Volk ein „historisches a priori" dar, wie Wolfgang Reinhard in seiner „Geschichte der
Staatsgewalt" betont. Ihre Geschichtlichkeit bestehe nicht darin, dass sie quasi-naturwüchsig wachsen und welken, sondern darin, daß sie unter bestimmten Rahmenbedingungen von Menschen gemacht werden. Vgl. ders.: Geschichte der Staatsgewalt. Eine vergleichende Verfassungsgeschichte
Europas von den Anfängen bis zur Gegenwart, 2. Aufl., München 2000, S 441.

[142]   Zum Verhältnis von „Volk" und „Nation" vgl. auch die Ausführungen bei Ernst-Wolfgang Böckenförde, der analog zu Otto Dann darauf hinweist, „daß die Größe ‚Volk' nicht etwas ursprünglich ‚von
Natur' Gegebenes ist, das sich (nur) geschichtlich-organisch entfaltet, vielmehr selbst erst als eine
Kulturbildung entsteht, die zwar an bestehende Gemeinsamkeiten anknüpft, jedoch maßgebend durch
bestimmte Vorstellungen, wie ein Identitäts- und Zusammengehörigkeitsbewußtsein und den Glauben an eine gemeinsame Herkunft hervorgerufen wird, die sich in bestimmten historisch-kulturellen
Situationen ausbilden". Vgl. ders.: Die Nation – Identität in Differenz, in: Ders.: Staat, Nation, Europa, S. 37f (FN 10); vgl. auch die Ausführungen „Das Volk als Kulturbildung" bei Heller, Hermann:
Staatslehre, Leyden 1934, S. 158ff; vgl. ebenfalls die Analyse bei Hoffmann, Lutz: Das Volk. Zur i-
deologischen Struktur eines unvermeidbaren Begriffs, in: Zeitschrift für Soziologie 20 (1991), S.
191-208.

[143]   Während Otto Dann den Aspekt der gleichen Abstammung akzentuiert, verweist Böckenförde demgegenüber auf ein Begriffsverständnis von *natio*, in dem sich „eine geographisch-regional oder nach
Sprachgruppen bestimmte Herkunftsbezeichnung" ausdrücke: Vgl. ders.: Die Nation- Identität in
Differenz, in: Ders.: Staat, Nation, Europa, S. 38. Vgl. gleichwohl Karl Ferdinand Werner, in: Ders.:
„Volk, Nation, Nationalismus, Masse", in: Geschichtliche Grundbegriffe, S. 214, der aus begriffsge-
schichtlicher Perspektive zu dem Ergebnis kommt: „Im Gegensatz zu ‚gens' und ‚populus' ist ‚natio'
kein genuiner Kollektivbegriff, sondern bezieht sich auf einzelne (und ihre Vielzahl), die ‚natione',
‚durch Geburt', einem Stand oder einem Land zugehören [...]". Vgl. im Kontext auch die Analyse
von Ziegler, Heinz O.: Die moderne Nation, Tübingen 1931, S. 21ff; vgl. auch Eric Hobsbawm: Nationen und Nationalismus. Mythos und Realität seit 1780, Frankfurt a. M. 1991, S. 26ff.

der neuzeitlichen Staatsbildung hat sich ein politischer, im Folgenden zu Grunde ge-
legter Begriff von der Nation durchgesetzt: die Nation als Träger der staatlichen
Souveränität. Demgegenüber kann der Terminus „Volk"[144] bis heute die ethnische
Gemeinschaft bezeichnen[145]. Er wird aber seit dem 18. Jahrhundert auch zur Bezeichnung der Bevölkerung eines Staates verwendet: Volk im Sinne von „Staatsvolk". Der Terminus „Volkssouveränität" zeigt, dass es hier auch eine Übereinstimmung mit dem modernen Nationsbegriff gibt.[146]

Nicht zuletzt infolge einer unter der Chiffre „Kulturnation"[147] sich über die politischen Landesgrenzen hinweg formierenden, an Literatur und Theater orientierten
bürgerlichen Bildungsgesellschaft und -elite[148], entstand im 18. Jahrhundert das Mo-

---

[144] Vgl. diesbezüglich die begriffsgeschichtliche Aufarbeitung von Gschnitzer, Fritz: „Volk, Nation, Nationalismus, Masse", in: Geschichtliche Grundbegriffe, Abschnitt II. Altertum, S. 151ff. „Die griechischen und lateinischen Wörter, die wir mit ‚Volk' wiederzugeben pflegen, meinen in der Mehrzahl nicht das, was wir heute unter ‚Volk' verstehen. Ausdrücke wie [...] ‚populus', ‚gens' und ‚natio' bezeichnen in erster Linie konkrete politische Größen, die wir Heutige als ‚Staaten', nicht als
‚Völker' auffassen würden. Das hängt aufs engste mit der bekannten Tatsache zusammen, daß das
griechisch-römische Altertum den Staat wenigstens in seinem Verhältnis zu anderen Staaten nicht als
eine abstrakte oder allenfalls geographische Größe auffaßt, sondern als einen Personenverband (oder
in vielen Fällen, noch konkreter, als eine Einzelperson, auf die dann eine Vielfalt von Ländern und
Untertanen, Einkünften und Streitkräften, Geschäften und Interessen, Rechten und Pflichten gleichsam wie ein Zubehör bezogen werden [...]."

[145] Vgl. analog zu Dann die definitorische Annäherung an „Volk" bei Estel, Bernd: Grundaspekte der
Nation, in: Ders. / Mayer, Tilman (Hrsg.): Das Prinzip Nation in modernen Gesellschaften, S. 18, der
feststellt: „Ein *Volk* [...] ist eine ethnische Gruppe, die 1. nach der Zahl ihrer Angehörigen groß genug
ist, um eine eigene, arbeitsteilige Gesellschaft auch modernen Zuschnitts zu bilden, die 2. über ein
(Kern)Gebiet und mithin eine gewisse sozio-ökonomische und, im Regelfall, politische Selbständigkeit nach außen verfügt, die 3. ein Minimum an interner, über bloße Verwandtschaftszusammenhän-
ge hinausgehender sozialer Differenzierung insbesondere politisch-rechtlicher Art kennt, die 4. eine
kontinuierliche Zeugungsgemeinschaft und 5. eine relative Kulturgemeinschaft bildet, und die 6. ein
die Gesamtgruppe umfassendes Bewusstsein der eigenen, eben ethnischen Identität zumindest bei ihren Macht- und Kultureliten kennt" [Hervorhebung im Original, V. K.].

[146] Vgl. Dann, Otto: Nation und Nationalismus in Deutschland 1770-1990, S. 13.

[147] Vgl. ursprünglich zur „Kulturnation" als Unterscheidung von „Staatsnation" Meinecke, Friedrich:
Weltbürgertum und Nationalstaat, S. 28ff sowie S. 38ff; vgl. an Meinecke anknüpfend Smith, Anthony D.: National Identity, Reno 1991; vgl. ebd., S. 8, wo Smith Meineckes Differenzierung „valid and
relevant" nennt. Die Nation ist Smith zufolge ein modernes Phänomen, insofern sie auf einen Nationalstaat ziele, dessen Gleichheitspotential die Gesellschaft strukturell vereinheitliche. Gleichwohl
verweist Smith auf die Bedeutung des ethischen Faktors für die Entstehung der Nation: "Ethnic dis-
tinctiveness remains a sine qua non of the nation, and that means shared ancestry myths, common
historical memories, unique cultural markets, and a sense of difference, if not election – all the ele-
ments that marked off ethnic communities in pre-modern era." Ebd., S. 70.

[148] Vgl. Böckenförde, Ernst-Wolfgang: Die Nation – Identität in Differenz, in: Ders.: Staat, Nation, Europa, S. 39; vgl. dazu auch das Kapitel „'Nation' als geistig-kulturelle Bezugsgröße in der zweiten
Hälfte des 18. Jahrhunderts: ‚Nationaltheater' und ‚Nationalerziehung' bei Schoenemann, Bernd:
„Volk, Nation, Nationalismus, Masse", in: Geschichtliche Grundbegriffe, S. 307ff. Vgl. auch Schulze, Hagen: Staat und Nation in der europäischen Geschichte, München 1994, S. 145ff. Vgl. Auch das
"Stichwort: Deutsche Kulturnation" bei Dann, Otto: Nation und Nationalismus in Deutschland 1770-
1990, S. 36ff. Vgl. in diesem Kontext die Analyse bei Bollenbeck, Georg: Bildung und Kultur. Glanz
und Elend eines deutschen Deutungsmusters, 2. Aufl., Frankfurt a. M. 1994. Mit Blick auf die Herausbildung einer „Kulturnation" bemerkt Bollenbeck, dass die fehlende nationalstaatliche
Einheit den Bedarf an symbolischer Kompensation erhöht. Deshalb solle neben der Sprache das, was
als deutsch gelte und den „Nationalgeist" verkörpere, erhalten und entwickelt, erinnert und bewahrt
werden. Dafür sei beim Bildungsbürgertum ein nahezu missionarisches Sendungsbewusstsein ent-

dell einer modernen, die gesamte Bevölkerung eines Staates umfassenden Nation, das sich schließlich in allen europäisch geprägten Gesellschaften durchsetzte und das charakterisiert ist durch verschiedene Merkmale: Die Nation umfasst grundsätzlich alle Bevölkerungsschichten des nationalen Territoriums und nimmt für alle Mitglieder der Nation Menschen- und Bürgerrechte in Anspruch. Die Staaten sind in ihrer Verfassungsstruktur wie auch in ihrer Grenzziehung nach nationalen Kriterien zu gestalten – sie sollen Nationalstaaten werden, was bedeutet, dass die Nation oberster Souverän innerhalb ihres Territoriums sein und die politischen Grenzen mit den Siedlungsgrenzen der Nation soweit wie möglich übereinstimmen sollen. Alle Nationen haben ein gleiches Recht auf Existenz und auf Selbstbestimmung innerhalb ihres Siedlungsgebietes. „Der politische Grundkonsens, von dem eine moderne Nation getragen wird, beruht in seinem Kern auf diesen Prinzipien. Sie zeigen: Die Nation wurde zum politischen Verfassungsmodell der modernen, postfeudalen Gesellschaft"[149].

Wird mit einem solch „hellen, ausschließlich friedvoll-demokratische Selbstbestimmung verheißenden" Nationenbegriff nicht das „Janusgesicht" der Nation verdrängt, auf das Dieter Langewiesche unter Hinweis auf „Partizipationsverheißung und Gewaltbereitschaft als die zwei Gesichter der modernen Nation" verweist?[150] Keineswegs.

d) Nationalismus

Indem „Nationalismus" als ein politisches Verhalten charakterisiert wird, das nicht von der Annahme einer Gleichwertigkeit aller Menschen und Nationen geleitet ist, das vielmehr fremde Völker und Nationen herabwürdigt, als minderwertig ansieht und behandelt[151], und indem damit tatsächlich die frühe, überwiegend oppositionell-emanzipatorische Nationalbewegung des 18. und 19. Jahrhunderts und ihr korrespondierender Nationsbegriff von einer gewaltbejahenden Übersteigerung bzw. von einer ideologisierten Verabsolutierung des Nationen-Gedankens entgegen seiner ursprünglichen Intention getrennt werden, wird damit nicht der Aspekt des Krieges bzw. der Gewalt („antinapoleonische Befreiungskriege") aus der Analyse ausgeblendet. Im Interesse einer idealtypischen Unterscheidung der beiden Begriffe „Nation" und „Nationalismus" erscheint das Vorgehen, welches Otto Dann zur Differenzierung von „Nation" und „Nationalismus" wählt, durchaus plausibel.[152] Auch

---

standen, eine säkularisierte Glaubenssehnsucht nach der Einheit der Nation, zunächst nur bestätigt durch die Einheit ihrer „Kultur". „So will es in Büchern, Editionen, Sammlungen, Denkmälern, Historienbildern und restaurierten Bauwerken die nationalen Traditionen vergegenwärtigen, und so feiert es seine nationalen Heroen: Dürer und Gutenberg, Luther und Schiller". Ebd., S. 219.

[149] Dann, Otto: Nation und Nationalismus in Deutschland 1770-1990, S. 14f.

[150] Vgl. dazu das Kapitel „Partizipationsverheißung und Gewaltbereitschaft – das Doppelgesicht der Nation" bei Langewiesche, Dieter: Nation, Nationalismus, Nationalstaat, S. 192-197, vgl. ebd. Langewiesches Kritik an Dann, S., 195f.

[151] Vgl. Dann, Otto: Nation und Nationalismus in Deutschland 1770-1990, S. 17.

[152] Vgl. im übrigen die Definition von „Nationalismus" bei Estel, Bernd: Grundaspekte der Nation, in: Ders. / Mayer, Tilman (Hrsg.): Das Prinzip der Nation in modernen Gesellschaften, S. 19. Als Nationalismus soll nach Estel ein Nationalbewusstsein gelten, das der Nation und ihrem Wohl einen wenn

Hagen Schulzes Diktum: „Der Krieg ist nicht der Ursprung der Nation, wohl aber ihr Katalysator.[153] Von Beginn an waren es die Abgrenzungen gegen den Nachbarn, die Feindschaft und der Kampf, wodurch die europäischen Nachbarn zu sich selbst fanden"[154], widerspricht einem solchen Vorgehen nicht: Dem neuzeitlichen Nations-Gedanken bzw. -bewusstsein ist vom Ursprung her eine freiheitliche, emanzipatorische Komponente wesensmäßig eigen – wobei Gewalt in historisch-konkreten Situationen durchaus eine katalysatorische Funktion hatte; während Nationalismus als eines der mächtigsten sozialen Glaubenssysteme des 19. und 20. Jahrhunderts[155] wesensmäßig antifreiheitlich und latent gewaltsam – nach innen wie nach außen – ist.

Ganz im Sinne dieser begrifflichen Differenzierung erkannte auch der Staatsrechtler Horst Ehmke bereits vor über zwanzig Jahren, dass dem Begriff der „Nation" in der europäischen Geschichte eine aufklärerische, progressive und positive Bedeutung zukomme. „‚Freiheit, Gleichheit, Brüderlichkeit' und die Hoffnung auf Völkerfrieden beschrieben seine innere Dimension. Daß die ‚Dialektik der Aufklärung' weit über Deutschland hinaus zur Perversion auch der Idee der Nation geführt hat, ist keine Entschuldigung für uns, die Nation ein weiteres Mal in der deutschen Geschichte in falsche Hände fallen zu lassen".[156] Historisch differenzierend stellt auch Heinrich August Winkler fest, dass bis zur deutschen Reichsgründung 1871 „national sein" bedeutet, gegen das dynastische Prinzip des Partikularstaates und für das bürgerliche Prinzip des Nationalstaats einzutreten. „So gesehen waren national und liberal, Einheit und Freiheit geradezu Zwillingsbegriffe gewesen."[157]

Otto Dann hat Recht, wenn er in impliziter Entgegnung auf Dieter Langewiesche feststellt, dass sich mit der – aus der angelsächsischen Literatur[158] vielfach auch in

---

nicht absolut, dann doch innerweltlich höchsten Wert, also einen ontischen bzw. sittlichen Vorrang vor allen anderen sozialen Gebilden und deren innerweltlichen Zielsetzungen einräumt, und deshalb die oberste Loyalität der Menschen bzw. der eigenen Person der Nation vorbehält.

[153]   In Anknüpfung an Norbert Elias und dessen These „Nationalstaaten sind, so könnte man sagen, in Kriegen und für Kriege geboren" [vgl. ders.: Die Gesellschaft der Individuen, Frankfurt a. M. 1987, S. 277; vgl. auch die Bezugnahme auf Elias bei Blomert, Reinhart / Kuzmics, Helmut / Treibel, Annette (Hrsg.): Transformationen des Wir-Gefühls. Studien zum nationalen Habitus, Frankfurt a. M. 1993] kommt Langewiesche zu dem Ergebnis, der Krieg sei Vater des Nationalstaats, nicht nur dessen Katalysator. Vgl. ders.: Nation, Nationalismus, Nationalstaat, S. 195; Langewiesche verweist in diesem Kontext exemplarisch auf die Untersuchungen von Michael Jeismann [vgl. ders.: Das Vaterland der Feinde. Studien zum nationalen Feindbegriff und Selbstverständnis in Deutschland und Frankreich 1792-1918, Stuttgart 1992], Ernest Gellner [vgl. ders.: Nationalismus und Moderne, Berlin 1991; vgl. im Kontext auch ders.: Nationalismus. Kultur und Macht, Berlin 1999] sowie Pierre Fougeyrollas [vgl. ders.: La nation. Essor et déclin des sociétés modernes, Paris 1987] zur Plausibilisierung seiner These.

[154]   Schulze, Hagen: Staat und Nation in der europäischen Geschichte, S. 126.

[155]   So die Einschätzung bei Elias, Norbert: Studien über die Deutschen. Machtkämpfe und Habitusentwicklung im 19. und 20. Jahrhundert (hrsg. v. Michael Schröter), 4. Aufl., Frankfurt a. M. 1990. S. 194; vgl. ebenso bereits in der Deutung: Hayes, Carlton J. H.: Nationalism. A Religion, New York 1960.

[156]   Vgl. Ehmke, Horst: Was ist des Deutschen Vaterland?, in: Habermas, Jürgen (Hrsg.): Stichworte zur ‚Geistigen Situation der Zeit'. Band I: Nation und Republik, Frankfurt a. M. 1979, S. 51-76, S.71.

[157]   Winkler, Heinrich August: Der lange Weg nach Westen, Band I, S. 217.

[158]   Vgl. exemplarisch die Analysen bei Connor, Walker: Ethnonationalism. The Quest for Understanding, New Jersey 1994, die Langewiesche als charakteristisch für die umfangreiche Nationalismusforschung der englischsprachigen Welt qualifiziert; vgl. ders.: Nation, Nationalismus, Nationalstaat, S. 204. Vgl. auch Smith, Anthony D.: Nations and Nationalism in a Global Era, Oxford 1995 bzw.

der deutschen Geschichts- und Politikwissenschaft übernommenen! – Ausdehnung des Begriffs „Nationalismus" auf alle nationalen Bewegungen ein Dilemma ergibt, das besser vermieden werden sollte: ein Gegensatz zwischen der politischen Umgangssprache und der Wissenschaftssprache. Für die historisch-politische Urteilsbildung ist es auch künftig sinnvoll und wichtig, dass zwischen emanzipatorischer – ihrem Wesen nach freiheitlicher – Nationalbewegung auf der einen Seite und organisiertem – seinem Wesen nach anti-freiheitlichem – Nationalismus auf der anderen Seite, dass zwischen nationalem Verfassungspatriotismus und nationalistischen Verhaltensweisen deutlich unterschieden wird[159] und „Nationalismus" damit *nicht*, wie Hans-Ulrich Wehler vorschlägt, „als eine nach Möglichkeit neutrale Abkürzung für ein extrem einflussreiches Ideensystem gebraucht" wird, „das der Schaffung, Mobilisierung und Integration eines größeren Solidarverbandes (Nation genannt), vor allem aber der Legitimation neuzeitlicher politischer Herrschaft dient".[160]

Dass es möglich und sinnvoll ist, empirisch zwischen Nationalismus[161] und Patriotismus als unterschiedliche Inhalte von Identifikation zu unterscheiden, ist denn auch ein zentrales Ergebnis der repräsentativen Studie zu „Konstruktivem Patriotismus im vereinigten Deutschland", die Thomas Blank und Peter Schmidt 1997 vorgelegt haben.[162] Nationalismus und Patriotismus, so der Tenor, setzten zwar die Identifikation mit der Nation voraus, favorisierten aber unterschiedliche Nations-, Staatsund Regimekonzepte, definierten verschiedene gesellschaftliche Ziele und führten zu divergierendem Unterstützungsverhalten. Dabei seien beide Konzepte Formen der positiven Eigengruppenbewertung. Während jedoch nationalistische Werteloyalitäten innergesellschaftliche Homogenität, blinden Gehorsam und die idealisierte Überbewertung der eigenen Nation befürworteten [nach John Breuilly beruht der

---

ders.: Nationalism in the 20th Century, Oxford 1979. Smith wird von Hans-Ulrich Wehler als „einer der besten zeitgenössischen Kenner des Nationalismus bezeichnet"; vgl. Wehler, Hans-Ulrich: Nationalismus, S. 116. Mit Blick auf Eric Hobsbawm und dessen Ausführungen zu „Nationalismus und Ethnizität [vgl. ders.: Nationalismus und Ethnizität, in: Neue Gesellschaft/Frankfurter Hefte 7 (1992), S. 612ff] kommentiert Sven Papcke, dass es weniger solche [von Hobsbawm negativ konnotierte, V. K.] Zugehörigkeitspathetik als vielmehr elitäre Machtinteressen gewesen seien, „die in den letzten Jahrhunderten die Völker aufeinander gehetzt oder aber Feindschaften im Inneren durch Wir-ihr-Hysterien gefördert haben. Selbst der übelste Auswuchs des Fremdenhasses, der Antisemitismus als Massenphänomen, ist per se keineswegs eine Resultante des National- oder Zugehörigkeitsgefühls, sondern war zumeist Auswuchs verfehlter Sozialpolitik oder aber das Ergebnis gezielten Anstiftens beziehungsweise bewußter Unterlassungen". Vgl. ders.: Nationalismus – ein Alptraum?, in: Aus Politik und Zeitgeschichte 42 (1994), S. 10-17. S. 14. Einen fundierten Überblick über die angelsächsische Forschungsliteratur bzw. über Forschungsprojekte und Veranstaltungen zum Thema bietet die Internetplattform www.nationalismusproject.org

159 Vgl. Dann, Otto: Nation und Nationalismus in Deutschland 1770-1990, S. 18f.

160 Wehler, Hans-Ulrich: Nationalismus, S. 13. Vgl. in diesem Zusammenhang auch die Analyse von Bütler, Hugo: Neuer Nationalismus. Die vielen Dimensionen eines wiederbelebten politischen Orientierungsmusters, in: Neue Zürcher Zeitung v. 14./15. Oktober 1995, wo Bütler das Dilemma der Ausdehnung des Nationalismusbegriffs auf alle nationalen Bewegungen dadurch zu kompensieren sucht, dass er Nationalismus in eine Variante „erster Art" und „zweiter Art" differenziert bzw. einen „liberalen Nationalismus" von einem aggressiven Nationalismus unterscheidet.

161 Vgl. im Kontext die Definition von Nationalismus in Relation zu Nation bei Jenkins, Brian / Sofos, Spyros: Nation and Nationalism in Contemporary Europe, S. 11f.

162 Vgl. Blank, Thomas / Schmidt, Peter: Konstruktiver Patriotismus im vereinigten Deutschland? Ergebnisse einer repräsentativen Studie, in: Mummendey, Amélie / Simon, Bernd (Hrsg.): Identität und Differenz.

Nationalismus wesentlich auf der Grundannahme, dass die Interessen und Werte einer Nation „über allen anderen Interessen und Werten" stehen[163]], seien bei patriotischen Werteloyalitäten innergesellschaftliche Heterogenität und kritische Distanz gegenüber Staat und Regime von Bedeutung. Unterschiedliche Werteloyalitäten, so zeigt die Studie, sind schließlich auch mit verschiedenen Einstellungen gegenüber dem Fremden und verschiedenen Lebensformen verknüpft: während der Nationalismus zur Abwertung von Fremdgruppen führt, vermag der Patriotismus[164] die Toleranz gegenüber Fremdgruppen und Minderheiten zu stärken.[165]

Die Notwendigkeit der begrifflichen Differenzierung zwischen Patriotismus und Nationalismus im Sinne einer historisch-politischen Urteilsbildung gilt nicht minder für das Verhältnis von „Nationalismus und Moderne" (Ernest Gellner[166]) bzw. von Nation und Moderne; denn schließlich ist der alle Lebensbereiche umfassende Modernisierungsprozess für eine Erklärung nationaler Entwicklungen der wichtigste konzeptionelle Rahmen[167] und lässt eine Charakterisierung der Nation, wie Benedict Anderson sie als erfundene, als *imagined community* vorschlägt, d.h. als eine „vor-

---

[163]   Vgl. Breuilly, John: Nationalismus und moderner Staat. Deutschland und Europa, Köln 1999, S. 15.

[164]   Vgl. Blank, Thomas / Schmidt, Peter: Konstruktiver Patriotismus im vereinigten Deutschland?, S. 133. Patriotismus ist Blank und Schmidt zufolge dadurch gekennzeichnet, daß der einzelne trotz Identifikation eine kritische Distanz zu seiner Nation aufweist und deshalb nicht zu ihrer Idealisierung neigt. Die Unterstützung des Staates und der Nation wird verweigert, wenn deren Ziele destruktiv und inhuman werden. Ein so verstandener Patriotismus ist nicht mit der stereotypen Abwertung anderer Nationen und innergesellschaftlicher Minderheiten verknüpft, wie die Autoren schlussfolgern. Synonym mit dem von Blank und Schmidt favorisierten und von Ervin Staub geprägten Begriff des „konstruktiven Patriotismus" [vgl. ders.: Blind versus constructive patriotism. Moving from embeddedness in the group to critical loyalty and action. Paper presented at the meetings of the International Society for Political Psychology, Helsinki 1991] wollen die Autoren die Begriffe „wahrer Patriotismus" [vgl. Levinson, Daniel J.: The study of ethnocentric ideology, in: Adorno, Theodor W. u. a. (Hrsg.): The authoritarian personality, New York 1969, S. 102-150] sowie „Verfassungspatriotismus" im Sinne Sternbergers und Habermas' [vgl. dazu im Folgenden ausführlich] verstanden wissen.

[165]   Vgl. ebd., S. 143f. Die beiden Autoren stützen ihre Ergebnisse auf Daten einer repräsentativen Befragung, die 1993 durchgeführt worden ist. In Westdeutschland wurden 985 und in Ostdeutschland 372 Bundesbürger ab 18 Jahre schriftlich befragt. Vgl. dazu ebd., S. 137ff. Vgl. zu dieser Analyse von Blank und Schmidt die im gleichen Band enthaltene Analyse von Mummendey, Amélie / Simon, Bernd: Nationale Identifikation und die Abwertung von Fremdgruppen, in: Dies. (Hrsg.): Identität und Verschiedenheit, S. 175-193, wo Mummendey und Simon zu einer prononciert abweichenden Einschätzung des Verhältnisses von Nationalismus und Patriotismus als Blank und Schmidt kommen: „Auch wenn sozusagen grundsätzlich zwischen zwei der positiven nationalen Bewertung zugrundeliegenden Prozessen unterschieden werden könnte, die Patriotismus und Nationalismus zu zwei distinktiven Phänomenen werden ließen, so stellt sich die Frage, wie praktisch zwischen diesen beiden Formen nationaler Identität unterschieden werden soll". Ebd., S. 190. Mummendey und Simon halten es für „sehr realistisch, daß jeder potentielle Patriot von sich selbst behaupten wird, seine Identifikation mit der eigenen Nation sei allein auf Wertschätzung zum Vaterland gegründet und nicht auf der Geringschätzung anderer. [...] Das, was auf den ersten Blick wie zwei distinktive Phänomene scheint, zeigt bei genauer Betrachtung deutliche Züge einer perspektivenspezifischen Divergenz in der Beurteilung eines einzigen Phänomens: Problematisch sind Nationalismus und Feindseligkeit der anderen, wir selbst sind patriotisch". Ebd., S. 190f.

[166]   Zu Ernest Gellners Nationalismus-Deutung vgl. die prägnante Analyse bei Smith, Anthony D.: Memory and modernity: reflections on Ernest Gellner's theory of nationalism, in: Nations and Nationalism 3(1996), S. 371-388.

[167]   Vgl. Dann, Otto: Nation und Nationalismus in Deutschland 1770-1990, S. 14f.

gestellte politische Gemeinschaft – vorgestellt als begrenzt und souverän"[168], durchaus plausibel erscheinen!

Was bedeutet *imagined community*? „Vorgestellt" ist die Nation Anderson zufolge deswegen, weil die Mitglieder selbst der kleinsten Nationen die meisten anderen niemals kennen, ihnen begegnen oder auch nur von ihnen hören werden, aber im Kopf eines jeden die Vorstellung ihrer Gemeinschaft existiert.[169] Die Nation wird als „begrenzt" vorgestellt, weil selbst die größten von ihnen mit vielleicht einer Milliarde Menschen in genau bestimmten, wenn auch variablen Grenzen leben, jenseits derer andere Nationen liegen. Keine Nation setzt sich mit der Menschheit gleich. Die Nation wird als souverän vorgestellt, weil ihr Begriff in einer Zeit geboren wurde, als Aufklärung und Revolution die Legitimität der als von Gottes Gnaden gedachten hierarchischdynastischen Reiche zerstörten. Dieser Begriff erlangte seine Reife in einem historischen Moment, als selbst die frommsten Anhänger jeglicher Universalreligion mit dem lebendigen Pluralismus solcher Religionen und dem Auseinandertreten von ontologischen Ansprüchen jeden Glaubens und seiner territorialen Ausdehnung konfrontiert waren. Deshalb träumten Nationen davon, frei zu sein und dies unmittelbar – wenn auch unter Gott. Maßstab und Symbol dieser Freiheit ist der souveräne Staat. Schließlich wird die Nation als „Gemeinschaft" vorgestellt, weil sie, unabhängig von realer Ungleichheit und Ausbeutung, als „kameradschaftlicher" Verbund von Gleichen verstanden wird.[170] Dass die Nation weithin eine imaginierte[171], auf gemeinsamen Vorstellungen beruhende Einheit ist, steht ihrer Realität und

---

[168] Vgl. Anderson, Benedict: Die Erfindung der Nation. Zur Karriere eines folgenreichen Konzepts, erw. Ausgabe, Berlin 1998, S. 14ff.

[169] Anderson verweist an dieser Stelle auf die Analyse bei Seton-Watson, Hugh: Nations and States. An Enquiry into the Origins of Nations and the Politics of Nationalism, Boulder 1977, S. 5. Wenn Seton-Watson formuliert: "Eine Nation existiert dann, wenn sich in einer Gemeinschaft eine signifikante Zahl von Menschen so betrachtet oder so verhält, als bildeten sie eine Nation", so erscheint es in der Tat plausibel, wenn Anderson Seton-Watsons „sich betrachtet" mit „sich vorstellen" übersetzt. Vgl. Anderson, Benedict: Die Erfindung der Nation, S. 186 (FN 5).

[170] Vgl. im Sinne Andersons auch Ulrich Becks Qualifizierung der Nationen als „Zeitungsleser-Nationen"; vgl. ders.: Die Erfindung des Politischen. Zu einer Theorie reflexiver Modernisierung, Frankfurt a. M. 1993, S. 116; vgl. ebd. das Kapitel „Die Erfindung der Nation: Nationale Demokratie als halbierte Moderne", S. 110-119. Dieser Umstand „aber setzt unendlich viel voraus", wie Beck betont: „die Erfindung der Druckkunst, die Erfindung der Schriftsprachen, die Verdrängung des Lateinischen, die Befreiung des Wortes und des Buches, auch die Erfindung des kapitalistischen Wort- und Buchmarktes, des Schnell- und Massenkonsums, der Aktualität und ihrer Verfallszeit – um nur diese Linie der Herstellbarkeit eines im Lesen und im Wissen um das Lesen sich als ‚Gemeinschaftlich' verstehenden, ‚nationalen' Publikums aufzuzeigen. Die Sprache muß durch *National*dichter gekrönt werden, sie bedarf ihrer *National*helden – von der Olympiade bis zum Friedhof". Ebd., S. 116 [Hervorhebung im Original, V. K.].

[171] James Sheehan verweist mit Blick auf Anderson, dass dieser „bewußt den Begriff *imaginiert*" verwende, weil Anderson wie Ernest Gellner und John Breuilly auf der Geschichtlichkeit von Nationen insistiere. „Obwohl Nationen sich gern als zeitlose, natürliche Identitätsquellen ausgeben, sind sie ziemlich junge Erfindungen. Erst ein eindeutig modernes Zusammenspiel von politischen und kulturellen Entwicklungen machte Nationalität vorstellbar. Aber Anderson möchte auch darauf hinweisen, daß Nationen, obwohl imaginiert, keineswegs unwirklich sind – denn das englische Wort *imagined* hat nicht dieselbe Konnotation von Illusion oder Phantasie wie das deutsche *einbilden*. Sobald Nationen einmal in einem Akt der Vorstellung (Imagination) geschaffen sind, können nationale Gemeinschaften zu einem mächtigen Anlaß individueller Verpflichtung und kollektiven Handelns werden". Ders.: Nation und Staat. Deutschland als „imaginierte Gemeinschaft", in: Hettling, Manfred / Nolte,

Wirkmächtigkeit nicht entgegen. Ihre Kennzeichnung als „vorgestellte Gemeinschaft" besagt nichts gegen ihre Wirklichkeit und Wirkkraft; auch gemeinsame subjektive Vorstellungen vermögen eine gesellschaftliche Realität zu bilden, die als solche wahrnehmbar ist und von der Wirkungen ausgehen.[172]

e)   *Zwischenbilanz*

Wenn die Nationbildung, wie dargelegt, einen Vorgang der Herausbildung eines kollektiven Bewusstseins darstellt und dieser Vorgang einen prozesshaften Charakter hat, dann ist das einmal entstandene Bewusstsein *keineswegs* eine Größe, die unabänderlich ein für allemal da ist. Es muss fortgetragen, lebendig erhalten, muss in die nachfolgende Generation hinein vermittelt und von dieser angeeignet werden. Nur so kann die Identität einer Nation als Bewusstseinsgesamtheit Bestand haben. Damit ist sie aber auch veränderlich. Das bedeutet: Die Nation konkretisiert sich als Handlungsergebnis von Individuen. Sie besteht aus Individuen, die sich aus verschiedensten Gründen zu einer Gruppe zusammenfinden, gemeinsame Handlungs- und Kommunikationsregeln vereinbaren, Organisationsformen ausbilden und Stellvertreter bestimmen. Nationale Identität kann sich so auf der individuellen Ebene in Einstellungen gegenüber der wie auch immer definierten Nation ausdrücken. Im Hinblick auf das Dreieck „Nation", „Gesellschaft", „Staat", lässt sich das Verhältnis dieser Größen folgendermaßen bestimmen: Gesellschaft macht funktional den Staat erforderlich, prägt partiell zu dessen Entlastung bei, produziert jedoch ebenso viele neue Forderungen und Überforderungen, die ihrerseits nur partiell von supranationalen Strukturen aufgenommen und verarbeitet werden können. Die in der gesellschaftlichen bzw. staatlichen Ordnung fortbestehenden Integrationsdefizite zu kompensieren, ist die Aufgabe der Nation als einem „Integral moderner Gesellschaften".

Grundsätzlich gilt, dass Nationen als „vorgestellte Gemeinschaften" existieren, solange sie in den Köpfen und Herzen der Menschen sind; sie erlöschen in dem Moment, wenn sie nicht mehr gedacht und gewollt werden. Nationen, erkennen sich in einer gemeinsamen Geschichte, in gemeinsamem Ruhm und gemeinsamen Opfern wieder – wobei die Gemeinsamkeiten in aller Regel mehr erträumt und konstruiert als wirklich sind. Neue Bewusstseinsprozesse können vorhandenes Bewusst-

Paul (Hrsg.): Nation und Gesellschaft in Deutschland, S. 34 [Hervorhebung im Original, V. K.]. Vgl. mit Blick auf Andersons „griffige, inzwischen geradezu inflationär benutzte Formel" auch die Anmerkungen bei Langewiesche, Dieter: Nation, Nationalismus, Nationalstaat: Forschungsstand und Forschungsperspektiven, S. 198. Vgl. dazu auch Schulin, Ernst: Weltbürgertum und deutscher Volksgeist. Die romantische Nationalisierung, in: Hardtwig, Wolfgang / Brandt, Harm-Hinrich (Hrsg.): Deutschlands Weg in die Moderne. Politik, Gesellschaft und Kultur im 19. Jahrhundert, München 1993, S. 105-125, S. 109. Keineswegs, so Schulin unter Bezugnahme auf den deutschen Titel „'Erfindung' der Nation" bedeute dies, dass die Nation etwas Fiktives, Unwirkliches sei. Nationen seien Produkte der Geschichte, würden also ge- und erfunden, indem die Völker ihre nationalen Bindungen entdeckten und schüfen, wobei sie allerdings oft für Entdeckungen dasjenige ausgäben, was tatsächlich Konstruktionen seien.

[172] Vgl. Böckenförde, Ernst-Wolfgang: Die Nation – Identität in Differenz, in: Ders.: Staat, Nation, Europa, S. 43f (FN 22). Vgl. in diesem Sinne auch Heckmann, Friedrich: Ethnische Minderheiten. Volk und Nation. Soziologie inter-ethnischer Beziehungen, Stuttgart 1992, S. 53.

sein verändern oder fortentwickeln. Solche Prozesse können spontan entstehen, ausgelöst etwa durch grundstürzende politische Ereignisse, sie können bewusst angestoßen werden durch eine aufkommende geistige Bewegung. Folglich kommt es darauf an, in welcher Weise sie Resonanz finden und sich dem Bewusstsein der Menschen einprägen. Auf diese Weise erscheint es durchaus möglich, eine ethnisch ausgeprägte Nationidentität zu einer anders gearteten oder anders akzentuierten Nationidentität umzubilden.

Neuzeitlich betrachtet, beziehen sich sowohl Patriotismus als auch Nationalismus auf die Nation. Es ist das Konzept der *patria civitatis*, in dem alle Wertvorstellungen enthalten waren, die mit dem Römischen Reich als *patria* identifiziert wurden, welches ermöglichte, den zunächst auf das Landsmannschaftliche und Überschaubare ausgerichteten Patriotismus schließlich auf die moderne Nation bzw. den modernen National- und Verfassungsstaat zu übertragen. Das „Vaterland" erwies sich nun als Größe, welche die Merkmale der Epoche, aus der sie geschichtlich heraufstieg, wesentlich in sich aufnahm: Aufklärung, Emanzipation, Industrialisierung, Rationalisierung sowie nicht zuletzt den Aufbruch neuer sozialer und politischer Gruppierungen. Als Patriot verstand sich im Zuge der Aufklärung und des modernen Nationdenkens derjenige, der sich national engagierte und – im Unterschied zum Nationalisten! – unter Beachtung von *aidos* und *dike* sein diesbezügliches Handeln am *bonum commune* eines konkreten nationalen Verbandes ausrichtete und damit zu einem Ausgleich von Partikularismus (der je spezifische nationale Verband) und Universalismus (die Beachtung universaler, naturrechtlicher Normen im Sinne allgemeiner Menschen- und Bürgerrechte) beizutragen vermochte. Anders im Falle des Nationalismus, einem der mächtigsten sozialen Glaubenssysteme des 19. und 20. Jahrhunderts: Nationalismus ist wesensmäßig antifreiheitlich und latent gewaltsam, nach innen wie nach außen. Nationalistische Werteloyalitäten fordern innergesellschaftliche Homogenität, blinden Gehorsam und die idealisierte Überbewertung der eigenen Nation. Während der Nationalismus zur Abwertung von Fremdgruppen führt, vermag der Patriotismus in seiner freiheitlichen Komponente die Toleranz gegenüber Fremdgruppen und Minderheiten zu stärken.

Sollte es also *cum grano salis* stimmen, dass Nation als Bezugsgröße des neuzeitlichen Patriotismus ist, was sich als Nation versteht[173] und dass folglich, pointiert formuliert, die Nation, wenn sie entsteht, selbst die Merkmale bestimmt, die sie bestimmen[174], so muß das Augemerk des Interesses im Folgenden auf die jeweils

---

[173] An diese subjektive Selbstdefinition der „Nation" und ihre lange Tradition erinnert Dieter Langewiesche [vgl. ders.: Nation, Nationalismus, Nationalstaat, S. 198 sowie ebd. S. 224 (FN 76)] mit Bezugnahme auf Eric Hobsbawm; vgl. ders.: Nationen und Nationalismus. Mythos und Realität seit 1780, der subjektive und objektive Kriterien zu verbinden sucht: Unter Nation, so Hobsbawm, sei jede ausreichend große Gemeinschaft von Menschen zu verstehen, deren Mitglieder sich als Angehörige einer „Nation" betrachteten, wobei in der Praxis drei weiter Merkmale erforderlich seien, um aus einem Volk eine Nation werden zu lassen: die historische Verbindung mit einem gegenwärtigen Staat, die „Existenz einer alteingesessenen kulturellen Elite sowie die erwiesene Fähigkeit zur Eroberung. Vgl. ebd., S. 19; Hobsbawm spricht von einem „Schwellenprinzip" zur Verhinderung einer „Balkanisierung" der Welt; vgl. ebd., S. 44.

[174] So die im Rahmen eines mündlichen Referats auf einer Tagung über „Nationalismus und kollektive Identität" geprägte Formulierung von Ivan Katsarski; zitiert nach Böckenförde, Ernst-Wolfgang: Die Nation – Identität in Differenz, in: Ders.: Staat, Nation, Europa, S. S. 41.

konkreten Rahmenbedingungen nationaler Selbstfindung und kollektiver Bewusstseinsbildung gerichtet werden, die schließlich zur Verschiedenheit der nationalen Identitäten in Frankreich, den Vereinigten Staaten, England oder Deutschland – dessen Entwicklungslinien im Zentrum des Untersuchung stehen –, geführt haben.

II.   Rahmenbedingungen nationaler Selbstfindung

A   Frankreich

Die Formierung der französischen Nation – *une et indivisible* – steht in engstem Zusammenhang mit der Französischen Revolution[175]. Der seiner selbst bewusst werdende „Dritte Stand" als das – im wesentlichen – gewerbliche und gebildete Bürgertum, gewann sein Zusammengehörigkeitsbewusstsein darin, *citoyen français*, Bürger Frankreichs zu sein.[176] Dies war durch die Politik der französischen Krone vorbereitet worden, die alles daran gesetzt hatte, die Zwischengewalten zu entmachten und eine einheitliche Untertanengesellschaft, die als solche der einheitlichen königlich-staatlichen Gewalt gegenüberstehen sollte, zu schaffen. Die im Zuge der Revolution und ihres Postulats von „Freiheit, Gleichheit und Brüderlichkeit" erwachende Nation[177] stellte sich nicht gegen den bestehenden Staat; sie fühlte sich ihm und seiner Geschichte verbunden, entriss ihn aber zugleich dem Königtum und gestaltete ihn grundlegend um.[178] Ein entscheidender Unterschied zwischen den Parteigängern der Revolution und Aktivposten der alten Ordnung wie Turgot lag nicht zuletzt darin, dass erstere sich mit den bis zum Zeitpunkt der Revolution erzielten Rationalisierungen in Planung und Regulierung öffentlicher Angelegenheiten nicht zufrieden gaben und die Meinung vertraten, unter den Bedingungen der als anachronistisch empfundenen alten Zustände ließen sich weitergehende Fortschritte für Frankreich nicht erzielen. Derart unzufrieden und erfüllt von einem *esprit bourgeois*[179], welcher

---

[175]   Vgl. in diesem Sinne Jenkins, Brian / Cposey, Nigel: Nation, Nationalism and National Identity in France, S. 102. Vgl. im Kontext die klassische Analyse von Furet, François / Richet, Denis: Die Französische Revolution, München 1981. Zu den sozialen und politischen Ordnungsideen der Französischen Revolution vgl. Böckenförde, Ernst-Wolfgang: Die sozialen und politischen Ordnungsideen der Französischen Revolution, in: Ders.: Staat, Nation, Europa, S. 11-24; vgl. auch die Betrachtungen zu „Frankreich" bei Tilly, Charles: Die europäischen Revolutionen, München 1993, S. 211-271.

[176]   Vgl. Schulze, Hagen: Staat und Nation in der europäischen Geschichte, S. 168-170.

[177]   Vgl. im Kontext Furet, François / Ozouf, Mona: Kritisches Wörterbuch der Französischen Revolution. Band I: Ereignisse, Akteure, Frankfurt a. M. 1996.

[178]   Vgl. an dieser Stelle die Analyse bei Kimmel, Adolf: Nation, Republik, Verfassung in der französischen politischen Kultur, in: Gebhardt, Jürgen (Hrsg.): Verfassung und politische Kultur, Baden-Baden 1999, S. 129-138, S. 130, wo Kimmel, die Verwurzelung der Nation bereits in der Monarchie vor 1789 akzentuierend, betont. Konstituierend für die französische Nation und Gesellschaft sei der Staat der Monarchie, der in einem sich über mehrere Jahrhunderte erstreckenden kontinuierlichen Prozess eine Staatsnation und einen Nationalstaat geformt hat, gewesen. Dabei habe sich schon früh ein Gefühl des Zusammengehörens, ein Nationalbewusstsein herausgebildet: In der Schlacht von Bouvines (1215) bereits deutlich spürbar, könne man es in der Zeit Jeanne d'Arcs (15. Jahrhundert) schon als voll entfaltet betrachten. Staat und Nation seien dabei eine so enge Verbindung eingegangen wie in keiner anderen Nationalgeschichte Europas.

[179]   Vgl. dazu ausführlich erläuternd Groethuysen, Bernhard: Die Entstehung der bürgerlichen Welt- und Lebensanschauung in Frankreich, Frankfurt a. M. 1978.

in den Jahrzehnten vor der Revolution in Prozessen der Säkularisierung eine weitreichende Verbreitung gefunden hatte, gewann mithin jene Politik ihre revolutionäre
Brisanz, mittels derer es dem Dritten Stand schließlich gelang, aus dem Status seiner
– gemessen an den Privilegien der beiden ersten Stände – Ungleichheit herauszutre-
ten, sich von politischen Verhältnissen zu befreien, in denen sich das Bürgertum in
der Freisetzung seiner schöpferischen Potenzen entscheidend behindert sah. Der politische Durchbruch des Dritten Standes und seines Verlangens nach *liberté* und *éga-
lité* erschien insofern auch ähnlich „modern" denkenden Menschen anderer Schichten als eine conditio sine qua non allen Fortschritts, welcher zunehmend an dem Kriterium der Vernünftigkeit gemessen wurde. Der politische Durchbruch vollzog sich
in der Etablierung der „Nation" als einer Willensgemeinschaft derer, die jene Ziele
teilten, die der Dritte Stand stellvertretend für die Menschheit und deren Fortschritt
erhob. Verstand sich die Zugehörigkeit zu der von der Revolution inthronisierten
Nation einem voluntaristischen Akt, so stand die in Paris konstituierte Nation – jedenfalls im Prinzip und anfänglich auch in der Realität – jedermann offen, der unbeschadet seines sozialen Standes oder seiner kulturellen Orientierung bereit war, sich
zu den revolutionären Zielen der Nation zu bekennen und diese aktiv zu vertreten.
Umgekehrt galt ebenso, dass ein jeder, der die fraglichen Ziele nicht teilte oder gar
dagegen handelte, ohne weiteres zum Feind der Nation erklärt und bis zu seiner physischen Vernichtung bekämpft werden konnte – auch wenn er dem gleichen Ort oder
gar derselben Familie entstammte wie seine Richter.[180] Entsprechend wurde die E-
xistenz eines willentlich bekundeten politischen Konsenses – eines *plébiscite de tous
les jours* im Sinne Rénans – zu dem entscheidenden Kriterium für die Begründung
der Nation. Die Bereitschaft zur Anerkennung eines Pluralismus der Meinungen entsprach jenem Respekt vor den *libertés* der Privaten, den der revolutionäre Geist der
aufklärerischen Philosophie entnahm und der den Umgang mit bzw. unter den citoy-
ens im republikanischen Frankreich bisweilen günstiger gestaltete als in anderen
Ländern, in denen es oftmals weniger gelang, eine vergleichbare politische Streitkul-
tur zu entwickeln.

D.h., darin, Bürger dieses in die eigenen Hände genommenen Staates zu sein,
sich zu ihm und seiner politischen Ordnung zu bekennen, die in der Erklärung der
Menschen- und Bürgerrechte[181] ihren Ausdruck fand, gewann die französische Nation ihre Identität. Danach bestimmte sie die eigene Zugehörigkeit; nicht ethnische,
sondern politisch-willentliche Kriterien waren und blieben bestimmend.[182] Gleichwohl: Auch wenn die französische Nation sich zunächst in und durch politische
Strukturen definierte, so wurde doch die Kultur zu einem ihrer eminenten Attribute,

---

[180] Vgl. Schubert, Klaus: Frankreich – von der Großen Nation zur ziellosen Nation?, in: Estel, Bernd /
Mayer, Tilman (Hrsg.): Das Prinzip Nation in modernen Gesellschaften, S. 171-196; vgl. ebd. Das
Kapitel „Frankreich als politikzentrierte Nation", S. 174ff.

[181] In der Erklärung der Menschen- und Bürgerrechte, daran erinnert Hans Schauer in diesem Kontext
[vgl. ders.: Nationale und europäische Identität. Die unterschiedlichen Auffassungen in Deutschland,
Frankreich und Großbritannien, in: Aus Politik und Zeitgeschichte 10 (1997), S. 3-13], wurde nicht
zuletzt der Grundsatz der nationalen Souveränität niedergelegt, d. h., die Souveränität hatte ihren Ursprung weder beim König noch bei den einzelnen Bürgern. „Sie wurzelte in der Nation, die von nun
an in den Gedanken und Gefühlen der Franzosen einen besonderen Platz einnahm". Ebd., S. 5.

[182] Böckenförde, Ernst-Wolfgang: Die Nation – Identität in Differenz, in: Ders.: Staat, Nation, Europa,
S. 45.

wie Joseph Jurt[183] hinsichtlich der Ausprägung einer nationalen Identität in Frankreich zurecht betont. Die Institutionalisierung der Literatur und einer literarisch geprägten Nationalsprache[184] durch die Académie française hat so auch ihre Nobilitierung und die Zuerkennung einer eigenen normativen Funktion bedeutet. Schließlich gab es zur Zeit der Konstituierung der Bürgernation keine sprachliche Einheit, welche das Fundament einer nationalen Identität hätte werden können. Erst nachdem sich die Nation in ihrer republikanischen Form konstituiert hatte, schlug Abbé Grégoire 1794 die sprachliche Vereinheitlichung vor. Die sprachliche Einheit war nicht Quelle der nationalen Identität, sondern eine aus dem politischen Willen abgeleitete Notwendigkeit. Die aktive Teilnahme der Bürger am politischen Leben setzte die Kenntnis der Nationalsprache voraus, in der die Gesetze abgefasst waren.[185] Tatsächlich wurde nur in 15 von 83 französischen Departements durchweg französisch gesprochen, während in den übrigen Departements die Dialekte vorherrschten, die vom Französischen so stark abwichen, dass sie als Fremdsprache gelten mussten, die lediglich von den städtischen Ober- und Mittelschichten beherrscht wurde. Dass, abgesehen von den Regionen um Paris, die Sprache Voltaires und der Menschenrechtserklärung in Frankreich kaum verbreiteter war als im übrigen West- und Mitteleuropa, war eine schockierende Erkenntnis, die dazu führte, dass infolge des Schulgesetzes vom 21. Oktober 1793 alle Kinder französisch lesen und schreiben lernen sollten. Der Abgeordnete Barère erklärte in diesem Zusammenhang, fortan müsse die Sprache „eins wie die Republik" werden. Wenn auch die Einheit von französischer Nation und französischer Sprache erst im Laufe des 20. Jahrhunderts vollständig verwirklicht werden konnte, so etablierte sich bereits am Ausgang des 19. Jahrhunderts die Literatur zu einem „repräsentativen Ausdruck der Nation" (E. R. Curtius).[186]

Ungeachtet der Verbundenheit zum Staat und seiner Geschichte kämpfte das Bürgertum von 1789 bis zum Beginn der Dritten Republik 1875 mehrfach gegen die Staatsgewalt, um sich individuelle Freiheiten sowie legislative Selbstbestimmung zu sichern.[187] Hatte es in der Ersten Republik von 1792 bis 1799 keine parlamentarische Regierung gegeben, so musste Ludwig XVIII. nach der Herrschaft Napoleons in der sogenannten Charta von 1814 erneut die Grundsätze der Freiheit und Gleichheit und auch eine gewählte Kammer akzeptieren[188], deren Geltung im Zuge einer

---

[183] Vgl. Jurt, Joseph: Identität, in: Picht, Robert u.a. (Hrsg.): Fremde Freunde. Deutsche und Franzosen vor dem 21. Jahrhundert, München 1997, S. 78-84.

[184] Ders.: Staat und Nation in der europäischen Geschichte, S. 173 [Hervorhebung im Original, V. K.].

[185] Vgl. ebd., S. 80.

[186] Vgl. ebd., S. 79. Von der spezifischen gesellschaftlichen Integration der Literatur in Frankreich zeugen Jurt zufolge nicht zuletzt auch die Stellungnahmen bedeutender Schriftsteller wie Voltaire und Hugo zu politischen Fragen oder auch die kollektiven Interventionen seit der Dreyfus-Affäre in der Gestalt der sozialen Gruppe der „intellectuels". „Frankreich konnte so zu Recht auch als ‚nation littéraire' (Priscilla Parkhurst) eingestuft werden." Vgl. in diesem Zusammenhang auch die Analyse bei Bendrath, Wiebke: Ich, Region, Nation. Maurice Barrès im französischen Indentitätskurs seiner Zeit und seine Rezeption in Deutschland, Tübingen 2003.

[187] Einen prägnanten Überblick über die verfassungsrechtliche Entwicklung in Frankreich bietet Duverger, Maurice: Les Constitutions de la France, Paris 1950.

[188] Vgl. Schauer, Hans: Nationale und europäische Identität, in: Aus Politik und Zeitgeschichte, S. 5. Die Periode von 1815 bis 1830 war, wie Schauer weiter ausführt, geprägt durch einen kontinuierlichen Kampf zwischen Liberalen und Ultraroyalisten, den die Liberalen schließlich gewannen. 1830 lehnte

Transformation von Demokratie in eine Diktatur weitgehend außer Kraft gesetzt worden waren.[189] Die tragenden Prinzipien des „Napoleonischen Systems" beruhten, abgesehen von dem Aspekt der willensstarken Herrscherpersönlichkeit Bonapartes, auf einer straff durchorganisierten, klar gegliederten Verwaltungsstruktur, einem autoritären Führungsstil, der Schaffung einer Vielzahl persönlicher Abhängigkeiten und der Herrschaftsabsicherung mit Mitteln der modernen Psychologie. Zudem hatte Napoleon Wert auf die Schaffung klarer Verwaltungsprinzipien gelegt. So etablierten die Revolution von 1789 sowie die nachfolgende Diktatur Napoleons schließlich jenen Staat, den der Absolutismus angestrebt, aber nie verwirklicht hatte: Denn es war der alte, absolutistische Staat gewesen, der sich daran gemacht hatte, die Aristokratie zu entmachten, die Parlamente und Gerichtshöfe einzuschränken, in die herkömmlichen Rechte der Provinzen einzugreifen und über das ganze Land ein zunehmend dichteres Netz der Zentralverwaltung zu legen. Das Modell dieses Staates – vom absoluten Königtum vor der Revolution bereits zu mehr als drei Vierteln realisiert – war das Kaiserreich Napoleons. Das eigentlich militärische Prinzip von Befehl und Gehorsam regierte auch die Verwaltung, vom Dorfbürgermeister bis zur Staatsspitze, dem Kaiser: Der Staat als perfekte Maschine.[190]

Der napoleonische Verwaltungsaufbau sollte dazu dienen, dass nichts der Laune von Individuen überlassen blieb, vielmehr mit Strenge regiert werde, deren Handlungen letztlich Ausdruck von Menschlichkeit und Milde seien, da dank ihnen Unruhen und Aufstände verhindert würden. Napoleon machte jedoch hinreichend deutlich, wie er diese Politik gewichtet wissen wollte, als er die Abschaffung der Todesstrafe als „Manie deplacierter Humanität" missbilligte. Seine Politik der Bindung des Volkes bzw. bestimmter Teile und ausgewählter Persönlichkeiten an das System beschritt andere Wege sowohl mit der Vergabe von Ehrungen und hochdotierten Ämtern als auch auf dem Wege der Gesetzgebung. Die vorrangige Aufgabe des *code civil* war Napoleon zufolge nicht nur rechtlich, sondern insbesondere auch sozial das zu konsolidieren, was er in der Gesellschaft bewahrt sehen wollte. Dabei sollte der Herrscher immer wieder dem Land das Gefühl vermitteln, dass es von ihm geliebt werde. „Man wird Euch nur in dem Maße lieben und schätzen, wie Ihr das Land, in

---

das Parlament die Thronrede Karls X. ab. Als dieser daraufhin die Pressefreiheit abschaffte und das Parlament verfassungswidrig auflöste, sei die weitgehend bürgerlich organisierte, aber wiederum blutige Revolution und Einsetzung Louis-Philippe I. „von Gottes Gnaden und durch den Willen der Nation" die Antwort gewesen. Vgl. ebd., S. 5f. Erst 1875, mit der Verabschiedung der Verfassungsgesetze der Dritten Republik, konnten die 1789 erkämpften Grundrechte, vor allem die Meinungs- und Versammlungsfreiheit, wieder fest verankert werden.

[189] Vgl. Reinhard, Wolfgang: Geschichte der Staatenwelt, S. 435, wo Reinhard in Napoleon die personifizierte Möglichkeit einer Transformation von Demokratie in eine Diktatur oder eine neue Art von Monarchie erblickt, „die im Gegensatz zu derjenigen des Ancien Régime nicht mehr durch Gottesgnadentum und Erblichkeit, sondern durch den Volkswillen legitimiert ist – wobei dieser Volkswille nicht minder fiktiv sein kann als Gottes Gnade!" Vgl. ebd., S. 415 Reinhards Analyse der napoleonischen Konsularverfassungen von 1799 und 1802 sowie der Verfassung des Kaisertums von 1804.

[190] Vgl. Schulze, Hagen: Staat und Nation in der europäischen Geschichte, S. 103. „Wie einst das Vorbild Ludwigs XIV. strahlte auch dieses Modell auf ganz Europa aus, kein Wunder angesichts der Hegemonie, die das revolutionäre, mehr noch das kaiserliche Frankreich bis 1812 auf dem gesamten Kontinent besaß". Ebd., S. 103f.

dem Ihr seid, lieben und schätzen werdet; dies ist der Punkt, in dem die Menschen am sensibelsten sind."[191]

Nicht zuletzt mit der Beachtung dieser Sensibilität verstand es Napoleon[192], an einen seit 1760 verstärkt sich artikulierenden Patriotismus anzuknüpfen, der sich vor 1789 in Opposition zu der als dekadent und materialistisch betrachteten Gegenwart erblickte und in dem Vaterlandsliebe, Engagement, ja Opferbereitschaft für das Gemeinwohl sowie wahre Bürgergesinnung artikuliert wurde[193]; er verstand es unter Rekurs auf den „Soldat-Citoyen"[194] schließlich auch, als Exponent der *Grande Nation* und ihres expansionistischen, kriegerischen und von einem tiefgreifenden demokratischen Missionarismus geprägten Selbstbewusstseins[195], seiner „nationalimperialen Machtexpansion"[196] das Antlitz einer „zivilisatorischen Mission"[197] der französischen Nation zu geben: die Identität der Nation dekliniert sich zugleich in einem Frankreich der Menschenrechte wie einem Frankreich der Erde und der Toten.[198]

---

[191] Zitiert nach Dippel, Horst: Die politischen Ideen der Französischen Revolution, in: Fetscher, Iring / Münkler, Herfried (Hrsg.): Pipers Handbuch der Politischen Ideen. Band 4: Von der Neuzeit bis zum europäischen Nationalismus, München 1986, S. 21-69, S. 60f.

[192] Vgl. in diesem Kontext bereits die Charakterisierung Napoleons durch Jacob Burckhardt, der in seinen „Weltgeschichtlichen Betrachtungen" bemerkt: „Hoher Werth der als Ideale fortlebenden großen Männer für die Welt und für ihre Nationen insbesondere: sie geben denselben ein Pathos, einen Gegenstand des Enthusiasmus und regen sie bis in die untersten Schichten intellectuell auf, durch das vage Gefühl von Größe; sie halten einen hohen Maßstab der Dinge aufrecht. Napoleon, mit all dem Unheil welches er über die Franzosen gebracht, ist dennoch weit überwiegend ein unermeßlich werthvoller Besitz für sie". Ders.: Über das Studium der Geschichte. Der Text der „Weltgeschichtlichen Betrachtungen" (hrsg. v. Peter Ganz), München 1982, S. 404.

[193] Vgl. Fink, Gonthier-Louis: Das Wechselspiel zwischen patriotischen und kosmopolitisch-universalen Bestrebungen in Frankreich und Deutschland (1750-1789), in: Herrmann, Ulrich (Hrsg.): Volk – Nation – Vaterland, Hamburg 1996, S. 151-184, S. 162f.

[194] Vgl. dazu ausführlich: Lüsebrink, Hans-Jürgen: Die Genese der „Grande Nation". Vom Soldat-Citoyen zur Idee des Empire, in: Herrmann, Ulrich (Hrsg.): Volk – Nation – Vaterland, S. 118-130; vgl. S. 120.

[195] Vgl. im Kontext die Analyse des Heldenbildes der Französischen Revolution und dessen zunehmende Militarisierung bei Vovelle, Michel: Die Französische Revolution – Soziale Bewegung und Umbruch der Mentalitäten, München 1982. Vgl. ebd. das Kapitel „Vom Kämpfer zum Helden: der revolutionäre Mensch, S. 116-125. Ebd. qualifiziert Vovelle Napoleon Bonaparte als „Negation des revolutionären Helden". S. 124f.

[196] Fehrenbach, Elisabeth: Nation, in: Handbuch politisch-sozialer Grundbegriffe in Frankreich 1680-1820 (hrsg. v. Rolf Reichardt u. Eberhard Schmitt), München 1986, Heft 7, S. 75-107, S. 104.

[197] Vgl. Jurt, Joseph: Identität, in: Picht, Robert u. a. (Hrsg.): Fremde Freunde, S. 81.

[198] Vgl. ebd.

B   USA

Während in der *Déclaration des droits de l'homme et du citoyen* von 1789 die Nation zum Träger der Souveränität bestimmt und die Freiheit des einzelnen durch jene der übrigen Mitglieder der Gesellschaft und damit durch das Gesetz als Ausdruck der volonté générale begrenzt worden war, atmete die *Virginia Bill of Rights* von 1776 einen andersartigen Geist.[199]

Sie war ein Dokument zur Beschränkung staatlicher Macht zugunsten des mit unveräußerlichen Rechten ausgestatteten Individuums. Alle staatliche Macht leitete sich insofern vom Volk als der Summe der Individuen ab; alle Amtsträger waren nur Treuhänder der Macht und jederzeit dem Volk Rechenschaft schuldig, dessen Mehrheit, wann immer erforderlich, die Regierung verändern konnte. Das Prinzip der Gewaltentrennung und der Kontrolle von Macht wurde verankert, der Rechtsschutz des Individuums vor den Übergriffen staatlicher Macht festgeschrieben. Die Pressefreiheit als eine der großen Bollwerke der Freiheit war unangreifbar, die Prinzipien der Gerechtigkeit, Sparsamkeit, Mäßigung und Tugend galten als Voraussetzung für die Wahrung der Sicherung der Freiheit, die jedem freie Religionsausübung garantierte.[200] Was die Bürger der Neuengland-Staaten – jener „ersten Nation der Europäer in Übersee"[201] – dementsprechend zur Trennung von der britischen Krone und dem Londoner Parlament, zur Proklamierung ihrer Unabhängigkeit getrieben hatte[202], war in der Sache wie in ihrem Bewusstsein die Behauptung und Verteidigung ihrer Rechte und ihrer Freiheit, wie sie im „*Common Law*" und den „*natural rights*" als fundiert erachtet wurden[203]. Unter Berufung hierauf suchten sie ihre Vergangenheit und Herkunft als britische Kolonisten hinter sich zu lassen und vereinten und formierten sich im Namen universaler, von ethnischer Herkunft, Religion und Kultur unabhängiger Ziele und Prinzipien, durch die sie sich fortan als Amerikaner definierten.[204] „*To begin the world anew*"[205] – dies war, wie Thomas Paine es formuliert

---

[199]   Vgl. Dippel, Horst: Die politischen Ideen der Französischen Revolution, in: Fetscher, Iring / Münkler, Herfried (Hrsg.): Pipers Handbuch der Politischen Ideen, Band 4, S. 22. Vgl. dazu und zum folgenden Gesamtkontext auch die Ausführungen „Republikanismus, Föderalismus und Konstitutionalismus als Elemente der Gründungssituation von 1776" bei Adams, Willi Paul: Republikanische Verfassung und bürgerliche Freiheit. Die Verfassungen und politischen Ideen der amerikanischen Revolution, Darmstadt 1973, S.19-38; vgl. ebenso die stark ideengeschichtlich geprägten Ausführungen in Kapitel VI „Republikanismus zwischen Tugend und dem Kaleidoskop der Institutionen" bei Herz, Dietmar: Die wohlerwogene Republik. Das konstitutionelle Denken des politisch-philosophischen Liberalismus, Paderborn 1999, S. 116-144.

[200]   Vgl. Dippel, Horst: Die politischen Ideen der Französischen Revolution, in: Fetscher, Iring / Münkler, Herfried (Hrsg.): Pipers Handbuch der Politischen Ideen, Band 4, S. 22.

[201]   Vgl. Adams, Willi Paul: Die Kolonialzeit, in: Ders. u. a. (Hrsg.): Länderbericht USA. Geschichte, Politik, Geographie, Wirtschaft, Gesellschaft, Kultur, 3. aktual. Aufl., Bonn 1998, S. 3-17, S. 3.

[202]   Einen fundierten Überblick über die Ideen und Interessen in der Amerikanischen Revolution bietet der Aufsatz von Nolte, Paul: Ideen und Interessen in der Amerikanischen Revolution. Eine Zwischenbilanz der Forschung 1968-1988, in: Geschichte und Gesellschaft 17 (1991), S. 114-140.

[203]   Zu den Hintergründen, Bedingungen und dem Verlauf des Unabhängigkeitskampfes vgl. Morgan, Edmund S.: Die amerikanische Unabhängigkeit, in: Propyläen Weltgeschichte, Band 7, S. 558-567.

[204]   Vgl. grundlegend in diesem Kontext die Analysen bei Kohn, Hans: American Nationalism: An Interpretative Essay, New York 1961; vgl. analog und ausführlicher die beiden Bände von Boorstin, Daniel J.: The Americans: The Colonial Experience, New York 1958 sowie ders.: The National Experience, New York 1965.

hat, der Anspruch der amerikanischen Gründungs- und Verfassungsväter. Paines *Common Sense*, die womöglich meistgelesene Schrift in der politischen Historie der Aufklärung [206], verdankte ihre Wirkung den bereits im Titel beschworenen Denktraditionen, die im Hinblick auf den Vernunftschluss der Unabhängigkeit amalgamieren. Es sind dies die schottische Common-Sense Philosophie, die den Begriff im Sinne des gesunden, am Ganzen der aufklärerischen Menschheit orientierten Verstandes deutet, und die historisch vorangehende, im puritanischen Amerika freilich stets präsente Lesart der Commonwealth-Revolution, die Common Sense als Gemeinsinn sieht. Inhaltlich bediente Paine mit seinem Traktat beide Erwartungsstränge, sowohl den des gesunden Menschenverstandes durch Aufzählung und Diskussion der für die Unabhängigkeit sprechenden Argumente, als auch den des *sensus communis*, insofern das politische Ziel der Unabhängigkeit die Erlangung des Gemeinwohls sei. *Public good*, als der zentrale Begriff des radikal-whiggistischen Credo, war für den aus dieser politischen Tradition stammenden Paine, einzig auf dem Weg des Übergangs jeglicher Regierungsmacht in die Hände der Bürger vorstellbar.[207]

Die scheinbare Unerschöpflichkeit der Ressourcen Amerikas und die Größe des Landes ließen, so auch bei Paine, Amerika als idealen Platz erscheinen, um eine neue, in Europa nicht geduldete Ordnung zu realisieren. Amerika verkörpert seit seiner Entdeckung eine „Möglichkeit" – nicht zuletzt dadurch, dass es Emigranten Zuflucht und die Chance bot, ein Leben nach ihren eigenen Vorstellungen zu führen soweit dies die äußeren Bedingungen erlaubten. Auch wenn Amerika am Ende des 18. Jahrhunderts durch eine politische und gesellschaftliche Situation gekennzeichnet war, die diesen Ausgangspunkt hinter sich gelassen hatte, so bestand in der Vorstellung der Siedler auch zu dieser Zeit nach wie vor eine Situation des Anfangs, die grundsätzlich andere Bedingungen als die ihrer Herkunftsländer zur Folge hatte. Diese imaginäre historische Anfangssituation wurde von den Revolutionären 1776 – und wie wohl von keinem zweiten Politiker der Gründergeneration von Thomas Jefferson[208] – zugleich als ein Abschluss empfunden, indem sie vor dem Hintergrund der tradierten politischen Philosophie und der dieser zugrunde liegenden politischen Erfahrungen eine neue Ordnung entwarfen. Es sollte sich hierbei um keine Reform oder Revolution im europäischen Sinne handeln, sondern um eine genuine Neukonstruktion. Auch wenn Amerika nicht mehr das unberührte Vorbild des Naturzustands war, als das es John Locke noch gesehen hatte, so verband sich doch die reale Landnahme durch die Siedler vorteilhaft mit dem Bewusstsein der Revolutionäre, die wissenschaftliche Methode zum Aufbau einer neuen Ordnung zu besitzen. Trotz Unterschieden in der Ausgangslage und in den Voraussetzungen war dies eine Situation, wie sie der Theorie John Lockes oder gar – in einem weiteren Sinne – der Konzeption John Rawls zugrund lag: die Möglichkeit, eines rational begründeten Staatsentwurfs bzw. die Entwicklung von Grundbedingungen der Gerechtigkeit. Die ame-

---

[205] Paine, Thomas: Common Sense and the Crisis, New York 1973, S. 59.
[206] So die These bei Berghahn, Cord-Friedrich: Klassizismus und Gemeinsinn. Antikerezeption und ästhetische Gemeinwohlformeln in den Vereinigten Staaten am Beispiel Thomas Jeffersons, in: Münkler, Herfried / Bluhm, Harald (Hrsg.): Gemeinwohl und Gemeinsinn, Band I, S. 213-243, S. 214.
[207] Vgl. ebd., S. 214f.
[208] Vgl. ebd. „The Ideal Republic – Jeffersons Vision der Gesellschaft", S. 221ff.

rikanischen Gründungsväter konnten an Traditionen anknüpfen und taten dies um der Wirkung der politischen Rhetorik willen, während die tatsächliche Fundierung eines traditionellen Kontextes fehlte. Die Begründer der amerikanischen Republik suchten mit der Präzision der Newton'schen Wissenschaft einen aus der Vernunft und ihren Erkenntnismöglichkeiten abgeleiteten Staat zu entwerfen.[209] Die Schaffung eines eigenständigen amerikanischen Nationalstaates geschah folglich nicht allmählich, sondern plötzlich, nicht evolutionär, sondern revolutionär, und die entscheidenden Ereignisse, welche die politischen Ideen und Institutionen des entstehenden Staates prägten, fanden alle mit großer Dynamik im letzten Viertel des 18. Jahrhunderts statt – wobei vieles, was im Rückblick geradezu zwangsläufig bzw. stringent erscheint, in Wirklichkeit eine Sache der Improvisation, des Zufalls, des Glücks oder des Pechs war.[210]

Indem man die Amerikanische Revolution vor allem auch als Bemühen um Identität und Legitimität, als Suche nach politisch-kultureller Selbstfindung und Sinnstiftung verstehen muss, hat sie sich im Grunde über mehr als ein halbes Jahrhundert vom Siebenjährigen Krieg bis zur sogenannten *Era of Good Feeling* unter Präsident James Monroe erstreckt. In dieser Zeitspanne vollzog die materielle und geistige Emanzipation von Europa, die den Begriffen „Volk", „Staat" und „Nation" eine neue Bedeutung verlieh. Mit Amtsantritt von Präsident Monroe schienen die Widersprüche zwischen Staat, Volk und Nation aufgehoben. Gemeinsam feierten die Amerikaner die Einzigartigkeit ihrer Gesellschaft, die aus der Revolution heraus sich gebildet hatte. Sie benötigten keine fremden Vorbilder und Modelle mehr, sondern durften hoffen, dass sich in Zukunft andere Völker ein Beispiel an der politischen Kultur und am konstitutionellen System der Vereinigten Staaten nehmen würden. [211]

Die Unabhängigkeitserklärung und die „*Bill of Rights*" brachten den Geltungsanspruch der Amerikanischen Revolution zuerst zum Ausdruck, die Verfassungen und die Constitution von 1787[212] legten den Rahmen für die auf dieser Grundlage gestaltete politische Ordnung fest.[213] Als maßgeblicher Kommentar der Bundesverfassung und als herausragendes politiktheoretisches Dokument der Amerikanischen Revolu-

---

[209]   Vgl. Herz, Dietmar: Die wohlerwogene Republik. Das konstitutionelle Denken des politisch-philosophischen Liberalsimus, Paderborn 1999, S. 18.

[210]   Vgl. Ellis, Joseph J.: Sie schufen Amerika. Die Gründergeneration von John Adams bis George Washington, München 2002, S. 16.

[211]   Vgl. Heideking, Jürgen: Einheit aus Vielfalt: Die Entstehung eines amerikanischen Nationalbewußtseins in der Revolutionsepoche 1760-1820, in: Hermann, Ulrich (Hrsg.): Volk – Nation – Vaterland, S. 101-117, S. 101. Vgl. ebd., S. 117.

[212]   Vgl. Heideking, Jürgen: Revolution, Verfassung und Nationalstaatsgründung 1763-1815, in: Adams, Willi Paul u.a. (Hrsg.): Länderbericht USA, S. 18-41.

[213]   Vgl. dazu auch die Ausführungen „Die geistig-politischen Grundlagen des amerikanischen Verfassungswesens" bei Wasser, Hartmut: Die Vereinigten Staaten von Amerika. Portrait einer Weltmacht, 2. Aufl., Stuttgart 1982, S. 67-84; vgl. ebd. „Der Einfluß der politischen Philosophie Europas und angelsächsischer Regierungspraxis auf die konstitutionelle Entwicklung der USA", S. 70ff. Die Unabhängigkeitserklärung von 1776 und die amerikanische Bundesverfassung von 1787 stellen, wie Wolfgang Reinhard betont, „wichtige Innovationen für den westlichen Staatsbildungsprozeß überhaupt dar. Uralte gegenseitigkeitsprinzipien wurden in modernes Selbstbestimmungsrecht auf der Grundlage allgemeiner Volkssouveränität transformiert. Erstmals gründete sich eine Nation auf diese Weise selbst, und zwar mittels einer besonderen Verfassungsurkunde [...]". Vgl. ders.: Geschichte der Staatsgewalt, S. 487.

tion setzten sich die *Federalist Papers* in vollem Bewusstsein der durch die liberale europäische Aufklärungsphilosophie geprägten Tradition politischen Denkens, aber auch mit nachdrücklichem Stolz über das in Amerika praktisch schon erreichte und weiterzuführende Strukturgefüge, für die auf regelmäßigen Volkswahlen basierende repräsentative und gewaltenteilige, zudem föderativ aufgebaute und dadurch gerade in großen Territorien anwendbare Republik ein und sprachen sich damit zugleich gegen die direkte Demokratie aus, die sich nur für kleinste Gebilde eigne.[214] Paul Johnson bringt die Empfindungen der amerikanischen Gründergeneration treffend zum Ausdruck, wenn er zu Beginn seiner „History of the American People"[215] schreibt: „*The creation of the United States of America is the greatest of all human adventures. No other national story holds such tremendous lessons, for the American people themselves and for the rest of mankind*".[216]

Bürger der Vereinigten Staaten zu sein bedeutet seither, in und unter dieser auf universalen Prinzipien wie individueller Freiheit, rechtlicher Gleichheit und demokratischer Institutionen gegründeten Ordnung zu leben und leben zu wollen. Die in dieser Weise sich menschheitlich, nicht ethnisch konstituierende Nation war dafür offen, Millionen von Einwanderern, ungeachtet ganz verschiedener ethnischer Zugehörigkeit und sprachlicher Prägung, in sich aufzunehmen und zu integrieren. Erwartet wurde – und wird – lediglich, dies aber strikt, die Bereitschaft und der tätige Wille, in dieser Ordnung zu leben, sich als loyaler und patriotischer Bürger in sie hineinzustellen und damit einen Beitrag zu jenem *American Exceptionalism*[217] zu leisten. Der Flaggenappell in den amerikanischen Schulen ist ein konsequenter Ausdruck dieser Art nationaler Identität, und ebenso erklärt sich hieraus die ungeheure Symbolkraft der amerikanischen Fahne, des Sternenbanners. ‚The flag'[218] steht für die Ordnung, unter der man lebt, und sie verkörpert die amerikanische Idee der Nation[219], einer Nation in „Gottes eigenem Lande"[220], die sich – im Sinne eines spezifischen „Amerikanismus"[221] – geprägt zeigt in ihrem Anspruch, „City on a Hill"[222] zu

---

[214] Vgl. The Federalist Papers. Alexander Hamilton, John Jay and James Madison (hrsg. V. Clinton Rossiter), New York 1961 [vgl. dtsch. Der Föderalist (hrsg. v. Felix Ermacora, Wien 1958]. „Diese terminologische Gegenüberstellung von ‚Republik' und ‚Demokratie' ist jener gleich, die Kant in seinen ethischen und politischen Schriften anwendet." Ders.: Politische Theorien des Rationalismus und der Aufklärung, in: Lieber, Hans-Joachim (Hrsg.): Politische Theorien von der Antike bis zur Gegenwart, S. 157-258, S. 237.

[215] Vgl. Johnson, Paul: A history of the American people, New York 1997.

[216] Ebd., S. 3. Entsprechend dieser wegweisenden Einleitung zu Johnsons Analyse kann auch die Wahl des dem Buch voranstehenden Mottos von Shakespeare gedeutet werden: „Be not afraid of greatness".

[217] Vgl. zu Begriff und Bedeutung die Ausführungen bei Lipset, Seymour Martin: American Exceptionalism. A Double-Edged Sword, New York 1996.

[218] Vgl im Kontext die gegenwartsbezogenen Anmerkungen bei Gephart, Werner: The Community and the Flag. Resurrection, Rebirth, Reconstruction or Renaissance (Typoskript), St. Louis 2001.

[219] Vgl. Böckenförde, Ernst-Wolfgang: Die Nation – Identität in Differenz, in: Ders.: Staat, Nation, Europa, S. 46f.

[220] Vgl. dazu Sheldon, William F.: Der Mythos von „Gottes eigenem Lande": Zur geschichtslosen Identität der Amerikaner, in: Historische Mitteilungen 1 (1990), S. 73-84.

[221] Vgl. exemplarisch die Begriffsverwendung bei Huntington, Samuel: American Politics: The Promise of Disharmony, Cambridge 1981. Vgl. auch Gebhardt, Jürgen: Die Krise des Amerikanismus. Revolutionäre Ordnung und gesellschaftliches Selbstverständnis in der amerikanischen Republik, Stuttgart 1976.

sein, durch eine pluralistische politische Kultur sowie ein religiös fundiertes Nationalbewusstsein[223].

Das republikanische Ordnungsparadigma, ob als amerikanisches „Credo"[224], als
liberale Tradition, Zivilreligion[225] oder auch öffentliche Philosophie definiert, entfaltet eine umfassende Selbstdeutung der amerikanischen gesellschaftlichen Existenz,
welche sich Jürgen Gebhardt zufolge in dem Begriff des „Amerikanismus" ausdrückt. Amerikaner jeder nationalen Herkunft, aller Klassen, aller Religionen, aller
Glaubensrichtungen jeder Hautfarbe haben idealiter etwas gemeinsam: ein soziales
Ethos, ein politisches Credo. Die Vereinigten Staaten nehmen ihren Anfang mit einem bewussten politischen Akt, mit der Behauptung gewisser fundamentaler politischer Prinzipien und mit konstitutionellen Vereinbarungen, die auf diesen Prinzipien
beruhen.[226] „Amerikanismus" und „Amerikanisches Credo" relationierend, kommt
Gebhardt zu der Erkenntnis: „Mit der bewußten Überführung einer unter spezifischen historischen Bedingungen formulierten Ordnungsinterpretation in eine gesellschaftlich verbindliche dogmatische Ordnungssymbolik mit metaphysischem Geltungsanspruch liegt das Geheimnis der Entstehung des Amerikanischen Credo. Dessen politisches Minimaldogma kann sogar auf einen einzigen Glaubenssatz verkürzt
werden, wie dies im täglichen patriotischen Ritual des Treuegelöbnisses [...] in amerikanischen Schulen geschieht. Der Fahne zugewandt und die Hand am Herzen
geloben die Versammelten: 'I pledge allegiance to the flag of the United States of
America, and to the Republic for which it stands: one Nation, under God, indivisible
with liberty and justice for all'. Um diesen Kernsatz kristallisiert sich die Politische

---

[222] Vgl. Johnson, Paul: A history of the American people, S. 3: "The Americans originally aimed to
build an other-worldly 'City on a Hill', but found themselves designing a republic of the people, to be
a model for the entire planet." Auf das rhetorische Erbe des Puritanismus verweisend, erinnert Winfried Fluck in diesem Kontext an John Winthorp, der, als er 1630 an Bord des Schiffes Arabella kurz
vor der Ankunft in der Neuen Welt eine Predigt hält, versucht, die Siedler auf die Vorstellung einer
auf Gott gegründeten sozialen Ordnung einzuschwören und dabei aus der Bibel das Bild einer „city
upon the hill" entlehnt. „City upon the hill" deshalb, „um damit das gemeinsame Unternehmen in
Analogie zur Errichtung eines ‚neuen Jerusalem' zu setzen, auf dem die Augen der ganzen Welt ruhen. (,Leading an exodus of saints to found a city upon a hill, for the eyes of all the world to be-
hold'). [...]". Vgl. ders.: Kultur, in: Adams, Willi Paul / Lösche, Peter u.a. (Hrsg.): Länderbericht
USA, S. 719-803, S.726.
[223] Zur Bedeutung der Religion für das amerikanische Nationalbewusstsein schon in der Frühphase der
Republik vgl. exemplarisch die Analyse bei Botein, Stephen: Religious Dimensions of the Early
American State, in: Beeman, Richard u. a. (Hrsg.): Beyond Confederation: Origins of the Constitution and American National Identity, Chapel Hill 1987, S. 315-332; Vgl. dazu auch Hatch, Nathan
O.: In Pursuit of Religious Freedom: Church, State and People in the New Republic, in: Greene, Jack
P. (Hrsg.): The American Revolution: Its Character and Limits, New York 1987, S. 338-406.
[224] Vgl. Myrdal, Gunnar: An American Dilemma, New York 1944.
[225] Im Sinne einer Begriffsbestimmung und ersten inhaltlichen Annäherung an das Konzept der Zivilreligion vgl. wegweisend Bellah, Robert N.: Civil Religion in America, in: Daedalus 96 (1967), S. 1-
21; vgl. sodann ders.: The Broken Convenant. American Civil Religion in Time of Trial, New York
1975; vgl auch ders. / Hammond, Philipp E.: Varieties of Civil Religion, San Francisco 1980; vgl.
auch Kleger, Heinz / Müller, Alois (Hrsg.): Religion des Bürgers. Zur Zivilreligion in Amerika und
Europa, München 1986; vgl. ebenfalls Lübbe, Hermann: Religion nach der Aufklärung, 2. Aufl.,
Graz 1990; vgl. ebd. den Exkurs über „Zivilreligion", S. 306-327.
[226] Huntington, Samuel: American Politics: The Promise of Disharmony, S. 23f. Huntington zeigt sich in
diesem Zusammenhang davon überzeugt, dass der "Amerikanismus als ein Credo eine nationale Zivilreligion" begründe.

Dogmatik, welche ihrerseits wieder eingebettet ist in den umfassenden symbolischen Kosmos des *Amerikanismus* als einer die gesamte gesellschaftliche Existenz durchdringenden Interpretation des Menschen in Gesellschaft und Geschichte mit universalem Anspruch".[227]

Dass die Nation – bei allem Pathos und Patriotismus – selbst im Kosmos des „Amerikanismus" nur als „almost chosen" (Abraham Lincoln)[228] angesehen wird, hat, eingedenk der Fehlbarkeit des Menschen, mit der engen Verbindung von Christentum und amerikanischem Freiheitsverständnis zu tun. Schon Tocqueville vermerkte bei seinem Nachdenken „Über die Demokratie in Amerika"[229]: „Die Amerikaner verschmelzen in ihrem Denken Christentum und Freiheit so vollkommen, daß man sie fast unmöglich dazu bringt, dieses ohne jenes zu denken, und es handelt sich bei ihnen nicht um eine jener Glaubenshaltungen, die die Vergangenheit der Gegenwart vererbt, und die in der Tiefe der Seele weniger zu leben als dahinzusiechen scheinen. Ich sah, wie Amerikaner sich zusammentaten, um Geistliche in die neuen Staaten des Westens zu entsenden und dort Schulen und Kirchen zu gründen; sie fürchten, die Religion könnte inmitten der Wälder verlorengehen, und das werdende Volk könnte nicht so frei sein wie das, aus dem es hervorging. [...] So erwärmt sich der Glaubenseifer beständig an der Vaterlandsliebe".[230] An Tocqueville[231] anknüp-

---

[227] Gebhardt, Jürgen: Amerikanismus – Politische Kultur und Zivilreligion in den USA, in: Aus Politik und Zeitgeschichte 49 (1990), S. 3-18, 13[Hervorhebung im Original, V. K.]. Der Geltungsanspruch des „Amerikanischen Credo", so betont Gebhardt in diesem Kontext nachdrücklich, müsse grundsätzlich aus dem bis zum heutigen Tag lebendigen heilsgeschichtlichen Zug des Amerikanismus abgeleitet werden: „Er entstammt der Übertragung der puritanischen heilsgeschichtlichen Deutung der kolonialen Frühgeschichte auf die Nationalgeschichte in Verbindung mit der [...] systematischen Heroisierung aller *personae dramatis*, insbesondere [..] der Gründungsväter. Diese ‚monumentalistische' Nationalgeschichte liegt jedem Diskus der geschichtlichen Selbstverständigung zugrunde; sie ist in den theatralischen Inszinierungen der Marksteine der Vergangenheit allgegenwärtig". Ebd. [Hervorhebung im Original, V. K.]

[228] Zu Abraham Lincoln und seine Bedeutung für die Entwicklung der Vereinigten Staaten vgl. exemplarisch die Ausführungen bei Johnson, Paul: A history of the American people, S. 435ff. „Lincoln", so schreibt Johnson, „was a case of American exceptionalism because, in his humble, untaught way, he was a kind of moral genius, such as is seldom seen in life and hardly ever at the summit of politics." Ebd., S. 435.

[229] Vgl. Tocqueville, Alexis de: Über die Demokratie in Amerika. Erster Teil (hrsg. v. Theodor Eschenburg), Stuttgart 1959.

[230] Ebd., S. 339. Vgl. ebd. das gesamte Kapitel „Über die Hauptgründe der Erhaltung der demokratischen Republik in den Vereinigten Staaten", S. 320-365. Zum Abschluss dieses Kapitels bemerkt Tocqueville hinsichtlich der „Bedeutung des Vorangehenden für Europa": „Diejenigen, welche nach dem Lesen dieses Buches urteilen sollten, ich hätte bei dessen Abfassung die angloamerikanischen Gesetze und Sitten allen Völkern demokratischer Lebensform zur Nachahmung empfehlen wollen, verfielen einem großen Irrtum: Sie hätten sich in Verkennung des Kerns meiner Gedanken bloß an die Form gehalten.. Mein Ziel bestand darin, am Beispiel Amerikas zu zeigen, daß die Gesetze und vor allem die Sitten einem demokratischen Volk erlauben können, frei zu bleiben. Im übrigen bin ich weit davon entfernt zu glauben, daß wir das von der amerikanischen Demokratie gegebene Beispiel befolgen und die Mittel nachahmen sollten, deren sie sich zum Erreichen ihres Zieles bediente; denn ich verkenne nicht den Einfluß, den die Natur eines Landes und die früheren Verhältnisse auf die politischen Verfassungen ausüben [...]. Gelingt es jedoch nicht, bei uns nach und nach demokratische Einrichtungen einzuführen und zu begründen, und verzichtet man darauf, allen Bürgern Gedanken und Gefühle zu vermitteln, die sie zunächst für die Freiheit vorbereiten und ihnen dann deren Gebrauch gestatten, dann wird es, meine ich, für niemanden mehr Unabhängigkeit geben [...]; und ich sehe voraus, daß unser Weg, wenn die friedliche Herrschaft der Mehrheit nicht mit der Zeit bei

fend bemerkt Jürgen Gebhardt unter Einbeziehung der Analysen Robert N. Bellahs, dass ein letztes Urteil über Bewährung und Versagen des amerikanischen Gottesvolkes – wenn überhaupt – nur einer überirdischen göttlichen Instanz zukomme und das Objekt eines solchen Urteils nur das sich selbst bestimmte freie Individuum sein könne, und somit die heilsgeschichtliche Sinngebung der amerikanischen Politik zugleich deren Grenze ziehe. Ein letztes innerweltliches Ziel der Geschichte, von dem her die gesamte Existenz der Menschen zwangsweise hätte politisiert werden können, gebe es nicht. Politik sei der Bereich des Vorletzten. Ideen- und Verfassungspolitik wirkten in der politischen Kultur dahingehend zusammen, dass der „republikanische Mensch und Bürger" den letzten Sinn seines Lebens aus einer unantastbaren geistig-religiösen Freiheitssphäre jenseits der Politik gewinne. Diese im Amerikanismus stets präsente Freiheitssphäre[232] sei nicht politikfern, sondern allgemein akzeptierte Prämisse der Politik republikanischer Selbstgesetzgebung im Verfassungsstaat.[233]

Entsprechend der amerikanischen Tradition des Liberalismus, des Konstitutionalismus und des Naturrechtsdenkens scheidet der Staat als Kristallisationskern der nationalen Identität zugunsten der Verfassung und eines ihr geltenden „Verfassungsglaubens"[234] aus. `

Hatte Abraham Lincoln die Verfassung bereits 1838 in das politische Credo aufgenommen, indem er als Wunsch deklamierte, dass „die Verehrung der Gesetze und der Verfassung" zur „politischen Religion der Nation"[235] werden möge, so musste

---

uns errichtet werden kann, früher oder später bei der *unbeschränkten* Macht eines Einzigen enden wird". Ebd., S. 364f [Hervorhebung im Original, V. K.].

[231] An Tocqueville anknüpfend vgl. die Überlegungen bei Gauchet, Marcel: Tocqueville, Amerika und wir. Über die Entstehung der demokratischen Gesellschaften, in: Rödel, Ulrich (Hrsg.): Autonome Gesellschaft und libertäre Demokratie, Frankfurt a. M. 1990, S. 123-206.

[232] Vgl. im Kontext auch die Anmerkungen zu Tocquevilles Religionsverständnis im Unterschied zu dem von John Stuart Mill bei Himmelfrab, Gertrude: Die Grenzen des Liberalismus, in: Michalski, Krzysztof (Hrsg.): Die liberale Gesellschaft, S. 133-162, S. 155, wo Himmelfrab analog zu Gebhardt ausführt: „In deutlichem Gegensatz zu Mill sah Tocqueville in der Religion nicht einen potentiellen Gegner der Freiheit, sondern deren Verbündeten. Da die Amerikaner ‚die Hauptdogmen der christlichen Religion ohne Prüfung anerkannt haben', setzt diese dem Forschen des einzelnen enge Grenzen ‚und verschließt ihm mehrere der bedeutendsten menschlichen Anschauungen'. Damit wirkt sie dem geistigen Solipsismus der Amerikaner entgegen, ihrer Gewohnheit, ‚von (seinem eigenen Standpunkt) aus die Welt zu beurteilen'. Außerdem dient sie als ein Bollwerk der Moral, welche die Vorbedingung jeder Freiheit ist. [...] Bei Tocqueville und den Gründungsvätern finden wir eine Form des Liberalismus, die Mills Essay [gemeint ist Mills Essay „Über die Freiheit", V. K.] voraufgeht und heute als dessen Alternative oder Korrektiv überlebt hat".

[233] Gebhardt, Jürgen: Amerikanismus – Politische Kultur und Zivilreligion in den USA, in: Aus Politik und Zeitgeschichte, S. 14.

[234] Vgl. dazu die Analyse bei Kammen, Michael: A Machine that Would Go by Itself. The Constitution in American Culture, New York 1987. Kammen konstatiert einen für die Vereinigten Staaten typischen „kulturellen Konstitutionalismus"; ebd., S. 399f.

[235] Zitiert nach Gebhardt, Jürgen: Amerikanismus – Politische Kultur und Zivilreligion in den USA, in: Aus Politik und Zeitgeschichte, S. 14. Vgl. dazu die Bemerkungen bei Herz, Dietmar: Die wohlerwogene Republik, S. 199f. Unter Bezugnahme auf die *Federalist Papers* und die ihnen zugrunde liegenden Ordnungsvorstellungen stellt Herz hinsichtlich des Verhältnisses von „Nation und Verfassung" fest: „Die entstehende Nation wird kein Nationalstaat im europäischen Sinn, sondern eine Nation *sui generis* sein. Kennzeichen dieser Nation ist die Akzeptanz der diesem Regierungssystem zugrunde liegenden Ideen. Diese Ideen als ein System von Machtbegrenzung stiften die politische

die Bundesverfassung doch zunächst ihren Charakter als widerrufbarer Sozialvertrag zwischen den einzelnen Staaten und die damit gegebene Legitimierung der südstaatlichen Sklaverei verlieren, bevor sie als Symbol der im politischen Credo formulierten Vision einer durch das unwandelbare Gesetz verbürgten Ordnungsform verstanden werden konnte[236] – einer Ordnungsform, die in ihrer Besonderheit als „First International Nation"[237] auch heute noch den gründungsmythisch hergeleiteten Anspruch erhebt, „still the first, best hope for the human race" zu sein: *„The great American republican experiment is still the cynosure of the world's eyes"*.[238]

C   England und Deutschland

Im Vergleich mit Frankreich, den Vereinigten Staaten oder auch England beruht die Nationbildung in Deutschland auf einer sehr verschiedenen Grundlage und führte dementsprechend zu einer anderen nationalen Identität.[239] Die „deutsche" Geschichte[240] ist über lange Zeit hinweg die Geschichte einer sprachlich-kulturellen Vereinigung einerseits, einer politischen Herrschaftsbildung andererseits gewesen – gleichwohl nicht ohne eine erhebliche wechselseitige Einwirkung. Auf beiden Ebenen kann von Anfang an kaum von Einheit, vielmehr von einem Zug zur Einheit bzw. Einheitlichkeit, mindestens aber zur Zusammengehörigkeit gesprochen werden.

Ordnung und setzen insoweit nichts voraus. Das Volk – verstanden als Staatsbürger – geht aus dieser Ordnung hervor, keineswegs wird es als Kraft bereits vorausgesetzt. Damit schließt sich der Kreis. Die Kritik Humes an Locke findet ihre Widerlegung in der Tatsache des amerikanischen Vertragsschlusses. Der ‚Vertrag', i.e. die Verfassung, schuf das amerikanische Volk. Bis zu diesem Punkt gab es lediglich Siedler. Die Vorstellung vom einsamen Waldläufer im frühen Amerika [...] wird zu einer eindrucksvollen Metapher für die ‚abenteuerliche Vereinzelung des Lebens'. Ihre Lebensweise entsprach nicht dem Naturzustand, aber sie spiegelte ihn. Ihr Zusammenschluß in einem Verband, obwohl faktisch von einer Elite auf der Grundlage lang bestehender Ordnungsstrukturen herbeigeführt, symbolisiert das Hervortreten aus dem Naturzustand und die Staatsgründung. Diese war rational, da sie dem Willen einer vernünftigen Überlegung entsprach [...] Die Idee der Kollektivität war damit verneint, der politische Liberalismus hatte sich eine Staatsform gegeben. Diese war – wie der Liberalismus selbst – anti-national, da er Unterschiede der Menschen prinzipiell nicht anerkennen kann, es sei denn, diese beruhen auf der Selbstverwirklichung des Individuums". Doch selbst Lincoln stellte – wie obiges Zitat in Erinnerung rufen möge – die Existenz einer politischen Nation – im Sinne eines rationalen Konstrukts – der Bürger der Vereinigten Staaten nicht in Frage. Zentral ist – in Anlehnung an Ernst-Wolfgang Böckenförde – die Differenzierung der nationalen Erscheinungsformen ohne dabei gleich deren Identität bzw. Existenz zu negieren.

[236] Gebhardt, Jürgen: Amerikanismus – Politische Kultur und Zivilreligion in den USA, in: Aus Politik und Zeitgeschichte, S. 14; vgl. im Kontext auch Gebhardts Ausführungen in: Ders.: Verfassungspatriotismus in den USA, in: Akademie für Politische Bildung (Hrsg.): Zum Staatsverständnis der Gegenwart, München 1987, S. 111-130 sowie Vorländer, Hans: Verfassungsverehrung in Amerika. Zum konstitutionellen Symbolismus in den USA, in: Amerikastudien 1 (1989), S. 69-82.

[237] Vgl. „Part: Six: ‚The First International Nation' Melting-Pot America" bei Johnson, Paul: A history of the American People, S. 627-724.

[238] Vgl. ebd., S. 976.

[239] Vgl. Böckenförde, Ernst-Wolfgang: Die Nation – Identität in Differenz, in: Ders.: Staat, Nation, Europa, S. 47.

[240] Vgl. grundsätzlich im Gesamtkontext Fried, Johannes: Der Weg in die Geschichte. Die Ursprünge Deutschlands bis 1024, Berlin 1998.

Auch wenn diese Doppelsicht auf die Geschichte aller modernen Nationen anwendbar ist, so drängt sie sich für die deutsche Nation doch auf.[241]

Dass die Deutschen sich besonders spät ihrer Identität als Deutsche bewusst wurden, lag daran, dass es einen „deutschen" Stamm *nicht* gab. Vielmehr gab es seit dem Zerfall des Karolingischen Reichs im Verlauf des 9. Jahrhunderts eine Anzahl von Stammesherzogtümern, die gerade nicht auf die Stämme der Völkerwanderungszeit zurückgeführt werden konnten, sondern aus Verwaltungsbezirken des Reichs Karls des Großen hervorgingen. Die Siedlungsgebiete der Thüringer, Bayern, Alemannen und später auch der Sachsen waren *ducati*, unterstanden also jeweils einem *dux*, einem hohen fränkischen Beamten, dessen Titel noch auf die Verwaltungsreform Konstantins des Großen zurückging.[242] Dieser fränkische Reichsadel zerfiel im Verlauf des 9. Jahrhunderts in Familien und Fraktionen; nicht „deutsche" Stämme, sondern eine fränkisch geprägte Aristokratie bildete den politischen Zusammenhalt des Gebiets östlich des Rheins, das seit römischen Zeiten als *Germania* bezeichnet wurde. Diese Schicht von Aristokraten akzeptierte die Herrschaft des Kaisersohns Ludwig im ostfränkischen Reich, der damit *rex germaniae*, König der östlich des Rheins gelegenen Reichslande wurde und eben *nicht* „Ludwig der Deutsche". „Deutsch" – erstmals lateinisch als *theodiscus* 786 belegt – meinte ursprünglich „volkssprachlich", auf die nicht-lateinische lingua vulgaris, auch noch auf die lingua gentilis der Heiden bezogen.[243] Wurde im 9. Jahrhundert die lingua franca so bezeichnet, rückte erst 1080 (Annolied) die rein sprachliche Bezeichnung in die Nähe einer Benennung, wenn von „deutschen Leuten" und „deutschen Landen" die Rede war, gleichwohl ohne dass sich daraus bereits ein substantivischer Eigenname zur politischen Selbstbestimmung ergeben hätte. Von einer übergreifenden *gens teutonica* war erstmals um 1100 die Rede. Die adjektivische Benennung wurde einhundert Jahre später im Sachsenspiegel substantiviert zu den „Deutschen" als Kollektivnahme der Reichsfürsten, die einerseits ihren Ländern vorstanden, andererseits zur Königswahl berechtigt und nicht zuletzt zur Romfahrt verpflichtet waren. Im Gegensatz zu den aus dem Lateinischen (*Germania*, *Teutonia*, *Alemannia*) abgeleiteten Fremdbezeichnungen fehlte der eigene Kollektivnahme für die im „Heiligen Römischen Reich" zusammengefassten „gentes", „populi", „Völker" oder „Nationen". Während die nach innen übergreifende und nach außen abgrenzende Bestimmung des Reiches „deutscher Nation" im 15. Jahrhundert aufkam, setzte sich der Kollektivnahme „Deutschland" – neben der pluralen Weiterverwendung „deutsche Lande" – erst im 16. Jahrhundert durch.[244] Der zunächst auf die Territorien und ihre Herren bezogene Begriff *patria*, „Vaterland", wurde fortan nicht verdrängt, sondern überwölbt vom

---

[241] Werner Conze spricht in diesem Zusammenhang von der „Doppelsinnigkeit deutscher Geschichte"; vgl. ders.: Einheit und Vielfalt in der deutschen Geschichte, in: PLOETZ. Deutsche Geschichte. Epochen und Daten (hrsg. V. Werner Conze und Volker Hentschel), 2. Aufl., Freiburg 1980, S. 9-25, S. 10.

[242] Vgl. dazu und im Gesamtkontext Vollrath, Hanna: Deutsche Geschichte im Mittelalter, in: Vogt, Martin (Hrsg.): Deutsche Geschichte (begr. v. Peter Rassow), Stuttgart 1987, S. 1-143, S. 5ff.

[243] Koselleck, Reinhart: Einleitung zu „Volk, Nation, Nationalismus, Masse", in: Ders. / Brunner, Otto / Conze, Werner (Hrsg.): Geschichtliche Grundbegriffe, Band 7, S. 141-151, S. 150.

[244] Vgl. dazu ausführlich Lutz, Heinrich: Die deutsche Nation zu Beginn der Neuzeit. Fragen nach dem Gelingen und Scheitern deutscher Einheit im 16. Jahrhundert, München 1982.

„deutschen Vaterland", welches sich nach außen gegen Türken, Schweden und Franzosen zu wehren, und das im Innern seinen zwischenkonfessionellen Frieden zu finden hatte.

Noch bis weit in das 11. Jahrhundert hinein verstand sich *Germania*, jenes östlich des Rheins entstandene Reich als ostfränkisches Reich, das seine Traditionen in den fränkischen Überlieferungen über die Karolinger und Merowinger zurück nach Rom und bis Troja verfolgte – nicht anders, als dies auch für den westfränkischen Reichsteil galt. Nachdem 919 mit Heinrich I. die sächsische Dynastie die Königskrone erworben hatte, traten Sachsen für mehr als einhundert Jahre in den Vordergrund und an die Stelle der Franken; für Widukind von Corvey bestand das ottonische Imperium aus dem *regnum saxorum*, dem sächsischen Königtum im Norden und dem *regnum latinorum*, dem lateinischen Königtum im Süden; von Deutschland war nicht die Rede. Dies um so weniger, als 962 mit der Kaiserkrönung Ottos I. durch Papst Johannes XII. das ottonische Königshaus in die Tradition Karls des Großen und damit des Römischen Reichs aufstieg und folglich die höchste Legitimation besaß, die das Mittelalter in weltlichen Dingen kannte. Das Reich, so wusste man seit Augustin, besaß einen festen Platz in der Weltgeschichte, die zugleich Heilsgeschichte war; es war die letzte große Weltmonarchie.[245] Das waren Perspektiven, die weit über den ostfränkischen Königstitel hinausgingen; das Reich integrierte sich daher römisch, nicht deutsch.[246]

Als Folge des Investiturstreits[247] zwischen Papst Gregor VII. und Heinrich IV., den Gregor mit *rex teutonicorum* anredete, um den Kaiser seines heilsgeschichtlichen Ranges zu entkleiden und ihn auf die Ebene eines gewöhnlichen christlichen Königs herabzustufen, hieß das Reich Heinrich IV. dennoch weiterhin Römisches, seit 1157 Heiliges Römisches Reich und schließlich seit der Mitte des 15. Jahrhunderts „Heiliges Römisches Reich deutscher Nation" – auch wenn die „deutsche Nation" für lange Zeit eine undeutliche Angelegenheit war und blieb.[248] Kurzum – im langwierigen Prozeß der Ausbildung einer deutschen Großnation lassen sich hinsichtlich ihrer Bewusstwerdung drei Schübe – von 1050 bis 1250 („deutsche Lande", „regnum Teutonicorum"), von 1450 bis 1550 („Heiliges Römisches Reich deutscher Nation", „Germania" im Sinne von „Deutschland") sowie schließlich seit

---

[245] Das Reich beanspruchte einen „heilgeschichtlichen Vorrang vor den anderen Königsherrschaften"" wie auch Hanna Vollrath in diesem Zusammenhang betont: „Als Fortsetzung des antiken Römischen Reiches galt es als das letzte der vier von Gott vorgesehenen Weltreiche und verfügte so über eine biblisch verbürgte Seinsberechtigung". Dies.: Deutsche Geschichte im Mittelalter, S. 63.

[246] Vgl. Schulze, Hagen: Staat und Nation in der europäischen Geschichte, S. 113f.

[247] Zum Investiturstreit vgl. in diesem Kontext die Analyse bei Böckenförde, Ernst-Wolfgang: Die Entstehung des Staates als Vorgang der Säkularisation, in: Ders.: Recht, Staat, Freiheit. Studien zur Rechtsphilosophie, Staatstheorie und Verfassungsgeschichte, 2. Aufl., Frankfurt a. M. 1992, S. 92-114

[248] Schulze, Hagen: Staat und Nation in der europäischen Geschichte, S. 115f. Zu Friedrich I. [„Barbarossa"] als dem „im Gedächtnis späterer Zeiten der volkstümlichste mittelalterliche Kaiser", zu dessen „Triumph über den rebellischen Herausforderer „Heinrich des Löwen" sowie dessen „merkwürdige[m] und als weihevoll empfundenen Tod in Kleinasien während des dritten Kreuzzugs" vgl. ebenfalls Schulze, Hagen, in: Ders.: Kleine Deutsche Geschichte, München 1996. Vgl. ebd. das Kapitel „Römisches Reich und deutsche Lande", S. 9-29, S. 16ff. Vgl. im Gesamtkontext die Ausführungen bei Borst, Arno: Barbarossas Erwachen – Zur Geschichte der deutschen Identität, in: Marquard, Odo / Stierle, Karlheinz (Hrsg.): Identität, München 1979, S. 17-60.

1750/1800 (das „deutsche Volk" wird Subjekt seiner Geschichte) – aber kein kontinuierliches Wachstum beobachten; kein Wachstum, das sich auf ein begriffliches wie geographisches Zentrum stützen konnte.

Anders die Situation jenseits des Kanals: England, Mutterland der „*Glorious Revolution*", der „*Declaration of Rights*", des „*Act of Settlement*" und Heimstätte des „*freeborn Englishman*"[249], gehört wie Frankreich zu jenen westeuropäischen Nationalstaaten, deren sprachlich-kulturelles Einheitsbewusstsein früh durch einigende staatliche Institutionen gefestigt wurde.[250] Der König überließ dem Adel die lokale Herrschaft unumschränkt[251]; nicht zuletzt deshalb, weil eine königliche Verwaltung auf unterer Ebene gar nicht vorhanden war. Das politische Leben war zentriert auf den Hof und das Parlament in Westminster, woraus sich im Zuge der institutionellen Verfestigung und periodischen Fixierung des Parlaments für die geistlichen und weltlichen Führungsschichten, für *Lords* wie *Commons*, ein rhythmischer Wechsel zwischen Provinz und Metropole ergab.[252] Deutschland dagegen war polyzentrisch: Trotz der idealen Bedeutung des Kaisertums wurde Wien, der Hof der Habsburger, nie Hauptstadt des „Heiligen Römischen Reichs Deutscher Nation"[253]. Die Institutionen waren verstreut; Wien war wohl Sitz des Reichshofrats, aber das Reichskammergericht tagte in Speyer und seit 1693 in Wetzlar. Der Reichstag versammelte sich in wechselnden Reichsstädten, bevor er sich 1663 in Regensburg zum Gesandtenkongress in Permanenz erklärte. Von entscheidender Bedeutung war das duale System der Herrschaft: Das staatliche Leben verlagerte sich, seit dem Westfälischen Frieden zunehmend, auf die Ebene der Territorialstaaten. Fürstentümer wurden vereinigt oder aufgeteilt, verschachert oder getauscht. Die staatliche Einheit war denkbar schwach und konnte seit 1648 überhaupt nur noch im Rahmen einer wesentlich

---

[249] Vgl. im Sinne eines komprimierten historischen Überblicks über die wesentlichen Entwicklungsstufen des englischen Staates die Ausführungen bei Mandrou, Robert: Staatsräson und Vernunft. 1649-1775 (Propyläen Geschichte Europas, Band 3), 2. Aufl., Berlin 1992.

[250] Zum historischen Hintergrund des Nationsgedankens in England bzw. zur historischen Entwicklung der Nation vgl. exemplarisch: Loades, David M.: Politics and the Nation 1450-1660. Obedience, Resistance and Public Order, 3. Aufl., London 1986; Kluxen, Kurt: Englische Verfassungsgeschichte. Mittelalter, Darmstadt 1987; ders.: Geschichte Englands von den Anfängen bis zur Gegenwart, Stuttgart 1968; Elton, Geoffrey R.: England unter den Tudors, London 1981; Sayles, George O.: The Medieval Foundations of England, 2. Aufl., London 1950.

[251] Vgl. Cannadine, David: Aspects of Aristocracy, New Haven 1994; vgl. auch im Gesamtkontext ders.: The Context, Performance and Meaning of Ritual: The British Monarchy and the „Invention of Tradition" 1820-1977, in: Hobsbwam, Eric / Ranger, Terence (Hrsg.): The Invention of Tradition, Cambridge 1984, S. 101-164.

[252] Vgl. Maurer, Michael: Nationalcharakter und Nationalbewusstsein. England und Deutschland im Vergleich, in: Herrmann, Ulrich: Volk – Nation – Vaterland, S. 89-100, S. 97; vgl. auch die Ausführungen „Zur Entstehung des britischen Parlamentarismus" bei Schauer, Hans: Nationale und europäische Identität, in: Aus Politik und Zeitgeschichte, S. 6-8; vgl. im übrigen den historischen Überblick bei Schröder, Hans-Christoph: Die Geschichte Englands. Ein Überblick, in: Kastendiek, Hans u. a. (Hrsg.): Länderbericht Großbritannien. Geschichte, Politik, Wirtschaft, Gesellschaft, Bonn 1994, S. 15-67; vgl. ebenso ebd. die Analyse von Sturm, Roland: Das Vereinigte Königreich von Grobritannien und Nordirland. Historische Grundlagen und zeitgeschichtlicher Problemaufriß, S. 68-82.

[253] Vgl. im Kontext Conze, Werner: Die deutsche Nation. Ergebnis und Geschichte, Göttingen 1963; vgl. ebenso Lutz, Heinrich: Die deutsche Nation zu Beginn der Neuzeit. Fragen nach dem Gelingen und Scheitern deutscher Einheit im 16. Jahrhundert, in: Historische Zeitschrift 234 (1982), S. 529-559.

geänderten Reichsverfassung gewahrt werden.[254] „Kein Mensch wußte 1648, ob sich dieses Reich eigentlich konsolidieren oder ob es einen anderen Weg – hin zur Auflösung – gehen würde."[255] Die staatliche Zersplitterung wurde noch verstärkt und überhöht durch die konfessionelle: Katholische Territorien hatten einen Zug nach Rom. Protestantische Territorien hatten ihren *summus episcopus* jeweils in ihrer Mitte. Daraus ergaben sich zentrifugale Affiliationen. Ein lutherischer Geistlicher konnte genau so gut in Kopenhagen Hofprediger werden wie in Weimar. Für ihn gab es aber keine Lebensmöglichkeit in Köln oder Bamberg.[256] Der Augsburger Religionsfriede von 1555, mit dem die lutherischen Reichsstände endgültig ihre Gleichberechtigung mit den katholischen erhielten, proklamierte für alle Landesherren das *ius reformandi*: Das hieß, dass „der Seele Seligkeit" Sache des Fürsten und nicht jedes einzelnen Gläubigen sei, dass sich also die Bevölkerung dem Bekenntnis des jeweiligen Landesherren anzuschließen hatte. Wer nicht dazu bereit war, dem blieb immerhin das *ius emigrandi*, also das Recht, in ein Land seines Bekenntnisses auszuwandern. Die innere Vereinheitlichung der deutschen Länder und Reichsstädte war damit weit vorangeschritten und die entscheidende Voraussetzung für ihre zunehmende Eigenstaatlichkeit und innere wie äußere Selbständigkeit geschaffen. Zugleich aber war das „Heilige Römische Reich" ein weiteres Mal geschwächt, indem die territoriale Zersplitterung nun durch die konfessionelle Spaltung verstärkt wurde. Während das Reich in der Folgezeit mehr und mehr an staatlicher Substanz verlor, zogen sich die habsburgischen Kaiser immer stärker auf ihre österreichischen Erbländer zurück: „Das langsame Herauswachsen Österreichs aus der deutschen Geschichte begann bereits mit der Reformation."[257]

England hatte seit 1534 eine von Rom unabhängige Staatskirche mit dem Monarchen als Oberhaupt [„*godly ruler*"[258]]. Konfession und Nation waren deckungsgleich in ihrer territorialen Geltung. Das Konfessionsprinzip war in dem Maße identitätsstiftend, dass sich eher die einheimische Dynastie gegen eine ausländische auswechseln ließ, als vom Konfessionsprinzip abzuweichen. Die „Glorreiche Revolution" war ein Kompromiß auf protestantischer Basis. Trotz Aufklärung und Toleranzdenken war England durch und durch protestantisch. Der Konsens einte zwar Episkopale und Presbyterianer, Anglikaner und Nonkonformisten, schloss Katholiken jedoch rigoros aus. Die Grundlage des englischen Nationalbewusstseins ist inso-

---

[254] Vgl. ausführlich dazu die Analyse „Das Reich in seiner letzten Phase 1648-1806. Das Problem der Regierbarkeit im Heiligen Römischen Reich", bei Aretin, Karl Otmar Freiherr von: Das Reich. Friedensgarantie und europäisches Gleichgewicht, Stuttgart 1986, S. 19-54.

[255] Vgl. ders.: „Das Heilige Römische Reich Deutscher Nation", in: Büsch, Otto / Sheehan, James J. (Hrsg.): Die Rolle der Nation in der deutschen Geschichte und Gegenwart. Beiträge zu einer internationalen Konferenz in Berlin (West) vom 16. bis 18. Juni 1983, Berlin 1985, S. 73-83, S. 73f.

[256] Maurer, Michael: Nationalcharakter und Nationalbewusstsein, in: Hermann, Ulrich (Hrsg.): Volk – Nation – Vaterland, S. 97f.

[257] Schulze, Hagen: Kleine deutsche Geschichte, S. 51.

[258] Vgl. Schröder, Hans-Christoph: Die Geschichte Englands, in: Kastendiek, Hans u.a. (Hrsg.): Länderbericht Großbritannien, S. 23, wo Schröder hinsichtlich der unter Heinrich VIII. vollzogenen Loslösung von der römischen Kirche bemerkt: „Der Monarchie gelang es [..], sich etwas von deren Heiligkeit anzueignen. Nicht nur die Position, sondern auch die Aura des Königtums war in England nahezu cäsaropapistisch. Es war kein Zufall, daß sich dann sogar chiliastische Erwartungen an den Monarchen als den *godly ruler* knüpften. Andererseits gewann aber durch die Verstaatlichung der Kirche auch das Parlament an Bedeutung und Prestige" [Hervorhebung im Original, V. K.].

fern ein protestantisches Konfessionsbewusstsein[259], welches nicht zuletzt aus der Einheitlichkeit der Sprache resultiert.[260] Tatsächlich verstand der radikale Protestantismus, der nach 1548, zur Zeit des minderjährigen Edward VI., in den Vordergrund trat und am Hof in einflussreiche Positionen gelangte, die englische Reformation als einen bloß begonnenen und noch zu Ende zu führenden Prozess, und ergriff die Chance der neuen Lage und des eigenen politischen Einflusses zur Formierung eines keineswegs nur kirchlichen, sondern allgemein moralischen, gesellschaftlichen und politischen Reformprogramms. Dieser radikale Protestantismus vermochte dabei an die Tätigkeit Thomas Cromwells anzuknüpfen, der als de facto erster Minister Heinrichs VIII. in den 30er Jahren des 16. Jahrhunderts die Umbruchphase der Kirchenreformation für legislative, politische und administrative Reformen genutzt hatte, welche intentional weit über den Kirchenbereich hinauswiesen. Unter starker Aktivierung des Parlaments, das zu dieser Zeit eine neue Wirksamkeit und Bedeutung entfaltete, demonstrierte Cromwell, was eine aktive – auf den Commonwealth-Begriff fokussierte – Politik hinsichtlich der Neuordnung und Regulierung des Gemeinwesens zu leisten vermochte.[261]

Zeitgleich zu den politischen Reformen wurde die Nationalsprache durch zwei *Acts of Uniformity*, 1549 und 1552, in allen Gottesdiensten obligatorisch. Der Stolz auf die englische Sprache als besonders starkes Band englischer Gemeinsamkeit trat bei den Schriftstellern des elisabethanischen Zeitalters signifikant hervor; Aussagen wie das dreifache Credo des Pädagogen Richard Mulcster aus dem Jahre 1582 finden sich nicht selten: „Ich liebe Rom, doch mehr noch London; ich ziehe England selbst Italien vor; ich ehre Latein, aber verehre Englisch".[262] Überhaupt war es Elisabeth in der Zeit ihrer Regentschaft gelungen, die beharrenden mit den fortschrittlichen Kräften des Landes zu versöhnen. Sie vermochte es, die Errungenschaften Heinrichs VIII. zu erhalten und gewann durch die Ausbildung des eigenständigen nationalen Kirchenwesens, des souveränen Staates und eines zentralen administrativen

---

[259]   So Maurer, Michael: Nationalcharakter und Nationalbewusstsein, in: Hermann, Ulrich (Hrsg.): Volk – Nation – Vaterland, S. 98.

[260]   Zum Zusammenhang von Sprache und Nation vgl. die rückblickende Bezugnahme auf die „Studenten, die seit dem 13. Jahrhundert aus allen Teilen Europas an die Universitäten strömten, und die dort nach Nationen eingeteilt wurden" bei Schulze, Hagen: Staat und Nation in der europäischen Geschichte, S. 118. Bei der Einteilung der Studenten ging es „nicht um die Geburtsregion, sondern um Sprachen und Sprachgruppen, denn die waren einigermaßen klar zu erkennen. Die Universität von Paris, neben der von Bologna älteste Universität Europas, unterschied seit 1249 die gallische Nation, zu der auch Italiener, Spanier und Griechen zählten, die normannische, die englische – darunter die Deutschen, Polen und Skandinavier – sowie schließlich die picardische Nation [...]. Die Universität von Orléans war hundert Jahre später in zehn Nationen aufgeteilt: in Frankreich, Normandie, Picardie, Aquitanien, Champagne, Lothringen, Touraine, Burgund, Schottland sowie die ‚nation germanique', der Studenten aus dem Heiligen Römischen Reich angehörten, aber auch die aus Polen, England, Dänemark, Italien und Dalmatien". Ebd., S. 188f [Hervorhebung im Original, V. K.]. Vgl. analog zu Schulze die Analyse bei Werner, Karl Ferdinand: Volk, Nation, Nationalismus, Masse, in: Geschichtliche Grundbegriffe, S. 231ff.

[261]   Vgl. Ottow, Raimund: Politische Gemeinwohl-Diskurse in Großbritannien: von den ‚Rosenkriegen' zum Bürgerkrieg, in: Münkler, Herfried / Bluhm, Harald (Hrsg.): Gemeinwohl und Gemeinsinn, Band I; S. 169-189, S. 174.

[262]   Zitiert nach Schulze, Hagen: Staat und Nation in der europäischen Geschichte, S. 131 [Hervorhebung im Original, V. K.]; analog zu Maurer erachtet Schulze die Religion als „eins der tiefsten und dauerhaftesten Elemente im englischen Nationalgefühl". Ebd.

Klientelsystems die Stützen eines modernen Ordnungsgefüges. Während sie dabei die Einwohner Londons, den seefahrenden und handeltreibenden Teil der Bevölkerung auf ihrer Seite wusste und das Parlament sie dazu drängte, die Oberhoheit des nationalen Laienstaates durchzusetzen, war die Vorstellung einer bleibenden Ordnung von Gesellschaft und Universum weiterhin vorherrschend. Die politische Ordnung galt als Glied in der „Kette des Seins" und sollte jedem Einwohner seinen vorbestimmten Ort geben. Erst am Ende der Tudorzeit meldete sich in Walter Raleighs „History of the World" und in Francis Bacons „Novum Organum" eine rationalistische Welterklärung an. Bis dahin galt die Krone als Symbol und Haupt des *body politic*, dessen Harmonie von Haupt und Gliedern im allgemeinen Consensus gesehen wurde, der im *king in parliament* als höchstem Ausdruck des Gemeinwillens erkennbar schien. Die Einheit des Commonwealth repräsentierte sich hier und fand im Supremat des *Statue Law* seinen rechtlichen Ausdruck. In der Tudorzeit waren zwei sich bedingende, aber auch widerstreitende Tendenzen lebendig: einerseits eine zusammenfassende stabilisierende und andererseits eine auflockernde Tendenz, jene auf den Staat und diese auf die Gesellschaft bezogen.[263] Der Staat regierte mehr als je zuvor durch Gesetz und Verwaltung; er kanalisierte bis zu einem gewissen Grad die sich wandelnde Gesellschaft, die sich dadurch aus ihren regionalen und lokalen Gebundenheiten stärker zu einem Bewusstsein des ganzen *Commonwealth* erhob. Die statuierten Gesetze hatten zum Teil Planungscharakter und dienten einer einheitlichen Ausrichtung des Gemeinwesens, der nach und nach viele Sonderformen und Eigenheiten zum Opfer fielen. Auch wenn vieles „Mittelalterliche" bewahrt oder eine andere, ausgeweitete oder herabgemilderte Funktion erhielt, so wuchs die Allgegenwart des Staates sukzessive an und erstreckte sich bis in die Randgebiete des Landes. Das feudale Föderalsystem blieb gesellschaftlich in Kraft, verlor aber seine letzten eigenständigen Macht und Hoheitsfunktionen: Der Staat hatte den patriarchalisch-feudalen und korporativen Grundzügen des Gemeinwesens gesetzliche und institutionelle Elemente eingefügt, die ihn als oberste und maßsetzende Instanz erscheinen ließen.

Was darüber hinaus die englische Sprache und die englische Konfession – neben dem Faktor der Geographie [„Im Unterschied zu Schiller wußte Shakespeare schon zweihundert Jahre früher genau, wo sein Land zu finden war"[264]] – für die Integration von Schottland und Irland in das „Vereinigte Königreich" leisteten, intendierte die deutsche Sprache und Kultur, wie schon die auf Tacitus' *Germania* gerichtete frühe Suche nach einem Nationalhelden bewiesen hatte, *trotz* des geographischen

---

[263]   Vgl. das Unterkapitel „Allgemeine Entwicklungszüge des Zeitalters" bei Kluxen, Kurt: Geschichte Englands, S. 238.

[264]   Vgl. Schulze, Hagen: Staat und Nation in der europäischen Geschichte, S. 129: „England lag auf einer Insel; seine Grenzen waren deshalb klar definiert, wenn auch nach Westen zu Wales lag, das aber bereits seit der Unionsakte von 1563 mit der englischen Krone verbunden war, und nach Norden zu Schottland, dessen König als Jakob I 1603 den englischen Thron bestiegen hatte. Seither war Schottland mit England in Personalunion verbunden, bis 1707 die staatsrechtliche Einheit hergestellt wurde; von nun an sprach man von dem Vereinigten Königreich von Großbritannien, ohne dass sich an der politischen wie kulturellen Dominanz Englands etwas geändert hätte". Vgl. dazu auch die weitere Entwicklung verfolgend die Beiträge in: Asch, Ronald (Hrsg.): Three Nations – A Common History? England, Scotland, Ireland and British History 1600 – 1920, Bochum 1993.

Faktors[265] und der Konfessionsbarriere in der zweiten Hälfte des 18. Jahrhunderts für die Integration von Preußen und Österreich, Sachsen und Mainz, Württemberg und Oberschwaben, Franken und Baiern ebenfalls zu leisten.

Tatsächlich avancierte die „deutsche Nation" beträchtlich, seit der italienische Humanist Poggio Bracciolini den verschollenen Text der *Germania* des Tacitus zutage gefördert und 1455 in Italien veröffentlicht hatte. Im Zeitalter der Renaissance und des Humanismus hatte sich die alte Vorstellung von der Herkunft der Stämme von sagenhaften, erlauchten Vorfahren mit der Suche nach den klassischen griechischen oder lateinischen Quellen verbunden. Die Geschichtsstudien der humanistischen Gelehrten des 16. und 17. Jahrhunderts waren darauf gerichtet, die Identität ihrer jeweiligen Nationen auf der Grundlage der Antike zu bestätigen und zu stärken, deren Denken und Erfahrungen als vorbildlich galten und die dem allgemeinen Streben nach nationaler Besonderheit einen kosmopolitischen, allgemein europäischen Kulturboden verlieh. Die Entdeckung der *Germania*, um das Jahr 100 n. Chr. für Kaiser Trajan geschrieben, machte deshalb Furore: Aus der Feder eines großen Schriftstellers der Alten, einer hochverehrten und unzweifelbaren Autorität, konnte man jetzt erfahren, dass die Deutschen schon seit alters her ein Volk, und zwar ein ganz besonderes gewesen waren. Hatten die deutschen Gelehrten im internationalen Wettkampf um nationalen Ruhm bisher weit hinten gelegen, da es einen deutschen Volksstamm, aus dem sich eine deutsche Nation entwickeln konnte, schlichtweg nicht gab, galten die Germanen des *Tacitus* nunmehr als die Vorfahren der heutigen Deutschen. Die Deutschen figurierten jetzt als Träger einer ursprünglichen, unverdorbenen Nation, die die erschlaffte, alte Zivilisation der Italiener und Franzosen ablösen, ja die Verdorbenheit der Sitten der römischen Kurie durch die unverdorbene Sittlichkeit der Deutschen ersetzen werde. Um 1500 entstand auf diese Weise innerhalb einer Generation die Grundlage für ein deutsches Nationalbewusstsein, das, indem es auf einen deutschen Nationalmythos zurückzuführen war, mehr war als ein dumpfes ‚Wir'-Gefühl.[266] Diese mittels Sprache und Kultur intendierte Integration erfolgte dabei durchaus in dem Bewusstsein, dass sich eingedenk der starken, mythenmächtigen Reichsidee – anders als in England oder Frankreich, wo die Dynastien im Verlauf des 13. Jahrhunderts starke Kristallisationskerne für die Entwicklung nationsbildender Kräfte darstellten – die Stammesverbände und deren territoriale Nachfolger, von Sachsen bis Baiern, als *patriae* in den Vordergrund, vor die „deut-

---

[265] Zu dem Faktor der geographischen Integration vgl. die grundsätzlichen – wenn auch eigentlich auf den Zeitraum von 1867 bis 1945 gerichteten - Anmerkungen bei Kocka, Jürgen: Probleme der politischen Integration der Deutschen, in: Büsch, Otto / Sheehan, James J. (Hrsg.): Die Rolle der Nation in der deutschen Geschichte und Gegenwart, a. a. O., S. 118-136, S. 119f.

[266] Vgl. dazu die Anmerkungen bei Schulze, Hagen: Kleine deutsche Geschichte, S. 43, der hinsichtlich des kulturellen Aspekts bemerkt, Ebd., S. 43ff [Hervorhebung im Original, V. K.]. Vgl. dazu auch Schulzes Ausführungen in: Ders: Staat und Nation in der europäischen Geschichte, S. 141ff. Vgl. analog auch die Analyse bei Brunn, Gerhard: Germania und die Entstehung des deutschen Nationalstaates. Zum Zusammenhang von Symbolen und Wir-Gefühl, in: Voigt, Rüdiger (Hrsg.): Symbole der Politik – Politik der Symbole, Opladen 1989, S. 101-122; vgl. ebenso im Gesamtkontext die Ausführungen bei Gall, Lothar: Die Germania als Symbol nationaler Identität im 19. und 20. Jahrhundert, Göttingen 1992; vgl. ganz grundsätzlich zur Geschichte der deutschen Nationalsymbole die Abhandlung bei Hattenhauer, Hans: Geschichte der deutschen Nationalsymbole. Zeichen und Bedeutung, 2. Aufl., München 1990.

sche Nation", geschoben hatten. Für den Untertan war das Land, dem er zugehörte, sein eigentliches Vaterland; er definierte sich als Sachse oder Baier und sah in seinem Landesfürsten den *pater patriae*, den Vater des Vaterlands.[267]

D   Zwischenbilanz

Im Vergleich mit Frankreich, den Vereinigten Staaten oder England beruht die Nationbildung in Deutschland auf einer sehr verschiedenen Grundlage und führte dementsprechend zu einer anderen nationalen Identität.

Politisch-willentliche Kriterien waren und blieben für die Konstituierung der französischen, englischen wie auch der amerikanischen Nation bestimmend. „To begin the world anew" – dies war, wie Thomas Paine es prägnant formuliert hat, der Anspruch der amerikanischen Gründungs- und Verfassungsväter: Die scheinbare Unerschöpflichkeit der Ressourcen Amerikas und die Größe des Landes ließen Amerika als idealen Platz erscheinen, um eine neue, in Europa nicht geduldete Ordnung auf der Grundlage eines neuen Verständnisses von „Volk", „Staat" und „Nation" zu schaffen. Bürger der Vereinigten Staaten zu sein bedeutete im Zeichen von 1776 bzw. 1787, in einer auf universalen Prinzipien wie individueller Freiheit, rechtlicher Gleichheit und demokratischer Institutionen gegründeten Ordnung zu leben und leben zu wollen. Die in dieser Weise sich menschheitlich, nicht ethnisch konstituierende Nation war dafür offen, Millionen von Einwanderern ungeachtet ganz verschiedener ethnischer Zugehörigkeit und sprachlicher Prägung, in sich aufzunehmen und zu integrieren. Erwartet wurde lediglich, dies aber strikt, die Bereitschaft und der betätigte Wille, in dieser Ordnung zu leben, sich als loyaler und patriotischer Bürger in sie hineinzustellen und damit einen Beitrag zu jenem *American Exceptionalism* zu leisten. Im Unterschied zu den Vereinigten Staaten, wo der Staat – entsprechend der Tradition des Liberalismus, des Konstitutionalismus und des Naturrechtsdenkens – als Kristallisationskern der Nation zugunsten der Verfassung ausschied, zählte England, Mutterland der „*Glorious Revolution*", der „*Declaration of Rights*", des „*Act of Settlement*" und Heimstätte des „*freeborn Englishman*", ebenso wie Frankreich zu jenen westeuropäischen Nationalstaaten, deren sprachlich-kulturelles Einheitsbewusstsein früh durch einigende staatliche Institutionen gefestigt wurde.

Die im Verlauf der Revolution von 1789 und ihres Postulats von „Freiheit, Gleichheit und Brüderlichkeit" erwachende französische Nation stellte sich von Anfang an nicht gegen den bestehenden Staat; sie fühlte sich ihm und seiner Geschichte verbunden, entriss ihn aber zugleich dem Königtum und gestaltete ihn grundlegend um. In der Folge der Revolution von 1789 vermochte es Napoleon, an einen seit 1760 verstärkt sich artikulierenden Patriotismus anzuknüpfen, welcher sich vor 1789 in Opposition zu der als dekadent und materialistisch betrachteten Gegenwart erblickt hatte und in dem Vaterlandsliebe, Engagement, ja Opferbereitschaft für das Gemeinwohl sowie wahre Bürgergesinnung artikuliert worden waren. Unter Rekurs auf den „Soldat-Citoyen" verstand es Napoleon nicht zuletzt auch, als Exponent der

---

[267] Vgl. Schulze, Hagen: Staat und Nation in der europäischen Geschichte, S. 116.

Grande Nation und ihres expansionistischen, kriegerischen und von einem tiefgreifenden demokratischen Missionarismus geprägten Selbstbewusstseins, seiner natio-
nal-imperialen Machtexpansion das Antlitz einer „zivilisatorischen Mission" der
französischen Nation zu geben: die Identität der Nation deklinierte sich zugleich in
einem Frankreich der Menschenrechte wie einem Frankreich der „Erde" und der
„Toten". Auch wenn die französische Nation sich zunächst in und durch politische
Strukturen definierte, so wurde doch die Kultur zu einem ihrer eminenten Attribute:
Die Institutionalisierung der Literatur und einer literarisch geprägten Nationalsprache durch die Académie française bedeutete so auch ihre Nobilitierung und die Zu-
erkennung einer eigenen normativen Funktion. Literatur, Sprache, Geographie, gar
Konfession – nicht zufällig wusste Shakespeare schon zweihundert Jahre früher als
Schiller genau, wo sein Land zu finden war.

Was die englische Sprache und die englische Konfession neben dem Faktor der
Geographie für die Integration von Schottland und Irland in das „Vereinigte Königreich" leisteten, intendierte die deutsche Sprache und Kultur, wie schon die auf Tacitus' *Germania* gerichtete frühe Suche nach einem Nationalhelden bewiesen hatte,
trotz des geographischen Faktors und der Konfessionsbarriere in der zweiten Hälfte
des 18. Jahrhunderts für die Integration von Preußen und Österreich, Sachsen und
Mainz, Württemberg und Oberschwaben, Franken und Baiern ebenfalls zu leisten.
Dabei erfolgte die mittels Sprache und Kultur intendierte Integration durchaus in
dem Bewusstsein, dass sich eingedenk der starken, mythenmächtigen Reichsidee –
anders als in England oder Frankreich, wo die Dynastien im Verlauf des 13. Jahrhunderts starke Kristallisationskerne für die Entwicklung nationsbildender Kräfte
darstellten – die Stammesverbände und deren territoriale Nachfolger, von Sachsen
bis Baiern, als *patriae* in den Vordergrund, vor die „deutsche Nation", geschoben
hatten. Für den Untertan war das Land, dem er zugehörte, sein eigentliches Vaterland; er definierte sich als Sachse oder Baier und sah in seinem Landesfürsten den
pater patriae, den Vater des Vaterlands.

Gleichwohl: Auch wenn jenes „halbimaginäre" Reich[268] Deutscher Nation schon
deshalb nicht „das Vaterland"[269] aller Deutschen sein konnte, weil der Untertan in
diesem Beziehungsgeflecht einer hierarchisch gegliederten Gesellschaft von Kur-
fürsten, Fürsten, Grafen, Reichsrittern und Reichsstädten keinen Platz hatte, so gab
es Situationen, in welchen sich das Zusammengehörigkeitsgefühl aller Deutschen
übermächtig dokumentierte.[270] Ein Beispiel dafür sind die Türkenkriege mit der Befreiung Wiens 1683 und die Siege Prinz Eugens, die eine Einheit zwischen Kaiser
und Reich im Sinne eines Reichspatriotismus[271] entstehen ließen[272]; eine Einheit, die

---

[268]   Vgl. Stolleis, Michael: Reichspublizistik und Reichspatriotismus vom 16. bis zum 18. Jahrhundert,
        in: Birtsch, Günter (Hrsg.): Patriotismus, S. 22.
[269]   So die Ansicht von Hagen Schulze; vgl. ders.: Staat und Nation in der europäischen Geschichte, S.
        116. „Vaterland und Nation", so Schulze, „traten in Deutschland auseinander; die deutsche Nation als
        politischer Körper bestand nicht aus den Menschen, die in Deutschland lebten oder deutsch sprachen,
        sondern aus dem Reichsfürstenstand, der zusammen mit dem Kaiser das Reich konstituierte".
[270]   Aretin, Karl Otmar Freiherr von: Reichspatriotismus, in: Birtsch, Günter (Hrsg.): Patriotismus, S.
        25f.
[271]   Vgl. im Kontext die Analyse bei Wandruszka, Adam: Reichspatriotismus und Reichspolitik zur Zeit
        des Prager Friedens von 1635, Graz 1955.

doch auf einer allenfalls vagen Vorstellung von einem ihr eigenes Land überwölbenden Reich der Untertanen basierte.[273] „Deutschland" war zu diesem Zeitpunkt der Geschichte eine *Allegorie*, der keine politische Wirklichkeit entsprach, aber schon eine patriotische Identität.[274]

---

[272] Aretin, Karl Otmar Freiherr von: Reichspatriotismus, in: Birtsch, Günter (Hrsg.): Patriotismus, S. 25f.

[273] Vgl. skeptisch gegenüber dem Begriff des „Reichspatriotismus" Werner, Karl Ferdinand: Volk, Nation, Nationalismus, Masse, in: Geschichtliche Grundbegriffe, S. 231.

[274] Vgl. Borst, Arno: Barbarossas Erwachen. Zur Geschichte der deutschen Identität, in: Marquard, Odo / Stierle, Karlheinz (Hrsg.): Identität, S. 29.

III. Den Blick nach Westen (I): Deutsche Patrioten und Frankreich im 18. Jahrhundert

A   Im Zeichen der Aufklärung: Die deutsche Bildungsgesellschaft als Träger des Patriotismus

Nicht erst auf der Höhe oder am Ende des 18. Jahrhunderts hat sich der europäische Nationalstaatsgedanke gebildet. Bereits seit dem Mittelalter hat sich in den großen Völkern des Abendlands ein spezifisches Nationalbewusstsein entwickelt, das vornehmlich in Frankreich und England zu Nationalstaaten, die auf Unabhängigkeit nach Außen und Innen gegründet waren, führte.[275] So übernahm das ausgehende 14. Jahrhundert das Wort "Nation", früher noch als das Wort "Staat", aus dem Lateinischen in den gemeineuropäischen Sprachschatz.[276]

Auch in Deutschland schlug der Begriff "Nation" Wurzel, wie sich im Aufkommen der Formel "Heiliges Römisches Reich Deutscher Nation" ("Sacrum Romanum Imperium Nationis Germanicae") im 15. Jahrhundert zeigt.[277] Der limitierende Zusatz „Deutscher Nation" zu „Heiliges Römisches Reich" machte deutlich, dass der Hegemonialanspruch des Reichs über Europa keinen machtpolitischen Hintergrund mehr hatte. Das Reich war endgültig zu einem geistigen Phänomen geworden und der auf das Reich gerichtete "Patriotismus" war der Sache nach bereits eine Entfaltung frühneuzeitlichen Nationalgefühls. In diesem Sinne entwickelten die Humanisten vaterländische Gefühle, erhoben Tacitus zum Nationalautor, lobten die deutsche Sittenreinheit und Treue und tadelten das Laster der Trunkenheit, benutzten ihn für historische Spekulationen und aktualisierten ihn, vor allem wenn es um den Antagonismus von teutscher Redlichkeit und römischer Verschlagenheit nach Ausbruch der Reformation ging. Der Reichspatriotismus hatte in dieser konfessionellen Variante einen ausgeprägten "antirömischen Affekt"[278].

Obwohl sich in der Epoche des Absolutismus eine Reihe europäischer Großmächte, gegründet auf nationale Einheit und souveräne Unabhängigkeit, von der ü-

---

[275] Huber, Ernst Rudolf: Deutsche Verfassungsgeschichte seit 1789. Band 1: Reform und Restauration 1789 bis 1830. Nachdruck der 2., verbesserten Aufl., Stuttgart 1975, S. 3.

[276] Vgl. hierzu und im Gesamtkontext die grundlegende und umfassende begriffsgeschichtliche Analyse bei Werner, Karl Ferdinand: „Volk, Nation, Nationalismus, Masse" [IV, 2], in: Geschichtliche Grundbegriffe, Band 7, Stuttgart 1992, S. 214-236.

[277] Vgl. Huber, Ernst Rudolf: Deutsche Verfassungsgeschichte seit 1789. Band 1, S. 4.

[278] Vgl. hierzu Stolleis, Michael: Reichspublizistik und Reichspatriotismus vom 16. zum 18. Jahrhundert, in: Birtsch, Günter (Hrsg.): Patriotismus, S. 7-23. Vgl. ebd., S. 10. Zu jenem „antirömischen Affekt" vgl. erläuternd Schmitt, Carl: Römischer Katholizismus und politische Form, 3. Aufl., Stuttgart 1984.

berlieferten Suprematie des Kaisers zu lösen verstanden[279], blieb das Reich auch nach der Lockerung seines Gefüges, die es im Westfälischen Frieden erlitten hatte, als völkerverbindende Mitte des Abendlands mit einer über seine territorialen Grenzen ausstrahlenden Geltung bestehen.[280] Gleichwohl es seit der ihm 1648 aufgenötigten Verfassung nicht länger über effektive Macht verfügte, hatte selbst die preußische Rebellion gegen das Reich die ihm eigene Autorität und Legitimität nicht zu zerstören vermocht.[281] „Im Gegenteil", wie Huber analog zu der Analyse des Reichspatriotismus von Karl Otmar Freiherr von Aretin[282] betont: Wo das bürgerliche Bewusstsein sich gegen den nun erst voll entwickelten Mechanismus des absoluten bürokratischen Polizei- und Wohlfahrtsstaates auflehnte, habe es weithin einen Halt an der überlieferten Erscheinung des Reiches gesucht, das von dem großen Umbruch frei geblieben sei, der sich im Aufkommen des mechanisierten und rationalisierten Staatsapparates des Absolutismus vollzogen habe.[283]

Noch war, und zwar weit über die privilegierten Stände hinaus, die alte Reichsgesinnung in Deutschland lebendig geblieben; sie hat sich im "Reichspatriotismus" des 18. Jahrhunderts gar mit neuem Gehalt und neuer Kraft zu füllen vermocht – wobei es retrospektiv nicht einfach ist, diese Strömung jener „confusione divinitas conservata"[284] von gleichzeitigen "nationalen" säuberlich zu trennen. So gab es neben der traditionellen Anhänglichkeit an das Reich einen neuen Aufbruch der Deutschen zu einem "National-Geist", der sich seinerseits wieder in verschiedene Richtungen entfaltete. Der Reichspatriotismus des späten 18. Jahrhunderts war von anderer Qualität als der Enthusiasmus der Humanisten im frühen 16. Jahrhundert und als das patriotische Festhalten am Reich in den Krisen des 30jährigen Krieges und in den Kriegen Ludwigs XIV. Die Stimmungen und die politischen Situationen waren grundverschieden und dennoch knüpften sich die politischen Sehnsüchte immer wieder an jenes halbimaginäre "Reich", dem es bis 1806 nicht gelungen war, moderner Staat zu werden und das gerade deshalb seine sakrale Aura bewahrte und zum Identifikationspunkt werden konnte. Als das Reich zusammenbrach und der Nationalstaat unerreichbar blieb, flüchteten sich die Deutschen – "gedankenvoll und tatenarm" (Hölderlin) – in das Reich der Idee und sie spendeten sich selbst Trost, mit den Worten Schillers von 1797 "indem das politische Reich wankt, hat sich das geistige immer fester und vollkommener gebildet"[285].[286]

---

[279] Vgl. im Kontext die vertiefende Analyse bei Böckenförde, Ernst-Wolfgang: Die Entstehung des Staates als Vorgang der Säkularisation, in: Ders.: Recht, Staat, Freiheit. Studien zur Rechtsphilosophie, Staatstheorie und Verfassungsgeschichte, Frankfurt a. M. 1992, S. 92-114.

[280] Huber, Ernst Rudolf: Deutsche Verfassungsgeschichte seit 1789. Band 1, S. 3f.

[281] Ebd., S. 7.

[282] Vgl. Aretin, Karl Otmar Freiherr von: Reichspatriotismus, in: Birtsch, Günter (Hrsg.): Patriotismus, S. 25-36.

[283] Huber, Ernst Rudolf: Deutsche Verfassungsgeschichte seit 1789. Band 1, S.7f.

[284] So die Formulierung mit Blick auf Patriotismuskonzeptionen von Möser, Schölzer und Häberlin bei Aretin, Karl Otmar Freiherr von: Reichspatriotismus, in: Birtsch, Günter (Hrsg.): Patriotismus, S. 36.

[285] Zitiert nach Schiller, Friedrich: Deutsche Grösse. Fragmente und Entwürfe, in: Ders.: Sämtliche Werke in zehn Bänden, Band 1: Gedichte, hrsg. v. Hans-Günther Thalheim, Berlin 1980, S. 556-560.

Anders als in England[287] oder in Frankreich[288] war der Träger des Modernisierungsprozesses in den deutschen Staaten des 18. Jahrhunderts nicht das traditionelle ständische Bürgertum[289], das Patriziat, die Schicht der Kaufleute und zünftigen Handwerker der Städte, sondern das Bildungsbürgertum als aufsteigende neue Gruppe[290]. Zum Wesen des Bildungsbürgertums bzw. des „gebildeten Bürgertums", wie Hermann A. Korff in seinem „Versuch einer ideellen Entwicklung der klassischromantischen Literaturgeschichte" begrifflich präzisiert, gehörte „eine gewisse innere und äußere Spannung zwischen seinem ursprünglich realistischen und dem in ihm aufgewachten idealistischen Geiste".[291]

Es war die Aufklärung im Sinne Kants[292] und Lessings, die mit ihrer Forderung nach Mündigkeit, nach Herrschaft von Vernunft und Recht der Kritik, nach öffentli-

---

[286]   Vgl. Stolleis, Michael: Reichspublizistik und Reichspatriotismus vom 16. zum 18. Jahrhundert, in: Birtsch, Günter (Hrsg.): Patriotismus, S. 18, S. 22.

[287]   In vergleichender Perspektive sei an dieser Stelle auf die Ausführungen bei Maurer, Michael: Nationalcharakter und Nationalbewußtsein. England und Deutschland im Vergleich, in: Herrmann, Ulrich (Hrsg.): Volk - Nation - Vaterland, Hamburg 1996, S. 89-100, verwiesen.

[288]   Vgl. mit Blick auf Frankreich die Ausführungen bei Giesen, Bernhard: Die Intellektuellen und die Nation. Eine deutsche Achsenzeit, Frankfurt a. M., S. 105f.

[289]   Vgl. im Kontext die grundsätzlichen Ausführungen bei Gall, Lothar: Bürgertum in Deutschland, Berlin 1989. Die Vorreiterrolle, die die deutschen Städte für den Modernisierungsprozeß im Europa des 14. und 15. Jahrhunderts noch gespielt hatten, so erinnert Bernhard Giesen unter Rückbezug auf Lothar Gall, war weitgehend an die Niederlande und an Frankreich abgegeben worden; Antwerpen, Amsterdam, London und Paris traten an die Stelle der deutschen Städte wie Augsburg, Nürnberg, Leipzig und Köln; das ständische Bürgertum schloss sich durch Zunftordnungen und Gilden immer mehr ab, es betrieb eine rituelle Sicherung von Privilegien, betonte das gesicherte Auskommen und den „gerechten Lohn", statt auf individuelle Leistung und das Wachstum der Märkte zu setzen. Vgl. ders.: Die Intellektuellen und die Nation, S. 107; zu der Entwicklung bzw. zur Komplexität des Begriffs „Bürgertum" vgl. Winkler, Heinrich August: Art. „Bürgertum", in: Sowjetsystem und demokratische Gesellschaft. Eine vergleichende Enzyklopädie, Band 1, Freiburg 1966, Sp. 934; vgl. auch Gall, Lothar: „... ich wünschte ein Bürger zu sein" Zum Selbstverständnis des deutschen Bürgertums im 19. Jahrhundert", in: Ders.: Bürgertum, liberale Bewegung und Nation (hrsg. v. Dieter Hein, Andreas Schulz, Eckhardt Treichel), München 1996, S. 3-21; vgl. ebenso ders.: Vom alten zum neuen Bürgertum. Die mitteleuropäische Stadt im Umbruch 1780-1820, ebd., S. 22-37.

[290]   Vgl. im Kontext Nipperdey, Thomas: Probleme der Modernisierung in Deutschland, in: Ders.: Nachdenken über die deutsche Geschichte, München 1990, S. 52-70; vgl. dazu auch die Ausführungen bei Vierhaus, Rudolf: Umrisse einer Sozialgeschichte der Gebildeten in Deutschland, in: Ders.: Deutschland im 18. Jahrhundert, S. 167-182, vg. ebd. besonders S. 172f.

[291]   Vgl. Korff, Hermann A.: Geist der Goethezeit. Versuch einer ideellen Entwicklung der klassischromantischen Literaturgeschichte. I. Teil: Sturm und Drang, 2. Aufl., Leipzig 1954, S. 6. Vgl. im Folgenden auch die weiteren drei Teile des Werkes: II. Teil: Klassik 2. Aufl., Leipzig 1954; III. Teil: Frühromantik, 2. Aufl., Leipzig 1949; IV. Teil: Hochromantik, 2. Aufl., Leipzig 1955.

[292]   Vgl. dazu Alasdair McIntyre, der mit Blick auf Kant in diesem Kontext bemerkt: „Einer dieser Gründe, warum wir die Einheit und den Zusammenhalt der Epoche der Aufklärung des 18. Jahrhunderts manchmal nur schwer fassen können, ist der, daß wir sie zu oft in erster Linie als einen Abschnitt der französischen Kulturgeschichte ansehen. Tatsächlich ist Frankreich vom Standpunkt dieser Kultur aus betrachtet der rückständigste der aufgeklärten Staaten. Die Franzosen hatten zugegebenermaßen oft englische Vorbilder, und England wurde seinerseits von den Leistungen der schottischen Aufklärung beeinflußt. Die bedeutendsten Gestalten überhaupt waren Deutsche: Kant und Mozart. Doch was die geistige Vielfalt und intellektuelle Reichweite angeht, überbieten nicht einmal die Deutschen David Hume, Adam Smith, Adam Ferguson, John Millar, Lord Kames und Lord Monboddo". Ders.: Der Verlust der Tugend. Zur moralischen Krise der Gegenwart, S. 58.

cher Erziehung, freier Presse und menschheitlicher Gesinnung die Erziehung und die Bildung zum entscheidenden Mittel machte, um die Menschen zur Erfüllung ihrer Aufgabe und zum Fortschritt zu befähigen.[293] Dabei war die Aufklärung, wie Kant und Lessing sie repräsentierten, skeptisch im Hinblick auf die Veränderbarkeit der Welt und der Menschen. Schließlich nahmen sie an, dass sich die regulative Macht der Vernunft allmählich im historischen Prozess entfalte und erst unter den zeitlichen und sozialen Bedingungen eines wirklichen Zeitalters der Aufklärung siegreich sein werde. So verstandene Aufklärung war realistisch im Hinblick auf die unaufhebbare Differenz zwischen dem, was die Menschen nach ihrer Bestimmung tun sollen, und dem, was sie wirklich tun und erreichen. Kant verstand Aufklärung als das, was sie allein konkret und historisch sein konnte und war: als einen Lernprozess der Menschen, der Regierenden und der Regierten, in dem es Tonangebende und Folgende, Vorandrängende und Zögernde gibt. Das Vertrauen der späten Aufklärung auf die Macht der Vernunft war also weder realitätsblind noch leichtfertig; sie verachtete oberflächlich bleibende, rechthaberische Kritik an der Vergangenheit und platte Verständigkeit, die die große Idee der Vernunft in kleiner Münze auszahlte. Geblieben aber war ihr ein pädagogischer Optimismus.[294]

So war der „Gebildete" nicht durch Stand und Beruf, ebensowenig durch einen festgelegten Ausbildungsweg und eine fachspezifische Kompetenz definiert, sondern durch Humanität, aus der heraus er Bürger und Menschenfreund war und seinen konkreten Aufgaben und Pflichten aus Einsicht nachkam. Diese wiederum entfaltete sich primär in der Begegnung des Lernenden mit der Wissenschaft als höchster Hervorbringung des menschlichen Denkens. Da die volle Entfaltung des Menschseins die Bestimmung des Menschen sei und weil Gesellschaft und Staat von den so gebildeten Menschen den größten Nutzen haben, war es Pflicht und rechtverstandenes Interesse des Staates, durch geeignete Lehranstalten für die allgemeine Menschenbildung Sorge zu tragen.[295] In diesem Sinne argumentierten die preußischen Bildungsreformer[296], die davon überzeugt waren, dass damit die letztlich entscheidende Vor-

---

[293] Vierhaus, Rudolf: Umrisse einer Sozialgeschichte der Gebildeten in Deutschland, in: Ders.: Deutschland im 18. Jahrhundert, S. 167-182, S. 171. Ulrich Im Hof prägt in diesem Kontext den Begriff des „pädagogischen Patriotismus" (vgl. ders.: Das Europa der Aufklärung, München 1993, S. 191)

[294] Vgl. Vierhaus, Rudolf: Aufklärung als Lernprozeß, in: Ders.: Deutschland im 18. Jahrhundert, S. 84-95, S. 90.

[295] Vgl. im Gesamtkontext Ballauf, Theodor/ Schaller, Klaus: Pädagogik. Eine Geschichte der Bildung und Erziehung, Band II: Vom 16. bis zum 19. Jahrhundert, Freiburg i. Br. 1970; vgl. auch grundsätzlich Vierhaus, Rudolf: Bildung, in: Brunner, Otto / Conze, Werner / Kosellek, Reinhart (Hrsg.): Geschichtliche Grundbegriffe, Band I, Stuttgart 1972, S. 508- 551; Herrmann, Ulrich (Hrsg.): Die Bildung des Bürgers. Die Formierung der bürgerlichen Gesellschaft und die Gebildeten im 18. Jahrhundert, Weinheim 1982. Zum „Humanitätstraum des gebildeten deutschen Bürgertums" vgl. ausführlich Korff, Hermann A.: Geist der Goethezeit (I. Teil), S. 3-15 sowie S. 29-43.

[296] Vgl. dazu die Studie von Jeismann, Karl-Ernst: Das preußische Gymnasium in Staat und Gesellschaft. Die Entstehung des Gymnasiums als Schule des Staates und der Gebildeten (1781-1817), Stuttgart 1974; vgl. auch O`Boyle, Lenore: Klassische Bildung und soziale Struktur in Deutschland zwischen 1800 und 1840, in: Historische Zeitschrift 207 (1969), S. 584-616. Vgl. in diesem Zusammenhang die Ausführungen zu Wilhelm von Humboldt bei Riedel, Manfred: Forschung und Bildung. Wilhelm Humboldts ursprünglicher Begriff der Wissenschaft, in: Kaulbach, Friedrich / Kra-

aussetzung zum Wiederaufstieg des preußischen Staates und der deutschen Nation geschaffen werde. Gehörte es doch zu den fundamentalen politischen Auffassungen der Aufklärer des 18. wie der neuhumanistischen und liberalen Gebildeten des 19. Jahrhunderts, dass neben Gesetzgebung und Verwaltung, die Erziehung das entscheidende Mittel des Fortschritts, der Modernisierung, der politischen und sozialen Reformen sei – einer Reform, die Revolutionen überflüssig mache, wirksamer sei und dauernde Folgen habe als diese.[297]

Waren Aufklärung, Bildung und soziale Reform die Leitbilder, die die Bildungsbürger veranlassten, sich von traditionalen Vorstellungen und Verhaltensweisen zu lösen, sich geistig und gesellschaftlich neu zu orientieren und sich als eine Bildungsgesellschaft zusammenzufinden, so stand diese neue Gesellschaftsbildung vor besonderen Schwierigkeiten der Kommunikation und der Organisation. Es waren nicht nur die Standesgrenzen der feudalen Gesellschaft sowie die Gräben zwischen den christlichen Konfessionen zu überwinden[298], die für die Schichten unterhalb des Reichsadels fast unüberwindbar geworden waren; hinzu kamen die vielen politischen Grenzen selbst innerhalb des Reiches.[299] Und doch verlief das Sich-Zusammenfinden der deutschen Aufklärungsgesellschaft überaus erfolgreich: Es begann in den protestantischen Ländern und hatte im letzten Drittel des 18. Jahrhunderts alle deutschen Staaten erfasst. Dieser Erfolg wird nur verständlich, wenn man ihn im Zusammenhang mit anderen fundamentalen Entwicklungstendenzen sieht: der Veränderung der demographischen Struktur durch eine überproportionale Vermehrung der unteren Volksschichten; der Durchsetzung von neuen Sozialverhältnissen und Produktionsformen in der Agrargesellschaft; neuen kapitalistischen Wirtschaftsformen im Zusammenhang mit der frühen Industrialisierung sowie der rechtlichen Befreiung der Menschen von den Bindungen der Feudalgesellschaft – ins Werk gesetzt von einer

---

wietz, Werner (Hrsg.): Recht und Gesellschaft. Festschrift für Helmut Schelsky zum 65. Geburtstag, Berlin 1979, S. 419-433.

[297] Vierhaus, Rudolf: Umrisse einer Sozialgeschichte der Gebildeten in Deutschland, S. 172. Vgl. dazu auch Echternkamp, Jörg: Der Aufstieg des deutschen Nationalismus (1770-1840), S. 52, wo der Autor mit Blick auf den aufgeklärten Patriotismus betont, dieser habe insofern systemstabilisierend gewirkt, als der Reformdruck, der durch das Fortbestehen oder die Verschärfung eines Mangelbewusstseins in der Bevölkerung hätte entstehen können, durch die Eigenarbeit der Büger abgewendet oder zumindest gemildert wurde. Gehorsam gegenüber den staatlichen Institutionen, Anhänglichkeit an das Herrscherhaus und Unterordnung unter die kirchliche Autorität flossen in den Tugendkatalog ein und wurden in der "Liebe des Vaterlandes" auf den Begriff gebracht.

[298] Vgl. im Kontext die Ausführungen bei Kohn, Hans: Die Idee des Nationalismus. Ursprung und Geschichte bis zur Französischen Revolution, Heidelberg 1950. Vgl. vor allem Kohns Ausführungen zu „Renaissance und Reformation. Das Erscheinen des Nationalismus", ebd., S. 169-255.

[299] Irmtraud Sahmland stellt denn auch ihrer wichtigen Analyse des „Patriotismus, Kosmopolitismus und Griechentum[s] im Werk von Christoph Martin Wieland den einleitenden Hinweis voran, dass das Heilige Römische Reich Deutscher Nation im 18. Jahrhundert durch seine Zersplitterung in 314 souveräne Territorien sowie 1475 Ritterschaften, halbautonome Gebiete und Städte gekennzeichnet war. Dieser politisch-geographischen Heterogenität Deutschlands standen Frankreich und England als relativ homogene Staatsgebilde gegenüber, die im Verlauf ihrer jeweiligen Geschichte Nationalstaaten gebildet und sich als solche bereits deutlich konsolidiert hatten. Vgl. dies.: Christoph Martin Wieland und die deutsche Nation. Zwischen Patriotismus, Kosmopolitismus und Griechentum, Tübingen 1990, S. 3.

Beamtenelite, die sich im Zeitalter des aufgeklärten Absolutismus eine durchgreifende Modernisierung der Gesellschaft zum Ziel gesetzt hatte.[300]

Die deutsche Bildungsgesellschaft im Zeichen der Aufklärung wurde vor allem zusammengeführt durch eine neue deutsche Schriftkultur, welche auf der hochdeutschen Schriftsprache basierte, die bereits im 16. Jahrhundert, befördert durch die Erfindung des Buchdrucks und die Bibelübersetzung Martin Luthers, eine Blüte erlebt hatte. Durch die konfessionelle Spaltung des Reiches war sie in eine Krise geraten, so dass sie sich erst im 18. Jahrhundert endgültig etablieren konnte.[301] Das geschah im Kontext des großen Aufschwungs der deutschsprachigen Literatur seit Klopstock[302], getragen von einem massiv expandierenden Buch- und Zeitschriftenmarkt.[303] Die neue bürgerliche Gesellschaft in Deutschland war ein lesendes Publikum, und speziell als solches wurde sie zu einer neuen Öffentlichkeit und zu einer gesellschaftlichen Kraft[304]: „Ohne sich ihres privaten Charakters zu begeben, wird die Öffentlichkeit zum Forum der Gesellschaft, die den gesamten Staat durchsetzt. Schließlich wird die Gesellschaft anpochen an den Türen der politischen Machthaber, um auch hier Öffentlichkeit zu fordern und Einlaß zu erheischen."[305]

Ein wesentliches Moment in der Entwicklung der öffentlichen Meinung, bei jenem Erwachen der bürgerlichen Intelligenz und der ganzen bürgerlichen Welt[306] war die Herausbildung des Patriotismus[307]: Die Entkoppelung der öffentlichen Kommu-

---

[300] Vgl. Dann, Otto: Nation und Nationalismus in Deutschland, S. 35.

[301] Vgl. dazu die Ausführungen bei Stolleis, Michael: Reichspublizistik und Reichspatriotismus vom 16. zum 18. Jahrhundert, S. 7-23.

[302] Zu Klopstock als Dichter und Denker vgl. im Kontext die Monographie von Zimmermann, Harro: Freiheit und Geschichte. F.G. Klopstock als historischer Dichter und Denker, Heidelberg 1987. Zu Klopstocks Vaterlandspathos, „das aus dem Gemeinschaftsgefühl und dem sprachlichen Emotionalismus des Pietismus, aus dem Bedürfnis nach neuer Mythologie und aus historisierendem Nationalstolz hervorging", wie Rudolf Vierhaus analysiert [vgl. ders.: „Patriotismus" - Begriff und Realität einer moralisch-politischen Haltung, in: Ders.: Deutschland im 18. Jahrhundert, a. a. O., S. 99], vgl. ders.: Mein Vaterland, in: Ders.: Sämtliche Werke, Band 4, Leipzig 1854, S. 214:
„O, schone mein - dir ist dein Haupt umkränzt
mit tausendjährigem Ruhm; du hebst den Tritt der Unsterblichen,
und gehest hoch vor vielen Landen her -
O, schone mein! Ich liebe dich, mein Vaterland!"
Vgl. dazu vertiefend die Ausführungen von Betteridge, Harold: Klopstocks Wendung zum Patriotismus, in: Werner, Hans-Georg (Hrsg.): Friedrich Gottlieb Klopstock. Werk und Wirkung. Wissenschaftliche Konferenz der Martin-Luther-Universität Halle Wittenberg im Juli 1974, Berlin 1978, S. 179-184.

[303] Dann, Otto: Nation und Nationalismus in Deutschland, S. 35.

[304] Die bürgerliche Öffentlichkeit, so betont auch Christoph Prignitz, sei zu einem immer wichtigeren Element im gesellschaftlichen Zusammenleben geworden, was dann letztlich auch zu dem Anspruch geführt habe, über die öffentliche Meinung in das politische Geschehen einzugreifen, also an der Machtausübung zu partizipieren. Vgl. ders.: Vaterlandsliebe und Freiheit, S. 13.

[305] Koselleck, Reinhart: Kritik und Krise. Ein Beitrag zur Pathogenese der bürgerlichen Welt, Freiburg i. Br. 1959, S. 41.

[306] Vgl. Prignitz, Christoph: Vaterlandsliebe und Freiheit, 13.

[307] Vgl. dazu die Ausführungen „Patriotismus in Deutschland" bei Dann, Otto: Nation und Nationalismus in Deutschland, S. 38-44. Einen differenzierten Einblick in den Patriotismus-Begriff des 18. Jahrhunderts bietet Irmtraud Sahmland; vgl. dies.: Christoph Martin Wieland und die deutsche Nation, S. 78-105; unter besonderer Berücksichtigung der Abhandlungen von Rudolf Vierhaus [Ders.:

nikation von traditionellen lokalen und sozialen Differenzierungen, so betont Bernhard Giesen mit Blick auf den „Patriotismus und die moralische Konstruktion kollektiver Identität"[308], habe eine neue Codierung von Gemeinschaftlichkeit erfordert, die das freie Ausgreifen der Kommunikation mit Vertrauen abzustützen und die Vorstellung eines unsichtbaren Publikums zu konstruieren vermochte.[309] Tatsächlich konnte eine gesellschaftsweite schriftliche Kommunikation, wie sich die Aufklärungsgesellschaft als ein Stände, Konfessionen, Dynastien und Regionen übergreifendes Gebilde geschaffen hatte, nicht länger auf persönlicher Bekanntheit oder auf die jederzeit aktivierbare Anwesenheit eines Gegenübers zurückgreifen. Selbst stellvertretende Orientierungen an übermächtigen Personen wie dem christlichen Gott oder der Gestalt des Herrschers waren im Rahmen aufklärerischer Kommunikation nicht mehr verfügbar. Vielmehr waren alle Teilnehmer gleichermaßen vernunftbegabt und traten einander nur als abstrakte Individuen ohne Gesicht und nicht selten ohne Namen gegenüber. Öffentliche Kommunikation konnte folglich nur dann gelingen, wenn das situativ Vorhandene, die wahrnehmbaren Unterschiede, die besondere Berücksichtigung verlangten, grundsätzlich ausgeblendet, negiert wurden. Man richtete sich so verstanden an ein unsichtbares und unüberschaubares Publikum von Gleichen. Der Code, mit dem das Bildungsbürgertum sich dieses unsichtbare und unpersönliche Publikum vorstellen konnte, war der Patriotismus.

Die Binnenkommunikation jener neuen, ihrer Herkunft nach heterogenen sozialstrukturellen Schicht benötigte Formen, welche die Herkunft des Einzelnen außer acht ließen und nur von individuellen, selbst erzeugten und selbst zu verantwortenden Eigenschaften abhängig waren. Mitgliedschaft musste ins individuelle Belieben gestellt und frei sein; das Gespräch sollte, ja durfte nicht an vorgegebenen Hierarchien, sondern am Ideal der unpersönlichen Vernunft und Aufklärung orientiert werden. Die Distanz des Bildungsbürgertums zu den partikularen Interessen ständischer Gruppen legte die Organisationsziele auf die Pflege des Gemeinwohls fest. Im Ge-

---

„Patriotismus" - Begriff und Realität einer moralisch-politischen Haltung, in: Ders.: Deutschland im 18. Jahrhundert] sowie Christoph Prignitz [Vaterlandsliebe und Freiheit. Deutscher Patriotismus von 1750 bis 1850] stellt Sahmland eine „Vielfalt der Intentionen, die mit dem Begriff des 'Patriotismus' [...] verbunden sind" fest [ebd. S. 100]. Der These, „Patriotismus sei nicht primär als eine Kraft der Veränderung verstanden worden 'als eine mittlere, durch Altruismus, Wohlwollen, Einsicht und Rechtschaffenheit bestimmte Tugend, die sich in den bestehenden Verhältnissen entfalten will' [so die These von Vierhaus, Rudolf: „Patriotismus" - Begriff und Realität einer moralischpolitischen Haltung, in: Ders.: Deutschland im 18. Jahrhundert, S. 12.], stimmt Sahmland dann zu, „wenn man damit eine Strömung charakterisieren will, die sicher dominierend ist, aber nicht *den* Patriotismus umfaßt". Ebd. Genau diese dominierende, den Bedeutungsgehalt von „Patriotismus" im 18. Jahrhundert von dem Bedeutungsgehalt in nachfolgenden Epochen unterscheidene Strömung des Patriotismus im 18. Jahrhundert, soll im Mittelpunkt des Erkenntnisinteresses der folgenden Seiten stehen.

308 Vgl. das gleichnamige Unterkapitel bei Giesen, Bernhard: Die Intellektuellen und die Nation, Band I, S. 122-129; vgl. im Kontext das gesamte Kapitel „Die Nation als unsichtbares Publikum: der patriotische Code", ebd., S. 102-129.

309 Vgl. mit Bezugnahme auf die wegweisende Studie von Habermas, Jürgen: Strukturwandel der Öffentlichkeit - Untersuchungen zu einer Kategorie der bürgerlichen Gesellschaft, Neuwied 1962 [Neuausgabe Frankfurt a. M. 1990] Giesen, Bernhard: Die Intellektuellen und die Nation, Band I, S. 121.

spräch und in sonstigen Aktivitäten waren die tugendhafte Gesinnung und das Engagement für Gemeinwohl und Vernunft unter Beweis zu stellen. Gleichzeitig erforderte die Nähe zu Staat und Verwaltung eine gewisse formale Organisation der Mitglieder, um dem ernsthaften Anspruch des Bildungsbürgertums Rechnung zu tragen.[310]
Diese Organisationsform bot das neue Institut der freien Assoziation der Individuen
im Verein.[311]

Der patriotische Code erlaubte eine Konstruktion von Gemeinschaftlichkeit, die
einerseits Zugehörigkeit von lokalen und ständischen Bindungen abkoppelte, andererseits aber auch unterhalb der Schwelle zum universalistischen Kosmopolitismus
der Aufklärung blieb, der alle Völker einschloss und für politische und praktische
Zwecke, für die Organisation des Gemeinwesens, daher unbrauchbar war. Die für alle kulturellen Codes kollektiver Identität prekäre Konnotation von universalistischer
Öffnung und partikularistischer Abschließung konnte im Patriotismus vor allem dadurch gelingen, dass er Anregungen der vorhandenen Codes des Bürgertums, den
kosmopolitischen Code der Aufklärung, den konfessionellen Code des Pietismus[312]
und den herrschaftlichen Code des Absolutismus –, und die darin angelegten Widersprüche auf eine erfolgreiche Weise transformierte[313], so dass sich kollektive Identität aus einer symbolisch konstruierten Einheit von Vielfalt und Widersprüchen ergab
– Patriot war man nicht aufgrund von primordialen Merkmalen, sondern durch Tugendhaftigkeit und kulturelle Überzeugung![314]

Ein so verstandener Begriff des Patriotismus implizierte eine zweipolige Beziehung, insofern als dem Vaterland – das politisch umfassende Gebilde – der Bürger
als Subjekt gegenübertrat. Die Besonderheit der Stellung des Patrioten zum Vaterland war dadurch gekennzeichnet, dass sie erstens unmittelbar war und zweitens sich
der Patriot von anderen Bürgern dadurch unterschied, indem er das Wohl des Vater-

---

[310] Vgl. ebd. das Unterkapitel „Vereine, Moral, Öffentlichkeit", ebd., S. 115-122; vgl. weiter vertiefend
die Abhandlung von Nipperdey, Thomas: Der Verein als soziale Struktur in Deutschland im späten
18. und frühen 19. Jahrhundert, in: Ders.: Gesellschaft, Kultur, Theorie, Göttingen 1976, S. 174-205;
vgl. ebenso Tenbruck, Friedrich: Modernisierung - Vergesellschaftung - Gruppenbildung - Vereinswesen, in: Ders.: Die kulturellen Grundlagen der Gesellschaft, Opladen 1989, S. 215-226. Zur Heterogenität vgl. die Analyse bei Lepsius, Rainer Maria: Zur Soziologie des Bürgertums und der Bürgerlichkeit, in: Kocka, Jürgen (Hrsg.): Bürger und Bürgerlichkeit im 19. Jahrhundert, Göttingen 1987,
S. 79-100.

[311] Vgl. hierzu vertiefend die exemplarischen Ausführungen von Brunner, Otto: Die Patriotische Gesellschaft in Hamburg im Wandel von Staat und Gesellschaft, in: Ders.: Neue Wege der Verfassungs-
und Sozialgeschichte, 3. Aufl., Göttingen 1980, S. 335-344; vgl. dazu und im Gesamtkontext den
Band von Vierhaus, Rudolf (Hrsg.): Deutsche patriotische und gemeinnützige Gesellschaften [Wol-
fenbütteler Forschungen Band 8], München 1980.

[312] Vgl. dazu die Untersuchung von Kaiser, Gerhard: Pietismus und patriotische Erweckung. Studien
vornehmlich zu Friedrich Carl von Moser, Friedrich Gottlieb Klopstock, Johann Kaspar Lavater und
Johann Gottfried Herder, München 1956.

[313] Giesen, Berhard: Die Intellektuellen und die Nation, Band I, S. 123f.

[314] Vgl. im Kontext die Ausführungen zu „Tugend und Patriotismus" bei Im Hof, Ulrich: Das Europa
der Aufklärung, S. 186-193. „Das war", so bilanziert Im Hof rückblickend, „jenes einfache Programm des Zeitalters der Vernunft, in klarer Sprache, unbelastet von tiefgründiger Philosophie und
Theologie, eine schlichte Ethik, wie sie seit Jahrhunderten immer wieder gefordert worden war und -
faßbar seit den entlegenen Tagen des Sokrates und des Epiktet - im Kampf mit der Bosheit der Welt
lag." Ebd., S. 192.

lands reflektierte und zur Richtschnur seines Denkens und Handelns machte.[315] So erhielt individuelles Handeln in den Augen der Patrioten eine gesellschaftliche Bedeutung dank der Auffassung, dass zum einen das Allgemeinwohl besonders durch die patriotische Tat vor Ort gefördert werden könne, zum anderen das Partikularinteresse an der Verbesserung zwecks vernünftiger Zufriedenheit im Interesse der Allgemeinheit liege – persönlicher und allgemeiner Nutzen galten als miteinander verknüpft. Auf dem überregionalen literarischen Markt wurden sehr unterschiedliche Formen gesellschaftlichen Handelns als patriotisch und dadurch als kohärent eingestuft; und es war symptomatisch, dass zahlreiche patriotische Verfasser als „Anonymi" hinter ihren Text zurücktraten oder diesen explizit als „patriotisch" indizierten. Die Reichweite dieser patriotischen Gesamtheit, deren Existenz durch das emotionale Bekenntnis zu ihr effektiv, weil unwiderlegbar untermauert werden konnte, war prinzipiell nicht limitiert. Der Patriotismus war Teil eines Konsenses, der horizontal über die Konfessionen und Vaterländer hinweg ein weltbürgerliches Selbstverständnis[316] begründete. Die Patrioten verstanden sich als allgemeingültige Ausprägung des mündig-aufgeklärten, gemeinnützig denkenden Menschen. Vertikal, im konkreten Sozialgefüge, bedeutete dieses Selbstverständnis eine Aufwertung der bildungsbürgerlichen Träger und Adressaten des Patriotismus. Insofern, als sie sich außerhalb der traditionalen Ständegesellschaft befanden und damit nicht auf die besonderen ständischen Interessen festgelegt waren, konnten die gebildeten Patrioten sich als unparteiliche Verfechter des Allgemeinwohls präsentieren. In dieser Selbstcharakterisierung spiegelte sich die bürgerliche Erfahrung des Defizits an sozialer und politischer Partizipation wider und zugleich der Wille, durch eine als nützlich anerkannte Aktivität am Gemeinwesen teilzuhaben. Insofern sicherte Patriotismus als praktizierte Tugendlehre den sozialgeschichtlichen Entwicklungsprozess moralisch ab.[317]

---

[315] Vgl. Schmitt-Sasse, Joachim: Der Patriot und sein Vaterland. Aufklärer und Reformer im sächsischen Rétablissement, in: Bödeker, Hans Erich / Herrmann, Ulrich (Hrsg.): Aufklärung als Politisierung - Politisierung der Aufklärung (Studien zum achtzehnten Jahrhundert, Band 8), Hamburg 1987, S. 237-252, S. 238.

[316] Vgl. dazu die erläuternden Ausführungen „Weltbürgertum als eine elaborierte Position der Intellektuellen des 18. Jahrhunderts" bei Sahmland, Irmtraud: Christoph Martin Wieland und die deutsche Nation, S. 225-251. „Patriot und Weltbürger haben also zu dieser Zeit gleiche Implikationen, die Begriffe scheinen austauschbar zu sein" - so lautet das Fazit der differenzierten Analyse Irmtraud Sahmlands, ebd., S. 222. Zu „Weltbürger" als „eines der Programmworte der Aufklärung" vgl. den Artikel von Horstmann, A.: Kosmopolit, Kosmopolitismus, in: Historisches Wörterbuch der Philosophie, hrsg. v. Joachim Ritter und K. Gründer, Band 4, Basel 1976, Sp. 1155-1167, Sp.1159.

[317] Vgl. Echternkamp, Jörg: Der Aufstieg des deutschen Nationalismus (1770-1840), S. 53.

a)   *Thomas Abbt*

Für Thomas Abbt[318], an dem Herder einst den „gesunden nahrhaften Menschen- und Bürgerverstand" als vornehmste Eigenart schätzte[319], war der Bürger mit dem Patrioten identisch. Seinem Nebenbürger zu einer bürgerlichen Freiheit, die des Menschen Natur gemäß ist, verhelfen, das sei eine verdienstvolle Tat, die ihren Wert in sich habe und dem gemeinen Wohl nütze. Durch solche Taten erweise sich der Mensch als Bürger, der die edelste aller Gesinnungen, das „Wohlwollen" besitze. Es gebe nur eine politische Tugend, vor der alle Standesunterschiede verschwänden; alle seien „Bürger".[320]

Grundsätzlich band Abbt die Vaterlandsliebe an die Bedingung, dass der Staat, dem sie gelten solle, „heilsame Gesetze" habe, die dem einzelnen nicht mehr von seiner Freiheit entziehen, als zum Besten des ganzen Staates erforderlich sei.[321] Einen solchen Staat könne man lieben; in ihm werde man von dem Gefühl für Ehre erfasst und könne für ihn Opfer bringen: „Was ist wohl das Vaterland? Man kann nicht immer den Geburtsort allein darunter verstehen. Aber, wenn mich die Geburt oder meine freie Entschließung mit einem Staat vereinigt, dessen heilsamen Gesetzen ich mich unterwerfe; Gesetzen, die mir nicht mehr von meiner Freiheit entziehen, als zum Besten des ganzen Staates nötig ist: alsdann nenne ich diesen Staat mein Vaterland".[322]

Patriot zu sein, patriotisch zu denken und zu handeln bedeutete in diesen Jahrzehnten immer auch aufgeklärt zu sein: Der „aufgeklärte" Mann war der wahre Bürger und der wahre Patriot; er handelte aus Vernunft und Gemeinsinn, zeigte sich engagiert für das Nützliche und der Menschheit Dienende und war überzeugt von der

---

[318]   Vgl. die prägnante Kurzbiographie Thomas Abbts durch Bödeker, Hans Erich: Thomas Abbt, in: Birtsch, Günter (Hrsg.): Patriotismus, S. 103-105; vgl. auch ders.: Thomas Abbt: Patriot, Bürger und bürgerliches Bewußtsein, in: Vierhaus, Rudolf (Hrsg.): Bürger und Bürgerlichkeit im Zeitalter der Aufklärung, Heidelberg 1981, S. 221-254.

[319]   Vgl. Herder, Johann Gottfried: Ueber Thomas Abbts Schriften. Der Torso von einem Denkmal, an seinem Grabe errichtet. Erstes Stück 1768, in: Johann Gottfried Herders sämtliche Werke, hrsg. v. Bernhard Suphan, Band II, Berlin 1877, Hildesheim 1967 (Repr. Nachdruck der Ausgabe Berlin 1877-1913), S. 289.

[320]   Vgl. Abbt, Thomas: Vom Tod fürs Vaterland (1761), in: Aufklärung und Kriegserfahrung. Klassische Zeitzeugen zum Siebenjährigen Krieg, hrsg. von Johannes Kunisch, Frankfurt a. M. 1996 (Bibliothek der Geschichte und Politik, Band 9), S. 589-650.

[321]   Vgl. dazu und im Gesamtkontext die Ausführungen bei Blitz, Hans-Martin: Aus Liebe zum Vaterland, S. 302ff, wo Blitz sich sehr differenziert mit den Deutungen von Vierhaus und Prignitz hinsichtlich der Vaterlandsliebe Thomas Abbts auseinandersetzt und betont, dass gerade Thomas Abbts und Friedrich Carl von Mosers monarchischer Vaterlandsbegriff verdeutliche, dass der häufige Ruf nach "Freiheit" in der Nationalgeist-Debatte nicht mit bürgerlicher Freiheit von absolutistischer Herrschaft verwechselt werden dürfe. Vgl. ebd., S. 305. Zu Friedrich Carl von Mosers Konzeption eines „Reichspatriotismus" vgl ebd., S. 295f; zu Moser vgl. ebenso die Ausführungen bei Kaiser, Gerhard: Pietismus und Patriotismus im literarischen Deutschland. Ein Beitrag zum Problem der Säkularisation, Wiesbaden 1961, S. 15ff; Kaiser charakterisiert Moser als „weltoffenen, [..] politischen Mensch aus Neigung, ehrgeizig und selbstherrlich" (ebd., S. 17) als Erben des Pietismus.

[322]   Vgl. Abbt, Thomas, Vom Tod fürs Vaterland, S. 600f.

Identität des wohlverstandenen individuellen Interesses mit dem Gesamtinteresse.[323]
Bei den Gebildeten in vielen "Vaterländern" war dieser recht abstrakte Patriotismus
als literarisch bekundete Bereitschaft zu aktiver Teilnahme am Staate zu beobachten.
Er war Teil jener Übereinstimmung der politischen Gesinnung, die sich in jenen
Jahrzehnten über die Grenzen der Einzelstaaten und selbst der Konfessionen hinweg
herzustellen begann.[324] Der Aufklärungspatriotismus, in dem das Motiv der bürgerlichen Selbstversicherung und der Selbstbestätigung eine oft dominierende Rolle
spielte, konnte vor allem wegen seiner stark moralischen Prägung den Raum des
konkreten „Vaterlandes", also der Stadt oder des Staates überschreiten. Er konnte
sich auf das Reich[325] als geschichtliche und auf die Nation als kulturelle Gemeinschaft richten – je stärker er jedoch moralisch-politische Haltung und Bildungsbe-
stand war, um so leichter erweiterte er sich zum Weltbürgertum.[326] Ohne das Engagement für Gemeinde, Stadt und Staat aufzuheben, in denen es für das Wohl der
Mitbürger zu arbeiten galt, engagierte sich der Weltbürger für das Wohl der menschlichen Gemeinschaft allgemein; denn sein Wohlwollen war allgemein, unparteiisch,
nicht beengt durch politische oder geographische Grenzen. Der Patriot in weltbürgerlicher Absicht rüttelte nicht an den bestehenden Grenzen, sondern er transzendierte

---

[323] Vgl. Vierhaus, Rudolf: Politisches Bewußtsein in Deutschland vor 1789, in.: Ders.: Deutschland im
18. Jahrhundert, S. 183-201, S. 189; vgl. ebd., S. 186f Vierhaus' Ausführungen zu dem „Zentralbegriff im sozialen und politischen Bewußtsein der Zeit", des „Bürgers". Ob der Begriff im Einzelfall
noch in der über Christian Wolff vermittelten Aristoteles-Tradition stand („Bürger" als Mitglied der
mit dem Staate identischen „bürgerlichen" Gesellschaft von rechtlich Gleichen) oder im Sinne der
Aufklärungsphilosophie gefasst war (Bürger als Mitglieder einer vertraglich konstituierten Gesellschaft, der zugleich „Mensch" und „Untertan" ist), er umschloss zugleich moralische und politisch-
soziale Qualitäten wie Rechtschaffenheit, Ehrbewusstsein, Gemeinsinn, aber auch materielle und
rechtliche Selbstständigkeit, Besitz bestimmter Rechte und Bereitschaft zur Mitwirkung am gemeinen Besten. In den Bürgerbegriff der politischen Philosophie und Rechtslehre wurde das soziale Bewusstsein aufstrebender bürgerlicher Schichten hineingetragen, die in der Ständegesellschaft keinen
ihren eigenen Ansprüchen genügenden Ort besaßen. Die erste Stufe ihres Selbstbewusstseins ist
durch eine bürgerliche Tugendlehre bezeichnet, in der christliches Hausvätertum, aufgeklärtes
Glückseligkeitsstreben, Utilitarismus und stoische Unerschütterlichkeit gegenüber der Willkür der
Mächtigen sich mischten. Sie weitete sich zu einer Welt- und Lebensanschauung aus, die „bürgerliches" Verhalten zum Normalmaß auch für die politische Welt machte, indem sie den Bürger mit dem
Staatsbürger gleichsetzte, als dessen „unabtrennbare Attribute" Kant die gesetzliche Freiheit, die
bürgerliche Gleichheit und die bürgerliche Selbstständigkeit bezeichnet hat. Vgl. Kant, Immanuel:
Metaphysik der Sitten, § 46, hrsg. von Karl Vorländer, Hamburg 1959, S. 136f. Ein solcher Bürgerbegriff, so betont Rudolf Vierhaus, relativierte die ständische Gesellschaftsordnung, indem er sie ü-
bergriff; er schloss die Konzeption einer staatlichen Rechtsordnung mit gesetzlicher Gleichstellung
aller Selbstständigen ein, kannte jedoch den politischen Machtkampf, das Streben nach Herrschaft
nicht. Vgl. ders.: Politisches Bewußtsein in Deutschland, S. 187.

[324] Vgl. ebd., S. 189.

[325] Vgl. dazu die Ausführungen von Aretin, Karl Otmar Freiherr von: Reichspatriotismus, in: Birtsch,
Günter (Hrsg.): Patriotismus, S. 25-36.

[326] Vgl. analog die Ausführungen über „Moralische Codierung - Die Vergemeinschaftung des unbekannten Anderen - Situation: Das Bildungsbürgertum" bei Giesen, Bernhard / Junge, Kay: Vom Patriotismus zum Nationalismus. Zur Evolution der „Deutschen Kulturnation", in: Giesen, Bernhard
(Hrsg): Nationale und kulturelle Identität. Studien zur Entwicklung des kollektiven Bewußtseins in
der Neuzeit, 2. Aufl., Frankfurt a. M. 1991, S. 255-303, S. 262ff. Vgl. in diesem Kontext auch Alter,
Peter: Nationalismus, Frankfurt a. M. 1985, S. 12. „Die Liebe zum Vaterland verband sich mit all-
gemeinmenschlichen Idealen: Man konnte sehr wohl Patriot und Weltbürger zugleich sein."[...].

sie, wie er überhaupt das Bestehende nicht umstürzen, sondern es durch den Gedanken der Menschenliebe und der allgemeinen Wohlfahrt durchdringen und verbessern
wollte. Der „Bürger" und der „Patriot" waren im Bewusstsein der deutschen „Modernisierungselite"[327] des späteren 18. Jahrhunderts keine nationalen Charaktere,
sondern allgemeingültige Ausprägungen des aufgeklärten, mündigen, gemeinnützig
denkenden und, wo immer es ihm möglich war, tugendhaft handelnden Menschen[328],
der für die Rechte der „Menschheit" eintrat und sich mit allen Menschen gleichen
Strebens in allen Ländern brüderlich verbunden fühlte.[329] Je mehr jedoch die
Schranken verspürt wurden, auf die solches Streben in der Wirklichkeit einer von
ständischen Unterschieden bestimmten Gesellschaft und enger, kleinlicher, von höfischem Geist, Fiskalismus oder von Polizeiaufsicht beherrschten Staatlichkeit traf, je
weniger die Teilnahme am Staat konkret wurde, um so stärker konnte das patriotische Weltbürgertum zur Absage an das einzelstaatliche Vaterland werden und den
Staatspatriotismus abwerten.[330]

---

[327] So die Charakterisierung bei Giesen, Bernhard / Junge, Kay: Deutsche Identität und intellektueller
Diskurs, in: Berliner Journal für Soziologie 1 (1994), S. 21-32, S. 22.

[328] Vgl. an dieser Stelle Ulrich Im Hofs Ausführungen zu „Tugend und Patriotismus"(ders.: Das Europa
der Aufklärung, S. 186-193), wo Im Hof mit Blick auf die Tugendlehre der Aufklärung auf die
„Aufgabe schon im kleinen Bereich" verweist. Vgl. dazu exemplarisch die zeitgenössische Rede von
Karsten, Franz Christian Lorenz: „Zur Feyer des höchsterfreulichen Hervorganges der Durchlauchigsten Frau Erbprinzessin von mecklenburg, Schwerin Helena Paulowna", Rostock 1800 (Typoskript). Vgl. ferner Kopitzsch, F: Die Hamburgische Gesellschaft zur Beförderung der Künste und
nützlichen Gewerbe (Patriotische Gesellschaft von 1765) im Zeitalter der Aufklärung. Ein Überblick,
in: Wolfenbütteler Forschungen 8, München 1980, S. 72f: „Ein jeder Hausvater befördert des Vaterlandes Bestes durch gute Kinderzucht: jede Hausmutter durch ordentliche Haushaltung, und
Vermeidung der Üppigkeit: die Jugend durch Ehrerbietigkeit und Gehorsam: die Alten durch Erfahrung und gute Exempel: der Herr durch sorgfältige Aufsicht: das Gesinde durch Treue: der Arbeiter
und Handwerks-Mann durch Fleiß: der Soldat durch die Waffen: der Kaufmann durch Billigkeit und
guten Glauben: der Gelehrte durch nützliche Wissenschaften, Schriften und Erfindungen: der Geistliche durch reine Lehre und frommes Leben: die Obrigkeit durch Handhabung der Gerechtigkeit, und
Regierung der Welt nach den Gesetzen".

[329] Vgl. die Ausführungen zu „Patriotismus und Kosmopolitismus" bei Fuchs, Peter: Vaterland, Patriotismus und Moral. Zur Semantik gesellschaftlicher Einheit, in: Zeitschrift für Soziologie, 2 (1991),
S. 89-103, S. 95ff, wo Fuchs zu bedenken gibt, dass Kosmopolit und Patriot zu sein vorzugsweise
dem Kosmopoliten unter der Bedingung möglich sei, dass er in einem Staat lebt, der sich durch einen höheren Grad von Aufklärung und Kultur von anderen Staaten vorteilhaft unterscheide. „Findet
sich dagegen Intoleranz, Despotismus, Barbarei und blinder Aberglauben, ist die Verbindung unmöglich", denn so Fuchs, „der Kosmopolit ist Patriot, wenn die Verhältnisse aufgeklärt, und er ist es
nicht, wenn sie finster sind. Aber auch dann, wenn des Kosmopoliten Vaterland als aufgeklärtes, gedeihlich prosperierendes begegnet, geht er der Tendenz nach immer auf das Interesse der Gesamtheit
der Menschen zu. [...] Daraus folgt auch, daß der wahre Kosmopolit im Falle der Kollision von nationalen Sonderinteressen und Menschheitsangelegenheiten die Partei der Menschheit ergreifen wird.
Andererseits: Wenn des Kosmopoliten patria die Ideale der Aufklärung verwirklicht, dann kann der
Kosmopolit patriotischer als jeder (originäre) Patriot sein (wenn er etwa im Preußen Friedrichs lebt):
Denn er sieht am Orte, wo er weilt, die Idee der Menschheit verwirklicht. Der Effekt dieser Überlegungen ist es, Patriotismus als species von Kosmopolitismus zu behandeln." Ebd., S. 96.

[330] Vierhaus, Rudolf: Politisches Bewußtsein in Deutschland vor 1789, S. 190. Vgl. auch Schmitt-Sasse,
Joachim: Der Patriot und sein Vaterland. Aufklärer und Reformer im sächsischen Rétablissement, S.
240f, wo Schmitt-Sasse betont, dass der Patriotismus, „wo er nichts anderes zu tun meint, als dem
Vaterland zu dienen, auf die Zersetzung der bestehenden Ordnung, die Assimilation des Staates an
das Ideal des Vaterlandes" dränge. „Diese Konsequenz wird unausweichlich, insofern den absolutis-

In diesem Kontext akzentuiert Jörg Echtenkamp den Wandel von naturrechtlichen Überlegungen hin zu der politischen Theorie des Frühliberalismus, die „Freiheit" nicht nur zur Bedingung für die Vervollkommnung des Menschengeschlechts, sondern auch zur Voraussetzung für den Patriotismus der in einem Staat lebenden Menschen gemacht habe.[331] In diesem Patriotismusverständnis zeigte sich der Anspruch des Staatsbürgers auf selbstverantwortliches Handeln und die Ablehnung der Rolle des passiv-loyalen Untertanen.[332]

b) Immanuel Kant

Die Moralphilosophie der reinen gesetzgebenden Vernunft[333], wie Immanuel Kant sie wegweisend formulierte, hat diesen kritischen, eben die Rolle des passiv-loyalen Untertanen ablehnenden, Patriotismus maßgeblich beeinflußt.[334] Kant unterschied

---

tischen und feudalen Körperschaften, die ja so lange fortbestehen bleiben, als ihre Einrichtung den bestehenden Verhältnissen genügt, zugleich ein Denken und *Procedere* anhängt, das patriotischem Handeln im Wege stehen muß."

[331] Echternkamp, Jörg: Der Aufstieg des deutschen Nationalismus (1770-1849), S. 58.

[332] Der Patriot, so stellt Joachim Schmitt-Sasse hierzu fest, habe nicht mehr im Absolutismus gelebt, insofern er dessen Lebenszusammenhang ablehnte und unter ihm litt; und doch habe er noch nicht in einer liberalen bürgerlichen Gesellschaft gelebt, die ihm als Ideal vorschwebte, insofern er sie nur in den eingeschränkten Freundeskreisen leben konnte und sich außerhalb ihrer immer erneut an den Grenzen des Absolutismus stieß. Vgl. ders.: Der Patriot und sein Vaterland. Aufklärer und Reformer im sächsischen Rétablissement, S. 241. Vgl. dazu auch die Ausführungen Korffs zum „Kampf um die politische Freiheit" in: Ders.: Geist der Goethezeit (I. Teil), S. 203ff.

[333] Vgl. im Kontext die Ausführungen zu „Moral und Politik" bei Immanuel Kant von Baruzzi, Arno: Kant, in: Klassiker des politischen Denkens. Zweiter Band: Von Locke bis Max Weber, hrsg. von Hans Maier, Heinz Rausch, Horst Denzer, München 1987, S. 136-158, S. 153-158; vgl. in diesem Zusammenhang auch die grundsätzlichen Ausführungen zu Kant bei Kersting, Wolfgang: Wohlgeordnete Freiheit. Immanuel Kants Rechts- und Staatsphilosophie, Berlin 1984.

[334] Vgl. kritisch dazu die Ausführungen in dem Kapitel „Die Kultur unserer Vorgänger und das Projekt der Aufklärung zur Rechtfertigung bei MacIntyre, Alasdair: Der Verlust der Tugend. Zur moralischen Krise der Gegenwart, S. 57-74, wo MacIntyre mit Blick auf Kant feststellt: „Der Versuch, Kants Maximen der Moral auf das zu gründen, was er als Vernunft ansieht, scheitert [..] ebenso sicher wie der Versuch Kierkegaards scheiterte, ihre Grundlage in einem Akt der Wahl zu finden; und beide Fehlschläge hängen eng zusammen. [...] Die praktische Vernunft benutzt nach Kant kein ihr äußerliches Kriterium. Sie beruft sich auf keinen Inhalt, der sich aus der Erfahrung herleitet; Kants davon unabhängige Einwände gegen die Anwendung des Glücks oder die Anrufung des offenbaren Willen Gottes verstärken daher nur eine Position, die schon die Ansicht Kants über Aufgabe und Kräfte der Vernunft mit sich bringt. Es gehört zum Wesen der Vernunft, daß sie Grundsätze darlegt, die umfassend, kategorisch und in sich schlüssig sind. Eine rationale Moral wird daher Grundsätze aufstellen, die sich *alle* Menschen zu eigen machen können und sollten, ungeachtet der Umstände und Bedingungen, und die konsequent von jedem vernünftig Handelnden bei jeder Gelegenheit befolgt werden könnten. [...]" Ebd., S. 68. Mit Blick auf Kants Formulierung des kategorischen Imperativs stellt MacIntyre fest: „Was Kant hier fordert ist das, was eine lange Reihe von Moralphilosophen gefordert hat, die Platos *Gorgias* gefolgt ist. Aber Kant nennt uns keinen guten Grund, diese Position einzunehmen. Ich kann mich ohne jede Inkonsistenz darüber hinwegsetzen: 'Jeder außer mir soll als Mittel betrachtet werden' mag unmoralisch sein, aber es ist nicht inkonsistent, und es ist nicht einmal inkonsistent, eine Welt aus Egoisten zu wollen, die alle nach dieser Maxime leben. Es könnte für alle unbequem werden, wenn jeder nach dieser Maxime lebte, aber es wäre nicht unmöglich, und Bequemlichkeitsüberlegungen würden auf jeden Fall zu gerade jener klugen Bezugnahme

zwischen einem „imperium paternale" und einem „imperium non paternale, sed patrioticum".

„Während der Paternalismus einer 'väterliche(n)' Regierung auf dem Grundsatz des 'Wohlwollens' beruhe und daher 'der größte denkbare Despotismus' sei, stelle die 'vaterländische Regierung' die einzige dem 'der Rechte fähigen' Menschen angemessene Herrschaftsform dar".[335] Patriotisch nannte Kant in seinem Traktat „Über den Gemeinspruch" die auch den Landesfürsten einschließende Verpflichtung, das Vaterland durch „Gesetze des gemeinsamen Willens zu schützen", statt es nach „Belieben" zu gebrauchen.[336] Denn Patriotismus, so Kant, sei eine "Denkungsart, da ein jeder im Staat (das Oberhaupt desselben nicht ausgenommen) das gemeine Wesen als den mütterlichen Schoß, oder das Land als den väterlichen Boden, aus und auf dem er selbst entsprungen, und welchen er auch so als ein teures Unterpfand hinterlassen muß, betrachtet, nur um die Rechte desselben durch Gesetze des gemeinsamen Willens zu schützen, nicht aber es seinem unbedingten Belieben zum Gebrauch zu unterwerfen für sich befugt hält".[337] So verstandener Patriotismus [im Sternbergerschen Sinne könnte man von „Verfassungspatriotismus" sprechen] stellte für Kant das erste, gewissermaßen von innen wirkende Gegengewicht gegen Nationalwahn und Nationalhass dar – beides für Kant auf der Ebene niederer kollektiver Instinkte anzusiedelnde Phänomene, die es durch vernünftige politische Anschauung, d.h. durch Patriotismus und damit korrespondierenden Kosmopolitismus, zu bekämpfen galt.

Kant dachte den Staat nicht vom Volk, sondern vom Recht her. "Wenn also ein Volk", so formuliert er in selbigem Traktat "Über den Gemeinspruch", „unter einer [...] wirklichen Gesetzgebung seine Glückseligkeit einzubüßen mit größter Wahrscheinlichkeit urteilen sollte: was ist für dasselbe zu tun? Soll es sich nicht widersetzen? Die Antwort kann nur sein: es ist für dasselbe nichts zu tun, als zu gehorchen. Denn die Rede ist hier nicht von Glückseligkeit [...], sondern allererst bloß vom Rechte, das [...] einem jeden gesichert werden soll: welches das oberste Prinzip ist, von welchem alle Maximen, die ein gemeines Wesen betreffen, ausgehen müssen, und das durch kein anderes eingeschränkt wird."[338] Ist das Volk als Staatsvolk immer Untertan des Gesetzgebers, wie Kant in seiner Abhandlung "Zum ewigen Frieden"[339] formuliert, so gilt dies auch im republikanisch regierten bürgerlichen Verfassungsstaat, dem für Kant idealen Staat. Dort stehen die freien Menschen als rechtsgleiche

---

auf das Glück führen, die Kant aus allen moralischen Überlegungen zu tilgen bestrebt ist". Ebd. S. 69f. Vgl. analog zu den Überlegungen McIntyres die Ausführungen zu Kant im Kontext mit Hobbes und Montesquieu bei Münkler, Herfried: Bedarf die Demokratie einer sozio-moralischen Grundlegung?, in: Ders. (Hsrg.): Die Chancen der Freiheit. Grundprobleme der Demokratie, München 1992, S. 25-46.

[335]   Echternkamp, Jörg: Der Aufstieg des deutschen Nationalismus (1770-1840), S. 58.

[336]   Kant, Immanuel, Über den Gemeinspruch: Das mag in der Theorie richtig sein, taugt aber nicht für die Praxis / Zum ewigen Frieden, hrsg. v. H. Klemme, Hamburg 1992, S. 22.

[337]   Zitiert nach ebd.

[338]   Vgl. ebd.

[339]   Ders.: Zum ewigen Frieden, in: Ders.: Schriften zur Anthropologie, Geschichtsphilosophie, Politik und Pädagogik 1 (Werkausgabe Band XI hrsg. v. Wilhelm Weischedel), Frankfurt a. M. 1977, S. 195-251.

Untertanen und, sofern sie als männliche Erwachsene über "irgend sein Eigentum" verfügen, als stimmberechtigte Bürger und Mitgesetzgeber unter Zwangsgesetzen.[340] Das zweite, analog zum Patriotismus, von außen wirkende Mittel, mit dem Kant gegen den Nationalwahn vorzugehen beabsichtigte, war der Kosmopolitismus als einem regulativem Prinzip zwischenstaatlicher Ordnung, dem die Idee einer allgemein fortschreitenden Koalition aller Menschen in eine weltbürgerliche Gesellschaft zugrunde lag. Die Forderung nach einem auf dem "Föderalismus freier Staaten" gegründeten Völkerrecht, konkretisiert in der Konzeption eines "Völkerbundes", erhob Kant im zweiten Definitivartikel seines Traktats "Zum ewigen Frieden". Wird man Immanuel Kants originären Versuch einer Beseitigung des Konfliktpotentials nationaler Irrationalismen durch die Doppelstrategie einer patriotischen Identifikation mit dem bürgerlichen Rechts- und Verfassungsstaat und der weltbürgerlichen Identifikation mit einer universalen Friedensordnung als bedeutenden Beitrag zu dem aufgeklärten Nationsdenken im Deutschland des 18. Jahrhunderts qualifizieren können, so zeigt sich dies nicht zuletzt an dem Umstand, dass die tradierte Herrschaftsform des deutschen Fürstenstaates, die trotz des fortschreitenden Verstaatlichungsprozesses auch im frühen 19. Jahrhundert noch nicht vollständig beseitigt worden war, immer mehr zu einer Zielscheibe der Kritik wurde, welche die Vaterlandsliebe eben nicht verwarf, sondern neu definierte. Und doch tritt ein wirklich oppositioneller, radikal alle bestehenden Strukturen verneinender Patriotismus in Deutschland vor 1789 höchstens als Randerscheinung auf. Im allgemeinen suchte die Intelligenz bei aller Kritik den Kompromiss, richtete ihre Hoffnungen auf aufgeklärte Fürsten wie Friedrich II, wenn sie sich nicht, wie Justus Möser[341], auf konservative Positionen zurückzog. Auch die nationale Komponente, d.h. das Streben nach einem modern konstituierten einheitlichen Deutschland, nach einem Nationalstaat im Sinne Frankreichs oder Englands erschien nur als vage Idee. Nationale Elemente lagen unter je spezifischen Voraussetzungen im Reichs- und in dem auf die Person Friedrich II. bezogenen Patriotismus, vor allem im kulturhistorisch orientierten Literaturpatriotismus.[342] Der Bedeutungsgehalt, der mit den beiden verbundenen Begriffen des Patriotismus und der Freiheit verknüpft wurde, ist deshalb in dieser Phase noch heterogen und wenig konkret.[343] Aus einer unterlegenen gesellschaftlichen und wirtschaftlichen La-

---

[340] Ders.: Über den Gemeinspruch: Das mag in der Theorie richtig sein, taugt aber nicht für die Praxis.

[341] Vgl. exemplarisch Mösers Ausführungen „Patriotische Phantasien" bzw. „Was ist bei vielen die Liebe zum Vaterlande?", in: Ders.: Sämtliche Werke, hist.-krit. Ausgabe, hrsg. von der Akademie der Wissenschaften zu Göttingen, Oldenburg, Hamburg 1981 (1. Abt. Dichterisches Werk, philosophische und kritische Einzelschriften, bearb. von Oda May). Zu Möser vgl. ausführlich Sheldon: William: Patriotismus bei Justus Möser, in: Vierhaus, Rudolf (Hrsg.): Deutsche patriotische und gemeinnützige Gesellschaften, S. 31-49.

[342] Vgl. Böttiger, Karl August: Literarische Zustände und Gespräche im klassischen Weimar (hrsg. v. Klaus Gerlach und René Sternke), 2. Aufl., Berlin 1998.

[343] Echternkamp spricht denn auch von der „relative[n] Beliebigkeit der Auffüllung des Patriotismusbegriffs mit politischem Inhalte", die „hier offensichtlich" werde. Vgl. ders.: Der Aufstieg des deutschen Nationalismus (1770-1840), S. 60. Im Gegensatz zum konservativen Verständnis sei „der revolutionäre und - folgenreicher - der reformerische Patriotismusbegriff politisch aufgeladen [gewesen, V.K.] durch die Forderung nach Rechten, die durch eine Konstitution garantiert sind und dem

ge heraus vermochte die bürgerliche Intelligenz nur in idealer und utopischer Form das Bild eines besseren gesellschaftlichen Seins darzustellen, sie vermochte diese I-deen noch nicht in politischen Einzelforderungen zu konkretisieren. Patriotismus als moralischer Appell zum Engagement für das Gemeinwohl blieb zunächst im Vorfeld aller dezidiert politischen Erwägungen und erlebte in der Folgezeit in dieser Spezifik einen enormen Aufschwung.[344]

Mit Blick auf die Entstehung einer ganzen Reihe von entsprechenden, die Brücke zwischen Bürger und Staat bauenden[345], „Patriotischen Gesellschaften"[346] zur „Beförderung der Künste und nützlichen Gewerbe"[347], kommt Irmtraud Sahmland zu dem Ergebnis: „ Dies ist eine Bewegung, die sich über das ganze Jahrhundert hin erstreckt und nicht allein eine deutsche Erscheinung ist, sondern auch in anderen euro-

---

als politisch aktiven, selbständig handelnden Bürger als Grundlage der Verwirklichung des Allgemeinwohls dienen". Ebd.

[344] Sahmland, Irmtraud: Christoph Martin Wieland und die deutsche Nation. Zwischen Patriotismus, Kosmopolitismus und Griechentum, S. 78-105. Vgl. ebd., S. 84; vgl. auch ebd., S. 92, wo Sahmland unter Berücksichtigung der französischen Verhältnisse feststellt: „Patriotismus in Deutschland geht es zunächst darum, die bürgerliche Emanzipation voranzutreiben, sich über den privaten Bereich hinausreichende Handlungsebenen zu erschließen, und das sind zwar öffentlich relevante, aber durchaus noch vor-politische Bereiche. Dieser Ansatz ist frei von jeglichen systemsprengenden Tendenzen - im Gegensatz zur französischen Variante -; er ist vielmehr systemstabilisierend, indem neue Entwicklungen eingebaut und sich daraus ergebende neue Anforderungen z.T. aufgefangen werden können. Grundlage hierfür ist, wie gezeigt werden konnte, eine ausschließlich moralische Intention".

[345] So die Formulierung bei Hubrig, Hans: Die patriotischen Gesellschaften des 18. Jahrhunderts, Weinheim 1957, S. 8.

[346] Vgl. exemplarisch die Ausführungen von Rathje, Jürgen: „Geschichte, Wesen und Öffentlichkeitswirkung der Patriotischen Gesellschaft von 1724 in Hamburg", in: Vierhaus, Rudolf (Hrsg.): Deutsche Patriotische und gemeinnützige Gesellschaften, S. 51-69. Neuartig an der Patriotischen Gesellschaft war Rathje zufolge „deren gesellschaftliche Zielsetzung, die sich gleichwohl, wie aus der Thematik des *Patrioten* hervorgeht, mit den sprachlichen und literarischen Absichten der Teutschübenden Gesellschaft verbunden hatte". Ebd., S. 54 [Hervorhebung im Original, V. K.]. Der von 1724-1726 erscheinende *Patriot*, die erste Moralische Wochenschrift, die „den Patriotismus zu ihrem Motto" erhebt [Sahmland, Irmtraus: Christoph Martin Wieland und die deutsche Nation, S. 80], gilt „zu Recht als einer der größten publizistischen Erfolge der ersten Hälfte des 18. Jahrhunderts", wie Rathje betont. Ebd., S. 55."Mit seiner Auflagenstärke, und den vier Buchausgaben steht er an der Spitze der deutschen Moralischen Wochenschriften. Die Satiren, Dialoge, Fabeln, Träume, Porträts, Erzählungen, fingierten und echten Leserbriefe seiner 156 Stücke vermitteln einer breit gestreuten Öffentlichkeit in klassischem Deutsch einen Begriff von der Überlegenheit praktischer Vernunft über Ignoranz, Anpasserei und Vorurteil." Inhalt der Wochenschrift ist „die Unterhaltung des Patrioten mit seinen Lesern über Barbarei und Zivilisation". Ebd. S. 55. Vgl. dazu ausführlicher die Abhandlung von Scheibe, Jörg: Der „Patriot" (1724-1726) und sein Publikum. Untersuchungen über die Verfassergesellschaft einer Zeitschrift der frühen Aufklärung, Göppingen 1973.

[347] So lautet die genaue Bezeichnung der „Hamburgischen Gesellschaft zur Beförderung der Künste und nützlichen Gewerbe (Patriotische Gesellschaft von 1765); vgl. dazu die Darstellung bei Kopitzsch, Franklin: Die Hamburgische Gesellschaft zur Beförderung der Künste und nützlichen Gewerbe (Patriotische Gesellschaft von 1765) im Zeitalter der Auifklärung. Ein Überblick, in: Vierhaus, Rudolf (Hrsg.): Deutsche patriotische und gemeinnützige Gesellschaften (Wolfenbütteler Forschungen Band 8), S. 71-118; vgl. dazu auch die Ausführungen von Otto Brunner in: Ders.: Die Patriotische Gesellschaft in Hamburg im Wandel von Staat und Gesellschaft, in: Ders.: Neue Wege der Verfassungs- und Sozialgeschichte, 3. Aufl., Göttingen 1980, S. 334-335.

päischen Ländern begegnet[348], aber vorwiegend auf protestantische Gebiete konzentriert zu sein scheint."[349] Charakteristisch für diese Bewegung sei gewesen, dass sich Bürger zu dem Zweck zusammenschlossen, sich in ihrer jeweils nächsten Umgebung in uneigennütziger Arbeit, und das heißt auch mithilfe der Finanzierung aus privaten Mitteln, im weitesten Sinne sozialen und kulturellen Aufgaben zu widmen. Sie bemühten sich um ökonomische Fragen der Beförderung von Handel, Handwerk und Gewerbe, machten Vorschläge für Reformen in der Landwirtschaft, die eine Ertragssteigerung ermöglichen sollten, setzten sich für eine Verbesserung der sozialen und sittlichen Verhältnisse ein etc. Ihr Betätigungsfeld umfasste ein breites Spektrum öffentlicher Aufgaben, wobei man sich stets bemüht zeigte, eine Bestätigung der Gesellschaft, ihres Namens und Siegels von der Obrigkeit zu erhalten, nicht etwa, um an der politischen Macht zu partizipieren, sondern um eine offizielle Garantie für

---

[348] Mit Blick auf den französischen Patriotismus-Diskurs im 18. Jahrhundert vgl. an dieser Stelle exemplarisch Krauss, Werner: „Patriote", „patriotique", „patriotisme" à la fin de l'Ancien Régime, in: The Age of Enlightenment - Studies presented to Theodore Besterman, hrsg. von W. H. Barber (u.a.), Edinburgh 1967, S. 387-394; Mit Irmtraud Sahmland kann festgestellt werden, dass seit der ersten Hälfte des 18. Jahrhunderts nicht nur in Deutschland ein reges Bemühen um Patriotismus vorhanden war „sondern auch in England und Frankreich, hier allerdings doch mit sehr markanten Unterschieden. Neben der Bewegung der patriotischen Gesellschaften, die auch hier anzutreffen ist, bezieht sich Patriotismus in England wie selbstverständlich auf die nationale und die Nation betreffende politische Ebene, in Frankreich beinhaltet er eine sozialkritische Komponente, in der sich die späteren Ziele der Revolution anzudeuten scheinen". Vgl. dies.: Christoph Martin Wieland und die deutsche Nation, S. 92; vgl. auch ebd., wo Sahmland mit Blick auf England betont, dass Patriotismus in England von seinen Grundlagen her dem deutschen Erscheinungsbild sehr ähnlich gewesen sei: „Signifikante Unterschiede ergeben sich jedoch bezüglich der konkreten Ausgestaltung. Sie erreicht doch eine qualitativ andere Dimension, denn „preserving the commonwealth in strength and splendor" ist gekoppelt mit „support of good, the control of bad government" und der Überwachung der „public liberty". In England realisiert sich Patriotismus bei durchaus verwandtem geistigen Ausgangspunkt eminent politisch und geht über die öffentliche, aber nur quasi-politische Ebene weit hinaus, nicht zuletzt deshalb, weil er hier auf eine bereits konstituierte Nation trifft und auf Institutionen, die sie repräsentieren und die auf sie als Ganzes einwirken. So beinhaltet der englische Patriotismus in dieser Zeit bereits ein deutlich nationales Element, wobei der kosmopolitische Grundtenor offensichtlich verhindert, dass er nationalistische Züge annimmt". Ebd., S. 89f. Vgl. im Kontext die ausgreifenden Ausführungen bei Hayes, Carlton J.H.: The Historical Evolution of modern Nationalism, New York 1949. Zu Lord Bolingbroke, der im England des 18. Jahrhunderts „dem Wort 'Patriotismus' einen neuen und endgültigen Sinn gab", vgl. Kohn, Hans: Die Idee des Nationalismus, S. 293ff; Bolingbrokes beiden Schriften „A Letter on the Spirit of Patriotism" (1736) und „The Idea of a Patriot King (1738) wurden bald nach ihrem Erscheinen ins Französische übertragen und beeinflussten so das Denken auf dem Kontinent. Für Bolingbroke, nach Kohn „ein echtes Kind der Aufklärung, ein Rationalist und Deist, Kosmopolit und Menschenfreund" (vgl. ebd., S. 293) ruht eine gute Regierung auf zwei Grundpfeilern, nämlich auf der Einheit des Volkes und der Freiheit. „A Patriot King", ein patriotischer König, „dieses Modell einer künftigen Verschmelzung der überlieferten Auffassung des Königtums mit der neuen patriotischen Auffassung, wird deshalb vor allen anderen Dingen darum bemüht sein, das Volk um seine Person herum zu einen und den Geist der Freiheit zu pflegen, der allein zu Wohlstand und Glück führen kann, da diese auf dem Geist des freien Unternehmertums und der freien Initiative beruhen." Ebd., S. 294. Zu Bolingbrokes denkerischem Einfluss auf die französische Entwicklung vgl. ebd., S. 296.

[349] Vgl. dazu die Ausführungen bei Noack, Hermann: Die geistesgeschichtlichen Grundlagen der patriotischen Gesellschaften, in: Die Patriotische Gesellschaft zu Hamburg 1765-1965, Festschrift der Hamburgischen Gesellschaft zur Beförderung der Künste und nützlichen Gewerbe, Hamburg o.J. (1965), S. 9-34.

seine Arbeit zu haben, die sich dann zwar auf die öffentliche, nicht aber die eigentlich politische Ebene konzentrierte. Diese Gesellschaften standen in der Tradition
des Patriotismus der Frühaufklärung und blieben ihr bis zum Ende des Jahrhunderts
treu, ohne sich von anderen Strömungen beeinflussen zu lassen.[350]

c)   Friedrich Carl von Moser

Allgemein formulierte Kritik, vages Unbehagen auf der einen, eine ebenso allgemeine Vorstellung einer schöneren Gesellschaft auf der anderen Seite bildete den Fond
des freiheitlich antidespotisch akzentuierten Patriotismus dieser Jahre. Unter seinem
Zeichen vermochten sich die Kräfte der bürgerlichen Intelligenz zu vereinigen, sowohl Bewunderer Friedrich des II wie Thomas Abbt und Johann Wilhelm Ludwig
Gleim[351] als auch dessen Kritiker wie Friedrich Carl von Moser[352] bzw. Kritiker der
fürstlichen Herrschaft an sich wie Johann Peter Uz[353] konnten unter dem Patriotismusbegriff ihre Vorstellungen von einem wahrhaft menschlichen Zusammenleben
formulieren.[354]

Und doch wurde in Friedrich Carl von Mosers Auseinandersetzung mit Friedrich II. infolge des Hubertusburger Friedens von 1763 eine neue Dimension des Pat-
riotismus-Diskurses des 18. Jahrhunderts sichtbar. Nicht zufällig war Moser von
Charles de Montesquieu beeinflusst. Die Wirkung Montesquieus beruhte zum einen
auf dem literarischen und – im Sinne der Zeit – philosophischen Charakter seines
Oeuvres und auf dem Vorhandensein seines Publikums, das dafür in besonders ho-
hem Maße ansprechbar war. Zum anderen beruhte seine Wirkung auf der Tatsache,
dass die "Lettres persanes" und der "Esprit" bei ihrem Erscheinen als politische Kritik gelten mussten, die sich zwar in erster Linie gegen französische Verhältnisse rich-

---

[350] Sahmland, Irmtraud: Christoph Martin Wieland und die deutsche Nation. Zwischen Patriotismus,
        Kosmopolitismus und Griechentum, S. 84f.
[351] Zur Bedeutung Gleims vgl. die Ausführungen bei Blitz, Hans-Martin: „Gleims ‘Grenadierlieder’:
        Kriegsbedingte Egalitätsphantasien", in: ders.: Aus Liebe zum Vaterland, S. 265ff; Zu Gleim vgl.
        auch ders.: Sämtliche Werke, hrsg. v. Wilhelm Körte, Band 1-7, Halberstadt 1811-1813.
[352] Friedrich Karl von Moser, Sohn eines bekannten Reichspublizisten und Geheimer Legations-Rath in
        Hessen Darmstadt, hatte sich vom einstigen Anhänger Friedrichs zu dessen scharfem Kritiker ge-
        wandelt. Zu Moser vgl. die Ausführungen bei Hammerstein, Notker: Das Politische Denken Fried-
        rich Carl von Mosers, in: Historische Zeitschrift 212 (1971), S. 316-338; vgl. weiterhin Burgdorf,
        Wolfgang: Reichskonstitution und Nation. Verfassungsreformprojekte für das Heilige Römische
        Reich Deutscher Nation im politischen Schrifttum von 1648 bis 1806, Mainz 1998, S. 186-190.
[353] Vgl. Utz, Johann Peter: Sämtliche Poetische Werke, hrsg. v. August Sauer, Berlin 1890, Neudruck
        Darmstadt 1964 (Deutsche Literaturdenkmale des 18. und 19. Jahrhunderts, Band 33-38).
[354] Prignitz, Christoph: Vaterlandsliebe und Freiheit, S. 35. Der Begriff „Patriot", so betont Gerhard
        Kaiser in diesem Kontext, „wird zwar bei Moser schon klar für die Bedeutungssphäre von Staat und
        Reich zugeordnet; trotzdem ist er 1779 in Deutschland noch so wenig fixiert, daß er in Wielands
        ‘Teutschem Merkur' ganz unspezifisch auf ‘warmen Eifer ... zum gemeinsamen Nutzen ... der
        Menschheit' angewendet werden kann. [...] Selbst bei den eigentlichen Patrioten ist patriotische und
        nationale Gesinnung noch länger als in Westeuropa nur ein Ferment innerhalb des mit Selbstver-
        ständlichkeit gewahrten Weltbürgertums". Vgl. ders.: Pietismus und Patriotismus im literarischen
        Deutschland. Ein Beitrag zum Problem der Säkularisation, Wiesbaden 1961, S. 34.

tete, doch so prinzipiell begründet war und in so allgemeine Forderungen einmünde-
te, dass man in ganz Europa auf sie reagierte. Was vor allem im "Esprit" über die
Freiheit, ihre Bedingungen und Garantien, über die Gefahr des Despotismus, die
Vorteile der beschränkten Monarchie, die Notwendigkeit der ständischen Zwischengewalten und der Dezentralisation der Gewalt gesagt wurde, das musste als Herausforderung an die bestehenden Verhältnisse gelesen werden, vor allem an den monarchischen Absolutismus, der seine Überzeugungskraft in Frankreich seit einem halben
Jahrhundert zunehmend verloren, aber auch im übrigen Europa neben der altständi-
schen nun eine aufgeklärte Opposition erhalten hatte.[355]

Mit seiner „aufsehenerregenden Streitschrift"[356] „Von dem teutschen Nationalgeist" deckte Moser[357] seinerseits nicht nur die Schwächen des Reiches schonungslos
auf, sondern leistete damit zugleich einen wesentlichen Diskussionsbeitrag im Zeichen der „Deutschen Bewegung"[358], was denn überhaupt unter dem Begriff des "Vaterlandes" verstanden werden müsse: ein einzelnes Landesterritorium oder das
Reich, eine Sprachen- und Sittengemeinschaft, eine historisch verbürgte Vergangenheit oder gar eine erst in Zukunft zu etablierende machtvolle Nation.[359]

Während Thomas Abbt in Auseinandersetzung mit Montesquieus Zuordnung bestimmter moralischer „Triebfedern" zu einzelnen Regierungsformen[360] nachzuweisen
versucht hatte, dass man in einer „gut eingerichteten Monarchie" ein „Vaterland" sehen dürfe und dass die Ansicht, nur ein Republikaner könne auf sein Vaterland stolz
sein, nicht gelte, vertrat Moser eine gegensätzlich-kritische Position. Thomas Abbt
war der Auffassung gewesen, die Einrichtung der Monarchie schließe die Liebe zum
Vaterland ebensowenig aus, als sie in einer Republik beständig in gleichem Grade
vorhanden sei. Zwar sei in den Monarchien die Einteilung in Stände nötig; wenn in
ihr jedoch „ein allgemeines Bestes" stattfinde, könne es in ihr auch nur eine politische Tugend geben. So betrachtet, verschwänden alle Unterschiede vor der allgemeinen Eigenschaft des „Bürgers". Wie in der „freiesten Republik" sei in der Monarchie jeder Untertan Bürger; jeder sei den Gesetzen unterworfen; niemand sei
schlechthin frei, aber jeder sei frei „nach dem Geist der Staatsverfassung, darin er
lebt".[361] Es war das friderizianische Preußen des Siebenjährigen Krieges, das den

---

[355] Zu Montesquieus Aufklärungsphilosophie bzw. zu seiner Rezeption in Deutschland vgl. Vierhaus,
    Rudolf: Montesquieu in Deutschland. Zur Geschichte seiner Wirkung als politischer Schriftsteller im
    18. Jahrhundert, in: Ders.: Deutschland im 18. Jahrhundert, S. 9-32, S. 11f. Die Wirkung Montes-
    quieus im politischen Denken und Geschehen Europas sei bereits im 18. Jahrhundert so selbstver-
    ständlich gewesen, dass man getrost den Beweis schuldig bleiben zu können glaubte, wenn man von
    ihr als Faktor sprach, stellt Vierhaus rückblickend fest. Vgl. ebd., S. 10.

[356] Vgl. Blitz, Hans-Martin: Aus Liebe zum Vaterland, S. 288; vgl. ebd. die grundsätzlichen Ausführun-
    gen zur Nationalgeist-Debatte nach dem Frieden von Hubertusburg, die nach Blitz „eine neue Phase
    der Auseinandersetzung um Vaterland und Reich, Nation und Gemeinschaft" markierte, ebd., S.
    283ff.

[357] Vgl. dazu die Ausführungen bei Vierhaus, ebd., S. 21f.

[358] Vgl. dazu Dann, Otto: Nation und Nationalismus in Deutschland, S. 40.

[359] Vgl. Blitz, Martin: Aus Liebe zum Vaterland, S. 288.

[360] Vgl. Vierhaus, Rudolf: Montesquieu in Deutschland, in: Ders.: Deutschland im 18. Jahrhundert, S.
    20.

[361] Vierhaus, Rudolf: Montesquieu in Deutschland, in: Ders.: Deutschland im 18. Jahrhundert, S. 21.

geborenen Reichsstädter Abbt die Monarchie als sein "Vaterland" erleben ließ, für das er patriotische Liebe bis zur Hingabe des Lebens forderte. Sein aus den antiken Geschichtsschreibern schöpfender gelehrter Patriotismus hatte einen realen Anhalt in der eigenen Zeit gefunden, und zwar an einer militärischen Monarchie. Für Abbt galt, dass Vaterlandsliebe und „Ehre" eng verknüpft seien. Zwar sei der Adel am meisten durch die Ehre motiviert, doch auch für den in niedrigstem Stand Geborenen könne die Ehre Antrieb sein.

Zielte Thomas Abbt mit seiner Position auf eine Apologie des preußischen Status Quo, so vertrat Friedrich Carl von Moser demgegenüber die Auffassung, dass dem „militärischen Staatsrecht", für dass das preußische einen Musterfall darstelle, wesentliche Schuld am Niedergang von Reich und Reichsbewusstsein zukomme. Gewarnt durch schlechte Erfahrungen mit fürstlichen Herrschern, beurteilte der Moralist und Pietist Moser[362] seine Gegenwart pessimistisch und wollte durch die Beschreibung des deutschen Mangels aufrütteln.[363] Mosers Patriotismus war aus mehreren Quellen gespeist: zum einen aus der Erinnerung an die einstige Reichsherrlichkeit, die in Schwaben, dessen viele Zwergterritorien den Kaiser als den Garanten ihrer Existenz ansahen, noch lebendig war; zum anderen aus der Lehre der französischen Aufklärung, dass die Schaffung eines Staates freier Menschen nicht nur eine Pflicht des Fürsten, sondern auch ein Recht der Bevölkerung sei. Hinzu kam der Einfluss aus der nahegelegenen Schweiz, wo 1785 Franz Urs Balthasar aus Luzern die "Patriotischen Träume eines Eidgenossen von einem Mittel, die veraltete Eidgenossenschaft wieder zu verjüngen" veröffentlicht hatte. Diese Flugschrift war durch Isaak Iselin verteilt, und auf diesem Weg Moser zur Kenntnis gebracht worden.[364]

Wenn Moser bekannte: „Wir sind Ein Volk von Einem Namen und Sprache, unter Einem gemeinsamen Oberhaupt, an innerer Kraft und Stärke das erste Reich in Europa, dessen Königskronen auf deutschen Häuptern glänzen, doch so, wie wir sind, sind wir schon Jahrhunderte hindurch ein Rätsel politischer Verfassung, ein Raub der Nachbarn, ein Gegenstand ihrer Spöttereien, uneinig unter uns selbst, unempfindlich gegen die Ehre unseres Namens, ein großes und gleichwohl verachtetes, ein in der

---

[362] Vgl. dazu Kaiser, Gerhard: Pietismus und patriotische Erweckung. Studien vornehmlich zu Friedrich Carl von Moser, Friedrich Gottlieb Klopstock, Johann Kaspar Lavater und Johann Gottfried Herder, München 1956; vgl. sodann ders.: Pietismus und Patriotismus im literarischen Deutschland [vgl. ebd. v.a. Kapitel II: „Erben des Pietismus, S. 15-31]. Im Grunde genommen, so lautet das Urteil Kaisers, sei Moser „nicht mehr Pietist oder Herrnhuter im strengen Sinne. [...] Im Grunde seines Wesen ist Moser recht weltoffen, ein politischer Mensch aus Neigung, ehrgeizig und selbstherrlich [...] und gegenüber der oft beschränkten und die Vernunftgüter vernachlässigenden pietistischen Erziehung betont er die Vortrefflichkeit der 'göttlichen Gabe der Vernunft', die dem Menschen gegeben sei, damit er sich mit ihrer Hilfe zurecht finde". Ebd., S. 17.

[363] „In der Tat", so das Urteil Rudolf Vierhaus', „traf sein Büchlein [...] einen allergischen Punkt der deutschen politischen Bewußtseinsbildung." Vgl. ders.: Montesquieu in Deutschland, in: Ders.: Deutschland im 18. Jahrhundert, S. 21.

[364] Vgl. Kohn, Hans: Die Idee des Nationalismus, S. 504ff. In seiner Schrift über den deutschen Nationalgeist hat Moser, wie Kohn betont, „zum ersten Male das Wort 'Nationalgeist' (eine Übersetzung von Montesquieus 'esprit de nation') gebraucht, das späterhin als 'Volksgeist' eine solch wichtige Rolle im deutschen Nationalismus spielen sollte. Für Moser war der 'Nationalgeist' nicht eine alles durchdringende Kraft, er war mehr juristischer Begriff als eine lebensspendende Realität". Ebd. S. 506.

Möglichkeit glückliches, in der Tat aber sehr bedauernswürdiges Volk"[365], – so setzte er seine patriotische Hoffnung auf eine funktionierende und einigende Reichsverfassung als Kontrast zur „Gleichgültigkeit eines Deutschen Landes gegen das andere". Der „Despotismus der Höfe" verstärkte nach Ansicht Mosers den für das Reich schädlichen Eigennutz und sorgte für eine „beharrliche Vereinigung der Glieder gegen das Haupt". Als weiterer Grund für die beklagenswerte Zerrissenheit des Reiches erkannte Moser die Religionstrennung, die für ein „gedoppelte[s] Vaterland" gesorgt habe. Schließlich trugen die Unwissenheit der Reichsgesetze, die Missachtung der Reichstage und die Gleichgültigkeit gegenüber der Reichsverfassung das ihre dazu bei, das „Gemeinsame [...] Beste" des Vaterlandes zu vernachlässigen.[366] Im Sinne dieses gemeinsamen Besten plädierte Moser für eine überkommene und dennoch zukunftsträchtige Reichsnation; wiederholt spricht er bei seinen „Beschwörungen der Einheit des Reiches und der Nation"[367] vom „Gleichgewicht der Rechte zwischen Oberhaupt und Gliedern" oder vom „Band zwischen Haupt und Gliedern"[368]. So hält er im Sinne der hierarchisch organisierten Ständegesellschaft daran fest, „daß ein Haupt sein müsse, das für den Schutz und Ruhe des Ganzen wache, daß dessen gesetzmäßigen Befehlen von allen, die ihn als ihr Haupt erkennen, Ehrerbietung und Gehorsam gebühre, und daß in Deutschland [...] noch immer ein namhafter Teil Deutscher Fürsten und Stände übrig geblieben sei, welche sich zu dieser Wahrheit bekannt und in deren Behauptung und Aufrechterhaltung den Grund ihrer eigenen Freiheit und Sicherheit gefunden haben".[369]

---

[365] Zitiert nach: Dann, Otto: Nation und Nationalismus in Deutschland, S. 41.

[366] Vgl. Moser, Friedrich Carl von: Vom Deutschen Nationalgeist, Frankfurt a. M. 1765.

[367] Blitz, Hans-Martin: Aus Liebe zum Vaterland, S. 296.

[368] Moser, Friedrich Carl von: Vom Deutschen Nationalgeist.

[369] Ebd. Zu der breiten Diskussion um Mosers reichspatriotisches Plädoyer vgl. Sahmland, Irmtraud: Christoph Martin Wieland und die deutsche Nation. Zwischen Patriotismus, Kosmopolitismus und Griechentum, S. 113, wo Sahmland feststellt: „Moser löste mit seiner Schrift ein lebhaftes Echo aus, wobei festzustellen ist, daß die kritischen Stimmen bei weitem überwogen". Vgl. mit gleicher Einschätzung Kohn, Hans: Die Idee des Nationalismus, S. 508. Moser, so Kohn, „mußte schließlich einsehen, daß ihm kein Erfolg beschieden war".Vgl. auch die wichtigen Ausführungen bei Meinecke, Friedrich: Weltbürgertum und Nationalstaat, S. 32: „Der Appell Mosers an den politischen Nationalgeist der Deutschen erscholl, wie man will, zu spät oder zu früh. Aber die Idee eines deutschen Nationalgeistes überhaupt ging nicht unter und füllte sich mit ganz neuem Inhalt. In Frankreich war es das bürgerliche und literarische Frankreich vereint, das die neue Nationalidee schuf; in Deutschland war es fast allein das literarische Deutschland. In Frankreich schuf man sie mit vollem Bewußtsein und starker Absicht -,in Deutschland erwuchs der neue Nationalgeist ungesucht und wie nebenher aus der geistigen Arbeit der neuen großen Dichter und Denker. Während Frankreich voranschritt zu modernen Nationalgedanken, [...] zeigte Deutschland noch einmal, aber in größter Weise, das Unbewußte und Vegetative im Werden der Nation. Man war beseelt von jungen übermächtigen Lebenstrieben, die aus dem ganzen engbrüstigen Dasein der bisherigen Gesellschaft hinausstrebten. Wer wußte da gleich, wohin der Weg gehen würde; aber ehe man sich's versah, stand man auf einer Höhe und gewahrte, daß es zugleich die Höhe der Nation war. War es auch nur die Kulturnation und auch nicht einmal die ganze Kulturnation, sondern nur das literarische Dasein der Nation und ein rein geistiges Gemeingefühl der gebildeten Kreise, was diesen neuen deutschen Nationalgeist erzeugte, und mochte man auch, während man ihn schuf, immer wieder zweifeln, ob man von einer deutschen Nation im geistigen Sinne reden dürfe -, an der Tatsache einer blühenden, eigenartigen, inhaltsreichen Nationalliteratur ließ sich bald nicht mehr zweifeln, und aus unmittelbarstem, frischestem Erlebnis heraus konnte Herder zu Beginn der neunziger Jahre schreiben: 'Die beste Kultur eines Volkes

War die „Deutsche Bewegung" eine „literarische deutsche Revolution", wie Otto Dann unter Bezugnahme auf Goethes Erinnerungen feststellt, so fehlte ihr tatsächlich ein konkretes politisches Programm, eine integrierende Aktion sowie eine funktionsfähige Organisation. Und doch war sie ein wichtiger Vorläufer: „eine nationale Selbstfindung der deutschen Bildungsschichten, ihre erste Verständigung über eigene kulturelle Interessen, soziale Anliegen und politische Ideale. Damit grenzten sich führende Schichten der bürgerlichen Gesellschaft erstmals deutlich ab von den adligen Führungsschichten, die innerhalb des Reiches bisher unbestritten die Nation repräsentierten. Sie setzten ihnen ein neues Verständnis von der Nation entgegen, in dem ein emanzipatorischer Anspruch zum Ausdruck kam: die auf Sprache, Kultur und Geschichte beruhende Gemeinschaft des Volkes".[370]

Johann Gottfried Herder steht mit seinem Werk paradigmatisch für die nationale Dimension dieser Bewegung[371]: verweist er als einer der ersten auf die besondere Bedeutung der Sprache, der Literatur und der Geschichte für den Charakter und das Selbstbewusstsein eines Volkes[372], so betrachtet Herder die Nation nicht nur von ihren politischen Repräsentanten, sondern auch vom Volk her: als eine Sprach- und Kulturgemeinschaft, die sich aus ihrer Geschichte erschließt.[373] Sein von Rousseau beeindrucktes[374] nationales, patriotisches Denken[375] war – nicht zuletzt durch seine religiöse Komponente[376] – getragen von der Überzeugung einer fundamentalen Gleichwertigkeit aller Völker und Nationen. Betrachte man die Völker von ihrer muttersprachlichen Kultur her, dann könne man nicht mehr von „führenden" oder gar von höherstehenden Völkern sprechen; es gäbe keinen Grund, einem Volk sein

---

ist nicht schnell [...] am schönsten, und ich möchte sagen, einzig gedeiht sie auf dem eigenen Boden der Nation.'" Ebd., S. 32f.

[370] Dann, Otto: Nation und Nationalismus in Deutschland, S. 43.

[371] Zu Herder vgl. Meinecke, Friedrich: Weltbürgertum und Nationalstaat, S. 33ff.

[372] Vgl. im Kontext die fundierten Ausführungen zum Volksbegriff Herders bei Lemberg, Eugen: Geschichte des Nationalismus in Europa, Stuttgart 1950, S. 192-211. Herders Grundgedanke besteht nach Lemberg darin, dass alle „bisher gesondert betrachteten und wie Selbstzwecke durchforschten Lebensbereiche, Sprache, Dichtung, Musik, Recht, Philosophie, Politik, Wirtschaft, Religion u.s.w. Äußerungen eines Volkes seien und damit Ausstrahlungen eines Lebensprinzips, das man wie immer nennen mochte, Volksseele oder Volksgeist oder einfach Volk". Ebd., S. 197.

[373] Vgl. ebd., S. 196, wo Lemberg mit Blick auf die Volksdichtung feststellt, nach Herder komme dieser „die Denkweise, das Gefühlsleben, die soziale Ordnung, Charakter und Lebensprinzip jedes Volkes" zum Ausdruck. „Ihre Gesänge", so zitiert Lemberg Herder, „sind das Archiv des Volkes, der Schatz ihrer Wissenschaft und Religion, ihrer Theogonien und Kosmogonien, der Taten ihrer Väter und der Begebenheiten ihrer Geschichte, Ausdruck ihres Herzens, Bild ihres häuslichen Lebens in Freud und Leid, beim Brautbett und Grabe." Ebd.

[374] So die Qualifizierung bei Dann, Otto: Nation und Nationalismus in Deutschland, S. 41.

[375] Zu Herders „kulturontologischem" Patriotismus vgl. die kritischen Ausführungen bei Leist, Anton: Nation und Patriotismus in Zeiten der Globalisierung, in: Chwaszcza, Christine / Kersting, Wolfgang: Politische Philosophie der internationalen Beziehungen, Frankfurt a. M. 1998, S. 379f.

[376] Vgl. dazu Korff, Hermann A.: Geist der Goethezeit (II. Teil), S. 135-145, S. 140: „Religion", so Korffs Interpretation der Herderschen Humanitätsphilosophie, „ist also die notwendige Ergänzung der Freiheit: die freiwillige Bindung des Menschen an das göttliche Gesetz, nachdem er von seiner zwangsmäßigen Bindung daran befreit ist. Aber dieses Gesetz verlangt nichts anderes als Humanität."

Recht auf eine eigene kulturelle und nationale Entwicklung zu bestreiten.[377] Herders Konzeption zielte, analog zu Rousseaus Vorstellungen, auf die nationale Volkssouveränität, die sich nach Herder über eine sprachlich-kulturelle und gesellschaftlich-politische Selbstentfaltung des Volkes durchsetzen sollte.[378]

d)   Die Wirkung Jean-Jacques Rousseaus

In Frankreich sah Rousseau, der Verfasser des berühmten Discours von 1749 über die Preisfrage der Akademie von Dijon: „Quelle est la source de l'inégalité parmi les hommes, et si elle est autorisée par la loi naturelle?"[379] und „Hauptexponent eines freiheitlichen Patriotismus"[380], den souveränen Willen des Volkes in allen Individuen, die sich – gemäß dem „Contrat Social"[381] – zu einem in sich geschlossenen Ganzen vereinigten, und die ihren Willen in der „volontée générale" zum Ausdruck brachten, begründet.[382] Nur in einer solchen Gemeinschaft könnten Pflicht und Verantwortung, könnten Tugend und Moral einen neuen Gemeinschaftssinn schaffen, könnte die Loyalität dem auf Recht, Freiheit und Gleichheit basierten Staatsganzen gehören.[383]

Obgleich die „volonté générale" die Summe der vielen einzelnen Willen der Individuen war, konnte sie doch vom Willen des Einzelnen verschieden sein; und dennoch vertrug sie sich mit dem Willen jedes einzelnen Gliedes, denn sie war ja nicht der Ausdruck des Zufälligen und Willkürlichen, sondern des Vernünftigen und Guten, der Ausdruck jener Auffassung von Tugend, die jedes einzelne Glied beseelen

---

[377] Vgl. dazu die Ausführungen zu „Eigenwert und Eigengesetzlichkeit des Volkes" im Denken Herders bei Lemberg, Eugen: Geschichte des Nationalismus in Europa, S. 200ff.

[378] Vgl. Dann, Otto: Nation und Nationalismus in Deutschland, S. 42; vgl. analog zu Dann die Einschätzung bei Blitz, Hans-Martin: Aus Liebe zum Vaterland, S. 352ff.

[379] Vgl. Rousseau, Jean-Jacques: Diskurs über die Ungleichheit. Kritische Ausgabe des integralen Textes, hrsg. v. Heinrich Meier, Paderborn 1984; vgl. ebd., S. 64f die Ausführungen Meiers zu Hintergründen und Begleitumstände des Preisausschreibens und Rousseaus Teilnahme daran. Vgl. im Kontext Rüstow, Alexander: Ortsbestimmung der Gegenwart, Zweiter Band, S. 385, wo Rüstow darauf verweist, dass Rousseaus Discour „in Wahrheit nichts anderes als eine kynisch-stoische Diatribe" in Inhalt wie Stilform" gewesen sei, „übersetzt in die Sprache des 18. Jahrhunderts". Vgl. ebd., S. 387, wo Rüstow weiter ausführt, dass „die kynische Sittenpredigt, die Rousseau erneuerte, sich gegen Zustände der alexandrinisch-römischen Antike" gerichtet habe. Rousseaus „Radikalismus" habe zwar seine Wirkung im Zeitalter des Rationalismus" erhöht, aber „gleichzeitig zu geschichtsphilosophischen und kulturgeschichtlichen Antinomien und Schwierigkeiten" geführt, mit denen er nie ganz fertig geworden sei: „Denn was er in Wirklichkeit anstrebte, war ja nicht die kulturlose kynische Primitivität des Diogenes in seiner Tonne, sondern nur eine noch so verfeinerte Kultur, die aber den Forderungen des Herzens Rechnung trug".

[380] Vgl. Prignitz, Christoph: Vaterlandsliebe und Freiheit, S. 37. Rousseau zeichnete laut Prignitz im „Contrat social" das Bild eines „Ideal-Vaterlands", einer durch Vertrag entstandenen Gesellschaft, in der die unveräußerlichen Rechte des Individuums nicht aufgehoben werden, in der Freiheit und Gleichberechtigung sich in der Beteiligung des einzelnen am Staatswesen ausdrücken. Vgl. ebd.

[381] Vgl. Rousseau, Jean-Jacques: Vom Gesellschaftsvertrag oder Grundsätze des Staatsrechts, hrsg. v. Hans Brockard, Stuttgart 1977.

[382] So Kohn, Hans: Die Idee des Nationalismus, S. 339.

[383] Vgl. Prignitz, Chrsitoph: Vaterlandsliebe und Freiheit, S. 37.

sollte.[384] Mit seinem Insistieren auf Tugend, von der er glaubte, dass sie nicht allein aus der Vernunft entspringen könne, sondern in den tiefen Gefühlen des Herzens, die das menschliche Leben bestimmen und alle Begierden, die er für die größten Feinde der Freiheit des menschlichen Denkens hielt, verankert sein müsse, suchte Rousseau auf das egoistische Vergnügungsleben der französischen Gesellschaft seiner Tage zu reagieren, mit deren Interessenlosigkeit an den Dingen, die die Allgemeinheit betrafen, mit deren Geringschätzung der Verantwortung gegenüber der Wohlfahrt der Nation, Rousseau während seiner Zeit in Paris in Berührung kam.[385] Ein Heilmittel gegen die vielen politisch-gesellschaftlichen Krankheiten seines Jahrhunderts erkannte Rousseau, jener „Bürger ohne Vaterland"[386], im zunehmenden Wachstum des Patriotismus. Hans Kohn bemerkt in diesem Kontext, dass Rousseau keine klare Vorstellung von notwendigen und wünschenswerten Reformen gehabt habe; Grundvoraussetzung, so Kohn, sei für ihn ein Wandel auf dem Gebiet der Moral gewesen.[387] Rousseau wünschte den Staat auf einer neuen, echt patriotischen Basis aufzubauen, die aber zugleich auch die Grundlage einer rationalen Freiheit und Gerechtigkeit sein sollte.[388] Auch wenn Rousseaus Ziel von den Absichten Thomas Hobbes nicht grundsätzlich verschieden war[389], indem Rousseau den Herrschaftsvertrag zwar im Gesellschaftsvertrag aufgehen ließ, diesen aber mit dem absolutistischen Inhalt von jenem füllte, und zwar so, dass der totale Charakter noch gesteigert wurde – denn bei Hobbes geschah die Übereignung an den Souverän wegen des Friedens, der Sicherheit und der Ruhe, hier aber diente sie einem totalen Ziel, nämlich der Wiedererzeugung der Menschlichkeit des Menschen –[390], so zeigte sich Rousseau doch misstrauisch gegen den Fürsten als den Vertrauensmann des Gemeinwillens. Sollte die Despotie verhindert werden, so bedürfe die Gemeinschaft der Menschen nach Ansicht Rousseaus einer sichereren Grundlage, als sie die Verkörperung des Gemeinwillens in einem einzigen Menschen biete. Es müsse ein wahrer „corps moral et collectif", ein „moi commun", ein kollektives Ich sein, von dem das Individuum, geistig wie

---

[384] Vgl. Kohn, Hans: Die Idee des Nationalismus, S. 339; vgl. ebd. die prägnante Charakterisierung des Rousseauschen Denkens vor allem mit Blick auf den Patriotismus, S. 330ff.

[385] Vgl. dazu auch die Schilderung bei Im Hof, Ulrich: Das Europa der Aufklärung, S. 197f

[386] So die Charakterisierung Rousseaus bei Spaemann, Robert: Rousseau - Bürger ohne Vaterland. Von der Polis zur Natur, München 1980; vgl. ebd. den einleitenden Essay „Bürger ohne Vaterland - Rousseaus Weg von der Polis zur Natur", S. 9-14.

[387] Vgl. Kohn, Hans: Die Idee des Nationalismus, S. 338. Kohn verweist diesbezüglich auf Rousseaus Ideale, auf das antike Sparta und das republikanische Rom als die Quellen, aus denen der Individualismus der Renaissance und die Gleichheitsidee der Französischen Revolution inspiriert worden sind. „Die Gemeinwesen, die Rousseau zu schaffen wünschte, ordneten ihr Leben streng nach moralischen Prinzipien, und er verwarf grundsätzlich jeden Unterschied zwischen privater und öffentlicher Moral. Die Staatsräson, das dynamische Eigeninteresse des Gemeinwesens als Motiv für Handlungen, die außerhalb des strengen Bereichs der Moral lagen, war für ihn unannehmbar", wie Kohn betont. Ebd., S. 340f.

[388] Vgl. ebd., S. 335.

[389] Vgl. ebd.

[390] Vgl. Maier, Hans: Rousseau, in: Ders. / Rausch, Hans / Denzer, Horst (Hrsg.): Klassiker des Politischen Denkens. Zweiter Band: Von Locke bis Max Weber, S. 80-100, S. 96f.

körperlich, ein Teil sei.[391] Um in der Gemeinschaft leben zu können, müsse der Mensch Gesetzen Folge leisten, sich beherrschen und seine ärgsten Feinde, nämlich Gier, Rohheit und Unwissenheit, bekämpfen. Doch, und hierin stimmte Rousseau mit Kant überein, seien die Würde und die Freiheit des Menschen unter dieser Bedingung nur dann gewahrt, wenn er Gesetzen unterworfen sei, die er sich selber auferlegt habe.[392]

Durch die Anrufung der Moral und des Gefühls, die sein ganzes Werk durchdrang, übte Rousseau einen ungeheuren Einfluss aus.[393] Hans Kohn vertritt gar die Auffassung, man könne den Einfluss, den Rousseau auf die Entwicklung des modernen politischen Denkens gehabt habe, „kaum übertreiben".[394] In gewisser Hinsicht habe er in der zweiten Hälfte des achtzehnten Jahrhunderts die gleiche Stellung eingenommen, die Nietzsche in der zweiten Hälfte des neunzehnten Jahrhunderts innegehabt habe. Beide seien sie Kritiker an der Kultur ihrer Zeit gewesen, und, von diesem Punkte ausgehend, hätten sie sich mit dem allgemeinen Problem der Kultur befasst, die, nach der Ansicht ihrer optimistischen Zeitgenossen, auf sicheren Grundlagen zu ruhen schien und in beständigem Fortschritt begriffen gewesen sei. Bei aller Verschiedenheit ihrer Interessen und Schriften seien Rousseau wie Nietzsche im Grunde beide Moralphilosophen gewesen – mehr Künstler und Prophet, als Gelehrter: "Ihre hochempfindsamen Geister registrierten bevorstehende Wandlungen in der geistigen Atmosphäre Europas. Da sie beide nach Ausdrücken und Formulierungen für künftige und manchmal beinahe unwahrnehmbare Geisteshaltungen suchten, waren ihre Schriften notwendigerweise widerspruchsvoll und mannigfaltigen und widerspruchsvollen Auslegungen offen. Rousseau half die Grundlagen für den demokratischen Nationalismus des neunzehnten Jahrhunderts[395] und Nietzsche die für den

---

[391] „Obwohl in Rousseaus Auffassung der Staat zu einer Kollektivpersönlichkeit geworden war, die theoretisch genau so lebensvoll wie ein Individuum war", so betont Hans Kohn in diesem Kontext, habe er doch niemals den Staat als ein Wesen mit einer eigenen Moral, mit einer eigenen Raison betrachtet, der die einzelnen Individuen unterworfen wären. Vgl. ders.: Die Idee des Nationalismus, S. 336f.

[392] Mit Blick auf Rousseaus Freiheitsbegriff vgl. im Gesamtkontext die Untersuchung von Fetscher, Iring: Rousseaus politische Philosophie. Zur Geschichte des demokratischen Freiheitsbegriffs, Neuwied 1960; zum gleichen Aspekt vgl. auch Vossler, Otto: Rousseaus Freiheitslehre, Göttingen 1963.

[393] Vgl. dazu die Ausführungen „Rousseau und die Französische Revolution" bei Hösle, Vittorio: Moral und Politik. S. S. 74-78.

[394] Kohn, Hans: Die Idee des Nationalismus, S. 325. Robert Spaemann spricht mit Blick auf Rousseau von einer „exemplarischen Existenz. Exemplarische Existenzen sind ein Signum der Moderne. Wo jeder platonisch-teleologische Wesensbegriff des Menschen preisgegeben ist und wo auch die Gestalt des Menschensohnes nicht mehr als unhinterfragbare Antwort auf die Frage: 'Was ist der Mensch' akzeptiert ist, da wird Platz für neue Versionen des Ecce homo, so die Version Rousseaus, so die Version Nietzsches. Die Unendlichkeit einer Subjektivität tut sich auf, die durch keine natürliche Teleologie begrenzt wird, durch kein Tao, keinen vorgezeichneten Weg, auf den hin sich der Mensch versteht und aus dem er sein Maß gewinnt. Der Weg, der sich hier auftut, ist unendlich. Denn 'niemand geht weiter, als wer vergessen hat, wohin der Weg führt' (Goethe)". Ders.: Rousseau - Bürger ohne Vaterland, S. 12f.

[395] Rousseau war „kein moderner Nationalist", wie Kohn an anderer Stelle ausdrücklich betont: „Er würde jeden integralen oder totalitären Nationalismus verworfen und verabscheut haben. Er wollte den Staat auf einer neuen, echt patriotischen Basis aufbauen, die aber zugleich auch die Grundlage einer rationalen Freiheit und Gerechtigkeit sein sollte". Vgl. ders.: Die Idee des Nationalismus, S. 335.

faschistischen Nationalismus des zwanzigsten Jahrhunderts zu schaffen, obgleich viele Elemente ihres Denkens und ihrer Schriften dem entgegenstanden".[396]

Vittorio Hösle knüpft an der Charakterisierung Rousseaus durch Hans Kohn in gewissem Sinne an, wenn er feststellt, Rousseaus Leiden an der verwissenschaftlichten und heuchlerischen Gesellschaft seiner Zeit sei gewiss ebenso echt gewesen wie seine Sehnsucht nach einer wahren Gemeinschaft, doch reiche eine derartige Sehnsucht keineswegs aus, um eine solche Gemeinschaft zu erzeugen, gerade weil jenes Leiden ein durch und durch modernes sei – insofern es das Subjekt, das über die Entfremdung in der modernen Gesellschaft wehklagt, statt es zu einer Gemeinschaft zu führen, in Wahrheit auch jenen letzten Bindekräften entfremde, die selbst die besitzindividualistische Gesellschaft noch zusammenhalten. Es sei, so Hösles Rousseau-Rezeption, ein übersteigerter Subjektivismus, der Rousseau dazu befähigt habe, seine Zeit noch negativer zu sehen, als sie wirklich gewesen sei; und sein überreiztes und schwer berechenbares Gemüt, das sich danach verzehrt habe, einmal etwas nicht aus rationalem Eigennutz zu tun, sei noch viel weniger in der Lage, sich mit einer Institution zu identifizieren, als es Hobbes und Locke gewesen seien: "Die Rousseausche Subjektivität ist nur eine Vertiefung der neuzeitlichen Subjektivität, mit deren Überwindung sie sich verwechselt; ihre Kritik ist meist nur zu berechtigt, aber das, was sie selbst darstellt, ist gefährlicher als das Kritisierte. Seit jenen zugleich erhabenen und entsetzlichen Ereignissen, die auf 1789 folgten, muß jeder Politiker zumindest im europäischen Kulturkreis wissen, daß der moderne Moralismus keinen Spaß versteht, wenn er durch die Gunst der Umstände eine Chance zu erhalten scheint, jene Idee der Gemeinschaft zu verwirklichen, nach der er sich verzehrt. Widerstände werden nicht geduldet, und das zärtlichste Mitleid schlägt um in Mißtrauen und Terror. Machiavelli und Hobbes haben nie jene Grausamkeit legitimiert, zu der die von der Liebe zum Vaterland und zur Menschheit beseelten, von Rousseau inspirierten Jakobiner sich als fähig erwiesen."[397] Hösles Akzentuierung des "modernen Moralismus" und dessen Zuordnung zu Rousseau (im Unterschied zu Kohn) verweist auf die wesentliche und notwendige Unterscheidung von politischer und moralischer Tugend – eine Differenzierung, die, wie zu zeigen sein wird, hinsichtlich der Beurteilung des freiheitlichen Patriotismus als zeitgemäßer *politischer* Tugend in der heutigen Kommunitarismus-Debatte eine zentrale Rolle spielt!

Jedenfalls traf Rousseaus Hochschätzung der römischen und spartanischen Tugenden, sein Bestehen auf Freiheit und Volksregierung, sein Hass gegenüber Unterdrückung und Tyrannei, seine Liebe zum Menschen und seine Anteilnahme an den Geschicken des gemeinen Mannes im 18. Jahrhundert auf ein Publikum, welches durch den Individualismus und durch den humanitären Geist seiner Zeit wohl vorbereitet war. Rousseaus glühendes Eintreten für die "patrie" und für den "citoyen", für das Stimmrecht und für die Souveränität brachte einen neuen Klang in die intellektu-

---

[396] So die vergleichende Charakterisierung duch Hans Kohn, ebd., S. 325f.
[397] Vgl. Hösle, Vittorio: Ders.: Moral und Politik, S. 75f.

elle Debatte[398] und mit der Revolution von 1789 in die politische Entwicklung Frankreichs[399] sowie ganz Europas.[400]

B   Im Bann der Französischen Revolution

Es verwundert nicht, dass das deutsche Bildungsbürgertum als Träger des Patriotismus besonders aufmerksam auf die Ereignisse in Paris reagierte. Tatsächlich schien hier die patriotische Vorstellung einer Gesellschaft ohne ständische Ungleichheiten, orientiert allein an Tugend und Vernunft, noch weitaus stärker politische Wirklichkeit zu werden als im Preußen Friedrich II.[401] Entsprechend glaubte die deutsche Intelligenz im Anfangsstadium der Revolution an einen sieghaften politischen Fortschritt, erkauft mit einem Minimum an physischer Gewalt, errungen von einem nahezu homogenen Bürgertum, das noch nicht in verschiedene Fraktionen zerfallen war. Die Revolution trug in ihrer Anfangsphase den Charakter eines fast unblutigen, organisch erscheinenden geschichtlichen Prozesses, ein Bild, das sich nahtlos in das Denken der Aufklärung einpasste[402]: Über die spezifischen Anliegen der bürgerlichen Schicht hinaus, die, in Deutschland wie in Frankreich ähnlich gerichtet, von der fortgeschritteneren französischen Bourgeoisie verwirklicht wurden, schien es, als ob in der Revolution von 1789 wesentliche Ziele der menschheitlichen Entwicklung an sich verfolgt würden. Nicht eine Schicht, eine Klasse verfolgte ihre Interessen; der Mensch als solcher erkämpfte sich – scheinbar jedem Klasseninteresse übergeordnet – die Grundbedingungen eines besseren Daseins. Ein solcher Prozess aber konnte

---

[398]   Kohn, Hans: Die Idee des Nationalismus, S. 342.

[399]   Zur Bedeutung des Denkens Rousseaus für die Französische Revolution vgl. die Ausführungen bei Furet, François: Jean-Jacques Rousseau und die Französische Revolution. Jan Patocka-Gedächtnisvorlesung des IWM 1994, hrsg. vom Institut für die Wissenschaft vom Menschen, Wien 1994.

[400]   Zur Revolution von 1789, zu ihrer Bedeutung, ihrer Konsequenzen und ihrer Interpretation vgl. beispielhaft in diesem Kontext Furet, François / Richet, Denis (Hrsg.): Die Französische Revolution, Frankfurt a.M. 1981; vgl. auch das zentrale, einführende Kapitel „Die revolutionäre Leidenschaft" bei Furet, François: Das Ende der Illusion. Der Kommunismus im 20. Jahrhundert, München 1996, S. 13ff; mit Blick auf die deutsche Rezeption der Ereignisse von 1789 vgl. Raumer, Kurt v. / Botzenhart, Manfred (Hrsg.): Deutschland um 1800: Krise und Neugestaltung 1789-1815, in: Handbuch der deutschen Geschichte, neu hrsg. v. Leo Just, Bd. 3/I., 1. Teil, 1. Abschnitt, Wiesbaden 1980; Hippel, Wolfgang von (Hrsg.): Freiheit, Gleichheit, Brüderlichkeit? Die Französische Revolution im deutschen Urteil, München 1988; vgl. auch den Band von Helbling, Hanno / Meyer, Martin (Hrsg.): Die Grosse Revolution. 1789 und die Folgen, Zürich 1990; vgl. darüber hinaus Grab, Walter: Französische Revolution und deutsche Geschichtswissenschaft, in: Jahrbuch des Instituts für deutsche Geschichte der Univ. Tel-Aviv 3 (1974), S. 11-43; Vgl. auch Vierhaus, Rudolf: „Sie und nicht wir". Deutsche Urteile über den Ausbruch der französischen Revolution, in: Ders.: Deutschland im 18. Jahrhundert, S. 202-215; grundsätzlich zu den sozialen und politischen Ordnungsvorstellungen der Französischen Revolution vgl. die Ausführungen bei Böckenförde, Ernst-Wolfgang: Die sozialen und politischen Ordnungsideen der Französischen Revolution, in: Ders.: Staat, Nation, Europa, S. 11-24.

[401]   Vgl. im Kontext die Analyse bei Möller, Horst: Primat der Außenpolitik. Preußen und die Französische Revolution 1789-1795, in: Ders.: Aufklärung und Demokratie. Historische Studien zur politischen Vernunft (hrsg. v. Andreas Wirsching), München 2003, S. 67-86.

[402]   Vgl. Prignitz, Christoph: Vaterlandsliebe und Freiheit, S. 51.

nicht von nur nationaler Bedeutung sein, er musste über die Grenzen hinaus mensch-heitlich wirksam werden.[403] „Homo sum" – so lautete denn auch die Kurzformel der Fraternisierung. Die Universalität der Menschen- und Bürgerrechte untermauerte 1789 zunächst die kosmopolitische Komponente des bürgerlichen Selbstverständnis-ses.[404]

War der Ausbruch der Revolution in Frankreich für das deutsche Publikum ein auf-regendes, außerordentliches, bestätigendes und verunsicherndes Ereignis[405], das den Blick auf die deutschen Verhältnisse zurücklenkte[406], so musste der Fortgang des re-volutionären Prozesses sie vor fast unlösbare Urteilsprobleme stellen: Wie ließen sich die hohen Erwartungen, die man anfangs an sie geknüpft hatte, angesichts der Radikalisierung der Revolution, ihrer Gewalttätigkeiten und ihrer militärischen Ex-pansion aufrechterhalten und wie ließ sich der revolutionäre Prozess als notwendig, als Fortschritt, als Werk der Vernunft rechtfertigen?[407]

Während die Revolution auf Seiten des deutschen Konservativismus, der sich im letzten Drittel des 18. Jahrhunderts als Reaktion auf den sukzessiven Aufstieg des Bürgertums und die Aufklärung als spezifischer geistiger Haltung des Bürgertums herausgebildet hatte[408], sogleich als beunruhigendes und verunsicherndes Ereignis empfunden worden war, so hatte der Sieg der jakobinischen Kräfte in Frankreich bei den meisten deutschen Revolutionsbegeisterten bzw. -bejahenden eine Änderung ih-rer Einstellung zur Folge.[409] Ein Beispiel für die sich wandelnde Einstellung der

---

[403] Vgl. ebd., S. 53.

[404] Echternkamp, Jörg: Der Aufstieg des deutschen Nationalismus 1770-1840, S. 143; Entscheidend für die revolutionsfreundliche Stimmung unter den deutschen Gebildeten war nach Ansicht Echtern-kamps „deren ideengeschichtliche Interpretation der Ereignisse als das Ergebnis der philosophischen Bemühungen um die Reform der sozialen und politischen Ordnung". Vgl. ebd., S. 142.

[405] Vgl. Vierhaus, Rudolf: „Sie und nicht wir". Deutsche Urteile über den Ausbruch der französischen Revolution, in: Ders.: Deutschland im 18. Jahrhundert, S. 212f.

[406] „Schon Herder", so erinnert Friedrich Meinecke in diesem Kontext an die Rezeption der französi-schen Ereignisse auf deutscher Seite, „konnte gelegentlich Ausblicke in das Politische tun. [...] So forderte er auch schon die politische Autonomie der Nation, in einem Geiste aber, der noch nicht der des modernen autonomen Nationalstaates war. Denn er teilte die Illusion vieler Revolutionsfreunde, daß die Nationalisierung des Staatslebens den Kriegen der Kabinette ein Ende machen werde: 'Kabi-nette mögen einander betrügen; politische Maschinen mögen gegeneinander gerückt werden, bis eine die andere zersprengt. Nicht so rücken Vaterländer gegeneinander; sie liegen ruhig nebeneinander und stehen sich als Familien bei. Vaterländer gegen Vaterländer im Blutkampfe ist der ärgste Barba-rismus der menschlichen Sprache'. Nationalstaat und Weltbürgertum", so Meinecke, „sind hier, ganz im Geiste der ersten französischen Revolutionsjahre, im engsten Bunde als gegenseitig sich bedin-gende und stützende Mächte gedacht." Ders.: Weltbürgertum und Nationalstaat, S. 34. Vgl. auch Jörg Echternkamp Der Aufstieg des deutschen Nationalismus (1770-1840), S. 142. Die Französische Revolution vermittelte Echternkamp zufolge „auch im wirtschaftlich und gesellschaftlich rückstän-digen Reich, das selbst so gut wie keinen Raum für politische Experimente bot, das Bewußtsein ei-nes beschleunigten Wandels und die Vorstellung des Beginns einer neuen Epoche."

[407] Vgl. Vierhaus, Rudolf: „Sie und nicht wir". Deutsche Urteile über den Ausbruch der französischen Revolution, in: Ders.: Deutschland im 18. Jahrhundert, S. 213.

[408] Vgl. Epstein, Klaus: Die Ursprünge des Konservativismus in Deutschland, Frankfurt a.M. 1973, S. 37ff.

[409] Christoph Prignitz verweist diesbezüglich auf eine zutreffende Charakterisierung der veränderten Si-tuation in Frankreich bei Mignet: „Die Bergpartei hatte [...] einen großen Sieg über die Girondisten davongetragen, welche in ihrer Politik viel mehr Moral hatten als sie, und die Republik retten woll-

deutschen Intelligenz ist Klopstock, der die Ereignisse in ihren Anfängen zunächst begeistert gefeiert hatte: „Ach, du warest es nicht, mein Vaterland, das der Freiheit Gipfel erstieg, Beispiel erstrahlte den Völkern umher, Frankreich war's! Du labtest dich nicht an der frohesten der Ehren, brachtest den heiligen Zweig dieser Unsterblichkeit nicht." So bekannte der Dichter 1790 in seiner Ode „Sie und nicht wir", die La Rochefoucauld gewidmet, mit der Zeile beginnt: „Hätt' ich hundert Stimmen, ich feierte Galliens Freiheit."[410]

Doch bereits im November 1792 warnte Klopstock in einem Brief an den französischen Innenminister, in dem er sich für die Verleihung des französischen Bürgerrechts bedankte, vor der seiner Meinung nach drohenden Anarchie und kritisierte von nun an den Verlauf der Revolution und die zügellose Gewaltherrschaft der Jakobiner. Den meisten deutschen Beobachtern erschien die Revolution nunmehr als der misslungene Versuch, die allgemeine Freiheit mit der Freiheit des Individuums zugleich zu verwirklichen. Angesichts der Fraktionierung in Frankreich blieb scheinbar nur ein neues despotisches Regime übrig, möglicherweise noch blutrünstiger als das feudale System, ein Regime, das sich zunehmend in immer stärkerem Maße von der kosmopolitischen Grundeinstellung der ersten Jahre nach 1789 distanzierte und das sich misstrauisch vom Ausland abkapselte.[411] Tatsächlich stand der anfänglichen Begeisterung auf Seiten der deutschen Intellektuellen der Umstand entgegen, dass man als Deutscher auch nach 1789 in Paris immer noch Ausländer und unter Verdacht war – Deutschland selbst erschien schließlich nicht mehr als ein gleichrangiges Volk von Patrioten, das es zu befreien galt, sondern wurde Gegenstand französischer Eroberung. Entsprechend enttäuscht wurden die Erwartungen zahlreicher Revolutionsanhänger im Rheinland und in Süddeutschland, wo es zunächst eine enge Zusammenarbeit zwischen oppositionellen deutschen Kräften und Franzosen gegeben hatte. War Robespierre anfangs noch gegen jede Annexion eingetreten, so strebten seine Nachfolger die sogenannten "natürlichen Grenzen" an, d.h. Frankreich sollte sich bis zur Schelde, bis zur Maas und bis zum Rhein erstrecken. Es ging nun um eine offene Annexion. Damit war verbunden, dass die französischen Truppen in den linksrheinischen Gebieten wie auch in den anderen vorübergehend besetzten Territorien des Reiches eine rücksichtslose Eroberungspolitik betrieben. Frankreich ging es um den eigenen Vorteil, um Annexion und Ausbeutung, nicht jedoch um die Verwirklichung kosmopolitisch-freiheitlicher Ideen, die allenfalls noch einen Propagandazweck erfüllten.[412]

---

ten, ohne sie mit Blut zu beflecken". Zitiert nach Prignitz, Christoph: Vaterlandsliebe und Freiheit, S. 52.

[410] Zitiert nach: Vierhaus, Rudolf: „Sie und nicht wir". Deutsche Urteile über den Ausbruch der Revolution, in: Ders.: Deutschland im 18. Jahrhundert, S. 202.

[411] Vgl. Prignitz, Christoph: Vaterlandsliebe und Freiheit, S. 52.

[412] Giesen, Bernhard: Die Intellektuellen und die Nation, S. 129. Vgl. dazu die Ausführungen bei Prignitz, Christoph: Vaterlandsliebe und Freiheit, S. 66. Prignitz verweist in diesem Kontext exemplarisch auf die enttäuschten Erfahrungen der progressiven politischen Kräfte besonders im Rheinland und im Süden, die sich auf französische Hilfe für ihre freiheitlichen Bestrebungen verlassen hatten. Zitiert nach ebd.

Auch wenn angesichts dieser Entwicklung die Begeisterung der deutschen Patrioten schließlich in Enttäuschung und Hass gegen die Franzosen bzw. gegen jenen Napoleon[413] umschlug, so darf nicht vergessen werden, dass dessen Herrschaft zunächst als „Katalysator" eines historischen Prozesses erschienen war, in dessen Konsequenz Deutschland in die Neuzeit hinübergeleitet wurde[414] – immerhin weckte der gesellschaftliche und politische Fortschritt im Zeichen einer Beseitigung der vielen Kleinstaaten im Gebiet des Rheinbundes, im Zeichen einer Vereinheitlichung des Rechts[415] wie der Münz- und Maßsysteme, einer zeitgemäßen Verwaltung, des Baus eines modernen Straßennetzes oder der Beendigung des Zunftzwangs und der Hörigkeit, den die napoleonische Expansion nach Deutschland gebracht hatte[416], noch im Jahre 1809 auf österreichischer Seite die Hoffnung auf Reformen unter dem Patronat Napoleons.[417] Und doch zeigten sich die Patrioten außerhalb Frankreichs nicht zuletzt von der Innenpolitik Bonapartes enttäuscht. Sehr schnell wurde deutlich, dass Napoleon, seit 1799 Erster Konsul, die republikanische Ordnung sprengen wollte. Im November 1799 meinte Hölderlin, "Bonaparte" sei "eine Art von Dictator geworden".[418]

Wenn sich in Deutschland am Ende des 18. Jahrhunderts ein spezifisch „deutsch" orientiertes Nationalgefühl zu entwickeln begann, so lagen die Gründe dafür zum einen in der Enttäuschung zahlreicher Patrioten über die Behandlung der französisch-besetzten Gebiete – sowohl in der Zeit des Direktoriums als auch unter Bonaparte –, zum anderen in der Distanzierung von der französischen Innenpolitik, die über heftige Parteikämpfe zur schließlichen Restitution einer monarchischen Herrschaft unter Napoleon führte.[419] In dem Maße, in dem in Deutschland die Bewunderung Frankreichs abnahm, wuchs unter den Vertretern der deutschen Intelligenz die Besinnung

---

[413] Vgl. im Gesamtkontext die einschlägige Charakterisierung Napoleons durch Sieburg, Friedrich: Robespierre, Napoleon, Chateaubriand, Stuttgart 1967.

[414] Vgl. Vierhaus, Rudolf: Aufklärung und Reformzeit. Kontinuität und Neuansätze in der deutschen Politik des späten 18. und beginnenden 19. Jahrhunderts, in: Ders.: Deutschland im 18. Jahrhundert, S. 249-261, wo Vierhaus in diesem Kontext die Frage stellt, ob es berechtigt sei, „1789 als Epochendatum auch in der deutschen Geschichte anzuerkennen?", schließlich sei doch „das deutsche ancien régime 1803-1807 mit der Säkularisation der geistlichen Staaten und der Mediatisierung der Reichsgrafschaften, der Reichsstädte, der Reichsritterschaft, mit der Begründung des Rheinbundes und der Auflösung des Reiches, mit der Katastrophe Preußens und der Begründung napoleonischer Satellitenstaaten" geendet. Vgl. ebd., S. 248.

[415] Vgl. dazu allgemein und umfassend Huber, Ernst Rudolf: Deutsche Verfassungsgeschichte seit 1789, Band 1: Reform und Restauration, 1789-1830, Stuttgart 1957.

[416] Vgl. Vierhaus, Rudolf: Vom aufgeklärten Absolutismus zum monarchischen Konstitutionalismus. Der deutsche Adel im Spannungsfeld von Revolution, Reform und Restauration (1789-1848), in: Ders.: Deutschland im 18. Jahrhundert, S. 235-248; vgl. dazu auch exemplarisch die Abhandlung von Fehrenbach, Elisabeth: Traditionale Gesellschaft und revolutionäres Recht. Die Einführung des Code Napoléon in den Rheinbundstaaten, 3. Aufl., Göttingen 1983; vgl. ebenfalls exemplarisch mit Blick auf das Königreich Westfalen die Abhandlung von Berding, Helmut: Napoleonische Herrschafts- und Gesellschaftspolitik im Königreich Westfalen 1807-1813 (Kritische Studien zur Geschichtswissenschaft 7), Göttingen 1973.

[417] Vgl. Prignitz, Christoph: Vaterlandsliebe und Freiheit, S. 72.

[418] Zitiert nach ebd., S. 73.

[419] Vgl. im Gesamtkontext die Darstellung bei Meinecke, Friedrich: Das Zeitalter der deutschen Erhebung, 1795 bis 1815, 7. Aufl., Göttingen 1963.

auf die spezifischen Aufgaben des eigenen Volkes. Dazu trat endlich der Umstand, dass deutsche Patrioten – wie Fichte[420] und Hölderlin[421] – nach der Auflösung des Heiligen Römischen Reichs Deutscher Nation[422] eine neue Form der nationalen Identität zu suchen begannen[423], die Deutschland Zusammenhalt und damit eine adäquate Rolle im Leben der Völker ermöglichen würde.[424]

Hatte Johann Gottlieb Fichte noch 1799 erklärt, „daß von nun an nur die französische Republik das Vaterland des rechtschaffenen Mannes"[425] sein könne, so richtete sich Fichtes Denken angesichts des Zerbrechens der französischen Republik und angesichts des Despotismus Napoleons immer stärker auf die deutsche Nation als sein eigentliches Vaterland: Der Weltbürger wurde „der Redner an die deutsche Nation", wie Friedrich Meinecke mit Blick auf „Fichte und die Idee des deutschen Nationalstaates" bemerkt[426] und gleich hinzufügt, dass „Vaterlandsliebe und Weltbürgersinn" für Fichte bereits früh „innigst vereint" gewesen seien: „Vaterlandsliebe ist seine Tat, Weltbürgersinn ist sein Gedanke; die erstere die Erscheinung, der zweite der innere Geist dieser Erscheinung, 'das Unsichtbare in dem Sichtbaren'".[427]

In seinen „Patriotischen Dialogen"[428] bekannte Fichte denn auch, dass „jedweder Kosmopolit ganz notwendig, vermittelst seiner Beschränkung durch die Nation, Patriot; und jeder, der in seiner Nation der kräftigste und regsamste Patriot ist, ist eben darum der regsamste Weltbürger, indem der letzte Zweck aller Nationalbildung doch immer der ist, dass diese Bildung sich verbreite über das Geschlecht".[429] Fichte, so

---

[420] Grundsätzlich zu Fichte in diesem Kontext sei verwiesen auf die Studie von Schmidt, Hajo: Politische Theorie und Realgeschichte. Zu Johann Gottlieb Fichtes praktischer Philosophie, Bonn 1978.

[421] Zu Hölderlins Rezeption der Französischen Revolution vgl. in diesem Kontext die Ausführungen bei Prignitz, Christoph: Friedrich Hölderlin. Die Entwicklung seines politischen Denkens unter dem Einfluß der Französischen Revolution, Hamburg 1976; vgl. sodann ders.: Hölderlins früher Patriotismus. Struktur und Wandlungen seines patriotischen Denkens bis zu den Tübinger Hymnen, in: Hölderlin-Jahrbuch 21 (1978/79), S. 36-66.

[422] „Die *Krise des Reichs* war endlich zu ihrem Ende gekommen [...] Deutschland hatte aufgehört, ein Begriff der politischen Landkarte Europas zu sein. Das politische Leben in Deutschland aber war keineswegs erstorben", so charakterisiert Otto Dann die Situation 1806 infolge der Revolutionierung der politischen Landkarte Mitteleuropas durch Napoleon, in: Ders.: Nation und Nationalismus in Deutschland, S. 55 [Hervorhebung im Original]; Vgl. dazu Prignitz, Christoph: Vaterlandsliebe und Freiheit, S. 70, der bemerkt, dass „durch die nun fehlende Bindung zwischen den einzelnen Territorien die nationale Frage fortan immer drängender [wurde, V.K.]. Die Suche der Deutschen nach einer eigenen Nationalität gewinnt an Wichtigkeit".

[423] Vgl. im Kontext den Abschnitt „Nation als Gesamtkunstwerk? - Eine Vermutung" bei Giesen, Bernhard / Junge, Kay: Vom Patriotismus zum Nationalismus. Zur Evolution der „Deutschen Kulturnation", in: Giesen, Bernhard (Hrsg.): Nationale und kulturelle Identität. Studien zur Entwicklung des kollektiven Bewußtseins in der Neuzeit, Band 1, Frankfurt a.M. 1991, S. 255-303, S. 297ff.

[424] Vgl. Prignitz, Christoph: Vaterlandsliebe und Freiheit, S. 75.

[425] Zitiert nach ebd.

[426] Vgl. Meinecke, Friedrich: Weltbürgertum und Nationalstaat, S. 84ff, S. 86.

[427] Ebd., S. 86f; vgl. im Original Fichte, Johann Gottlieb: Philosophie der Maurerei. Briefe an Konstant, in: Ders.: Werke 1801-1806 (Band 8), hrsg. v. Reinhard Lauth und Hans Gliwitzky, Stuttgart 1991, S. 450.

[428] Vgl. ders.: Der Patriotismus und sein Gegenteil. Patriotische Dialoge, in: Ders.: Nachgelassene Schriften 1805-1807 (Band 9), hrsg. v. Reinhard Lauth und Hans Gliwitzky, Stuttgart 1993, S. 389-445.

[429] Ebd., S. 400.

kann man der Interpretation Friedrich Meineckes folgen, hat einem dumpfen und unbeholfenen „Spartazismus" einen sich selbst klaren Patriotismus gegenüber gestellt[430] und vertrat mit Blick auf den Kosmopolitismus die Meinung, dass es gar keinen Kosmopolitismus überhaupt wirklich geben könne, sondern dass in der Wirklichkeit der Kosmopolitismus notwendig Patriotismus werden müsse. "Das bedeutet, daß ihm beide Gesinnungen zusammenflossen, und sieht man auf die wesentlichen Elemente dessen, was Fichte den wahren Patriotismus nannte, so begreift man das auch vollkommen. Den er ist durchaus universal; sein Zweck ist der des Menschengeschlechtes überhaupt [...]. Ein auf dies Ziel gerichteter Wille muß und kann naturgemäß, so lehrt er, unmittelbar nur auf eine unmittelbare Umgebung wirken, d.h. sein Wirkungskreis ist die Nation. Dadurch wird er Patriot, bleibt aber Kosmopolit, 'indem der letzte Zweck aller Nationalbildung doch immer der ist, daß diese Bildung sich verbreite über das Geschlecht'. [...] Von dieser Anschauungsweise aus waren dann konsequenterweise die deutschen Einzelstaaten in der Hauptsache nichts weiter als gegebene Wirkungskreise, innerhalb deren der einzelne Deutsche für die Ausbreitung der Nationalbildung, d.h. also der Menschheitsbildung zu arbeiten habe".[431]

Wird der einzelne Deutsche bei Fichte stets verstanden als Teil eines ursprünglichen, unverfälschten, um seine Freiheit und Identität kämpfenden Volkes, des deutschen Volkes, das mittels dieses Kampfes wiederum einen menschheitlich bedeutsamen Auftrag erfülle[432], nämlich die Wahrung und Verteidigung der spezifischen Kultur und nationalen Identität[433], so regt sich auch bei Fichte, ähnlich wie bei Hum-

---

[430] Vgl. Meinecke, Friedrich: Weltbürgertum und Nationalstaat, S. 87; vgl. ebd. S. 84-86, wo Meinecke unter Rückgriff auf den Patriotismus Ernst Moritz Arndts betont, dieser habe „deswegen so schnell und sicher zur Idee eines Nationalstaates gelangen [können, V.K.], weil er viel von dem besaß, was Fichte nicht hatte und, richtiger gesagt, nicht haben wollte, den erdenhaften Patriotismus, der an 'der Erdscholle, dem Flusse, dem Berge' haftete. Auf diesen Schollenpatriotismus hat Fichte noch 1804 in seinen 'Grundzügen des gegenwärtigen Zeitalters' hinabgesehen und dem 'sonnenverwandten Geiste' die Aufgabe zugewiesen, sich abzukehren von seinem Saate, wenn dieser gesunken sei, und sich dorthin zu wenden, 'wo Licht ist und Recht'". Ebd., S. 86.

[431] Ebd., S. 88; „Dafür aber ist denn auch", so zitiert Meinecke im Folgenden Windelband, „in der Tat das, was er wahren Patriotismus nennt, ohne allen Erdgeschmack, und sein Deutschland liegt in Utopien." Ebd., S. 89.

[432] Vgl. die Bemerkungen zu Fichte von Schneiders, Werner: Der Zwingherr zur Freiheit und das deutsche Urvolk. J.G. Fichtes philosophischer und politischer Absolutismus, in: Herrmann, Ulrich (Hrsg.): Volk - Nation - Vaterland, S. 222-243. „In einem neuen Nationalismus aus Ressentiment", so spannt Schneiders den philosophischen Bogen von Fichte bis hin zu Heidegger, „werden die Deutschen, sozusagen durch Überkompensation, zum Supervolk und damit zum Motor der Weltgeschichte - vorausgesetzt, daß sie sich in einer Art moralischer Aufrüstung oder allgemeiner Wiedergeburt mit Fichtes Hilfe auf ihre Deutschheit besinnen. Die Weltgeschichte als Heilsgeschichte ist der Hoffnung auf eine Weltverbesserung zwar entgegengekommen, oder umgekehrt: die Hoffnung auf Weltverbesserung führt zu einer entsprechenden Deutung der Weltgeschichte. Aber auch in dieser Perspektive muß das tragende Subjekt der neuen Zeit, in diesem Falle das deutsche Volk, noch zum artikulierten Bewußtsein seiner weltgeschichtlichen Rolle und Bedeutung gebracht werden [...]. Die Philosophie hat eine religiöse Mission, die Wissenschaftslehre als die endgültige Wissenschaft des Absoluten muß sogar als das Erscheinen Gottes selbst, also als Selbstoffenbarung des Absoluten, verstanden werden. [...] Fichte setzt [...] alle Hoffnungen auf das eigene Volk. Wie später Heidegger vom 'jemeinigen Dasen' zum deutschen Dasein findet, so findet er von der Ichheit zur Deutschheit. Von Frankreich und der Aufklärung erwartet er nichts mehr [...]." Ebd., S. 234.

[433] Vgl. Prignitz, Christoph: Vaterlandsliebe und Freiheit, S. 75.

boldt[434] und Schiller, unter dem weltbürgerlichen Nationalgedanken viel mehr wirkliches und erdverhaftetes Vaterlandsgefühl als er selbst wahr haben wollte.[435] So kann man auch Friedrich Schillers Fragment „Deutsche Größe"[436] – bei aller Universalität des schillerschen Denkens[437] – als ein Beispiel der Konzentration der Intelligenz auf Deutschland nach der Enttäuschung über die Französische Revolution, als ein Beispiel für vaterländisches Denken, das sich gleichwohl mit kosmopolitischer Weite vereint, deuten[438]: „Darf der Deutsche in diesem Augenblicke wo er ruhmlos aus seinem tränenvollen Kriege geht, wo zwei übermütige Völker ihren Fuß auf seinen Nacken setzen, und der Sieger sein Geschick bestimmt – darf er sich fühlen? Darf er sich seines Namens rühmen und freun? Darf er sein Haupt erheben und mit Selbstgefühl auftreten in der Völker Reihe? Ja er darf's! Er geht unglücklich aus dem Kampf, aber das, was seinen Wert ausmacht, hat er nicht verloren. Deutsches Reich und deutsche Nation sind zweierlei Dinge. Die Majestät des Deutschen ruhte nie auf dem Haupt s[einer] Fürsten. Abgesondert von dem politischen hat der Deutsche sich einen eigenen Wert gegründet und wenn auch das Imperium unterginge, so bliebe die deutsche Würde unangefochten".[439]

Grenzte Schiller Deutschlands Geschick hier gegen Englands und Frankreichs Aufgaben ab, indem die beiden anderen Mächte das politische Geschehen der Zeit bestimmten, während Deutschland zurückstand, so nahm Deutschland aber gerade in dieser Stille „die Schätze von Jahrhunderten", die geistigen Erträge anderer Völker auf, um „erwählt vom Weltgeist", einst geistig reif und groß hervorzutreten: „Jedes Volk hat seinen Tag in der Geschichte, doch der Tag des Deutschen ist die Ernte der ganzen Zeit – wenn der Zeiten Kreis sich füllt und des Deutschen Tag wird scheinen".[440] Auch wenn für Friedrich Schiller das Vaterland durch seine Aufgaben aus dem Kreis der anderen Nationen herausgehoben war, so verabsolutierte der Dichter dessen Mission keineswegs; schließlich sei Deutschlands Aufgabe immer auch ein Dienst an der Entwicklung der gesamten kulturellen Welt gewesen.[441] Indem Schiller die deutsche Mission vor allem als geistige Mission zur Erringung nationaler Würde und gleichzeitig zur Realisierung kosmopolitischer Ideale sah, entpolitisierte er stärker als Fichte die nationale Freiheitsforderung und vergeistigte sie im Sinne des klas-

---

[434] Zu Humboldt vgl. die Ausführungen bei Meinecke, Friedrich: Weltbürgertum und Nationalstaat, S. 40-57; vgl. analog und weiterführend die Bemerkungen zu Humboldt bei Rehm, Walther: Griechentum und Goethezeit. Geschichte eines Glaubens, Leipzig 1936, S. 240-267.

[435] Vgl. Meinecke, Friedrich: Weltbürgertum und Nationalstaat, S. 90.

[436] Vgl. Schiller, Friedrich: Deutsche Größe. Fragmente und Entwürfe, in: Ders.: Sämtliche Werke in zehn Bänden, Band 1: Gedichte, hrsg. v. Hans-Günther Thalheim, Berlin 1980, S. 556-560.

[437] Dies wird vor allem in der Charakterisierung Schillers bei Kohn, Hans: Die Idee des Nationalismus, S. 550 betont; vgl. ebd. die Ausführungen Kohns zu Schiller S. 542ff.

[438] Vgl. dazu und im Kontext Wiese, Benno von: Friedrich Schiller. Erbe und Aufgabe, Pfullingen 1964.

[439] Schiller, Friedrich: Deutsche Grösse, S. 556.

[440] Ebd., S. 559.

[441] Prignitz, Christoph: Vaterlandsliebe und Freiheit, S. 78.

sischen Humantitätsideals – jenes Ideals, das für Johann Wolfgang von Goethe stets im Zentrum seines Wirkens stand.[442]

Goethe stand während aller Wandlungen seines Lebens stets im Strom des deutschen Neuhumanismus, der von Winckelmann bis Humboldt führte. Seine Vertreter stellten die Griechen wegen ihrer Originalität auf geistigem Gebiet über die Römer und erstrebten eine ideale Verbindung des deutschen Geistes mit dem griechischen, die der natürlichen Verbindung des romanischen, vor allem des italienischen und französischen Geistes zum römischen entsprechen sollte.[443] In diesem Sinne war es bei Winckelmann[444] die romanische Welt und ihre fast unumschränkte Herrschaft in Europa, gegen die sich eine neue, ursprüngliche Sicht des Griechentums kraftvoll durchsetzte. Schließlich vermochte das Griechische erst auf dem Hintergrund des umfangenden und zugleich bewahrenden Römischen aufzuleuchten und erst im Gegensatz zum Römischen konnte es innerhalb des humanistisch gebildeten Abendlands seine verwandelnde Kraft erweisen. Doch musste die Wiedergeburt der römischen Antike aus italienischem Geist bereits geschehen sein, ehe die Wiedergeburt der griechischen Antike aus deutschem Geist zu gewinnen war. Nach Winckelmann konnte solch eine erneuerte griechische Art nur in einem Volk gefunden werden, das zwar selbst durch die romanisch-abendländische Kulturidee geformt und vorbereitet war, aber nicht in einem unmittelbar stammestümlichen Zusammenhang mit der römisch-romanischen Antike stand, dem deutschen.[445]

So sieht Hölderlins Hyperion[446], ein junger Grieche, die Vergangenheit seines Vaterlandes mit den Augen Winckelmanns und betrauert den Verlust der „edlen Einfalt und stillen Größe". Sein eigener elegischer Charakter und das stürmisch drängende Temperament seines Freundes Alabanda lassen ihn zwischen Reflexion und Tatendrang schwanken und vergeblich versuchen, „Eines zu sein mit allem, was lebt". Endlich findet er diese All-Einheit sinnbildlich personifiziert in der Schönheit Diotimas und glaubt, beflügelt von der Liebe zu ihr, Geist und Herz seines Volkes zu

---

[442] Vgl. unter Bezugnahme auf Schiller, Herder, Winckelmann, Humboldt, Schlegel und Goethe die Ausführungen zum „deutschen Hellenismus" bei Korff, Hermann A.: Geist der Goethezeit (II. Teil), S. 290ff.

[443] Rüdiger, Horst: Goethes und Schillers Übertragungen antiker Dichtung, in: Ders.: Goethe und Europa. Essays und Aufsätze 1944-1983 (hrsg. v. Willy R. Berger und Erwin Koppen), Berlin 1990, S. 1-24, S. 2; die geistesgeschichtlichen Wurzeln dieser Haltung gehen, wie Rüdiger weiter ausführt, bis auf die Reformation und den deutschen Humanismus zurück: „die Richtung findet unmittelbar vor Goethe in Lessings und Herders Kampf gegen das römisch-französsische Drama des Grand Siècle und für die Vorbildlichkeit der griechischen und Shakespeareschen Tragödien ihren schärfsten Ausdruck". Ebd.

[444] Vgl. im Kontext die Ausführungen von Goethe, Johann Wolfgang: Winckelmann und sein Jahrhundert in Briefen und Aufsätzen. Mit einer Einleitung und einem erläuternden Register von Helmut Holtzhauer, Leipzig 1969.

[445] Vgl. das Kapitel „Winckelmann: Gesetz und Botschaft" bei Rehm, Walther: Griechentum und Goethezeit, S. 24-58, wo Rehm betont, die geschichtliche Tat Winckelmanns, „die Entdeckung und Erweckung des Griechentums aus deutschem Geist" lasse sich in ihrer Tragweite erst ermessen, wenn man den Hintergrund im Auge behalte, von dem sie sich abhebt. Ebd., S. 24.

[446] Vgl. Hölderlin, Friedrich: Hyperion oder Der Eremit in Griechenland (mit einem Nachwort hrsg. v. Karl v. Hollander), Potsdam 1920.

der verlorenen Harmonie antikisch vollkommenen Menschentums zurückführen zu können.[447]

Irmtraud Sahmland verweist in diesem Kontext auf Christoph Martin Wieland und die Funktionen des griechischen Milieus in dessen Romanen[448] als „Spiegel- und Gegenbild seiner eigenen Zeit".[449] Sahmland betont bei ihrer Analyse von Wielands kosmopolitischem Patriotismus[450], Wielands Rückgriff auf diese längst vergangene Epoche stehe denn auch nicht im Widerspruch zum aufklärerischen Fortschrittsoptimismus seiner Zeit; vielmehr könne die griechische Antike für die Gegenwart durchaus von Bedeutung sein, sei sie doch schließlich als Wurzel der abendländisch-europäischen Kultur in besonderer Weise dazu geeignet, das Allgemeine zu repräsentieren, weil hier ein die nationalen Partikularitäten überwindender Bezugspunkt gegeben zu sein scheint, was den kosmopolitischen Bestrebungen Wielands in jeder Weise entgegengekommen sei.[451]

Wenn in Goethe Kultur und Epoche des deutsch-europäischen Griechentums gipfelten, in Napoleon aber Kultur und Epoche des französisch-europäischen Römertums[452], so muss gleichwohl betont werden, dass Goethes Begeisterung für das Griechentum jeglichem Nationalismus entgegengesetzt war. Für den Klassizismus des achtzehnten Jahrhunderts, von Winckelmann bis Goethe, war der Wertmaßstab für das Schöne und Gute für immer und ewig im alten Griechenland statuiert worden.[453] Bei Goethe stellte, „ebenso wie sonst in der Zeit das eigentliche politische Wort" (Wilhelm Mommsen) nicht Volk, sondern Nation dar.[454]

Goethes Aussage, dass der Deutsche vergebens hoffe, sich zur Nation zu bilden[455], entsprach nur zeitweise seinen Auffassungen. Denn immer wieder sprach er

---

[447] Vgl. die Erläuterungen zu Hölderlins Hyperion bei Rothmann, Kurt: Kleine Geschichte der deutschen Literatur, 7. erw. Aufl., Stuttgart 1987, S. 128ff. „Eins zu sein mit allem, was lebt, in seliger Selbstvergessenheit wiederzukehren ins All der Natur, das ist der Gipfel der Gedanken und Freuden, das ist die heilige Bergeshöhe, der Ort der ewigen Ruhe, wo der Mittag seine Schwüle und der Donner seine Stimme verliert, und das kochende Meer der Woge des Kornfelds gleicht." Hölderlin, Friedrich, Hyperion, S. 11. Verwiesen sei auch auf Hölderlins Gedicht „Das Höchste", wo Hölderlin bekennt: „Suchst du das Höchste, das Größte? Die Pflanze kann es dich lehren: Was sie willenlos ist, sei du es wollend - das ists!". Hölderlin, Friedrich: Das Höchste, in: Deutsche Gedichte. Eine Anthologie (hrsg. v. Dietrich Bode), Stuttgart 1986, S. 117.

[448] Vgl. die Schriften Christoph Martin Wielands in: Ders.: Werke in fünf Bänden (hrsg. v. Fritz Martini und Hans Werner Seiffert), München 1967.

[449] Vgl. Sahmland, Irmtraud: Christoph Martin Wieland und die deutsche Nation, S. 332ff.

[450] Vgl. ebd., S. 217ff Sahmlands Ausführungen zu „Kosmopolitismus als ein Gegenkonzept zum Patriotismus?"

[451] Vgl. ebd. S. 333f.

[452] Vgl. Rehm, Walther: Griechentum und Goethezeit, S. 21.

[453] Vgl. Kohn, Hans: Die Idee des Nationalismus, S. 322.

[454] Vgl. Mommsen, Wilhelm: Die Politischen Anschauungen Goethes, Stuttgart 1948, S. 226; gleichwohl, so Mommsen, werde auch mehrfach „Volk" im politischen Sinne gebraucht: „Dann denkt Goethe aber in erster Linie an die Masse der Regierten im Gegensatz zu den Regierenden, verhältnismäßig selten an ein Staatsvolk und ganz selten an ein Volk im Sinne eines Volkstums". Ebd. Vgl. dazu ebd. S. 227ff.

[455] Für die „Xenien" formulierte Goethe die seinerzeit oft zitierten Verse: „Zur Nation Euch zu bilden, Ihr hofft es, Deutsche, vergebens. Bildet, Ihr könnt es, dafür freier zu Menschen Euch aus."

mit Nachdruck und mit Wärme von der deutschen Nation und ihren Aufgaben[456], vor allem der Weltliteratur zu dienen.[457] Weltliteratur war für Goethe die Gemeinschaft der nationalen Kulturen im gegenseitigen Geben und Nehmen. "Wie der tätige Mensch sich [...] erst vollendet, indem er der Menschheit dient, so ist auch die Nation für ihn im letzten nur dadurch wertvoll, weil alle Nationen zusammen gerade in ihrer Eigenart und Mannigfaltigkeit die Menschheit darstellen. Das Streben nach Weltliteratur besagt [...] nicht, daß die nationalen Kulturen herabsinken, sondern daß sie erhöht werden. Jede Nationalliteratur und darüber hinaus jede Nation braucht die Spiegelung in anderen Nationen, um sich zu steigern".[458]

Waren nicht räumlich begrenzte, sondern universale Wertmaße die unveränderlichen Leitprinzipien des Denkens und Empfindens des Klassizismus im späten achtzehnten Jahrhundert[459], so orientierte Goethe – im Sinne Winckelmanns – seinen Blick zurück in die Zukunft[460]: „Der einzige Weg für uns, groß, ja, wenn es möglich ist, unnachahmlich zu werden, ist die Nachahmung der Alten"[461], d.h. der Griechen.[462] Freilich aber sind beide: Griechisches und Deutsches, nach dem Glauben der Zeit, durch eine Wahl-Verwandtschaft, eine „affectio originalis", miteinander verbunden: Das Griechische scheint gewissermaßen als eine potentielle Form des Deutschen, vor allem aus seiner menschlich-urbildhaften Art heraus. "Es umfaßt mehr als

---

[456] Vgl. Mommsen, Wilhelm: Die Politischen Anschauungen Goethes, S. 236.

[457] Vgl. ebd. Mommsens Ausführungen zu Goethes Auffassungen über „Deutschtum und Weltliteratur", S. 243f; vgl. erläuternd im Kontext die Ausführungen bei Rüdiger, Horst: Europäische Literatur - Weltliteratur. Goethes Konzeption und die Forderungen unserer Epoche, in: Ders.: Goethe und Europa, S. 262-279.

[458] Mommsen, Wilhelm: Die Politischen Anschauungen Goethes, S. 244.

[459] Vg. Kohn, Hans: Die Idee des Nationalismus, S. 322.

[460] Die Gründe für die Widergeburt der Antike, so meint Helmut Hotzhauer in seiner Einleitung zu Goethes Abhandlung über Winckelmann und sein Jahrhundert, seien offensichtlich: „Goethe und seine Zeitgenossen, vor allem auch Winckelmann selbst, der die erstickende Luft preußischer Despotie und die lakaienhafte Lebensweise an Adelssitzen und Fürstenhöfen sein halbes Leben lang ertragen mußte, sahen in der griechischen Welt das Vorbild zu einer freien, demokratischen Gesellschaftsordnung [...]". Ders.: Einleitung, in: Goethe, Johann Wolfgang: Winckelmann und sein Jahrhundert, S. 9-42, S.30.

[461] Winckelmann, Johann Joachim: Gedanken über die Nachahmung der griechischen Werke in der Malerei und Bildhauerkunst, in: Ders.: Ewiges Griechentum. Auswahl aus seinen Schriften und Briefen (hrsg. u. eingeleitet v. Fritz Forschepiepe), Stuttgart 1943, S. 1-42, S. 3.

[462] Vgl. dazu die Erläuterungen bei Rehm, Walter: Griechentum und Goethezeit, S. 18, wo Rehm darauf verweist, dass Winckelmann mit den „Alten" die „Griechen" meint. Vgl. weiter ausführend ebd., S. 40. „Gemessen an Batteux oder an Leonardo da Vinci, der die Natur und nicht die Manier eines anderen Künstlers nachgebildet wissen wollte, tut Winckelmann also einen Schritt zurück; er rechtfertigt seine der Zeit entgegengesetzte Ansicht, die Antike stehe über der Natur, mit den Worten: das Studium der Natur sei ein längerer und mühsamerer Weg zur Kenntnis des vollkommenen Schönen als das Studium der Antike. Winckelmann aber meint freilich nicht die knechtische Folge, nicht das einfache Nachmachen, sondern das 'denkende', das schöpferische Nachahmen; solches Nachahmen könne, wenn es mit Vernunft geführt werde, gleichsam eine andere Natur annehmen und etwas Eigenes werden. In diesem schöpferischen, nach-denkenden, nach-schauenden Sinn hat Raffael die Antike nachgeahmt, und er ist auf solchem Weg zu neuen, der Antike ebenbürtigen, 'ewigen Werken' gelangt. [...] Wie die Griechen, nicht nach den Griechen - das war der tiefere Sinn der Nachahmungslehre Winckelmanns: schon in ihr wirkte die weckende Kraft des Griechentums selbst". Ebd., S. 40f.

nur das Griechische, im Sinn des Novalis: alles Vollendete spreche sich nicht allein aus, es spreche eine ganze mitverwandte Welt aus. Und Novalis meint es gerade auch angesichts der Antike. Wenn aber Novalis alle Erinnerung eine Gegenwart heißt [...], ist für die Goethezeit die Erinnerung an das Griechische nichts anderes als die Einkehr ins mögliche deutsche Menschentum. Man spricht vom Griechischen und meint das Deutsche".[463]

C   Zwischenbilanz

So komplex, verwickelt und widerspruchsreich die geistige Atmosphäre jener Epoche auch war[464], so kann man mit Blick auf die Rezeption der Französischen Revolution durch Fichte und Schiller bzw. Goethes Reflexion von Vaterland[465], Volk, Nation und Menschheit doch feststellen, dass sich um die Jahrhundertwende in Deutschland ein Nationalbewusstsein ausbildete, welches dem deutschen Vaterland eine zentrale geschichtliche Aufgabe zuwies, sich gleichwohl von einer Verabsolutierung des Vaterländischen und damit auch von einer Abwertung anderer Nationen zugunsten des eigenen Landes weitgehend fernhielt.[466]

Es erschien in dieser geschichtlichen Situation die Nation als eine vor dem Staat gegebene, entweder historisch oder kulturell oder als sozialer Verband begründete Größe; es ging um die „Idee der Völker als Sprach- und Kulturgemeinschaften".[467] Aus diesem Grund betonten Fichte, Schiller und Hölderlin den primär geistig-kulturellen Charakter der künftigen Mission Deutschlands; aus diesem Grund erträumten sie ein friedliches, das Nur-Politische transzendierendes Wirken. Ob dieses Wirken – wie bei Fichte – eher aus konkreten politischen Situationen erwächst, ob es

---

[463]   Ebd. S. 18.

[464]   Kohn, Hans: Die Idee des Nationalismus, S. 322.

[465]   Zu Goethes Vaterlandsverständnis vgl. die erläuternden Ausführungen bei Mommsen, Wilhelm: Die politischen Anschauungen Goethes, S. 235f; „Wenn Goethe das Gefühl ausdrücken will, das den einzelnen mit Volk und Heimat verbindet", so spricht er, bereits in frühen Briefen, nach Mommsen „in erster Linie von Vaterland"; in Frankfurt und Weimar atmet er „vaterländische Luft" und weilt in „vaterländischen Gegenden". Vgl. ebd., FN 3; vgl. im Kontext auch die Bezugnahme Mommsens auf Goethes Rezeption der Französischen Revolution, die Goethe „nicht deshalb ab[lehnt, V.K.], weil er die französischen Formen und Ideen für als für die Deutschen unbrauchbar findet, sondern aus Grundsatz. Er hält sie auch für die Franzosen für unheilvoll". Vgl. ebd., S. 111; vgl. ebd. das gesamte Kapitel „Das Zeitalter der Französischen Revolution und Napoleons, S. 91-165.

[466]   So erinnert Hans-Ulrich Wehler in diesem Kontext zurecht daran, dass der „frühe Nationalismus eine liberale Emanzipations- und Oppositionsideologie ist. [...] Seine Leitidee ist nicht mehr der gehorsame Untertan, sondern der aktive Staatsbürger". Vgl. Wehler, Hans-Ulrich: Nationalismus und Nation in der deutschen Geschichte, in: Berding, Helmut (Hrsg.): Nationales Bewußtsein und kollektive Identität, Band 2, S. 163-175, S. 167f.

[467]   Schieder, Theodor: Typologie und Erscheinungsformen des Nationalstaats in Europa, in: Historische Zeitschrift 202 (1966), S. 58-81, S. 63.

– wie bei Hölderlin – auch religiöse Akzente trägt[468], stets geht es in dieser Phase patriotischen Denkens, mit Hölderlins Worten, um die Tat, die „geistig und reif" ist[469], die die Epoche der Französischen Revolution krönend fortsetzt. Aufgrund dieser noch mangelnden politischen Fixierung des Nationalbewusstseins, das dann im 19. Jahrhundert den Nationalstaat konkret zu verwirklichen strebte, konnte bis zum Ausgang des 18. Jahrhunderts eine prinzipielle Offenheit des deutschen Patriotismus bewahrt bleiben.

Es war kein chauvinistischer Hass anderen Völkern gegenüber virulent, vielmehr dominierte eine kosmopolitische Akzentuierung des Nationalgefühls.[470] Die fließenden Grenzen, die Weltoffenheit – insbesonders nach Westen –, das spezifische Verhältnis zur Antike[471]: „Deutschland, das wiedergeborene Griechenland!"[472] und schließlich das Fehlen eines politischen Nationalismus und Imperialismus ließ die Deutschen um 1800 sich selber als Weltvolk betrachten, "das die Schöpfung der anderen Völker am besten verstehen und verarbeiten und für die anderen fruchtbar zu machen imstande sei, als Umschlagplatz und Veredelungsstätte der Menschheitskultur".[473]

---

[468] Bei Hölderlin erscheint „Germania" als „Priesterin", als die Kraft, die die Begegnung zwischen Göttlichem und Menschlichem erneut verwirklichen kann. „Hier", so Prignitz, „erweist sich der religiöse Charakter, den der Vaterlandsbegriff des späten Hölderlin trägt. Mit der priesterlichen Funktion im Rahmen einer geistig-religiösen Erneuerung verbindet sich dann die politische Wirksamkeit Deutschlands, eine Wirksamkeit vaterländischer und zugleich kosmopolitischer Art. Germania gibt 'den Königen und den Völkern' 'wehrlos Rath', Deutschlands Aufgabe ist die friedliche Erneuerung des eigenen Landes und zugleich eben damit die Förderung einer gesamtgeschichtlichen, einer kosmopolitischen Neuerung." Prignitz, Christoph: Vaterlandsliebe und Freiheit, S. 84.

[469] Zitiert nach ebd., S. 85.

[470] Vgl. ebd., S. 85f.

[471] Vgl. analog zu Lemberg die Ausführung bei Kohn, Hans: Die Idee des Nationalismus, S. 322, der darauf hinweist, dass die Hinwendung zur Antike durchaus unterschiedliche Konsequenzen haben konnte; dass sie „in Männern wie Goethe zur Grundlage für ein universales und konservatives Wissen, bei Anderen aber zu einer Erweckung revolutionärer Gefühle wurde und hier, durch die Betonung der Natur, des Gefühles und der Schlichtheit des einfachen Menschen, die Vorbedingungen für das Wachstum nationaler Gefühle schuf".

[472] Korff, Hermann A.: Geist der Goethezeit (III. Teil), S. 454.

[473] „In verschiedenen Abwandlungen tauchte dieser Gedanke bei Herder, Goethe und Schiller, bei den Brüdern Schlegel und bei anderen Dichtern der Zeit auf", wie Eugen Lemberg betont. Ders.: Geschichte des Nationalismus in Europa, S. 169.

IV. Auf der Suche nach dem Vaterland: Deutsche Patrioten zwischen Romantik, Restauration und Nationalismus

Konnten die Deutschen "so unschuldig friedensliebend und weltbürgerlich, wie sie in den Tagen Kants gewesen waren", nicht länger bleiben, wie Golo Mann[474] – anspielend auf Heinrich Heines Diktum über den „Patriotismus des Deutschen"[475] – einst das fragile Verhältnis von Weltbürgertum und Nationalstaat[476] kommentierte? Hatte Napoleon sie "gar zu grob" gelehrt, was Macht sei und was der Lohn der Ohnmacht. Ließ das Elend von Staat und Nation sie zu Staat und Nation, gar zu Nationalismus finden?[477]

Isaiah Berlins Antwort auf diese Frage zielt in diese Richtung, wenn er darauf verweist, dass der Nationalismus im Unterschied zum bloßen Nationalbewusstsein – dem Gefühl, zu einer Nation zu gehören – womöglich eine „Folge von verletztem Stolz und einem Gefühl der Erniedrigung bei ihren sozial bewußtesten Mitgliedern" gewesen sei, „was schließlich zu Zorn und trotziger Selbstbehauptung" geführt habe. Dies, so Berlin, lasse sich an der paradigmatischen Entwicklung des modernen Nationalismus, der deutschen Reaktion, von der bewussten Verteidigung der deutschen Kultur in dem relativ gemäßigten literarischen Patriotismus bei Thomasius und Lessing, über Herders Betonung kultureller Autonomie bis zum Ausbruch eines höchst

---

[474] Mann, Golo: Deutsche Geschichte des neunzehnten und zwanzigsten Jahrhunderts, Frankfurt a. M. 1958 [zitiert fortan nach der Ausgabe von 1959, V.K.].

[475] Nach Auffassung Heines besteht der Patriotismus "des Deutschen" im Unterschied zu dem "des Franzosen" darin, "daß sein Herz enger wird, daß es sich zusammenzieht wie Leder in der Kälte, daß er das Fremdländische haßt, daß er nicht mehr Weltbürger, nicht mehr Europäer, sondern nur ein enger Deutscher sein will". Ders.: Die Romantische Schule, in: Ders.: Sämtliche Werke. Band IX (hrsg. v. Hans Kaufmann), München 1964, S. 7-152, S. 31. Die "Seele des Vaterlandes", so betont Heine an anderer Stelle unter Bezugnahme auf die "Roheit" der Deutschen, sei die deutsche Sprache. Vgl. ders.: Kleine Schriften 1840-1856, in: Ders.: Sämtliche Werke. Band XIV (hrsg. v. Hans Kaufmann), München 1964, S. 7-109, S. 109.

[476] Vgl. das Kapitel „Weltbürgertum und Nationalstaat" bei Mann, Golo: Deutsche Geschichte des neunzehnten und zwanzigsten Jahrhunderts, S. 79-86.

[477] Ebd., S. 84; vgl. ebd., S. 79 Manns grundsätzliche Bemerkungen hinsichtlich der Bedeutung der Französischen Revolution für Politik und Kultur im 19. Jahrhundert. Von der Revolution, so Mann, habe „die europäische Politik im 19. Jahrhundert gelebt. Es sind in all der Zeit keine Ideen, keine Träume, keine Furcht, kein Konflikt erschienen, die nicht in jenem schicksalsschwangeren Jahrzehnt schon wären durchexerziert worden: Demokratie und Sozialismus, Reaktion, Diktatur, Nationalismus, Imperialismus, Pazifismus. Man könnte dasselbe von der deutschen Geistesgeschichte im 19. Jahrhundert in ihrem Verhältnis zu eben diesem Jahrzehnt oder diesen zwei Jahrzehnten sagen. Was später kam, bedeutete Entfaltung, Variierung, Epigonentum, Verfall, verglichen mit dem schöpferischen Reichtum der Jahrhundertwende".

aggressiven Chauvinismus bei Arndt, Jahn, Körner, Görres während und nach der napoleonischen Besetzung gut beobachten.[478]

In der Tat war die deutsche Nationalbewegung im Zusammenhang der antinapoleonischen Widerstandsbewegung entstanden.[479] Doch während sie als nationalpatriotische Bewegung ihren gemeinsamen Gegner in Napoleon hatte, war ihre politische Zielvorstellung, ihre Orientierung und Identität durchaus nicht einheitlich: „War sie auf Deutschland, auf den Einzelstaat, auf die Region oder nur auf den Fürsten bezogen? Das änderte sich offensichtlich von Schicht zu Schicht und von Region zu Region."[480] Und doch geriet die „deutsche Erhebung" (Friedrich Meinecke)[481], der antinapoleonische Krieg als vereinter Kampf gegen einen gemeinsamen Feind zur Befreiung des Vaterlandes, zu einem großen nationsbildenden Erlebnis. Neben der Bindung an den Einzelstaat wurde in diesen Jahren auch Deutschland als Vaterland wahrgenommen.[482]

Die seit langem nationalbewussten Bildungsschichten, die Professoren, Beamten, Schriftsteller, Lehrer und Pastoren trugen mit ihrer patriotischen Aktivität wesentlich zur Weckung eines deutschen Gemeinschaftsgefühls in breiteren Volksschichten bei. Gleichwohl stellte die nationale Bewusstwerdung durch die Beteiligung an diesem Krieg für jede Person und jede Gruppe einen Akt der eigenen Emanzipation von bis-

---

[478] Vgl. Berlin, Isaiah: Der Nationalismus. Seine frühere Vernachlässigung und gegenwärtige Macht, in: Ders.: Der Nationalismus, Frankfurt a.M. 1990, S. 37-72, S. 58.

[479] Vgl. dazu und im Folgenden das Kapitel „Ende und Erbschaft Napoleons" bei Mann, Golo: Deutsche Geschichte, S. 86-95.

[480] Dann, Otto: Nation und Nationalismus in Deutschland, S. 66. Dann verweist in diesem Kontext auf den Umstand, dass „Für König und Vaterland" die beherrschende Losung im Kriegsjahr 1813 gewesen sei. Der Landesfürst war also die wichtigste politische Bezugsperson, und mit dem Vaterland war zunächst der Einzelstaat gemeint. Ebd.

[481] Vgl. Meinecke, Friedrich: Das Zeitalter der deutschen Erhebung (1795-1815), 6. Aufl., Göttingen 1957.

[482] Dann, Otto: Nation und Nationalismus in Deutschland, S. 67. Vgl. differenzierend und relativierend die Ausführungen bei Echternkamp, Jörg: Der Aufstieg des deutschen Nationalismus, S. 217, der unter Anführung unterschiedlicher Entwicklungslinien betont: „Die ‘nationale' Erhebung fand nicht statt". Ebd., S. 216. So betont der Autor unter Verweis auf die Geschehnisse in Oldenburg, der Wunsch nach Ruhe und Ordnung sei mit der Hoffnung auf die Wiederherstellung „der guten, alten Herrschaftsverhältnisse [geblieben, V.K.]. Für die nationalen Töne, die 1813 in den Aufrufen zur Desertion, in den öffentlichen Verfügungen zur Einführung der allgemeinen Wehrpflicht oder in den Spendenaufrufen angeschlagen wurden, besaßen die meisten Oldenburger kein Gehör. Der Appell, für die Befreiung des ‘deutschen Vaterlandes' zu kämpfen, blieb für das Gros der Nichtgebildeten eine inhaltslose, ‘unverständliche Formulierung', mußte doch die Aufforderung, fremden Fürsten zu dienen, als illegitim aufgefaßt werden. Die Einberufung erfolgte zum Teil unter Zwang, von Kosakenabteilungen militärisch abgesichert; Desertionen waren bei der Inmarschsetzung 1815 keine Seltenheit. Mit Nationalismus hatte all das nichts zu tun". Ebd., S. 219. Vgl. dazu im Urteil übereinstimmend die Ausführungen bei Groote, W. von: Die Entstehung des Nationalbewußtseins in Nordwestdeutschland 1790-1830, Göttingen 1955, S. 54-56. Auch nach dem Oktober 1813 bestimmten regionale und dynastische Loyalitäten „nach wie vor die Perspektive", so Echternkamp weiter. So habe Preußen, nicht Frankreich, insbesondere vielen Sachsen als Feind gegolten: „das vielbeschworene Gemeinschaftserlebnis der Deutschen, jener ‘bewaffneten Millionen' (Görres), blieb Wunschdenken einiger weniger. ‘Bürger wurden Soldaten, Völker wurden Heere' [...]. Die nüchterne Bilanz sieht anders aus. Der ‘Volkskrieg' fand nicht statt. Um so mehr wurde er von den nationalistischen Agitatoren beschworen". Ders.: Der Aufstieg des deutschen Nationalismus, S. 222.

herigen Bindungen, der Eröffnung eines neuen Horizontes und eines neuen Selbstverständnisses dar. Unter denjenigen, die diesen Schritt vollzogen, waren viele Angehörige von Bevölkerungsgruppen, die bislang kaum einen Bezug zur Nation hatten: Handwerker, Frauen, Juden, Studenten. Unter den 25.363 Freiwilligen der preußischen Armee der Jahre 1813/14 befanden sich 1242 Studenten. Gemeinsam mit
Schülern machten sie 7%, mit den übrigen Gebildeten 12% aus, während Handwer-
kergesellen und -söhne einen Anteil von 40%, Kaufleute und Gehilfen von 10% bildeten. Berücksichtigt man jedoch das Verhältnis des Anteils der Akademiker zu ihrem Anteil an der Bevölkerung, erscheint der studentische Part relativ hoch. Insgesamt hatte die preußische Armee im Zeitraum von 1813-1815 279.000 Mann mobili-
siert, wobei Tausende der alten Offiziere und Unteroffiziere, die nach Tilsit den
Dienst quittiert hatten, eine zentrale organisatorische Rolle spielten.[483] Der antinapoleonische Befreiungskrieg wurde zu einem Ereignis, durch das die deutsche Nation
groß und politisch bewusst wurde, so dass die patriotische Vorstellung, die Deutschen sollten in einem gemeinsamen Nationalstaat vereint sein, während des Befrei-
ungskrieges in neuer Weise wach wurde.[484] Wie aber konnte sie realisiert werden?
Was also, so lautete die zentrale Frage, „ist des Deutschen Vaterland?"[485]

Die Antwort, die Ernst Moritz Arndt in der siebten Strophe seines 1813 formulierten Liedes gab: „So weit die deutsche Zunge klingt und Gott im Himmel Lieder
singt, das soll es sein!", beinhaltete angesichts des Umfangs der deutschen Sprachgemeinschaft in Europa ein irreales Programm[486], wobei es denn auch weniger die

---

[483]   Vgl. ebd., S. 218.
[484]   Vgl. in diesem Sinne Dann, Otto: Nation und Nationalismus in Deutschland, S. 67f. Golo Mann
        verweist in diesem Zusammenhang gleichwohl einschränkend darauf, dass im Befreiungskrieg
        Deutschland keine "erste Rolle" gespielt habe. Vgl. ders.: Deutsche Geschichte, S. 88f.
[485]   Zu Ernst Moritz Arndt vgl. in diesem Kontext: Ders.: Über Volkshaß, in: Jeismann, Michael / Ritter,
        Henning: Grenzfälle. Über neuen und alten Nationalismus, Leipzig 1993, S. 319-334; zur Charakte-
        risierung Arndts vgl. ausführlich Prignitz, Christoph: Vaterlandsliebe und Freiheit, S. 127-144. Mit
        Blick auf den Patriotismus des „für seine Haßtiraden bekannte[n] Arndt" [vgl. Echternkamp, Jörg:
        Der Aufstieg des deutschen Nationalismus, S. 255] kommt Prignitz zu der Einschätzung, „daß der
        freiheitliche Patriotismus Arndts an bestimmten, genau spezifizierten Rechten des Volkes ausgerich-
        tet war. Kein vager Begriff von 'Freiheit', sondern politische Freiheitsforderungen werden für den
        Patrioten Arndt zum Maßstab seines Denkens. Weil das Wirken Arndts gerade auf die Interessen der
        unteren Schichten abhob, besitzt es" - wie Prignitz betont - „eine - freilich vom Volkssouveränitäts-
        gedanken der Aufklärung und der Französischen Revolution abzugrenzende - demokratische Kom-
        ponente. Im Verlust kosmopolitischer Weite, in einem Nationalgefühl, das sich nur aggressiv den
        Franzosen gegenüber artikulieren kann, und in der Überzeugung, die Sache des eigenen Volkes sei
        Maßstab jeglichen Urteilens und Handelns, ist Arndt ein typischer Vertreter des nationalen Denkens
        in der Epoche der Freiheitskriege", wie Prignitz unter Verweis darauf, dass „der weltoffene, auf der
        westeuropäischen Aufklärung und der Französischen Revolution basierende Patriotismus [...] ange-
        sichts des Kampfes gegen Frankreich zurück[getreten, V.K.]" sei, betont. Prignitz, Christoph: Vater-
        landsliebe und Freiheit, S. 144.
[486]   Vgl. Dann, Otto: Nation und Nationalismus in Deutschland, S. 68.

Sprache als vielmehr eine orts- und zeitlose Vorstellung "germanischen Genies"[487] war, die Arndts romantische Vorstellung einer nationalen Identität bestimmte.[488]

A   „Politische Romantik"

Ernst Moritz Arndt, wie auch Novalis bzw. Friedrich Schlegel[489], waren Vertreter der „Politischen Romantik"[490], Protagonisten einer „geistigen Gegenrevolution"[491], gerichtet gegen die Vorgänge und Prinzipien von 1789. Die Revolution der Romantik bestand darin, eine neue Religion, ein neues Evangelium, eine neue Genialität, eine neue Universalkunst zu versprechen.[492]

Mit Blick auf die Frage nach der nationalen Identität galt es im Sinne Arndts, die zeitlose und ortslose Identität "germanischen Genies" von den einzelnen Individuen und dem Wandel der Geschichte zu unterscheiden. Um diese allgemeine Identität beschreiben zu können, galt es wiederum auf Besonderes zurückzugreifen. Dieses Be-

---

[487]   Vgl. Giesen, Bernhard: Die Intellektuellen und die Nation, S. 149; zu dem Aspekt des germanischen „Genies" vgl. die grundsätzlichen Ausführungen bei Reiss, Hans: Politisches Denken in der deutschen Romantik, Bern 1966, S. 13f.

[488]   Vgl. im Kontext und im Folgenden das Kapitel „Transzendenz, Individualität und romantischer Nationencode" bei Giesen, Berhard: Die Intellektuellen und die Nation, S. 142-158.

[489]   Zu Novalis vgl. in diesem Kontext grundsätzlich die Ausführungen bei Meinecke, Friedrich: Weltbürgertum und Nationalstaat, S. 58-75. Mit Blick auf die Ideen Novalis' und Friedrich Schlegels kommt Meinecke zu dem Ergebnis, dass bei beiden Vertretern der Politischen Romantik Ansätze sowohl zu einer tieferen Würdigung des von nationalem Leben erfüllten Einzelstaates, wie zu einem politischen Universalismus zu finden seien, der die Autonomie des Einzelstaates wieder beschränken musste. „Bei Novalis", so Meinecke, „war dieser Universalismus angeknüpft an den mittelalterlichen theokratischen Universalismus, bei Friedrich Schlegel an die weltbürgerlichen Ideen der Revolution - aber eben nur angeknüpft, nicht entscheidend beeinflußt durch sie. Tiefer und stärker als Mittelalter und Rousseau [zur Bedeutung Rousseaus in diesem Kontext vgl. Schmitt, Carl: Politische Romantik, S. 227] wirkte hier doch der Grundcharakter der damaligen deutschen Bildung, ihre hochgespannte Geistigkeit, ihre ausschließliche Wertschätzung der idealen Güter des Lebens, ihre energische Wendung ins Innere des menschlichen Geistes, ihre Neigung, nur das aus der Außenwelt auf sich wirken zu lassen, was die Innerlichkeit am besten und leichtesten nährte." Ebd., S. 74.

[490]   Zum Phänomen der „Politischen Romantik" vgl. grundsätzlich die einschlägige Untersuchung von Schmitt, Carl: Politische Romantik, 2. Aufl., München 1925. Mit Blick auf das Verhältnis von Patriotismus und Politischer Romantik kommt Schmitt bei seiner Analyse zu der Einschätzung: „Aus Patriotismus kann man die Romanik verherrlichen und verfluchen". Ebd., S. 6f. Denn „ob monarchische oder demokratische, konservative oder revolutionäre Gedanken romantisiert werden, ist für das Wesen des Romantischen gleich, sie bedeuten nur occasionelle Anknüpfungspunkte für die romantische Produktivität des schöpferischen Ich", wie Schmitt betont [vgl. ebd., S. 227] und mit der Einsicht seine Analyse schließt, dass die deutsche Romantik erst die Revolution romantisierte, „dann die herrschende Restauration und seit 1830 wurde sie wieder revolutionär. Trotz Ironie und Paradoxie zeigt sich eine beständige Abhängigkeit [...]: alles Romantische steht im Dienste anderer, unromantischer Energien und die Erhabenheit über Definition und Entscheidung verwandelt sich in ein dienstbares Begleiten fremder Kraft und fremder Entscheidung". Ebd., S. 228. Zur Genese der „Politischen Romantik" in Deutschland - v. a. im Denken Novalis', Schlegels, Müllers und auch Görres' vgl. die Analyse bei Baxa, Jakob: Einführung in die romantische Staatswissenschaft, 2. erw. Aufl., Jena 1931.

[491]   Rüstow, Alexander: Ortsbestimmung der Gegenwart, Zweiter Band, S. 441.

[492]   Vgl. Schmitt, Carl: Politische Romantik, S. 50.

sondere – das deutsche Mittelalter, die alten Germanen, die Antike – wurde seinerseits enthistorisiert und mythisiert: eine zeitlose Zeit.[493] Eine weitere Möglichkeit,
die Identität der Nation transzendent zu konstruieren, bot der romantische Naturbeg-
riff. Unter Natur wurde nicht der Gegenstand wissenschaftlicher Erfahrung oder
technischer Manipulation, wurden nicht die analytisch trennbaren Bestandteile der
materiellen Welt verstanden, sondern der einheitsstiftende Grund des Stofflichen,
aus dem erst durch die Tätigkeit des Geistes Unterscheidungen entstehen und einzelne Dinge bestimmbar werden. Die romantische Natur war unbestimmt, unbewusst
und unendlich. Die Nation war organische, lebendige und unendliche Natur[494] – eine,
wie der von Edmund Burke[495] beeinflußte Adam Müller in seiner Abhandlung über
„Die Elemente der Staatskunst"[496] formulierte – „erhabene Angelegenheit", die niemals durch die „toten Begriffe"[497] erfasst werden könne.[498]

Müllers Nationalitätsbegriff berührte sich mit dem Nationalstaatsgedanken von
Novalis, während er grundverschieden war von dem Fichteschen Nationalbegriff.
Ging dieser von der Kulturnation, von der Sprach- und Kulturgemeinschaft des ge-
samten deutschen Volkes aus, die Fichte sich zum Repräsentanten der Menschheit
steigerte, und dabei den deutschen Einzelstaat missachtete und den Staat überhaupt
nur als Kulturstaat, als Mittel zum Vernunftreich schätzt, so ging Adam Müller, wie
Novalis und schließlich auch Friedrich Schlegel, von den geschichtlich gegebenen
Staatsgemeinschaften aus. In Fichtes Nation dominierte das universale Element, in
Müllers Nation das Element der historisch-politischen Besonderheit. Nation war für

---

[493]   Giesen, Bernhard: Die Intellektuellen und die Nation, S. 149.
[494]   Ebd., S. 150; zu den Prinzipien des „Organischen" und „Natürlichen" im Nations- bzw. Staatsver-
        ständnis der „Politischen Romantik" vgl. die grundsätzlichen Ausführungen bei Prignitz, Christoph:
        Vaterlandsliebe und Freiheit, S. 92f.
[495]   Vgl. Burke, Edmund: Betrachtungen über die französische Revolution [In der deutschen Übertra-
        gung von Friedrich Gentz; Bearbeitet und mit einem Nachwort von Lore Iser], Frankfurt a.M. 1967;
[496]   Müller, Adam: Die Elemente der Staatskunst, in: Die politische Romantik - Eine Textsammlung
        (hrsg. von Klaus Peter), Stuttgart 1980, S. 280-300. Kurt Hübner bemerkt mit Blick auf Adam Mül-
        ler, über kaum einen politischen Denker herrsche „soviel blanke Unkenntnis wie über ihn, und kaum
        einer wurde daher auch mehr das Opfer irreführender Klischees". Ders.: Das Nationale, S. 123. Die
        Bedeutung Müllers erblickt Hübner darin, dass dieser alle bis zu ihm entwickelten Elemente der
        Romantischen Staatstheorie verwandt, begrifflich abgeklärt, geordnet und mit wichtigen Ergänzun-
        gen zu einem systematischen Ganzen vereint habe. Entsprechend, so Hübner, sei „aber auch die Kri-
        tik an den rationalistischen Widersachern dieser Theorie von ihm am umfassendsten vorgenommen
        worden". Vgl. ebd.
[497]   Der Kampf, den Müller gegen den „toten 'Begriff'" und für die lebendige „Idee" des Staatsgedan-
        kens führe, erinnert Meinecke zufolge an Fichtes „schon früh hervortretendes Streben, den Forma-
        lismus der Begriffe zu überwinden und ein Vereinigungsband des Staatsganzen aufzuzeigen, das
        'außer dem Begriffe' liegt". Vgl. Meinecke, Friedrich: Weltbürgertum und Nationalstaat, S. 127; vgl.
        ebd. S. 128f Meineckes Ausführungen zu „der tiefen Kluft", die gleichwohl Müller von Fichte trennt.
[498]   Zu „Begriff und Idee des Staates" bei Adam Müller vgl. den entsprechenden Abschnitt bei Göhler,
        Gerhard / Klein, Ansgar: Politische Theorien des 19. Jahrhunderts, in: Lieber, Hans-Joachim (Hrsg.):
        Politische Theorien von der Antike bis zur Gegenwart, S. 333f; vgl. ebd. die gesamten Ausführungen
        zu Müller, S. 325-343; zu den Grundkategorien in Müllers Denken vgl. die Ausführungen bei
        Mannheim, Karl: Konservatismus, Frankfurt a.M. 1989, S. 170ff.

Müller eine Durchdringung von Staat, Volk, Individuum, öffentlichem und privatem Dasein.[499]

Hat Edmund Burke, von Adam Müller als „letzter Prophet, der auf diese entzauberte Erde gekommen" sei, apostrophiert[500], nicht zuletzt dadurch, dass er die Lehre vom Gesellschaftsvertrag in das "Reich der Märchen und Fabeln verwies"[501] bzw. dadurch, dass er die irrationalen Bestandteile des Staatslebens, die Macht der Sitte, der Tradition, des Instinktes und auch der triebartigen Empfindungen angemessen würdigen und verstehen lehrte, den naturrechtlichen Staatsauffassungen des 18. Jahrhunderts den „ersten entscheidenden Stoß versetzt und allem Denken über den Staat Elemente zugefügt, die niemals wieder ausgeschieden werden können", wie Meinecke meinte?[502]

Der Staat, so Burke in seinen „Betrachtungen über die französische Revolution", sei nicht bloß eine Gemeinschaft in Dingen, deren die grobe tierische Existenz des vergänglichen Teils unseres Wesens bedürfe, er sei eine Gemeinschaft in allem, was wissenswürdig, in allem, was schön, in allem, was schätzbar und gut und göttlich im Menschen ist. Da die Zwecke einer solchen Verbindung nicht in einer Generation zu erreichen seien, so werde daraus eine Gemeinschaft zwischen denen, welche leben, denen, welche gelebt haben, und denen, welche noch leben sollen. Jeder Grundvertrag einer abgesonderten Staatsgesellschaft sei nur eine Klausel in dem großen Urkontrakt, der von Ewigkeit her alle Weltwesen zusammenhalte, die niedrigeren Naturen mit den höheren verbinde und die sichtbare Welt an die unsichtbare knüpfe, alles unter der Sanktion eines unverletzlichen und unwandelbaren Gesetzes, vor dem nichts im physischen, nichts im moralischen Weltall seine angewiesene Stelle verlassen dürfe.[503] Analog zu seinem Staatsverständnis deutete Burke die Nation als eine in sich differenzierte, durch Geschichte und praktische Vernunft gewachsene Ganzheit, worin sich allein eine freiheitliche, weil keinerlei nationalistischen Schemata unterworfene Gesellschaft zu bilden vermöge. Burke kämpfte gegen die aufklärerische Abstraktheit, weil das Verhältnis zwischen Individuum und Staat für ihn weniger ein moralisch-sittliches, als ein natürlich-schicksalhaftes war. Nicht weil er solle, müsse oder weil allgemeine Imperative ihn dazu bestimmten, suche der Mensch seinen Platz innerhalb der Nation, sondern weil er durch Sprache, Sitte, Religion, Tradition, bestimmte Rechtsverhältnisse in eine Kulturgemeinschaft hineingeboren sei.[504]

Steht für Adam Müller der nationale Staat[505], die einzelne Nationalität im Mittelpunkt der Aufmerksamkeit – während der Kosmopolitismus der Aufklärung lediglich

---

[499] Vgl. Meinecke, Friedrich: Weltbürgertum und Nationalstaat, S. 133f.

[500] Zitiert nach Meinecke, Friedrich: Weltbürgertum und Nationalstaat, S. 120; vgl. auch die Qualifizierung Burkes als „eigentliche[r] Führer der geistigen Gegenrevolution, der auch für die Romantiker der Katalysator [...] wurde" bei Rüstow, Alexander: Ortsbestimmung der Gegenwart, Zweiter Band, S. 441f.

[501] Baxa, Jakob: Einführung in die romantische Staatswissenschaft, S. 276.

[502] Vgl. Meinecke, Friedrich: Weltbürgertum und Nationalstaat, S. 120f.

[503] Burke, Edmund: Betrachtungen über die französische Revolution, S. 160.

[504] Vgl. Hübner, Kurt: Das Nationale, S. 99. Vgl. im Kontext Vossler, Otto: Der Nationalgedanke von Rousseau bis Ranke, München 1937, S. 69.

[505] Vgl. Adam Müllers staatswissenschaftliche Abhandlungen, die er seit 1819 verfasst hat, in: Ders.: Schriften zur Staatsphilosophie, ausgewählt u. hrsg. v. Rudolf Kohler, München 1923.

als vager, unfassbarer Begriff erscheint[506] –, so erkennt er als Band zwischen den verschiedenen Nationen Religion und Kirche.[507]

Eingedenk der Radikalisierung, dass der „Gottesdienst der Vernunft"[508] durch die Romantik immer mehr und immer vehementer in Frage gestellt und schließlich „vor Thron und Altar [..] neue Leibgarden auf[gezogen, V.K.]" wurden[509], verweist Alexander Rüstow in seiner "Ortsbestimmung der Gegenwart" zu Recht auf den Umstand, dass die Frühromantik, die ursprünglich den höchst zukunftsvollen Versuch unternommen hat, die klassische Synthese zwischen Aufklärung und Sturm und Drang unter stärkerer Berücksichtigung der irrationalen und historischen Bestandteile zu erneuern, zunehmend in die Einseitigkeit einer offenen Feindschaft gegen die Aufklärung hineingetrieben wurde. So entstand jene "romantische" Haltung, die Goethe im Gegensatz zur Gesundheit der Klassik als "das Kranke bezeichnen konnte".[510] Deren Bedeutung war für den weiteren Geschichtsverlauf groß, weil sie für die verhängnisvollen geistigen Frontstellungen Irrationalismus gegen Rationalismus und Rationalismus gegen Irrationalismus des 19. Jahrhunderts, die auch in der ideologischen Konfrontation des 20. Jahrhunderts noch nicht überwunden waren[511], Verantwortung trug.[512]

---

[506] Gleichwohl finden sich bei Müller, wie es Kurt Hübner herauszuarbeiten gelingt, durchaus Kongruenzen zwischen den jeweiligen Staaten und einer verbindenden Gemeinschaft derselben in Europa: „*Wir fühlen*", so zitiert Hübner Müller, „*es gibt keinen großen, reinen Patriotismus mehr, wie ihn die Alten nährten: Ein gewisser Kosmopolitismus geht ihm an die Seite, und mir Recht; denn es kommt auf zwei Dinge an: Auf das Vaterland und auf den Staatenbund, deren eines, abgesondert für sich, ohne das andere nicht mehr begehrt werden kann*". Zitiert nach Hübner, Kurt: Das Nationale, S. 139 [Hervorhebung im Original, V.K.]; vgl. dazu vertiefend ebd., S. 126ff.

[507] Prignitz, Christoph: Vaterlandsliebe und Freiheit, S. 92; vgl. auch die Ausführungen zu „Adam Müllers 'Theologische Grundlage'" bei Baxa, Jakob: Einführung in die romantische Staatswissenschaft, S. 209; vgl. auch ebd., S. 278f, wo Baxa grundsätzlich hervorhebt, die Romantik bedeute „ihrem idealistischen Charakter gemäß [...] eine Wiedergeburt der von der Aufklärung totgesagten Religion. [...] Der Romantiker beugt sich in Ehrfurcht vor dem Mysterium des Lebens, das für ihn immer unergründlich bleibt, sei es, daß er es mit den Lehren einer titanischen Philosophie zu lösen sucht, sei es, daß er es gläubigen Herzens im Lichte des Christentums betrachtet. In der Religion als gesellschaftlicher Erscheinung erblickt der Romantiker eine Stütze des Staates. Alle konservativen Richtungen des neunzehnten Jahrhunderts, insbesondere der sogenannte 'christliche Sozialismus' wurzeln letzten Endes in der Staats- und Gesellschaftslehre der romantischen Schule".

[508] Zitiert nach ebd., S. 278.

[509] Rüstow, Alexander: Ortsbestimmung der Gegenwart, Zweiter Band, S. 438.

[510] Ebd., S. 440f.

[511] Zu dem zentralen Gegensatz Rationalismus/Irrationalismus im Zeichen der Politischen Romantik vgl. die historisch-philosophische Analyse von Lukács, Georg: Die Zerstörung der Vernunft, Berlin 1953; vgl. in diesem Kontext v.a. Lukács' Ausführngen über „die Begründung des Irrationalismus in der Periode zwischen zwei Revolutionen (1789-1848), ebd., S. 75-103; vgl. auch Lukács Ausführungen über „Die Romantik als Wendung in der deutschen Literatur", in: Peter, Klaus (Hrsg.): Romantikforschung seit 1945, Königstein/Ts, 1980, S. 40-52. Lukács verweist hier auf den Umstand, dass „auch die Romantik, auch die romantische Reaktion [..] die Umwandlung Deutschlands in ein modernes (und - was den meisten Vertretern damals nicht bewußt war - in ein kapitalistisches) Land" wolle, „jedoch *ohne* Vernichtung des Absolutismus, ohne Beseitigung der feudalen Überreste, der feudalen Vorrechte". Ebd., S. 41[Hervorhebung im Original].

[512] Rüstow, Alexander: Ortsbestimmung der Gegenwart, Zweiter Band, S. 441.

Mit ihrer „neuorphischen Wendung"[513] von der Antike zum Mittelalter[514], vom Pa-
nentheismus zum Konfessionalismus, vom Kosmopolitismus zum Nationalismus, als
„eine der wichtigsten Folgeerscheinungen der Katastrophe von 1792/93 und nächst
der Reformation vielleicht der verhängnisvollste Umbruch unserer Geistesgeschichte"[515] vollzog die Romantik ihre Abwendung von der grundlegenden klassischen
Auffassung des Griechentums „in bestürzender Plötzlichkeit und Schroffheit"[516]. Das
lebendige, einheitliche umfassende Verständnis des Griechentums, welches durch
den Neuhumanismus der deutschen Klassik errungen wurde, war, „gewiß im großen
Schwung des ersten Anlaufes nicht frei von Einseitigkeit geblieben und hätte sich
noch fruchtbar ergänzen und ausbauen lassen"[517]; statt aber in das Bild dort, wo es
objektive philologische Forschung erforderte, einige Schatten einzuzeichnen, wurde
in massloser Übertreibung und Einseitigkeit ein völlig neues Bild entworfen, das nur
noch aus Halbdunkel, Dunkel und Düsternis bestand, „woraus geheimnisvoll verzerrt
die Fratzen ägyptischer, ja indischer Götterbilder aufzudämmern schienen".[518]

Wurde aus dem „finsteren" Mittelalter, als das es spätestens seit dem 18. Jahrhundert galt, retrospektiv ein „goldenes Zeitalter" jenseits der Dichotomie von
„Christenheit oder Europa"[519], so war es nur konsequent, dass Friedrich Schlegels

---

513   Vgl. ebd., S. 445. „Die Orphik des 6. Jahrhunderts v. Chr. hatte sich", wie Rüstow an anderer Stelle
     erläutert, „gleich mit einer tendenziös archaisierenden Geschichtsfälschung eingeführt, indem sie für
     ihren heros eponymos und seine Mythenklitterungen vorhomerisches Alter in Anspruch nahm; später
     war sie mit der angeblichen Urweisheit altorientalischer Priesterherrschaft in fabelhafte Verbindung
     gebracht worden. Diese theologische Geschichtsfälschung war von Neupythagoreern und Neuplato-
     nikern weiter ausgesponnen worden, und sie war es, die jetzt von Görres, Creuzer und den Ihrigen
     wieder aufgenommen und ausgebaut wurde. Bemühte sich die interpretatio christiana, die Griechen
     als tief unglücklich, von düsterem Pessimismus beherrscht, und also in höchstem Grade erlösungs-
     bedürftig darzustellen, so glaubte die erneuerte interpretatio orphica nachweisen zu können, daß sie
     sich dieser Erlösungsbedürftigkeit auch selber voll bewußt gewesen seien und in Mysterien und my-
     thischen Geheimlehren den theologischen Heilsweg gen Osten gesucht und gefunden hätten." S. 443.
514   Vgl. dazu auch Korff, Hermann A.: Geist der Goethezeit (IV. Teil), S. 123ff. Ungeachtet der Um-
     bruchsituation hat die Antike - Korff zufolge - nie aufgehört, „ihren alten Zauber auf die deutsche
     Seele auszuüben". Ebd., s. 123.
515   Rüstow, Alexander: Ortsbestimmung der Gegenwart, Zweiter Band, S. 445.
516   Ebd.
517   Die Klassik sei „in der Tat, von dem strahlenden Licht des Griechentums geblendet, für Negativitä-
     ten und Nachtseiten blind gewesen, die auch dem griechischen Leben keineswegs fehlten", wie
     Rüstow zu bedenken gibt; wenn die Romantik solche „tatsächlich vorhandenen Nachtseiten entdeck-
     te und aufwies", so sei dies folglich durchaus als Verdienst zu bewerten. Ebd., S. 443.
518   Ebd.
519   In seiner 1799 entstandenen Schrift „Die Christenheit oder Europa" verklärt Novalis das Mittelalter
     zu einer Epoche idealer Einheit und Harmonie, die mit dem Aufkommen des Protestantismus und
     der Aufklärung zerbrochen sei : „Es waren schöne glänzende Zeiten, wo Europa ein christliches
     Land war, wo Eine Christenheit diesen menschlich gestalteten Weltteil bewohnte; Ein großes ge-
     meinschaftliches Interesse verband die entlegensten Provinzen dieses weiten geistlichen Reichs".
     Ders.: Die Christenheit oder Europa, in: Ders.: Werke (Rowohlt Klassiker 11), Reinbek b. Hamburg
     1967, S. 35 [wieder abgedruckt bei Lützeler, Paul Michael: Hoffnung Europa. Deutsche Essays von
     Novalis bis Enzensberger, Frankfurt a. M. 1994, S. 27-45]; zu Novalis' Schrift vgl. die Analyse bei
     Malsch, Wilfried: Europa. Poetische Rede des Novalis: Deutung der französischen Revolution und
     Reflexion auf die Poesie in der Geschichte, in: Peter, Klaus (Hrsg.): Romantikforschung seit 1945,
     Königstein /Ts 1980, S. 198-202. Eine genauere Betrachtung des Textes ergibt Malsch zufolge, „daß
     diese poetische Rede erstens eine Erzählung von Europa und zweitens eine an Europa gerichtete

naturrechtliche, am Ideal der antiken *polis* orientierte Argumentation einem geschichtsphilosophischen Gebäude Platz machte, das auf katholischen und mittelalter-
lich-deutschen Grundfesten ruhte[520] und – im Sinne Franz von Baaders – dem „Bedürfnis einer neuen und innigeren Verbindung der Religion mit der Politik"[521] Rechnung zu tragen suchte.[522]

Die "politische Romantik" gab der deutschen Nationalbewegung eine Richtung
fort von den auf der Aufklärung basierenden liberalen, demokratischen und nationalstaatlichen Ideen des westlichen Europa. Entscheidendes Kriterium für die Zugehörigkeit zu einem Volk wurde im Sinne der Romantik die Tatsache, dass man in eine
Nation hineingeboren war und dass man sich zu ihrem Volksgeist bekannte[523]
– ausschlaggebend waren also nicht mehr in erster Linie die aktuell politische, auf
der Volkssouveränität beruhende Verfassung und die Freiheiten, die diese dem einzelnen Bürger gewährte. Damit begann sich die enge Verbindung zwischen dem patriotischen Denken und dem Kampf um die bürgerliche Emanzipation, um die Freiheit als Ausdruck der Interessen des Bürgertums zu lösen. Ein für den Patriotismus
bisher konstitutives Moment, die Symbiose von Freiheit und nationalem Denken,
verlor seine Tragfähigkeit.[524] War in der Epoche der Aufklärung der Versuch unternommen worden, das entstehende Nationalgefühl bzw. -bewusstsein in das bürgerli-

---

Deutung dieser Erzählung enthält. Alle in der Novalis-Rezeption begrüßte oder beklagte Rückwendung zur Vergangenheit gehört ausschließlich der Erzählung an, die vom Redner [Novalis, V.K.] ge-
schichtstypologisch gedeutet wird. Alle zum Frieden weisenden Möglichkeiten gehören der Deutung
des Redners an, der sie in der Erzählung präfiguriert sieht und sie prophetisch beschwört. Krieg und
Frieden sind in dieser Deutung unterschieden als unerkannte und als erkannte Form derselben einen -
als Weltphantasie zu verstehenden - 'Religion' oder 'Poesie'. Ebd., S. 198. Vgl. zu Novalis' Europa-
Gedanken auch die Ausführungen bei Hübner, Kurt: Das Nationale, S. 119f.
[520] Vgl. dazu Baxa, Jakob: Einführung in die romantische Staatswissenschaft, S. 239ff (S. 245-249).
Vgl. dazu die Ausführungen bei Meinecke, Friedrich: Weltbürgertum und Nationalstaat, S. 76-81.
[521] Vgl. zu Franz von Baader, „eine[m, V.K.] der gewichtigsten Denker der deutschen Romantik" [so
die Charakterisierung Baaders bei Reiss, Hans: Politisches Denken in der deutschen Romantik, S.
60; vgl. ebd. Reiss' Ausführungen zu Franz von Baader, S. 60-65] vgl. die Ausführungen bei Baxa,
Jakob: Einführung in die romantische Staatswissenschaft, S. 249ff. Vgl. im Original Baader, Franz
von: Über das durch die französische Revolution herbeigeführte Bedürfnis einer neuen und innigeren
Verbindung der Religion mit der Politik, in: Die politische Romantik in Deutschland. Eine Textsammlung (hrsg. v. Klaus Peter), Stuttgart 1985, S. 339-352.
[522] Alexander Rüstow spricht in diesem Kontext von „romantischer Neo-Metaphysik"; vgl. ders.: Ortsbestimmung der Gegenwart, Zweiter Band, S. 459.
[523] Vgl. Prignitz, Christoph: Vaterlandsliebe und Freiheit, S. 100. Gleichwohl so betont Kurt Hübner in
abweichender Auffassung, sei der romantischen Staatsphilosophie der Goethe-Zeit, die „als erste der
für den modernen Staat grundlegenden Frage nach dem Wesen der Nation als tragende Substanz des
Staates in nie gekannter Tiefe und Weite nachgegangen" sei, jede Art von Chauvinismus „vollkommen fremd [gewesen, V.K.]. Sie dachte *europäisch*. Wo es Ausnahmen gibt, sind sie sowenig ty-
pisch, daß sie eher wie ein Fremdkörper wirkten. [...] Wir können also geradezu formulieren: *Nationale Toleranz auf der Grundlage der Überzeugung von der gottgewollten Gleichwertigkeit der Nationen als mannigfaltige Ausdrucksformen der unendlichen Schöpfungsidee 'Menschheit' ist ein A-
xiom der Romantischen Staatsphilosophie*". Ders.: Das Nationale, S. 102 [Hervorhebung im Original, V. K.].
[524] Prignitz, Christoph: Vaterlandsliebe und Freiheit, S. 96f.

che Emanzipationsbestreben zu integrieren, d.h. Patriotismus und Freiheitsidee zu verknüpfen, so „erschlaffte" dieses Unternehmen in der „Politischen Romantik".[525]

B   Restauration und „Deutscher Bund"

Jene Entwicklungslinie hingegen, die vom konkret freiheitlichen Patriotismus der Aufklärung ausging und die Romantik nicht wesentlich einschloss[526], fand ihren Anknüpfungspunkt in dem Sieg über Napoleon: Mit Einfallsreichtum und Elan hatten die Patrioten nach dem Sieg über Napoleon versucht, den nationalen Impuls des Befreiungskampfes durch neue Aktivitäten fortzusetzen und zu intensivieren. So organisierten sich „Deutsche Gesellschaften" im Rheinland, und am Jahrestag der „Völkerschlacht" bei Leipzig[527] kam es zu einem ersten Nationalfest.[528] In ganz Deutschland fanden, angeregt durch einen Aufruf von Ernst Moritz Arndt, verbreitet u.a. durch Görres' 'Rheinischen Merkur', patriotische Volksversammlungen statt; in vielen deutschen Gemeinden war die jugendliche Bevölkerung, angeführt von den Patrioten, auf einen nahe gelegenen Hügel gezogen, hatte dort mit Liedern und Reden des Jahrestags der Völkerschlacht von Leipzig gedacht und ein Feuer entzündet. Der Anblick der Höhenfeuer aus den Nachbargemeinden machte bewusst, dass durch die Befreiung von der französischen Okkupation eine neue Gemeinsamkeit unter den Deutschen entstanden war. Die Gottesdienste und Feiern des nächsten Tages bestätigten diesen Eindruck auf vielfätige Weise. Mit diesem Nationalfest, charakteristisch in seiner spontanen und dezenten Form, äußerte sich die antinapoleonische Bewegung erneut in einer gemeinsamen Aktion. Sie gab zu erkennen, dass sie nach dem militärischen Sieg zusammenbleiben wolle und weiterhin zu handeln in der Lage sei. So wurde deutlich, dass hinter der antinapoleonischen Bewegung eine politische Kraft sich formierte, mit der die Regierungen auch in Zukunft zu rechnen hatten: die nationale Bewegung. Für die Wiener Verhandlungen, welche im Oktober 1814 begannen, war dies eine bedeutsame Vorgabe.

Denn nicht nur die aktiven Träger des Kampfes gegen die Fremdherrschaft, nicht nur die radikalere Richtung unter den preußischen Reformern, nicht nur die Jugend, die unter den Fahnen der Verbündeten für Freiheit und Selbstbestimmung gekämpft

---

[525] Vgl. dazu Rüstow, Alexander: Ortsbestimmung der Gegenwart. Zweiter Band, S. 469, wo Rüstow auf die „synthetische Hochspannung der Leistungen der Klassik" verweist, die zur „vielleicht wichtigsten unbewußten Kraftquelle [..] den ungebrochen fortwirkenden säkularen Fortschrittsschwung der Aufklärung" gehabt habe. „Durch das Scheitern der Französischen Revolution ging [...] diese dynamische Grundlage des ganzen 18. Jahrhunderts verloren. Es ist kein Wunder, daß sich nach dem Versiegen ihrer mächtigsten Kraftquelle eine solche Hochspannung nicht mehr aufrechterhalten ließ, daß vielmehr, nicht ohne schwer pathologische Begleiterscheinungen, ein Erschlaffen und Zurücksinken eintrat. Diese auffällige Erscheinung des Zurücksinkens noch hinter die nächstvorhergehende Periode ist interessanter Weise [...] bereits beobachtet worden für die Romantik [...]".

[526] Prignitz, Christoph: Vaterlandsliebe und Freiheit, S. 100.

[527] Zur „Völkerschlacht" bei Leipzig vgl. die Ausführungen bei Behnen, Michael: Deutschland unter Napoleon. Restauration und Vormärz (1806-1847), in: Vogt, Martin (Hrsg.): Deutsche Geschichte [begründet von Peter Rassow], vollst. neu bearb. u. illustr. Ausg., Stuttgart 1987, S. 349-402, S. 356.

[528] Dann, Otto: Nation und Nationalismus in Deutschland, S. 78.

hatte, sondern weithin gerade auch die Bürger und Bauern in den französisch oder rheinbündisch gewesenen Teilen Deutschlands erstrebten einen nationaldeutschen Gesamtstaat, der sich auf Einheit und Freiheit gründe und der Nation Unabhängigkeit, Sicherheit und Wohlfahrt verbürge. Mit der Erinnerung an Größe und Glanz des alten Reichs verband sich in diesem Streben das Nationalbewusstsein der aufsteigenden bürgerlichen Gesellschaft, deren freigesetzte Energien sich hier zum ersten Mal einem selbstgewählten politischen Ziel zuwandten. In einer Fülle von Bekundungen hatte die deutsche Nation seit den Tagen Mösers und Klopstocks, Herders und Fichtes, Schillers und Kleists ihren Anspruch auf geistige, dann auch auf politische Einheit und Freiheit ausgedrückt. Nun, nach dem siegreichen Befreiungskampf, ging es nicht mehr um Beteuerungen und Bekenntnisse, sondern um die Verwirklichung und Formung des deutschen Nationalstaats in einer konkreten verfassungsmäßigen Gestalt. In der Verfassung wollten die Reformer die zentrale Exekutivgewalt mit einer an der Legislative beteiligten Nationalrepräsentation und die einheitliche Gesamtstaatsgewalt mit beschränkten Hoheitsrechten der gliedstaatlichen Territorien verbinden. Sie zeigten sich entschlossen, diesen zentralgeleiteten, mit gewählter Volksvertretung und geschützten Bürgerrechten ausgestatteten deutschen Staatskörper nicht durch Revolution, sondern durch Reform[529], d.h. in Anlehnung an die Tradition des alten Reichs wie an die vitale Staatlichkeit der deutschen Territorien, zu schaffen.[530] Die im Jahre 1811 begründete Turnbewegung Friedrich Ludwig Jahns[531] – im Zeitraum von 1811 bis 1871 ein Spiegelbild des politischen und gesellschaftlichen Entwicklungsprozesses in Deutschland[532] – wurde von den heimkehrenden Kriegsteilnehmern aufgegriffen und über Berlin hinaus mit großem Widerhall in mehr als hundert Städten verbreitet. Mit etwa 80 000 bis 90 000 Mitgliedern gehörte die Turnbe-

---

[529] Vgl. im Kontext die Ausführungen zu dem Gedanken des politisch-sozialen Reformkonzepts im deutschen Liberalismus des 18. und 19. Jahrhunderts bei Gall, Lothar: Liberalismus und „bürgerliche Gesellschaft". Zu Charakter und Entwicklung der liberalen Bewegung in Deutschland, in: Ders.: Bürgertum, liberale Bewegung und Nation, S. 99-125, S. 107ff. Während im 18. Jahrhundert das Reformkonzept des aufgeklärten Absolutismus, d.h. der „Modernisierung" der wirtschaftlichen und sozialen Verhältnisse von oben her, d.h. durch den bürokratischen Anstaltsstaat und seine „aufgeklärte" Bürokratie noch als unterschiedlicher Weg zum letztlich gleichen Ziel, der rechtsgleichen Staatsbürgergesellschaft, verstanden werden konnte, so stellte sich dieses - Gall zufolge - nach 1815 „sehr viel anders dar". Vgl. ausführlich dazu ebd., S. 108f.

[530] Huber, Ernst Rudolf: Deutsche Verfassungsgeschichte seit 1789, Band 1, S. 476f.

[531] Vgl. dazu Langewiesche Dieter: Nation, Nationalismus, Nationalstaat in Deutschland und Europa, München 2000; vgl. ebd. das gesamte Kapitel ‚'für Volk und Vaterland kräftig zu würken ...'. Zur politischen und gesellschaftlichen Rolle der Turner zwischen 1811 und 1871, S. 103-131. Jahn, der Langewiesche zufolge die frühe Turnbewegung „als Organisator und Ideenstifter zweifellos wie kein anderer geprägt [hat, V. K.]"[vgl. ebd., S. 104], dachte die deutsche Nation von einem mystifizierten „Volkstum" her; seine Idee der Nation unterschied sich signifikant von der westeuropäischen, wie Langewiesche im Folgenden ausführt: „Die Nation Jahnscher Prägung war keine politische Größe, für die sich der einzelne entscheiden oder auch nicht, sondern sie beruhte auf der Zugehörigkeit zum deutschen 'Volkstum', dessen Einheit in der Sprache und der Sitte verbürgt sei. [...]". Ebd., S. 111. Auch wenn Jahn mitsamt seinen „Reformideen" [vgl. dazu ebd., S. 110f] nicht die Existenz der angestammten deutschen Fürstenhäuser habe infrage stellen wollen, wie Langewiesche betont, so untergrub er dennoch „ihre Legitimität, indem er das 'Volkstum' zum Kern von Staat und Gesellschaft erklärte". Ebd., S. 112.

[532] Ebd., S. 103.

wegung neben den Sängervereinen und den Freireligiösen, die jeweils 100 000 Mitglieder zählten, zu den drei größten Massenorganisationen des Vormärz und bildete damit einen organisatorischen Hauptpfeiler der deutschen Nationalbewegung.[533]

Unter den Studenten setzte sich die aufgeklärte Reformgesinnung in eine patriotische Erneuerungsbewegung um und führte zu der Organisationsform der Burschenschaft, die alle deutschen Studenten einer Universität vereinigen, die bisherige landsmannschaftliche Organisierung ablösen und deren schwarz-rot-goldene Colorierung zum „Signum der demokratischen und der nationalen Einheitsbewegung"[534] auch in Zeiten der Restauration werden sollte. Bei aller Bedeutung, welche die Forderung nach nationaler Einheit in der Restaurationszeit gehabt hat, darf gleichwohl nicht übersehen werden, dass es sich bei ihren Vertretern um eine Minderheit handelte. Die große Mehrzahl der deutschen Bevölkerung war nach wie vor daran gewöhnt, im Rahmen eines Territorialstaates zu denken und zu leben. An die Stelle einer Vielzahl der kleinen Territorien, die in der napoleonischen Zeit verschwunden war, waren abgerundete, leistungsfähige Mittelstaaten und seit 1815 ein vergrößertes Preußen getreten. Diesen modernisierten Einzelstaaten mit ihren angestammten Dynastien gehörte die Loyalität der alten und auch der neu hinzugekommenen Bevölkerung. Der Wunsch nach Schaffung eines einheitlichen Nationalstaates – föderativ oder unitarisch, kaiserlich oder republikanisch – beschäftigte dagegen zunächst nur eine begrenzte Zahl von Intellektuellen, wenngleich er dank der Aktivität der Burschenschaften, des Treffens auf der Wartburg und der großen Publizität, die diesen Vorgängen zuteil wurde, immer weitere Kreise des Bildungsbürgertums zu interessieren begann.

Die rechtlich rein privaten Zusammenkünfte der Restaurations- und Vormärzzeit wie das Wartburg-Fest von 1817 und das Hambacher Fest von 1832 zeigten mit ihrem Widerhall in ganz Deutschland, welche Rolle in zunehmendem Maße die persönliche Meinungsäußerung in der Öffentlichkeit spielte. Hier formierten sich wichtige, die öffentliche Meinung weitgehend dominierende Teile der Gesellschaft, vorwiegend des gebildeten Bürgertums, zu einer Art Gegengewicht zur staatlichen Exekutive.[535]

Trotz Turnerschaft und Burschenschaft, trotz des Liberalismus der gebildeten Schichten von Akademikern[536] und Kaufleuten[537], trotz der von 1789 „beseelten" po-

---

[533] Vgl. ebd, S. 132ff auch Langewiesches Ausführungen zu der schwäbischen Sängerbewegung und ihrem Beitrag zur kulturellen Nationsbildung im 19. Jahrhundert.

[534] Vgl. Behnen, Michael: Deutschland unter Napoleon. Restauration und Vormärz, in: Vogt, Martin (Hrsg.): Deutsche Geschichte, S. 357f. Behnen verweist im Kontext seiner Ausführungen zu „Patrioten und Nationalisten" während der Restaurationsphase auf die schwarz-rot-goldene Colorierung der Montur des von Adolf von Lützow befehligten Freikorps, das - zeitweise mehr als 3000 Mann stark - überwiegend aus Studenten bestand. Diese Colorierung nahm später die deutsche Burschenschaft auf.

[535] Vgl. dazu die grundlegenden Ausführungen "Deutschland im Zeichen der Restauration (1815-1829)" bei Weis, Eberhard: Der Durchbruch des Bürgertums 1776-1847, S. 358-366.

[536] Vgl. Wehler, Hans-Ulrich: Nationalismus, Nation, Nationalstaat seit dem ausgehenden 18. Jahrhundert, in: Herrmann, Ulrich (Hrsg.): Volk - Nation - Vaterland, S. 272.

[537] Vgl. Craig, Gordon A.: Geschichte Europas 1815-1980. Vom Wiener Kongreß bis zur Gegenwart, 3. völlig überarb. u. rev. Aufl., München 1989, S. 16.

litischen Linken[538] – noch galt der nationale Einheitsstaat den verantwortlich Handelnden in Deutschland und Europa als politische Chimäre. Noch war der dynastisch-partikularstaatliche Gedanke so mächtig, dass der Plan einer deutschen Nationalrepublik allenfalls als Gedankenspiel erschien. Er hatte lediglich negative Bedeutung, indem die restaurativen Elemente ihn als Schreckmittel benutzten, um auch die Vertreter der gemäßigt nationalstaatlichen Lösungen als Schrittmacher der national-demokratischen Revolution zu diskreditieren.[539]

Darüber hinaus waren es neben dem österreichischen Staatsinteresse sowie dem Desinteresse der Rheinbundstaaten vor allem die starken preußischen Vorbehalte gewesen, die einer Realisierung der deutschen Nationalstaatsidee entgegenstanden und die somit faktisch die Entscheidung schon vorweggenommen hatten, als der Wiener Kongress 1814 zusammentrat.[540] Zwar hatte Preußen, das in dem Jahrhundert zuvor als „Rebell gegen das Reich" das meiste dazu beigetragen, die alte Reichseinheit vollends zu zerstören, sich unter der Führung der Reformpartei auf seine deutsche Aufgaben besonnen. Da indessen eine preußische Führung in einem gesamtdeutschen Nationalstaat, solange Österreich diesem angehörte, außerhalb aller realen Perspektiven stand, hätte Preußen sich der österreichischen, zumindest jedoch einer direktorialen Führung des deutschen Gesamtstaates unterordnen müssen. Preußen empfand sich nach seinen bedeutenden Staatsreformen, nach der Wiederherstellung und Erweiterung seines territorialen Besitzstands, nach der Erneuerung seines Waffenruhms und nach dem Rückgewinn seiner europäischen Geltung als eine dem habsburgischen Kaiserstaat gleichgeordnete und allen anderen deutschen Staaten überlegene europäische Großmacht. In einem deutschen Bundesstaat konnte es also weder die Unterordnung unter ein österrreichisches Kaisertum noch die Gleichordnung mit den kleineren deutschen Staaten – wie den Rheinbundstaaten – hinnehmen.[541]

---

[538] Huber, Ernst Rudolf: Deutsche Verfassungsgeschichte seit 1789, Band I, S. 483; vgl. ebenso Gollwitzer, Heinz: Weltbürgertum und Patriotismus, in: Aus Politik und Zeitgeschichte B 37-38 (1962), S. 457-462, der analog zu Huber in Erinnerung ruft: „Der Nationalismus kommt, auch wenn man das heute weder von links noch von rechts geren hört, von links; die Demokraten und die Liberalen waren die ersten Nationalisten [...]. Was sich in der Geschichte der deutschen Burschenschaft als Kampf gegen Reaktion, Restauration und Partikularismus abgespielt hat, ist beispielhaft dafür, daß seit der Französischen Revolution der Wille der lebendigsten und geistig führenden Kräfte des Bürgertums darauf gerichtet war, über die Dynastien und über das erstarrte und veraltete Gesellschaftssystem des Ancien régime hinweg Nationaleinheit und Freiheit zu gewinnen". Ebd., S. 458.

[539] Huber, Ernst Rudolf: Deutsche Verfassungsgeschichte seit 1789, Band I, S. 482f. Huber verweist in diesem Kontext auf jene Kampagne, die Stein und Gneisenau, aber auch Humboldt und Hardenberg als Parteigänger oder Förderer des „Tugendbundes" zu entlarven und damit als verkappte Anhänger des deutschen Jakobinismus zu kompromittieren suchte. Vgl. ebd., S. 483. Vgl. sodann die Ausführungen zu dem inneren Wandlungsprozeß Wilhelm von Humboldts bei Mann, Golo: Deutsche Geschichte des 19. und 20. Jahrhunderts, S. 81f. Vgl. im Gesamtkontext die Analyse bei Holborn, Hajo: Deutsche Geschichte in der Neuzeit. Band II: Reform und Restauration, Liberalismus und Nationalismus (1790-1871), München 1970.

[540] Huber, Ernst Rudolf: Deutsche Verfassungsgeschichte seit 1789, Band 1, S. 480-482.

[541] Vgl. ders.: Deutsche Verfassungsgeschichte seit 1789, Band 1, S. 481; vgl. ebd. auch Hubers dezidierte Ausführungen zu der „deutschen Frage" und den Rheinbundstaaten bzw. zu den „denkbaren Formen der Neuordnung", S. 482ff. Zu dem Weg Preußens „zwischen Reform und Revolution" vgl. die gleichnamige Untersuchung bei Koselleck, Reinhart: Preußen zwischen Reform und Revolution.

Obgleich der Wiener Kongress 25 Jahre nach den Anfängen der Französischen Revolution stattfand, war sein Geist vorrevolutionär[542]: Er war eine Zusammenkunft des alten Europa, nachdem ein neues sich bereits "überlaut vorgestellt hatte".[543] In Wien war nicht von Volkssouveränität die Rede, sondern von legitimen Monarchien, wie wenig „legitim" auch die Zustände waren, die man wohl oder übel übernommen hatte; nicht von Nationen, sondern von Staaten, die alle mehr oder weniger dieselbe Gesellschaft repräsentierten; nicht von nationalem, sondern von europäischem Interesse.[544] Metternich[545] favorisierte den schließlich realisierten „Deutschen Bund" anstelle eines deutschen Bundesstaates im Sinne Steins, Humboldts und Hardenbergs.[546] Aus der großen Zahl der verfassungspolitischen Projekte, die die Verhandlungen des Wiener Kongresses über die deutsche Frage vorbereiteten und begleiteten, ragte der Verfassungsplan Steins, der auf einen Bundesstaat mit starker Zentralgewalt zielte, hervor. Genau betrachtet gab es allerdings keinen einheitlichen Stein'schen Plan, sondern eine Kette variierender Stein'scher Verfassungsvorschläge, die in nicht weniger als dreizehn großen Denkschriften der Jahre 1812-15 entfaltet wurden. Wenn es auch in der Natur eines an verschiedenen Fronten und in wechselnden Lagen geführten Verfassungskampfes lag, dass sich die Vorschläge und Argumente Steins wandelten, so standen seine großen Ziele gleichwohl unverrückbar fest. Die deutsche Einheit war das Hauptziel:"Ich habe nur ein Vaterland", so Stein, „das heißt Deutschland, und da ich nach alter Verfassung nur ihm und keinem besonderen Teil desselben angehörte, so bin ich auch nur ihm und nicht einem Teil desselben von

---

Allgemeines Landrecht, Verwaltung und soziale Bewegung von 1791 bis 1848, Stuttgart 1967; vgl. auch die Ausführungen „Preußen nach 1806: Der Staat und die Reformen" bei Behnen, Michael: Deutschland unter Napoleon. Restauration und Vormärz (1806-1847), in: Deutsche Geschichte, S. 358-364.

[542] Vgl. dazu die Abhandlung von Griewank, Kurt: Der Wiener Kongreß und die europäische Restauration 1814/15, 2. neubearb. Aufl., Leipzig 1954.

[543] Analog zu Golo Manns Ausführungen formuliert denn Gordon A. Craig mit Blick auf den anstehenden Wiederaufbau Europas die entsprechende Frage, was - „oder vielmehr, wer - war Europa?" Vgl. ders.: Deutsche Geschichte 1815-1980, S. 23; vgl. dazu und im Gesamtkontext des Kapitels die fundierte Darstellung der politischen und geistesgeschichtlichen Entwicklung bei Nipperdey, Thomas: Deutsche Geschichte 1800-1866. Bürgerwelt und starker Staat, 3. Aufl., München 1985; vgl. weiterhin Langewiesche, Dieter: Europa zwischen Restauration und Revolution 1815-1849, München 1985; vgl. ebenso einschlägig Rürup, Reiner: Deutschland im 19. Jahrhundert 1815-1871, Göttingen 1984; Faber, Karl Georg: Deutsche Geschichte im 19. Jahrhundert. Restauration und Revolution. Von 1815-1851, Wiesbaden 1979; vgl. auch Wehler, Hans-Ulrich: Deutsche Gesellschaftsgeschichte, Band II: 1815-1845/49, 2. Aufl., München 1989.

[544] Vgl. dazu die Ausführungen „Die deutsche Frage und die europäischen Mächte" bei Huber, Ernst Rudolf: Deutsche Verfassungsgeschichte seit 1789, Band I, S. 477ff; vgl. ebenso die Ausführungen „Die Zeit der Verfassungskämpfe" bei Grimm, Dieter: Verfassung, in: Geschichtliche Grundbegriffe. Historisches Lexikon zur politisch-sozialen Sprache in Deutschland, Band 6, S. 831-899, S. 875-886; vgl. auch dazu und im Kontext Boldt, Hans: Deutsche Verfassungsgeschichte. Politische Strukturen und ihr Wandel, Band II: Von 1806 bis zur Gegenwart, München 1990.

[545] Zur Person und Politik Metternichs vgl. statt vieler die Abhandlung bei Srbik, Heinrich Ritter von: Metternich. Der Staatsmann und Mensch, 2 Bände, 2. Aufl., Darmstadt 1957.

[546] Vgl. ausführlich dazu „§ 29. Die Bundespläne Steins, Humboldts und Hardenbergs" bei Huber, Ernst Rudolf: Deutsche Verfassungsgeschichte seit 1789, Band I, S. 510-530. Vgl. dazu auch das Kapitel „Stein, Gneisenau und Wilhelm v. Humboldt in den Jahren 1812-1815" bei Meinecke, Friedrich: Weltbürgertum und Nationalstaat, S. 142-177.

ganzer Seele ergeben. Mir sind die Dynastien in diesem Augenblick der großen Entwicklung vollkommen gleichgültig; mein Wunsch ist, daß Deutschland groß und stark werde, um seine Selbstständigkeit und Unabhängigkeit und Nationalität wieder zu erlangen und zu behaupten in seiner Lage zwischen Frankreich und Rußland – dieses ist das Interesse der Nation und ganz Europas; es kann auf dem Weg alter, zerfallener und verfaulter Formen nicht erhalten werden [...] Mein Glaubensbekenntnis führt zur Einheit [...].“[547] In den Jahren 1812 bis 1815 befand sich Stein in keinem preußischen Amt, so dass er, im Unterschied zu von Humboldt und Hardenberg, das deutsche Interesse ohne Rücksicht auf preußische Belange vertreten konnte. Wie Hardenberg, so lag es auch von Humboldt daran, Preußen durch Erweiterung seines Machtbesitzes in der Gleichordnung gegenüber Österreich zu festigen; beide suchten also alles zu verhindern, was Österreich die Hegemonie in Deutschland verschaffen konnte. Sie zielten auf einen Kompromiss zwischen der Stein'schen Idee des nationalen Bundesstaats und und dem Metternich'schen Plan des reinen Staatenbunds, wollten also einen Staatenbund mit bundesstaatlichen Elementen.

Demgegenüber war der schließlich realisierte "Deutsche Bund" von Anfang an nicht nur das Ziel der österreichischen, von Metternich geleiteten Politik, sondern auch das Ziel, für das Bayern und Württemberg gewonnen werden konnten. "Deutscher Bund" als Staatenbund hieß dabei ein staatsrechtliches System, das nicht die Wiederherstellung des status quo ante, sondern die Anerkennung des status quo zur Grundlage hatte. Eine so geartete deutsche Föderation konnte kein gemeinsames Oberhaupt, keine einheitliche Gesetzgebung, Verwaltung und Rechtsprechung, keine Wirtschafts- und Zolleinheit, vor allem aber kein einheitliches Heerwesen beanspruchen. Die staatenbündische Gemeinsamkeit konnte sich nur in der Einsetzung eines föderativen, auf verhältnismäßig geringfügige Kompetenzen der Außen- und Innenpolitik beschränkten Kollegialorgans verdeutlichen. Die staatenbündische Lösung bedeutete den Verzicht auf nationale Einheit, auf den gemeindeutschen Schutz der bürgerlichen Freiheitsrechte und auf demokratische Mitbestimmung in einer gesamtdeutschen Verfassung. Aber sie erhielt das innerdeutsche und das europäische Gleichgewicht aufrecht und empfahl sich damit allen, die das Stabilitätsprinzip höher stellten als die Idee der nationalstaatlichen Selbstbestimmung.[548]

Durch den Bund war Deutschland, wie Golo Mann es zutreffend ausdrückt, "also wieder wie in der alten Zeit ein Bestandteil Europas, vornehmer als die anderen, weil auf mannigfache Weise mit fremden Geschicken verflochten und als Herzstück Europas anerkannt. Es war auch weniger als die anderen, weil nicht als Nationalstaat,

---

[547] Zitiert nach Huber, Ernst Rudolf: Deutsche Verfassungsgeschichte seit 1789, Band I, S. 510f. Ebd., S. 519. Zu dem Verfassungsplan der *Einundvierzig Punkte* bei Hardenberg vgl. ebd., S. 526ff [Hervorhebung im Original]. Zu Stein und Humboldt vgl. auch die Ausführungen „Deutschlandkonzeptionen im Horizont von Reichstradition und Nationalismus 1813/1815: Für die 'Einheit in der Vielheit'", bei: Echternkamp, Jörg: Der Aufstieg des deutschen Nationalismus, S. 276-290, S. 279ff.

[548] Vgl. dazu Aretin, Karl Otmar Freiherr von: Vom Deutschen Reich zum Deutschen Bund, 2. Aufl., Göttingen 1993. Vgl. auch Huber, Ernst Rudolf: Deutsche Verfassungsgeschichte seit 1789, Band I, S. 486f; vgl. dazu und im Kontext auch den Band von Rumpler, Helmut (Hrsg.): Deutscher Bund und deutsche Frage 1815-1866. Europäische Ordnung, deutsche Politik und gesellschaftlicher Wandel im Zeitalter der bürgerlich-nationalen Emanzipation, Wien 1990.

mit der vollen Schlagkraft eines solchen existierend. [...] Als geeinte Macht würde es
zu groß sein für die anderen Mächte und zu mächtig für sein eigenes Glück. Aber es
konnte etwas Besseres sein: Treuhänder Europas, unangreifbar und dennoch unge-
fürchtet, geeint zur Verteidigung, ungeeignet zur Expansion, vielfältig und zufrieden,
der Wissenschaft, der Bildung und Kultur ergeben. – Ein schöner Gedanke. Aber
auch ein künstlicher Gedanke [...]. Ein durchaus statischer, ordnungserhaltender Gedanke, mit dem man die Menschen weder aufwiegeln noch begeistern konnte. Trat
man in ein Zeitalter der Ruhe [...], so war es gut. Trat man aber ein in ein dynamisch
vereinfachendes Zeitalter, so würde man einen schweren Stand mit ihm haben."[549] Im
Grunde war der "Deutsche Bund" eine staatsrechtliche Konstruktion gegen den Geist
der Zeit, nicht in erster Linie wegen seiner staatenbündischen Struktur, sondern weil
er ein wirksames Vehikel zur Eindämmung jedes politischen und gesellschaftlichen
Fortschritts war und weiterhin sein sollte.[550] Vergeblich hatte der Freiherr vom Stein
darauf gehofft, den "Despotismus der Napoleoniden" in Deutschland durch Verfassungen beschränken zu können. Die Neuordnung Deutschlands auf dem Wiener
Kongress machte die politische und geographische Mitte Europas zu einem wichtigen Träger der Restauration bis 1848.

Einen schweren Stand hatten im Zeichen der Restauration all jene, gegen die
Ordnung des Wiener Kongresses opponierenden Kräfte, die entscheidend zum Sturz
Napoleons, zur Befreiung Deutschlands von den Franzosen beigetragen hatten: die
liberal und national gesinnten Patrioten mit ihrer enttäuschten Hoffnung auf eine Erneuerung und Einigung des zerrissenen Deutschland als Konsequenz des siegreichen
Befreiungskampfes.[551] Die Begriffe „liberal" und „Liberalismus" bürgerten sich während der Restaurationszeit von 1814 bis 1830 in Kontinentaleuropa ein als Charakterisierung von Bewegungen, deren negatives Merkmal die Opposition gegen die Wiederherstellung der vorrevolutionären Gesellschafts- und Machtverhältnisse einerseits,
gegen die Erschütterung der bürgerlichen Eigentumsordnung durch radikaldemokratische und frühsozialistische Kräfte andererseits bildete und die sich positiv zu einem
konstitutionellen System bekannten, in dem die bürgerlichen Freiheiten und bürgerliche Machtteilhabe wirksam gesichert sein sollten.[552] Von hier aus hatte die nationale
Idee innerhalb des Liberalismus seit 1815 einen durchaus instrumentellen Charkter,
insofern sie in erster Linie aus der Enttäuschung über die Entwicklung in den einzelnen deutschen Staaten, über das wachsende Zögern der Regierungen, im Sinne des
Verfassungsversprechens voranzuschreiten bzw. es, wie in Preußen und in anderen
Ländern, überhaupt einzulösen, postuliert wurde. Aus dieser Enttäuschung heraus

---

[549] Mann, Golo: Deutsche Geschichte im 19. und 20. Jahrhundert, S. 97ff.

[550] Vgl. grundsätzlich im Gesamtkontext Lutz, Heinrich: Zwischen Habsburg und Preußen. Deutschland
1815-1866, Berlin 1985. Vgl. ebd., S. 64ff.

[551] Vgl. dazu Mommsen, Theodor: Zur Beurteilung der deutschen Einheitsbewegung, in: Historische
Zeitschrift 138 (1928), S. 523-545; vgl. dazu und im Folgenden das Kapitel „Projektion und Vermittlung des liberalen Nationalismus" bei Echternkamp, Jörg: Der Aufstieg des deutschen Nationalismus, S. 291-381.

[552] Vgl. Winkler, Heinrich August: Liberalismus: Zur historischen Bedeutung eines politischen Begriffs,
in: Ders.: Liberalismus und Antiliberalismus. Studien zur politischen Sozialgeschichte des 19. und
20. Jahrhunderts, Göttingen 1979, S. 13-19, S. 15.

bildete sich immer ausgeprägter die Überzeugung, dass nur der Nationalstaat, also eine staatliche Neuschöpfung übergreifender Natur, die antiquierten politischen und gesellschaftlichen Strukturen in den einzelnen Staaten werde aufbrechen können, dass nur so der Weg freigemacht werde für die angestrebte Liberalisierung und Demokratisierung des politischen Lebens.[553]

Nicht zuletzt die Karlsbader Beschlüsse, die als Bundesrecht die Bundesakte und die Wiener Schlussakte ergänzten, lasteten auf diesen Bestrebungen schwer. Sie beinhalteten vier Gesetze: Die Überwachung der Universitäten durch Beauftragte der Landesherren, die sich allerdings nicht in die Angelegenheiten der Wissenschaft und der Lehre einmischen sollten; die Entfernung von Universitätslehrern, die als staatsfeindlich eingeschätzte Lehren verbreiteten; die Einrichtung einer Vorzensur für jene Druckerzeugnisse, die einen Umfang von weniger als dreihundertzwanzig Seiten aufwiesen; die Einsetzung einer zentralen Kommission zur Untersuchung der in den Einzelstaaten entdeckten und durch die dortige Justiz abzuurteilenden revolutionären Umtriebe sowie den Erlass einer provisorischen, 1820 zu einer endgültig ausgestalteten Exekutivordnung. Diese ihrerseits setzte den Bund in die Lage, gegen Mitgliedstaaten vorzugehen, die in der Realisierung der Bundesbeschlüsse säumig waren, und ermächtigte den Bund, gegen umstürzlerisch-revolutionäre Bewegungen in den Einzelstaaten direkt vorzugehen.[554] Infolge der Karlsbader Beschlüsse wurden gegen zahlreiche Patrioten Verfahren eingeleitet. So musste Joseph Görres, der 1819 in seiner Schrift „Deutschland und die Revolution" die verantwortlichen Politiker vor einem Handeln gewarnt hatte, das am Ende tatsächlich eine Revolution provozieren würde, flüchten.[555] Neben Görres flohen viele Intellektuelle ins Ausland, und die freisinnigen Zeitungen, in denen sie ihre Ideen vertreten hatten, wurden eingestellt. Von diesem Zeitpunkt an entwickelte sich ein Unterdrückungssystem, das die Staaten des Deutschen Bundes gegen jegliche nationale und liberale Bewegung schützen sollte. Der Deutsche Bund bekam damit eine eindeutig reaktionäre Tendenz und wurde zum Gegner jedes freiheitlichen und historisch progressiven Ansatzes. Der deutsche Frühliberalismus stieß auf die erbitterte Gegnerschaft des bestehenden Staatensystems und wurde seinerseits zum erbitterten Gegner der Ordnung, die sich aus dem Wiener Kongress herleitete.[556]

---

[553]   Vgl. Gall, Lothar: Liberalismus und Nationalstaat. Der deutsche Liberalismus und die Reichsgründung, in: Ders.: Bürgertum, liberale Bewegung und Nation, S. 190-216, S. 193ff. Ebd. S. 192f.

[554]   Zur Vorgeschichte sowie dem Zustandekommen der Karlsbader Beschlüsse vgl. die Ausführungen in dem Kapitel „Deutschland im Zeichen der Restauration (1815-1829)" bei Weis, Eberhard: Der Durchbruch des Bürgertums, S. 358-366, S. 362f.

[555]   Zu Joseph Görres und seiner Deutschland-Konzeption [vgl. ders. Deutschland und die Revolution, hrsg. von Arno Duch, München 1921] vgl. die Ausführungen bei Mann, Golo: Deutsche Geschichte des neunzehnten und zwanzigsten Jahrhunderts, S. 124-130.

[556]   Vgl. Prignitz, Christoph: Vaterlandsliebe und Freiheit, S. 150.

Erst wieder die Juli-Revolution von 1830 in Frankreich[557] – ein Schlag gegen das Gesamtwerk des Wiener Kongresses[558] – verlieh den deutschen Patrioten und emanzipatorischen Kräften erheblichen Auftrieb[559]. Energischer als in den Jahren zuvor stellte nun auch in Deutschland die wirtschaftlich erstarkte, politisch aber nach wie vor unmündige Bourgeoisie ihre Forderungen, die wiederum auf größere Einheit im Verein mit vermehrten Volksrechten hinausliefen. Und doch gelang es den Organen des Deutschen Bundes noch einmal, die nationale Bewegung zurückzudrängen.[560] Standen auf der einen Seite Konzessionen an die bürgerlichen Wünsche nach einem nationalen Wirtschaftsraum, versuchte der Deutsche Bund auf der anderen Seite die politischen Repressionen zu verstärken und ging radikal gegen Angehörige der bürgerlichen Intelligenz, wie die „Göttinger Sieben"[561], vor. Trotzdem artikulierte sich der oppositionelle Geist weiterhin, nicht zuletzt in der Bewegung des "Jungen Deutschland". Der engere Kreis des Jungen Deutschland befand sich – wie schon ihre literarischen Vorbilder Heine und Börne – in einer gänzlich anderen Lage als „die esoterischen Cliquen der Romantiker"[562]. Seine Vertreter waren sehr erfolgreich und erreichten als Herausgeber und Redakteure vielbeachteter Zeitschriften ein relativ großes Publikum. Ihre materielle Lage und ihr literarisches Ansehen gaben keinen Anlass zu Ressentiments oder Distanzierung. Doch weder ein gemeinsames Programm noch die nur sporadischen persönlichen Beziehungen rechtfertigen es, sie als

---

[557] Schließlich kann sich, wie Winkler in diesem Kontext hervorhebt, „die *französische* Bourgeoisie, die ihre 1789 erworbene gesellschaftliche Führungsstellung durch die bourbonische Restaurationspolitik wieder bedroht sieht, [..] sich durch die Julirevolution von 1830 zur politisch herrschenden Klasse aufschwingen und das Programm des Liberalismus verwirklichen". Vgl. ders.: Liberalismus: Zur historischen Bedeutung eines politischen Begriffs, in: Ders.: Liberalismus und Antiliberalismus, S. 15 [Hervorhebung im Original, V. K.].

[558] Vgl. ders.: Deutsche Geschichte im neunzehnten und zwanzigsten Jahrhundert, S. 132. Die Verjagung der Bourbonen, so betont Golo Mann, sei „das Ende" der Restauration gewesen und habe zu einem „tiefen Eindruck" in Europa und damit auch in Deutschland geführt. Groß, so Mann, sei die Begeisterung „für das Wiedererscheinen der alten Helden aus sagenhafter Revolutionsvorzeit in Paris [gewesen, VkK.] - solange es noch nicht klar ist, daß der 'Bürger-König', Louis Philippe, einen sehr nüchternen, um nicht zu sagen, unedlen Kurs zu steuern gedenkt. Das hat einen anderen Ton als die Feiern der Burschenschaften zwölf oder vierzehn Jahre früher. Es ist radikaler, internationaler, der gesamteuropäischen Bewegung des Liberalismus angepaßter. Schwarz-Rot-Gold, ja; aber nichts mehr von 'altdeutscher' Kleidung, von Franzosenhaß. Im Gegenteil, es ist jetzt gerade Frankreich, wie vordem um 1790, an dem man sich ausrichten will". Ebd., S. 133f.

[559] Prignitz, Christoph: Vaterlandsliebe und Freiheit, S. 190.

[560] Vgl. grundsätzlich in diesem Zusammenhang die Abhandlungen zu Staat und Gesellschaft im deutschen Vormärz in dem gleichnamigen Band von Conze, Werner (Hrsg.): Staat und Gesellschaft im deutschen Vormärz 1815-1848, 2. Aufl., Stuttgart 1970; zu den verschiedenen politischen Denkströmungen im Vormärz vgl. die einschlägige Untersuchung von Rosenberg, Hans: Politische Denkströmungen im deutschen Vormärz, Göttingen 1972.

[561] Zu den Maßnahmen gegen die „Göttinger Sieben", d.h. sieben Professoren der Landesuniversität Göttingen (Dahlmann, Gervinus, Jacob und Wilhelm Grimm, Weber, Albrecht und Ewald), die gegen den „Staatsstreich" Ernst Augusts protestierten und daraufhin ihrer Ämter enthoben wurden vgl. die Ausführungen bei Behnen, Michael: Deutschland unter Napoleon. Restauration und Vormärz (1806-1847), in: Deutsche Geschichte, S. 384f. Die Maßnahmen gegen die sieben Professoren riefen „ein gewaltiges Echo und Sympathien für die Betroffenen in Deutschland und im Ausland hervor", wie Behnen betont.

[562] Giesen, Bernhard: Die Intellektuellen und die Nation, S. 170f.

homogene Gruppe zu betrachten. Ihre Gemeinsamkeiten entstanden erst aufgrund äußerer Anlässe, durch das kritische Engagement gegen Fürstenstaat und Philistertum sowie durch die gleiche Betroffenheit von Zensur, konservativer Kritik und Verbannung. So war die Konstituierung einer 'Gruppe' Junges Deutschland im Grunde vor allem das Ergebnis des Ächtungsbeschlusses durch den Deutschen Bund. Nur aus der Sicht von Staat und Publikum erschienen sie als eine einheitliche Gruppe, nur im Verhältnis zu Staat und Publikum fanden sie eine Gemeinsamkeit, die weder der literarische Stil noch die interne Kommunikation rechtfertigten. Man benötigte Repression und Zensur, d.h. den Widerpart des restaurativen Staates, um sich zu individualisieren und als Gruppe Distinktion zu gewinnen.

Im Bereich der Literatur vertrat das Junge Deutschland freiheitlich-patriotische Ideale, die sich gegen die traditierten Institutionen von Staat und Kirche wandten[563] und die die Nation zu einem Projekt der Zukunft geraten ließen. Die Grenze wurde nicht länger zwischen einem kulturell erhabenen und identitätssichernden Jenseits und einem oberflächlich-profanen und mondänen gesellschaftlichen Verkehr gezogen, sondern zwischen einer beengenden Gegenwart und einer lichten Zukunft. Das avantgardistisch-radikale Junge Deutschland[564] beklagte die Zerrissenheit und Widersprüchlichkeit der eigenen Epoche und verlagerte die identitätssichernde Einheit der Gesellschaft in die Zukunft. Die künftige Ordnung der Freiheit, in der die Gegensätze versöhnt und vermittelt waren, sollte durch die Beschleunigung der Geschichte verwirklicht werden. Die Gegenwart markierte dabei den Umschlagpunkt. Hier hat man Partei für die Zukunft zu ergreifen.[565]

C   Hambacher Fest und die Revolution von 1848

War als Folge der Juli-Revolution in Deutschland – besonders im Südwesten[566], wo sich der Umschlag vom politischen Biedermeier des Frühkonstitutionalismus in die

---

[563] Prignitz, Christoph: Vaterlandsliebe und Freiheit, S. 190. Zu der Bewegung des „Jungen Deutschland" vgl. auch die Untersuchung von Koopmann, Helmut: Das junge Deutschland. Analyse seines Selbstverständnisses, Stuttgart 1970. Als verbindendes Moment der Gruppe, so macht Ute Köster in ihrer Analyse des Jungen Deutschland deutlich, kam inhaltlich eine übereinstimmende Verpflichtung auf das Werk Hegels hinzu. Vgl. dies.: Literarischer Radikalismus. Zeitbewußtsein und Geschichtsphilosophie in der Entwicklung vom Jungen Deutschland zur Hegelschen Linken, Frankfurt a.M. 1972.

[564] Ernst Rudolf Huber ordnet das „Junge Deutschland" der Bewegung eines europäischen nationaldemokratischen Radikalismus seit 1830 zu. Das Kenzeichen des neuen Radikalismus war Huber zufolge, „daß sich in ihm die nationaldeutschen Bestrebungen mit der *internationalen Bewegung der Revolution* verbanden". Ders.: Deutsche Verfassungsgeschichte seit 1789, Band 2, 2. Aufl., Stuttgart 1975, S. 126ff (127) [Hervorhebung im Original, V.K.]. Vgl im Kontext die Untersuchung von Wende, Peter: Radikalismus im Vormärz. Untersuchungen zur politischen Theorie der frühen deutschen Demokratie, Wiesbaden 1975.

[565] Giesen, Bernhard / Junge, Kay / Kritschgau, Christian: Vom Patriotismus zum völkischen Denken: Intellektuelle als Konstrukteure der deutschen Identität, in: Giesen, Bernhard (Hrsg.): Nationales Bewußtsein und kollektive Identität, S. 360.

[566] Vgl. speziell mit Blick auf Württemberg die Untersuchung von Langewiesche, Dieter: Liberalismus und Demokratie in Württemberg zwischen Revolution und Reichsgründung, Düsseldorf 1974.

Epoche der existentiellen Verfassungskämpfe vollzog[567] – erstmals eine patriotische außerparlamentarische Bewegung an die Öffentlichkeit getreten, die unter Umgehung der geltenden bundesrechtlichen Bestimmungen auf politischen „Festen"[568] aktuelle Themen debattierte[569], so trug die größte dieser von Bürgern, Handwerkern, Studenten, Arbeitern und Emigranten frequentierten Zusammenkünfte, das Hambacher Fest, bereits den Charakter einer stattlichen Volksbewegung.[570] War in den süd- und südwestdeutschen Verfassungsstaaten Bayern, Württemberg, Baden, Hessen-Darmstadt und Nassau das erste Jahrzehnt der frühkonstitutionellen Entwicklung im Ganzen noch ruhig verlaufen, so kam unter der Einwirkung der französischen Julirevolution neue Bewegung in die politische Geruhsamkeit des süddeutschen Verfassungslebens[571]: In den Landtagen trat die bürgerlich-liberale Opposition wieder selbstbewusst, angriffsfreudig und anspruchsvoll hervor. Daneben gab die recht lockere Handhabung der in den Karlsbader Beschlüssen angeordneten Zensur der verzweigten süddeutschen Presse erneut die Möglichkeit zur liberalen Agitation. Fürsten und Kabinette, Adel und Klerus, vor allem aber die Zustände in Österreich und Preußen wurden zum Gegenstand liberaler Polemik. Die bürgerliche Gesellschaft, nicht nur ihre gebildete und besitzende Oberschicht, sondern auch der Mittelstand und die kleinbürgerliche und kleinbäuerliche Schicht, geriet nach der langen Stagnation, die die Karlsbader Beschlüsse eingeleitet hatten, wieder in Bewegung. Es kam zu Volksversammlungen, Volksaufläufen, auch zu vereinzelten Ausschreitungen. Die seit einem Jahrzehnt unterdrückte öffentliche Meinung konstituierte sich abermals als mitbestimmende politische Macht. Die entsprechende Bewegung im Volk wurde von dem „Deutschen Preß- und Vaterlandsverein"[572] getragen und fand im Zeichen des von dem Publizisten Johann August Wirth ausgerufenen Mottos „Hoch, dreimal hoch leben die vereinigten Staaten Deutschlands! Hoch, dreimal hoch das konföderierte republikanische Europa!"[573] 1832 am Hambacher Schloss statt. Es war, eingedenk des fünfzehn Jahre zurückliegenden Wartburgfestes und der gemeinsamen Wesenszüge beider Festakte, das erste wahrhafte Nationalfest der Deutschen, denn an

---

[567] So die Einschätzung bei Huber, Ernst Rudolf: Deutsche Verfassungsgeschichte seit 1789, Band 2, S. 32; vgl. dazu ausführlich „§ 3. Der süd- und südwestdeutsche Konstitutionalismus nach 1830", ebd., S. 30-46.
[568] Vgl. dazu die Ausführungen „Das ‚Nationalfest': Symbolisches Handeln und das Erlebnis der gedachten Ordnung" bei Echternkamp, Jörg: Der Aufstieg des deutschen Nationalismus (1770-1840), S. 420-430; vgl. auch die Ausführungen zu der Bedeutung des „Festes" im Rahmen des Kapitels „Ritualisierung und Ikonisierung der Nation" bei Speth, Rudolf: Nation und Revolution, S. 196-209.
[569] Vgl. Behnen, Michael: Deutschland unter Napoleon. Restauration und Vormärz (1806-1847), in: Deutsche Geschichte, S. 385f.
[570] Vgl. im Folgenden grundsätzlich die Analyse bei Siemann, Wolfram: Die deutsche Revolution 1848/49, Darmstadt 1997.
[571] Vgl. Huber, Ernst Rudolf: Deutsche Verfassungsgeschichte seit 1789, Band 2, S. 31f.
[572] Zu Grüdung und Ziel des „Deutschen Preß- und Vaterlandsvereins" vgl. die Erläuterungen ebd., S. 135-138.
[573] Zitiert nach Behnen, Michael: Deutschland unter Napoleon. Restauration und Vormärz (1806-1847), in: Deutsche Geschichte, S. 386; zu Wirth vgl. auch die Ausführungen bei Gall, Lothar: Liberalismus und Nationalstaat. Der deutsche Liberalismus und die Reichsgründung, in: Ders.: Bürgertum, liberale Bewegung und Nation, S. 194; vgl. mit Blick auf das Hambacher Fest die Ausführungen bei Valtentin, Veit: Das Hambacher Nationalfest, Berlin 1932.

ihm nahmen alle Volksschichten teil, während das Wartburgfest auf die Bildungsschichten beschränkt geblieben war.[574]

Trotz oder gerade aufgrund der heftigen Reaktionen Metternichs auf das „scandalöse
Hambacher Fest"[575] gewannen die „patriotische Opposition"[576] bzw. der nationale
Gedanke im Verlauf der 30er und zu Beginn der 40er Jahre „erheblich an Gewicht"[577]. In dem Maße, in dem sich die nationale Entwicklung verstärkte, kam es
parallel zu wichtigen und zukunftsweisenden Differenzierungen: Während sich auf
der radikal-rechten Seite des politischen Spektrums der Einheitsgedanke zunehmend
mit Intoleranz allem „Undeutschen" gegenüber füllte und während die Publizisten,
die sich auf der radikal-linken Seite des politischen Spektrums angesichts der wachsenden sozialen Spannungen zur Sache des ausgebeuteten Volkes bekannten[578], dem
Nationalgefühl eine gänzliche Absage erteilten[579] – damit also an beiden Flanken des
politischen Spektrums der Patriotismus pervertiert wurde –, hielt sich die liberale
und demokratische Intelligenz ebenso von chauvinistischer Enge wie von revolutionärer Fortschrittseuphorie[580] frei, indem sie die Verbindung von Vaterlands- und
Freiheitsgedanken bewahrte. Die Nation wurde in diesen Jahren zur wichtigsten Perspektive des Liberalismus. Ein kulturell fundiertes Nationalbewusstsein war in seinen Reihen seit langem vorhanden. Nun ging es ihm um den organisatorischen Ausbau der Nation im gesellschaftlichen und wirtschaftlichen Bereich[581]. Darüber hinaus
wurde der Nationalstaat zu einem politischen Projekt: als ein Rechts- und Machtstaat[582] zur Sicherung der bürgerlichen Gesellschaft nach innen und für ihre Darstellung nach außen.[583]

Von zentraler Bedeutung für die gesellschaftliche – über das liberale Bürgertum
hinausgehende – Resonanz des patriotisch-freiheitlichen Nationalgedankens war nun

---

[574] Vgl. Huber, Ernst Rudolf: Deutsche Verfassungsgeschichte seit 1789, Band 2, S. 140.
[575] So die Formulierung Metternichs in einem Brief an Kaiser Franz vom 4. Juni 1832; zitiert nach Va-
        lentin, Veit: Das Hambacher Nationalfest, S. 137.
[576] Vgl. Echternkamp, Jörg: Der Aufstieg des deutschen Nationalismus (1770-1840), S. 451.
[577] So die Einschätzung bei Prignitz, Christoph: Vaterlandsliebe und Freiheit, S. 190; analog zu Prignitz
        spricht Otto Dann von diesen Jahren als der „Zeit der Beschleunigung und der Zuspitzung der natio-
        nalpolitischen Entwicklung in Deutschland"; vgl. ders.: Nation und Nationalismus in Deutschland,
        S. 99.
[578] Vgl. dazu ausführlich in diesem Kontext die Ausführungen zu den Anfängen des Sozialismus in
        Deutschland bei Huber, Ernst Rudolf: Deutsche Verfassungsgeschichte seit 1789, Band II, S. 414-
        434; vgl. ebd. die Unterkapitel „Der revolutionäre Sozialismus in Deutschland" [S. 419ff] sowie
        „Die Grundlegung des Marxismus [S. 424ff].
[579] Zur Differenzierung des sozialistischen Nationsbegriffs vgl. Wehler, Hans-Ulrich: Sozialdemokratie
        und Nationalstaat. Nationalitätenfragen in Deutschland 1840-1914, Göttingen 1971.
[580] Mit dem Willen, das herrschende Unrecht revolutionär zu beseitigen verband sich Prignitz zufolge
        ein „Irrationalismus, für den nationale Grenzen im Vergleich mit Klassenkonflikten unwesentlich
        wurden". Vgl. ders.: Vaterlandsliebe und Freiheit, S. 191.
[581] Zu den wirtschaftlichen Erwägungen und damit korrespondierenden „politischen Vorentscheidungen
        über die innere Struktur eines künftigen Nationalstaates" im liberalen Diskurs nach 1832 vgl. Gall,
        Lothar: Liberalismus und Nationalstaat. Der deutsche Liberalismus und die Reichsgründung, in:
        Ders.: Bürgertum, liberale Bewegung und Nation, S. 196f.
[582] Vgl. dazu die Ausführungen „Machtstaatsidee und Realpolitik im deutschen Liberalismus", bei Hu-
        ber, Ernst Rudolf: Deutsche Verfassungsgeschichte seit 1789, Band II, S. 383-388.
[583] Vgl. Dann, Otto: Nation und Nationalismus in Deutschland, S. 101.

ein besonderer Vorgang der geschichtlichen Turbulenzen, in dem die Grenzen zwischen sozialen Gruppen erschüttert und die traditionellen Konturen kollektiver Identität verwischt wurden: die „Deutsche Revolution"[584] von 1848[585], jener „europäische Aufruhr gegen die Ordnung der Dinge, welche nun, mit immer geringerem Glauben an sich selbst, seit dreiunddreißig Jahren geherrscht hatte".[586] Die revolutionäre Bewegung ergriff nicht nur die radikaldemokratischen Intellektuellen sowie das liberale Bildungsbürgertum, sondern ebenso die Kleinbürger und Handwerker und auch große Teile der bäuerlichen Bevölkerung, die vor allem in Süddeutschland, in Schlesien und Sachsen gegen die Feudalherrschaft aufstand. Das Volk auf der Barrikade verband sich mit dem gebildeten Bürgertum und gewann im Aufstand Bewusstsein und Identität. In der revolutionären Praxis verschwand – so schien es zunächst – die Grenze zwischen den verschiedenen sozialstrukturellen Gruppen: Bildungsbürger und Bauern, Handwerker, Arbeiter und Intellektuelle repräsentierten eine Nation im gemeinsamen Aufstand gegen den repressiven Fürstenstaat.[587] Und doch zeigte diese „Nation in der Revolte" bald erste Risse – nicht zuletzt deshalb, weil die Wortführer der liberalen und demokratischen Bewegung sich nur selten auf der Barrikade an der Seite mit Handwerkern und Arbeitern[588] fanden, wohingegen die Volksvertreter des Frankfurter Parlaments fast ausschliesslich aus dem gehobenen Bildungsbürgertum stammten. Die Vertreter radikaldemokratischer und republikanischer Ideen waren hier in der deutlichen Minderheit.[589]

Wie in einem Brennglas spiegelten sich die Besonderheiten und Probleme der patriotischen Verfassungsbewegung in dem „nationalpolitischen Laboratorium"[590]

---

[584]   So die Kapitelüberschrift der Ausführungen zu 1848 bei Huber, Ernst Rudolf: Deutsche Verfassungsgeschichte seit 1789, Band II, S. 499; vgl. ebd. die Ausführungen S. 503ff.

[585]   Giesen, Bernhard: Die Intellektuellen und die Nation, S. 197. Zu der „Revolutionswelle" in ganz Europa vgl. die Ausführungen bei Craig, Gordon A.: Geschichte Europas 1815-1980, S. 100-115; zur Vorgeschichte sowie zu den Ereignissen von 1848 vgl. exemplarisch den Band von Fenske, Hans (Hrsg.): Vormärz und Revolution 1840-1849, Darmstadt 1976.

[586]   So die Formulierung bei Mann, Golo: Deutsche Geschichte des neunzehnten und zwanzigsten Jahrhunderts, S. 188; vgl. ebd. Manns prägnante Schilderungen und Charakterisierungen der Ereignisse von 1848, S. 188-243.

[587]   Vgl. Giesen, Bernhard: Die Intellektuellen und die Nation, S. 198.

[588]   Vgl. dazu Welskopp, Thomas: Das Banner der Brüderlichkeit. Die deutsche Sozialdemokratie vom Vormärz bis zum Sozialistengesetz, Bonn 2000, S. 523.

[589]   Zu der prozentualen Zusammensetzung der Bevölkerungsteile im Parlament vgl. die Angaben bei Wehler, Hans-Ulrich: Deutsche Gesellschaftsgeschichte, Band II, S. 741.

[590]   Entsprechend lautet die Formulierung bei Langewiesche, Dieter: Nation, Nationalismus, Nationalstaat in Deutschland, S. 200. Die unterschiedlichen Parteien, so erläutert Bernhard Giesen, entfernten sich im Laufe der beiden Revolutionsjahre immer weiter voneinander: „Die liberale Mehrheit sah eine drohende jakobinische Pöbelherrschaft, wenn die demokratischen Forderungen erfüllt würden; die radikaldemokratische Fraktion war verbittert über das Zögern der Liberalen, die nicht von der Idee der konstitutionellen Monarchie lassen wollten. In der Revolution zerbrach schließlich die Verbindung von demokratischer und liberaler Bewegung". Ders.: Die Intellektuellen und die Nation, S. 198; vgl. ebd. weiter S. 198f. Vgl. in diesem Kontext die differenzierte Analyse bei Gall, Lothar: Das wirtschaftende Bürgertum und die Revolution von 1848, in: Ders.: Bürgertum, liberale Bewegung und Nation, S. 66-78; vgl. ebd. besonders S. 75ff. Mit Blick auf das Scheitern der Revolution bemerkt Gall, „daß sich die Revolution, sprich ihre Hauptakteure und Hauptwortführer, immer mehr von den Erwartungen, den Bedürfnissen und Interessen eines Teils, und zwar eines gewichtigen Teils, ihrer ursprünglichen Träger, also ihrer Basis entfernt hat. Sie wurde [...] mehr und mehr zur

der Revolution von 1848 und in ihrem Verfassungswerk, der Paulskirchen-Verfassung. Nur auf den ersten Blick vermochte der Versuch einer Verfassungsgebung durch eine konstituierende, aus allgemeinen Wahlen hervorgegangene Nationalversammlung als ein letztlich gescheiterter Parallelvorgang zur Französischen Revolution in dem Sinne erscheinen, dass das politisch und sozial stärker gewordene Bürgertum seinen Anteil an der politischen Macht einforderte und eine liberal-freiheitliche Verfassung erstrebte, denn 1848 ging es nicht nur um die Verfassungsfragen, die Ausgangslage war entschieden komplizierter.[591] Während in Frankreich 1789 ausschließlich die neue politische Ordnung und Verfassung in einem in seiner nationalen Grundlage unbestrittenen französischen Staat umkämpft war, war in Deutschland auf der Ebene über den Einzelstaaten das vorrangige Problem der nationalen Einheitsbildung ungelöst. Der Staat, den es zu verfassen galt, war gerade nicht vorhanden und in seinen möglichen äußeren Umrissen umstritten. Letztlich musste jeder Versuch, aus dem deutschen Staatenbund einen Nationalstaat zu formen, die Interessen vieler anderer Nationalitäten tangieren: Zwei ausländische Monarchen gehörten 1848 als Fürsten deutscher Territorien dem Deutschen Bund an; die beiden deutschen Führungsmächte Preußen und Österreich besaßen große Gebiete außerhalb des Bundes. In ihn brachte Österreich fast sechs Millionen Menschen anderer Nationalitäten ein, Tschechen und Slowenen vor allem, aber auch Polen, Kroaten und über 400 000 Italiener. Im Deutschen Bund und erst recht in der mit ihm verbundenen Habsburgermonarchie war nahezu jede europäische Nationalität vertreten, die noch nicht über einen eigenen Nationalstaat verfügte. Deshalb drohte dieser Staatenbund unvermeidlich in fast alle Nationalitätenkonflikte verwickelt zu werden, sobald die noch staatenlosen europäischen Nationalitäten in Bewegung geraten sollten.[592]

Weil die gesellschaftliche Bewegung neue Konflikte erzeugte, kam es zur Problemüberlastung, so dass die tragende revolutionäre Schicht, das Bürgertum, 1848 vor einer schwierigeren Situation stand als sechs Jahrzehnte zuvor das französische. Es war mit einer Zweifrontenstellung konfrontiert, indem es im Gegensatz zum Adel sowie in dem neu aufgebrochenen Gegensatz zu der sich formierenden Arbeiterklasse stand. Diese Situation schwächte die Durchsetzungskraft des Bürgertums[593] und führte schließlich – infolge des Scheitern der Revolution im Jahre 1849[594] – zu ei-

---

Sache einer, noch dazu unter sich selbst zunehmend uneinigen revolutionären Elite. Damit aber trug sie den Keim des Scheiterns schon in sich." Ebd., S. 76f.

[591] Vgl. Wahl, Rainer: Die Entwickung des deutschen Verfassungsstaates bis 1866, in: Isensee,, Josef / Kirchhof, Paul (Hrsg.): Handbuch des Staatsrechts der Bundesrepublik Deutschland, Band I: Grundlagen von Staat und Verfassung, Heidelberg 1987, S. 3-34.

[592] Vgl. Langewiesche Dieter: Nation, Nationalismus, Nationalstaat in Deutschland und Europa, S. 200f. Vgl. ebenfalls die Ausführungen zu 1848 in dem Kapitel „Die Grenzen des deutschen Nationalstaats" bei Alter, Peter: Nationalismus, S. 107ff.

[593] Wahl, Rainer: Die Entwickung des deutschen Verfassungsstaates bis 1866, in: Isense,, Josef / Kirchhof, Paul (Hrsg.): Handbuch des Staatsrechts der Bundesrepublik Deutschland, Band I, S. 17.

[594] „Die Hoffnung, die Anstrengung und die Niederlage der Revolutionäre waren so groß", dass nach Ansicht Giesens „das Scheitern sich nicht mehr als nur vorläufig, als ein erster Versuch von vielen, die noch kommen würden, umdeuten ließ." Giesen, Bernhard: Die Intellektuellen und die Nation, S. 200. Zu den Gründen und den Folgen des Scheiterns der Revolution vgl. die Ausführungen bei

nem Rückzug des Bürgertums auf ein Bündnis mit den traditionellen, konservativen Mächten. Politische Resignation und soziale Angst hatten Konsequenzen für die Entwicklung des Patriotismus, weil das bürgerlich-emanzipatorische nationale Denken an Wirkung verlor.[595] Zwar blieb das Bürgertum nach wie vor – schon aus der wirtschaftlichen Notwendigkeit eines größeren Zusammenschlusses – auf die nationalen Einheit fixiert, doch der Wille, diese Einheit durch Umsturz oder zumindest durch Reform fürstlicher Machtfülle durchzusetzen, war gebrochen.[596] Warum?

Zwei Erfahrungen sind wesentlich: die des Scheiterns der Revolution 1848/49 sowie die Erfahrung des Durchbruchs der *Industriellen Revolution*. Letztere führte dazu, dass sich nicht die Vorstellung von einem Entwicklungsprozess zur klassenlosen Bürgergesellschaft im Nationalstaat durchsetzte, sondern sich im Gegteil die bürgerliche Klassengesellschaft ankündigte.

Erst die Industrielle Revolution[597] hatte die traditionellen Führungsschichten, besonders den grundbesitzenden und wirtschaftlich prosperierenden Adel, in unerwarteter Weise begünstigt und in ihren gesellschaftlichen Positionen erneut zu befestigen vermocht. Mit anderen Worten: Der gleichsam naturwüchsige wirtschaftliche und soziale Entwicklungsprozess, auf den die frühen Liberalen große Hoffnungen gesetzt hatten, drohte, die ständische Ordnung in einer brutalen Klassenordnung im Hegelschen Doppelsinn "in sich aufzuheben". Folglich schien die von Gervinus geäußerte Befürchtung nicht unbegründet, der Nationalstaat fördere diesen negativen Transformationsprozesses, nicht aber eine politische und soziale Befreiung.

Deshalb rückten nun gerade jene, die einst im Nationalstaat das höchste Ziel sahen, von diesem Gedanken ab, wenn auch zögerlich und mit innerem Widerstand, während auf der anderen Seite der nationale Gedanke im Lager des Konservativismus begierig aufgegriffen wurde. Schließlich vermochte der nationale Gedanke zur Integrationsbasis zwischen Konservativen sowie denjenigen Kräften des ursprünglich liberalen Bürgertums werden, deren sozialer Fortschrittsglaube sich mehr und mehr an den eigenen stürmischen wirtschaftlichen Erfolgen orientierte und diese unbekümmert und unter Ideologisierung des altliberalen Wirtschaftsmodells verwende-

---

Craig, Gordon A.: Geschichte Europas 1815 bis 1980, S. 109-115. „Um 1850", so bemerkt Craig, „waren alle Revolutionsfeuer niedergebrannt, und die Siege vom März 1848 erschienen als ferne, unwirkliche Erinnerung. Der Versuch, das Habsburger Reich zu liberalisieren und zu föderalisieren, war ebenso kläglich gescheitert wie die Schritte zur Einigung Deutschlands." Ebd., S. 115; zu dem Scheitern „der großen Nationalbewegung von 1848, das darüber entschieden habe, „daß der Gegensatz zwischen deutschem und westeuropäischem Staatsdenken nicht überwunden, sondern nur erst recht verfestigt wurde" vgl. Ritter, Gerhard: Das deutsche Problem. Grundfragen deutschen Staatslebens gestern und heute, neuberab. Aufl., München 1962, S. 67f.

[595] Vgl. Prignitz, Christoph: Vaterlandsliebe und Freiheit, S. 193.

[596] Vgl. diesbezüglich die Analyse bei Gall, Lothar: Liberalismus und Nationalstaat. Der deutsche Liberalismus und die Reichsgründung, in: Ders.: Bürgertum, liberale Bewegung und Nation, S. S. 190-202.

[597] Zu den tiefgreifenden sozioökonomischen Wandlungsprozessen im Zeichen der Industriellen Revolution und besonderer Berücksichtigung der Entwicklungslinien des Marxismus im Rahemn der Bürgerlichen Gesellschaft vgl. die Analyse bei Nolte, Ernst: Marxismus und Industrielle Revolution, Stuttgart 1983.

ten.[598] Die Freiheit wurde geopfert und ein politisch konservativer *Nationalismus* er-setzte das an spezifisch bürgerlichen Interessen ausgerichtete Nationalgefühl.[599]

D   „Nationalismus ohne Nation"

Mit dieser "Verleugnung" des Erbes von 1848 beendete das spätere 19. Jahrhundert die prägnante Tradition eines freiheitlich orientierten patriotischen Denkens.[600] Wenn damit, wie Wilhelm Mommsen einhundert Jahre nach dem Scheitern der Paulskirchenbewegung urteilte, nach 1848 eine Entwicklung abriss, "die trotz allem Irren und aller Übersteigerung in der Paulskirche gesund war, die enge Verbindung des nationalen Gedankens mit Liberalismus und Demokratie"[601], so lässt sich in der Tat mit Heinrich August Winkler ein Wandlungsprozess „vom linken zum rechten Nationalismus"[602] bzw. eine Neuakzentuierung des Nationalgedankens im Laufe des 19. Jahrhunderts – ausgehend von einem ursprünglich liberal-patriotischen Sinnge-halt im Zeichen von bürgerlichen Einheits-, Freiheits- und Emanzipationskonzeptio-nen hin zu einem paradoxen, seinen patriotischen Ursprüngen als „Komplementär-ideologie"[603] entfremdeten „Nationa*lismus* ohne Nation"[604] – feststellen. Angesichts

---

[598]   Gall, Lothar: Liberalismus und Nationalstaat. Der deutsche Liberalismus und die Reichsgründung S. 201.

[599]   Prignitz, Christoph: Vaterlandsliebe und Freiheit, S. 193.

[600]   Ebd.

[601]   Mommsen, Wilhelm: Größe und Versagen des deutschen Bürgertums. Ein Beitrag zur Geschichte der Jahre 1848-1849, Stuttgart 1949, S. 127. Die weitere Entwicklung vor Augen, stellt Prignitz fest: „Das Bürgertum arrangierte sich mit Bismarck [...], akzeptierte die Einigungspolitik von oben und verzichtete gleichzeitig auf die patriotischen Forderungen, die mit der Einheit die Emanzipation der von der politischen Macht Ausgeschlossenen anstrebte. Im selben Maße ging die Linke in Distanz zum werdenden Nationalstaat Bismarcks, Tendenzen und Differenzierungen, die sich [...] vertiefen und zementieren sollten". Vgl. Prignitz, Christoph: Vaterlandsliebe und Freiheit, S. 196.

[602]   Vgl. die Entfaltung der These Heinrich August Winklers in: Ders.: Vom linken zum rechten Nationalismus: Der deutsche Liberalismus in der Krise von 1878/79, in: Ders.: Liberalismus und Antiliberalismus. Studien zur politischen Sozialgeschichte des 19. und 20. Jahrhunderts, Göttingen 1979, S. 36-51. Vgl. ebenfalls die Entfaltung der These bei Winkler in: Ders.: Der Nationalismus und seine Funktionen, in: Ebd., S. 52-80, S. 61f, wo Winkler ausblickend auf das Ende des 19. Jahrhunderts betont, der Nationalismus sei zunehmend zu einem agitatorischen Vehikel einer Sammlungsbewegung gegen Linksliberalismus und Sozialdemokratie, gegen die „goldene Internationale" des Bankkapitals wie die „rote Internationale" der Marxisten geworden. „National sein heißt seit den späten 1870er Jahren weniger antifeudal als vielmehr anti-international - ja, im Extremfall, auch antisemitisch sein. Daneben lebte auch nach der 'inneren Reichsgründung' die liberale Variante des Nationalismus fort, aber sie stand nun unter einem bisher ungekannten Legitimationsdruck von rechts". Ders.: S. 62. Vgl. dazu auch Winklers Untersuchung von 1964: Ders.: Preußischer Liberalismus und deutscher Nationalstaat, Tübingen 1964.

[603]   Unter Bezugnahme auf Lenks Begriffsprägung der „Komplementärideologie" betont Prignitz, dass nationales Denken in Deutschland vor 1871 immer auch eine solche oppositionelle Ideologie darge-stellt habe, um ideell für das zu entschädigen, was in Wirklichkeit versagt gewesen sei. Der entspre-chende Patriotismus sei demnach analog, d.h. konkret durch Offenheit, Toleranz und Kosmopolitis-mus geprägt gewesen. Vgl. ders.: Vaterlandsliebe und Freiheit, S. 197. Vgl. im Kontext Lenk, Kurt: Volk und Staat. Strukturwandel politischer Ideologien im 19. und 20. Jahrhundert, Stuttgart 1971 [S. 78f].

dieses Wandlungsprozesses ruft Jürgen Kocka völlig zurecht in Erinnerung, dass bürgerliche Kultur ihrer Prägung durch aufklärerische Traditionen ein auf soziale Entgrenzung und Verallgemeinerung drängendes Element verdankte, das adliger, stadtbürgerlicher oder bäuerlicher Kultur fremd war: Zur Verpflichtung auf bürgerliche Normen wie Leistungsgerechtigkeit, methodische Lebensführung und regelmäßige Arbeit gehörte der Wunsch nach ihrer universellen Verbreitung. Sollte etwas wahr, gut und schön sein, so im Prinzip für alle. Zur Idee der aufklärerischneuhumanistischen Bildung gehörte der Anspruch auf Menschenbildung.[605] An die Stelle sozialer Entgrenzung trat nunmehr, im Zeichen des Nationalismus, die soziale, kulturelle und schließlich gar ethnische Abgrenzung.[606]

Hatten vor 1871 die Nicht-Nationalen geherrscht und waren die Nationalen Opposition, so herrschten seit 1871 die Nationalen. Damit war der Nationalgedanke zu einer Macht des Bestehenden geworden, denn er war nicht mehr die Macht der Veränderungen, die er in Europa seit 1789 und selbst im von der Romantik geprägten Deutschland gewesen war: eine progressive Bewegung oppositionell, ja revolutionär, auf die Veränderung des Bestehenden aus, auf den Sturz der Legitimitäten und Autoritäten der Tradition.[607]

Dieser Nationalismus lieferte 1871 die nachträgliche Legitimation für eine Schöpfung – das „Deutsche Reich" –, die so, wie sie entstanden war, seinen eigenen Intentionen völlig zuwider lief. Der deutsche Nationalstaat und die deutsche Nation wurden durch das Faktum der Reichsgründung von 1871 keineswegs erfüllt, sondern durch diese erst zu einem Problem. Denn Bismarcks Versuch, durch Reichseinigung "von oben" die aufgeklärte politische Nation als revolutionäres Gebilde zu vereiteln, misslang: Der Mythos der "Nation" wurde nicht von der Wirklichkeit des Bismarckreiches verzehrt, sondern politisch in dem Maß erinnert, wie das Deutsche Reich immer weniger jener zentrifugalen Kräfte Herr werden konnte, die von den tiefgreifenden sozioökonomischen Wandlungsprozessen der Industriellen Revolution freigesetzt wurden.[608] In der „nichtidentischen Identität von Nationalstaat und Reichsidee"[609] lag, wie Klaus Hildebrand in diesem Kontext formuliert[609], „etwas aufgehoben, was die Deutschen in Bewegung versetzte und die Europäer beunruhigte, etwas Besonderes, das dem deutschen Weg durch die europäische Geschichte von Anfang an zu eigen war. Bevor der Nationalstaat, nicht zuletzt in innenpolitischer Perspektive, voll-

---

[604] Vgl. die gleichnamige Deutung der deutschen Geschichte von 1789 bis 1914 bei Willms, Johannes: Nationalismus ohne Nation. Deutsche Geschichte von 1789 bis 1914, Düsseldorf 1983 [Hervorhebung durch den Verfasser, V.K.].

[605] Vgl. Kocka, Jürgen: Bürgertum und bürgerliche Gesellschaft im 19. Jahrhundert. Europäische Entwicklungen und deutsche Eigenarten, in: Ders. (Hrsg.): Bürgertum im 19. Jahrhundert. Deutschland im europäischen Vergleich, München 1988, S. 11-76, S. 30.

[606] Vgl. ausführlich im Zusammenhang die Analyse bei Mommsen, Wolfgang J.: Das Ringen um den nationalen Staat. Die Gründung und der innere Ausbau des Deutschen Reiches unter Otto von Bismarck 1850 bis 1890, Berlin 1993.

[607] Vgl. Nipperdey, Thomas: Deutsche Geschichte 1866-1918, Band II, S. 255; vgl. ebd. das gesamte Kapitel „Nationalismus und Nationalstaat", S. 255-266.

[608] Willms, Johannes: Nationalismus ohne Nation, S. 11.

[609] Vgl. in diesem Kontext den Epilog „Das Deutsche Reich oder Die Versuchung des Unendlichen" bei Hildebrand, Klaus: Das vergangene Reich, S. 849-898.

endet war, umgab ihn die Idee vom Reich; denn 'das Unvollendbare dem Vollende-
ten' vorzuziehen, das Vorläufige durch das Grenzenlose zu füllen, schien der deutschen Neigung entgegenzukommen. Die Bürde des unvollendeten Nationalstaates zu
tragen, wurde allerdings gerade durch den Traum vom Alten Reich erleichtert, der
sich eben in diesem zwischen Realität und Vision schwebenden Zusammenhang für
die Nachbarn Deutschlands zu einem Trauma auswuchs. [...] Im Reichsbegriff verschmolzen die Teilung, die der Nationalstaatsgründung des 19. Jahrhunderts voraus-
ging, und die Einheit, die niemals in Vergessenheit geriet, bis ins 20. Jahrhundert
hinein zu einem unruhigen Gesamten. [...] Die Chiffre 'Deutsches Reich' war eine
Etikettierung von höchster Diffusität, aber untergründig von bedeutungsschwerem
Charisma'".[610]
    Mit der Verwirklichung des deutschen Nationalstaates nicht durch kulturelle
Sendung oder liberale Ideen, ohne werbenden Gedanken[611] sondern – als „Machtstaat vor der Demokratie" (Thomas Nipperdey) – durch Bismarcks Maximen „Blut
und Eisen", verloren das Bildungsbürgertum und die Intellektuellen die Chance, kulturelle Identität über das nationale Thema im Gegensatz zum Bestehenden zu konstruieren. Die Nation war nun nicht mehr ein kulturelles Projekt, sondern staatliche
Wirklichkeit, die sich in gesellschaftlichen Ritualen, in Denkmalskult und Kriegervereinen, in Kaiserverehrung und kolonialer Expansion äußerte.[612] Was seit 1848/49,
also zwanzig Jahre lang, der Inhalt „alles Wünschens und Strebens gewesen, das ist
nun", so bekannte Heinrich von Sybel seine Freude und Genugtuung angesichts der
national-staatlichen Einigung, „in so unendlich herrlicher Weise erfüllt".[613] Und
doch kann rückblickend kein Zweifel an der Gewaltsamkeit Bismarckscher Innenpolitik, jenseits der normalen Härte politischer Gegensätze, der Gewaltsamkeit seiner
Unterwerfungsversuche gegenüber Katholiken und Sozialdemokraten, seiner Zer-
trümmerung und Domestizierung des Liberalismus, bestehen. Das, was nach 1871
nötig war, die innere Einigung der Nation, hat Bismarck, der "weiße Revolutionär"[614] niemals ernsthaft betrieben.[615] Nach außen von „ungeschickter Größe" (Sebastian Haffner), d.h. „für das Gleichgewicht Europas zu stark und für die Hegemonie über den Kontinent zu schwach"[616], war es nach innen ein radikaler, ein integra-

---

[610]   Ebd., S. 872f.
[611]   Vgl. Plessner, Helmuth: Die verspätete Nation, S. 47. "Deutscher-Sein" , so Plessner unter Bezug-
        nahme auf Bismarcks Reich "ohne Staatsidee", habe "kein Bekenntnis wie Engländer- oder Franzo-
        se-Sein" enthalten: "es besagte keinen Dienst an übernationalen Idealen, wie sie durch das christliche
        Königtum Frankreichs, dessen Humanismus die große Revolution später in verwandelter Form über-
        nimmt, und seit den Anfängen des Puritanismus die führenden Prinzipien der westlichen Welt ge-
        worden waren."
[612]   Giesen, Bernhard: Die Intellektuellen und die Nation, S. 231; vgl. ebd. Giesens Ausführungen über
        „Bismarck und die Reichsgründung", S. 229-232.
[613]   Zitiert nach Stürmer, Michael: Das ruhelose Reich. Deutschland 1866-1918, 2. Aufl., Berlin 1983, 9;
        Stürmer betont in diesem Kontext, dass mit den Ereignissen von 1848 für die Deutschen „die natio-
        nale Frage zum Leitmotiv ihrer Politischen Kultur" aufgestiegen sei. Vgl. ebd., S. 14.
[614]   So die Charakterisierung bei Gall, Lothar. Bismarck. Der weiße Revolutionär, Frankfurt a. M. 1980.
[615]   Vgl. Nipperdey, Thomas: Deutsche Geschichte 1800-1918. Band Zwei: Machtstaat vor der Demo-
        kratie, S. 425. Vgl. demgegenüber die Deutung bei Jäckel, Eberhard: Das deutsche Jahrhundert. Eine
        historische Bilanz, Stuttgart 1996, S. 23ff.
[616]   Vgl. Hildebrand, Klaus: Das vergangene Reich, S. 874.

ler Nationalismus[617], der sich im Zeichen der „kleindeutschen Lösung" herauskristallisierte und der im Sinne Treitschkes – in dem sich nach Friedrich Meinecke die Gedanken von 1848 und von 1871 „höchst eigentümlich verbinden"[618] – die nationale
Einheit zur moralischen Forderung der größeren Identität potenzierte: „Die Deutschen waren nicht genug, nicht eigentlich Deutsche, sie mußten deutscher noch werden, alles Nicht-Deutsche abstreifen, alles Indifferente mit diesem Deutschsein erfüllen. Die Nation war gefahrbedroht, sie wurde aus Bestand und Selbstverständlichkeit
wieder etwas, was in der Zukunft lag, eine pädagogisch-politische Aufgabe; und weil
Nation etwas Unbedingtes und Absolutes war, war diese Aufgabe im Grunde unbegrenzt und unendlich. Das bedeutete eine radikale Dynamisierung des Nationalismus
[...] und einen integralen Anspruch, offen für viele mögliche Abgrenzungen von
'Feinden'".[619]

---

[617] Die Bezeichnung des „integralen Nationalismus" prägte ursprünglich Charles Maurras, der den Nationalismus als einen im mystischen Kult der Erde und der Toten gipfelnden Religionsersatz
verstand, welcher an das Individuum totale Ansprüche stellt und es total vereinnahmt. Zu Maurras,
seiner Doktrin sowie zur Action française vgl. die Analyse bei Nolte, Ernst: Der Faschismus in seiner
Epoche. Action française - Italienischer Faschismus - Nationalsozialismus. Mit einem Rückblick
nach fünfunddreißig Jahren, 5. Aufl., München 2000, S. 59-190; Maurras' Nationalismus war Nolte
zufolge ein Monotheismus. Zwar habe Maurras ausdrücklich einen auch formalen Gegensatz zu dem
monotheistischen deutschen Nationalismus zu konstruieren versucht, „da dessen Hybris die eigene
Nation zum 'peuple-dieu' machen wolle, seine eigene Doktrin aber mannigfache und positive Bezei-
hungen zum lateinischen Kulturkreis in sich schließe. Diese Argumente überzeugen nicht. Wenn für
ihn Frankreich nicht 'peuple-dieu' ist, so ist es doch 'peuple-humanité', und den Sinn des Wortes
'France d'abord' hat er oft deutlich genug beschrieben. Kein ästhetisierender Sophismus über den
Unterschied zwischen 'dieu' und 'déesse' kann darüber hinwegtäuschen, daß es für ihn weder einen
Gott noch eine Göttin neben der Göttin Frankreich und unabhängig von ihr gibt". Ebd., S. 189.
[618] Vgl. Meinecke, Friedrich: Weltbürgertum und Nationalstaat, S. 417. Der Unterschied zwischen
Treitschke und „den Männern der Paulskirche" lag nach Ansicht Meineckes „nicht im Ziele, sondern
in den Mitteln. Jene wollten, daß Preußen in Deutschland aufginge; er dachte sich die kommende
Entwicklung umgekehrt. [...] Das letzte Ziel entnahm er den Idealen des älteren Geschlechts, die den
machtvollen Nationalstaat nur in der Form eines möglichst einheitlichen Staates sich denken konnten, aber sein politisch-historischer Realismus lehrte ihn, daß dieses Ziel jetzt nicht vom deutschen,
sondern vom preußischen Zentrum aus erreicht werden müsse". Ebd., S. 416f. Dies, so betont
Meinecke, sei die Lösung gewesen, die „der geistreiche Droysen schon 1848 antizipiert hatte, als er
jene Alternative aufstellte, daß, wenn jetzt die Verschmelzung Preußens und Deutschlands nicht ge-
linge, Preußen gerade recht fest und straff sich konzentrieren müsse". Ebd. Zu der Verortung Heinrich von Treitschkes als Repräsentant der borussischen Historiker vgl. die Ausführungen bei Giesen,
Bernhard / Junge, Kay / Kritschgau, Christian: Vom Patriotismus zum völkischen Denken: Intellektuelle als Konstrukteure der deutschen Identität, in: Giesen, Bernhard (Hrsg.): Nationales Bewußtsein
und kollektive Identität II, S. 362ff. Aus dem Scheitern der Revolution von 1848, so die Autoren,
„ging eine neue Generation von Intellektuellen und eine wiederum deutlich anders akzentuierte Vorstellung der Nation hervor. Die borussischen Historiker entwarfen unter dem Hinweis eines Zwanges
zur Realpolitik die Idee der Reichsnation. Droysen und Sybel, Häusser und Treitschke, Dahlmann
und Duncker befanden sich in einer Lage, die man mit der Entwurzelung und Isolation der Romantiker oder dem literarischen Vagantentum der Vormärzintellektuellen nur schwerlich vergleichen
kann. Sie waren wohletablierte und hochangesehene Repräsentanten eines selbstbewußten Bildungsbürgertums, eine akademische Aristokratie in Amt und Würden, im kulturellen Vorhof der
Macht.[...]". Ebd., S. 362ff. Vgl. analog dazu auch die Ausführungen über die „deutschen Mandari-
ne" bei Giesen, Berhard: Die Intellektuellen und die Nation, S. 201-207.
[619] Nipperdey, Thomas: Deutsche Geschichte, Band II, S. 265.

Im Jahre 1881 wurde der „Verein Deutscher Studenten" gegründet, der – wie die Burschenschaften im Jahre 1815 – eine nationale Sammlungsbewegung deutscher Studenten sein wollte. Nachdem das im Jahre 1815 noch ersehnte Deutsche Reich nunmehr für Viele Wirklichkeit geworden war, ging es den Mitgliedern des Vereins um den inneren, robusten Ausbau des Nationalstaates – als Kampf gegen Feinde im Inneren, gegen das Weltbürgertum, das Judentum, die Sozialdemokratie, die, als Kräfte der Modernisierung, für die Entwicklung der deutschen Nation als schädlich betrachtet wurden und entsprechend zurückgedrängt werden sollten. Der Begriff "deutsch", ehemals integrativ gedacht, wurde ausgrenzend verstanden: die liberalen, sozialdemokratischen und jüdischen Deutschen sollten nicht dazugehören. In diesem Programm eines "inneren Reichsausbaus" trat der organisierte Nationalismus in Deutschland in der Gestalt auf, wie er sich in Frankreich bald schon als *nationalisme intégrale* bezeichnete: eine kämpferische antimodernistische Sammlungsbewegung von rechts, die eine qualitativ andere Nation als 1815 im Visier hatte, eine Nation, die nicht mehr auf Menschenrechte und Gleichberechtigung gegründet sein sollte, sondern auf ein elitär verstandenes Volkstum. Die Feinde der Nation befanden sich für diesen Nationalismus vor allem innerhalb der nationalen Grenzen.[620]

E   Integralismus statt Patriotismus

Der integrale Nationalismus – dem der Patriotismus aufgrund seiner diametral verschiedenen, weltbürgerlichen, nationalen und liberalen Absichten unvereinbar gegenüberstand – setzte die Nation nunmehr absolut.[621] Der Kult der Nation wurde zum Selbstzweck, zur Waffe im Kampf gegen innere wie äußere Feinde des Staates; er geriet zu einer umfassenden Ideologie, welche die Interessen des Nationalstaats – des Deutschen Reiches – rücksichtslos und expansiv behauptete.[622] Der Mensch galt in diesem ideologisierten Nationalismus „neuer Art"[623] nicht mehr als Maß aller Dinge, seine Entfaltung und Bildung nicht mehr als der Zweck aller gemeinschaftlichen Einrichtungen, des Staates und der Gesellschaft, sondern er war nun zum Diener, zum Werkzeug eines größeren Ganzen geworden. Zweck und Mittel waren vertauscht. Die Hierarchie der Werte war unterbrochen, der Verzicht auf den Zugang zum höchsten Wert geleistet. Ein relativer und nur durch den Dienst an einem Höheren zu rechtfertigender Wert war bewusst und trotzig zum letzten Wert erhoben und absolut gesetzt worden[624] und ersetzte damit in letzter Konsequenz die Transzendenz, indem

---

[620] Vgl. Dann, Otto: Nation und Nationalismus in Deutschland und Europa, S. 192f.

[621] Vgl. Alter, Peter: Nationalismus, S. 43; vgl. ebd. das gesamte Kapitel „Der integrale Nationalismus", S. 43-56. Dieser Nationalismus, so die analoge Deutung Otto Danns, „war eine Antwort auf den unvollendeten deutschen Nationalstaat. Er versuchte ihn zu 'vollenden' mit einem volksdeutsch legitimierten Irredentismus nach außen und im Inneren durch eine Ausgrenzung von Gegnern, zu denen auch die Juden gerechnet wurden". Vgl. ders.: Nation und Nationalismus in Deutschland, S. 196.

[622] Vgl. Kluxen-Pyta, Donate: Nation und Ethos, S. 183ff.

[623] Lemberg, Eugen: Geschichte des Nationalismus in Europa, Stuttgart 1950, S. 274.

[624] Vgl. ebd. das gesamte Kapitel „Der integrale Nationalismus", S. 267ff - 306.

er als ewige, unvergängliche, überindividuelle Größe die Endlichkeit des Individuums überschreite und überdauere.[625]

Doch nicht nur im Deutschen Reich, auch in fast allen anderen europäischen Ländern, die sich in einem fortgeschrittenen Stadium der gesellschaftlichen Modernisierung befanden, setzte sich der integrale Nationalismus durch. Neue Institutionen der Demokratie waren eingeführt worden und die distributive Etappe der politischen Modernisierung stand an: die Durchsetzung von sozialer Gerechtigkeit für alle Schichten der Nation. Der Nationalismus in seiner integralen Variante stellte eine Bewegung dar, die ihrerseits den Gefahren begegnen wollte, welche sich für die Besitzschichten aus dem Modernisierungsprozess ergaben. Der integrale Nationalismus stand für eine oppositionelle Nationalbewegung innerhalb des existierenden Nationalstaates, die dessen Politik neue Ziele setzen wollte. Kennzeichnend für ihn war einerseits seine organisierte Form, andererseits eine neue Programmatik bzw. eine Ideologie, die von dem politischen Grundmodell der modernen Nation erheblich abwich.[626]

Demnach ist zu fragen: War das in Europa spürbare Streben nach Wiederherstellung vorrevolutionärer Bindungen tatsächlich jene Sehnsucht von Entwurzelten nach Erneuerung eines gesellschaftlichen Gefüges, das sich aufgelöst und atomisiert hatte? Wurden die Einzelnen hilflos den geistigen Problemen der Zeit, die Nationen schutzlos Feinden überlassen, wie Eugen Lemberg einst formuliert hat?[627] Nichts zeigt Lemberg zufolge deutlicher als die fließenden Grenzen zwischen Nationalismus, Sozialismus und Jugendbewegung, wie gemeinsam aller Ausgangspunkt und erster Antrieb war[628]: Der Atheist Maurras plädierte für die Erneuerung des französischen Katholizismus[629]. Die neuen Beziehungen zwischen religiöser Bewegung und Sozialis-

---

[625] Im Gesamtkontext sei verwiesen auf die fundierte Analyse der „Irrationalistischen Gegentendenzen" bei Rüstow, Alexander: Ortsbestimmung der Gegenwart, Band III, S. ff; speziell sei im konkreten Kontext auf die instruktiven Ausführungen zur „Ehrfurcht und ihre Übersteigerung", ebd., S. 217-235, verwiesen. „Für jede theologische oder quasitheologische Weltanschauung gibt es ein Oberstes und Höchstes", wie Rüstow bemerkt, „von dem man sozusagen nur die Unterseite sieht, während es sich nach oben ins Unbegrenzte, Unendliche erstreckt, wodurch dann beseligende Gefühle des Schwindels und des entschwindenden Bewußtseins erzeugt werden. Für den Nationalismus nimmt die Nation und der Nationalstaat diese Stelle ein." Ebd., S. 273.

[626] Vgl. Dann, Otto: Nation und Nationalismus in Deutschland, S. 200. Bei seiner Analyse der Wurzeln und Organisationsformen des integralen Nationalismus betont auch Peter Alter, der integrale Nationalismus könne nicht ausschließlich auf jene, im Sinne Plessners als „verspätete Nationen" apostrophierten Nationen wie Deutschland und Italien, beschränkt werden: „Legt man das ihn [den integralen Nationalismus, V.K.] charakterisierende Kriterium, die Absolutsetzung der Nation, zugrunde, ist das Spektrum seiner Erscheinungsformen wesentlicher breiter anzusetzen". Ebd., S. 46.

[627] Lemberg, Eugen: Geschichte des Nationalismus in Europa, S. 275f.

[628] Vgl. übereinstimmend mit Lemberg und grundsätzlich im Gesamtkontext Bracher, Karl Dietrich: Zeit der Ideologien, S. 78ff. Mit Blick auf das „Entfremdungs- und Elitedenken" [vgl. ebd. S. 77-93] stellt Bracher fest: „Die Parallelen zwischen rechter und linker Kritik sind erstaunlich, aber sie entsprechen dem Ausgangspunkt: dem sozio-ökonomischen Wandel, dem psychologischen und soziologischen Krisenbefund, der ihn begleitet, und der allgemeinen Suche nach übergreifenden Lösungen, die sowohl nach rückwärts wie nach vorwärts, in eine vor- oder nachzivilisatorische Welt weisen". Ebd., S. 78.

[629] Vgl. dazu ausführlich die Ausführungen „Der Monotheismus" Charles Maurras bei Nolte, Ernst: Der Faschismus in seiner Epoche, S. 186ff. Vgl. im Kontext Noltes Charakterisierung Maurras', der „den

mus wurden in Gestalten wie in Bischof Ketteler, in Bodelschwingh und Wichern, in der englischen Fabiergesellschaft, in den christlich-sozialen Bewegungen ganz Europas und in Papst Leo XIII. mit seiner Enzyklika *Rerum novarum* offenbar. Die abenteuerlichen Versuche zur Synthese sozialistischer und nationalistischer Bestrebungen[630] von Friedrich Naumanns national-sozialem Verein zu den nationalsozialistischen Parteigründungen bei verschiedenen Völkern Österreichs, bei Deutschen und Tschechen, bis schließlich zum Nationalsozialismus und Faschismus, die beide ihre Wurzeln im revolutionären Sozialismus des 19. Jahrhunderts nicht verleugnen konnten[631], zeigten recht bald die innere Verwandtschaft auch dieser Bewegungen: Sie alle wandten sich ausdrücklich gegen den Liberalismus.[632] Entsprechend lag ihren Methoden eine prononciert antiliberale Bewertung des Menschen zugrunde. Nicht mehr der Mensch war das Maß aller Dinge, der Mensch wurde zum Beauftragten und Werkzeug für „höhere Zwecke".[633] Jetzt begann dessen „Odyssee", die den Menschen als Bürger von seiner quälend „fieberhaften Suche nach seinem 'Ich'" befreien sollte, die François Furet hinsichtlich der revolutionären Leidenschaft im 19. Jahrhundert so eindringlich beschreibt.[634] Jenes von 1789 geprägte „Ich" war zum Zentrum der Welt geworden, vermochte aber nicht, seinen Platz in der Welt zu definieren: "Dieses 'Ich' ist autonom und muß sich selbst erschaffen, doch welche Zukunft hat es? Es kennt nichts anderes als seine beständige Zweiteilung, die [...] ihm [..] keinen Weg zur Versöhnung mit sich selbst weist. Der Bürger ist weder in der Lage, sein öffentliches Leben zu organisieren, noch findet er inneren Frieden. Der Klassenkampf und das Leiden an sich selbst [sind, V.K.] untrennbar mit seinem Schicksal verbunden. Wenngleich er den Universalismus auf seine Fahne schreibt, hegt er doch Zweifel an der Wahrheit, die er verkündet. Ein Teil seiner selbst gibt seinen Gegnern recht, da diese im Namen seiner eigenen Prinzipien argumentieren. Daher rührt dieses Charakteristikum der modernen Demokratie, das sicherlich einzigartig in der Weltgeschichte ist: die unbegrenzte Fähigkeit, Menschen hervorzubringen, die das soziale und politische System verabscheuen, in das sie hineingeboren sind; die die

---

literarischen und politischen Widerstand gegen die Transzendenz und in eins damit die bedingungslose Verteidigung des autark-souveränen, kriegerischen, aristokratischen Staates des Ancien régime als Paradigma für alle französischen Zeiten" personifiziert habe. Ebd., S. 189 [Hervorhebung im Original, V.K.].

[630] Vgl. im Kontext dazu die Ausführungen bei Weißmann, Karlheinz: Der Nationale Sozialismus. Ideologie und Bewegung 1890-1933, München 1998.

[631] Vgl. übereinstimmend mit Lemberg dazu die Analyse bei Nolte, Ernst: Marx und Nietzsche im Sozialismus des jungen Mussolini, in: Historische Zeitschrift 191 (1960), S. 249-335.

[632] Vgl. dazu das Kapitel „Der Untergang des Liberalismus" bei Hobsbawm, Eric: Das Zeitalter der Extreme, S. 143-183, dem Hobsbawm ein bezeichnendes Zitat aus dem Brief eines jungen Freiwilligen für die Faschistische Soziale Republik von 1943-45 voranstellt: „Für das Vaterland zu sterben, für die Idee! [...] Nein, das ist eine Spinnerei. Sogar an der Front ist Töten alles [...] Sterben ist nichts, es existiert nicht. Niemand kann sich seinen eigenen Tod vorstellen. Töten ist alles. Das ist die Grenze, die man überschreiten muß. Ja, das ist ein konkreter Willensakt. Denn da sorgst du dafür, daß dein Wille in dem eines anderen Mannes lebt". Ebd., S. 143.

[633] Lemberg, Eugen: Geschichte des Nationalismus in Europa, S. 276.

[634] Furet, François: Das Ende der Illusion. Der Kommunismus im 20. Jahrhundert, München 1996, S. S. 13-51, S.19.

Luft hassen, die sie atmen, obwohl sie die Grundlage ihres Lebens sind und sie nie etwas anderes kennengelernt haben".[635]

François Furet gelangt zu dem Ergebnis, dass die Französische Revolution weniger eine neue, auf die Gleichheit der Bürger basierende Gesellschaft hervorbrachte, sondern vielmehr „eine besonders geeignete Form des Umbruchs, eine Vorstellung vom Willen des Menschen, eine messianische Auffassung von Politik" gewesen sei.[636] Michael Stürmer teilt diese Einschätzung Furets, wenn er mit Blick auf das 19. Jahrhundert die Ruhelosigkeit des deutschen Reiches betont: „Am Ende stand, da die Industriegesellschaft [eine, V.K.] Antwort auf die Sinnfrage verweigerte, die Hoffnung auf Einheit und Ziel im Kriegerstaat. Angst vor der Revolution? Sie durchzog die deutsche und europäische Geschichte im neunzehnten Jahrhundert. Angst aber noch mehr, der Boden werde versinken. Die technische Zivilisation spottete zuletzt ihres eigenen Schöpfers. Der technische Fortschritt provozierte den romantischen Rückschlag. Dem Triumph der modernen Barbarei eröffnete er die technische Dimension. Der Homo faber, der so viel ins Leben rief, mußte er am Ende auch das tun, was allein zu tun noch übrigblieb – das Werk seiner eigenen Zerstörung? Die immer geträumte und niemals erfüllte Hoffnung auf durchgreifende Rationalität war selbst Teil des Problems, das sie lösen sollte: denn das Spannungsverhältnis der historischen Gegebenheiten zu allen Zukunftsentwürfen des Friedens und des Krieges blieb unaufhebbar".[637]

Begleitete dieses *Memento mori* den lärmenden Triumphzug des Fortschritts in jeder industriellen Zivilisation Europas, so galt dies im Besonderen – wie Friedrich Nietzsche, der Philosoph der Katastrophe[638], hellsichtig erkannte – für die Deutschen und die Frage nach ihrer Identität: „Es kennzeichnet die Deutschen, daß bei ihnen die Frage 'was ist deutsch?' niemals ausstirbt"[639].

Tatsächlich war der Aufstieg der Nation und die Durchsetzung der industriellen Lebenswelten nirgendwo zugleich so spät, so schnell und so gründlich erfolgt wie im Deutschen Reich. Die Modernisierung war hier in vieler Hinsicht schnell und hektisch verlaufen, viel Ungleichzeitiges war gleichzeitig geschehen und viele Spannungen hatten sich intensiviert, Modernisierungsverluste und -leiden hatten zum Teil und zu Zeiten die Modernisierungsgewinne überholt, vor allem das wirtschaftliche

---

[635] Ebd., S. 30.

[636] Ebd., S. 50.

[637] Stürmer Michael: Das ruhelose Reich, S. 399-410, S. 401.

[638] Vgl. die Charakterisierung Friedrich Nietzsches als Philosoph der Katastrophe bei Mann, Golo: Deutsche Geschichte, S. 464-472; „Sein Werk", so bemerkt Mann, „war eine persönliche Katastrophe, die die allgemeine Katastrophe Europas anzeigte und vorwegnahm. Und das war er selber, eine Katastrophe. Ein solcher muß manches Unverantwortliches gesagt haben. Manches prophezeite er, indem er sich darauf zu freuen behauptete, während ihm in Wahrheit davor graute. Er prophezeite ein Jahrhundert der Weltkriege, der Revolutionen und Erdkonvulsionen [...]". Ebd., S. 465. Vgl. im Kontext ebenfalls die Betrachtungen zu Nietzsche und dessen Rezeption im totalitären Zeitalter bei Nolte, Ernst: Nietzsche und der Nietzscheanismus, Frankfurt a.M. 1990; vgl. ebenso ders.: Nietzsche im Nationalsozialismus, in: Kroll, Frank-Lothar (Hrsg.): Neue Wege der Ideengeschichte. Festschrift für Kurt Kluxen zum 85. Geburtstag, Paderborn 1996, S. 379-389.

Wachstum.[640] Die Auswirkung auf politische Sinn- und Bindungsmechanismen, auf die wirtschaftliche Dynamik, auf Mentalität, Seelenleben und die Gesprächsfähigkeit zwischen den Generationen war im Wortsinne radikal. Ambivalenz wurde zur Signatur des neunzehnten Jahrhunderts, dem Aufbruch der Abschied zugestellt, dem Fortschrittsglauben die Entfremdung[641], der Revolution die Trauer um das Vergangene.[642]

Alexis de Tocqueville, der Beobachter der Demokratie in Amerika, der kritische Apologet moderner, aufgeklärter Gesellschaften, sprach vorausblickende Warnungen aus, die erst im 20. Jahrhundert, der hohen „Zeit der Ideologien" entschlüsselbar und erschreckend real werden sollten: „Was mich angeht, so bekenne ich, daß ich dem Geist der Freiheit, der meine Zeitgenossen anscheinend beseelt, keineswegs traue; ich sehe die Unruhe der Völker unserer Tage wohl, ich erkenne sie aber nicht deutlich als freiheitlich, und ich fürchte, daß am Ende dieses Aufruhrs, der die Throne schwanken läßt, die Inhaber der Staatsgewalt mächtiger sein werden als zuvor".[643]

Jenes Unheil, das Franz Grillparzer in einem Dreischritt „von Humanität über Nationalität zu Bestialität" antizipiert hatte, warf seine Schatten voraus. Und doch war es kein zwangsläufiger Weg, der von der Nationalität hin zur Bestialität führen musste. Auch nicht in Deutschland. Es war erst die Ideologisierung des Nationsgedankens und damit eine Entfremdung vom ursprünglich humanitär-patriotischen Gehalt der Aufklärung, welche die Nation als maßgeblichen „letzten" Sinnhorizont verabsolutierte und pervertierte.

F   Zwischenbilanz

Hat Bismarck "der Nation das Rückgrat gebrochen"[644] – und damit auch einem entsprechenden Patriotismus?

Infolge der Reichsgründung 1871 sahen sich die liberalen Kräfte mit dem Dilemma konfrontiert, dass die Erfüllung ihrer materiellen Interessen durch Bismarck sie in einen politisch nicht mehr zu vermittelnden Widerspruch zu ihren eigenen, patriotisch-nationalen Prinzipien geführt hatte. Vor 1871 galt "national" als "antifeudal", auf Seiten der bürgerlich-liberalen wie der sozialdemokratsichen Kräfte. Nach der Reichsgründung begann die Gleichsetzung von "national" und "antiinternational" – die liberal-linke Parole wurde zum Schlachtruf der politischen Rechten! "National" bedeutete spätestens seit der innenpolitischen Wende von 1878/79 nicht mehr, die Emanzipation des Bürgertums oder der Arbeiter zu forcieren, sondern die Bewahrung des status quo gegen Weltoffenheit, Freiheit und Gleichheit. Zum "nationalen"

---

[640] Nipperdey, Thomas: Deutsche Geschichte 1866-1918, S. 892.
[641] Vgl. dazu die Ausführungen „Fortschritt und Irrationalismus" bei Bracher, Karl Dietrich: Zeit der Ideologien, S. 31-43.
[642] Stürmer, Michael: Das ruhelose Reich, S., S. 401f.
[643] Vgl. dazu die auf 1789 rückblickenden Bemerkungen Alexander Rüstows, in: Ders.: Ortsbestimmung der Gegenwart, Band III, S. 272.
[644] So Wilhelm Mommsen im Jahre 1902, zitiert nach Winkler, Heinrich August: Der lange Weg nach Westen, Band 1, S. 264.

Bekenntnis der politischen Rechten gehörten Kampfansagen an jene, denen man absprach, "national" zu sein: Katholiken wie Sozialdemokraten, jene "vaterlandslose Gesellen", die ein integraler Bestandteil der deutschen Nationalbewegung waren und 1848 für selbstbestimmte Staatsbürgerlichkeit und Volkssouveränität gekämpft hatten. Der Nationalgedanke in seiner emanzipatorischen, weltoffenen und liberalen Bedeutung war zu einem "Nationalismus *ohne* Nation" geworden, das Deutsche Reich zu einem Nationalstaat *pro forma*.

Nietzsches Ausspruch *"Deutschland, Deutschland über alles! ist vielleicht die blödsinnigste Parole, die je gegeben worden ist. Warum überhaupt Deutschland, frage ich. Wenn es nicht etwas will, vertritt, darstellt, das mehr Wert hat"* erhält in diesem Kontext seine Bedeutung. Der deutsche Nationalstaat, das Bismarcksche Deutsche Reich war ohne inhaltliche Bestimmung – ohne den Geist der aufgeklärten Nationalbewegung und wider die Prinzipien des analogen Patriotismus – gegründet worden und konnte scheinbar nur negativ, durch Abgrenzung nach innen wie außen bestimmt werden. Nach innen wurde nach kurzer Übergangsphase, die durch das Nebeneinander zweier Feindbilder – "ultramontaner Katholizismus" und "vaterlandslose Sozialdemokraten" – charakterisiert war, die Abgrenzung durch Ausschluss der Arbeiterbewegung vom "nationalen" Konsens hergestellt. Nach außen durch Feindbilder wie das "revanchelüsterne Frankreich", das "perfide Albion" bzw. den "Rassenkampf zwischen Slaven- und Germanentum". Der sich radikalisierende Nationalismus der wilhelminischen Ära, der sich in dem wachsenden Erfolg der parteipolitischen Irredenta der "nationalen Verbände" niederschlug, stellte ein Komplementärphänomen der realiter nicht vorhandenen politischen Nation dar. Der radikale Nationalismus war nicht der Schaffung der wirklichen, der politischen Nation verpflichtet, sondern einem Mythos einer alle Interessengegensätze transzendierenden und damit notwendig allen politischen Gehaltes entleerten "nationalen Gemeinschaft". Der nationalistische Rausch vom August 1914 wurzelte in dem Glauben, in den "Stahlgewittern" des Krieges werde dieser Mythos Wirklichkeit. Der "Hurrapatriotismus" des Jahres 1914, er sprach dem aufgeklärten, freiheitlichen Patriotismus Hohn.

V.   Patriotismus und der Abgrund des Totalitarismus

A   Patria ohne Patrioten: Die Weimarer Republik

a)   *Die fragmentierte Gesellschaft und die Hypothek des Krieges*

Die Republik von Weimar, in ihrer politischen Verfassung ein neuer, ein demokratischer, parlamentarischer Nationalstaat, sie war von Anbeginn an eine *belagerte civitas*[645]. Sie stand seit ihrer Gründung im Zeichen des verlorenen Krieges und der daraus resultierenden Friedensbedingungen von *Versailles*. Versailles erwies sich als ein gesamtgesellschaftliches Trauma, als eine Hypothek der Republik, die einen republikanischen Patriotismus von Anfang an diskreditierte. Nicht so sehr die territorialen und materiellen Auflagen des Versailler Vertrages waren es, die über alle Parteigrenzen hinweg als Unrecht empfunden wurden, es waren vor allem die Alleinschuld am Krieg sowie das Verlangen nach Auslieferung der politischen und militärischen Führung als „Kriegsverbrecher", die als Unrecht, als nationale Demütigung empfunden wurden. Die aufgrund der Niederlage notwendigen, vielfach auch berechtigten und für eine neue nationale Entwicklung sogar vorteilhaften Aspekte des Vertrages wollte man nicht sehen bzw. nicht zugeben. Der *Revisionismus* des status quo war der einzige Punkt, über den, über alle politischen Lager hinweg, Einmütigkeit bestand. Die argumentative Grundlage des Revisionismus, der Maßstab, auf den er sich bezog, war das Reich von 1871 – doch in welchen Grenzen? Mit oder ohne Kolonien? Allein an diesen Punkten öffnete sich ein breites Spektrum von unterschiedlichen Zielvorstellungen, die von einer Aufhebung der beschränkenden und belastenden Auflagen des Versailler Vertrages bis zu weitreichenden neoimperialistischen Projektionen einer neuen deutschen Großmachtrolle reichten. Der Grundkonsens der Republik, soweit überhaupt vorhanden, erwies sich als ein negativer. Selbst Revisionismus polarisierte, auch wenn es allenthalben als empörend empfunden wurde, dass Deutschland dem Völkerbund, auf Initiative Woodrow Wilsons hin als eine Institution der internationalen Verständigung und Konfliktlösung konzipiert, zunächst nicht

---

[645]   Vgl. Stürmer, Michael (Hrsg.): Die Weimarer Republik: Belagerte Civitas, 2. Aufl., Königstein i. T. 1985. Zur Geschichte der Weimarer Republik vgl. die Gesamtanalyse bei Schulze, Hagen: Weimar. Deutschland 1917-1933, Berlin 1982; vgl. ebenso Möller, Horst: Weimar. Die unvollendete Demokratie, München 1985; vgl. auch Kolb, Eberhard: Die Weimarer Republik, München 1984; vgl. ebenfalls Mommsen, Hans: Die verspielte Freiheit. Der Weg der Republik von Weimar in den Untergang 1918 bis 1933, Berlin 1989; zum Aspekt der Kultur vgl. die Studie von Laqueur, Walter: Weimar. Die Kultur der Republik, Frankfurt a.M. 1976. Vgl. im Kontext die Ausführungen über die „Vergebliche Suche der Sammlung der kulturellen Eliten unter nationalem Vorzeichen: der Kult der ‚Gemeinschaft' und des ‚Erlebens'" bei Mommsen, Wolfgang J.: Bürgerstolz und Weltmachtsterben. Deutschland unter Wilhelm II 1890 bis 1918, Berlin 1995, S. 880ff.

beitreten durfte; zweimal wurde eine Teilnahme an den Olympischen Spielen unter-
sagt. Die Deuschen in Österreich, die sich am 19. März 1919 endgültig für einen
Beitritt zum Deutschen Reich entschieden hatten, wurden gezwungen, auf diesen Akt
nationaler Selbstbestimmung zu verzichten. Vor dem Hintergrund der politischen
und psychologischen Hypotheken des verlorenen Krieges sowie in Erinnerung an
den innenpolitischen „Kampfkurs" im Kaiserreich[646] war zu Beginn der Weimarer
Republik der gesellschaftliche und politische Diskurs ebenso beachtlich wie zer-
brechlich.[647]

Aufgrund der revolutionären Situation waren Vereinbarungen sehr zeitbedingt
und bei einer Veränderung der Kräfteverhältnisse sofort gefährdet. Dies galt nicht
nur für das Abkommen zwischen Unternehmern und Gewerkschaften, welches einen
gesellschaftspolitischen Umsturz verhindern und den Weg zu verstärkten Sozialre-
formen weisen sollte, sondern vor allem für die Grundlegung der formalen Demokratie.

Der Weimarer Verfassungskompromiss war nur deshalb zustande gekommen,
weil dilatorische Formelkompromisse in Kauf genommen wurden und der Grundrechtskatalog die unterschiedlichen Vorstellungen der Partner jener „Weimarer Koalition" von SPD, DDP und Zentrum lediglich summierte statt synthetisierte. Diese,
die Republik stabilisierende Koalition scheiterte bereits bei den Reichstagswahlen im
Juni 1920, als sie mit 43, 6 Prozent, nicht zuletzt aufgrund mangelnder Kompro-
missbereitschaft, ihre parlamentarische Mehrheit verlor. Die Gesellschaft der Weimarer Republik war eine fragmentierte[648], die Nation eine gespaltene. Hatte sich im
Laufe des 19. Jahrhunderts gegen die agrarkonservative Führungsschicht des preu-
ßisch-deutschen Obrigkeitsstaates zunächst das bürgerlich-liberale und nach der
Reichsgründung das sozialistische bzw. katholische Milieu als separate Oppositions-
bewegungen breiter Bevölkerungsschichten formiert, so waren diese Milieus durch
ihre jeweilige soziale Lage, durch Konfession sowie tradierte Wert- und Verhaltens-
orientierungen voneinander getrennt. Ihr Selbstverständnis und ihr Zusammenhalt
wurden ebenso wie die gegenseitige Abgrenzung durch ein Geflecht von Vereinen
und Organisationen dominiert und bewahrt. Obwohl die von ihnen ausgehenden De-
mokratisierungsimpulse von Seiten der Reichsregierung abgewehrt oder durch Mechanismen „sekundärer Integration" kanalisiert werden konnten, wurzelte in ihrem
Nährboden die für das deutsche Parteiensystem charakteristische konfessionelle, re-

---

[646] Sauer, Wolfgang: Das Problem des deutschen Nationalstaates, in: Wehler, Hans-Joachim (Hrsg.):
Moderne deutsche Sozialgeschichte, 2. Aufl., Köln 1986, S. 430.

[647] Vgl. Friedensburg, Ferdinand: Die Weimarer Republik, Hannover 1957. Durch das Verschwinden
der tradierten Autoritäten und durch das Entstehen der neuen republikanischen Staatsform wurde die
„Verknüpfung zwischen Nation und Einzelschicksal zur ausdrücklichen Verantwortung" und zwang
Friedensburg zufolge einen jeden „zur immer erneuten Stellungnahme, zumal in einer Zeit, in der das
Leben von Staat und Volk vor ständigen Entscheidungen schwerster Art stand". Ebd., S. 249.

[648] Vgl. im Kontext Megerle, Klaus: Die Erfahrung der Weimarer Republik: Fehlender Grundkonsens in
einer fragmentierten Gesellschaft, in: Steinbach, Peter / Tuchel, Johannes (Hrsg.): Widerstand gegen
den Nationalsozialismus, Bonn 1994, S. 68-84.

gionale sowie schichtenspezifische „Versäulung".[649] Diese Versäulung war durch die gesellschaftliche Ausgrenzung und den verfassungspolitischen Ausschluss von der Regierungsverantwortung derart zementiert worden, dass sie auch durch den ohnehin primär außenpolitisch verstandenen „Burgfriedensplan" von 1914 bzw. durch die begrenzte parlamentarische Zusammenarbeit von SPD, Fortschrittlicher Volkspartei und Zentrum im Interfraktionellen Ausschuss nicht überwunden wurde. Die Erschütterung und die hassgeladenen, blutigen Auseinandersetzungen der Kriegs-, Revolutions- und Nachkriegszeit führten in der Weimarer Republik zu einer Auffächerung des Spektrums dieser politischen Teilkulturen, zu denen auf rechtsextremer Seite die NSDAP gehörte, der es infolge der Staats- und Wirtschaftskrise gelang, zu der zentralen Sammlungsbewegung höchst unterschiedlicher politisch-kultureller Fragmente – darunter nicht zuletzt auch ein signifikanter Teil des deutschen Adels – zu werden. Stephan Malinowski akzentuiert in seiner Analyse des sozialen Niedergangs und der politischen Radikalisierung im deutschen Adel zwischen Kaiserreich und Drittem Reich ein durch die Flucht des Kaisers ins Exil entstandenes emotionales Vakuum, das im sozial destabilisierten Kleinadel sehr schnell mit diffusen Sehnsüchten nach einem „Führer" des deutschen Volkes ausgefüllt worden sei.[650]

Das schichtenübergreifende Integrationskonzept der „deutschen Volksgemeinschaft", als Stichwort vom politischen Katholizismus adaptiert und ohne dessen konfessionelle Begrenzung den sich nach nationaler Identifikation sehnenden bürgerlichen Gruppierungen präsentiert, wurde für die NSDAP Adolf Hitlers ein Faktor, der zur Eroberung einer Massengefolgschaft beitrug und nach 1933 die Anpassungsbereitschaft und Eingliederung vormals skeptischer, gar gegnerischer Gruppen erleichterte. Den Kampf um die „Nation", der zwischen den Trägern des Weimarer Nationalstaates und der Totalopposition von rechts über Jahre hinweg getobt hatte, konnte die NSDAP schließlich für sich entscheiden.

Doch gilt es im Hinblick auf den Untergang[651] der „ungeliebten" ersten deutschen Republik[652] und dem daraus folgenden Übergang von Demokratie zur „deutschen Diktatur"[653] nicht nur die fragmentierte Gesellschaftsstruktur, sondern ebenfalls auch

---

[649] Vgl. dazu Lepsius, Rainer M.: Parteiensystem und Sozialstruktur. Zum Problem der Demokratisierung der deutschen Gesellschaft, in: Ritter, Gerhard A. (Hrsg.): Deutsche Parteien vor 1918, Köln 1973, S. 56-80.

[650] Vgl. Malinowski, Stephan: Vom König zum Führer. Sozialer Niedergang und politische Radikalisierung im deutschen Adel zwischen Kaiserreich und NS-Staat, Berlin 2003.

[651] Vgl. Funke, Manfred: Republik im Untergang. Die Zerstörung des Parlamentarismus als Vorbereitung der Diktatur, in: Bracher, Karl Dietrich / Funke, Manfred / Jacobsen, Hans-Adolf (Hsrg.): Die Weimarer Republik 1918-1933. Politik - Wirtschaft - Gesellschaft, 2. Aufl., Bonn 1988, S. 505-531.

[652] Vgl. ausführlich zur Erläuterung der These von Weimar als der „ungeliebten Republik" die Dokumente in dem Band von Michalka, Wolfgang / Niedhart, Gottfried (Hrsg.): Die ungeliebte Republik. Dokumente zur Innen- und Außenpolitik Weimars 1918-1933, 4. Aufl., München 1986.

[653] Vgl. im Kontext und im Folgenden die gleichnamige Analyse der Entstehung, Struktur und der Folgen des Nationalsozialismus bei Bracher, Karl Dietrich: Die deutsche Diktatur. Entstehung, Struktur, Folgen des Nationalsozialismus, 7. Aufl., Köln 1993; vgl. auch Ders. / Funke, Manfed / Jacobsen, Hans-Adolf (Hrsg.): Nationalsozialistische Diktatur 1933-1945. Neue Studien zur nationalsozialistischen Herrschaft, 2. Aufl., Bonn 1993.

jenen 14 Jahre andauernden Widerstreit zwischen Geist und Macht[654] als wesentliche Ursache für den Auflösungsprozess der zivil-demokratischen Strukturen der Weimarer Republik[655] zu erkennen. Die Zivilisationskritik von rechts wie links führte bei gleichzeitiger Faszination durch den technischen Fortschritt, ergänzt um die Wiederbelebung schwertaristokratischer Romantik, zu einer demagogischen Synthese antidemokratischer Geistesströmungen, die jeden republikanischen Verfassungspatriotismus zersetzten[656]. Gerade am Werdegang der Republik, den gesellschaftlichen, ökonomischen und politischen Verwerfungen mit häufig wechselnden Regierungen, schien sich die durchgängige pessimistische Grundhaltung zu bestätigen, die Probleme der Moderne nicht mehr lösen zu können[657].

So scheiterte die Weimarer Republik letztendlich daran, dass eine konstruktive, dem Gesamtwohl verpflichtete intermediäre Dynamik zwischen Parteien, Staat und Gesellschaft, dass ein republikbejahender Patriotismus nicht hinreichend ausgebildet worden war: „Statt republikanischer Tugenden zumindest in der Phase der Stabilität 1924 bis 1928 gegen das Versailler Syndrom zu immunisieren, erschöpften sich dafür notwendige Energien in tagespolitischen Problemen und ideologischen Konfrontationen. Die neue Verfassungskultur fand keinen Wurzelboden."[658] Gleichzeitig steigerte die Erosion der republikanischen Verfassungswerte die nationalsozialistische Propaganda mit ihrer sozialintegrativen Erfolgsgewalt. Sie baute auf die durch die Erniedrigungen der Realität gesteigerte Sehnsucht großer Teile des Volkes, endlich von äußerer Bedrückung, innerem Zweifel und lastender Nervosität[659] befreit zu werden und appellierte in diesem Sinen an den Patriotismus der Deutschen, für die „Volksgemeinschaft" einzustehen, um Bedrückung und Zweifel zu überwinden. Erträumt wurde die Einheit von Volk, Staat und Rasse als Erfüllung eines deutschen Weges, der sich von der sozialistischen Diktatur und von den politischen Kulturidealen des Westens gleichermaßen abheben sollte. Der jahrelange ökonomische und so-

---

[654] Funke, Manfred: Republik im Untergang, in: Ders. / Bracher, Karl Dietrich /Jacobsen, Hans-Adolf (Hrsg.): Die Weimarer Republik, S. 528.

[655] Vgl. zum Auflösungsprozess der Weimarer Republik die detaillierte und umfassende Analyse bei Bracher, Karl Dietrich: Die Auflösung der Weimarer Republik. Eine Studie zum Problem des Machtverfalls in der Demokratie, 7. Aufl., Stuttgart 1984.

[656] Vgl. dazu ausführlich die Untersuchung von Sontheimer, Kurt: Antidemokratisches Denken in der Weimarer Republik. Die politischen Ideen des deutschen Nationalismus zwischen 1918 und 1933, München 1962.

[657] Funke, Manfred: Republik im Untergang, in: Ders. / Bracher, Karl Dietrich /Jacobsen, Hans-Adolf (Hrsg.): Die Weimarer Republik, S. 528f; vgl. diesbezüglich auch Berking, Helmuth: Masse und Geist. Studien zur Soziologie der Weimarer Republik, Berlin 1984; vgl. weiterführend auch die Beiträge des Bandes von Gangl, Manfred / Raulet, Gérard (Hrsg.): Intellektuellendiskurse in der Weimarer Republik. Zur politischen Kultur einer Gemengenlage, Frankfurt a. M. 1994.

[658] Funke, Manfred: Republik im Untergang, S. 530. Zur Weimarer Reichsverfassung vgl. in diesem Kontext die Ausführungen bei Boldt, Hans: Die Weimarer Reichsverfassung, in: Funke, Manfred / Bracher, Karl Dietrich /Jacobsen, Hans-Adolf (Hrsg.): Die Weimarer Republik Ebd., S. 44-62.

[659] Der Nationalsozialismus, so betont Joachim Radkau, war eine „Heilsbotschaft an solche Nervöse, die ihre ‚Nervosität' in bestimmter Weise empfanden und unter ihr litten. Wer sich durch seine individuelle Freiheit mit ihrer Verantwortung und ihren Entscheidungszwängen gequält fand, dem konnte in einem totalitären Staat geholfen werden." Ders.: Das Zeitalter der Nervosität. Deutschland zwischen Bismarck und Hitler, München 1998, S. 450.

ziale Leidensdruck, die physischen wie psychischen Folgen des Weltkriegs machten die demokratische Rationalität würdelos, weil sie die Ausweglosigkeit vertieften und keine Lösungen aufzeigten. In dieser Konstellation subjektiver wie objektiver Faktoren sprengte Hitler den Deutschen eine neue Zukunft frei; durchaus revolutionär, aber das Bewährte scheinbar zum Fundament des Neuen erhebend[660] und einen „Patriotismus" postulierend und einfordernd, der mit aufgeklärter, freiheitlicher, humaner Gesinnung nichts mehr gemein hatte. Nihilismus und Selbstzweifel hier, die Katastrophe des Krieges und die „Katastrophe des Friedens"[661] dort, hinzukommend eine seit 1931 kulminierende Weltkrise der westlichen Zivilisation – woher sollten wirklichkeitsgerechte, belastbare Alternativen zu Hitler und dem von ihm versprochenen „rauschhaften Gemeinschaftsethos"[662] kommen?

b)   Patria im Würgegriff: Adolf Hitler, die deutsche Volksgemeinschaft und der pervertierte Patriotismus

Das Ja zu Hitler, es war vor allem ein Nein zur Republik von Weimar, zutiefst geprägt vom Trotz gegen den Verlust einer Epoche deutscher Großmacht, zerrissen vom Gefühlsstreit des Umbruchs, fasziniert vom Hitlerismus als gewaltige Propaganda-Synthese archaischer Wertgewissheit und revolutionärer Erneuerung.[663] Der Nationalsozialismus – die „entscheidende Lebenskrise des deutschen Volkes"[664] und eine beispiellose „Vergewaltigung der Seele"[665] – war nicht zuletzt ein Resultat der deutschen Ungleichzeitigkeit, jenes ungelösten Spannungsverhältnisses von industriegesellschaftlicher Modernität und vorindustrieller politischer Kultur und Denktra-

---

[660]   Vgl. Funke, Manfred: Republik im Untergang, ebd., S.529f. Vgl. diesen Deutungsansatz vertiefend auch Funkes Analyse in: Ders.: Was führte zum Scheitern der Weimarer Republik? Aspekte einer Konstellationsanalyse, in: Weilemann, Peter R. / Küsters, Hanns Jürgen / Buchstab, Günter (Hrsg.): Macht und Zeitkritik. Festschrift für Hans-Peter Schwarz zum 65. Geburtstag, Paderborn 1999, S. 41-47.

[661]   Dehio, Ludwig: Deutschland und die Weltpolitik im 20. Jahrhundert, Frankfurt a. M. 1961, S. 18. Vgl. in diesem Zusammenhang die Ausführungen bei Mosse, George L.: Der Erste Weltkrieg und die Brutalisierung der Politik. Betrachtungen über die politische Rechte, den Rassismus und den deutschen Sonderweg, in: Funke, Manfred u.a. (Hrsg.): Demokratie und Diktatur. S. 127-139.

[662]   Fest, Joachim C.: Aufgehobene Vergangenheit. Portraits und Betrachtungen, Stuttgart 1981, S. 76.

[663]   Vgl. in Anknüpfung an die Forschungen Karl Dietrich Brachers das einsichtige Urteil bei Funke, Manfred: Republik im Untergang, in: Ders. / Bracher, Karl Dietrich /Jacobsen, Hans-Adolf (Hrsg.): Die Weimarer Republik, 530. Vgl. dazu auch das Kapitel „Die Weimarer Republik und die NSDAP 1918-1933" der überzeugenden Gesamtdarstellung des Nationalsozialismus von Burleigh, Michael: Die Zeit des Nationalsozialismus. Eine Gesamtdarstellung, Frankfurt a.M. 2000, S. 43-178.

[664]   Vgl. Valentin, Veit: Geschichte der Deutschen, S. 592. Vgl. ebd. auch die Kapitel „Die Überwindung des Partikularismus und des Dualismus" sowie „Die Abwandlung des Universalismus", S. 615ff. Der Nationalsozialismus okkupierte nach Valentin den universalistischen Gedanken, „indem er das überkommene Staatsbürgertum in eine Volksgenossenschaft verwandelte, die ohne Rücksicht auf politische, geographische, rechtlich-historische Abgrenzungen ihr Leben zu führen gewillt war - lediglich aufgebaut auf dem deutschen Gedanken". Ebd., S. 618.

[665]   So lautet der Titel der Einleitung bei Burleigh, Michael: Die Zeit des Nationalsozialismus, S. 13-41. Ebd., S. 27.

dition.[666] Seine Anziehungskraft lag in seinem jugendbewegten Habitus, seinem Aktivismus sowie seinem Gemeinschafts- und Mobilisierungsangebot[667], ferner in seinem Versprechen von volksgemeinschaftlicher Gerechtigkeit und Ordnung. Der Vernunftrepublikanismus wie der freiheitliche Patriotismus hatten es eingedenk der ökonomischen, sozialen und psychologischen Gegebenheiten der Weimarer Republik schwer. Überdies hatte Hitler – vermeintlich – einiges zu bieten: das Versprechen der Zugehörigkeit zur Volksgemeinschaft, als Gegenentwurf zu einer Gesellschaft, die bis dahin von tiefen Gegensätzen geprägt gewesen war; einen dynamischen Aufbruch, wo zuvor Stagnation geherrscht hatte; den Anspruch, in einer Gesellschaft, in der materielle Interessen alles andere zu überlagern schienen, Träger einer idealistischen Mission von fast nationalem Zuschnitt zu sein. Alles, was die Menschen zu tun brauchten, war, den „patriotischen" Sprung ins Dunkle strahlender Verheißung zu wagen. Eine verschworene Glaubensgemeinschaft an die eigene nationale Größe barg scheinbar die Lösung für alle Probleme der Welt. Obwohl der Nationalsozialismus den paradoxen Anspruch erhob, die Sprache der Vernunft zu sprechen, und obwohl seine Vertreter in der Lage waren, scharfsinnige politische Berechnungen anzustellen, stand er mit einem Bein in der düsteren, irrationalen Welt der teutonischen Mythen, einer Welt, in der der heroische Untergang etwas Bewundernswertes war und in der stets mit vollem Einsatz aufs Ganze gegangen wurde; entweder nationales und völkisches Heil oder ewige Verdammnis.[668]

Die Mehrheit der Deutschen hat Hitlers Aufbruch als das lange ersehnte Signal zu einer inneren Einigungsbewegung verstanden, die das Überlieferte festzuhalten und in eine mobilisierende Zukunftsvision einzuschmelzen versprach. Aus diesem Grunde vermochte Hitler an den Patriotismus vieler Deutscher so erfolgreich zu appellieren und diesen zu pervertieren und zu missbrauchen. Nichts anderes machte ihn auch geeignet, als die große Gegenkraft zu einer Zeit aufzutreten, die ans Ende eines langen Irrwegs gelangt schien und nur durch eine Generalumkehr dem Untergang entgehen mochte. Weit über alle historisch greifbaren Anlässe wie die Niederlage von 1918[669], die Revolution und Versailles hinaus[670], von Inflation, Weltwirtschafts-

---

[666] Vgl. Thamer, Hans-Ulrich: Verführung und Gewalt. Deutschland 1933-1945, Berlin 1986, S. 775

[667] Vgl. dazu auch ausführlich das Kapitel „Totalitärer Progressismus rechts oder links" bei Bracher, Karl Dietrich: Zeit der Ideologien. Eine Geschichte politischen Denkens im 20. Jahrhundert, Stuttgart 1982, S. 170-188. Die nationalsozialistischen Konzeptionen zur Struktur der Gesellschaft entfalteten nach Ansicht Brachers eine eigentümliche Verbindung von konservativer Kultur-Romantik und technisch-ökonomischem Progressismus, deren Gegensätzlichkeit charakteristisch gewesen sei auch für die Begründung und den Vollzug der praktischen Kultur-, Gesellschafts- und Wirtschaftspolitik in verschiedenen zeitlichen Perioden und sachlichen Bereichen. „Auch hier", so Bracher, „kamen der Nationalsozialismus-Ideologie verführerische Tendenzen der Zeit entgegen: die Industrialisierung und Technisierung im Sinne einer neuen Romantik als Verwirklichung langgehegter Sehnsüchte des Menschen zu preisen oder den Arbeiter als Inbegriff einer neuen Volksgemeinschaft zu glorifizieren." Ebd., S. 180.

[668] Vgl. Burleigh, Michael: Die Zeit des Nationalsozialismus, S. 27.

[669] Vgl. an dieser Stelle die Ausführungen bei Böckenförde, Ernst-Wolfgang: Der Zusammenbruch der Monarchie und die Entstehung der Weimarer Republik, in: Bracher, Kard Dietrich / Funke, Manfred / Jacobsen, Hans-Adolf (Hrsg.): Die Weimarer Republik 1918-1933, S. 17-43.

krise oder Deklassierung der Mittelschichten, haben solche Empfindungen einer nahen und notwendigen Zeitenwende dem Nationalsozialismus zur Massengefolgschaft verholfen und um ihn herum den Dunst einer halbreligiösen, adventistischen Aura sowie um Hitler eine Art messianischer Erwartung verbreitet.[671] Die Fragmentierung der Gesellschaft, so schien es, vermochte Hitler wie niemand sonst zu überwinden. Zugleich hat Hitlers Bewegung doch auch nie, aller Emphase zum Trotz, die defensive Grundhaltung verbergen können, die sein eigenes Wesen war und zu der kühnen Gladiatorenpose, die er einzunehmen pflegte, in merklichem Widerspruch stand.[672] Konrad Heiden hat in diesem Sinne die faschistischen Ideologien einmal "Prahlereien auf der Flucht" genannt. Sie seien, so Heiden, die Angst vor dem Aufstieg, vor neuen Winden und unbekannten Sternen, ein Protest des ruhebedürftigen Fleisches gegen den rastlosen Geist.[673] Der Nationalsozialismus war, aus der Unruhe der Epoche herstammend, ein Aufstand für die Autorität, eine Revolte für die Ordnung. Er war Aufruhr und Subordination, Bruch mit allen Traditionen und deren Heiligung, Volksgemeinschaft und strengste Hierarchie, Privateigentum und soziale Gerechtigkeit[674]. Er war, wie Friedrich Meinecke schon früh erkannte, eine „Verschmelzung" der nationalistischen und sozialistischen Welle[675], „die seit der zweiten Hälfte des 19. Jahrhunderts über die überlieferte Kulturwelt dahinbrauste"[676].

In den Schatten einer von allen Hemmungen parlamentarischer Art freie Staats-, Volks- und Menschenlenkung im Zeichen von Verführung *und* Gewalt war damit eine ganze Welt von Idealen, die bisher in Europa gläubig verehrt worden waren, getreten, nicht nur die humanitären und liberalen, auf Glück und Freiheit der Individuen gerichteten, sondern auch die alten, christlich-religiösen Ideale, insofern sie auf das Heil der Einzelseele gingen. Das Christentum war schließlich durch seine Sorge für die Einzelseele auch der Mutterboden des humanitären Liberalismus, und diesen selbst kann man als säkularisiertes Christentum auffassen.[677]

---

[670] Zu dem Streben nach Revision als prägnantem Ziel Weimarer Politik, v.a. Weimarer Außenpolitik, vgl. die weit ausgreifenden Ausführungen „Das Streben nach Revision. Die Weimarer Republik 1919-1932" bei Hildebrand, Klaus: Das vergangene Reich, S. 383-559.

[671] Fest, Joachim C.: Hitler, S. Vf.

[672] Vgl. ebd., S. 148.

[673] Vgl. Heiden, Konrad: Geburt des Dritten Reiches. Die Geschichte des Nationalsozialismus bis Herbst 1933, 2. Aufl., Zürich 1934, S. 266. In diesem Zusammenhang sei auf das analoge Bild verwiesen, welches Kurt Hiller im Jahre 1947 mit Blick auf den Nationalsozialismus skizzierte: „Einem Scharfsinnigen, den man nicht widerlegen kann, den Scharfsinn anzukreiden (zugunsten wessen eigentlich?) - das ist freilich seit längerem die große Mode in Deutschland, wo 'der Geist als Widersacher der Seele' angeschwärzt worden ist, solange, bis 'die Seele', irrational, existentiell oder chthonisch, sich gegen ihn mit der Gaskammer zu verteidigen entschloß." Ders.: Köpfe und Kröpfe - Profile aus einem Vierteljahrhundert, Hamburg 1950, S. 367.

[674] Fest, Joachim C.: Hitler, S. 150.

[675] Meinecke, Friedrich: Die deutsche Katastrophe, S. 16.

[676] Ebd., S. 12. „Aber konnten", so fragt Meinecke in seiner geistesgeschichtlichen Analyse, „die beiden großen Wellen des Abendlandes auf Dauer voneinander getrennt bleiben? Gab es nur Kampf und Gegensatz zwischen ihnen, konnte nicht auch eine innere Verschmelzung beider gelingen? Diese konnte freilich, wenn sie versucht wurde und doch mißlang, großes Unheil über ihr Land und über die ganze Welt bringen, - wie es denn durch den zweiten Weltkrieg auch geschehen ist." Ebd., S. 15.

[677] Vgl. ebd., S. 16.

Gerade weil der Nationalsozialismus zunächst die Aussicht eröffnet hatte, den nationalen und den sozialen Gedanken miteinander zu versöhnen[678], erschien er zahlreichen patriotisch empfindenden Deutschen als Erlösung von altem unseligem
Zwist.[679] Sicherlich war das neue Programm eines "nationalen Sozialismus" verschwommen, nebelhaft, romantisch. Aber es wurde mitreißend vorgetragen und
wirkte ebenso auf das patriotische Gefühl wie auf das soziale Geltungsbedürfnis der
breiten Massen, der Angestelltenschicht und gewisser Teile der Arbeiterschaft, die
vor der Kameradschaft mit dem eigentlichen Proletariat und dem Kommunismus zu-
rückscheuten. Hier blieben die Lehren des strengen Marxismus unverstanden, erschien das Dogma vom Klassenkampf veraltet, der Nationalsozialismus moderner,
zukunftsfreudiger. So viel meinte jeder zu sehen, dass es dem "Führer", der selbst
aus der Tiefe des Proletariats aufgestiegen war, ganz gewiss nicht um eine Verteidigung kapitalistischer Interessen ging, auch nicht, wie den Kommunisten, um eine
"Diktatur des Proletariats" und Ausrottung der Bourgeoisie, sondern um eine echte
Volksversöhnung, um ein Gewinnen der Massen für die "nationale Idee".[680] Doch
Hitler ging es nicht um die Zukunft der Nation bzw. das Wohl des Vaterlandes – im
Gegenteil: Hitler suchte eine totale Antwort zu geben, d.h., an die Stelle der lebendigen und vielfältigen Nation die Starrheit einer nur noch durch Züchtung veränderli-
chen "Rasse" zu setzten[681] und alle Weltanschauung im überlieferten Sinne zerset-
zender Tendenzen anzuklagen, weil sie in die blutsmäßige Einheit der Rasse einen
Keim der Auflösung trage, die ursprüngliche Gesundheit durch einen Krankheitsvi-
rus infiziere.[682] Mit anderen Worten: Hitlers Lehre war ihrem Sinne nach ohne Beziehung auf ein übergeordnetes Gut, einen universalen Zweck, sondern sie war auf
eine ganz eigentümliche Weise bloß „Legende", die die Herrschaft der Herrschenden
durch die Rede vom besseren Blut nicht eigentlich zu legitimieren, sondern vor den
Augen der Unterworfenen zu fixieren suchte.[683] Dass die Deutschen bislang mit den

---

[678] Vgl. dazu ausführlich die Untersuchung von Weißmann, Karlheinz: Der Nationale Sozialismus. I-
      deologie und Bewegung 1890-1933, Müchen 1998; vgl. diesbezüglich auch die ebenso knappen wie
      prägnanten Bemerkungen zu dem Moment des „Sozialismus" im Nationalsozialismus bei Rüstow,
      Alexander: Ortsbestimmung der Gegenwart, Teil III, S. 478f.

[679] Vgl. Ritter, Gerhard: Carl Goerdeler und die deutsche Widerstandsbewegung, Stuttgart 1956. Vgl. zu
      Ritters Untersuchung wie auch grundsätzlich zu dem Aspekt des "Deutschen Widerstands" die Aus-
      führungen bei Hildebrand, Klaus: Das Dritte Reich, S. 209-221; vgl. weiterhin und im Folgenden die
      Beiträge in dem Band von Schmädeke, Jürgen / Steinbach, Peter (Hrsg.): Der Widerstand gegen den
      Nationalsozialismus. Die deutsche Gesellschaft und der Widerstand gegen Hitler, München 1985
      sowie die Beiträge in dem Band von Steinbach, Peter / Tuchel, Johannes (Hrsg.): Widerstand gegen
      den Nationalsozialismus, Bonn 1994.

[680] Vgl. Ritter, Gerhard: Carl Goedeler und die deutsche Widerstandsbewegung, S. 96.

[681] Nolte, Ernst: Streitpunkte. Heutige und künftige Kontroversen um den Nationalsozialismus, 2. Aufl.
      Berlin 1994, S. 422.

[682] Vgl. ders.: Der Faschismus in seiner Epoche, S. 509.

[683] Vgl. ebd. Deshalb, so setzt Nolte an dieser Stelle den Gedankengang unter Rückgriff auf den von
      ihm favorisierten generischen Faschismus-Begriff fort, sei der Faschismus das erste Phänomen „nach
      der langen Epoche der ideologischen Geschichte, wo (wenn auch in seinen Gestalten mit einem ver-
      schiedenen Grade von Klarheit) die partikulare Realität sich und nur sich selbst will. Damit gelangen
      ihre fundamentalen Strukturen erstmals zu entschiedenem Bewußtsein ihrer selbst. Aber nur das
      wird bewußt, was nicht mehr selbstverständlich ist. Wo Reales sich als solches will, da ist es dabei,
      sich selbst zu entgleiten, und kämpft seinen *Todeskampf*. [...] Daher läßt sich das Wesen des Hitler-

ihnen zur Verfügung stehenden Mitteln die ihnen unvollkommen vorkommende Konstellation ihrer nationalstaatlichen Existenz zu weiten und zu verbessern versucht hatten, hielt sich im Bereich dessen auf, was zur historischen Normalität Europas gehörte.[684] Doch dass Hitler, davon ausgehend und damit verbunden, letztlich radikal darüber hinaus nach dem Absoluten zielte, nach dem Präzendenzlosen griff, überschritt die Grenze des geschichtlich Bekannten und riss zuvor nie gesehene Abgründe auf[685] – Abgründe, deren moralisch-ethische Dimension das Recht auf Widerstand gegen Hitler und den Nationalsozialismus handlungsleitend werden ließ.[686]

B   Exkurs: Nationalsozialismus, Politische Religion und Hypermoral

Was weder das Christentum noch irgend eine andere Religion intendiert, unternimmt der Integrale Nationalismus, indem er das Individuum gänzlich auf sich relativiert: "Du bist nichts, dein Volk ist alles."[687]

Im religiösen Kontext bleibt das Individuum es selbst, es bleibt als Individuum und Subjekt anerkannt, auf das es in der Glaubens- und moralischen Bewährung ankommt – der Einzelne ist religiös immer "unmittelbar zu Gott". Der Kollektivismus, der im Nationalismus obwaltet, verleiht dagegen nur der politischen Gemeinschaft

---

schen Radikalfaschismus, der sich selbst 'Nationalsozialismus' nannte, folgendermaßen bestimmen: *Der Nationalsozialismus war der Todeskampf der souveränen, kriegerischen, in sich antagonistischen Gruppe. - Er war praktischer und gewalttätiger Widerstand gegen die Transzendenz.* Ebd., S. 507 [Hervorhebung im Original, V.K.]. Vgl. ebd. das gesamte Kapitel „Die Lehre im Zusammenhang", S. 486-512. Vgl. im Kontext auch Noltes geschichtsdenkerische Annäherung an den Nationalsozialismus in dem Kapitel „Größe, Untaten und Tragik im europäischen Bürgerkrieg des 20. Jahrhunderts", in: Ders.: Streitpunkte, S. 403-431.

[684]   Vgl. dazu Mazower, Mark: Der dunkle Kontinent. Europa im 20. Jahrhundert, Berlin 2000. Noch einmal mit Blick auf das Schicksal der Weimarer Republik stellt Klaus Hildebrand grundsätzlich fest, dass die erste deutsche Republik von Beginn an einem schwer lastenden Grundproblem ausgesetzt gewesen sei, in dem sich die überlieferte Eigenart der deutschen Entwicklung zwischen Ost und West gespiegelt und das diese Eigenart fortgeführt, gar verschärft habe. „Die innere Staatsräson der jungen Demokratie orientierte sich an der parlamentarischen Bauform des Westens. Ihre äußere Staatsräson verlangte nach der nationalpolitischen Revision, das heißt aber: Sie zielte, weil England und Frankreich die verhaßte Ordnung von Versailles garantierten, eben gegen diejenigen Mächte, deren politische Wertewelt für den neuen Staat verbindlich sein sollte. Die nachteiligen Folgen lagen auf der Hand. Das Weimarer Haus stand von Anfang an auf schwankendem Grund". Hildebrand, Klaus: Das vergangene Reich, S. 890.

[685]   Vgl. ebd., S. 892.

[686]   Vgl. grundsätzlich dazu die Beiträge in dem umfassenden Band von Steinbach, Peter / Tuchel, Johannes (Hrsg.): Widerstand gegen den Nationalsozialismus, Bonn 1994. Vgl. ebd. den grundlegenden Beitrag von Steinbach, Peter: Das Recht auf Widerstand, in: Ebd., S. 15-32. Vgl. auch ders. (Hrsg.): Widerstand. Ein Problem zwischen Theorie und Geschichte, Köln 1987; vgl. auch Graml, Hermann (Hrsg.): Widerstand im Dritten Reich. Probleme Ereignisse, Gestalten, Frankfurt a.M. 1984. Kettenacker, Lothar (Hrsg.): Das „andere Deutschland" im Zweiten Weltkrieg. Emigration und Widerstand in internationaler Perspektive, Stuttgart 1977; Löwenthal, Richard / Zur Mühlen, Patrick von (Hrsg.): Widerstand und Verweigerung in Deutschland 1933 bis 1945, Berlin 1982; vgl. ebenfalls Bracher, Karl Dietrich / Leber, Annedore (Hrsg.): Das Gewissen entscheidet, Berlin 1957.

[687]   Vgl. hierzu das Unterkapitel „Nationalismus als Totalisierung" bei Kluxen-Pyta, Donate: Nation und Ethos, S. 192-195.

unmittelbaren, absoluten Wert; demgegenüber kann der Einzelne als Einzelner –
nicht als Volksgenosse – nichts mehr, bzw. nur über die Volksgemeinschaft vermittelt, etwas bedeuten. Die Rechte des Subjekts werden negiert. Insofern ist die kollektive "Sittlichkeit", die der Nationalismus mit der Berufung auf die Nation für sich
beansprucht, *unsittlich*, weil sie der grundlegenden Bestimmung von Sittlichkeit widerspricht: *der unbedingten absoluten Moralität des Subjekts*. Es ist die Totalisierung, die dabei der Würde des Subjekts entgegensteht. Man kann der *polis*, der Nation und dem Staat Sittlichkeit zuerkennen – weil es sich damit aber stets um *partielle*
Größen handelt, die jeweils einen *Teil* des Sittlichen betreffen und die letzte Verantwortung und die moralische Entscheidung dem Individuum nicht abnehmen, sondern
gerade zuweisen, wird diese Sittlichkeit nicht totalitär, wie es eine „Sittlichkeit" wäre, die definitiv die Moralität dominieren würde. Im Nationalismus wird diese Partia-
lität verneint, der Sittlichkeitsanspruch ist total – die Moral des Patriotismus pervertiert bzw. „verzerrt", wie George L. Mosse im Hinblick auf die „Brutalisierung der
Politik"[688] in der „Ur-Katastrophe" Europas[689], dem Ersten Weltkrieg als „Endpunkt
einer über hundert Jahre umspannenden Entwicklung des europäischen Staten-
systems seit der Großen Französischen Revolution" (Andreas Hillgruber)[690], formuliert. Die Tapferkeit und der Opfersinn, die aus diesem Gemeinschaftsgefühl der
Hingabe an das Vaterland resultierten, sie wurden in trauriger Weise verkehrt zu den
herabwürdigenden, geradezu schmutzigen Gefühlen des grausamen Hasses, der
Rachsucht, der restlosen Vernichtung des Gegners, des Feindes.[691]

Tatsächlich hatte ein durch Nationalismus, Militarismus, Imperialismus und Rassismus gespeister „Krieg der Ideen"[692], kulminierend in einem – gleichwohl nicht
uneingeschränkten – „Nationalrausch"[693] der deutschen „Volksgemeinschaft", den

---

[688]   Vgl. Mosse, George L.: Der Erste Weltkrieg und die Brutalisierung der Politik. Betrachtungen über
        die politische Rechte, den Rassismus und den deutschen Sonderweg, in: Funke, Manfred / Jacobsen,
        Hans-Adolf / Knütter, Hans-Helmuth / Schwarz, Hans-Peter (Hrsg.): Demokratie und Diktatur, S.
        127-139.

[689]   Kennan, George: Bismarcks europäisches System in der Auflösung: Die französisch-russische Annä-
        herung 1875 bis 1890, Frankfurt a. M. 1918, S. 12.

[690]   Hillgruber, Andreas: Der historische Ort des Ersten Weltkriegs, in: Funke, Manfred / Jacobsen,
        Hans-Adolf / Knütter, Hans-Helmuth / Schwarz, Hans-Peter (Hrsg.): Demokratie und Diktatur, S.
        109-123, S. 109. Vgl. ebd. auch S. 110f; vgl. im Gesamtkontext auch Hillgrubers Analyse in: Ders.:
        Die gescheiterte Großmacht. Eine Skizze des Deutschen Reiches 1871-1945, Düsseldorf 1980.

[691]   Vgl. Mosse, George L.: Der Erste Weltkrieg und die Brutalisierung der Politik. Betrachtungen über
        die politische Rechte, den Rassismus und den deutschen Sonderweg, in: Funke, Manfred / Jacobsen,
        Hans-Adolf / Knütter, Hans-Helmuth / Schwarz, Hans-Peter (Hrsg.): Demokratie und Diktatur, S.
        128 [vgl. im Original die Formulierung bei Biswanger, Otto: Die seelischen Wirkungen des Krieges,
        Stuttgart 1914, S. 27].

[692]   Vgl. dazu und im Folgenden die Ausführungen in dem Kapitel „Der Erste Weltkrieg" bei Dann, Ot-
        to: Nation und Nationalismus in Deutschland 1770-1990, S. 208-232. Vgl. ebd., S. 208. Zu dem
        „Krieg der Ideen" von 1914 vgl. grundsätzlich die Ausführungen „Die philosophischen Ideen von
        1914" bei Lübbe, Hermann: Politische Philosophie in Deutschland. Studien zu ihrer Geschichte, Ba-
        sel 1963, S. 172-238.

[693]   Vgl. dazu Dann, Otto: Nation und Nationalismus in Deutschland 1770-1990, S. 210, wo Dann im
        Hinblick auf den „Nationalrausch" des August 1914 zurecht feststellt, dass dieser, vor allem mit
        Blick auf die Vertreter der SPD-Fraktion im Reichstag „auch heute noch zu einseitig gezeichnet"
        werde. „Das", so Dann unter Verweis auf die Ansprache des SPD-Mitglieds Hugo Haase [„Wir las-

freiheitlichen, vernünftig- aufgeklärten Patriotismus durch einen verhängnisvoll-ideologisierten Kriegsnationalismus ersetzt. Weitgehend unangefochten durch die letztlich gescheiterten – da ohne breite Gefolgschaft gebliebenen – Bemühungen um einen „Reformpatriotismus" im Rahmen des von Friedrich Meinecke, Hermann Oncken u.a 1917 gegründeten „Volksbundes für Freiheit und Vaterland", der darauf zielte, die Besetzung des Begriffs „Vaterland" durch das nationalistische Lager rückgängig zu machen, endete dieser Kriegsnationalismus schließlich in der nationalen Aporie des Jahres 1918, als der Hass zwischen den Nationen zum Hass innerhalb der Nation transformiert und der Boden für die „Integrations- und Feindideologie"[694] im Zeichen von Nationalismus und Sozialismus zur Überwindung einer ängstigenden Nervosität bereitet wurde.[695]

„Hitler", urteilt Christian Graf von Krockow in seinem Epilog über „Die europäische Vernunft und das deutsche Drama"[696] zutreffend, sei kein Mann der Nation, der *patria*, gewesen „und die eigene, triumphal wiederhergestellte Großmacht interessierte ihn bloß als ein Mittel zum Zweck. Er war der Erwählte der 'Vorsehung', der Führer zum innerweltlichen Heil. Dieses Heil aber, die deutsche Mission und Erlösung, entpuppte sich als der Wille zur Zerstörung Europas und seiner Vernunft"[697] und resultierte aus jener irrationalen Weigerung, teilzuhaben am verhassten „Imperium der Zivilisation" mit seinen Menschenrechten, „seiner Fortschrittsdemagogie und Aufklärungswut, seiner Trivialität, Verderbtheit und den platten Apotheosen des Wohlstands".[698]

War der Nationalsozialismus eine „politische Religion"? Die Frage ist umstritten. Unterstellt die Anwendung des Theorems der „politischen Religion" auf den Nationalsozialismus diesem nicht zu Unrecht eine ideologische Stringenz und Kohärenz, die er – in jeder Weise eine bloß simulative Bewegung – gerade nicht besessen hat? War nicht das Eintreten für die „nationalsozialistische Idee" – eine von Hitler, Goebbels und Bormann mit Vorliebe herausgestellte Leerformel – die zwar dazu diente, eine Konvergenz der Gesinnungen zu erzeugen und dadurch eine unbegrenzte Mobilisierung unter Ausklammerung der realen Interessenlagen zu erreichen, letztlich kaum dazu geeignet, in den Rang einer „politischen Religion" aufzusteigen?[699]

---

sen in der Stunde der Gefahr das eigene Vaterland nicht im Stich ... Wir hoffen, daß die grausame Schule der Kriegsleiden in Millionen den Abscheu vor dem Krieg wecken und sie für das Ideal des Sozialismus und des Völkerfriedens gewinnen wird." Zitiert nach ebd.], „war weder Kriegsbegeisterung, noch Nationalrausch, sondern das Bekenntnis einer kritischen Solidarität". Ebd. S. 210.

[694] Vgl. Bracher, Karl Dietrich: Zeit der Ideologien, S. 53.

[695] Vgl. dazu die Deutung bei Radkau, Joachim: Das Zeitalter der Nervosität. Deutschland zwischen Bismarck und Hitler, München 1998. Vgl. ebd. vor allem das Kapiel „Die Wende zum Willen und die Entfesselung des Weltkriegs: Die Überwindung der Nervosität als nationale Aktion", S. 357-468.

[696] Vgl. auch im Folgenden den Epilog bei Krockow, Christian, Graf von: Die Deutschen in ihrem Jahrhundert 1890-1990, Reinbek 1994, S. 355-365.

[697] Ebd., S. 355.

[698] Fest, Joachim C.: Hitler: eine Biographie, Berlin 1995, S. 141.Vgl. im Kontext und im Folgenden die Zwischenbetrachtung „Deutsche Katastrophe oder deutsche Konsequenz?", ebd., S. 513-529.

[699] Vgl. diese Kritik bei Mommsen, Hans: Nationalsozialismus als politische Religion, in: Maier, Hans / Schäfer, Michael (Hrsg.): „Totalitarismus" und „Politische Religionen". Konzepte des Diktaturvergleichs, Band II, Paderborn 1997, S. 173-181. Jener, von Mommsen vertretenen Auffassung eines letztlich ideenlosen bzw. weltanschauungsfreien Charakters der nationalsozialistischen Bewegung

Gleichwohl kann eine Gesamtauffassung von Welt, einschließlich des menschlichen Seins und Verhaltens, zumindest innerhalb der westlich-abendländischen Tradition immer dann mit dem Begriff „Religion" bezeichnet werden, wenn die Existenz überirdischer Mächte für wahr gehalten wird; vor allem wenn an die Wirkung Gottes und des Bösen geglaubt und weiterhin an die Unsterblichkeit der Seele, die Erlösung, das Opfer, das Charisma sowie der Messianismus in den Glauben einbezogen werden. Das gilt erst recht dann, wenn der neuzeitliche Begriff von Religion im Gegensatz zur Wissenschaft und Philosophie verwendet wird. Indes schließt die reine Ausrichtung des Glaubens und Verhaltens an der Transzendenz die Deutung einer Existenzinterpretation als politische Religion aus. Eine Religion kann dann als politisch gelten, wenn durch eine religiöse Existenzinterpretation die Ordnung von Mensch und Gesellschaft wahrgenommen und beurteilt wird; wenn das religiös bestimmte Bewusstsein von Gesellschaft, z.B. des Volkes, handlungsleitende Kriterien enthält. Der Primat der Religion in Bezug auf das Politische und damit die berechtigte Verwendung des Substantivs Religion liegt dann vor, wenn durch eine religiöse Existenzinterpretation, vor allem in der Differenz von Transzendenz und Immanenz, unmittelbar der Zweck erfüllt wird, das Bewusstsein von gesellschaftlich-politischer Existenz zu bestimmen. Ein Fall von politischer Religion liegt nicht zuletzt dann vor, wenn das Bewusstsein von kollektiver Identität – Einheit, Homogenität, Ganzheit und Kohärenz – das eigene oder ein anderes Kollektiv betreffend, im abhängigen Verhältnis zu überirdischen Mächten wie z.B. Gott oder dem Bösen artikuliert wird.[700] Der Nationalsozialismus vermochte insofern als „politische Religion" geschichtsmächtig zu werden, weil es ihm gelang, den „Glauben", der ihm zugrunde lag, zu vergesellschaften. Die geistige, gesellschaftliche und wirtschaftliche Krisensituation der Weimarer Republik begünstigte diese Glaubensbereitschaft bei den Mas-

---

widerspricht Frank-Lothar Kroll [vgl. ders.: Utopie als Ideologie. Geschichtsdenken und politisches Handeln im Dritten Reich, Paderborn 1998, S. 12f] ausdrücklich. Vgl. analog zu Kroll bereits die Ausführungen bei Faul, Erwin: Hitlers Über-Machiavellismus, in: Vierteljahrshefte für Zeitgeschichte 2 (1954), S. 344-372. Vgl. in diesem Zusammenhang die grundsätzliche Analyse der totalitären Ideologien des 20. Jahrhundert - v. a. des Nationalsozialismus als „politische Religionen" - bei Voegelin, Eric: Die Politischen Religionen (hrsg. und mit einem Nachwort v. Peter J. Opitz), München 1996. Vgl. dazu und zum Folgenden Maier, Hans: Konzepte des Diktaturvergleichs: „Totalitarismus" und „Politische Religionen", in: Ders. (Hrsg.): „Totalitarismus" und „Politische Religionen". Konzepte des Diktaturvergleichs, Band I, Paderborn 1996, S. 233-250, S. 234. Die Konzepte des Totalitarismus und der politischen Religionen, so die Auffassung Maiers, „begleiten das 'Jahrhundert der Gewalt' als einen Versuch, das Unbegreifliche wenn nicht zu begreifen so doch zu umschreiben - wie vorläufig und unzugänglich dieser Versuch auch immer ausfallen mag".

[700]   Vgl. Bärsch, Claus-Ekkehard: Die politische Religion des Nationalsozialismus. Die religiöse Dimension der NS-Ideologie in den Schriften von Dietrich Eckart, Joseph Goebbels, Alfred Rosenberg und Adolf Hitler, München 1998. „Politische Religion", so Bärsch „bedeutet, daß Aussagen über Religion politische, und Aussagen über Politik religiöse Implikationen haben." Vgl. ebd., S. 368. Bärsch hält an dem von Voegelin geprägten Terminus fest - trotz der späteren Distanzierung Voegelins von diesem Terminus [„Die Interpretation ist nicht völlig falsch, aber ich würde den Begriff *Religionen* nicht länger verwenden, weil er zu unscharf ist und schon im Ansatz das eigentliche Problem der Erfahrungen verzerrt, indem er sie mit dem anderen Problem der Dogmatik und der Doktrin vermengt", bemerkt Voegelin in seiner Reflexion über „Ideologien, die eigene politische Haltung und Veröffentlichungen". Vgl. ders.: Autobiographische Reflexionen (hrsg. v. Peter Opitz), München 1994, S. 64-73, S. 70 (Hervorhebung im Original)]. Vgl. ebd., S. 368f.

sen. So konnte es dahin kommen, dass ein Großteil des Volkes mitwirkte bei der Inszenierung einer grausamen, blutigen Metaphysik. Hitler, Goebbels und die Mehrzahl der nationalsozialistischen Aktivisten waren nicht nur Machtzyniker, sondern vor allem Gesinnungstäter. Um das tun zu können, was sie schließlich in die Tat umsetzten, bedurften sie der Anleitung und Rechtfertigung durch ein Weltbild, das ihr Tun als "moralisch" geboten erscheinen ließ.[701] Sie setzten sich nicht nur über tradierte Moral hinweg, sondern kreierten Moral im Zeichen ihres Weltbildes neu, eine *Hypermoral* im Sinne Arnold Gehlens[702], die ihnen erlaubte, nicht nur nach außen, sondern auch vor sich selbst, widerspruchsfrei zu handeln. Diese neue Moral war in ausdrücklichem Gegensatz zur „konventionellen" und tradierten – etwa der der Menschenrechte bzw. des Naturrechts – entworfen. Die "höhere" Moral, auf die sich Heinrich Himmler am 03. 10. 1943 in seiner Rede vor dem Kreis jener NS-Kader, die an der systematischen Ermordung der Juden mitwirkten, berief, wurde nicht als Fassade für die Öffentlichkeit aufgebaut, sondern Himmler bezog sich auf sie als auf eine für die Täter unabdingbare und notwendige "Instanz" der moralischen Selbstbehauptung. "Von Euch", so Himmler, "werden die meisten wissen, was es heißt, wenn 100 Leichen zusammenliegen, wenn 500 daliegen oder wenn 1000 daliegen ... Dies durchgehalten zu haben und dabei ... anständig geblieben zu sein, ... (das ist) ein jemals geschriebenes und niemals zu schreibendes Ruhmesblatt unserer Geschichte. [...] Anständig bleiben – das ist die Formel für ein Verhalten, das zwar grausam gegen die elementarsten Menschenrechte verstößt, sich aber deshalb kein schlechtes Gewissen zu machen braucht, weil es sich im Einklang weiß mit einer 'höheren', aus einem bestimmten Weltbild entwickelten Moral, der 'Moral' der 'Rassenhygiene', des 'Rassenkampfes', des 'Volkswohls' [...]."[703]

Während Alexander Rüstow in seiner „Ortsbestimmung der Gegenwart" als wesentliche Triebkräfte für die Geschichtsmächtigkeit des Nationalsozialismus den „Integrationshunger" wie auch die „Hingabesehnsucht" der Menschen angesichts der

---

[701] Vgl. Safranski, Rüdiger: Wieviel Wahrheit braucht der Mensch? Über das Denkbare und das Lebbare, Frankfurt a.M. 1997.

[702] Vgl. im Kontext ausführlich die Analyse bei Gehlen, Arnold: Moral und Hypermoral. Eine pluralistische Ethik, 4. Aufl., Wiesbaden 1981.

[703] Zitiert nach Safarnski, Rüdiger: Wieviel Wahrheit braucht der Mensch? Über das Denkbare und das Lebbare, S. 148f. Vgl. analog dazu die Ausführungen von Maier, Hans: Totalitäre Herrschaft - neubesehen, in: Nipperdey, Thomas / Doering-Manteuffel, Anselm / Thamer, Hans-Ulrich (Hrsg.): Weltbürgerkrieg der Ideologien. Antworten an Ernst Nolte, Berlin 1993, S. 233-243. Im Hinblick auf die Verbindung von absoluter Gewalt und absoluter Rechtfertigung als Charakteristikum totalitärer Herrschaft bemerkt Maier: „An die Stelle kriegerischer Entfesselung der Leidenschaften treten Akte der Säuberung, der Liquidation; die Täter wahren ihren Abstand, behalten sogar ihren 'Anstand', da sie durch die Geschichte gerechtfertigt sind - Himmlers Sprachwahl erhält von hierher ihre perverse Logik". Vgl. ebd., S. 237. Vgl. ebenso ders.: Verführung und Massenrausch. Voraussetzungen und Durchbruch totalitärer Politik im zwanzigsten Jahrhundert, in: Die politische Meinung 333 (1997), S. 55-62. Vgl. ebd., S. 57, Maiers Bezugnahme auf Himmler. Zu Himmlers Wendung des „anständig Bleibens" vgl. Fest, Joachim: Das Gesicht des Dritten Reiches, München 1963, S. 166. Dolf Sternberger forderte mit Blick auf Himmlers Rede: „Wir müssen, beim Versuch, diese Phänomene zu erkennen, auch die Anstrengung nicht scheuen, in die Kammern solchen ins Entsetzliche verstiegenen Bewußtseins einzudringen". Vgl. ders.: Drei Wurzeln der Politik (Schriften II), Frankfurt a. M. 1978, S. 438.

rapide fortschreitenden Vermassung und Atomisierung im 19. Jahrhundert hervorhebt[704] und Friedrich Meinecke angesichts der „deutschen Katastrophe"[705] der nationalsozialistischen Diktatur die Verdrängung des „homo sapiens" durch den „homo faber" beklagt[706], wird man mit Michael Rohrwasser – anknüpfend an die Interpretationen von Melvin Lasky[707], Karl Löwith[708], Leszek Kolakowski[709], Raymond Aron[710] oder Nikolai Berdjajew[711] – bei der Untersuchung der religiösen Strukturen der totalitären Systeme im 20. Jahrhundert zu dem Ergebnis gelangen, dass der Nationalsozialismus wie auch der Marxismus bzw. der Bolschewismus ungeachtet ihrer „irreligiösen Kritik" und ihres modernen Charakters durch starke *militant*-religiöse Züge gekennzeichnet waren. Man wird gar mit Eric Hobsbawm zu der Einsicht kommen können, dass „Nationalismus", fehlgeleiteter, pervertierter Patriotismus und „Sozialismus" in einem „Zeitalter der Religionskriege" die militantesten und blutrünstigsten „Religionen" waren, deren Äquivalente zu Gott Abstraktionen oder gottgleich verehrte Politiker darstellten.[712]

---

[704] Vgl. Rüstow, Alexander: Ortsbestimmung der Gegenwart, Band III, S. 449.

[705] Vgl. Meinecke, Friedrich: Die deutsche Katastrophe. Betrachtungen und Erinnerungen, 2. Aufl., Wiesbaden 1946.

[706] Vgl. ebd. Meineckes Ausführungen „Homo Sapiens und Homo Faber", S. 56-63.

[707] Vgl. Lasky, Melvin: Utopie und Revolution. Über die Ursprünge einer Metapher oder: Eine Geschichte des politischen Temperaments, Hamburg 1976.

[708] Vgl. Löwith, Karl: Weltgeschichte und Heilsgeschehen. Zur Kritik der Geschichtsphilosophie, Stuttgart 1983 (Erstausgabe 1949); vgl. ebenso ders.: Von Hegel zu Nietzsche. Der revolutionäre Bruch im Denken des neunzehnten Jahrhunderts, Stuttgart 1986 (Erstausgabe 1950).

[709] Vgl. Kolakowski, Leszek: Der revolutionäre Geist, Köln 1972; vgl. auch ders.: Der Mensch ohne Alternative. Von der Möglichkeit und Unmöglichkeit, Marxist zu sein, München 1967.

[710] Vgl. Aron, Raymond: Opium für Intellektuelle oder Die Sehnsucht nach Weltanschauung, Köln 1957. Mit Blick auf die „säkularisierte Religion" des Kommunismus stellt Aron fest: „ Der Kommunismus hat sich aus einer wirtschaftlichen und politischen Doktrin heraus entwickelt, und zwar zu einer Zeit, als die religiöse Vitalität und die Autorität der Kirche verfielen. Leidenschaften, die in anderen Zeiten in rein religiösen Glaubenslehren ihren Ausdruck hätten finden können, setzten sich die politische Aktion zum Ziel. [...] Die Ideologien der Rechten und der Linken, Faschismus und Kommunismus nähren sich von der modernen Philosophie der Immanenz. Soweit sie die menschliche Welt ohne Beziehung zum Transzendenten sehen, sind sie atheistisch, selbst wenn sie die Existenz Gottes nicht leugnen. [...] Die klassenlose Gesellschaft, die den sozialen Fortschritt herbeiführen und politische Revolutionen überflüssig machen wird, ist dem Tausendjährigen Reich vergleichbar, wie es von Tausenden erträumt wurde. Das Unglück des Proletariats ist der Beweis seiner Berufung, und die kommunistische Partei wird zur Kirche, die nicht nur die Heiden (den Bourgeois vergleichbar) entgegenstellen, die sich der tröstlichen Botschaft verschließen, sondern auch die Sozialisten (den Juden vergleichbar), die die Revolution, deren Kommen sie selbst so viele Jahre verkündeten, nicht anerkannt haben". Vgl. ebd., S. 320f.

[711] Berdjajew, Nikolai: Wahrheit und Lüge des Kommunismus, Baden-Baden 1957. Vgl. ebd., S. 40f, wo Berdjajew schreibt: „Der Kommunismus verfolgt alle Religionen, weil er selbst eine Religion ist. Als 'einzig wahre Religion' vermag er die Existenz der anderen - der 'falschen' Religionen - nicht zu ertragen. [...] Er ist eine Religion der endgültigen Diesseitigkeit".

[712] Vgl. Hobsbawm, Eric: Das Zeitalter der Extreme. Weltgeschichte des 20. Jahrhunderts, Wien 1995, S. 694. Ihre eigentliche Stärke sei weniger ihre Fähigkeit gewesen, „Emotionen wachzurufen, die traditioneller Religiosität eng verwandt sind [...], als ihr Versprechen, dauerhafte Lösungen für die Probleme einer krisengeschüttelten Welt anzubieten". Vgl. ebenso ebd., S. 19. So korrespondierten die politischen Religionen der liberalen Gesellschaft in substantieller und funktionaler Hinsicht, wie Ulrich Matz bezüglich der Dialektik von totalitärer Ideologie und pluralistischer Gesellschaft feststellt. „Substantiell, weil es sich um eine prononcirt weltliche 'Religion' handelte und damit dem

Die revolutionäre Mentalität der totalitären Systeme zeichnete sich durch den intensiven Glauben aus, dass die totale Erlösung des Menschen möglich sei.[713] Die totalitäre Metaphysik greift nach dem ganzen Menschen und verspricht ihm eine kompakte Geborgenheit. Eine Festung wird errichtet aus Angst vor dem offenen Lebensentwurf, vor dem Risikio der menschlichen Freiheit, die auch Einsamkeit und Fremde miteinschliesst.[714] Diese totalitäre Metaphysik führt zur Perversion universalistischen Denkens. Das Gefühl der eigenen Ganzheit ist, genau besehen, nichts anderes als das Resultat des Rückstoßes der gegen die anderen, die Fremden gerichteten Verfeindungsenergie. Der totalitäre Metaphysiker muss fremde Behausungen zerstören, um sich in der eigenen zu Hause fühlen zu können. Das Leben in Freiheit empfindet er als Zumutung, der er nicht gewachsen ist. Er flieht aus dem Offenen und der Fremde in die Geborgenheit.[715] In diesem Sinne setzte sich der Nationalsozialismus eine radikal entlastende diesseitige Transzendenz zum Ziel.[716] In diesem Sinne beschritt das Deutsche Reich von 1933 bis 1945 einen *Sonderweg*.

Auch wenn dieser Sonderweg auf die Zeit der NS-Herrschaft zu begrenzen ist und man im europäischen Vergleich besser von nationalen *Eigenwegen* spricht[717], so

---

Charakter der liberalen Gesellschaft als einer säkularisierten qualitativ entsprach; funktional, indem ihr absoluter, existenzumgreifender Geltungsanspruch die Schwächen der liberalen Gesellschaft aufzuheben beanspruchte". Vgl. Matz, Ulrich: Zur Dialektik von totalitärer Ideologie und pluralistischer Gesellschaft, in: Funke, Manfred u.a. (Hrsg.): Demokratie und Diktatur, S. 554-566, S. 560f.

[713] Rohrwasser, Michael: Religions- und kirchenähnliche Strukturen im Kommunismus und Nationalsozialismus und die Rolle des Schriftstellers, in: Maier, Hans (Hrsg.): „Totalitarismus" und „Politische Religionen", Band I, S. 383-400, S. 384f.

[714] Jean Paul Sartre hat den Typus des totalitären Metaphysikers am Beispiel des Antisemiten so beschrieben: „Er ist ein Mensch, der Angst hat. Nicht vor den Juden (sondern) vor sich selbst, vor seiner Willensfreiheit, seinen Instinkten, seiner Verantwortung, vor der Einsamkeit und vor jedweder Veränderung, vor der Welt des Menschen ... Der Antisemit ist, kurz gesagt, die Angst, Mensch zu sein. Der Antisemit will ein unerbittlicher Felsen, ein reißender Sturzbach, ein verheerender Blitz - alles, nur kein Mensch sein." Zitiert nach: Safranski, Rüdiger: Wieviel Wahrheit braucht der Mensch?, S. 152.

[715] Vgl. ebd., S. 292.

[716] Vgl. Krockow, Christian Graf von: Die Deutschen in ihrem Jahrhundert, S. 363; vgl. ebd. auch Krockows Ausführungen zu dem nationalsozialistischen „Heilsverbrechen", S. 233-263.

[717] Vgl. dazu grundsätzlich Hildebrand, Klaus: Der deutsche Eigenweg. Über das Problem der Normalität in der modernen Geschichte Deutschlands und Europas, in: Funke, Manfred u.a. (Hrsg.): Demokratie und Diktatur. Geist und Gestalt politischer Herrschaft in Deutschland und Europa. Festschrift für Karl Dietrich Bracher, Düsseldorf 1987, S. 15-34, wo Hildebrand unter Bezugnahme auf die Sonderwegs-Debatte um das Deutsche Reich betont, „daß 'das Europäische an Europa' [im Sinne Hermann Heimpels; vgl. ders.: Entwurf einer deutschen Geschichte. Eine Rektoratsrede, in: Ders.: Der Mensch in seiner Gegenwart. Acht historische Essays, 2. erw. Aufl., Göttingen 1957] in der Existenz seiner Nationen liegt und demgemäß die *Eigenwege* der Nationen und Staaten Europas Normalität beschreiben. Diese Feststellung gilt von den Zeiten, als jede kleine *patria* des Mittelalters darum bemüht war, sich von ihrer Nachbarin abzuheben, und das gilt bis hin zu Charles de Gaulles Eintreten für *la France éternelle*, dessen europäische Sonderrolle für den General, aber durchaus nicht nur für ihn, niemals zur Diskussion stand. *Eigenwege* zu gehen, bezeichnet also das Verbindende der europäischen Geschichte". Ebd. S. 25. Vgl. in diesem Kontext weiterhin Hildebrands Ausführungen in: Ders.: Staatskunst oder Systemzwang? Die „Deutsche Frage" als Problem der Weltpolitik, in: Historische Zeitschrift 228 (1979), S. 624-644; vgl. ebenso die Ausführungen von Klaus Hildebrand in: Ders.: Deutscher Sonderweg und „Drittes Reich". Betrachtungen über ein Grundproblem der deutschen und europäischen Geschichte im 19. und 20. Jahrhundert, in: Michalka, Wolfgang

ist doch die Stärke des deutschen Sonder*bewußtseins*,[718] das in der Auseinandersetzung mit der Französischen Revolution entstanden und nach 1870 und 1918 vertieft wurde, hervorzuheben. Dieses Bewusstsein machte aus überspannten Vorstellungen eine politische Kraft, aus einem Mythos furchtbare Realität. Der Weg von der Demokratie zur Diktatur war kein deutscher Sonderfall, wohl aber entsprach die Radikalität der NS-Diktatur jener Schärfe eines deutschen Sonderbewusstseins, das nun, von 1933 bis 1945 politisch und totalitär zur Geltung kam.

Rückblickend auf den deutschen Eigenweg vom 19. ins 20. Jahrhundert stellt Christian Graf von Krockow unter Bezugnahme auf Norbert Elias' „Prozeß der Zivilisation"[719] im Deutschen Reich fest, je eindeutiger er technisch-industriell gelungen sei, desto mehr sei die offene Gesellschaft als mentale Herausforderung und Bedrohung erschienen. Tatsächlich waren die "Ideen von 1914"[720] in ihrer Frontstellung gegen "den Westen" und gegen "1789" Ausdruck dieser von Krockow umschriebenen Konfrontation von westlicher Zivilisation und deutschem Kulturbewusstsein. Der jähe Zusammenbruch des alten Staates löste weitreichende Panik aus, die der Nationalsozialismus mit seinem Ziel, eine radikal entlastende diesseitige Transzendenz zurückzuerobern, aufzugreifen verstand. Entlastung vom Druck des Entscheidenmüssens in der Identifikation mit dem einzig noch Verantwortlichen: dies erschien als das Heil, dies und nichts sonst war das große Führerversprechen. Doch es konnte endgültig, als Erlösung nur verwirklicht werden mit einer doppelten, symbolisch ebenso wie real vollzogenen Vernichtung der zur Offenheit angelegten Zivilisation.[721]

(Hrsg.): Die nationalsozialistische Machtergreifung, Paderborn, 1984, S. 386-394; vgl. dazu auch Ders.: Das Dritte Reich, 4. Aufl., München 1991, S. 229ff. Zu der Auseinandersetzung um den von Autoren wie William Montgomery Mc Govern [vgl. ders.: The History of Fascist-Nazi Philosophy, London 1946] und David Calleo [Vgl. ders.: The German Problem Reconsidered. Germany and the World Order, 1870 to the Present, Cambridge/London 1978] aber auch von Bernd Faulenbach [vgl. ders.: Ideologie des deutschen Weges. Die deutsche Geschichte in der Historiographie zwischen Kaiserreich und Nationalsozialismus, München 1980] behaupteten Sonderweg der deutschen Geschichte vgl. weiterhin auch: Deutscher Sonderweg - Mythos oder Realität? (Kolloquien des Instituts für Zeitgeschichte), München 1982.

[718] Vgl. Bracher, Karl Dietrich: Deutscher Sonderweg - Mythos oder Realität?, S. 53. Vgl. dazu die Ausführungen bei Sontheimer, Kurt: Der „Deutsche Geist" als Ideologie. Ein Beitrag zur Theorie vom deutschen Sonderbewußtsein, in: Funke, Manfred u.a. (Hrsg.): Demokratie und Diktatur, S. 35-45. Entschieden gegen die These von einem „deutschen Sonderweg" argumentiert Ernst Nolte; vgl. exemplarisch ders.: Ideologie, Engagement, Perspektive, in: Schulz, Gerhard (Hrsg.): Geschichte heute. Positionen, Tendenzen und Probleme, Göttingen 1973, S. 281-304.

[719] Vgl. Elias, Norbert: Über den Prozeß der Zivilisation - Soziogenetische und psychogenetische Untersuchungen, 2 Bände, 2. Aufl. Bern 1969.

[720] Vgl. dazu Troeltsch, Ernst: Die Ideen von 1914, in: Ders.: Deutscher Geist und Westeuropa. Gesammelte kulturphilosophische Aufsätze und Reden (hrsg. von Hans Baron), Tübingen 1925, S. 31-58; vgl. auch das entsprechende, ausführliche Kapitel bei Lübbe, Hermann: Politische Philosophie in Deutschland. Studien zu ihrer Geschichte, Basel 1963, S. 173-238.

[721] Vgl. dazu die Ausführungen von Klaus Vondung in: Ders.: Die Absurdität des apokalyptischen Heilsversprechens, in: Bolz, Norbert / Reijen, Willem van (Hrsg.): Heilsversprechen, München 1998, S. 25-34; Vgl. ebd. auch das Kapitel „Die Heilsversprechen der antimodernen Revolten - modernisierungstheoretische Grundannahmen, bei Reese-Schäfer, Walter: Wo sich die politische Theologie verborgen hält. Ein sozialwissenschaftlicher Blick auf messianische Auffassungen von Politik, in: Ebd., S. 57-70, S. 57-61. Vgl. ebd. auch Reese-Schäfers Bezugnahme auf die Analyse von Karl Lö-

1933 feierte man die „nationale Erhebung" in Anlehnung an 1813. Doch das „Joch", das jetzt zerbrochen werden sollte, waren in Wirklichkeit Gleichheit und Freiheit der Nationen – die große Errungenschaft des modernen Europa.[722] Darum sprengte diese deutsche Erhebung alle Maße und Regeln politischer Vernunft und führte in die Selbstzerstörung. Dennoch wird sie erklärbar – nicht verständlich oder gar gerechtfertigt – als Verzweiflungstat zur Rettung und Wiederherstellung eines herrschaftlich begründeten Selbstbewusstseins, „als Befreiung von der Last des Menschen, entscheiden zu müssen und Verantwortung zu tragen"[723] – für sich, wie für das Gemeinwesen, die eigene *patria*. Verantwortung für die *patria* übernahmen in dieser Situation gerade jene, die der „deutschen Erhebung" – wenn auch zum Teil in den Anfängen durch das Pathos eines falschen „Patriotismus" geblendet und irregeführt – widerstanden und sich in den Dienst eines „anderen Deutschlands" stellten.

C   Patriotismus und Widerstand: Das „andere Deutschland"

a)   Träger des Widerstands

Bereits vor dem Zweiten Weltkrieg war aus dem Nationalstaat ein totalitärer und rassistischer Führerstaat geworden, ein „Großdeutsches Reich", in dem Juden und Fremdvölker alle Lebenschancen genommen wurden. Und doch gab es, trotz Gleichschaltung des öffentlichen Lebens und der politischen Institutionen, ein „anderes", ein Deutschland des Widerstands. Wer formte den Widerstand? Welche Geisteshaltung war dazu Voraussetzung und welche Rolle spielte diesbezüglich echte, freiheitlich verstandene Vaterlandsliebe, sprich: Patriotismus?

Der Widerstand gegen Hitler, so urteilt Golo Mann rückblickend auf die „Aristokraten", die „Aristoi, die Besten", die an Klasse und Stand nicht gebunden waren[724], die jenseits tiefer, sie trennender politischer Gräben erkannt hatten, wie unwichtig dies gegenüber ihren gemeinsamen und nun lebensgefährlich bedrohten Überzeugungen der Humanität geworden war (Richard von Weizsäcker)[725], sei das Höchste gewesen, was die deutsche Geschichte erreicht hat, "wenn die Kriegsdiktatur der H. und Himmler das Tiefste ist".[726] 1947 urteilte Veit Valentin in seiner"Geschichte der

---

with [vgl. ders.: Weltgeschichte und Heilsgeschehen. Zur Kritik der Geschichtsphilosophie, Stuttgart 1983].

[722] Vgl. im Kontext den profunden Einblick in Politik, Gesellschaft und Zeitgeist im Europa der Zwischenkriegsepoche bei Möller, Horst: Europa zwischen den Weltkriegen, München 1998; vgl. im Kontext auch die Analyse bei Mai, Gunther: Europa 1918-1939. Mentalitäten, Lebensweisen, Politik zwischen den Weltkriegen, Stuttgart 2001.

[723] Vgl. in diesem Sinne Krockow, Christian Graf von: Die Deutschen in ihrem Jahrhundert, S. 365.

[724] Vgl. Mann, Golo: Deutsche Geschichte des neunzehnten und zwanzigsten Jahrhunderts, S. 916. Vgl. ebenso ebd., S. 915, wo Mann betont, der Widerstand habe „auf einer echten Elite aus allen Klassen, Traditionskreisen und Landschaften" beruht.

[725] Weizsäcker, Richard von: Zum Geleit, in: Steinbach, Peter / Tuchel, Johannes (Hrsg.): Widerstand gegen den Nationalsozialismus, S. 13f.

[726] Mann, Golo: Deutsche Geschichte des neunzehnten und zwanzigsten Jahrhunderts, S. 909.

Deutschen", das „Nach-Hitler-Deutschland" dürfe „stolz" sein auf die Widerstandskämpfer und ihre patriotischen Taten.[727]

Das „andere Deutschland" formierte sich aus Einzelpersönlichkeiten[728] und unterschiedlich motivierten Widerstandsgruppierungen[729] – aus Sozialdemokraten, Liberalen[730], oppositionellen Verbänden des politischen Katholizismus, Vertretern der
„Bekennenden Kirche", aus Widerstandskämpfern des 20. Juli 1944[731], in denen sich
eine Alternative des deutschen Weges, eine Vision europäischen Zusammenlebens
und innenpolitischer Neuorientierung verkörpert zeigte.[732] Ihre Ziele und Erfahrungen verkörperten die wirklich patriotische Tradition im Zeichen des Totalitarismus.
Sie galt den Nationalsozialisten als Verrat, allen Regimegegnern hingegen als Ausdruck eines reinen Patriotismus.[733] Der Widerstand gegen Hitler hat sich, abgesehen
von der konspirativ erfahrenen KPD, erst Schritt für Schritt auf der Ebene persönlicher Kontakte und privater Freundeskreise entfaltet. Grundsätzlich waren Motivatio-
nen, Umstände, Interessenlagen, die den Einzelnen zum Widerstand führten, unterschiedlicher, durchaus auch gegensätzlicher Art, aber entscheidend war zunächst,
dass man bereit war, der erschreckenden Wirklichkeit des NS-Regimes Alternativen
entgegenzuhalten. Dazu gehörte die gemeinsame Überzeugung, dass ein diktatori-
sches und verbrecherisches Herrschaftssystem keinen Bestand haben dürfe und folglich eine gesellschaftliche Ordnung anzustreben sei, in der Gerechtigkeit, menschli-

---

[727] Vgl. Valentin, Veit: Geschichte der Deutschen, Köln 1979 (Erstaufl. 1947), S. 643.

[728] Exemplarisch sei der Widerstand der „Weißen Rose" genannt. Vgl. dazu die Ausführungen bei Moll,
Christiane: Die Weiße Rose, in: Steinbach, Peter / Tuchel, Johannes (Hrsg.): Widerstand gegen den
Nationalsozialismus, S. 443-67; vgl. auch Scholl, Inge: Die Weiße Rose, 3. Aufl., Frankfurt a.M.
1993; Lill, Rudolf (Hrsg.): Hochverrat? Die Weiße Rose und ihr Umfeld, Konstanz 1993; vgl.
schließlich auch die Dokumentation bei Steffahn, Harald: Die Weiße Rose mit Selbstzeugnissen und
Bilddokumenten, 2. Aufl., Hamburg 1993.

[729] Vgl. hierzu die Interpretation bereits bei Boveri, Margret: Der Verrat im 20. Jahrhundert II. Für und
gegen die Nation. Das unsichtbare Geschehen, Hamburg 1956; vgl. weiterhin den guten Überblick
über Hauptgruppen und Grundzüge der Systemopposition bei Steinbach, Peter: Der Widerstand gegen die Diktatur. Hauptgruppen und Grundzüge der Systemopposition, in: Bracher, Karl Dietrich /
Funke, Manfred / Jacobsen, Hans-Adolf (Hrsg.): Deutschland 1933-1945, S. 452-473.

[730] Zum liberalen Widerstand gegen den Nationalsozialismus vgl. Scholtyseck, Joachim: Robert Bosch
und der liberale Widerstand gegen Hitler 1933 bis 1945, München 1999.

[731] Vgl. grundsätzlich zu den Widerstandskämpfern des 20. Juli 1944 die Bände von Klemperer, Klemens von / Syring, Enrico / Zitelmann, Rainer (Hrsg.): „Für Deutschland". Die Männer des 20. Juli,
Frankfurt a.M. 1993; Venohr, Wolfgang: Patrioten gegen Hitler. Der Weg zum 20. Juli 1944. Eine
dokumentarische und szenische Rekonstruktion, Bergisch Gladbach 1994. Eine detaillierte Chrono-
logie der Ereignisse vor, während und nach dem Umsturzversuch am 20. Juli 1944 gibt der Beitrag
von Walle, Heinrich: Der 20. Juli 1944. Eine Chronik der Ereignisse von Attentat und Umsturzversuch, in: Steinbach, Peter / Tuchel, Johannes (Hrsg.): Widerstand gegen den Nationalsozialismus, S.
364-376.

[732] Vgl. Steinbach, Peter: Widerstand gegen den Nationalsozialismus, in: Ders. / Tuchel, Johannes
(Hrsg.): Widerstand gegen den Nationalsozialismus, S. 26.

[733] Ebd. Vgl. dazu Meinecke, Friedrich: Die deutsche Katastrophe, S. 150, wo der Autor zu der Feststellung gelangt, dass es „niemals zu einem einhelligen, sei es anerkennenden, sei es verdammenden Urteil über die Männer des 20. Juli kommen [werde, V.K.]". Vgl. die Gründe, die Meinecke - der selbst
die Motive der Widerständler als „hochsinnig" qualifiziert und ihren „Mut zum Märtyrium" anerkennt - für die Komplexität der Urteilsbildung geltend macht [Gefahr einer neuen Dolchstoßlegende
u.ä.], ebd., S. 146ff.

che Würde und freie Selbstbestimmung gewährleistet sein würden. Diese Vision be-
fähigte die Mitglieder des deutschen Widerstands, trotz Rückschläge, trotz Haft und
Folter, trotz der Angst um Familie, Freunde und Mitstreiter, ihren Kampf weiterzu-
führen, notfalls bis zum bitteren Ende.[734] Diese Vision schloß antidemokratische
Kämpfer wie diejenigen der KPD in diesem Zusammenhang nur höchst eingeschränkt als Patrioten mit ein, insofern sie selbst eine ideologisch-legitimierte Herrschaftsform zu realisieren suchten, die iherseits dem *freiheitlichen* Patriotismus wesensmäßig widersprach. Ein freiheitlicher, demokratischer Nationalstaat war ihre
Perspektive nicht, wohingegen fast alle anderen, wie die Sozialdemokraten mitsamt
ihren Unterorganisationen wie dem „Reichsbanner Schwarz-Rot-Gold", aus dieser
Perspektive in Opposition zur NSDAP und Hitler standen. Die SPD war als einzige
Partei am 23. März 1933 im Reichstag nicht bereit gewesen, die nationale Souveränität an Hitler zu übertragen. 1932 zählte sie ca. eine Million Parteimitglieder, das
„Reichsbanner" über drei Millionen Mitglieder. Zu dem Kern dieser schließlich in Il-
legalität lebenden bzw. unter Verfolgung leidenden Vertreter einer demokratischen
Nation auf der Linken war auch die illegale Reichsleitung des ADGB sowie ein erheblicher Teil ihrer Mitglieder zu zählen. Waren der intensive Prozess der national-
demokratischen Sammlung und Vereinigung von deutschen Juden, bspw. durch die
Gründung des „Zentralausschuss der deutschen Juden" bzw. der „Reichsvertretung
der deutschen Juden" unter dem Vorsitz von Leo Baeck, durch die sich radikalisie-
renden Verfolgungsmaßnahmen der NSDAP und durch die kontinuierlich erzwungene Emigration von Juden aus Deutschland grundsätzlich in Frage gestellt, so waren
die Möglichkeiten zu einem alternativen nationalen Handeln im nationalkonservati-
ven Lager günstiger, weil der nationalsozialistische Verfolgungsapparat diesen
Gruppierungen weniger Aufmerksamkeit schenkte. Deren Widerstand hatte vergleichsweise die größten Erfolgschancen, weil er sich vor allem in zwei staatstragenden Institutionen entfalten konnte: in der Reichswehr sowie im Außenministerium.
Während sich die um von Hassel und von Weizsäcker gruppierten Angehörigen des
Auswärtigen Amtes um die Verhinderung und Beendigung des Krieges bemühten,
konzentrierten sich die Pläne der Oppositiongruppe innerhalb der Reichswehr seit
1938 auf einen militärischen Staatsstreich und die Ausschaltung Hitlers. Der 20. Juli
1944 stellte hier den entscheidenden, gescheiterten Versuch dar.

Waren die oppositionellen Gruppierungen in ihren jeweiligen Grundanschauun-
gen sehr heterogen und zahlenmäßig klein – im Vergleich zur Gesamtzahl der Bevölkerung –, so kann der 1943 von Carlo Mierendorff verfasster *„Aufruf an das
deutsche Volk"* als ein Dokument gemeinsamer Positionen, ja als *das* „nationalpoliti-
sche Vermächtnis des deutschen Widerstandes"[735] gelten. „Die Sozialistische Aktion", so hieß es einleitend, „ist eine überparteiliche Volksbewegung zur Rettung

---

[734] Vgl. Mommsen, Hans: Die Opposition gegen Hitler und die deutsche Gesellschaft 1933-1945, in:
Michalka, Wolfgang (Hrsg.): Der Zweite Weltkrieg. Analysen, Grundzüge, Forschungsbilanz, München 1989, S. 329-346, S. 343. Vgl. analog dazu Mommsens Analyse in ders.: Der Widerstand gegen Hitler und die deutsche Gesellschaft, in: Historische Zeitschrift 241 (1985), S. 81-104.

[735] So die Charakterisierung durch Dann, Otto: Nation und Nationalismus in Deutschland, S. 293. Vgl.
dazu auch Giordano, Ralph: Der Widerstand und seine Widersacher, in: Tribüne 90 (1984), S. 48-
64.

Deutschlands. Sie kämpft für die Befreiung des deutschen Volkes von der Hitlerdik-
tatur, für die Wiederherstellung seiner durch die Verbrechen des Nazismus niederge-
tretenen Ehre [...] Den Aktionsausschuß bilden Vertreter der christlichen Kräfte, der
sozialistischen Bewegung, der kommunistischen Bewegung und der liberalen Kräfte
als Ausdruck der Geschlossenheit und Einheit." Es folgen einzelne Programmpunkte,
in denen Gerechtigkeit, Toleranz, Föderalismus sowie internationale Zusammenarbeit gefordert werden. Schließlich heißt es: „Noch hat das deutsche Volk keine Möglichkeit, seine Stimme zu erheben. Um so lauter rufen die Ruinen und Gräber zur
Sammlung, zur Aktion! [...] Ein neues Deutschland muß entstehen, worin sich das
schaffende Volk sein Leben im Geist wahrer Freiheit selbst ordnet." Erstmals wurde
mit diesem Aufruf ein nationaler Grundkonsens formuliert, der alle oppositionellen
Parteien umfasste und der in seinen inhaltlichen Vorgaben als Verpflichtung für eine
Neuordnung Deutschlands nach Hitler gelten konnte; um die es auch den Männern
des „20. Juli 1944" ging. Dass die Widerstandskämpfer des „20. Juli" im Geheimen
konspirieren mussten, dass sie zu Verschwörern im Dunkeln wurden, entsprach weder ihrer Mentalität noch ihrer Herkunft. Sie tauchten unfreiwillig in die Welt des
Zwielichts und nahmen den Vorwurf des Verrats auf sich – „aus Vaterlandsliebe."[736]
Oberst von Stauffenberg beschrieb ihre Motivation zum Widerstand gegen jenes,
von Hans Rothfels als „feindliche Besatzung" Deutschlands apostrophierte Regime[737], am 21. Mai 1944 mit den Worten: "Es geht um Deutschland. Und um sonst
nichts."[738] Stauffenberg[739], der 1933 Hitlers Politik der Wiederherstellung der deutschen Ehre begrüßt[740] und am 30. Januar 1933 in voller Uniform an der Spitze eines
Zuges begeisterter Soldaten durch die Straßen marschiert war und seiner patriotischen Freude über die Machtergreifung Ausdruck gegeben hatte[741], trieb – wie
Margret Boveri dies anschaulich beschreibt – eine „bis ins Physische empfundene

---

[736] Vgl. Mann, Golo: Deutsche Geschichte des neunzehnten und zwanzigsten Jahrhunderts, S. 916, wo
Mann mit Blick auf die Widerstandskämpfer gegen Hitler betont, diese „nahmen noch den Begriff
des Vaterlandes ernst".

[737] Rückgreifend auf einen Vergleich der Ereignisse vom 20. Juli 1944 und vom 17. Juni 1952 kommt
Rothfels zu der Einschätzung, dass es sich „beide Male [...] um Auflehnung gegen angemaßte Gewalt gehandelt [hat, V.K.], was immer ihre legalistischen Verkleidungen oder fiktiven Legitimierun-
gen gewesen sein mögen"; beide Male, so Rothfels, habe es sich um ein System gehandelt, „das man
als feindliche Besatzung charakterisieren kann, auch wenn es von Menschen des eigenen Volkes
ausgeübt wurde oder wird". Vgl. ders.: Das politische Vermächtnis des deutschen Widerstandes, 4.
Aufl., Bonn 1957.

[738] Zitiert nach Venohr, Wolfgang: Patrioten gegen Hitler, S. 10.

[739] Zu Person, Handeln und Motivation von Stauffenbergs vgl. die Biographie von Hoffmann, Peter:
Claus Schenk Graf von Stauffenberg und seine Brüder, Stuttgart 1992; vgl. auch Kramarz, Joachim:
Claus Graf Stauffenberg. 15. November 1907- 20. Juli 1944. Das Leben eines Offiziers, Frankfurt
a.M. 1965 bzw. Venohr, Wolfgang: Stauffenberg. Symbol der deutschen Einheit. Eine politische
Biographie, Frankfurt a.M. 1986.

[740] Vgl. Hoffmann, Peter: Claus Schenk von Stauffenberg - Der Attentäter, in: Klemperer, Klemens von
/ Syring, Enrico / Zitelmann, Rainer (Hrsg.): „Für Deutschland", S. 233-246.

[741] So die Schilderung bei Boveri, Margret: Der Verrat im 20. Jahrhundert, Band II, S. 80. Vgl. ebd.
ausführlich das Kapitel „Stauffenberg und sein Kreis", S. 80-91. Zu den Gründen Stauffenbergs, Hitlers Politik 1933 zu begrüßen [und zu der korrespondierenden Freundschaft zwischen Stauffenberg
und Stefan George], vgl. Hoffmann, Peter: Claus Schenk Graf von Stauffenberg - Der Attentäter, in:
Klemperer, Klemens von / Syring, Enrico / Zitelmann, Rainer (Hrsg.): „Für Deutschland", S. 234f.

Liebe zu Deutschland[742], zur deutschen Landschaft, den deutschen Flüssen und Hügeln" sowie seine Sorge um „das Lebendige"[743], um den Menschen in den Fängen eines menschenverachtenden, verbrecherischen Systems, zum Widerstand gegen Hitler und damit zu Eidbruch und Gehorsamsverweigerung[744] – ab dem Zeitpunkt, an dem er erkannt hatte, dass sein Patriotismus für falsche Ziele missbraucht worden war.

Adam von Trott zu Solz, patriotischer Weltbürger[745] und Mitglied des Kreisauer Kreises[746], der, entsprechend seiner Herkunft, Bürger zweier Welten war – die eine

---

[742] Vgl. analog zu den Ausführungen bei Margret Boveri die Analyse bei Peter Steinbach, in: Ders.: Gruppen, Zentren und Ziele des deutschen Widerstands, in: Lill, Rudolf / Oberreuter, Heinrich (Hrsg.): „20. Juli, S. 45, wo Steinbach in Modifikation zu Boveri betont, dass Stauffenberg „zwar [...] wie viele andere im Bewußtsein [starb, V.K.], den irdischen Weg Deutschland zuliebe zu Ende zu gehen und den Tod erleiden zu müssen: Deutschland stand hier jedoch für Maßstäbe politischer Moral, für die Demonstration von Anstand und Zivilität, für die Bekräftigung eines wertgeprägten Menschenbildes, für die Glaubwürdigkeit eines anderen Deutschland".

[743] Vgl. Boveri, Margret: Der Verrat im 20. Jahrhundert, Band II, S. 81.

[744] Vgl. dazu ebd. die Ausführungen „Eid und 'unbedingter Gehorsam'", S. 91-99. Die Frage nach dem Eidbruch und nach der Gehorsamsverweigerung ist durch den Eid, den Hitler der Wehrmacht auferlegt hatte, „aufs innigste verkoppelt", wie Boveri bemerkt. „Er hieß: 'Ich schwöre bei Gott diesen heiligen Eid, daß ich dem Führer des deutschen Volkes und Reiches, Adolf Hitler, unbedingten Gehorsam leisten und als tapferer Soldat bereit sein will, jederzeit für diesen Eid mein Leben einzusetzen.' Gegen diesen Eid ist vieles zu sagen. Das beste hat wohl der erste Präsident der [..] Bundesrepublik am Zehn-Jahres-Tag des 20. Juli gesagt. Dass ausgerechnet Hitler, der die Diener Gottes beider Konfessionen verfolgte, wo immer sie ihm unbequem wurden, und der am liebsten das Wort 'Vorsehung' in den Mund nahm, in seiner Eidesformel den Worten 'Gott' und 'heilig' ein solches Gewicht einräumte, hat Heuss zu dem Kommentar veranlasst: 'Es war das Gespenstische, daß in diesem Treueeid auf Hitler die religiöse Formel *bei Gott* aufgenommen war, die in dem früheren Eid auf die Verfassung dem Schwörenden anheim gestellt hatte. In diesem *bei Gott*, das bei einem Mann von Hitlers Art rein taktischen Sinn hatte und schier blasphemisch wirkt, hatte er zugleich eine zerbrechende Kraft einmontiert: das Wort >Du sollst Gott mehr gehorchen als den Menschen! <'. [Ebd., S. 93 Hervorhebung im Original, V.K.]. [...] Eng verknüpft mit dem Eid ist die Frage des Verrats. Daß manches von dem, was die Mitglieder des deutschen Widerstandes taten, zum Teil Hoch-, zum Teil Landesverrat darstellte, könnten außer den Angehörigen, denen das Recht dazu zugestanden werden muß, heute nur noch Vernebelungstaktiker leugnen. Es ist jedoch, gerade bei einer bejahenden Haltung zum 20. Juli, heilsamer, nicht vor bösen Worten zurückzuschrecken, sondern die Dinge beim Namen zu nennen und den Versuch zu machen, Grenzen zu ziehen und Unterscheidungen zu treffen. Die Beteiligten selber und ihre Gesprächspartner machten sich jedenfalls nichts vor. [...] Raymond Aron beantwortete die Frage, ob die Männer des 20. Juli Verräter waren, mehrsinnig: 'In bezug auf die Nationalsozialisten sicher; in bezug auf ihr Gewissen sicher nicht; in bezug auf die klassische Auffassung des Vaterlandes vielleicht; aber diese Auffassung selbst ist in der Zeit der weltlichen Religionen in Frage gestellt'." Ebd., S. 96. Vgl. dazu auch das Kapitel „Staat - Eid - Gehorsam" bei Boveri, Margret: Der Verrat im 20. Jahrhundert, Band I, Hamburg 1956, S. 24-32.

[745] Vgl. Klemperer, Klemens von: Adam von Trott zu Solz - Patriot und Weltbürger, in: Ders. / Syring, Enrico / Zitelmann, Rainer (Hrsg.): „Für Deutschland", S. 311-327.

[746] „Von großer Bedeutung für Trotts [..] Widerstandsarbeit", so betont Klemens von Klemperer, „erwies sich der Umstand, daß er im Frühjahr 1941 zum Kreisauer Kreis um Helmuth James Graf von Moltke stieß. Bald entstand ein enges persönliches Vertrauensverhältnis zwischen beiden, und deshalb konnte Trott als dessen außenpolitischer Experte einen entscheidenden Platz innerhalb des Kreises einnehmen." Ebd., S. 317. Grundsätzlich zur Geschichte des Kreisauer Kreises vgl. die Studie Roons, Ger van: Neuordnung im Widerstand. Der Kreisauer Kreis innerhalb der deutschen Widerstandsbewegung, München 1967; vgl. auch die Dokumentation von Bleistein, Roman (Hrsg.): Dossier: Kreisauer Kreis. Dokumente aus dem Widerstand gegen den Nationalsozialismus, Frankfurt

geprägt von den traditionellen Werten des Dienstes am Staat, die andere vom Ethos der Gerechtigkeit und der Menschenrechte[747] – bekannte in einem Brief unmittelbar nach Hitlers Machtantritt, dass „der Dienst an den Rechten des Einzelnen des 'Menschen', wie die Naturrechtler sagen", ihm „ungleich wichtiger" sei „als der Dienst am 'Staat' (der zur Willkür geworden ist)".[748] Der „Staat", das Regime, die Hitler-Diktatur, das war nicht dasjenige „Deutschland", dem Trotts politisches Engagement im Sinne eines moralischen Postulats[749] gelten sollte, wie er in einem Brief an seine Frau am Tag seiner Verurteilung zum Tod bekannte: „Du wirst wissen, daß es mich am meisten schmerzt, unserem Land die besonderen Kräfte und Erfahrungen, die ich [...] in mir ausgebildet hatte, nun vielleicht nie mehr dienend zur Verfügung stellen zu können. [...] Es war alles ein aus der Besinnung und Kraft unserer Heimat, deren tiefe Liebe ich meinem Vater verdanke, aufsteigender Versuch, ihr in allen modernen Wandlungen und Erschwerungen unwandelbar bleibendes Recht und ihren tiefen, unentbehrlichen Beitrag gegen den Übergriff fremder Mächte und Gesinnungen zu erhalten und zu vertreten. Darum bin ich aus der Fremde mit all ihren Verlockungen und Möglichkeiten immer mit Unruhe und begierig dorthin zurückgeeilt, wo ich mich zu dienen berufen fühlte. Was ich draußen lernte und für Deutschland tun konnte, hätte mir hierbei gewiß sehr geholfen [...]".[750]

---

a.M. 1987. Zu den programmatischen Vorstellungen der Kreisauer vgl. den Aufsatz von Mommsen, Hans: Die künftige Neuordnung Deutschlands und Europas aus der Sicht des Kreisauer Kreises, in: Steinbach, Peter / Tuchel, Johannes (Hrsg.): Widerstand gegen den Nationalsozialismus, S. 246-261. Bilanzierend stellt Mommsen fest, dass die Haltung, die die Kreisauer, „die von jeweils unterschiedlichen politischen Standorten aus das Wagnis des gemeinsamen Aufbruchs in ein neues Europa unternahmen", verband, „den bis heute wirklich nicht ausgefüllten Platz eines kritischen und zugleich sozial progressiven Konservativismus im Verfassungsleben der Bundesrepublik eingenommen [hätte, V.K.]. Sie repräsentierten jene Seite Europas, die nicht dem Faszinosum faschistischer Diktatoren erlegen war; und sie namen das vorweg, was an europäischer Gemeinsamkeit in den letzten vier Jahrzehnten gewachsen ist". Ebd., S. 261.

[747] Grundsätzlich zu Adam von Trott zu Solz vgl. exemplarisch Sykes, Christopher: Adam von Trott. Eine deutsche Tragödie, Düsseldorf 1969; vgl. auch Malone, Henry O.: Adam von Trott. Werdegang eines Verschwörers 1890-1938, Berlin 1986; vgl. ebenso die prägnante Persönlichkeitsskizze von Trotts bei Blasius, Rainer A.: Adam von Trott zu Solz, in: Lill, Rudolf / Oberreuter, Heinrich (Hrsg.): 20. Juli, S. 321-324.

[748] Der Brief Adam von Trotts an August von Trott, seinen Vater und ehemaligen königlich-preußischen Kultusminister, findet sich abgedruckt in: Trott zu Solz, Clarita von: Adam von Trott zu Solz. Eine erste Materialsammlung, Maschinenschrift, Reinbek 1958, S. 46f.

[749] Politisches Engagement, so betont Andreas Schott im Rahmen seiner Analyse der verfassungsrechtlichen und -politischen Auffassungen von Trotts, „sieht Trott als moralisches Postulat, das ihm zwingend den Weg in den Widerstand vorschreibt". Vgl. ders.: Verfassungsrechtliche und -politische Auffassungen Adam Trott zu Solz, in: Karpen, Ulrich / Schott, Andreas (Hrsg.): Der Kreisauer Kreis. Zu den verfassungspolitischen Vorstellungen von Männern des Widerstandes um Helmuth James Graf von Moltke, Heidelberg 1996, S. 111-117, S. 114. Vgl. ebd. Schotts Analyse des geistesgeschichtlichen Hintergrunds von Trott, S. 113-115.

[750] Zitiert nach: Blasius, Rainer A.: Adam Trott zu Solz, in: Lill, Rudolf / Oberreuter, Heinrich (Hrsg.): 20. Juli, S. 321.

„Deutschland" war für Trott zu Solz ebenso wie für Stauffenberg die deutsche „Nation"[751], verstanden als umfassendes, die jeweilige Regierung transzendierendes Projekt[752], das auf irgendeine Weise in der Vergangenheit entstanden ist und sich so entwickelt hat, dass eine bestimmte moralische Gemeinschaft ins Leben gerufen wurde, die in ihren verschiedenen organisierten und institutionalisierten Erscheinungsformen Anspruch auf politische Autonomie erhebt. Der Patriot sieht sich an eine Vergangenheit gebunden, die ihm eine moralische und politische Identität verleiht, er fühlt sich der Zukunft der Nation verpflichtet und für deren Entwicklung verantwortlich. Nur die Treue zur Nation ist unbedingt, während die Treue zu bestimmten Regierungen oder Regierungsformen dadurch bedingt wird, ob sie dieses Projekt eher fördern als schädigen oder zerstören. Folglich besteht kein Widerspruch darin, dass ein Patriot die gegenwärtige Herrschaft seines Landes zutiefst ablehnt, oder einen Umsturz plant, wie es Adam von Trott tat.[753]

Dass sich die Spuren der „Aristokraten" des Widerstands vom 20. Juli 1944 schließlich in Hinrichtungsbaracken und Leichenhallen verloren[754], hatte mit Motiven, Hemmungen und Schwächen zu tun, die den deutschen Widerstand zu einer „Geschichte der Skrupel, Widersprüche und Konfusionen" werden ließ[755] und warf die Frage nach Schuld und Niederlage auf.

Viele Akteure der Opposition haben nie ganz jene letzte gefühlsmäßige Barriere des „Landesverrates" überwinden können, weil dieser im Gegensatz zu tradierten Wertbegriffen erschien. So hat Carl Goerdeler das Scheitern des Attentats vom 20. Juli 1944 als eine Bestätigung seiner Bedenken gegen jeden politischen Mord empfunden. Doch hat Goerdeler selbst seine Mitverantwortung für den Widerstand nie bestritten. „Die Umsturz- und Attentatspläne, die am 20. Juli zur Durchführung kamen, sind mir bekannt. Ich gebe zu, an diesen Plänen an führender Stelle beteiligt zu sein"[756] – wenn auch, wie er hinzufügte, ohne genaue Kenntnis des Vorhabens. Goerdeler zeigte sich bis zuletzt erbittert darüber, dass man ihm die offene Aussprache mit Hitler verbaut und statt dessen dieses unglückselige Attentat verübt hatte. Gewiss, er selbst hatte sich dieser Tat nicht direkt widersetzt, sondern immer nur

---

[751] „Der gute Genius der Nation", so Golo Mann, „hatte sich in der Verneinung, im Kampf gegen das Ungeheuer zusammengerafft." Ders.: Deutsche Geschichte des neunzehnten und zwanzigsten Jahrhunderts, S. 915.

[752] Vgl. MacIntyre, Alasdair: Ist Patriotismus eine Tugend?, in: Honneth, Axel (Hrsg.): Kommunitarismus: eine Debatte über die moralischen Grundlagen moderner Gesellschaften, 2. Aufl., Frankfurt a.M. 1994, S. 84-102.

[753] Vgl. ebd., S. 96f.

[754] Die Umstände der Hinrichtungen und die mit den Hinrichtungen einhergehende „Obszönität" schildert Ian Kershaw sehr eindringlich; vgl. ders.: Hitler 1936-1945, Stuttgart 2000, S. 906f.

[755] Vgl. Fest, Joachim C.: Hitler, S. 956.

[756] Zitiert nach Ritter, Gerhard: Carl Goerdeler und die deutsche Widerstandsbewegung, S. 411. Vgl. dazu die Bewertung der Position und der Verhaltensweise Goerdelers bei Fest, Joachim C.: Hitler, S. 974, wo Fest von einer signifikanten „Lebensumständlichkeit" und einem unleugbar „altfränkischen und bewegenden Zug" im Verhalten Goerdelers spricht. Jener Zug kommt nach Ansicht Fests „exemplarisch in der entschlossenen Geste zum Ausdruck, mit der Carl Goerdeler den Rucksack überschnallte, zum Wanderstock griff und auf die Flucht ging". Ebd., S. 975.

Gegenvorschläge gemacht. Zuletzt aber empfand er das Scheitern geradezu als Gottesurteil.

Die Gewissensnot vieler Widerstandsaktivisten lag nicht zuletzt in dem Umstand begründet, dass sie von der befreienden Tat zunächst gerade nicht die Freiheit, sondern die Niederlage sowie die Selbstauslieferung an einen erbitterten Gegner zu gewärtigen hatten. Nur eine hochmütige Moral wird den Konflikt derjenigen negieren, die bei allem Hass auf Hitler und allem Entsetzen über die angerichteten Verbrechen doch die Verbrechen Stalins, die Schrecken des "Roten Terrors" oder der großen Säuberungen bis hin zu den Opfern von Katyn, nicht vergessen konnten.[757] Dennoch betont Peter Steinbach die Verdienste des patriotischen Widerstands gegen Hitler, die Verdienste der Repräsentanten jenes „anderen Deutschlands", an deren Verhalten man nach 1945 anknüpfen konnte, sehr zurecht, denn der Untergang des Dritten Reiches war die Voraussetzung einer Neuordnung und eines Neuanfangs. Deshalb gehört der Widerstand, das patriotische Einstehen für jenes „andere", auf humanen Werten gebaute Deutschland, in die Vorgeschichte der deutschen und europäischen Nachkriegsordnungen.

b)   Widerstand und Naturrecht

Bei dem antitotalitären Widerstand gegen Hitler[758], der, bei aller Vielfältigkeit der Ebenen und der sozialen Träger, ein Widerstand *ohne* Volk war[759], handelte es sich

---

[757] Vgl. ebd., S. 955.

[758] Man verkenne die moralisch-politische Dimension des Widerstands, wie Karl Dietrich Bracher hinsichtlich des Widerstands in Rechts- *und* Linksdiktaturen nachdrücklich und zurecht betont, „wenn man den Widerstand nur als 'anti-faschistischen' und nicht vor allem als einen antitotalitären versteht, der gegen rechts- wie linksdiktatorisches Unrecht gerichtet ist: man denke an das selbstkritische Wort von George Orwell (1944), linke Intellektuelle machten zu leicht den Fehler oder erlägen dem Irrtum, daß sie 'antifaschistisch sein wollten, ohne antitotalitär zu sein'. Vielmehr gilt gerade für unser Problem 'Widerstand in Rechts- oder Linksdiktaturen': Wer vom Faschismus redet, soll vom Totalitarismus nicht schweigen". Ders.: Zur Widerstandsproblematik in „Rechtsdiktaturen" - Die deutsche Erfahrung, in: Bracher, Karl Dietrich / Funke, Manfred / Schwarz, Hans-Peter (Hrsg.): Deutschland zwischen Krieg und Frieden. Beiträge zur Politik und Kultur im 20. Jahrhundert, Düsseldorf 1991, S. 117-129, S. 120.

[759] Vgl. Mommsen, Hans: Die Opposition gegen Hitler und die deutsche Gesellschaft 1933-1945, in: Michalka, Wolfgang (Hrsg.): Der Zweite Weltkrieg. Analysen, Grundzüge, Forschungsbilanz, München 1989, S. 329-346, S. 332. Mommsen spricht von einer „quantitativ bemerkenswerten Minderheit der Bevölkerung", von der der deutsche Widerstand gegen Hitler getragen worden sei. Andererseits ließen die Bedingungen der nationalsozialistischen Herrschaft und die mangelnde politische Kritikfähigkeit breiter Kreise der Bevölkerung es Mommsen zufolge nicht zu, dass die „zahllosen Impulse, die gegen das Regime oder einzelne seiner Träger gerichtet waren", in eine geschlossene Bewegung einmündeten: „Wer Widerstand gegen das Regime leistete, mußte es hinnehmen, von der Masse der verblendeten 'Volksgenossen' als Verräter an der Nation betrachtet zu werden. Widerstand zwang zur verkleideten Sprache selbst im engsten Vertrautenkreis. Die Frontstellung zog sich häufig durch die Familien hindurch, und dies nicht nur zwischen den Generationen". Ebd., S. 343. Vgl. ebd., S. 332, wo Mommsen auf die konspirativen Bedingungen, unter denen sich die oppositionellen Handlungen ausschließlich vollziehen konnten, ebenfalls verweist [vgl. im Kontext die Ausführungen bei Rothfels, Hans: Deutsche Opposition gegen Hitler. Eine Würdigung, neue erw. Ausgabe, hrsg. v. Hermann Graml, Frankfurt a.M. 1986. Rothfels spricht mit Blick auf die Bemühungen

im Grunde nicht nur um ein Widerstands*recht*, sondern vielmehr um eine *naturrecht-liche Widerstandspflicht*; eine Widerstandspflicht, welche die Exekutive der Menschenrechte bildet und diesen überhaupt erst zu Wirklichkeit verholfen hat.[760] Wenn menschliches Recht vom Naturrecht – das in der Nachfolge Thomas von Aquins als Anteilnahme der vernunftmäßigen Geschöpfe am „Ewigen Gesetz", als Abglanz des göttlichen Lichts, gedeutet wird – abweicht, so kann es als Entartung des Naturrechts betrachtet werden. Ein tyrannisches Regime ist somit unrechtmäßig. Auflehnung gegen ein solches Regime ist kein Aufruhr, denn es ist der Tyrann, der sich des Aufruhrs schuldig macht. In diesem Sinne setzte Papst Pius XI. für die von der Tyrannei im Dritten Reich bedrohten deutschen Katholiken mit seiner scharfen Verurteilung des Nationalsozialismus den Ton in der Enzyklika „Mit brennender Sorge", in der er sich in einem langen Abschnitt ausführlich mit der Anerkennung des Naturrechts befasste.[761]

Gewiss, solange eine intakte demokratische Verfassung die Möglichkeit gibt, einen dem Mehrheitswillen entsprechenden Regierungswechsel auf legale Weise zu erreichen, ist jede gewaltsame Aktion gegen eine im Amt befindliche Regierung unbedingt und selbstverständlich verwerflich.[762] In dem Augenblick jedoch, in dem die Tyrannis diesen Weg verbaut, zwingt sie damit *ipso facto* den Volkswillen auf den naturrechtlichen Ausweg des aktiven Widerstands, der dann als einziger, als moralische Tat im Gegensatz zu Opportunismus, übrigbleibt. Mut zur Moral sowie die Unbestechlichkeit des Gewissens sind entscheidend für den Widerstand gegen Hitler gewesen. Wenn die dominierende Erscheinung des Dritten Reiches der „Doppelmensch" mit dem doppelten Gewissen war, dann kennzeichnete es die Frauen und Männer des Widerstandes, dass sie die Verdoppelung überwanden oder gar nicht erst zuließen.[763] Zwar hatte Henning von Tresckow anfangs – wie auch Graf Stauffenberg – im Banne Hitlers gestanden, doch der Bruch bahnte sich für Tresckow mit der Mordserie vom Sommer 1934 an und vollendete sich mit dem Judenpogrom vom November 1938. Als nach dem Misslingen aller früheren Anschläge und nach der Landung der Alliierten in der Normandie im Sommer 1944 die Frage entstand, ob der Versuch des Umsturzes überhaupt noch Sinn habe, vertrat Tresckow die Ansicht, dass das Attentat erfolgen müsse. Schließlich, so argumentierte Tresckow, komme es nicht mehr auf den praktischen Zweck an, sondern darauf, dass die deutsche Widerstandsbewegung vor der Welt und vor der Geschichte den entscheidenden Wurf gewagt und damit Mut zur Moral bewiesen habe.[764]

---

der Oppositionellen um Selbstbehauptung im Zeichen der Verfolgung des Regimes von „Kreiselei" als einer spezifischen Gruppenbildung. Vgl. ebd., S. 42].

[760] Vgl. Rüstow, Alexander: Ortsbestimmung der Gegenwart, Band III, S. 464.

[761] Vgl. ausführlich dazu Klemperer, Klemens von: Naturrecht und der deutsche Widerstand gegen den Nationalsozialismus. Ein Beitrag zur Frage des deutschen „Sonderwegs", in: Steinbach, Peter / Tuchel, Johannes (Hrsg.): Widerstand gegen den Nationalsozialismus, S. 43-53. Vgl. dazu vertiefend Hirt, Simon (Hrsg.): Mit brennender Sorge. Das päpstliche Rundschreiben gegen den Nationalsozialismus und seine Folgen in Deutschland, Freiburg 1946.

[762] Vgl. Rüstow, Alexander: Ortsbestimmung der Gegenwart, Band II, S. 464.

[763] Krockow, Christian Graf von: Die Deutschen in ihrem Jahrhundert 1890-1990, S. 230f.

[764] Zu Henning von Tresckow als „Patriot im Opfergang" vgl. die Ausführungen von Aretin, Karl Otmar Freiherr von: Henning von Tresckow - Patriot im Opfergang, in: Klemperer, Klemens von / Syring„

D Zwischenbilanz

Patriotismus, so zeigt die Erfahrung der nationalsozialistischen Diktatur, bedeutet keineswegs die Affirmation der bestehenden politischen und gesellschaftlichen Verhältnisse. Patriotismus orientiert sich – eingedenk des Naturrechts – an übergeordneten, bestimmten moralischen Prinzipien des Zusammenlebens selbstbestimmter Individuen in einer freiheitlich demokratischen Nation. Die Widerstandskämpfer, welche für Freiheit, Selbstbestimmung des Volkes, für Demokratie und Menschenrechte eintraten, sie handelten patriotisch. Denn wer den Mut aufbringt, das Naturrecht des aktiven Widerstandes in Anspruch zu nehmen, der handelt im Sinne einer künftigen legitimen Regierung, deren Urteil er sich dann auch unterstellen und von der er nachträgliche Legalisierung seines Handelns erhalten wird. Die Männer des 20. Juli 1944 brachten jenen Mut auf, und so waren sie, nicht obwohl, sondern gerade weil sie ihren Führer und Obersten Befehlshaber verraten hatten, Patrioten. Denn die Widerstandskämpfer verrieten zwar ihren Führer und Obersten Befehlshaber, nur war letzterer selbst zum Verräter geworden, als er die Prinzipien des nationalen Selbstbestimmungsrechtes missachtete und zum kontinentalen Imperialisten wurde. Hitler trat alle Gesetze der Moral, des Anstands und der Humanität mit Füßen, drohte anderen Rassen und Völkern die totale „Ausrottung" an und gab mit fortschreitendem Krieg zu erkennen, dass er die Existenz seines Volkes dem Wahnsinn seiner Ideologie opfern würde.[765] Landesverrat und Eidbruch können in einem Unrechtsstaat, der selbst alle Verpflichtungen gegen die eigenen Bürger wie gegen die Nachbarstaaten bricht, nicht länger gelten. Das Widerstandsrecht des Volkes gegen Willkür ist seit alters her als vor- und überstaatliches Menschen- und Freiheitsrecht verankert in unveräußerlichen sittlichen und naturrechtlichen Grundprinzipien, postuliert von den Tyrannenmördern der Antike über mittelalterliche Widerstandslehren bis zu den großen Revolutionen der Neuzeit – der englischen, amerikanischen, französichen – und zu den totalitären Diktaturen des 20. Jahrhunderts.[766] Widerstand bezeichnet Reaktionen auf Machtmissbrauch, auf Verfassungsbruch und Menschenrechtsverletzung; Widerstand erscheint dann als legitim, wenn er Grundprinzipien einer demokratischen Ordnung gegen Übergriffe verteidigen will.[767]

Dieser Widerstand symbolisiert Freiheitswillen und Verantwortung im patriotischen Geist. Folglich waren die Widerstandskämpfer Repräsentanten einer politi-

---

Enrico / Zitelmann, Rainer (Hrsg.): „Für Deutschland", S. 287-310. Vgl. auch die Abhandlung von Schwerin, Detlef Graf von: „Dann sind's die besten Köpfe, die man henkt". Die junge Generation im Deutschen Widerstand, München 1991.

[765] Vgl. Venohr, Wolfgang: Patrioten gegen Hitler, S. 11. Vgl. analog zu Venohr auch die Position von Karl Dietrich Bracher, in: Ders.: Der Weg zum 20. Juli 1944, in: Lill, Rudolf / Oberreuter, Heinrich (Hrsg.): 20. Juli, S. 28.

[766] Vgl. Bracher, Karl Dietrich.: Zur Widerstandsproblematik in „Rechtsdiktaturen" - Die deutsche Erfahrung, in: Bracher, Karl Dietrich / Funke, Manfred / Schwarz, Hans-Peter (Hrsg.): Deutschland zwischen Krieg und Frieden, S. 117ff.

[767] Steinbach, Peter: Gruppen, Zentren und Ziele des deutschen Widerstands, in: Lill, Rudolf / Oberreuter, Heinrich (Hrsg.): 20. Juli, S. 29-46, S. 29.

schen Qualität, die sich mit den Begriffen "Recht" und "Freiheit" als Gegenentwurf zu einem totalitären Unrechtsstaat beschreiben lässt.

Auch wenn sich im Widerstand das Ende der nationalsozialistischen Diktatur verkörperte, indem er die Grenzen ihrer Herrschaftsgewalt deutlich machte, so kulminierte die Niederlage Hitlers in einem – seinem – letzten „Triumph": „Er hat die Welt zu seinen Füßen gesehen, er hat Europa in Stücke geschlagen, er hat Deutschland vernichtet [...]".[768] Hat er Deutschland wirklich vernichtet? Tatsächlich wurde der deutsche Nationalstaat im Gefolge dessen, was auf den tiefen Einschnitt des Weltkriegsendes folgte, mehrfach geteilt. Und doch war die deutsche Nation allenfalls „scheintot, nicht gestorben", wie Klaus Hildebrand am Ende seines Epilogs über das „Deutsche Reich oder die Versuchung des Unendlichen" – eingedenk des Diktums, das „Vaterland" sei von Hitler zwar verschlissen, von der Widerstandsbewegung jedoch lebendig gehalten worden[769] – auf ein Zitat von Bismarck verweisend, feststellt[770]: „Es kann ja sein, daß Gott für Deutschland noch eine zweite Zeit des Zerfalles und darauf eine neue Ruhmeszeit vorhat, auf einer neuen Basis der Republik [...]".[771]

---

[768] Rüstow, Alexander: Ortsbestimmung der Gegenwart, Band III, S. 499.
[769] Vgl. Koselleck, Reinhart: Volk, Nation, Nationalismus, Masse, in: Ders. / Brunner, Otto / Conze, Werner (Hrsg.): Geschichtliche Grundbegriffe, Band 7, S. 402.
[770] Vgl. Hildebrand, Klaus: Das vergangene Reich, S. 897.
[771] Zitiert nach ebd.

VI. Patriotismus in der Bundesrepublik Deutschland

A   **1945 – *Finis Germaniae*? Ausgangslage und Rahmenbedingungen deutscher Nationalstaatlichkeit**

Der 8. Mai 1945 als *finis Germaniae*? Ja und Nein. Der 8. Mai 1945 steht symbolisch für die Erfahrung der zwölf nationalsozialistischen Jahre auf deutschem Boden. Diese kurze Zeitspanne stellt den tiefsten Einschnitt in der deutschen Geschichte dar. Alle Geschichte von 1945 an ist Geschichte im Schatten und im Gewusstsein der einmal geschehenen Katastrophe. Natürlich verbinden zahllose Kontinuitätslinien das Davor und das Danach miteinander. Aber was den Abgrund überbrückt, ist eine gebrochene Kontinuität. Das heißt, es gilt beides: Die deutsche Geschichte diesseits der Katastrophe ist wirklich eine neue Geschichte, kein anderes europäisches Land hat in einer vergleichbaren Weise mit einer „zweiten Geschichte" neu begonnen. Und: Die deutsche Geschichte, die 1945 begonnen hat, ist und bleibt in einem einzigartigen Sinn eine Geschichte, die eine Vorgeschichte hat. So bedeutet die Zäsur der bedingungslosen Kapitulation des Oberkommandos der deutschen Wehrmacht nicht *finis Germaniae*, aber gleichwohl einen Schlusspunkt in der deutschen Geschichte[772]. Der 8. Mai 1945 wurde auch und vor allem ein Datum des Anfangs, des Neubeginns: „Ende und Anfang oder auch: Die beiden so gänzlich ungleichen Hälften, in die das 20. Jahrhundert für Deutschland geteilt ist, haben viel miteinander zu tun. Es war die Katastrophe, die Deutschland demokratiefähig gemacht hat. Es war die Katastrophe, die Deutschland gelehrt hat, sich in die europäische Staatengesellschaft einzufügen. Es war die Katastrophe, die Deutschland gezwungen hat, sich selbst neu zu definieren"[773].

Vierzehn Jahre nach Ende des Zweiten Weltkriegs bemerkte Eugen Gerstenmaier mit Blick auf Theodor Heuss, den ungebrochenen Repräsentanten des in Deutschland „so vielfach gebrochenen Liberalismus"[774]:„Er hat sich um das Vaterland ver-

---

[772] Vgl. Kielmansegg, Peter Graf von: Nach der Katastrophe. Eine Geschichte des geteilten Deutschland, Berlin 2000. "Die Frage: *finis Germaniae*?", so betont Kielmansegg einleitend, sei, "am 8. Mai gestellt, nicht nur pathetische Rhetorik" gewesen, denn: "Finis Germaniae – hing das nicht, ganz unabhängig von den physischen Zerstörungen, die der Krieg angerichtet hatte, und den politischen Folgen, die er haben würde, als ein moralisches Verdikt über den Deutschen? Würden sie nicht, wie es ein Flugblatt der Weißen Rose ihnen vorhergesagt hatte, 'auf ewig das von aller Welt gehaßte und ausgestoßene Volk sein'? Sie hatten ja nicht nur einen Weltkrieg vom Zaun gebrochen, der Europa verwüstet hatte, sie waren in diesem Krieg auch, auf vielfältig gestufte Weise, zu Tätern, Komplizen, Duldern eines Verbrechens geworden, das in der Weltgeschichte nicht seinesgleichen hatte. Konnte die deutsche Nation als ein sich selbst bejahendes Subjekt nach Auschwitz fortexistieren?" Vgl. ebd., S. 8.

[773] Ebd., S. 10f.

[774] Vgl. Bracher, Karl Dietrich: Theodor Heuss und die Gründung der Bundesrepublik, in: Ders.: Das deutsche Dilemma. Leidenswege der politischen Emanzipation, München 1971, S. 205-229, S. 205.

dient gemacht."[775] Doch was war jenes „Vaterland", um das sich der erste Bundespräsident der 1949 gegründeten Bundesrepublik Deutschland verdient gemacht hat?[776] Für Heuss selbst war es, wie er in einer Rede über das „Recht zum Widerstand" gegen den Nationalsozialismus bekannte[777], die deutsche „Nation"[778], die „wir [...] zu verlieren [drohen, V.K.], da eine mechanistische Auffassung [...] aus einem geschichtlichen Volkskörper Verwaltungs-Zonen verschiedener geistiger und politischer Artung gemacht hat".[779]

Im Bewusstsein der von Hans Rothfels umschriebenen „tiefen Paradoxie" des 08. Mai 1945, dass es deutsche Patrioten waren, die den Tag der Kapitulation herbeiflehen mussten, so wenig sie sich über das danach Kommende Illusionen machen mochten[780], suchte Heuss – „kein Nationalist, nichts weniger als das, aber ein Patriot

---

[775] Bis dahin war diese Formel in der Bundesrepublik erst ein einziges Mal, 1954 im Rahmen einer Trauerfeier für den verstorbenen Bundestagspräsidenten Hermann Ehlers, gesprochen worden. Zitiert nach: Haungs, Peter u.a. (Hrsg.): Dolf Sternberger: Verfassungspatriotismus. Schriften X, S. 11 (FN 1).

[776] Vgl. im Kontext Heuss, Theodor: Geist der Politik, Frankfurt a. M. 1964; vgl. ebenfalls im Kontext die Gedenkrede, die Theodor W. Adorno 1964 auf Theodor Heuss hielt und in der Adorno bekennt, dass Heuss, „wohl als erstes deutsches Staatsoberhaupt seit Menschengedenken, Zivilist, durch und durch" gewesen sei. Ebenso verkörperte Heuss nach Ansicht Adornos „die Idee des Bürgers in einer Welt, in der man sich nicht zu fürchten brauchte. Diese Idee und ihre deutsche Tradition ist weit verschütterter als die Vorstellungen des Nationalismus, doch nicht unterzukriegen. Sie hat ihre Kraft daran, daß sie den Menschen das verheißt, was sie eigentlich ersehnen und was ihre bösen Träume von Macht und Herrlichkeit bloß verdrängen. Dabei war Heuss alles andere als weich, gar kein Humanitätsprediger; eher eigensinnig, in einer Weise auf sein Freiheitsrecht bedacht, die mit dem, was dann sein Amt ihm abverlangte, mühelos zusammenstimmte. [...] Er war der Stellvertreter einer Art von Person, wie sie allgemein erst unter verwirklichter Freiheit gedeihen würde. In ihm schien der Dialekt unmittelbarer Träger des Humanen; darum ist mit Heuss wie kaum zuvor in der deutschen Sphäre Humanität zu einer Kraft geworden, welche bei den Massen Resonanz weckte". Zitiert nach: Bracher, Karl Dietrich: Das deutsche Dilemma, S. 448f [FN 86]. Zu Person und Wirken von Theodor Heuss vgl. auch die gelungene, knappe Skizze bei Pflüger, Friedbert: Von Heuss bis Weizsäcker. Hüter des Grundkonsenses. Das Amt des Bundespräsidenten in Theorie und Praxis, in: Funke, Manfred u.a. (Hrsg.): Demokratie und Diktatur, S. 383-399, S. 390f; vgl. auch die essayistische Würdigung von Hamm-Brücher, Hildegard: Die Freude des Volkes. Theodor Heuss, die junge Bundesrepublik und die Liebe zur Demokratie - eine Erinnerung, in: Die Zeit 2 (2002).

[777] Heuss, Theodor: Vom Recht zum Widerstand - Dank und Bekenntnis, in: Ders.: Die großen Reden. Band I, Der Staatsmann, Tübingen 1965, S. 247-262.

[778] Vgl. ebd., S. 262.

[779] So die Ausführungen von Heuss in: Ders.: Ein Vermächtnis: Friedrich Schiller, in: Ders.: Die großen Reden. Band II, Der Humanist, Tübingen 1965, S. 188-202, S. 191.

[780] Zitiert nach Eschenburg, Theodor: Jahre der Besatzung: 1945-1949 [Geschichte der Bundesrepublik Deutschland, Band 1, hrsg. von Karl Dietrich Bracher u.a.], S. 21f. Vgl. analog dazu die nahezu identische Wortwahl, mit der Theodor Heuss am 08. Mai 1949, vier Jahre nach der bedingungslosen Kapitulation des Deutschen Reiches, zum Ausdruck brachte, dass der 08. Mai 1945 im Grunde genommen "die tragischste und fragwürdigste Paradoxie für jeden von uns [symbolisiere, V.K.], weil wir erlöst und vernichtet in einem gewesen sind". Zitiert nach Winkler, Heinrich August: Der lange Weg nach Westen, Zweiter Band, S. 166f.

war er"[781] – die Würde der Nation[782] in einem ungeteilten Deutschland zu bewahren.[783]

Heuss erkannte als Bundespräsident, dass Deutschland Europa, aber Europa auch Deutschland brauche. „Wir wissen es im Geistigen: wir sind in der Hitlerzeit ärmer geworden, als uns die Macht des Staates von dem Leben der Völker absperrte. Aber wir wissen auch dies: die anderen würden ärmer werden ohne das, was Deutschland bedeutet. Wir stehen vor der großen Aufgabe, ein neues Nationalgefühl zu bilden. Eine sehr schwere erzieherische und erlebnismäßige Aufgabe, daß wir nicht versinken und steckenbleiben in dem Ressentiment, in die das Unglück des Staates viele gestürzt hat, und daß wir nicht ausweichen in hochfahrender Hybris, wie es ja nun bei den Deutschen oft genug der Fall war. Seltsames deutsches Volk, voll der größten Spannungen, wo das Subalterne neben dem genial spekulativ Schweifenden, das Spießerhafte neben der großen Romantik steht. Wir haben die Aufgabe im politischen Raum, uns zum Maß, zum Gemäßen zurückzufinden und in ihm unsere Würde neu zu bilden, die wir im Innern der Seele nie verloren".[784]

Vier Jahre später appellierte er im Zeichen des 17. Juni 1953 um der Freiheit, der individuellen wie der der Nation willen[785], an die sowjetische Besatzungsmacht: „Gebt dem deutschen Menschen, gebt ihm zurück das eingeborene Recht zu seiner staatlichen Selbstgestaltung, zu seiner Freiheit, damit die Verkrampfungen sich lösen, damit Angst und Furcht, Mißtrauen und Technik des Hasses den Boden des Vaterlandes verlassen".[786] Theodor Heuss formulierte dies im Bewusstsein dessen, dass sich die Bundesrepublik Deutschland seit ihrer „Gründung" im Jahre 1949 als vorübergehender Teilstaat verstand.

War das Deutsche Reich mit der bedingungslosen Kapitulation am 08. Mai 1945 untergegangen, oder bestand es fort? Der These vom Untergang des Deutschen Reiches haftete stets das Stigma des Einverständnisses mit den Siegern, ja ein Stück nationalen Verrats an. Dass diese These von Sozialisten, von Sowjetzonalen und anderen ausländischen Autoren vertreten wurde, dass sie im Nürnberger Prozess zur Grundlage genommen und in Bayern als Vehikel zur Etablierung der Ländersouveränität aufgegriffen wurde – alles dies konnte sie in den Augen der Mehrheit des

---

[781] So die Charakterisierung von Theodor Heuss durch Golo Mann in: Ders.: Vorwort, in: Heuss, Theodor: Die großen Reden, Band I, S. 9-15, S. 13.

[782] Vgl. ebd., S. 12: „Heuss", so Mann, „besaß einen hellen Sinn für die Würde der Vergangenheit und die Würde der Nation; einen ebenso hellen für die Wahrheit."

[783] Vgl. im Zusammenhang den Verweis auf Theodor Heuss' gleichgerichtetes Streben als Mitglied des Parlamentarischen Rates, bei Schwengler, Walter: Das Ende des „Dritten Reiches" - auch das Ende des Deutschen Reiches?, in: Volkmann, Hans-Erich (Hrsg.): Ende des Dritten Reiches - Ende des Zweiten Weltkriegs, München 1995, S. 173-199, S. 178-182. Unter Bezugnahme auf den Vorschlag des Verfassungskonvents von Herrenchiemsee, das reorganisierte Deutschland „Bund deutscher Länder" zu nennen, erwähnt Schwengler: „Dem Ratsmitglied Theodor Heuss klang die Bezeichnung zu provisorisch. Insbesondere bemängelte er, daß von ihr zuwenig symbolische Ausstrahlung ausgehe. Sein Vorschlag, als neuen Namen ‚Bundesrepublik Deutschland' zu wählen, fand Zustimmung. Der Name ‚Bundesrepublik Deutschland' enthält die damals programmatische Aussage, daß das Gemeinwesen ganz Deutschland in sich begreift". Ebd., S. 181f.

[784] Zitiert nach Schweitzer, Carl Christoph: Die deutsche Nation. Aussagen von Bismarck bis Honecker, Köln 1976, S. 320-323, S. 323.

[785] Vgl. Heuss, Theodor: Um die Freiheit, in: Ders.: Die großen Reden, Band I, S. 231-238.

[786] Ebd., S. 237f.

deutschen Volkes und der sie repräsentierenden Parteien nicht empfehlen. Schließlich zeigte die Kontinuitätsthese im Gegensatz zur Untergangsthese nicht nur rechtliche, sondern auch erhebliche politische Vorteile: sie schien bessere Chancen für die Teilnahme an internationalen Konferenzen zu öffnen, sie diente als Abwehrinstrument gegen die Alliierten und gegen drohende Territorialverluste (Saar- und Ruhrgebiet, Ostgebiete) und sie mahnte mit Verweis auf den Provisoriumscharakter des staatlichen Zustands die Schließung eines Friedensvertrages an. Die Kontinuitätsthese wurde zum Ausgangspunkt für eine Vielzahl von Reaktionen auf Maßnahmen der Besatzungsmächte und zur Grundlage für Forderungen zur Verbesserung der Rechtsstellung Deutschlands und der Deutschen. Deshalb wurde die Kontinuitätsthese zum „Hoffnungsträger"[787] und schließlich vom Bundesverfassungsgericht auch bestätigt[788]: die Bundesrepublik Deutschland sei nicht „Rechtsnachfolger" des Deutschen Reiches, sondern als Staat identisch mit dem „Deutsches Reich" – in Bezug auf seine räumliche Ausdehnung allerdings „teilidentisch", so dass die Identität keine Ausschließlichkeit beanspruche.

Somit umfasste die Bundesrepublik, was ihr Staatsvolk und ihr Staatsgebiet betraf, nicht das gesamte Deutschland, unbeschadet dessen, dass sie ein einheitliches Staatsvolk des Völkerrechtssubjekts „Deutschland" – Deutsches Reich –, zu dem ihr eigenes Staatsgebiet als ebenfalls nicht abtrennbarer Teil gehörte, anerkannte. Sie beschränkte staatsrechtliche Hoheitsgewalt auf den „Geltungsbereich des Grundgesetzes", fühlte sich darüber hinaus aber verantwortlich für das ganze Deutschland.[789] Der Weststaat Bundesrepublik repräsentierte in seiner „Teilidentität"[790] mit dem staatsrechtlich fortbestehenden Deutschen Reich die Idee eines größeren Ganzen, mit dem er sich in der Realität einer „doppelten Staatsgründung"[791] allerdings noch nicht deckte. Vielmehr stand am Anfang der Teilungsgeschichte ein bemerkenswerter Gleichklang. Hier wie dort, in West wie in Ost, wurde die „doppelte Staatsgründung" mit Einheitspathos vollzogen, der jeweils andere deutsche Staat entsprechend als illegitime Abspaltung gebrandmarkt.

Die Idee für ein noch nicht erreichbares Ganzes zu stehen, hat mit aller Klarheit – nicht zuletzt unter Mitwirkung von Theodor Heuss – ihren Ausdruck in der Präambel des Grundgesetzes gefunden: das Grundgesetz solle „dem staatlichen Leben für eine Übergangszeit eine neue Ordnung geben. [...] Das gesamte Deutsche Volk bleibt aufgefordert, in freier Selbstbestimmung die Einheit und Freiheit Deutsch-

---

[787] Vgl. dazu die Ausführungen „Das Fortbestehen des Deutschen Reiches" sowie die Erörterung der Frage nach „Identität und/oder Reichsdach" bei Bernhardt, Rudolf, in: Isensee, Josef / Kirchhof, Paul (Hrsg.): Handbuch des Staatsrechts der Bundesrepublik Deutschland, Band I, S. 338ff; zu den politischen Funktionen der Fortbestandslehre des Deutschen Reiches im Staatsrecht vgl. die Hinweise bei Stolleis, Michael: Besatzungsherrschaft und Wiederaufbau 1945-1949, in: Ebd., S. 173-217, S. 190f.

[788] Vgl. BVerfGE 3, 288 [319f.]; 6, 309 [338, 363].

[789] Vgl. Bernhardt, Rudolf: Die deutsche Teilung und der Status Gesamtdeutschlands, in: Isensee, Josef / Kirchhof, Paul (Hrsg.): Handbuch des Staatsrechts der Bundesrepublik Deutschland, Band I, Heidelberg 1987, S. 321-350.

[790] Vgl. Hättich, Manfred: Nationalbewußtsein im geteilten Deutschland, in: Weidenfeld, Werner (Hrsg.): Die Identität der Deutschen, Bonn 1983, S. 274-293.

[791] Vgl. Kleßmann, Christoph: Die doppelte Staatsgründung. Deutsche Geschichte 1945-1955, 5. erw. u. überarb. Aufl., Bonn 1991; vgl. auch ders.: Zwei Staaten, eine Nation. Deutsche Geschichte 1955-1970, Bonn 1988.

lands zu vollenden."[792] Es war offensichtlich, dass die Idee des Nationalstaates in das Grundgesetz eingegangen ist.[793] Wie aber sollte die nationale Einheit der Deutschen gewonnen werden, wenn Deutschland, so Stalin 1945, nichts mehr als ein geographischer Begriff war?[794]

Angesichts der neuen politischen und gesellschaftlichen Realitäten des Kalten Krieges und der psychologischen Befindlichkeiten bot die Rückkehr in die westliche Tradition ein Wiederanknüpfen an die Traditionen von Aufklärung bzw. Christentum an.[795] Das patriotische Bildungsbürgertum wollte, wie Friedrich Meineckes Vorschlag zur Einrichtung von „Goethegemeinden" andeutete[796], vor allem aus der Geschichte lernen, weil andere Wegweiser problematisch schienen. Man wollte die freiheitliche Republik[797] und, vor allem auch aufgrund der Erfahrung von Weimar, die ihr korrespondierende *republikanische Bürgertugend* als das aufbauende Prinzip, ohne das die metaphysische Enthaltsamkeit der Republik und die Verhinderung persönlicher Herrschaft nicht durchzuhalten ist.[798] Worum es also ging, war ein freiheitlicher Patriotismus, der als Bürgertugend des Gemeinsinns[799], Festigkeit im Eintre-

---

[792] Zu dem Inhalt des Wiedervereinigungsgebots im Grundgesetz bzw. zu der Rechtspflicht für alle politischen Staatsorgane der Bundesrepublik, „die Einheit Deutschlands mit allen Kräften anzustreben, ihre Maßnahmen auf dieses Ziel zu richten und die Tauglichkeit für dieses Ziel jeweils als Maßstab ihrer politischen Handlungen gelten zu lassen", vgl. die Erörterung bei Ress, Georg: Grundlagen und Entwicklung der innerdeutschen Beziehungen, in: Ebd., S. 449-546, S. 498ff.

[793] Vgl. Hättich, Manfred: Nationalbewußtsein im geteilten Deutschland, in: Weidenfeld, Werner (Hrsg.): Die Identität der Deutschen, S. 278.

[794] Zum zeithistorischen Kontext des Kalten Krieges vgl. die ideen- und realgeschichtliche Aspekte verknüpfende Analyse bei Nolte, Ernst: Deutschland und der Kalte Krieg, 2., neu bearb. Aufl., München 1985; vgl. vor allem den zweiten Abschnitt der Einleitung „Deutschland - eine unbekannte Größe", S. 20-27; zu den internationalen Rahmenbedingungen bzw. zu dem Scheitern der Viermächtepolitik und den entsprechenden Konsequenzen für Deutschlands Weg seit 1945 vgl. die ausführliche Analyse bei Birke, Adolf M.: Nation ohne Haus. Deutschland 1945-1961, Berlin 1989, vgl. v.a. S. 157ff; vgl. im Kontext auch den zeithistorischen Überblick bei Görtemaker, Manfred: Geschichte der Bundesrepublik Deutschland. Von der Gründung bis zur Gegenwart, München 1999.

[795] Vgl. Stürmer, Michael: Eine Nation auf der Suche nach sich selbst, in: Weigelt, Klaus (Hrsg.): Patriotismus in Europa, Bonn 1988, S. 60-72.

[796] Vgl. in diesem Kontext die entsprechende Vision von „Goethegemeinden", die Friedrich Meinecke in Konsequenz der „deutschen Katastrophe" entwickelte. Meinecke, Friedrich: Die deutsche Katastrophe, S. 175f [Hervorhebung im Original, V.K.]. Vgl. dazu die - mit dem an Meinecke gerichteten Vorwurf der Naivität [„als ob sich Auschwitz nicht ereignet hätte"] verbundenen - kritischen Anmerkungen von Glaser, Hermann: Der Weg nach innen. Kultur der Stunde Null, die keine war, in: Volkmann, Hans-Erich (Hrsg.): Ende des Dritten Reiches - Ende des Zweiten Weltkriegs, S. 771-794, S. 779f; vgl. im Kontext auch die Kritik an der historischen Kultursoziologie der damaligen Zeit bei Nolte, Paul: Die Ordnung der deutschen Gesellschaft, S. 255f.

[797] Vgl. Stürmer, Michael: Eine Nation auf der Suche nach sich selbst, in: Weigelt, Klaus (Hrsg.): Patriotismus in Europa, S. 69. Vgl. grundsätzlich und wegweisend in diesem Kontext die definitorische Annäherung an die „Republik" bei Isensee, Josef: Republik - Sinnpotential eines Begriffs, in: Juristische Zeitschrift 1981, S. 1ff.

[798] Vgl. Henke, Wilhelm: Die Republik, in: Isensee, Josef / Kirchhof, Paul (Hrsg.): Handbuch des Staatsrechts der Bundesrepublik Deutschland. Band I: Grundlagen von Staat und Verfassung, Heidelberg 1987, S. 863-885.

[799] „Zur republikanischen Tradition gehört [...] die Bürgertugend des Gemeinsinns. Nur scheinbar liegt darin ein Widerspruch zu der verfassungsstaatlichen Gewährleistung der grundrechtlichen Bürgerfreiheit. Die rechtliche Freiheit ist notwendig formal und damit offen zum materialen Ethos des Bürgers; sie ist sogar darauf angewiesen". Isensee, Josef: Staat und Verfassung, in: Ders. / Kirchhof, Paul (Hrsg.): Handbuch des Staatsrechts der Bundesrepublik Deutschland. Band I, S. 591-661, S.

ten für das geltende Recht, bewährt durch eigene Rechtlichkeit, Mäßigung der eigenen Freiheit und Bereitschaft, sie auch für gemeinsame Ziele einzusetzen, bedeuten sollte.[800] Hierüber bestand ein parteiübergreifender demokratischer Konsens, zu dem sich auch Kurt Schumacher, erster Vorsitzender der SPD nach dem Krieg, als Vertreter eines „linken Patriotismus" bekannte.[801] Schumacher hatte bereits 1945 gefordert, deutsche Sozialdemokraten dürften sich fortan von niemandem in nationaler Gesinnung übertreffen lassen. Schumacher zielte darauf, Deutschland einen gleichberechtigten Platz unter den demokratischen Staaten zurückzugewinnen. Als Kriegsfreiwilliger und –versehrter des Ersten Weltkriegs, als militanter Gegner des Nationalsozialismus und langjähriger Häftling in deutschen Konzentrationslagern trat Schumacher selbstbewusst, ja bisweilen sogar aggressiv und autoritär auf: selbstbewusst – mit seinen politischen Forderungen – gegenüber den Siegermächten, aggressiv gegenüber den innenpolitischen Gegnern sowie autoritär in der eigenen Partei und wurde, bis zu seinem Tod 1952, zu einem eindrucksvollen Vertreter eines „nationalen" Sozialismus. Schumachers dezidierter Antikommunismus ließ ihn grundsätzlich auf die Seite des Westens treten und zum Anhänger eines republikanischen Patriotismus werden. Entsprechend führte Schumacher die SPD zur „absoluten Kompromißlosigkeit gegenüber der SBZ/DDR, die – wie schon die KPD vor 1933 – als eine russische Staatspartei angesehen wurde, die im politischen Leben Deutschlands keinen Platz zu beanspruchen habe."[802]

Republikanischer Patriotismus als parteiübergreifende und von Heuss bis Heinemann vertretene Ansicht, war tolerant und zielte zugleich auf eine Abwehr von Eingriffen des Staates in eigene oder fremde Freiheit. Der *civis romanus* der Republik war in gewisser Weise Vorbild, wenn man ihm Menschenwürde und soziale Anforderungen an das Handeln hinzufügte.[803]

So wenig dieses politische Wollen und eine daraus resultierende kulturelle bzw. materielle Verrechtlichung des politischen Prozesses durch die Grundrechte und durch die prozessuale Sicherung der Verfassungsrechte – einhergehend mit einer normativen Integration des politischen Prozesses[804] – als Resultat einer, wie Adorno

---

633; vgl. in diesem Kontext auch Isensees Ausführungen in: Ders.: Demokratischer Rechtsstaat und staatsfreie Ethik, in: Essener Gespräche, Band 11, 1977, S. 92ff.

[800] „Wessen die Demokratie bedarf", so bemerkt Bruno Heck in diesem Kontext unter Bezugnahme auf die Erfahrungen der Weimarer Republik, „ist in erster Linie politische Vernunft und moralische Kraft, sich deren Verantwortung zu stellen: ‚An die Arbeit gehen und der Forderung des Tages gerecht werden.' Dies werden nicht nur wir heute, es werden dies auch die Generationen nach uns tun müssen [...]". Ders.: Vaterland Bundesrepublik, Osnabrück 1984, S. 88.

[801] Vgl. dazu ausführlich Brandt, Peter: Patriotismus von links. Rückblick und Zustandsbeschreibung, in: Ders.: Schwieriges Vaterland. Deutsche Einheit. Nationales Selbstverständnis. Soziale Emanzipation. Texte von 1980 bis heute, Berlin 1999, S. 104-161, S. 131ff.

[802] Ebd., S. 132.

[803] Henke, Wilhelm: Die Republik, in: Isensee, Josef / Kirchhof, Paul (Hrsg.): Handbuch des Staatsrechts der Bundesrepublik Deutschland, S. 874f.

[804] Vgl. dazu die entsprechenden Ausführungen in dem Kapitel „Die Prägung der politischen Kultur der Bundesrepublik durch institutionelle Ordnungen" bei Lepsius, Rainer M.: Interessen, Ideen und Institutionen, Opladen 1990, S. 63-84 [v.a. S. 77f]; vgl. im Kontext auch Lepsius' Überlegungen in: Ders.: Das Erbe des Nationalsozialismus und die politische Kultur der Nachfolgestaaten des „Großdeutschen Reiches", in: Ders.: Demokratie in Deutschland. Soziologisch-historische Konstellations-

konstatierte, fehlenden Erkenntnis und Bereitschaft zu radikaler Bestandsaufnahme oder gar eines grundsätzlichen Misslingens deutscher Kultur verstanden werden kann[805], so gewiss wird man es als Konsequenz aus dem Scheitern der ersten deutschen Republik und einer damit verbundenen Inventur des „schwierigen Vaterlandes"[806], als das Gustav Heinemann im Jahre 1969 Deutschland bzw. nun die Bundesrepublik Deutschland – „Aber es ist unser Vaterland" – umschrieb[807], verstehen können[808]:

Patriotismus sollte das freiheitliche Gemeinwesen ja gerade im Bewusstsein und als Konsequenz aus der totalitären Erfahrung von Diktatur und Krieg bejahen und stärken und nicht unter der Prämisse einer verdrängten Vergangenheit. Bei aller Diskussion um die ausgebliebene oder nur unzureichend erfolgte „Vergangenheitsbewältigung" der Deutschen im Zeichen von Hitler und Auschwitz: Vermag die These von der „zweiten Schuld", wie sie im Umkreis der „Frankfurter Schule" bis heute wirkungsvoll vertreten wird[809], ob ihres Rigorismus angesichts der politisch-

---

analysen. Ausgewählte Aufsätze, Göttingen 1993, S. 229-245; vgl. ebd. auch ders.: Die Teilung Deutschlands und die deutsche Nation, S. 196-228.

[805] Vgl. diesbezüglich vor allem Adornos deutlich formulierte Kritik in: Ders.: Negative Dialektik., Frankfurt a. M. 1990; vgl. auch ders.: Prismen. Kulturkritik und Gesellschaft, München 1963. Vgl. ebd. Adornos berühmte Formulierung „Nach Auschwitz ein Gedicht zu schreiben, ist barbarisch", S. 26. Vgl. im Kontext die Analyse bei Söllner, Alfons: Adorno und die politische Kultur der frühen Bundesrepublik, in: Mittelweg 2 (2002), S. 37-52.

[806] Vgl. im Zusammenhang mit gleichnamigem Titel die Untersuchung von: Greiffenhagen, Martin und Sylvia: Ein schwieriges Vaterland. Zur politischen Kultur Deutschlands, 2. Aufl., München 1979; vgl. auch Greiffenhagen, Martin: Die Bundesrepublik Deutschland 1945-1990. Reformen und Defizite der politischen Kultur, in: Aus Politik und Zeitgeschichte 1/2 (1991), S. 16-26.

[807] Zitiert nach Greiffenhagen, Martin und Sylvia: Ein schwieriges Vaterland, [Vorwort, o. S.].

[808] In diesem Sinne hatte Alfred Weber bereits im Februar 1945 die Fragen formuliert: „Wird das deutsche Volk, dies ordnungsliebende und [...] tapfere, dies in seiner breiten Masse reich begabte, aber zu großen Teilen heute so völlig sich selbst entfremdete Volk begreifen, was eigentlich mit ihm geschehen ist? [...] Wird es imstande sein, wird es die seelische Größe haben, in seinem Jammer und Elend unter fremdem Druck und fremder Herrschaft mit sich selber abzurechnen? Wird es die Fähigkeit besitzen, in sich selber niedersteigend, die eigenen menschlichen Tiefen wieder zu entdecken, dort einen neuen Grund zu finden, aus dem befreiende Quellen fließen? Statt sich - das entsetzliche Geschehen, das es verschuldet hat, entstellend oder vergessend - in bitterer Reaktion oder, schlimmer noch, in Haß gegen die harten Vollstrecker des selbstgerufenen Schicksals zu verzehren? Wird es die schwerste Probe, die über ein großes Volk in der Geschichte verhängt werden kann, derart bestehen, daß es Überwinder wird? [...]" Ders.: Abschied von der bisherigen Geschichte. Überwindung des Nihilismus?, Hamburg 1946, S. 8 [ebd. Passage einer 1945 formulierten Vorbemerkung]. Vgl. Mit Blick auf Webers Fragen und nachfolgende Ausführungen die Bemerkungen von Papcke, Sven: Gibt es eine kulturelle Identität der Deutschen?, in: Weidenfeld, Werner (Hrsg.): Die Identität der Deutschen, S. 248-273; ders., S. 262.

[809] Vgl. Glaser, Hermann: Der Weg nach innen. Kultur der Stunde Null, die keine war, in: Volkmann, Hans-Erich: Ende des Dritten Reiches - Ende des Zweiten Weltkriegs, S. 791; vgl. in diesem Sinne auch ders.: Totschweigen, entlasten, umschulden. Die Bewältigung der Vergangenheit im Nachkriegsdeutschland, in: Tribüne 103 (1987), S. 117-124; vgl. dazu die entsprechende, bei Glaser angedeutete Untersuchung von Mitscherlich, Alexander und Margarete: Die Unfähigkeit zu trauern. Grundlagen kollektiven Verhaltens, München 1967; vgl. ebenso die Abhandlung bei Giordano, Ralph: Die zweite Schuld oder Von der Last ein Deutscher zu sein, Hamburg 1987 - vgl. darauf bezugnehmend die Analyse bei Kittel, Manfred: Die Legende von der „Zweiten Schuld". Vergangenheitsbewältigung in der Ära Adenauer, Frankfurt a.M. 1993; vgl. ebenso Funke, Manfred: Spurensuche. Kriegsende 1945: Davor und Danach, in: Ders. / Bracher, Karl Dietrich / Jacobsen, Hans-Adolf (Hrsg.): Deutschland 1933-1945, S. 532-541. Zu dem Aspekt der „Vergangenheitsbewältigung" vgl.

kulturellen Entwicklung in der Bundesrepublik der vergangenen fünfzig Jahre gerecht zu werden?

Vielleicht lässt sich die Geschichte der Vergangenheitsbewältigung als Geschichte der *Re-Nationalisierung der Bundesrepublik* lesen, weil durch die Vergangenheitsbewältigung ein neuer nationaler Konsens gefunden wurde – auch darüber, was es heißen kann und soll, ein Deutscher zu sein? Deutsch zu sein bedeutete in den Jahrzehnten nach 1945 wesentlich, sich mit der NS-Vergangenheit auseinanderzusetzen. Nicolas Berg erklärt heute die westdeutsche Nachkriegsgeschichte gar zu einer „Reflexionsgeschichte" des Nationalsozialismus.[810] Gerade das Lossagen von den eigenen Eltern war in der Protestgeneration ein Akt nationaler Solidarität, indem man sich für die Taten der Eltern oder auch nur der Landsleute verantwortlich zu fühlen begann. Vielleicht liegt hierin ein Schlüssel, die Verwestlichung der Bundesrepublik weniger als Abschied von der Nation zu verstehen – denn keines der westeuropäischen Vorbilder hat sich bis heute vom Prinzip der eigenen Nation getrennt – , sondern als Verwestlichung der Nationalidee nach dem Muster Frankreichs und der USA[811] – freilich ohne deren Urgrund nationalen Selbstvertrauens. Die universalen Ideale wie Freiheit, Gleichheit, Menschenrechte oder Demokratie wurden universalisiert und trugen zugleich zum Neubeginn im Westen Deutschlands bei. Als Paradoxon formuliert: Die Demokratiegründung gelang trotz der „Unfähigkeit zu trauern", und sie gelang in gewissem Sinne auch aufgrund der „Unfähigkeit zu trauern".[812] Rückblickend auf jene deutsche „Stunde Null, die keine war"[813], kommt

---

grundsätzlich die überzeugende Analyse bei Lübbe, Hermann: Der Nationalsozialismus im deutschen Nachkriegsbewußtsein, in: Historische Zeitschrift 236 (1983), S. 579-599; vgl. jüngeren Datums die Untersuchung von Frei, Norbert: Vergangenheitspolitik. Die Anfänge der Bundesrepublik und die NS-Vergangenheit, München 1996; vgl. – vor allem auch mit Blick auf das Diktum Adornos - in diesem Kontext die Analyse bei Albrecht, Clemens u. a. (Hrsg.): Die intellektuelle Gründung der Bundesrepublik. Eine Wirkungsgeschichte der Frankfurter Schule, Frankfurt a.M. 1999. Vgl. ebd. die Ausführungen bei Tenbruck, Friedrich H.: Von der verordneten Vergangenheitsbewältigung zur intellektuellen Gründung der Bundesrepublik: Die politischen Rahmenbedingungen, S. 78-96; vgl. ebenso ebd. Bock, Michael: Metamorphosen der Vergangenheitsbewältigung, S. 530-66.

[810] Vgl. in diesem Sinne auch die Argumentation bei Berg, Nicolas: Der Holocaust und die westdeutschen Historiker. Erforschung und Erinnerung, 2. Aufl., Göttingen 2003, S. 8.

[811] Vgl. Albecht, Clemens: Die Dialektik der Vergangenheitsbewältigung oder: Wie die Bundesrepublik eine Geschichtsnation wurde, ohne es zu merken, in: Ebd., S. 567-572.

[812] Vgl. Kielmansegg, Peter Graf von: Nach der Katastrophe, S. 642; vgl. auch ders.: Lange Schatten. Vom Umgang der Deutschen mit der nationalsozialistischen Vergangenheit, Berlin 1989; dass die Demokratiegründung von 1949 besseren Bestand hatte als die Demokratie von Weimar, wurde, wie Karl Dietrich Bracher die „Bewährung der Zweiten Republik" umschreibt, „schon in den fünfziger Jahren deutlich, mochte es auch noch ein ,Optimismus mit vielen Vorbehalten' sein (Hans-Peter Schwarz)". Vgl. Bracher, Karl Dietrich: Die Bewährung der Zweiten Republik, in: Hildebrand, Klaus: Von Erhard zur Großen Koalition 1963-1969, Stuttgart 1984, S. 7-16, S. 7. Vgl. im Kontext auch die beiden Bände von Schwarz, Hans-Peter: Die Ära Adenauer. 1949-1957, Stuttgart 1986; ders.: Die Ära Adenauer. 1963-1969, Stuttgart 1991.

[813] In seiner Analyse der Besatzungsherrschaft und des Wiederaufbaus deutscher Staatlichkeit 1945-1949 kommt Michael Stolleis zu dem Ergebnis, dass die Jahre von 1945 bis 1949 „mehrere konkurrierende 'Wahrheiten', die sich nicht ohne weiteres auf eine einzige Ebene projizieren lassen" enthielten. „Deshalb", so Stolleis, „ist die bekannte Metapher von der 'Stunde Null' für die Stimmungslage vieler sicher richtig, in einem politischen, sozialen oder kulturellen Kontext aber irreführend, weil sie Kontinuität verdeckt und Möglichkeiten eines Neuanfangs suggeriert, die in dieser Form gar nicht bestanden haben". Ders.: Besatzungsherrschaft und Wiederaufbau deutscher Staatlichkeit 1945-

Hermann Glaser hinsichtlich der politischen Kultur zu einer entsprechend differenzierten Einschätzung: „Im deutschen Innerlichkeitsland der unmittelbaren Nachkriegszeit gab es eine ausgeprägte ästhetisierte Operettenseligkeit des Vergessens"[814]. Aber es gab auch den Mut des Neuanfangs, der gegen manche widerstrebende Kräfte die Stunde Null zu erzwingen trachtete: „Diejenigen, die mit kultureller Radikalität den geistigen Aufbruch wagten, haben das Fundament dafür gelegt, daß die Bundesrepublik Deutschland einen Beitrag zum 'stillen Bau besserer Begriffe, reinerer Grundsätze, edlerer Sitten, von denen zuletzt alle Verbesserungen des gesellschaftlichen Zustandes abhängt' leistete. Mit Verfassungspatriotismus konnte dies erreicht werden"[815] – einem Konzept, mittels dessen das Interesse an der freiheitlichen Verfassung und ihrer Lebensform zur Grundlage der Selbstanerkennung der Bundesrepublik als liberaler Verfassungs*staat* gemacht werden sollte.[816]

Doch wie stand es hierbei um die Nation, die, zwar geteilt, aber dennoch West und Ost zusammenhielt?

B   17. Juni oder 23. Mai? – Die fragliche Bezugsgröße des Patriotismus

Analog zu der Ende der sechziger Jahre im Zeichen einer neuen Ost- und Deutschlandpolitik politisch virulent gewordenen Frage nach dem Fortbestand der gesamtdeutschen Nation oder der Herausbildung einer westdeutschen Nation[817] – hatte

---

1949, in: Isensee, Josef / Kirchhof, Paul (Hrsg.): Handbuch des Staatsrechts der Bundesrepublik Deutschland, Band I, S. 174f.

[814] Vgl. in diesem Kontext analog zu Glasers Deutung diejenige von Witte, Barthold C.: Was ist des Deutschen Vaterland?, Mainz 1967. „Das eigentlich erstaunliche Phänomen ist vielmehr", so bemerkt Witte hinsichtlich der Frage nach dem Provisorium-Charakter der Bundesrepublik, „wie es der bei der Aufteilung Deutschlands zwischen Ost und West zum westlichen Bereich geschlagenen größeren Hälfte der Deutschen gelang, Hitler, seinen Staat und seine Lehren zu vergessen. Auf diesem Vergessen ist die Bundesrepublik Deutschland gebaut; mancher Zeitgenosse wartet freilich bange darauf, daß sich solcher Untergrund eines Tages als Treibsand erwiese." Ebd., S. 111.

[815] Glaser, Hermann: Der Weg nach innen. Die Stunde Null, die keine war, in: Volkmann, Hans-Erich (Hrsg.): Ende des Dritten Reiches - Ende des Zweiten Weltkriegs, S. 792. Vgl. grundsätzlich dazu auch Glasers Ausführungen in: Ders.: Kulturgeschichte der Bundesrepublik Deutschland. Band Zwei: Zwischen Grundgesetz und Großer Koalition 1949-1967, München 1986; vgl. sodann auch ders.: Kulturgeschichte der Bundesrepublik Deutschland. Band Drei: Zwischen Protest und Anpassung 1968-1989, München 1989.

[816] Vgl. dazu die Ausführungen bei Sontheimer, Kurt: Nation und Nationalismus in der Bundesrepublik, in: Steffen, Hans (Hrsg.): Die Gesellschaft in der Bundesrepublik. Analysen, Zweiter Teil, Göttingen 1971, S. 130-152, S. 151f: „Für die Bundesrepublik", so antizipiert Sontheimer das Konzept des „Verfassungspatriotismus", „kommt es darauf an, das Interesse an der freiheitlichen Verfassung und ihrer Lebensformen zur Grundlage unserer nationalen Zusammengehörigkeit zu machen." Vgl. ebenso die rückblickende Würdigung des „Verfassungspatriotismus" als Identifikationsmöglichkeit mit der Bundesrepublik Deutschland bei Grimm, Dieter: Verfassungspatriotismus nach der Wiedervereinigung, in: Ders.: Die Verfassung und die Politik. Einsprüche und Störfälle, München 2001, S. 107-117; vgl. ebd. Grimms Unterkapitel „Das günstige Verfassungsklima der Nachkriegszeit", S. 109-112.

[817] Vgl. im Kontext die fundierte und differenzierte Analyse bei: Roth, Florian: Die Idee der Nation im politischen Diskurs. Die Bundesrepublik Deutschland zwischen neuer Ostpolitik und Wiedervereinigung (1969-1990), Baden-Baden 1995, S. 119; vgl. ebd. und auch im Folgenden Roths Ausführungen „Die Selbstanerkennung der Bundesrepublik: Vom Provisorium zur westdeutschen Nation?", S. 109-

Heinrich Lübke in seiner Antrittsrede als zweiter Präsident der Bundesrepublik noch
von dem unveräußerlichen Recht auf Selbstbestimmung und Heimat jenes „einen"
deutschen „Vaterland", dessen Teilung auf Dauer „weder durch widersinnige Grenzen noch durch gewaltsame Unterbrechung der persönlichen Verbindungen ausgeschlossen werden könne"[818], gesprochen.[819] Hingegen erklärte Gustav Heinemann
am 25. Jahrestag der Verkündung des Grundgesetzes, die Bundesrepublik Deutschland sei im Laufe der Zeit ein Staat im vollen Sinne des Wortes geworden. Zog jetzt
die Mehrheit der Deutschen der Bundesrepublik im Zeichen von "Wirtschaftswunder" und "Westintegration" es vor[820], den Problemen der eigenen nationalen Tradition zunehmend auszuweichen?[821] Gaben sie der Versuchung nach, vor dem Problem
der nationalen Identität der Deutschen gleichsam wegzutauchen? 1971 waren 65%
der Bundesbürger laut Befragung von einem „Auseinanderleben" der deutschen Na-

---

145. Vgl. im Kontext auch die Einschätzung Martin Broszats, in: Ders.: Die Ambivalenz der Forderung nach mehr Geschichtsbewußtsein, in: Ders.: Nach Hitler. Der schwierige Umgang mit unserer
Geschichte, München 1988, S. 283-296. „Als das Erhardsche ‚Wir sind wieder wer' sich nicht mehr
allein auf die Wirtschaftspotenz, sondern, nach Bildung erst der Großen, dann der Sozialliberalen
Koalition, auch auf das Funktionieren der demokratischen Verfassung beziehen ließ, und als mit der
neuen Ostpolitik ein Teil des Ballastes nationaler Bemäntelung der Bundesrepublik über Bord geworfen werden konnte, war der Weg freier für die von Gustav Heinemann so bezeichnete ‚Selbstanerkennung der Bundesrepublik'." Ebd., S. 289. Vgl. dazu auch Baring, Arnulf: Gründungsstufen,
Gründungsväter. Der lange Weg der Bundesrepublik Deutschland zu sich selbst, in: Merkur 372
(1979), S. 424-431. „Seit Mitte der sechziger Jahre", so analysiert auch Hans-Peter Schwarz, „setzt
sich in allen politischen Lagern Westdeutschlands die Einsicht durch, daß die Bundesrepublik weder
ein Provisorium auf dem Weg zur Wiedervereinigung noch ein Transitorium auf dem Weg zu den
Vereinigten Staaten von Europa ist". Ders.: Die Rolle der Bundesrepublik in der Staatengemeinschaft, in: Kaiser, Karl / Morgan, Roger (Hrsg.): Strukturwandel der Außenpolitik in Großbritannien
und der Bundesrepublik, München 1970, S. 225-256, S. 227.

818   Zitiert nach Craig, Gordon A.: Über die Deutschen, München 1991, S. 335; vgl. ebd. das gesamte
Kapitel „Demokratie und Nationalismus", S. 319-341.
819   Vgl. im Kontext die Ausführungen bei Korte, Hermann: Eine Gesellschaft im Aufbruch. Die Bundesrepublik in den sechziger Jahren, Frankfurt a. M. 1987.
820   Vgl. in diesem Kontext die Analyse bei Doering-Manteuffel, Anselm: Wie westlich sind die Deutschen? Amerikanisierung und Westernisierung im 20. Jahrhundert, Göttingen 1999; vgl. auch die
Analysen des Sammelbandes von Zitelmann, Rainer / Weißmann, Karlheinz / Großheim, Michael
(Hrsg.): Westbindung. Chancen und Risiken für Deutschland, Berlin 1993; vgl. ebd. die Ausführungen bei Hacke, Christian: Die Entscheidung für die politische Westbindung nach 1945, S. 129-150;
vgl. auch Scheuch, Erwin K. / Scheuch Ute: Die Deutschen und der Westen. Konstanten und Veränderungen im ‚Nationalcharakter', ebd., S. 297-321. Vgl. weiterhin die Ausführungen bei Winkler,
Heinrich August: Der lange Weg nach Westen, Zweiter Band, S. 160ff. Vgl. ebenso die Ausführungen bei Kielmansegg, Peter Graf von: Nach der Katastrophe. Vgl. ebd. die Kapitel „Die Westintegration", S. 132ff bzw. „Die Ordnung der Sozialen Marktwirtschaft", S. 432ff.
821   „Das Wirtschaftswunder", so kommentiert Karl Jaspers in diesem Kontext, „verschleiert die Grundfragen. Trotz allen Glanzes fühlt man sich wie auf einem Schein gehend. Die Bundesrepublik hat
sich noch zu bewähren; ja, als Staat sich eigentlich erst hervorzubringen." Ders.: Hoffnung und Sorge. Schriften zur deutschen Politik 1945-1965, München 1965, S. 246; vgl. auch ders.: Freiheit und
Wiedervereinigung. Über Aufgaben deutscher Politik, München 1960. Sven Papcke merkt in diesem
Kontext aus der Perspektive der achtziger Jahre an, dass Wohlstand und Westbindung, wenn nicht
„Identität", so doch Stabilität zu garantieren schienen. „Oder zeichnet sich angesichts der heutigen
Nöte beim Aufspüren positiver Traditionen und vertretbarer Identitätsmuster ab, daß die Probleme
nur aufgeschoben wurden? Daß also auch die Begründung eines Neubeginns durch Rückgriff, wie er
nach 1945 ausblieb, noch bevorsteht, weil die ungelösten Sinnfragen der bundesrepublikanischen
Normalität über den Kopf zu wachsen drohen?" Vgl. ders.: Gibt es eine kulturelle Identität der Deutschen?, in: Weidenfeld, Werner (Hrsg.): Die Identität der Deutschen, S. 263f.

tion infolge der staatlichen Teilung überzeugt[822] – und betrachteten die Frage nach der Wiedervereinigung des geteilten Deutschlands als „deaktualisiert".[823] Die jüngste Vergangenheit wurde angesichts der traumatischen Erfahrungen aus der Zeit des Nationalsozialismus von Teilen einer „stummen Elterngeneration" weitgehend tabuisiert, wie Wolfgang Mommsen bzw. Friedrich Tenbruck meinten.[824] Karl Dietrich Bracher erklärte eingedenk der historischen Hypotheken der zweiten deutschen Republik und mit feinem Gespür für den sich wandelnden Zeitgeist die "fehlende Selbstverständlichkeit" zur bundesrepublikanischen Selbstverständlichkeit[825] als ei-

---

[822]   Vgl. Greiffenhagen, Martin / Greiffenhagen, Sylvia: Ein schwieriges Vaterland, S. 423. Bei der Frage: „Glauben Sie, daß wir trotz der Aufteilung in Bundesrepublik und DDR auch in Zukunft ein Volk, eine deutsche Nation bleiben werden, oder glauben Sie, wir werden uns im Laufe der Geschichte auseinanderleben – etwa so wie Deutsche und Österreicher?" zeigten sich nur 21% der Befragten von der Einheit der deutschen Nation überzeugt; bei den 16-29Jährigen lag der Wert gar nur bei 16%.

[823]   Vgl. Herdegen, Gerhard / Schultz, Martin: Einstellungen zur deutschen Einheit, in: Weidenfeld, Werner / Korte, Karl-Rudolf (Hrsg.): Handbuch zur deutschen Einheit, Bonn 1993, S.252-269, S. 257. Seit 1951 waren die Bundesbürger im Rahmen einer Umfrage des Instituts für Demoskopie jährlich gefragt worden: „Was halten Sie für die wichtigste Frage, mit der man sich in der Bundesrepublik heute allgemein beschäftigen sollte?" Auf diese, ohne Antwortvorgaben gestellte Frage, nannten 1951 bis 1953 jeweils rund ein Fünftel der Bevölkerung die Wiedervereinigung. Nach dem Volksaufstand vom 17. Juni 1953 schnellten die Zahlen auf das Doppelte (und mehr) und blieben auf diesem Niveau bis Mitte der sechziger Jahre. Mit der neuen Ostpolitik unter Willy Brandt und Walter Scheel erfolgte ein starker Einschnitt. 1969 nannten noch 22%, 1970 nur noch 12% die Wiedervereinigung. 1971 sank der Anteil auf drei, 1972 auf ein Prozent. Danach existierte dieses Thema als „wichtigste Frage" praktisch nicht mehr. Vgl. ebd., S. 258.

[824]   Mommsen, Wolfgang J.: Wandlungen der nationalen Identität, in: Weidenfeld, Werner (Hrsg.): Die Identität der Deutschen, S. 170-192, S. 172. Vgl. in diesem Kontext die Ausführungen von Tenbruck, Friedrich H.: Alltagsnormen und Lebensgefühle in der Bundesrepublik, in: Löwenthal, Richard / Schwarz, Hans-Peter (Hrsg.): Die zweite Republik. 25 Jahre Bundesrepublik – eine Bilanz, Stuttgart 1974. Analog zu Mommsen stellt Tenbruck fest: "Eine stumme Elterngeneration schwieg nicht bloß über die erlebte Vergangenheit, sondern wich allen Fragen politischer und geschichtlicher Verortung aus. [...] So mußte später eine Generation heranwachsen, die die Staatsangehörigkeit 'deutsch' als Notiz einer Verwaltungseinheit zur Kenntnis nahm, mit der sie sich weder identifizieren konnte, noch wollte. Durch Europabegeisterung, durch Distanzierung von als deutsch bekannten Eigenheiten, durch Kultivierung anderer Identitäten suchte sie sich von der deutschen Geschichte frei zu machen, das Anerkenntnis ihres Endes in der Vätergeneration zu erzwingen und sich selbst als einen geschichtslosen Neuanfang zu begreifen". S. 292.

[825]   Vgl. dazu und im Kontext die Ausführungen bei Krockow, Christian Graf v.: Die fehlende Selbstverständlichkeit, in: Weidenfeld, Werner (Hrsg.): Die Identität der Deutschen, S. 154-169. "Die Bundesrepublik", so zitiert von Krockow einleitend Richard Löwenthal, "ist dreißig Jahre nach den Bemühungen der Väter des Grundgesetzes, an objektiven Maßstäben gemessen der stabilste Großstaat Westeuropas. Nur – ihre Bürger können es nicht glauben. – Für den, der immer wieder sein Leben in Deutschland durch längere Auslandsaufenthalte unterbricht, ist dies bei jeder Rückkehr aufs neue der paradoxe Eindruck. Der objektiven Stabilität entspricht keine subjektive Sicherheit, dem Selbstverständnis der Bundesdeutschen fehlt die Selbstverständlichkeit". Ebd., S. 154. Vgl. in diesem Sinne auch den „Rückblick auf die sechziger Jahre" bei Hildebrand, Klaus: Von Erhard zur Großen Koalition, S. 445-460; vgl. im Kontext auch die Analyse bei Hacke, Christian: Nur Reformidylle und Entspannung? Die siebziger Jahre, in: Weidenfeld, Werner (Hrsg.): Politische Kultur und deutsche Frage. Materialien zum Staats- und Nationalbewußtsein in der Bundesrepublik Deutschland, Köln 1989, S. 93-111; vgl. auch Korte, Karl-Rudolf: Der Standort der Deutschen. Akzentverlagerungen der deutschen Frage in der Bundesrepublik Deutschland seit den siebziger Jahren, Köln 1990.

ner „postnationalen Demokratie unter Nationalstaaten".[826] Die Bundesrepublik
Deutschland, so Brachers Einschätzung, habe sich seit ihrer Gründung als ein
leistungs- und wandlungsfähiges, stabiles und offenes „nichtnationalstaatliches"[827]
Gemeinwesen erwiesen. Auch wenn man nicht gleich wieder von einem „deutschen
Modell" sprechen möge, könne man durchaus ihr erfolgreiches System der Sozialen
Marktwirtschaft und ihre starke Stellung unter den modernen Industriestaaten hervorheben. Zwischen übermäßigem Stolz auf Erreichtes und unmäßiger Selbstkritik
an den Unvollkommenheiten pluralistischer Demokratie biete sie freiheitliche Iden-
tifikationsmöglichkeiten wie kein anderer deutscher Staat zuvor. Schließlich gäben
europäische und atlantische Gemeinschaft den Rückhalt, um vor der besonderen
Herausforderung zu bestehen, unter der die Bundesrepublik nach dem Ende der
deutschen Diktatur existiere: als postnationale Demokratie unter Nationalstaaten zu
leben – und damit, ohnehin begünstigt und privilegiert gegenüber der Bevölkerung
der DDR, die Konsequenzen selbstverschuldeter Diktatur und folgender Teilung zu
tragen, aber auch den Erfahrungen sowohl der ersten – gescheiterten – wie der neuen
erfolgreichen Demokratie gerecht zu werden.

Abgesehen von einigen Versuchen, die nationale wie die soziale Frage mit der
Friedensbewegung zum „linken Patriotismus"[828] zu verknüpfen, richtete sich die
spezifische Variante eines transnationalen „westdeutschen Patriotismus"[829] verstärkt
auf eine neue, von historischen Hypotheken unbelastete Größe: die Verfassung. Be-
zeichnend war eine damit korrespondierende Entfernung von der nationalstaatlichen
Tradition. Diese Distanzierung wurde zu einer zweiten Natur des neuen Typus des
Bundesbürgers. Wenn man die Bundesrepublik als „postnationalstaatliches Ge-

---

[826] Vgl. Bracher, Karl Dietrich: Politik und Zeitgeist. Tendenzen der siebziger Jahre, in: Ders. / Jäger,
       Wolfgang / Link, Werner: Republik im Wandel 1969-1974. Die Ära Brandt, Stuttgart 1986, S. 285-
       406, S. 406. Ebd. S. 406. Vgl. rückblickend die Kritik an der Formel von der „postnationalen Demo-
       kratie" als einem „neuen Sonderweg" in einem Europa der Nationalstaaten bei Winkler, Heinrich
       August: Der lange Weg nach Westen, Zweiter Band, S. 439. Vgl. Brachers erneutes Aufgreifen des
       Begriffs der „postnationalen Demokratie unter Nationalstaaten" im unmittelbaren Kontext mit Stern-
       bergers „Verfassungspatriotismus", in: Ders.: Orientierungsprobleme freiheitlicher Demokratie in
       Deutschland, in: Ders.: Wendezeiten der Geschichte. Historisch-politische Essays 1987-1992, Stutt-
       gart 1992, S. 272-296, S. 278ff.
[827] Vgl. ebd., S. 293.
[828] Vgl. paradigmatisch dafür Brandt, Peter / Ammon, Herbert (Hrsg.): Die Linke und die nationale Fra-
       ge, Reinbek 1981.
[829] Vgl. exemplarisch als Verfechter eines „westdeutschen Patriotismus" Bredow, Wilfried von:
       Deutschland – ein Provisorium?, Berlin 1985, wo der Autor mit Blick auf die Bundesrepublik von
       der „Chance" spricht, „einen selbstsicheren-selbstkritischen Patriotismus in transnationaler Absicht
       entwickeln zu können". Vgl. ebd., S. 71. Vgl. ebd. von Bredows Wendung von der „Bundesrepublik
       Deutschland [als, V.K.] unserem, wenn auch schwierigen Vaterland", S. 145. Vgl. auch das Postulat
       eines bundesrepublikanischen Patriotismus bei Rumpf, Helmut: Die Frage nach der deutschen Nati-
       on, in: Zeitschrift für Politik 2 (1971), S. 146-159, S.159. Vgl. auch die Analyse bei Sontheimer,
       Kurt: Die verunsicherte Republik. Die Bundesrepublik nach dreißig Jahren, München 1979; vgl.
       ebd., S. 433 Sontheimers Forderung nach „bundesrepublikanischen Patrioten". Waldemar Besson
       spricht in seiner 1970 erschienenen Analyse der Außenpolitik der Bundesrepublik Deutschland [vgl.
       ders.: Die Außenpolitik der Bundesrepublik Deutschland. Erfahrungen und Maßstäbe, München
       1970] von der Notwendigkeit, „daß die Bundesrepublik auch im Bewußtsein ihrer Bürger als Defini-
       tivum anerkannt wird, soweit es dies im Strom der Geschichte überhaupt geben kann. Dies setzt die
       Entwicklung eines westdeutschen Patriotismus voraus, denn kein Staat kann auf Dauer gedeihen oh-
       ne die erzwungene oder freiwillige Loyalität seiner Bürger". Ebd., S. 459.

meinwesen"[830], als „nach-nationalstaatliche Nation"[831] oder „postnationale Demokratie" bezeichnete, so handelte es sich nicht bloß um ein akzidentielles Attribut, welches mit der Aufhebung der Teilung automatisch verschwand, sondern um einen bleibenden Wesenszug. Die Verfassung, das Grundgesetz, bot die Befreiung aus Identitätsnot, zumindest den ehrenvollen Ausweg für all jene, die nicht von den nationalneutralistischen Konföderationsplänen rechter wie linker Aktivisten unter dem Motto: „‚Deutschland den Deutschen' oder ‚kein Blut für Moskau und Washington'"[832] überzeugt waren. Während sich unter dem illusionären Banner der Äquidistanz nach West wie Ost „linke Leute von rechts" und „rechte Leute von links"[833] sammelten, suchte die große Mehrheit der Deutschen in der Bundesrepublik die Anerkennung der politischen Realitäten im Geiste des Grundgesetzes: „Gleichsam eine lutherische Lösung: ohne Tradition und ohne Institution auszukommen und zu bauen auf das geschriebene, reine Wort: *Sola scriptura*: das Bonner Grundgesetz"[834], wie Josef Isensee pointiert kommentierte.

Analog zu Isensee stellt Dieter Grimm hinsichtlich des Verhältnisses von Verfassung und Politik heute rückblickend fest, dass die Bundesrepublik ihre Identität weniger aus dem Nationalen schöpfen konnte, weil das kulturelle Erbe dafür ungeeignet gewesen sei, insofern es nach dem Verlust der politischen Einheit als Klammer um die geteilte Nation benötigt worden sei, aber keine spezifisch bundesrepublikanische Identität habe begründen können. Der wirtschaftliche Erfolg der Bundesrepublik habe zwar Selbstbewusstsein verliehen, aber nicht jene ideelle Überhöhung erlaubt, aus der kollektive Identitäten wachsen. „In diese Lücke", so Grimm analog zu Hans Vorländer[835], „sprang das Grundgesetz."[836]

Am 23. Mai 1979, anlässlich des 30. Jahrestags des Inkrafttretens des Grundgesetzes, tauchte der korrespondierende Begriff des *Verfassungspatriotismus* – wie Heinrich August Winkler im Kontext der Diskussion um den „gesamtdeutschen 17. Juni"[837] bzw. den „rein bundesrepublikanischen 23. Mai" als symbolträchtigem Fei-

---

[830]   Vgl. Lepsius, Rainer M.: Das Erbe des Nationalsozialismus und die politische Kultur der Nachfolgestaaten des „Großdeutschen Reiches", in: Kultur und Gesellschaft. Verhandlungen des 24. Deutschen Soziologentages, Frankfurt a. M. 1989, S. 247-264.

[831]   Schieder, Theodor: Das deutsche Geschichtsbild – gestern und heute. Im Spiegel der deutschen Frage, in: Die politische Meinung, 159 (1975), S. 25-35; vgl. auch ders.: Typologie und Erscheinungsformen des Nationalstaats, in: Ders.: Nationalismus und Nationalstaat. Studien zum nationalen Problem im modernen Europa (hrsg. V. Otto Dann u. Hans-Ulrich Wehler), Göttingen 1991, S. 107-112.

[832]   Vgl. Venohr, Wolfgang: Die Deutsche Einheit kommt bestimmt, in: Ders. (Hrsg.): Die deutsche Einheit kommt bestimmt, Bergisch Gladbach 1982, S. 9.

[833]   Vgl. dazu Klönne, Arno: „Linke Leute von rechts" und „rechte Leute von links" damals und heute, in: Blätter für deutsche und internationale Politik 1(1983), S. 115-122; vgl. auch ders.: Zurück zur Nation? Risiken der Suche nach deutscher Identität, in: Gewerkschaftliche Monatshefte 1 (1986), S. 5-11.

[834]   Isensee, Josef: Die Verfassung als Vaterland. Zur Staatsverdrängung der Deutschen, in: Mohler, Armin: Wirklichkeit als Tabu. Anmerkungen zur Lage, München 1986, S. 11-35, S. 14.

[835]   Vgl. in diesem Sinne Vorländer Hans: Integration durch Verfassung? Die symbolische Bedeutung der Verfassung im politischen Integrationsprozess, in: Ders. (Hrsg.): Integration durch Verfassung, S. 31f.

[836]   Vgl. Grimm, Dieter: Verfassungspatriotismus nach der Wiedervereinigung, in: Ders.: Die Verfassung und die Politik, S. 110.

[837]   Vgl. dazu die komprimierte Abhandlung bei Gallus, Alexander: Der 17. Juni im Deutschen Bundestag von 1954 bis 1990, in: Aus Politik und Zeitgeschichte 25 (1993), S. 12-21.

ertag der Bundesrepublik Deutschland zutreffend bemerkt[838] – erstmals auf. Dies zu
einem Zeitpunkt, da sich nach der Verabschiedung der Ostverträge in der politischen
Mitte sowie im linken Spektrum des deutschen Parteiensystems mehr und mehr das
Bewusstsein durchgesetzt hatte, dass der souveräne deutsche Nationalstaat der Vergangenheit angehöre. Entsprechend erhoben zahlreiche Sozialdemokraten, Liberale
und Intellektuelle die Forderung, den gesamtdeutschen 17. Juni durch einen anderen,
rein bundesrepublikanischen Staatsfeiertag zu ersetzen: den 23. Mai, den Tag der
Verkündigung des Grundgesetzes im Jahre 1949. Das gelang aufgrund des Widerstands der CDU unter ihrem neuen Vorsitzenden Helmut Kohl zwar nicht. Folglich
blieb der 17. Juni als „Tag der deutschen Einheit" ein Feiertag. Aber er wurde in der
Ära Schmidt anders begangen als noch in den fünfziger Jahren: weniger als Tag der
nationalen Sehnsucht, mehr als Tag des „verfassungspatriotischen" Stolzes auf die
freiheitliche Demokratie, wie sie in der Bundesrepublik verwirklicht worden war,
auf die aber auch die Deutschen in der DDR einen verbrieften Anspruch hatten.[839]
Das Dilemma bestand schließlich darin, dass die Berufung auf eigenständige freiheitlich-demokratische Traditionen der Bundesrepublik eine signifikante Kehrseite
hatte: die erinnerungspolitische Verdrängung des 17. Juni 1953 – der erst zum 50.
Jahrestag als Anlass eines „stillen deutschen Stolzes"[840] angemessen in seiner patriotischen Dimension gewürdigt wird. Den Mut, die Entschlossenheit der Männer und
Frauen des deutschen Volkes, die für die Ziele dieses Tages langjährige Haftstrafen,
gar in annähernd einhundert Fällen ihr Leben hingaben, gilt es – darin hat Arnulf
Baring Recht –, im Gedächtnis der Nation zu bewahren, denn wofür die protestie-
renden Bürger eintraten, bildet heute und in Zukunft die Grundlage des wieder vereinten deutschen Staates: Einheit in Freiheit, der Menschlichkeit und Demokratie
verpflichtet.[841] Tatsächlich erwiesen sich jene Bürger, die am 17. Juni 1953 mit ihrer
Forderung nach Freiheit, Menschlichkeit und Demokratie ihren Widerstand gegen
SED-Diktatur, gegen Ideologie- und Gewaltherrschaft demonstrierten, als mutige
Patrioten, die bereit waren, für ein „anderes", der Freiheit, den Menschenrechten und
der Demokratie verpflichtetes Deutschland, persönlich einzustehen.

---

[838] Vgl. dazu Winkler, Heinrich August: Der lange Weg nach Westen, Zweiter Band, S. 431.
[839] Vgl. ebd. Die „Wende" von 1982 brachte, zur Enttäuschung vieler Konservativen, in dieser Hinsicht
keine dauerhafte Abkehr vom Umgang mit dem Symbol „17. Juni". Vgl. ausführlich dazu die Analyse „17. Juni oder 23. Mai? – National- versus Verfassungspatriotismus" bei Wolfrum, Edgar: Geschichtspolitik in der Bundesrepublik Deutschland. Der Weg zur bundesrepublikanischen Erinnerung
1948-1990, S. 286-296. Vor dem Hintergrund dieser Debatte, die, wie Wolfrum ausführt, bereits seit
1970 im Gespräch gewesen sei [vgl. ebd., S. 290f], stellt der Autor fest, inhaltlich sei die „Verfas-
sungspatriotismus-Debatte [...] schon einige Jahre in Gang [gewesen, V. K.], bevor Dolf Sternberger
1979 seine Würdigung des Grundgesetzes in einem vielbeachteten Leitartikel der ‚Frankfurter Allgemeinen Zeitung' überschrieb und damit den Begriff in der breiten Öffentlichkeit bekannt machte".
Ebd., S. 291ff. Vgl. Sternberger, Dolf: Verfassungspatriotismus, in: Frankfurter Allgemeine Zeitung
v. 23.05.1979.
[840] So der Tenor bei Baring, Arnulf: Revolte von anrührender Humanität. Hunderttausende begehrten
gegen das Ulbricht-Regime auf, in: Frankfurter Allgemeine Zeitung v. 05. Juni 2003.
[841] Vgl. in diesem Sinne exemplarisch das Werk von Knabe, Hubertus: 17. Juni 1953. Ein deutscher
Aufstand. München 2003; vgl. auch Koop, Volker: Der 17. Juni 1953. Legende und Wirklichkeit,
Berlin 2003; vgl. ebenso Steininger, Rolf: 17. Juni 1953. Der Anfang vom Ende der DDR, München
2003.

Im Verlauf der siebziger Jahre war es für die sozialliberalen Regierungen Brandt und Schmidt, die die Existenz eines zweiten deutschen Staates anerkannt hatten, gleichwohl schwer, einem nationalen Gedenktag gerecht zu werden, der in seinem Sinngehalt zwar gegen das Regierungssystem eben dieses Staates ausgerichtet war, mit dem man aber begrenzt zusammenarbeiten musste, um das Leid der Nation zu mildern.

So wäre es eine geschichtspolitische Demonstration ersten Ranges gewesen, den Tag der deutschen Einheit am 17. Juni durch einen neuen Republikgründungstag, den 23. Mai als Erinnerung an die Verabschiedung des Grundgesetzes, zu ersetzen. In diesem Zusammenhang ist jener von Dolf Sternberger postulierte *Verfassungspatriotismus* von besonderem Interesse.

C   Die Verfassung als Vaterland?

a)   *„Verfassungspatriotismus" nach Dolf Sternberger*

Dreißig Jahre nach Inkrafttreten des Grundgesetzes knüpft Dolf Sternberger[842] mit seinen Ausführungen über „Verfassungspatriotismus" an eine Rede über „Das Vaterland" von 1959 an, die er anlässlich des Staatsaktes für Bundespräsident Theodor Heuss hielt. Bei „Vaterland", so Sternberger 1959, sei nicht die Rede von verlorenen Provinzen, nicht vom abgeschnürten Land der Diktatur, nicht von der Unvollständigkeit des Territoriums. Nicht von Geographie noch sonstigen Gaben oder Mängeln oder Ansprüchen der Natur. Schon gar nicht von dem Opportunismus oder von der Leichtherzigkeit jenes lateinischen Satzes *ubi bene, ibi patria*. Das Vaterland, so Sternberger meine vielmehr die „Republik", die wir uns schaffen. „Das Vaterland ist die Verfassung, die wir lebendig machen. Das Vaterland ist die Freiheit, deren wir uns nur wahrhaft erfreuen, wenn wir sie selber fördern, nutzen und bewachen."[843] Zwanzig Jahre später nun bekennt Sternberger: „Wir leben nicht im ganzen Deutschland. Aber wir leben in einer ganzen Verfassung, in einem ganzen Verfassungsstaat, und das ist selbst eine Art von Vaterland. [...] Es ist eine gute Verfassung [...]. Wir brauchen uns nicht zu scheuen, das Grundgesetz zu rühmen."[844]

---

[842] Vgl. grundsätzlich zu dem Werk Dolf Sternbergers die Würdigung bei Haungs, Peter: Einleitung, in: Ders.: Res Publica. Studien zum Verfassungswesen. Dolf Sternberger zum 70. Geburtstag, München 1977, S. 11-21.

[843] Vgl. Sternberger, Dolf: Das Vaterland, in: Ders.: Schriften X, S. 11f. Zum „Begriff des Vaterlands" vgl. in diesem Kontext Sternbergers ausgreifende, bereits 1947 erstmals publizierte Ausführungen „Begriff des Vaterlands, in: Ders.: „Ich wünschte ein Bürger zu sein". Neun Versuche über den Staat, 2. Aufl., Frankfurt a. M. 1970, S. 28-50.

[844] Zitiert nach ders.: Verfassungspatriotismus, in: Ders.: Schriften X, S. 13-16. „Wir mögen", so bemerkt Sternberger an dieser Stelle weiter, „im gegebenen Augenblick die Regierung tadeln, der Opposition Schwäche vorhalten, dem Parlament die Flut der Gesetze übelnehmen, bei den Parteien insgesamt Geist und Phantasie vermissen, von der Bürokratie uns beschwert fühlen, die Gewerkschaften für allzu anspruchsvoll [...] halten – die Verfassung ist von der Art, daß sie dies alles zu bessern erlaubt, zu bessern uns ermuntert und ermutigt. Eine gewisse maßvolle Unzufriedenheit ist dem Staat förderlich. Sie mindert nicht die Treue, die der Verfassung geschuldet wird. Gegen erklärte Feinde jedoch muß die Verfassung verteidigt werden, das ist patriotische Pflicht." Ebd., S. 15f.

Wie verhalten sich „Verfassung" und „Patriotismus" im Sinne Sternbergers zueinander bzw. welches Begriffsverständnis legt Sternberger seinem Konzept von Verfassungspatriotismus zugrunde? Seine Schriften geben hierüber Aufschluss. Sternberger, der unmittelbar nach der Katastrophe des Zweiten Weltkriegs in Anlehnung
an Theodor Mommsen sich wünschte, ein Bürger zu sein, „nichts weiter, aber auch
nicht weniger als das"[845], sucht in der Verbindung von Patriotismus und Verfassung
im „Verfassungspatriotismus" ein Ethos zu befördern.[846]

aa)   Patriotismus

Patriotismus als vaterländische Gesinnung sei, so Sternberger, in deutscher Erinnerung vorwiegend mit der Nation verbunden, ja geradezu verschmolzen mit dem
heimatlichen Land und Volk oder den heimatlichen Ländern und Völkern insgesamt.
Das Streben nach nationaler Einheit, dass das 19. Jahrhundert durchzogen und
schließlich zur Gründung eines neuen Deutschen Reiches geführt habe, wenn auch
nicht desjenigen großen Reiches, das die liberale und nationale Bewegung ursprünglich gemeint hatte, es sei stets mit patriotischem Gefühl einher gegangen; und an
„Kaiser und Reich" sei schließlich das Gefühl für lange Zeit haften geblieben, bis
der Stolz auf Sieg und Gründung von 1870/71 in der Niederlage von 1918 zerbrochen sei. Entsprechend sei die Republik von Weimar nicht eigentlich von Patriotismus erfüllt oder zusammengehalten worden; das „Vaterländische", die Vokabel, sei
zum Monopol und Kennwort der militant-restaurativen Parteien auf der Rechten a-
vanciert[847], während der Begriff „Vaterland" im Dritten Reich, sofern er überhaupt
vorgekommen sei, eher eine Distanzierung gegenüber der Formel „Führer und
Reich" zum Ausdruck gebracht habe: „Patrioten im eigentlichen Sinne", so Sternberger, „waren die Verschwörer des 20. Juli".[848] Mit Blick auf das Herrschaftssystem und die Herrschaftspraxis im Dritten Reich kommt Sternberger unzweideutig zu
dem Ergebnis, dass es Patriotismus keineswegs gewesen sein konnte, was die mar-
schierenden Kollektive, die braunen, schwarzen und am Ende feldgrauen Kolonnen
erfüllte – das Wort selbst, der Patriotismus, war tatsächlich aus dem offiziellen Vo-
kabular so gut wie verschwunden. Man kann im Sinne Sternbergers schlussfolgern,

---

[845]   Vgl. ders.: Aspekte des bürgerlichen Charakters, in: Ders.: „Ich wünschte ein Bürger zu sein", S. 10-
        27, S. 27.
[846]   Vgl. ders.: Verfassungspatriotismus. Rede bei der 25-Jahr-Feier der „Akademie für Politische Bil-
        dung", in: Ders.: Schriften X, S. 17-31, S. 17.
[847]   Vgl. ders.: Verfassungspatriotismus. Rede bei der 25-Jahr-Feier der „Akademie für Politische Bil-
        dung", in: Ders.: Schriften X, S. 17-31, S. 17.
[848]   Ebd., S. 18f. Vgl. dazu auch Sternbergers Ausführungen „Patriotismus im Dritten Reich?", in: Ders.:
        Anmerkungen beim Colloquium über ‚Patriotismus' in Heidelberg am 6. November 1987, in: Ders.:
        Schriften X, S. 32-38, S. 35f. Unmittelbar nach dem Ende des Zweiten Weltkriegs, im Jahre 1947,
        hatte Sternberger in seiner Abhandlung über den „Begriff des Vaterlands" formuliert: „Die Despotie
        Hitlers hat den Patriotismus nach Wort und Sache ausgelöscht in dem Maße, als sie ihre patriotischen
        Steigbügelhalter abstieß, unterwarf oder zertrat, und sie hat das Vaterland selbst moralisch, rechtlich
        und endlich auch physisch vernichtet in dem Maße, als sie die Republik, die Bürgerrechte und die
        Freiheit, daher auch die freie Anhänglichkeit und Liebe mit wachsendem Schrecken zerstörte. Inso-
        fern hat sie reinen Tisch gemacht und eine klare Lage geschaffen: Es gibt kein Vaterland in der Des-
        potie". Zitiert nach ders.: Begriff des Vaterlands, in: Ders.: „Ich wünschte ein Bürger zu sein", S. 42.

dass das Ethos des Patriotismus unter Hitler zwar gelitten hat, aber durch seine Herrschaft nicht desavouiert worden ist, weil Hitler es für sich und seine Ziele nicht in Anspruch genommen hat. Insoweit könnte man, wie Sternberger hervorhebt, gleichsam ohne innere Beschädigung und ohne Gewissensbelastung zu dem Vaterlandsbegriff und Vaterlandsbewusstsein, zum Patriotismus, zurückkehren.

Worauf nun, so fragt der von „Staatsleidenschaft oder von Verfassungsleidenschaft geleitete"[849] Sternberger, könne bzw. solle sich infolge des Zweiten Weltkriegs „Patriotismus" im deutschen Fall beziehen, da doch das Reich untergegangen sei, das Volk in zwei Staaten lebe und ihre Wiedervereinigung wegen der Teilung Europas, der Teilung der Welt in Ferne gerückt sei. Von neuem könne und müsse man fragen: „Was ist des Deutschen Vaterland, nämlich welches ist unsere Patria in diesem geteilten Land und Volk? [...] Das Vaterland ist in der Tat schwer zu finden, dasjenige, welches eine natürliche Empfindung der Zugehörigkeit, der fraglosen Identifizierung erlaubte und zu erwecken imstande wäre."[850]

bb) Verfassung

Sternberger erklärte die „Verfassung", verstanden als „gemischte Verfassung"[851], zur Bezugsgröße des Patriotismus im Sinne des „Verfassungspatriotismus" – nicht als ein Notbehelf, nicht als Ersatz für den nationalen Patriotismus, der so schweren Schaden erlitten habe – durch zwei Kriege, zwei Niederlagen in diesen Kriegen und vor allem durch die Untaten, die während des letzten Krieges von Deutschen verübt worden seien.[852] Sternberger suchte darauf aufmerksam zu machen, dass Patriotismus in einer europäischen Haupttradition schon immer und wesentlich etwas mit Staatsverfassung zu tun hatte, ja dass Patriotismus ursprünglich und wesentlich Verfassungspatriotismus gewesen ist – und freilich auch, dass er es heute in Deutschland noch und wieder sein könne.[853] Entsprechend sei das Vaterland kein „Mutter-

---

[849] Ders.: Staatsfreundschaft. Rede zur Hundertjahrfeier der Sozialdemokratischen Partei Deutschlands, in: Ders.: Staatsfreundschaft. Schriften IV, S. 211-245, S. 230.

[850] Ders.: Verfassungspatriotismus. Rede bei der 25-Jahr-Feier der „Akademie für Politische Bildung", S. 19f.

[851] Da die moderne „demokratisierte" parlamentarische Regierungsweise [vgl. zu dem Aspekt der „Demokratisierung" Sternbergers Studien in Ders.: Nicht alle Staatsgewalt geht vom Volke aus. Studien über Repräsentation, Vorschlag und Wahl, Stuttgart 1971] nicht von einem Strukturprinzip her zu begreifen ist, wenn es sich nicht um eine dogmatische Konstruktion handeln soll, zieht Sternberger es vor, sie als „eigentümliches und ganz kompliziertes System einer gemischten Verfassung" zu verstehen: „In Wahrheit und in Wirklichkeit [...] sind es wunderlich zusammengesetzte oder zusammengewachsene, in sich selber antinomische, konfliktreiche und ebendarum unvergleichlich lebensvolle, aber auch stets gefährdete Systeme, die man keinesfalls aus einem einzigen Prinzip deduzieren, aus einer einzigen Doktrin herleiten kann [...]". Ebd., S. 119f. Ausführlich erörtert Sternberger den Begriff der „gemischten Verfassung" vor seinem antiken Entstehungshintergrund in: Ders.: Die neue Politie. Vorschläge zu einer Revision der Lehre vom Verfassungsstaat, in: Ders.: Verfassungspatriotismus, S. 156-231.

[852] Vgl. ders.: Anmerkungen beim Colloquium über „Patriotismus", S. 32.

[853] Ebd. „Das Vaterland", so schreibt Sternberger bereits 1959, „ist die ‚Republik', die wir uns schaffen. Das Vaterland ist die Verfassung, die wir lebendig machen. Das Vaterland ist die Freiheit, deren wir uns nur wahrhaft erfreuen, wenn wir sie selber fördern, nutzen und bewachen. Es wäre eine Erlösung,

schoß", kein dunkles mythisches und mystisches Wesen, worin alle individuelle Freiheit versänke, sondern dadurch ausgezeichnet, dass wir darin erst „die Luft der Freiheit atmen können, das heißt, mit Abbts[854] Worten: dank seinen heilsamen Gesetzen. ‚Gesetze' – es ist das Wort Montesquieus, der den ‚Geist der Gesetze' geschrieben hat, Gesetze, das heißt in moderner Sprache: die Verfassung"[855], also die

---

wenn wir das Wort mit Ernst und ohne Scheu gebrauchen dürften." Ders.: Das Vaterland, in: Ders.: Verfassungspatriotismus. Schriften X; S. 11-12, S. 12.

[854] Unter Bezugnahme auf Sternbergers Interpretation von Thomas Abbt und seiner Publikation „Vom Tode fürs Vaterland" verweist Günter C. Behrmann in seiner „historischen, pädagogischen und politisch-kulturellen Verortung des Verfassungspatriotismus" [vgl. ders.: Verfassung, Volk und Vaterland. Zur historischen, pädagogischen und politisch-kulturellen Verortung des Patriotismus, in: Ders. / Schiele, Siegfried (Hrsg.): Verfassungspatriotismus als Ziel politischer Bildung, Schwalbach /Ts 1993, S. 5-24] auf Widersprüche in der Argumentation Sternbergers. So habe Sternberger in seiner Abhandlung über den „Begriff des Vaterlands" 1947 Abbts Schrift als „üble Propagandaschrift für den preußischen Obrigkeits- und Militärstaat interpretiert [vgl. dazu Sternberger, Dolf: Begriff des Vaterlands, in: Ders.: „Ich wünschte ein Bürger zu sein", S. 44f, wo Sternberger mit Blick auf Abbts Schrift bemerkt: „ [...] wenn man auf das spezielle Thema und den Titel der Schrift sieht, von der ich rede. Sie heißt: *Vom Tode fürs Vaterland.* Vom Tode – nicht vom Leben. Daß von dem ganzen weiten Umkreis vaterländischer, bürgerlicher Wirksamkeit nicht die Gesetzgebung, nicht die Verwaltung, nicht die Wissenschaft, [...] überhaupt nicht das freie Leben im Frieden, sondern einzig und allein, zuerst und zuletzt der Tod und das heißt der Tod im Kriege, die Aufopferung des Einzelnen ergriffen und gepriesen wurde – das freilich ist zwar unglücklich, aber offenbar kein Zufall". Ebd., S. 45 – Hervorhebung im Original. Auf S. 44f wirft Sternberger Thomas Abbt „staatliche Propaganda-Technik" im Interesse des preußischen Königs und Staates vor.], während er 1982 eben darin den „'reinen Ausdruck eines streng und ausschließlich politischen, genauer gesagt: verfassungspolitischen Vaterlandsbegriff" entdeckte. Vgl. ebd., S. 7. Vgl. dazu Sternberger, Dolf: Verfassungspatriotismus. Rede bei der 25-Jahr-Feier der „Akademie für Politische Bildung", S. 22. Mit Blick auf Sternbergers Rezeption von Thomas Abbt vgl. die Anmerkung von Winkler, Heinrich August: Der lange Weg nach Westen. Zweiter Band, S. 432f. In einem wesentlichen Punkt, so Winkler, habe das „schon von Abbt beschworene ‚verfassungspatriotische' Ideal" dem Grundgesetz widersprochen: „Die Verfassungsschöpfer von 1948/49 definierten den Begriff ‚Deutscher' so, wie es schon das Staatsangehörigkeitsgesetz von 1913 getan hatte: im Sinne des Besitzes der deutschen Staatsangehörigkeit oder der Tatsache der deutschen Volkszugehörigkeit, also ethnisch und nicht als Ausdruck einer Willensentscheidung, ‚objektiv' und nicht ‚subjektiv', im Sinne des ‚Blutrechtes' (‚jus sanguinis') und nicht des ‚Bodenrechtes' (‚jus soli') [...]. In der Logik von Sternbergers Argumentation hätte es gelegen, eine Verwestlichung des Staatsbürgerschaftsrechtes [...] nach dem Vorbild Frankreichs und anderer westlicher Demokratien zu fordern. *Diese* Folgerung zog Sternberger nicht" [Hervorhebung im Original, V.K.].

[855] Vgl. bereits Sternbergers Hochschätzung von Montesquieu in ders.: Begriff des Vaterlands, in: Ders.: „Ich wünschte ein Bürger zu sein", S. 38f, wo Sternberger Montesquieu als den „eigentlich moderne[n] Klassiker der Politik" bezeichnet, „der mit aller Schärfe und Klarheit die Vaterlandsliebe einzig der republikanischen Verfassung zuordnet und zugeschrieben hat. Im vierten Buch des *Geists der Gesetze*, im fünften Kapitel", so Sternberger weiter, „definiert er die Tugend (la vertu), welche den Geist der republikanischen Gesetze ebenso bestimme und erfülle wie die Ehre denjenigen der Monarchie und die Furcht denjenigen der Despotie. Und da heißt es mit unvergeßlicher Einfachheit: ‚*On peut définir cette vertu, l'amour des lois et de la patrie'.* ‚Man kann diese Tugend bestimmen als die Liebe zu den Gesetzen und zum Vaterland.' Und ein wenig später: ‚Diese Liebe ist besonders den Demokratien zugehörig; nur in ihnen ist die Regierung jedem Bürger vertraut.' Freilich hat sich Montesquieu bei der Entwicklung dieser These [...] nicht mit der Untersuchung von deklarierten oder postulierten einzelnen Rechten und Pflichten begnügt. Indem er den Begriff des Bürgers, des *citoyen*, und der Republik neu erfasste und deren moralische und rechtliche Verfassng beschrieb, ging er doch sogleich aufs Ganze und ergriff auch die sozialen und ökonomischen Grundlagen der Bürgerfreiheit und Vaterlandsliebe" [Hervorhebung im Original, V.K.]. Vgl. dazu und im Kontext die Ausführun-

„freiheitlich demokratische Grundordnung", die Loyalität erwarten lässt. Aber auch in solch einer Charakteristik des allgemeinen Wesens der Grundordnung seien noch zu viele abstrakte, rechtsdogmatische Begriffe untergebracht, als dass sie insgesamt irgendeine starke Empfindung hervorzurufen imstande seien.[856] „Loyalität", „Anhänglichkeit" und auch „Zuneigung"[857] könne jenseits abstrakter, rechtsdogmatischer Begriffe und Gesetzestexte allein der „moderne Verfassungsstaat" hervorrufen, der, wie Sternberger ausführlich darlegt, als „recht kompliziertes Gebilde", als „Theorem" gelte.[858] Er sei gekennzeichnet durch die Achtung fundamentaler Freiheiten; durch repräsentative Körperschaften, durch bürgerliche Wählerschaften, durch kontrollierte Regierung, gesetzliche Verwaltung und unabhängige Gerichtsbarkeit; durch offene gesellschaftliche Rekrutierung der Führungseliten; durch Wechsel in den Ämtern nach vereinbarten Spielregeln; durch stetige öffentliche Information und Diskussion; durch die legitime Möglichkeit des Widerspruchs und der Opposition; durch bürgerliche Teilnahme am Regierungsprozess mit Hilfe der Vereine, Verbände, Parteiorganisationen; durch die Mehrzahl, die Pluralität, den Streit und Wettstreit der Parteien mit ihren Parolen, Programmen und ihrem Personal.

Dem Verfassungsstaat komme, so Sternberger, im Sinne Max Webers das Monopol der legitimen Gewaltanwendung zu: er sei nicht gewaltlos und er dürfe es um

---

gen von Vollrath, Ernst: Die Staatsformenlehre Montesquieus, in: Haungs, Peter (Hrsg.): Res Publica, S. 392-414.

[856] Sternberger, Dolf: Verfassungspatriotismus. Rede bei der 25-Jahr-Feier der „Akademie für Politische Bildung", S. 24.

[857] Vgl. ebd., S. 30.

[858] Vgl. ders.: Der Staat des Aristoteles und der moderne Verfassungsstaat, in: Ders.: Schriften X, S. 133-155, S. 135. „Dennoch und trotz allem", so bilanziert Sternberger seinen ausführlichen Vergleich, „ist eine tiefe Ähnlichkeit in aller Andersheit zu erkennen. Der moderne Verfassungsstaat und der Staat des Aristoteles sind gleichermaßen ,politische' Gemeinschaften, nicht despotische Herrschaften; beide leben nach vereinbarten Regeln, das heißt eben: in Verfassungen, und es sind gemischte Verfassungen, denn ,es gibt überhaupt keine einfachen Regierungssystem' [...] Gemeinsam ist dem modernen Verfassungsstaat und dem Staat des Aristoteles die Gesetzlichkeit, der Pluralismus und die Gleichheit in der Freiheit, das heißt: die Bürgerlichkeit. [...] Es bleibt die Frage, ob die Wiedererkennbarkeit des aristotelischen im modernen Verfassungsstaat, der alten Politie in der neuen Politie, aus ihrem historischen Zusammenhang vollständig begriffen werden kann. Ob da nicht noch etwas Anderes im Spiel ist: ein Grundzug der Natur des Menschen. Gerne möchten wir es glauben, allen bitteren Erfahrungen zuwider. Gerne möchten wir es mit jenem berühmten Satz aus der ,Politik' des Aristoteles halten: der Mensch sei von Haus aus ein Zoon politikon, ein staatliches, ein bürgerliches, ein mitbürgerliches Wesen". Ebd., S. 154f [Hervorhebung im Original, V.K.]; vgl. auch Sternbergers Analyse in: Ders.: Der Staat des Aristoteles und der unsere, in: Ders.: Staatsfreundschaft, S. 37-52. Vgl. weiter vertiefend Sternbergers Ausführungen mit „Blick auf Aristoteles" in: Ders.: Politie und Leviathan. Ein Streit um den antiken und den modernen Staat, in: Ders.: Schriften X, S. 232-300, S. 258-264; vgl. ebd. auch Sternbergers Hinweise auf „antik-moderne Amalgame", S. 245ff. Vgl. auch Sternbergers Ausführungen in: Ders.: Die neue Politie, S. 156-231, wo Sternberger grundsätzlich bemerkt, der Name „neue Politie" könne für eine „Abbreviatur genommen werden". Ebd., S. 230f. Der erneuerte Begriff der „Gemischten Verfassung", um den es dem Autor in diesem Zusammenhang grundsätzlich geht, „erlaubt", wie Sternberger betont, „gewiß keine vollständige Beschreibung des modernen Verfassungsstaates, wohl aber ein angemessenes Verständnis seiner inneren Lebenskräfte". Ebd., S. 231. Vgl. ebd. auch Sternbergers Bezugnahme auf Aristoteles' Verfassungslehre unter Auseinandersetzung mit Carl Schmitt [v.a. mit Schmitts Schrift „Verfassungslehre", Berlin 1928], S. 193ff.

der Freiheit willen nicht sein.[859] Kurz: Das Wesen und Bestreben des Verfassungsstaates sei die Sicherung der Freiheit: „Nicht die Freiheit allein, gleichsam die nack-
te Freiheit macht es aus, sondern die Sicherung der Freiheit, die gesicherte Freiheit,
gleichsam die gepanzerte Freiheit".[860] Die Frage, ob der moderne Verfassungsstaat –
auch im Sinne der ihn kennzeichnenden „neuen Politie"[861] – Patriotismus erwecken
und bewahren könne, scheint Sternberger mehr „eine rhetorische" Frage zu sein[862],
schließlich habe die Geschichte sie längst beantwortet. Die Schweiz mit ihren vier
verschiedenen Sprachgemeinschaften halte nicht zusammen als eine Nation, sie sei
geeinigt durch ihre Verfassung. Die jährlich wiederkehrende Bundesfeier bezeuge
es[863]. Die Vereinigten Staaten von Amerika würden ebenfalls durch ihre Verfassung
geeinigt und durch die patriotischen Gefühle, die der Verfassung entgegengebracht
werden. „What Athens was in miniature, America will be in magnitude", zitiert
Sternberger in diesem Kontext Thomas Paine, für den ebenso wie für Jefferson und
Madison das antike, und zwar das hellenische Muster der Demokratie" handlungsleitend gewesen sei. Hatte man Demokratie bis dahin einzig in Städten oder Kanto-
nen für praktikabel gehalten, sei nun Demokratie auch in Großstaaten möglich, als
„Repräsentation". Von neuem sei damit die mächtige Idee der Antike hervorgetre-

---

[859]   „Er hat", wie Sternberger unter Bezugnahme auf Max Weber betont, „die gesetzlich gegründete Be-
fehlsgewalt und Durchsetzungsgewalt und Zwangsgewalt inne, im Namen der Staatsgesellschaft und
nicht nur in ihrem Namen, sondern auch in ihrem Interesse". Vgl. ebd., S. 30. Vgl. im Kontext ders.:
Max Weber und die Demokratie, in: Ders.: „Ich wünschte ein Bürger zu sein", S. 93-113.

[860]   Ders.: Verfassungspatriotismus. Rede bei der 25-Jahr-Feier der „Akademie für Politische Bildung",
S. 29f.

[861]   „Die neue Politie", so verdeutlicht Sternberger in anderem Zusammenhang seine Begriffsbestimmung, sei „keine ‚Demokratie', auch keine repräsentative oder parlamentarische. Ebensowenig ist
sie eine Oligarchie, eine repräsentative Herrschaft oder ein Parteienstaat. Sie ist vielmehr eine ‚Mischung' von Demokratie und Oligarchie, eine strenge Verknüpfung und wechselseitige Abhängigkeit
einer politischen Klasse und einer allgemeinen Bürgerschaft, besonders in der Gestalt der politischen
Parteien und der Wählerschaft. Auf dieser Zweiheit beruht ihr Wesen, ihre Lebendigkeit, auch ihre
Beständigkeit". Ders.: Die neue Politie. Vorschläge zu einer Revision der Lehre vom Verfassungsstaat, S. 229.

[862]   Vgl. ders.: Verfassungspatriotismus. Rede bei der 25-Jahr-Feier der „Akademie für Politische Bildung", S. 30.

[863]   Vgl. in diesem Zusammenhang Sternbergers Ausführungen „Die Schwurbrüder", in: Ders.: Herrschaft
und Vereinbarung, Frankfurt a.M. 1986, S. 10-13. Mit Blick auf Friedrich Schillers „Wilhelm Tell"
und den darin enthaltenen Vers „Wir wollen sein ein einig Volk von Brüdern, In keiner Not uns trennen und Gefahr" betont Sternberger, diese Formel sei „nicht so unhistorisch-idealistisch, wie man
heute argwöhnen mag: Ähnliches findet sich durchaus schon in mittelalterlichen Zeugnissen, zum
Beispiel in einer französischen städtischen Urkunde des zwölften Jahrhunderts, wo es gleichfalls
heißt, dass einer dem anderen zur Hilfe komme ‚tamquam fratri suo', wie seinem Bruder, ‚in utili et
honesto', in Bezug auf das Nützliche und das Ehrbare. Die ‚fraternité, der berühmten Parole der großen Revolution hat, wie es scheint, hier ihr ehrwürdiges Vorbild und ihr altes Herkommen. Nach der
historischen Konstellation betrachtet, ist die genossenschaftliche Verbündung der ‚drei Männer', wie
man weiß, gerade darum so bedeutend gewesen, weil hier die ‚Leute' mitsamt ihrem ‚Land', nämlich
ihren ‚Talschaften' oder ‚Waldstätten' in das neue Verhältnis traten. Der Fall von Uri, Schwyz und
Unterwalden steht in Europa einzig da, weil nur diese eine Eidgenossenschaft von so vielen, die in
derselben Epoche – des dreizehnten und vierzehnten Jahrhunderts – geschlossen wurden, zur Bildung
eines selbständigen und dauerhaften Staatswesens geführt hat; es besteht bis auf den heutigen Tag.
[...] Hier ist aus Vereinbarung – vielmehr -: aus einer ganzen Serie von Vereinbarungen – ein veritab-
ler Staat hervorgegangen. Ebendarum führt er heute noch den Namen ‚Eidgenossenschaft'". Ebd., S.
10f.

ten, auch einen Großstaat, nach Vorbild der Stadt, der *civitas*, zu regieren. Aus dem enthusiastischen Vergleich zwischen dem antiken Athen und dem modernen Amerika – der dreizehn Kolonien und ihrer Union – sei in der Folge eine verfassungstheoretische Unterscheidung erwachsen, die bis auf den heutigen Tag durch die Lehrbücher der halben Welt geistere: die Unterscheidung zwischen „einfacher" und „repräsentativer" oder auch zwischen „unmittelbarer" und „mittelbarer" Demokratie. Repräsentation war, bei den amerikanischen Gründungsvätern, als Kraftmaschine gedacht. Madison nannte sie „this great mechanical power in government", welche erlaube, den Willen des größten politischen Körpers in ein Zentrum zusammenzufassen und seine Kraft auf jedes Ziel zu richten, welches das öffentliche Wohl erfordere.[864]

Mit Blick nach Europa schien für Sternberger der patriotische Zusammenhang und Zusammenhalt der Gesellschaft nicht ebenso entscheidend von dieser Kraft der gemeinsamen Verfassung und des gemeinsamen Lebens und Handelns in der Verfassung, des gemeinsamen Genusses der Verfassung, bestimmt zu sein, vielmehr spielten andere Faktoren wie geschichtliche Überlieferung, ausgebildete Sprachkultur bzw. dichtere ethnische Zusammengehörigkeit eine Rolle. Insofern bräuchten auch die Deutschen ihre nationale Zusammengehörigkeit keinesfalls zu vergessen, geschweige die Zugehörigkeit derer, die in der DDR leben müssten ("die Despotie gewährt kein Vaterland"): „Aber", so Sternberger in Übertragung der amerikanischen Verfassungstradition auf das Grundgesetz, "ich wünschte um so mehr und gerade deswegen, daß wir unseren Platz in dieser Verfassung einnehmen [...]"[865], die – verstanden eben als „lebende" und gleichzeitig „offene" Verfassung[866] – im Sinne von Sternbergers „neuer Politie" gerade *nicht* [„sola scriptura"] das Ordnungsstatut des föderalen, demokratischen Rechtsstaats[867] „mit allen seinen 146 Artikeln", also

---

[864] Vgl. ders.: Die neue Politie. Vorschläge zu einer Revision der Lehre vom Verfassungsstaat, S. 165ff; vgl. ebenso ebd., S. 173ff. Ebd., S. 166ff. Im Folgenden verweist Sternberger auf den Umstand, dass die repräsentative Demokratie, seit sie „entdeckt" worden sei, als eine „ungemischte" Art von Verfassung gelte, was Madison in den Federalist-Papers deutlich zum Ausdruck gebracht habe, indem er schreibt: „America can claim the merit of making the discovery, the basis of unmixed and extensive republics". Zitiert nach ebd., S. 173.

[865] Vgl. ders.: Verfassungspatriotismus. Rede bei der 25-Jahr-Feier der „Akademie für Politische Bildung", S. 30f.

[866] Vgl. in diesem Zusammenhang die Überlegungen zu Sternbergers „lebender Verfassung" bei Hennis, Wilhelm: Vom gewaltenteiligen Rechtsstaat zum teleokratischen Programmstaat. Zur „lebenden Verfassung" der Bundesrepublik, in: Haungs, Peter (Hrsg.): Res Publica, S. 170-195. „Worauf läuft", so fragt Hennis, „unsere ‚lebende' Verfassung" zu? [...] Taugt sie überhaupt noch als Kategorie zur Erfassung des Gewünschten ‚Gesundheitszustandes'? Haben sich die Vorstellungen über ein ‚gesundes', in guter Ordnung befindliches Gemeinwesen im Laufe des letzten Jahrhunderts, im Zeitalter von Industrialisierung, totalen Kriegen, wirtschaftlichem Wachstum als A und O jeder Politik, die sich über die nächste Wahlrunde bringen möchte, nicht so gewandelt, daß es fast abgeschmackt wirken könnte, an Gleichgewicht und Moderation als Kriterien guter politischer Ordnung zu erinnern?" Ebd., S. 180.

[867] „Das Grundgesetz", so betont Josef Isensee dessen Rahmencharakter als „erzwungene und selbstgewählte Bescheidung", „gibt das Ordnungsstatut des föderalen, demokratischen Rechtsstaats, nicht die formelle Gesellschafts-, Wirtschafts- und Kulturverfassung. Es garantiert die liberalen Grundrechte, nicht die sozialen. Von Regelungsphantasien und Originalität ist nur wenig zu erkennen." Ders.: Die Verfassung als Vaterland, S. 14f. Zur Funktion des Grundgesetzes als Rahmenverfassung vgl. die Analyse bei Böckenförde, Ernst-Wolfgang: Die Eigenart des Staatsrechts und der Staatsrechtswissen-

nicht der rechtliche Rahmen der Politik sein will, „sondern deren geistiger Ausdruck".[868]

cc)   Kritik

Trotz bzw. als Ausdruck der großen Resonanz, die Sternbergers Identitätskonzept
des Verfassungspatriotismus" in den achtziger Jahren in der Bundesrepublik erfahren hat[869], wurde anknüpfend an die von Wilhelm Hennis formulierte Frage, ob man
das „Schifflein" der Verfassung nicht zu schwer belaste, wenn man aus ihr die mate-
riale Wertordnung des ganzen politischen Lebens herauslesen wolle[870], das dem

---

schaft, in: Festschrift für Hans Ulrich Scupin, 1983, S. 317ff; vgl. auch die Idealtypen der Verfassung
als „offener Verfassung" bzw. als „Rahmenordnung" kontrastierend, Böckenfördes Analyse in ders.:
Zur Diskussion um die Totalrevision der Schweizerischen Bundesverfassung, in: Archiv des Öffentlichen Rechts 106 (1981), S. 580ff.

[868] Vgl. Isensee, Josef: Verfassungsrecht als „politisches Recht", in: Ders. / Kirchhof, Paul (Hrsg.):
Handbuch des Staatsrechts. Band VII: Normativität und Schutz der Verfassung – Internationale Beziehungen, Heidelberg 1992, S. 103-163; vgl. die definitorische Annäherung an Sternbergers Verfassungsbegriff bei Vollrath, Ernst: Verfassungspatriotismus als politisches Konzept, in: Birtsch, Günter
(Hrsg.): Trierer Beiträge „Patriotismus in Deutschland". Öffentliche Ringvorlesung im Wintersemester 1988/89, S. 29-36. „Verfassung", so Vollrath, bedeute für Sternberger „ganz wesentlich, daß das
Verhältnis der Bürger zueinander und zu ihrer durch ihr Verhältnis zueinander verfaßten Einheit den
politischen Charakter und die politische Qualität bestimmt. Eine solche Verfassung ist eine zivilpoli-
tische und politiehafte". Ebd., S. 37.

[869] So in diesem Sinne Wolfrum, Edgar: Geschichtspolitik in der Bundesrepublik Deutschland, S. 292.

[870] Vgl. Hennis, Wilhelm: Verfassung und Verfassungswirklichkeit. Ein deutsches Problem, in: Friedrich, Manfred (Hrsg.): Verfassung. Beiträge zur Verfassungstheorie, Darmstadt 1968, S. 232-267, S.
248. „Die Verfassung als Über-Ich!", so betont Hennis, sei eine „unpolitische und undemokratische"
Rede- bzw. Denkweise hinsichtlich der Spannung von Verfassungsnorm und Wirklichkeit. Es sei
nicht Sinn der Verfassung, ein Alibi für politische Willensbildung abzugeben. Auch das politische
Grundziel der Wiedervereinigung, so Hennis, gewinne „kein Tüttelchen an innerer Kraft" dadurch,
dass man die Wiedervereinigung Deutschlands als ‚Verfassungsauftrag' verstehe: „Sie ist ein politisches Ziel der Deutschen, oder sie ist es nicht. Die politische Geschichte freier Völker ist weder
Vollzug noch Verletzung von Paragraphen, sondern – im Rahmen ihrer sowohl matrialen wie proze-
duralen rechtlichen Ordnungen – das Ergebnis von Umständen, Kraft, Intelligenz, ‚Lagen' und der
Reaktion auf sie – kurzum von den Daten der Politik". Ebd., S. 249. Vgl. grundsätzlich im Gesamtkontext die Analyse der „Konsensfunktion und Konsenschance der Verfassung in der pluralistischen
und sozialstaatlichen Demokratie" bei Vorländer, Hans: Verfassung und Konsens. Der Streit um die
Verfassung in der Grundlagen- und Grundgesetz-Diskussion der Bundesrepublik Deutschland, Berlin
1981. Vgl. ebd. vor allem das fünfte Kapitel: „Verfassungstheoretische Ergebnisse und verfassungs-
politische Folgerungen", S. 351-383. Bilanzierend stellt Vorländer am Ende seiner Analyse fest, dass
die Verfassung der pluralistischen und sozialstaatlichen Demokratie – weil sie material-inhaltliche
Prinzipien über die positive Gestaltung sozialer Ordnung enthalte und sie zugleich zu ihrer Geltung
auf den Konsens der Träger pluralistisch-heterogener Interessen und Wertvorstellungen angewiesen
sei – als ganze streitig werde. „Wie streitig die Verfassung jedoch wird, hängt weniger von ihrer
gewandelten, materialisierten Struktur ab als von der Beschaffenheit der politischen Kultur, in die sie
hineingestellt ist. Werden politische Interessenkonflikte frei und offen als solche anerkannt und aus-
getragen, und werden konfligierende Interessen auf dem Wege politischer Auseinandersetzung demokratisch integriert, so ist die sozialstaatliche und pluralistische Demokratie gegen Mißbrauch sicher.
Wird hingegen die politische Auseinandersetzung durch die Verfassung hindurch geführt und das eigene politische Interesse als das der Verfassung reklamiert, so erfährt die Verfassung zwar eine no-
minelle Aufwertung, aber keine normative Anerkennung. Die willkürliche politische Interpretation
und Indienstnahme der Verfassung ist eine Verfassungskultur, die in der Verfassung das zu verein-

„Verfassungspatriotismus" im Sinne Dolf Sternbergers zugrundeliegende Verfassungsverständnis vehement kritisiert[871], während Günter C. Behrmann das Konzept des „Verfassungspatriotismus" sogar grundsätzlich in Frage stellte.[872]

In der Tat: Wieviel politische Solidarität und Identität können die Grundprinzipien des liberalen Verfassungsstaates stiften? Können die gleichen Bürgerrechte schon als Freiheitsrechte oder zumindest in sozialstaatlicher Erweiterung eine Solidarität der Starken mit den Schwachen, der Besitzenden mit den Besitzlosen begründen oder setzt nicht vielmehr die Durchsetzbarkeit einer Verpflichtung zu sozialer Solidarität die Existenz einer Solidargemeinschaft voraus? Desweiteren: Sind jene Ordnungs- und Rechtsvorstellungen, an die sich der Verfassungspatriotismus binden soll, nicht gerade deshalb, weil ihnen normativ eine universale Geltung zuerkannt wird, gegenüber der räumlichen und sozialen Abgrenzung von Staaten gänzlich indifferent? Konstituiert die Verfassung den *demos*, oder muss nicht gerade umgekehrt ein Volk vorhanden sein, das sich aufgrund bestimmter historischer Bedingungen und Erfahrungen, sozialer und kultureller Gemeinsamkeiten die Verfassung zu eigen – zur „lebenden Verfassung" – macht?

Grundsätzlich, so zeigt sich an der Kritik des Sternbergerschen *Verfassungs*patriotismus, stehen sich in der zeitgenössischen verfassungstheoretischen Diskussion zwei Verfassungsbegriffe gegenüber[873], die idealtypisch als rechtsstaatlicher und als soziologisch-offener Verfassungsbegriff[874] bezeichnet werden können. Dem ersten Verständnis zufolge ist die Verfassung, indem sie das staatlich-politische Leben organisiert und das Grundverhältnis Staat-Bürger regelt, eine Rahmenordnung. Sie enthält noch nicht das Material, das zu einer Harmonisierung verschiedener Rechtspositionen untereinander führt, sondern sie markiert Grundpositionen, insbesondere Abwehrpositionen und spezifische Richtpunkte als Reaktion auf erfahrenes Unrecht. Im Sinne des zweiten Verfassungsbegriffs ist die Verfassung rechtliche Grundordnung des Gemeinwesens insgesamt. Demzufolge müssen alle Rechtsprinzipien und Ausgleichsmöglichkeiten detailliert schon enthalten sein. In diesem Sinne ist sie ei-

---

nahmende politische Über-Ich sieht, das die Verfassung nur um den Preis der Aufgabe von Befriedungs- und Konsensfunktion verkörpern kann [...]". Vgl. ebd., S. 382f.

[871] „Ich glaube," so formuliert Hennis seine grundsätzliche Kritik in diesem Kontext, „die Tendenz ist unübersehbar, dem Grundgesetz über die gebotene Normativität hinaus einen geradezu sakralen Gebotsrang zuzuschreiben. Wenn [...] das Grundgesetz als ‚großes Angebot' bezeichnet [wird, V.K. Vgl. dazu Arndt, Adolf: Das nichterfüllte Grundgesetz, Tübingen 1960] so sind die pastoralen Nebentöne unüberhörbar. Das Wort soll Fleisch werden. Es ist nicht gegeben, sondern aufgegeben. Da kann es doch nicht ausbleiben, daß man bei näherer Beobachtung, nicht anders als in bezug auf die göttlichen Gebote, feststellen muß, daß wir alle Sünder sind [...] Fordert ein solches Verfassungsverständnis nicht geradezu zu sektiererischer Übersteigerung heraus?" Ders.: Verfassung und Verfassungswirklichkeit, in: Friedrich, Manfred (Hrsg.): Verfassung, S. 250f. Vgl. dem entgegengesetzt die Analyse bei Grimm: Dieter: Verfassung, in: Ders.: Die Zukunft der Verfassung, München 1991, S. 11-27. Vgl. ebd. das Kapitel „Verfassungsrecht und Verfassungswirklichkeit", S. 17-19.

[872] Vgl. Behrmann, Günter C.: Verfassung, Volk und Vaterland, in: Ders./ Schiele, Siegfried (Hrsg.): Verfassungspatriotismus als Ziel politischer Bildung? Schwalbach i. Ts. 1993, S. 5-24.

[873] Vgl. dazu grundsätzlich Vorländer Hans: Die Verfassung. Idee und Geschichte, München 1997; vgl. auch ders.: Verfassung und politische Kultur, in: Gebhardt, Jürgen (Hrsg.): Verfassung und politische Kultur, Baden-Baden 1999, S. 75-83.

[874] Vgl. exemplarisch als Vertreter dieses Verfassungsverständnisses Rudolf Smend, in: Ders.: Verfassung und Verfassungsrecht, in: Ders.: Staatsrechtliche Abhandlungen, Berlin 1968.

ne dirigistische Verfassung, die auf die Verwirklichung der in ihr enthaltenen
Grundsätze drängt. Konsequenterweise wird die Verfassung nicht nur als Rechts-
form und Rechtsdokument, sondern auch als Wertgrundlage und Wertordnung des
Gemeinwesens betrachtet. Diese Verfassungsinterpretation kann tendenziell den
Geltungsanspruch überhöhen, da sie sich nicht länger auf ihre traditionellen Gegens-
tände beschränkt; ihre wertsetzenden Normierungen sind universal und greifen in alle Lebensbereiche über. Die Verfassung bezieht sich auf das Ganze und erhebt – als
Wertordnung und Wertsystem – einen unbedingten Geltungsanspruch für alle Lebensbereiche.[875] Eine systematische Fortentwicklung dieses Verfassungsverständnisses ist bei Peter Häberle zu beobachten.[876] Ausgehend von der Prämisse der pluralistischen Gesellschaft und auf der Grundlage pluralistischer Gesellschafts- und
kritisch-rationaler Wissenschaftstheorie hat Häberle folgende Konzeption von *Verfassung als öffentlicher Prozess* entwickelt: Eine Verfassung bezeichnet nach Häberle – analog zu Sternberger – nicht nur eine rechtliche Ordnung für Juristen, die von
diesen zu interpretieren ist, sondern Verfassung wirkt auch als Leitfaden für Nichtju-
risten, d.h. für den Bürger, indem sie Ausdruck eines kulturellen Entwicklungsstan-
des, Mittel zur kulturellen Selbstdarstellung des Volkes, Spiegel seines kulturellen
Erbes und Fundament seiner Hoffnungen ist. Eine so auch von Häberle als *lebend*
verstandene Verfassung – als ein Werk aller Verfassungsinterpreten der offenen Gesellschaft – ist der Form und dem Inhalt nach sowohl Ausdruck als auch Vermittlung von Kultur.[877] Konsequent wird bei Häberle der Kreis der an der Interpretation
der Verfassung Beteiligten auf alle Staatsorgane, alle öffentlichen Potenzen, alle
Bürger und Gruppen erweitert, die als „interpretatorische Produktivkräfte" zumindest eine Vorinterpretation der lebenden Verfassung leisten.[878]

Mit Blick auf diesen Wandel der Verfassung von der rechtlichen Rahmenordnung zu einem – in der Konsequenz des Sternbergerschen Verfassungs-Begriffs liegenden – universalen Integrationsprogramm macht Josef Isensee deutlich, dass sich
mit diesem Wandel eine Metamorphose des Grundgesetzes vom obersten Rechtsge-
setz zum politischen Integrationsprogramm vollziehe – von der Rahmenordnung des
Staates zur unbegrenzten Totalverfassung für Staat und Gesellschaft.

Entspricht eine solche materielle Verfassung einem völlig anderen Verfassungs-
typus als jenem, den die Bonner Verfassungsväter 1949 angestrebt hatten?[879] Isensee
warnt: Die „offene Verfassung" als in besonderem Maße politisches Recht, gerate

---

[875] Vgl. Böckenförde, Ernst-Wolfgang: Staat, Verfassung, Demokratie, S. 47.
[876] Vgl. exemplarisch Häberles Ausführungen in: Ders.: Verfassung als öffentlicher Prozeß. Materialien
zu einer Verfassungstheorie der offenen Gesellschaft, Berlin 1978; vgl. ebd. v. a. ders.: Die offene
Gesellschaft der Verfassungsinterpreten, S. 155-181; vgl. auch ders.: Verfassungsinterpretation als
öffentlicher Prozeß – ein Pluralismuskonzept, ebd., S. 121-152.
[877] Vgl. dazu Häberle, Peter: Verfassungslehre als Kulturwissenschaft, Berlin 1982, S. 19. Vgl. auch
ders.: Verfassungslehre als Kulturwissenschaft am Beispiel von 50 Jahren Grundgesetz, in: Aus Politik und Zeitgeschichte 16 (1999), S. 20-30.
[878] Vgl. in diesem Sinne nun auch die Verfassungsinterpretation bei Brodocz, André: Die symbolische
Dimension der Verfassung. Ein Beitrag zur Institutionentheorie, Opladen 2003. Zur Kritik an einem
derartigen Verfassungsverständnis vgl. die Ausführungen bei Henke, Wilhelm: Der fließende Staat.
Zu Peter Häberles Verfassungstheorie, in: Der Staat 20 (1981), S. 580-592.
[879] Vgl. Isensee, Josef: Die Verfassung als Vaterland, in: Mohler, Armin (Hrsg.): Wirklichkeit als Tabu,
S. 19f.

selbst in die Ströme des Politischen und büße so ihre Ordnungsfunktion ein. Ihre Substanz sprenge die verbal-rechtliche Fassung und verflüssige sich. Sie wahre nicht Distanz zur Realität des politischen Machtkampfes und gerate deshalb zu dessen Funktion. Ihr wechselhaftes interpretatorisches Erscheinungsbild, das in Wahrheit die Substanz der „offenen" Verfassung selbst sei, spiegele den der jeweiligen politischen Lage gemäßen Zeitgeist. Gleichwohl, so räumt Isensee ein, könne die Lehre von der „offenen" bzw. „lebenden" Verfassung nicht mit verfassungsrechtlichen Argumenten widerlegt werden, weil ihr Ort nicht die Dogmatik des geltenden Verfassungsrechts sei, sondern eine Verfassungstheorie.[880] Als solche, so kann man mit Blick auf die Diskussion um das Sternbergersche Konzept des Verfassungspatriotismus festhalten, ist sie wiederum der Dogmatik des Verfassungsrechts inkompatibel.

Man wird, eingedenk der Vorbehalte von Seiten eines rechtsstaatlichen Verfassungsbegriffs feststellen können, dass ein Patriotismus, der allein auf die Verfassung – als Rechtsdokument – und nicht zugleich auf Land und Volk bezogen ist, zu kurz greift. Es gibt keine Demokratie ohne einen *demos*, keine Volkssouveränität ohne ein Volk, das sich – wie auch immer als Einheit versteht und als Solidargemeinschaft von anderen Völkern abgrenzt. Auch ein staatlich geeintes EU-Europa hätte ohne Gefühle der Zusammengehörigkeit, ohne eine Bereitschaft zu einer alle Bevölkerungsgruppen umfassenden Solidarität, ohne kulturelle Gemeinsamkeiten, welche die kulturellen Gegensätze überbrücken, ohne gemeinsame historische Identifikationen und ohne die erst auf solchen Grundlagen mögliche kommunikative Vernetzung, die zudem einer „lingua franca" bedürfte, kaum Bestand. Dolf Sternberger war sich dessen bewusst. Trifft also die Kritik an seinem „Verfassungspatriotismus", die letztlich in dem Vorwurf kulminiert, dieser erschöpfe sich in „Ersatz-Patriotismus"[881] und diene als Substitut für ein fehlendes genuines Nationalbewußtsein des westlichen Teilstaats, den Kern dessen, was Sternberger intendiert hatte?

Der Althistoriker Christian Meier bekundet Zweifel daran, „daß es bei uns auf die Dauer mit einem bloßen Verfassungspatriotismus getan sein könne, schon angesichts der Tatsache, daß ‚wir weiter unter Nationen leben'".[882] Günter C. Behrmann verneint die rhetorische Frage an Sternberger, ob der moderne Territorialstaat, also die politische Organisationsform, in der heute nahezu alle Menschen leben, ohne ei-

---

[880] Vgl. ders.: Verfassungsrecht als „politisches Recht", in: Ders. / Kirchhof, Paul (Hrsg.): Handbuch des Staatsrechts. Band VII, S. 131f. Vgl. ebd. auch Isensees Kritik an der Kategorie der „Verfassungspolitik". Vgl. dazu Steinberg, Rudolf: Verfassungspolitik und offene Verfassung, in: Juristische Zeitung 1980, S. 385ff; vgl. dazu ebenso kritisch wie Isensee: Gusy, Christoph: „Verfassungspolitik" zwischen Verfassungsinterpretation und Rechtspolitik, 1983.

[881] Vgl. Sarcinelli, Ulrich:: Verfassungspatriotismus und politische Bildung – oder: Nachdenken über das, was das demokratische Gemeinwesen zusammenhält, in: Behrmann, Günter C, / Schiele, Siegfried (Hrsg.): Verfassungspatriotismus als Ziel politischer Bildung?, S. 55-78, S. 56f; vgl. analog die Ausführungen bei Haungs, Peter: Staatsbewußtsein im vereinigten Deutschland. Verfassungspatriotismus oder was sonst?, in: Gabriel, Oskar W./ Sarcinelli, Ulrich / Sutor, Bernhard / Vogel, Bernhard (Hrsg.): Der demokratische Verfassungsstaat. Festschrift für Hans Buchheim zum 70. Geburtstag, München 1992.

[882] Zitiert nach Roth, Florian: Die Idee der Nation im politischen Diskurs. 310; vgl. Meier, Christian: Kein Schlußwort. Zum Streit um die NS-Vergangenheit, in: Historikerstreit. Die Dokumentation der Kontroverse um die Einzigartigkeit der nationalsozialistischen Judenvernichtung, S. 272.

ne Identifikation seiner weiblichen und männlichen Bürger mit ihrem Vater- oder Mutter-, Herkunfts- oder Zufluchtsland, ohne ihre Solidarität- und notfalls auch Opferbereitschaft auch nur seine klassischen Grundfunktionen – ganz zu schweigen von den Aufgaben des Rechts- und Verfassungs-, Sozial- und Kulturstaates in den hoch modernisierten Gesellschaften – erfüllen kann.[883] Ulrich Oevermann kommt aus soziologischer Perspektive zu dem Ergebnis, „Verfassungspatriotismus" sei ein „Widerspruch in sich", denn erst durch den demokratisch verfassten Nationalstaat würden schließlich die universell geltenden, vorstaatlich konstituierten Menschenrechte von der Theorie in die Konkretion der politischen Praxis übersetzt. Die Verfassung als das die historische Konkretion des Nationalstaates jeweils schon immer transzendierende Universelle könne aber nicht zum Gegenstand eines Patriotismus gemacht werden, wenn man nicht die universelle Geltung der Verfassungsgehalte leugnen wolle. Gegenstand eines Patriotismus könne folglich nur der historisch-konkret gegebene Nationalstaat in seiner konkreten Bildungsgeschichte und seiner daraus resultierenden Zukunftsperspektive sein.[884]

Doch die Kritik an Sternberger trifft den Kern seiner Argumentation nicht, denn schließlich ist es Sternberger, auch wenn seine Begriffsbildung, wie gesehen, eher assoziativ argumentierend erfolgte und daher stets und bis heute für vielfältige Interpretationen offen geblieben ist[885], mit seiner Vorstellung des „Verfassungspatriotismus" als Identitätskonzept der Deutschen nach 1945 gerade *nicht* um einen „Ersatz-Patriotismus", um ein auf die bis 1990 noch geteilte Nation zugeschnittenes Konzept, um ein verfassungstheoretisches Surrogat für nationalen Patriotismus in Deutschland gegangen. Vielmehr intendierte er eine angemessene Form nationaler Identität; einen humanistisch, d.h. universalistisch kontrollierten Patriotismus.

Obwohl der Begriff „Verfassungspatriotismus" als theoretischer Kern eines spezifisch bundesrepublikanischen Staatsbewusstseins missverstanden wurde, war er anders gemeint: „Verfassungspatriotismus" im Sternbergerschen Sinne erhält seinen zentralen Sinn in der Verknüpfung des *Patriotismus* mit der *bürgerlichen Freiheit* und mit der *Verfassung* als *gemischter* Verfassung! Sternbergers Verfassungsbegriff bezieht sich auf die historisch begründete und konkrete freiheitliche demokratische Grundordnung des Grundgesetzes – nicht zuletzt damit auch auf die Forderung der Präambel, die deutsche Einheit in Frieden und Freiheit wiederzuerlangen. Sternberger ging es also nicht nur um abstrakte Normen.

In diesem Sinne weist Heinrich August Winkler darauf hin, dass Sternberger im Unterschied zu Vertretern eines „westdeutschen Patriotismus" stets eine Absage an einen gesamtdeutschen, nationalen Patriotismus – die im übrigen mit dem Geist und dem Wortlaut des Grundgesetzes auch nicht vereinbar gewesen wäre – vermieden

---

[883] Vgl. Behrmann, Günter C.: Verfassung, Volk und Vaterland, in: Ders./ Schiele, Siegfried (Hrsg.): Verfassungspatriotismus als Ziel politischer Bildung?, S. 18f. Zur Kritik am Konzept des Verfassungspatriotismus vgl. auch Schelsky, Helmut: Über das Staatsbewußtsein, in: Die politische Meinung 185, (1979), S. 30-35

[884] Vgl. Oevermann, Ulrich: Zwei Staaten oder Einheit? Der „dritte Weg" als Fortsetzung des deutschen Sonderweges, in: Merkur 492 (1990), S. 89-106.

[885] Vgl. zutreffend in dieser Einschätzung Gebhardt, Jürgen: Verfassungspatriotismus als Identitätskonzept der Nation, in: Aus Politik und Zeitgeschichte 14 (1993), S. 29-37, S. 31.

hat.[886] Dass die Identifikation der Bürger mit ihren politischen Institutionen und der diesen zugrundeliegenden Ordnungsidee sowie die Ausbildung einer verfassungs-patriotischen politischen Kultur mit einem nationalen Bewusstsein nicht zwangsläu-fig kollidieren muss[887], betont übereinstimmend mit Sternberger auch Alexander Schwan: „Wenn das bundesdeutsche Staatsbewußtsein als Verfassungspatriotismus sich auf das Grundgesetz und die mit ihm etablierte freiheitliche demokratische Ordnung bezieht, so hat es sein Augenmerk folglich auch ganz ausdrücklich auf das im Grundgesetz festgeschriebene Wiedervereinigungsgebot und überdies auf die im Grundgesetz angezielte Einheit Europas zu richten".[888]

Und doch, so Winkler mit Blick auf Sternberger, habe dieser versucht, der Bun-desrepublik zu einem „Wir-Gefühl" zu verhelfen, das ihre Verfassung ähnlich stark in den Mittelpunkt rücke, wie das in den USA geschehe. Das Grundgesetz sei nicht irgendeine westliche Verfassung, sondern ein Dokument, in dem sich die Erfahrun-gen der deutschen Geschichte, zumal die der Weimarer Republik und des National-sozialismus, niedergeschlagen haben; in ihm sei die deutsche Verfassungsgeschichte seit 1848/49 im Hegelschen Sinne ‚aufgehoben' worden: bewahrt und überwunden zugleich. Sternbergers „Verfassungspatriotismus" sei also alles andere als ein „a-historisches Produkt".[889]

Insofern die verfassungspatriotisch durchwirkte politische Kultur der Bundesre-publik als Fokus des Sternbergerschen Interesses eine signifikante Präzisierung der Idee der Nation auf den Typus der Staatsbürgernation, der nationalen Identitätsbil-dung über die Bürgerrechte und die Verfassungsordnung der Bundesrepublik bedeu-tet[890], ist es heute nicht einzusehen, warum die verfassungspatriotische Identität ge-gen die nationale Identität der Deutschen ausgespielt werden sollte. Zutreffend ist,

[886] Vgl. Winkler, Heinrich August: Der lange Weg nach Westen, Zweiter Band, S. 433.
[887] Vgl. in diesem Sinne die Argumentation bei Wolfrum, Edgar: Geschichtspolitik in der Bundesre-publik Deutschland, S. 292. Vgl. in diesem Sinne auch die Ausführungen bei Sutor: Bernhard: Verfas-sungspatriotismus – Brücke zwischen Nationbewußtsein und universaler politischer Ethik?, in: Behrmann, Günter C: / Schiele, Siegfried (Hrsg.): Verfassungspatriotismus als Ziel politischer Bil-dung?, S. 36-54. „Der Verfassungspatriotismus, wie ihn Dolf Sternberger verstanden hat, war der Versuch der Überwindung des engstirnigen Nationalismus durch erneuernden Rückgriff auf die eu-ropäische republikanische Tradition. Er war aber keineswegs gedacht als totale Verneinung der Nati-on. Verfassungspatriotismus ist vielmehr die dem freiheitlichen Verfassungsstaat angemessene Form nationaler Identität, die sich ihrer Relativität und der Konkurrenz mit anderen Identitäten bewußt ist und sich einer universalen Menschenrechtsethik auch politisch verpflichtet weiß." Ebd., S. 48.
[888] Vgl. Schwan, Alexander: Verfassungspatriotismus und nationale Frage: Zum Verhältnis von deut-schem Staats- und Nationalbewußtsein, in: Weidenfeld, Werner (Hrsg.): Politische Kultur und deut-sche Frage. Materialien zum Staats- und Nationalbewußtsein in der Bundesrepublik Deutschland, Köln 1989, S. 135-152, S. 143; vgl. bereits ders.: Verfassungspatriotismus und nationale Frage. Eini-ge Überlegungen zum Verhältnis von deutschem Staats- und Nationalbewußtsein, in: Hättich, Man-fred (Hrsg.): Zum Staatsverständnis der Gegenwart, München 1987, S. 85-100; vgl. auch ders.: Nati-onale Identität in Deutschland und Europa – Zum Nationsverständnis des deutschen Volkes und sei-ner Nachbarn, in: Weigelt, Klaus (Hrsg.): Heimat und Nation. Zur Geschichte und Identität der Deut-schen, Mainz 1984, S. 189-205. Florian Roth verortet die Position Schwans zutreffend als „Synthese zwischen verfassungspatriotischer und nationaler Orientierung"; vgl. dazu die Ausführungen bei Roth, Florian: Die Idee der Nation im politischen Diskurs, S. 312f.
[889] Winkler, Heinrich August: Der lange Weg nach Westen. Zweiter Band, S. 433 [Hervorhebung im O-riginal, V.K.].
[890] Vgl. Lepsius, Rainer M.: Interessen, Ideen und Institutionen, S. 245.

dass der Begriff eines nationalen Verfassungspatriotismus den völkisch ausgerichteten Nationalismus delegitimiert, jedoch nicht zugunsten jener postnationalen und
posttraditionalen politischen Identität, für die Jürgen Habermas den Verfassungspatriotismus beansprucht. Wenn der Verfassungspatriotismus die bewusste Option für
die verfassungsstaatliche Ordnungsidee westlicher Observanz, d.h. für die Staatsbürgernation, signalisiert, dann findet die nationale Identität der Gesellschaft in der
„lebenden Verfassung" eine konkret-geschichtliche Realisierung. Diese Konzeption
nationaler Identität delegitimiert jene nationalistische Ideologie, welche das soziale
Kollektiv der Nation zur höchsten Realität allen Seins erklärt und damit die Nation
sakralisiert.[891] Ein national fundierter Verfassungspatriotismus kann eine auf das je
spezifische Gemeinwesen bezogene patriotische und zugleich ausdrücklich universalistische kontrollierte kollektive Identität begründen[892], insofern sich diese an einem
allgemeinen Begriff der Humanität messen lässt.

b)   „Verfassungspatriotismus" nach Jürgen Habermas

aa)   Verfassung

Sternbergers Verfassungspatriotismus, diese – von Richard von Weizsäcker in dem
Rang einer „Wahrheit" verortete[893] – auf loyale Staatsfreundschaft abgestellte Verbindung von Verfassung und Patriotismus, die den traditionalen Patriotismus nicht
ersetzen, sondern eher dem im Zeichen der Teilung verwundeten Nationalgefühl zur
Seite gestellt werden sollte, transformierte Jürgen Habermas – als Vertreter der jüngeren Generation der Kritischen Theorie[894] – in eine kritische, traditionelles Nationalgefühl substituierende Kategorie[895].

---

[891]   Vgl. Gebhardt, Jürgen: Verfassungspatriotismus als Identitätskonzept der Nation, S. 36.
[892]   Vgl. Kluxen-Pyta, Donate: Verfassungspatriotismus und nationale Identität, in: Zeitschrift für Politik
        37 (1990), S. 119-133, S. 130.
[893]   Weizsäcker, Richard von: Patriotismus, in: Ders.: Von Deutschland nach Europa. Die bewegende
        Kraft der Geschichte, Berlin 1991, S. 23-32, S. 27; vgl. bereits ders.: Nachdenken über Patriotismus,
        in: Presse- und Informationsamt der Bundesregierung (Hrsg.): Bulletin Nr. 119, S. 1021ff. Anlass der
        Ausführungen von Weizsäckers war ein Colloquium zum 80. Geburtstag Dolf Sternbergers. In seiner
        Rede im Rahmen des Colloquiums sagte der Bundespräsident unter Bezugnahme auf Sternberger:
        „Unsere Verfassung ist eine Aufgabe. Darüber sind wir uns einig, auch wenn wir über die Wege
        streiten. Die Verfassung befreit uns nicht von der immer neuen Anstrengung, um die Erkenntnis von
        Recht und Unrecht zu ringen. Mit der Verfassung als Aufgabe aber hat der Patriotismus wieder einen
        Gegenstand bekommen, an dem er sich orientieren kann". Ebd., S. 1023; vgl. im komprimierter Dar-
        stellung: Ders.: Weltoffener Patriotismus, in: Frankfurter Allgemeine Zeitung v. 07.11. 1987.
[894]   Als Vertreter der jüngeren Generation hat Habermas, wie Michael Bock in diesem Kontext in Erinne-
        rung ruft, „die Grundgedanken und Grundintentionen der Kritischen Theorie in aktuelle sozialwis-
        senschaftliche Denk- und Forschungszusammenhänge gestellt. Von der Einleitung zur Studie *Student
        und Politik* [vgl. Habermas, Jürgen. u.a.: Student und Politik. Eine soziologische Untersuchung zum
        politischen Bewußtsein Frankfurter Studenten, Neuwied 1961] über den *Strukturwandel der Öffent-
        lichkeit* [vgl. ders.: Strukturwandel der Öffentlichkeit. Untersuchungen zu einer Kategorie der bürger-
        lichen Gesellschaft, Frankfurt a. M. 1962] und *Technik und Wissenschaft als ,Ideologie'* [vgl. ders.:
        Technik und Wissenschaft als ,Ideologie', 11. Aufl., Frankfurt a. M. 1981] bis zu dem in *Legitimati-
        onsprobleme im Spätkapitalismus* [vgl. ders.: Legitimationsprobleme im Spätkapitalismus, Frankfurt
        a. M. 1973] umrissenen sozialwissenschaftlichen Forschungsprogramm bewegt sich Habermas im

Habermas entfaltete seine Vorstellung von einem „Verfassungspatriotismus" im Kontext des „Historikerstreits", jenes Kulturkampfes der achtziger Jahre[896], der nicht nur eine „Kontroverse um die Einzigartigkeit der nationalsozialistischen Judenvernichtung"[897], sondern auch – bzw., in Anknüpfung an Heinrich August Winklers Hinweis auf einen „negativen Nationalismus" im Zeichen des Historikerstreits –, *eben deshalb* eine Debatte über das Selbstverständnis der Bundesrepublik und ihre Identität war, wie Habermas mit breiter wissenschaftlicher bzw. publizistischer Unterstützung[898] den – im Kern politischen[899] – Streit deutete.

Horizont der Kritischen Theorie". Ders.: Metamorphosen der Vergangenheitsbewältigung, S. 562. Allerdings, so Bock, argumentiere Habermas im Geist der 30er Jahre offensiv und nicht wie Horkheimer und Adorno in und nach der „Dialektik der Aufklärung" [vgl. dies.: Dialektik der Aufklärung. Philosophische Fragmente, Neuaufl., Frankfurt a. M. 1995] resignativ. „Habermas' Thema ist nicht mehr der Faschismus, sondern die (postfaschistische) Demokratie. Er versteht Kritische Theorie als Arbeit an einer Theorie der Demokratie, in welcher Gesellschaft, Kultur und Wissenschaft von den für den Faschismus anfälligen Strukturen befreit sind, und wird so zu einem der wichtigsten Exponenten der durchgehenden Demokratisierung der Demokratie. Der ‚Geist' oder die ‚Idee' der Demokratie ist danach stets gegen ihre jeweilige institutionelle Form zu sichern." Ebd., S. 562f [Hervorhebung im Original, V. K.].

[895] Vgl. Roth, Florian: Die Idee der Nation im politischen Diskurs, S. 298; vgl. ebd. auch die Ausführungen zu „Verfassungspatriotismus und postkonventionelle Identität", S. 297-301.

[896] Vgl. im Kontext die Ausführungen und die ausführliche Erörterung der verschiedenen Positionen der Antagonisten des Historikerstreits in dem Kapitel „Die Herrschaft des Verdachts und die Frage nach dem Warum?" bei Kronenberg, Volker: Ernst Nolte und das totalitäre Zeitalter, Versuch einer Verständigung, Bonn 1999, S. 17-52. Zu Verlauf und Bewertung des Historikerstreits vgl. die Analyse bei Geiss, Imanuel: Der Hysterikerstreit. Ein unpolemischer Essay, Bonn 1992; vgl. auch ders.: Die Habermas-Kontroverse. Ein deutscher Streit, Berlin 1988.

[897] Vgl. Historikerstreit Die Dokumentation der Kontroverse um die Einzigartigkeit der nationalsozialistischen Judenvernichtung, 8. Aufl., München 1991.

[898] Im Verlauf des Historikerstreits erfuhr Jürgen Habermas mitsamt seiner geschichtspolitischen Vorstellung breite Unterstützung von wissenschaftlicher bzw. publizistischer Seite; exemplarisch sei in diesem Kontext verwiesen auf Mommsen, Hans: Suche nach der ‚verlorenen Geschichte'? Bemerkungen zum historischen Selbstverständnis der Bundesrepublik, in: Historikerstreit, S. 156-173; ders.: Neues Geschichtsbewußtsein und Relativierung des Nationalsozialismus, in: Ebd., S. 174-188; vgl. auch schon ders.: Nationalismus und transnationale Integrationsprozesse in der Gegenwart, in: Aus Politik und Zeitgeschichte 9 (1980), S. 3-14; Broszat, Martin: Wo sich die Geister scheiden. Die Beschwörung der Geschichte taugt nicht als nationaler Religionsersatz, in: Ebd., S. 189-195; Wehler, Hans-Ulrich: Entsorgung der deutschen Vergangenheit? Ein polemischer Essay zum „Historikerstreit", 2. unveränderte Aufl., München 1991; Diner, Dan (Hrsg.): Ist der Nationalsozialismus Geschichte? Zur Historisierung und Historikerstreit, Frankfurt a. M. 1987; Hoffmann, Hilmar (Hrsg.): Gegen den Versuch, Vergangenheit zu biegen. Eine Diskussion um politische Kultur in der Bundesrepublik aus Anlaß der Frankfurter Römerberggespräche 1986, Frankfurt a. M. 1987; Augstein, Rudolf: Die neue Auschwitz-Lüge, in: Historikerstreit, S. 196-203; Leicht, Robert: Nur das Hinsehen macht uns frei. Wir und unsere Vergangenheit: Die deutsche Geschichte läßt sich nicht retuschieren, in: ebd., S. 361-366.

[899] Vgl. in diesem Sinne die wichtigen Anmerkungen zu Habermas' Intention bei Schulze, Hagen: Fragen, die wir stellen müssen. Keine historische Haftung ohne nationale Identität, in: Historikerstreit, S. 143-150, wo Schulze wohl zurecht feststellt: „Habermas geht es im Kern um Politik, ja eigentlich um Moral, der Angriff zielt auf wissenschaftspraktische und wissenschaftstheoretische Positionen. Nun kann sich aber eine Frage auf der einen dieser Ebenen anders darstellen als auf einer anderen; denn Wissenschaft hat mit der Welt des Seins, Moral und Politik mit der des Sollens zu tun. Man kann moralische Urteile nicht wissenschaftlich, wissenschaftliche Sätze nicht politisch begründen. Eben dies tut Habermas fortwährend". Ebd. S. 143. Grundsätzlich, so Schulze, sei die Diskussion, die Habermas eröffnet habe, „gut, wie jede Auseinandersetzung, die auf die Grundlagen zurückführt. Und nichts spricht gegen eine saftige Polemik, im Gegenteil – unser Wissenschaftsbetrieb wird dadurch

Rückblickend bemerkt Heinrich August Winkler, seine damaligen, im Verlauf des Historikerstreits vertretenen Positionen heute auffallend selbstkritisch modifizierend, dass im Verlauf der achtziger Jahre erstmals Stimmen laut geworden seien, die im Holocaust den einzigen gemeinsamen Bezugspunkt von deutsch-deutscher Identität erkennen wollten. Eine derartige Inanspruchnahme des nationalsozialistischen Genozids habe jedoch seine geschichtspolitische Instrumentalisierung bedeutet: Wie die Ermordung der Juden zu deuten war, wofür oder wogegen sie als Argument herangezogen wurde, sei folglich eine Frage des jeweiligen „deutschen Interesse" gewesen. So sei schließlich die Scham angesichts des schrecklichsten Verbrechens der deutschen Geschichte in „Sühnestolz" umgeschlagen und habe einem „negativen Nationalismus" Auftrieb gegeben – einem Gemeinschaftsgefühl mit pseudoreligiösen Zügen, wie sie auch jedem „echten" Nationalismus eigen seien. Der Wille, aus der deutschen Katastrophe zu lernen, habe so den Charakter eines pathologischen Lernprozesses annehmen können.[900] Im Unterschied zu einer solch modifizierten Deutung des „Historikerstreits" durch Winkler hält Habermas an seiner damals vertretenen Position unverändert fest. Der Historikerstreit, so Habermas, sei letztlich um die narzisstische Frage gegangen, wie wir uns – um unserer selbst willen – zu den eigenen Traditionen stellen sollen. Im offiziell bekundeten Selbstverständnis der Bundesrepublik habe es bisher eine klare und einfache Antwort gegeben, die bei von Weizsäcker nicht anders als bei Heinemann und Heuss gelautet habe, dass nationales Selbstbewusstsein in Deutschland nach Auschwitz allein aus den besseren Traditionen der kritisch angeeigneten Geschichte geschöpft werden könne. Ein nationaler Lebenszusammenhang, der einmal eine unvergleichliche Versehrung der Substanz menschlicher Zusammengehörigkeit zugelassen habe, könne sich einzig im Lichte von solchen Traditionen fortbilden, die einem durch die moralische Katastrophe belehrten, ja argwöhnischen Blick standhielten. „Sonst können wir uns selbst nicht achten und von anderen nicht Achtung erfahren. Diese Prämisse hat bisher das offi-

---

erfreulich belebt. Aber die Diskussion darf nicht mit den Mitteln manichäischer Wirklichkeitsreduktion, künstlicher Feindbilder und eigenwillig bearbeiteter Zitate [vgl. als ein Beispiel für eine „eigenwillige Bearbeitung" von Zitaten im Kontext des Historikerstreits die Ausführungen bei Schieder, Wolfgang: Der Nationalsozialismus im Fehlurteil philosophischer Geschichtsschreibung. Zur Methode von Ernst Noltes ‚Europäischem Bürgerkrieg', in: Geschichte und Gesellschaft 15 (1989), S. 89-114; vgl. ebenso bereits: Mommsen, Hans: Das Ressentiment als Wissenschaft. Anmerkungen zu Ernst Noltes ‚Der Europäische Bürgerkrieg 1917-1945. Nationalsozialismus und Bolschewismus', in: Geschichte und Gesellschaft 14 (1988), S. 495-512. Vgl. dazu Nolte, Ernst: Das Vor-Urteil als ‚strenge Wissenschaft'. Zu den Rezensionen von Hans Mommsen und Wolfgang Schieder, in: Geschichte und Gesellschaft 15 (1989), S. 537-551] geführt werden, wenn die Klärung von Problemen und Sachverhalten und nicht nur der Austausch politischer Pamphlete gewollt ist. Es geht darum, dem Gegner die Chance der sachlichen Widerlegung zu geben – und die gibt es nur dann, wenn alle Beteiligten auf den Gebrauch des moralischen Vorschlaghammers verzichten und bereit sind, dem Gegenüber wissenschaftspluralistische Legitimität zuzugestehen". Vgl. ebd. die Anmerkung von Hagen Schulze, S. 150.

[900] Vgl. Winkler, Heinrich August: Der lange Weg nach Westen. Zweiter Band, S. 444f. [vgl. demgegenüber ders.: Auf ewig in Hitlers Schatten? Zum Streit um das Geschichtsbild der Deutschen, in: Historikerstreit, S. 256-263; ders.: Abschied von den Sonderwegen. Die Deutschen vor und nach der Wiedervereinigung, in: Ders.: Streitfragen der deutschen Geschichte, München 1997, S. 123-147]: Ebd., S. 446.

zielle Selbstverständnis der Bundesrepublik getragen [...]".[901] Es sei ein Missverständnis, so Habermas, wenn „Revisionisten"[902] davon ausgingen, dass sie die Gegenwart aus Scheinwerfern beliebig rekonstruierter Vorgeschichten anstrahlen und aus diesen Optionen ein besonders geeignetes Geschichtsbild auswählen könnten.[903] Das geschärfte methodische Bewusstsein bedeute vielmehr das Ende jedes geschlossenen, gar von Regierungshistorikern verordneten Geschichtsbildes. Der durchsichtige Pluralismus der Lesarten spiegele nur die Struktur offener Gesellschaften. Er eröffne erst die Chance, die eigenen identitätsbildenden Überlieferungen mit ihren Ambivalenzen deutlich zu machen. Genau dies sei notwendig für eine kritische Aneignung mehrdeutiger Traditionen, das heißt für die Ausbildung eines Geschichtsbewusstseins, das mit geschlossenen und sekundär naturwüchsigen Geschichtsbildern ebenso unvereinbar sei wie mit jeder Gestalt einer konventionellen, nämlich einhellig und vorreflexiv geteilten Identität.[904] Ausgehend von einem diskurstheoretisch grundierten „deliberativen Politik-Begriff" entfaltet Habermas seine Argumentation hinsichtlich einer neuen Identität einer staatenübergreifenden Weltgesellschaft. Was versteht Habermas unter „deliberativer" Politik?

Die Diskurstheorie, die mit dem demokratischen Prozess stärkere normative Konnotationen verbindet als das liberale, aber schwächere als das republikanische Modell – der „Fehler" des republikanischen Modells besteht nach Ansicht von Habermas in einer „ethischen Engführung" politischer Diskurse –, nimmt von beiden Seiten Elemente auf und fügt sie auf neue Weise zusammen. In Übereinstimmung mit dem Republikanismus rückt sie den politischen Meinungs- und Willensbildungsprozess in den Mittelpunkt, ohne jedoch die rechtsstaatliche Verfassung als

---

[901] Vgl. Habermas, Jürgen: Geschichtsbewußtsein und posttraditionale Identität. Zur Westorientierung der Bundesrepublik, in: Ders.: Eine Art Schadensabwicklung, Frankfurt a. M. 1987, S. 159-179, S. 162; vgl. in diesem Sinne auch Habermas Ausführungen: Vom öffentlichen Gebrauch der Historie. Das offizielle Selbstverständnis der Bundesrepublik bricht auf, ebd., S. 243-255, S. 248. Vgl. in diesem Kontext auch bereits Habermas' Bemerkungen zu dem angeblichen Versuch einer „Entsorgung der Vergangenheit", in: Ders.: Entsorgung der Vergangenheit, in: Ders: Die Neue Unübersichtlichkeit. Kleine Politische Schriften V, Frankfurt a. M. 1985, S. 261.

[902] Als diese identifizierte Habermas Andreas Hillgruber, Ernst Nolte, Klaus Hildebrand und Michael Stürmer; der seinerzeit von Habermas erhobene Vorwurf, jener „Viererbande" (Elie Wiesel) gehe es um das „Abschütteln" der Hypotheken einer „glücklich entmoralisierten Vergangenheit" [vgl. ebd., S. 72f] hat sich als unhaltbar erwiesen, wie spätestens aus dem zeitlichen Abstand von mehr als zehn Jahren deutlich geworden sein sollte. Vgl. dazu auch - aus der Perspektive eines Rückblicks nach zehn Jahren – Kronenberg, Volker: Vom Streiten zum Schweigen, in: Das Parlament v. 20.09.96.

[903] „Trotz seines moralschweren Verdikts", so entgegnet Hagen Schulze den Feststellungen von Habermas, „werden es sich Historiker auch in Zukunft nicht nehmen lassen, ‚die Gegenwart aus Scheinwerfern beliebig rekonstruierter Vorgeschichten anzustrahlen und aus diesen Optionen ein besonders geeignetes Geschichtsbild auszuwählen', sofern ‚beliebig' sich lediglich auf die Fragestellung bezieht." Ders.: Fragen, die wir stellen müssen, in: Historikerstreit, S. 148.

[904] Vgl. Habermas, Jürgen: Eine Art Schadensabwicklung. Die apologetischen Tendenzen in der deutschen Zeitgeschichtsschreibung, in: Historikerstreit, S. 62-76, S. 74 [Hervorhebung im Original, V.K.]. Wenn unter den Angehörigen der jüngeren Generation die nationalen Symbole ihre Prägekraft verloren haben, „wenn", so Habermas weiter, „die naiven Identifikationen mit der eigenen Herkunft einem eher tentativen Umgang mit der Geschichte gewichen sind, wenn Diskontinuitäten stärker empfunden, Kontinuitäten nicht um jeden Preis gefeiert werden, wenn nationaler Stolz und kollektives Selbstwertgefühl durch den Filter universalistischer Wertorientierungen hindurchgetrieben werden – in dem Maße, wie das wirklich zutrifft", mehren sich Habermas zufolge „die Anzeichen für die Ausbildung einer postkonventionellen Identität". Ebd., S. 75.

etwas Sekundäres zu verstehen; vielmehr begreift sie Grundrechte und Prinzipien des Rechtsstaates als konsequente Antwort auf die Frage, wie die anspruchsvollen Kommunikationsvoraussetzungen des demokratischen Verfahrens implementiert werden können. Die Diskurstheorie sucht die Verwirklichung einer deliberativen Politik nicht von einer kollektiv handlungsfähigen Bürgerschaft abhängig zu machen, sondern von der Institutionalisierung entsprechender Verfahren. Sie operiert nicht länger mit dem Begriff eines im Staat zentrierten gesellschaftlichen Ganzen, das als zielorientiert handelndes Subjekt im großen vorgestellt wird und verabschiedet jegliche bewusstseinsphilosophischen Denkfiguren, die es nahelegen, die Selbstbestimmungspraxis der Bürger einem gesamtgesellschaftlichen Subjekt zuzuschreiben oder die anonyme Herrschaft der Gesetze auf konkurrierende Einzelsubjekte zu beziehen. Dort wird die Bürgerschaft wie ein kollektiver Akteur betrachtet, der das Ganze reflektiert und für es handelt; hier fungieren die einzelnen Akteure als abhängige Variable in Machtprozessen, die sich blind vollziehen, weil es jenseits individueller Wahlakte keine bewusst vollzogenen kollektiven Entscheidungen geben kann. Demgegenüber rechnet die Diskurstheorie mit der höherstufigen Intersubjektivität von Verständigungsprozessen, die sich einerseits in der institutionalisierten Form von Beratungen in parlamentarischen Körperschaften sowie andererseits im Kommunikationsnetz politischer Öffentlichkeiten vollziehen. Diese subjektlosen Kommunikationen, innerhalb und außerhalb der politischen, auf Beschlussfassung programmierten Körperschaften, bilden Arenen, in denen eine mehr oder weniger rationale Meinungs- und Willensbildung über gesamtgesellschaftlich relevante Themen und regelungsbedürftige Materien stattfinden kann. Die informelle Meinungsbildung mündet in institutionalisierte Wahlentscheidungen und legislative Beschlüsse, durch welche die kommunikativ erzeugte Macht in administrativ verwendbare Macht transformiert wird.[905]

Ausgehend von diesem „deliberativen" Politikverständnis betont Habermas nun, die neue Identität einer staatenübergreifenden Weltgesellschaft könne weder auf ein bestimmtes Territorium bezogen, noch auf eine bestimmte Organisation gestützt sein: „Die neue Identität kann nicht mehr durch Zugehörigkeiten oder Mitgliedschaften bestimmt sein, die, wenn sie formell geregelt sind, durch Eintritts- und Austrittsbedingungen spezifiziert sind (z.B. Staatenangehörigkeit, Parteizugehörigkeit usw.). Auch die kollektive Identität ist heute nur noch in reflexiver Gestalt denkbar, nämlich so, daß sie *im Bewußtsein allgemeiner und gleicher Chancen der Teilhabe an solchen Kommunikationsprozessen begründet ist, in denen Identitätsbildung als kontinuierlicher Lernprozeß stattfindet.*"[906] Dabei hätten derartige wert- und normbildenden Kommunikationen, wie Habermas weiterhin betont, keineswegs immer die Präzisionsform von Diskursen, und sie seien keineswegs immer institutionalisiert, d.h. an bestimmten Orten zu bestimmten Zeiten erwartbar. Sie blieben häufig diffus, würden unter sehr verschiedenen Definitionen in Erscheinung treten

---

[905] Ders.: Drei normative Modelle der Demokratie: Zum Begriff der deliberativen Politik, in: Münkler, Herfied: Die Chancen der Freiheit. Grundprobleme der Demokratie, München 1992, S. 11-24, S. 22f.

[906] Vgl. ders.: Können komplexe Gesellschaften eine vernünftige Identität ausbilden? Rede anläßlich der Verleihung des Hegel-Preises, in: Ders. / Henrich, Dieter (Hrsg.): Zwei Reden. Aus Anlaß des Hegel-Preises, Frankfurt a. M. 1974, S. 25-84, S. 66f [Hervorhebung im Original, V.K.].

und drängen, von der „Basis" ausströmend, in die Poren der organisationsförmig geordneten Lebensbereiche ein. Sie hätten demnach einen subpolitischen Charakter, liefen unterhalb der Schwelle politischer Entscheidungsprozesse ab, nähmen zugleich aber indirekt Einfluss auf das politische System, weil sie den normativen Rahmen der politischen Entscheidungen veränderten.

Eingedenk der Tatsache, dass sich Ansätze zu einer postnationalen, auf den Verfassungsstaat bezogenen Identität nur im Rahmen über die Bundesrepublik hinausgreifender Tendenzen entfalten und stabilisieren ließen[907], erblickt Habermas in der „vorbehaltlose[n] Öffnung der Bundesrepublik gegenüber der politischen Kultur des Westens [..] die große intellektuelle Leistung unserer Nachkriegszeit" und in einem damit korrespondierenden – an universalistische Verfassungsprinzipien gebundenen – Verfassungspatriotismus den einzigen Patriotismus, der uns dem Westen nicht entfremdet: Wer die Deutschen zu einer konventionellen Form ihrer nationalen Identität zurückrufen wolle, zerstöre die einzig verlässliche Basis – eben jenen universalistisch fundierten Verfassungspatriotismus – deutscher *Bindung* an den Westen. Aus der *Gewöhnung* an die Vorzüge einer politisch-kulturellen Anlehnung an den Westen habe eine politisch-kulturelle Westorientierung, eine entsprechende Bindung erst noch hervorgehen müssen. Die Bürger mussten sich von der normativen Substanz der im Westen ausgebildeten politischen Traditionen überzeugen und in den eigenen Traditionen das verstümmelte Erbe von Humanismus und Aufklärung wiederentdecken. Eine Republik, so Habermas, sei letztlich so stabil, wie die Prinzipien der Verfassung sich in den Überzeugungen und Praktiken ihrer Bürger verankerten. Eine solche Mentalität könne sich nur im Kontext einer freiheitlichen und streitbaren politischen Kultur herausbilden und komme durch Kritik und Auseinandersetzung in den Arenen einer nicht-entmündigten, Argumenten noch zugänglichen Öffentlichkeit zustande. Ein solches, mit administrativen Mitteln nicht herstellbares Geflecht aus Motiven und Gesinnungen, Kommunikationsformen und Praktiken sei der Gradmesser für die politische Zivilisierung eines Gemeinwesens: „Meine These ist nun, daß sich die Bundesrepublik erst in dem Maße politisch zivilisiert hat, wie sich unsere Wahrnehmungssperren gegen einen bis dahin undenkbar gewesen Zivilisationsbruch gelockert haben. Wir mußten lernen, uns mit einer traumatischen Vergangenheit öffentlich zu konfrontieren."[908]

---

[907] Ders.: Eine Art Schadensabwicklung, Frankfurt a. M. 1987, S. 169. „Damit", so bemerkt Jürgen Gebhardt unter Bezugnahme auf diese Passage bei Habermas, „wird Sternbergers Intention in ihr Gegenteil verkehrt. Sternberger wollte eine alteuropäische pränationale Tradition des Patriotismus [...] in Erinnerung rufen, nicht aber einen Entwurf für eine zukünftige postnationale und posttraditionelle Identität der modernen Industriegesellschaft liefern". Vgl. ders.: Verfassung und politische Kultur in Deutschland, in: Ders. (Hrsg.): Verfassung und politische Kultur, Baden-Baden 1999, S. 15-32, S 20.

[908] Habermas, Jürgen: Eine Art Schadensabwicklung, in: Historikerstreit, S. 75f. Vgl. dazu auch Habermas' Ausführungen in: Ders.: Was bedeutet ‚Aufarbeitung der Vergangenheit' heute?, in: Ders.: Die Normalität einer Berliner Republik. Kleine Politische Schriften VIII, Frankfurt a. M. 1995, S. 21-45; vgl. ebd. auch Habermas' Ausführungen „Antworten auf Fragen einer Enquête-Kommission des Bundestags", S. 46-71, wo Habermas betont: „Was die Bürger einer durch gesellschaftlichen, kulturellen und weltanschaulichen Pluralismus bestimmten Gesellschaft einigt, sind zunächst nur die abstrakten Grundsätze und Verfahren einer künstlichen, nämlich im Medium des Rechts erzeugten republikanischen Ordnung. Diese Verfassungsprinzipien können in den Motiven der Bürger erst Wurzeln schlagen, nachdem die Bevölkerung mit ihren demokratischen Institutionen gute Erfahrungen

Im Zeichen jenes glücklichen und zugleich im „Schatten" von 1945 stehenden Datums von 1989[909] unterzieht Habermas das Verhältnis von „Staatsbürgerschaft und nationaler Identität" infolge der „mobil gewordenen Zeitgeschichte"[910] – deutsche Einigung, aufbrechende Nationalitätenkonflikte in Osteuropa, Zusammenwachsen der europäischen Staatengemeinschaft[911] – insofern einer kritischen Reflexion, als deren Ergebnis als Postulat eines „europäischen Verfassungspatriotismus" formuliert wird, d.h. eines der postnationalen Gesellschaft korrespondierenden Patriotismus', der, anders als der amerikanische, aus verschiedenen nationalgeschichtlich imprägnierten Deutungen derselben universalistischen Rechtsprinzipien zusammenwachsen müsse. Habermas spricht hinsichtlich der Herausbildung eines solchen europäischen Verfassungspatriotismus von der Möglichkeit der Ausdifferenzierung der verschiedenen nationalen Kulturen zu einer gemeinsamen politischen Kultur, so dass eine Differenzierung zwischen einer europaweiten *politischen* Kultur und den seit der frühen Moderne sich verzweigenden *nationalen* Traditionen in Kunst und Literatur, Geschichtsschreibung, Philosophie eintreten würde.[912]

---

gemacht und sich an Verhältnisse politischer Freiheit *gewöhnt* hat. Dabei lernt sie auch, die Republik und deren Verfassung aus dem jeweils eigenen nationalen Zusammenhang als Errungenschaft zu begreifen. Ohne eine solche historische Vergegenwärtigung können verfassungspatriotische Bindungen nicht entstehen", wie Habermas unter Bezugnahme auf 1848 und 1871 sowie das „Entsetzen über eine Menschheitskatastrophe – mit unerhörten Opfern" bemerkt. Ebd., S. 48 [Hervorhebung im Original, V.K.]. „Daß sich in einer kulturell hoch zivilisierten Gesellschaft wie der deutschen eine liberale politische Kultur erst *nach* Auschwitz hat ausbilden können, ist eine schwer zu fassende Wahrheit. Daß sie sich durch Auschwitz, durch die Reflexion auf das Unbegreifliche, ausgebildet hat, ist weniger schwer zu verstehen, wenn man bedenkt, was Menschenrechte und Demokratie im Kern bedeuten: nämlich die einfache Erwartung, niemanden aus der politischen Gemeinschaft auszuschließen und die Integrität eines jeden in seiner Andersheit gleichermaßen zu achten". Ders.: 1989 im Schatten von 1945. Zur Normalität einer künftigen Berliner Republik, in: Ders.: Die Normalität einer Berliner Republik, S. 167-188, S. 169f [Hervorhebung im Original, V.K.].
[909]   Vgl. ebd., S. 187.
[910]   Vgl. ders.: Staatsbürgerschaft und nationale Identität, in: Ders.: Faktizität und Geltung. Beiträge zur Diskurstheorie des Rechts und des demokratischen Rechtsstaates, 4. Aufl., Frankfurt a. M. 1994, S. 632-660, S. 632.
[911]   Vgl. ebd. Habermas' Ausführungen zu dem Verhältnis von „Nationalstaat und Demokratie im geeinten Europa", S. 643-651.
[912]   Vgl. ebd., S. 651.

bb)   Patriotismus

Überzeugt von einem „Irrweg des Nationalstaats" in Zeiten der Globalisierung[913] und unter Zurückweisung eines „Europas der Vaterländer"[914] akzentuiert Habermas jene historisch einschneidende Erfahrung, die die europäischen Völker durchaus verbinde. Die Europäer hätten in den Katastrophen von zwei Weltkriegen gelernt, dass sie jene Mentalitäten überwinden müssten, in denen die nationalistischen Ausschließungsmechanismen wurzelten. Warum solle daraus folglich nicht das Bewusstsein einer politisch kulturellen Zusammengehörigkeit erwachsen – zumal vor dem breiten Hintergrund von geteilten Traditionen, die weltgeschichtliche Bedeutung erlangt hätten, sowie auf der Grundlage einer Interessenverflechtung und Kommunikationsdichte, die in Jahrzehnten der ökonomisch erfolgreichen Europäischen Gemeinschaft entstanden seien?[915] Der „nächste Integrationsschub zur postnationalen Vergesellschaftung" in Europa hänge nicht, wie Habermas hervorhebt, von dem Substrat eines „europäischen Volkes", sondern von dem Kommunikationsnetz einer europaweiten politischen Öffentlichkeit ab, die eingebettet sei in eine gemeinsame politische Kultur, die getragen werde von einer Zivilgesellschaft mit Interessenverbänden, nichtstaatlichen Organisationen, Bürgerinitiativen und -bewegungen, und die eingenommen werde von Arenen, in denen sich die politischen Parteien unmittelbar auf die Entscheidungen europäischer Institutionen bezögen und sich, über Fraktionszusammenschlüsse hinaus, zu einem Parteiensystem entwickeln könnten.[916] Grundsätzlich betont Jürgen Habermas mit Blick auf die Frage, ob Europa auf dem Weg zu einem „künftigen europäischen Bundesstaat"[917] eine Verfassung brauche, dass ein kommunikationstheoretisches Verständnis von Demokratie sich „nicht

---

[913]   Vgl. Glotz, Peter: Der Irrweg des Nationalstaats, Stuttgart 1990. Vgl. in diesem Kontext Habermas' Überlegungen zu den verschiedenen Tendenzen der Globalisierung und den korrespondierenden Problemen, „die innerhalb des nationalstaatlichen Rahmens nicht mehr bewältigt werden können. Die Aushöhlung der nationalstaatlichen Souveränität wird fortschreiten und den weiteren Ausbau politischer Handlungsfähigkeiten auf supranationaler Ebene nötig machen. ‚Globalisierung' bedeutet andererseits einen Schritt der Abstraktion, der den ohnehin brüchigen sozialen Zusammenhalt nationaler Gesellschaften gefährdet. Dieser Abstraktionsschritt setzt einen Prozeß fort, den wir aus der europäischen Neuzeit kennen. Auf die Herausforderung, eine neue Form der gesellschaftlichen Integration zu finden, war seinerzeit die Organisationsform des Nationalstaats eine überzeugende Antwort. Das legt die Konsequenz nahe, dass wir uns gerade dann, wenn wir heute mit Willen und Bewusstsein den Weg in postnationale Gesellschaften beschreiten, am Beispiel der Integrationsleistungen des Nationalstaats orientieren sollten. Andernfalls werden nur neue Organisationen entstehen, während Rechtsstaat und Demokratie auf der Strecke bleiben". Ders.: 1989 im Schatten von 1945. Zur Normalität einer künftigen Berliner Republik, S. 174f. Vgl. dazu und im Kontext auch ders.: Jenseits des Nationalstaats? Bemerkungen zu Folgeproblemen der wirtschaftlichen Globalisierung, in: Beck, Ulrich (Hrsg.): Politik der Globalisierung, Frankfurt a. M.1998, S.67-84.

[914]   Vgl. Habermas, Jürgen: Inklusion – Einbeziehen oder Einschließen? Zum Verhältnis von Nation, Rechtsstaat und Demokratie, in: Ders.: Die Einbeziehung des Anderen. Studien zur politischen Theorie, 2. Aufl., Frankfurt a.M. 1997, S. 154-184, S. 180ff.

[915]   Habermas stellt diese Frage nicht zuletzt angesichts der von Hermann Lübbe formulierten These, dass es die „Vereinigten Staaten von Europa" nicht geben werde. Vgl. ders.: Abschied vom Superstaat. Die Vereinigten Staaten von Europa wird es nicht geben, Berlin 1994. Vgl. Habermas' Ausführungen zu Lübbe in ders.: Inklusion – Einbeziehen oder Einschließen?, Zum Verhältnis von Nation, Rechtsstaat und Demokratie, S. 182f.

[916]   Ebd., S. 184.

[917]   Vgl. ders.: Staatsbürgerschaft und nationale Identität, S. 643.

länger auf den konkretistischen Begriff des ‚Volkes' stützen [könne, V.K.] der dort, wo nur noch Heterogenes anzutreffen ist, Homogenität vorspiegelt."[918] Habermas stellt hierbei auf die Möglichkeit ab, dass die Formen und Verfahren des Verfassungsstaates mit dem demokratischen Legitimationsmodus zugleich eine neue Ebene des sozialen Zusammenhangs erzeugen könnten. Die demokratische Staatsbürgerschaft – im Sinne von *citizenship* – stifte eine vergleichsweise abstrakte, jedenfalls rechtlich vermittelte Solidarität unter Fremden, wobei sich diese zunächst mit dem Nationalstaat auftretende Form der sozialen Integration in Gestalt eines bis in die politische Sozialisation eingreifenden Kommunikationszusammenhangs verwirkliche. Zwar sei dieser Kommunikationszusammenhang auf die Erfüllung wichtiger, mit administrativen Mitteln nicht einfach herstellbarer Funktionserfordernisse angewiesen – wozu Bedingungen gehörten, unter denen sich auch ein ethisch-politisches Selbstverständnis der Bürger kommunikativ ausbilden und reproduzieren kann – keineswegs gehöre zu diesen Bedingungen jedoch eine vom demokratischen Prozess selbst unabhängige und insoweit vorgegebene kollektive Identität. Was eine Nation von Staatsbürgern – im Unterschied zur Volksnation – einige, so Habermas, sei kein vorgefundenes Substrat, sondern ein intersubjektiv geteilter Kontext möglicher Verständigung.[919]

Aus dieser Perspektive erscheint das ethisch-politische Selbstverständnis der Bürger eines demokratischen Gemeinwesens nicht als die historisch-kulturelle Voraussetzung, welche die demokratische Willensbildung ermöglicht, sondern als „Flußgröße in einem Kreisprozeß", der durch die rechtliche Institutionalisierung einer staatsbürgerlichen Kommunikation überhaupt erst in Gang kommt[920]. So ist nach Habermas zu erwarten, dass die politischen Institutionen, die durch eine Europäische Verfassung geschaffen würden, eine induzierende Wirkung haben. Nichts spreche *a fortiori* dagegen, dass sich, sofern der politische Wille da sei, in einem ökonomisch, gesellschaftlich und administrativ längst zusammenwachsenden Europa, welches sich zumal auf einen gemeinsamen kulturellen Hintergrund und die geteilte historische Erfahrung des glücklich überwundenen Nationalismus stützen könne, der politisch notwendige Kommunikationszusammenhang herstellen könne, sobald er verfassungsrechtlich – und eben, im Zeichen des Multikulturalismus, verfassungspatrio-

---

[918]   Ebd., S. 191.

[919]   Vgl. ders.: Braucht Europa eine Verfassung? Eine Bemerkung zu Dieter Grimm, in: Ders.: Die Einbeziehung des Anderen, S. 185-191. Ebd., S. 188f.

[920]   In Auseinandersetzung mit kommunitaristischen Argumentationsmustern betont Habermas nachdrücklich, dass die „Identität des politischen Gemeinwesens, die auch durch Immigration nicht angetastet werden darf, [..] primär an den in der politischen Kultur verankerten Rechtsprinzipien und nicht an einer besonderen ethnisch-kulturellen Lebensform im ganzen [hänge, V. K.]. Das demokratische Recht auf Selbstbestimmung schließt gewiss das Recht auf Bewahrung einer eigenen *politischen* Kultur ein, die für die Staatsbürgerrechte einen konkreten Kontext bildet; es schließt aber nicht das Recht auf die Selbstbehauptung einer privilegierten *kulturellen* Lebensform ein. Im Rahmen der Verfassung eines demokratischen Rechtsstaates können vielfältige Lebensformen gleichberechtigt koexistieren. Diese müssen sich allerdings in einer gemeinsamen politischen Kultur überlappen, welche wiederum für Anstöße von seiten neuer Lebensformen offen ist. Allein eine demokratische Staatsbürgerschaft, die sich nicht partikularistisch abschließt, kann im übrigen den Weg bereiten für einen *Weltbürgerstatus*, der heute schon in weltweiten politischen Kommunikationen Gestalt annimmt". Ders.: Staatsbürgerschaft und nationale Identität, S. 658f [Hervorhebung im Original, V. K.].

tisch – angebahnt sei.[921] Eine liberale politische Kultur, so verknüpft Habermas *Verfassungspatriotismus* mit *Multikulturalismus*, solle insofern als gemeinsamer Nenner eines Verfassungspatriotismus fungieren, als dieser seinerseits zugleich den Sinn für die Vielfalt und die Integrität der verschiedenen koexistierenden Lebensformen einer multikulturellen Gesellschaft schärfe. Die ethische Imprägnierung – im Sinne einer motivationalen Verankerung der Bürger im Staatswesen – des Verfassungspatriotismus dürfe *nicht* die Neutralität der Rechtsordnung gegenüber den auf subpolitischer Ebene ethisch integrierten Gemeinschaften beeinträchtigen; er müsse vielmehr den Sinn für die differentielle Vielfalt und Integrität der verschiedenen koexistierenden Lebensformen einer multikulturellen Gesellschaft schärfen. Die Aufrechterhaltung der Differenz zwischen beiden Ebenen der Integration ist für Habermas entscheidend. Sobald diese Differenz nicht gewahrt bleibt, usurpiert die Mehrheitskultur staatliche Privilegien auf Kosten der Gleichberechtigung anderer kultureller Lebensformen und negiert deren Anspruch auf reziproke Anerkennung. Die Neutralität des Rechts gegenüber ethischen Differenzierungen im Inneren erklärt sich für Habermas schon daraus, und damit schließt sich die Argumentationskette, dass in komplexen Gesellschaften die Gesamtheit der Bürger nicht mehr durch einen substantiellen Wertkonsens zusammengehalten werden kann, sondern nur noch durch einen Konsens über das Verfahren legitimer Rechtsetzung und Machtausübung.[922]

cc)   Kritik

Kann, so lautet die zentrale Frage an ein Konzept des „Verfassungspatriotismus", wie es Jürgen Habermas in Abweichung von Sternberger *jenseits* konkreter Nationalstaatlichkeit versteht, kann eine Verfassung als rationales Konstrukt, das offenbar mit gefühlsbetontem Engagement wenig verbindet[923], Identität begründen?[924] Ist es nicht eine ahistorische Sicht, die gerade aktuelle Verfassung aus ihrer Entstehungsgeschichte herauszulösen und sie nicht als Ergebnis der deutschen Geschichte, der deutschen Kultur zu betrachten?[925] Auch wenn es die westlichen Alliierten waren, die die wesentlichen Eckpfeiler des Grundgesetzes festlegten, wurde die eigene totalitäre Erfahrung doch zum tragenden Fundament der bundesrepublikanischen Ver-

---

[921] Vgl. ebd., S. 191. Auch dürfte Erfordernis einer gemeinsamen Sprache „Englisch als second first language" nach Ansicht von Habermas beim gegenwärtigen Stand der formalen Schulbildung kein unüberwindliches Hindernis darstellen. „Europäische Identität", so Habermas, „kann ohnehin nichts anderes bedeuten als Einheit in der nationalen Vielfalt". Vgl. ebd.

[922] Vgl. dazu Habermas' Konkretisierung in: Ders.: Anerkennungskämpfe im demokratischen Rechtsstaat, in: Taylor, Charles: Multikulturalismus, 2. Aufl., Frankfurt a. M. 1993, S. 147ff, Vgl. ebd., S. 178f; vgl. im Kontext auch die Ausführungen von Habermas in ders.: Wahrheit und Wahrhaftigkeit. Die Freiheit der Selbstvergewisserung und des Selbsteinkönnens, in: Die Zeit v. 08.12. 1995.

[923] Vgl. Korte, Karl-Rudolf: Der Standort der Deutschen. Akzentverlagerungen der deutschen Frage seit den siebziger Jahren, S. 79.

[924] Zehnpfennig, Barbara: Was eint die Nation? Verfassungspatriotismus ist zuwenig: Eine Kultur, die sich ernst nimmt, muß im Angesicht der nationalen Geschichte integrativ sein wollen, in: Frankfurter Allgemeine Zeitung v. 27. 12. 2000.

[925] Von einer „radikalen" bzw. „rücksichtslosen" Gewichtsverlagerung der Bedeutung des „Verfassungspatriotismus" im Habermasschen Modell gegenüber der ursprünglichen Intention bei Sternberger spricht Florian Roth; vgl. ders.: Die Idee der Nation im politischen Diskurs, S. 301.

fassung. Deshalb spricht die Präambel von der Verantwortung vor Gott und den Menschen, deshalb ist die Achtung vor der Menschenwürde der Auftrag, der bereits im ersten, alles andere begründenden Artikel erteilt wird. In der Verfassung manifestiert sich die nationale Geschichte. Es ist ein Irrtum, davon auszugehen, man könne das nationale Element auf diese Weise tilgen. Denn, so gilt es zu bedenken: Wer sich dem deutschen Volk allein über die aktuelle Verfassung zugehörig fühlt, braucht keine Verpflichtung zu empfinden, die Rechtsnachfolge des vorangegangenen Regimes anzutreten. Der Zusammenhang ergibt sich erst über die Zugehörigkeit zu einer historisch konkreten Nation bzw. dem jeweiligen Volk, verstanden als „Grund der Verfassung", wie Josef Isensee in Entgegensetzung zu Habermas betont[926], das sich einmal dieses, einmal jenes politische System gab und trotz dieser Verschiedenheit der politischen Ordnungen etwas Gleichbleibendes bewahrte, das dazu nötigt, auch die Verantwortung für das Vergangene zu übernehmen.[927]

Nicht nur im retrospektiven Blick auf die deutsche Wiedervereinigung und jene drei Jahre zuvor entfachte Kontroverse um die geschichtliche Identität der Deutschen[928] wird berechtigte Kritik an dem von Habermas postulierten deutschen bzw. sodann europäisch-abstrahierten Verfassungspatriotismus deutlich, wie sie Ernst-Wolfgang Böckenförde formuliert, wenn er darauf verweist, dass die deutsche Wiedervereinigung 1990 die Nation – die *deutsche Nation* – unvermeidlich wieder auf die politische Bühne gebracht und aus der teilungsbedingten Quarantäne entlassen habe. Entsprechend könne der Rückgriff auf das emotional bindungsfähige Wir-Bewusstsein der Nation nicht mehr umgangen werden, was aber *nicht* ausschließe, dass nationales Bewusstsein eine Veränderung erfahre.[929] Bereits im Jahre 1989 gab Hermann Lübbe – exemplarisch für weitere Kritiker wie Hans-Peter Schwarz[930] oder Eckart Klein[931] – mit Blick auf „Patriotismus, Verfassung und verdrängte Geschich-

---

[926] Vgl. Isensee, Josef: Das Volk als Grund der Verfassung, Opladen..; Vgl. auch ders.: Staat und Verfassung, in: Ders. / Kirchhof, Paul: Handbuch des Staatsrechts der Bundesrepublik Deutschland, Band I, S. 594, wo Isensee mit Blick auf das Grundgesetz betont, dass die demokratische Gründung der Verfassung „auf den Willen des deutschen Volkes in seiner Ganzheit" zurückzuführen sei. In der Präambel des Grundgesetzes von 1949 sei „die Identität des geteilten Volkes rechtlich definiert, desgleichen die Position des neuen Partikularstaates als des Transitoriums zwischen der zerstörten und der wiederzugewinnenden gesamtdeutschen Staatlichkeit" rechtlich definiert worden.

[927] Vgl. Zehnpfennig, Barbara: Was eint die Nation? Verfassungspatriotismus ist zuwenig: Eine Kultur, die sich ernst nimmt, muß im Angesicht der nationalen Geschichte integrativ sein wollen, in: FAZ v. 27. 12. 2000.

[928] Vgl. Stürmer, Michael: Was Geschichte wiegt, in: Historikerstreit, S. 293-295, S. 295; vgl. auch ders.: Geschichte in einem geschichtslosen Land, ebd., S. 36-38.

[929] Vgl. Böckenförde, Ernst-Wolfgang: Die Nation –Identität in Differenz, in: Ders.: Staat, Nation, Europa. Studien zur Staatslehre, Verfassungstheorie und Rechtsphilosophie, Frankfurt a. M.1999, S. 34-58, S. 56f; vgl. analog ders.: Die Nation, in: Frankfurter Allgemeine Zeitung v. 30.09.1995.

[930] Vgl. die von Hans-Peter Schwarz artikulierten Bedenken gegenüber der Konzeption des Verfassungspatriotismus im Sinne von Habermas in: Ders.: Patriotismus. Ein ruhiges deutsches Selbstbewußtsein würde Europa stärken, in: Die politische Meinung 232 (1987); vgl. auch ders.: Patriotismus in Europa aus der Sicht der Zeitgeschichte, in: Weigelt, Klaus (Hrsg.): Patriotismus in Europa, Bonn 1988, S. 21-43; vgl. ebd., S. 38, wo Schwarz von einem „etwas akademisch klingenden Begriff ‚Verfassungspatriotismus'" spricht.

[931] Vgl. Klein, Eckart: Die Staatsräson der Bundesrepublik, in: Hailbronner, Kai (Hrsg.): Staat und Völkerrechtsordnung. Festschrift für Karl Doehring, Berlin 1989, S. 459-478. Eckart kritisiert an Habermas' Konzeption vor allem die Überschätzung des Abstraktionsvermögens der Menschen. In einer

te"[932] als Gegner des Begriffs zu bedenken, „Verfassungspatriotismus" könne nur sinnvoll angewandt werden, wenn seine Rückkoppelung an die spezifisch deutsche Verlegenheit, die Schwierigkeit, die „wir mit unserer eigenen Geschichte haben" – eine Rückkoppelung also, wie sie bei Dolf Sternberger deutlich vorhanden war! – erkennbar werde. Insofern es sich um einen spezifisch deutschen Begriff handele, könne er nicht jenseits der Grenzen auf beliebig andere Verhältnisse angewandt werden.[933] Einen grundsätzlichen und einleuchtenden Vorbehalt gegenüber der diskurstheoretischen Argumentation von Jürgen Habermas artikuliert Helmut Grindt, indem er gegen die Konzeption eines praktischen Diskurses als eines metapraktischen Verfahrens der Problematisierung und Generierung von Normen praktischen und politischen Handelns einwendet, dass alle interpersonalen Beziehungen und damit auch der praktische Diskurs nicht nur sprachliche, sondern auch *praktische* Voraussetzungen haben, die wie jene als Möglichkeitsbedingungen des Diskurses weder problematisiert noch durch Konsens generiert werden können. Um in ein norm-problematisierendes diskursives Verfahren eintreten zu können, müssen über die Grundnormen vernünftigen Redens hinaus auch schon praktische Vernunftnormen erfüllt sein und zwar die apriorischen Grundnormen der Anerkennung aller aktuellen wie potentiellen Diskursteilnehmer als vernünftige Subjekte. Vernünftige Rede wird grundsätzlich aber erst möglich auf dem Grund von wechselseitiger Anerkennung, wobei der Akt praktischer Anerkennung der Diskursteilnehmer nicht einfach als Selbstverständlichkeit rational bestimmter Kommunikation angesehen werden darf, sondern die Erfüllung einer kategorischen Forderung beinhaltet, die Kant in der zweiten Formel seines kategorischen Imperativs formuliert hat. Die praktische Forderung nach Anerkennung vernünftiger Subjekte als solcher folgt für

---

„Verfassung" könne man allenfalls im übertragenen, keinesfalls im eigentlichen Sinn des Wortes siedeln. Vgl. ebd., S. 466.

[932] Vgl. Lübbe, Hermann: Patriotismus, Verfassung und Verdrängte Geschichte. Diskussion zwischen Micha Brumlik und Hermann Lübbe, in: Neue Gesellschaft/Frankfurt Hefte 5 (1989), S. 408-415.

[933] Ebd., S. 408. „Die Verwendungsfähigkeit des Begriffes", so betont Lübbe in diesem Kontext in Abgrenzung zu einer „puren deutsche Arroganz", im Verfassungsbegriff die „höchstentwickelte Form" des Patriotismus erkennen zu wollen, „hängt mit dem der ‚Identität' zusammen. Identität – das ist nichts anderes als die Antwort auf die Frage, wer wir sind. Dies gilt auch für Institutionen und schließlich sogar für Nationen. Nun ist menschliches Leben nicht führbar ohne letztinstanzliche Selbstakzeptanz der eigenen Identität, insbesondere hinsichtlich der Dinge, die indisponibel sind: die Geburt als Mann oder Frau, als Deutscher oder nicht. Die elementare Aufgabe, seine Identität zu akzeptieren, ist trivial; weniger banal ist es, wenn wir dies auf die Nationen übertragen. Dann läßt sich sagen, daß wir ein Maß unseres Selbstgefühls, d.h. ein Maß der Fähigkeit der Zustimmung zu uns selbst haben, an dem Ausmaß der jeweils eigenen Vergangenheit, zu der wir uns zustimmend verhalten können. Und die Deutschen haben eben unter allen vergleichbaren Nationen damit die größten Probleme. Entsprechend schwach ist ihr Selbstgefühl. Dies alles spiegelt sich in der Zurücknahme des Patriotismus auf ein so ätherisches Gebilde, wie es der Verfassungspatriotismus ist. Daß man diesen so erfolgreich hat propagieren können, hängt mit der Natur des Nationalsozialismus zusammen. Sie können den Nationalsozialismus [...] als ein bürger- und menschenrechtsverletzendes, totalitäres Regime charakterisieren. In Erinnerung daran bekundet dieses Wort ‚Verfassungspatriotismus' in glaubwürdiger Weise den ernsthaften Willen, mit der Rechtsbindung der Politik Ernst zu machen. Insoweit läßt sich aus der bundesdeutschen Verfassung schon ein bescheidenes Selbstgefühl ableiten. Gleichwohl genügt ein Blick ins Ausland, um die Absurdität zu erkennen, einem Holländer oder Briten, Polen oder Russen den Verfassungspatriotismus als die höhere Form des Patriotismus anempfehlen zu wollen [...]". Ebd., S. 408f.

Kant unmittelbar aus der Vernunftfähigkeit aller aktuellen wie potentiellen Diskursteilnehmer. Entscheidend aber ist, dass es sich dabei um eine kategorische Forderung handelt, die für Kant ebenfalls unmittelbar und zwar aus der von ihm postulierten Autonomie menschlicher Freiheit folgt, die es zu respektieren gilt. Eine Einlö-
sung dieser kategorischen Anerkennungsforderung ist die apriorische Bedingung der
Möglichkeit aller diskursiven Normproblematisierung. Im Hinblick auf den im Diskurs zu erzielenden Normkonsens bedeutet das, dass ohne vorherige Erfüllung der
unbedingten praktischen Vernunftforderung nach Anerkennung der Diskursteilnehmer als vernünftige Subjekte ein diskursiv zu erzielender und insofern bedingter
Normkonsens nicht möglich ist. Gegenüber diesen seinen objektiven Voraussetzungen bleibt und muss der Diskurs ebenso naiv bleiben wie praktisches Handeln
gegenüber den im Diskurs problematisierten Handlungsnormen. Dem entspricht,
dass der kategorische Imperativ und seine Erfüllung als Bedingung der Möglichkeit
und Wirklichkeit des Diskurses sich durch transzendentale Reflexion nur aufhellen,
nicht aber selbst wiederum problematisieren lässt, ohne die Geltung des Problematisierten seinerseits schon vorauszusetzen.[934]

Neben diesen grundsätzlichen Bedenken gegenüber einer diskurstheoretischen
Argumentation im Sinne eines postnationalen Verfassungspatriotismus sind es nicht
zuletzt auch politische Gründe, die einen Verfassungspatriotismus, der sich allein
aus universalistischen Prinzipien speist, ohne den verfassungsstaatlichen und institutionellen Bezug herzustellen, problematisch erscheinen lassen. Denn mit Blick auf
die europäischen nationalstaatlichen Verhältnisse und die jeweiligen europäischen
Positionen zur eigenen Nationalstaatlichkeit muss davon ausgegangen werden, dass
der Nationalstaat mit seinen Institutionen bis auf weiteres elementare Voraussetzung
für die Gewährleistung von Freiheit bleibt. Die zivile Gesellschaft als eine befriede-
te, geordnete und kooperativ koordinierte Assoziation im weltbürgerlichen Maßstab[935] mag ein geeigneter, theoretischer Bezugspunkt für die Suche nach einer universalistischen Ethik der Zukunft sein. Sie wird aber noch lange Zeit eine Utopie
bleiben. Gleichwohl bedeutet diese Skepsis keineswegs eine Aufgabe transnationaler Ziele und weltbürgergesellschaftlicher Absichten[936]; sie zeigt sich vielmehr dem

[934] Vgl. Grindt, Helmut: Zum Problem der Legitimation politischen Handelns. Eine Auseinandersetzung
       mit Jürgen Habermas, in: Kielmansegg, Peter Graf (Hrsg.): Legitimationsprobleme politischer Sys-
       teme, Opladen 1976. Vgl. ebd., S. 63f.
[935] Vgl. im Kontext die Argumentation bei Fleischer, Helmut: Ethik ohne Imperativ. Zur Kritik des mo-
       ralischen Bewußtseins, Frankfurt a. M. 1987, S. 237.
[936] Diese Skepsis bedeutet nach Ansicht Sarcinellis auch „keinen Verzicht, die bisher nicht bewältigte
       und ungelöste verfassungspolitische Zukunftsaufgabe, den ‚Abbau der im Grundgesetz angelegten
       Spannung zwischen weltbürgerlichen Prämissen und völkisch-nationalstaatlichen Orientierungen' [so
       die frappante Formulierung bei Oberndörfer, Dieter: Vom Nationalstaat zur offenen Republik, in:
       Aus Politik und Zeitgeschichte 9 (1992), S. 24; vgl. ebenfalls die Ausführungen Oberndörfers in:
       Ders.: Kulturelle Freiheit und Verfassungspatriotismus. Die Entwicklung vom Nationalstaat zum re-
       publikanischen Europa, in: Klein, Ansgar (Hrsg.): Grundwerte in der Demokratie, Bonn 1995, S. 48-
       57. "Heute", so bemerkt Oberndörfer in diesem Kontext, „häufen sich die Stimmen, die behaupten,
       der Verfassungspatriotismus reiche für die Stiftung politischer Gemeinschaft nicht aus. Der Verfas-
       sungspatriotismus sei nichts für Herz und Gefühl. Was aber bedeutet ‚ausreichen'? Welche Kriterien
       gibt es dafür? Die Vernunft ist zunächst doch wohl ein sicherer Ratgeber und Wegweiser als bene-
       belnde nationale Gefühle. Gerade bei den Deutschen, in deren eigener Geschichte westliche Aufklä-
       rung als ‚Aufkläricht' abqualifiziert und das Gefühl zur Grundlage aller ‚echten' Erkenntnis hochsti-

Eingeständnis geschuldet, dass es effektive Garantien für Menschen- und Bürgerrechte durch internationale Instanzen trotz enger werdender internationaler Kooperation derzeit nicht gibt. Ein Ersatz für die Freiheits-, Sozial- und Bürgerrechte verbürgenden Sicherungen im Rahmen verfassungsstaatlicher Ordnungen ist nicht in Sicht, eine internationale Verfassungs- und Rechtsordnung mit Sanktionsgewalt noch weithin politische Vision.

Erweist sich schon aufgrund dieser angeführten Kritik an Habermas' „Verfassungspatriotismus"-Konzeption die These hinsichtlich eines konsensualen Abschlusses der intellektuellen Staatsgründung der Bundesrepublik [„Seitdem sich auch Jürgen Habermas mehrfach zum Verfassungspatriotismus bekannt hat, ist dieser in allen Lagern akzeptiert. Damit ist die intellektuelle Staatsgründung der Bundesrepublik im Konsens abgeschlossen"[937]] insofern als *modifizierungsbedürftig*, als dass sich die Konzeptionen eines „Verfassungspatriotismus" von Sternberger und Habermas inhaltlich *signifikant* – vor allem im Hinblick auf die Anerkennung der Nation als Bezugsgröße von Patriotismus – unterscheiden und es deshalb *den* „Verfassungspatriotismus" in der heutigen politisch-wissenschaftlichen Diskussion nicht gibt, so zeigt die Auseinandersetzung im Zeichen und in der Folge der deutschen Wiedervereinigung alt/neue Bruchstellen jenseits einer konsensual abgeschlossenen intellektuellen Selbstverständigung hinsichtlich eines verfassungszentrierten und/oder nationalen Patriotismus in Deutschland.

D   1990 – die „unerhoffte" Einheit

Das Entscheidende, so bilanziert Edgar Wolfrum die Auseinandersetzung um den angemessenen – als Pendant zu einem nationalen [im Sinne Sternbergers] oder

---

lisiert wurde, sollten bei einer solchen Sehnsucht nach Gefühl die Alarmglocken ihrer historischen Erfahrung Sturm läuten. An Gefühl und Leidenschaft hat es den Deutschen in ihrer Geschichte nie gefehlt, wohl aber an Augenmaß und Verstand". Ebd., S. 49 - eine Differenzierung der Kritik am Verfassungspatriotismus zwischen den Konzepten von Strenberger und Habermas, die erhebliche inhaltliche Unterschiede aufweisen, berücksichtigt Oberndörfer in seiner harschen Kritik der Kritiker nicht; gerade diese Differenzierung tut jedoch Not; vgl. mit analoger Entschiedenheit die Argumentation Oberndörfers in: Ders.: Sprachnation und Staatsnation. Sprache und Nationbuilding in Europa und der Dritten Welt, in: Weilemann, Peter R. u.a. (Hrsg.): Macht und Zeitkritik. Festschrift für Hans-Peter Schwarz zum 65. Geburtstag, Paderborn 1999, S. 347-369] einer Lösung näher zu bringen. Ders.: Verfassungspatriotismus und politische Bildung – oder: Nachdenken über das, was das demokratische Gemeinwesen zusammenhält, S. 61.

[937] Behrmann, Günter C.: Die Erziehung kritischer Kritiker als neues Staatsziel, in: Albrecht, Clemens u. a. (Hrsg.): Die intellektuelle Gründung der Bundesrepublik, S. 448-496. Es war, so bedarf die Feststellung Günter Behrmanns einer gewissen Modifizierung, gerade Dolf Sternberger, dessen Konzeption eines „Verfassungspatriotismus" einen breiten Konsens zu schaffen verstand, weil Sternberger die Verfassung nicht gegenüber der Nation auszuspielen bzw. mit dieser jene zu ersetzen suchte. Demgegenüber stellte Habermas qua Universalisierung und Abstrahierung des „Verfassungspatriotismus" zu einem abstrakten Normativismus den Konsens – auch wenn es ihn in der Bundesrepublik mehr implizit als explizit gab – hinsichtlich eines „Verfassungspatriotismus" wieder in Frage; Habermas' Konzeption ist heute jedenfalls nicht „in allen Lagern akzeptiert", wie Behrmann assoziiert. Auch Heinrich August Winkler kommt in diesem Kontext zu dem Ergebnis, Sternberger habe einen Standpunkt vertreten, „auf den sich die Mehrheit der ‚politischen Klasse' der Bundesrepublik verständigen konnte". Vgl. ders.: Der lange Weg nach Westen. Zweiter Teil, S. 434.

vielmehr als Substitut eines nationalen Patriotismus [im Sinne Habermas] – „Verfassungspatriotismus" im Zeichen des „Historikerstreits", aber sei gewesen, dass beide konkurrierenden Diskurse letztendlich eine Affirmation der Bundesrepublik" bewirkt hätten – der eine Diskurs, indem er die Normalität des Nationalstaats, der andere, indem er die Logik der Geschichte [„Wider Vereinigung"[938]] beschworen habe. Doch während die erste Variante über eine gesamtdeutsche „Hintertür" verfügt habe[939], habe die letztgenannte Variante der Kritiker im Historikerstreit zu einer Apologie der deutschen Teilung geführt.[940] Diese sei nicht mehr mit einer Anerken-

---

[938] Vgl. die gleichnamige „Erklärung der Hundert", veröffentlicht am 09.12.1989 in der „Frankfurter
        Rundschau" und der „Leipziger Volkszeitung", wiederabgedruckt in: Blätter für deutsche und internationale Politik 2 (1990), S. 253f. „Mit Sorge", so lautet es zu Beginn der Erklärung, „beobachten
        wir das Entstehen einer Großen Koalition pseudo-nationaler, nationalistischer und ‚patriotischer'
        Kräfte in der Bundesrepublik Deutschland. Ihre Wortführer nehmen den gegenwärtigen revolutionären Prozeß in der Deutschen Demokratischen Republik als einen ersten Schritt auf dem Wege zur
        ‚Wiedervereinigung' in Anspruch. Ohne den komplizierten Demokratisierungsprozeß bei unseren
        Nachbarn abzuwarten, wird unverhohlen ein Export der gesellschaftlichen und wirtschaftlichen Ordnung der Bundesrepublik nach Osten angepeilt. Das zielt auf Entmündigung. Wir erklären: Diese
        Großmannspolitik trifft auf die entschiedene Kritik der Unterzeichner und Unterzeichnerinnen. Der
        vielschichtige Prozeß der Annäherung beider deutscher Staaten ist in schlechten Händen, wenn seine
        Propagandisten hierzulande von wirtschaftlicher Expansion und großdeutschen Grenzen träumen. [...]
        Die Vorläufer dieser Kräfte haben bereits zweimal in diesem Jahrhundert nationale Anliegen vorgetäuscht, um sich zu bereichern und Kriege zu führen. Sie haben in Europa ein Trümmerfeld und in
        Deutschland die Teilung hinterlassen [...]".
[939] Gleichwohl, so betont Wolfrum mit Blick auf das konservative politische und wissenschaftliche
        Spektrum der Bundesrepublik, hätten "die deutschlandpolitischen Deklamationen der vergangenen
        Jahre [...] mit der operativen Politik nichts gemein" gehabt; „die Restauration des 17. Juni" habe lediglich die Affirmation des ‚normalen Nationalstaates' Bundesrepublik „symbolisch kompensieren"
        sollen. Vgl. ders.: Geschichtspolitik in der Bundesrepublik Deutschland, S. 342.
[940] Vgl. dazu und im Folgenden die Analysen des Bandes von Langguth, Gerd (Hrsg.): Die Intellektuellen und die nationale Frage, Frankfurt a. M. 1997; vgl. ebd. Langguths einleitende Überlegungen:
        „Die Intellektuellen und die nationale Frage", ebd., S. 9-16. Vgl. ebd. Auch die Ausführungen von
        Hacker, Jens: Über die Tabuisierung der nationalen Frage im intellektuellen Diskurs, S. 314-329. Für
        viele bundesdeutsche Intellektuelle, stellt Hacker zu Beginn seiner Ausführungen fest, habe der Abend des 9. November 1989 sowie der 3. Oktober 1990 „ein böses Erwachen" bedeutet: „Man hatte
        entweder aus unterschiedlichen Motiven heraus die Überwindung der Teilung Deutschlands für inopportun gehalten – oder – noch schlimmer – gar die Existenz einer ‚nationalen Frage' negiert oder
        zumindest verdrängt. Von diesen Positionen unterscheiden sich jene prominente, die der ‚Bi
        Nationalisierung' das Wort redeten und meinten, in der Bundesrepublik habe sich eine eigene Nation
        entwickelt". Ebd., S. 314. Als Vertreter einer „Bi-Nationalisierung" Deutschlands seien exemplarisch
        genannt: Mommsen, Hans: Aus Eins mach zwei. Die Bi-Nationalisierung Rest-Deutschlands, in: Die
        Zeit v. 06.02. 1981; Heß, Jürgen C.: Die Bundesrepublik auf dem Weg zur Nation, in: Neue Politische Literatur 26 (1981), S. 292-324; Best, Heinrich: Nationale Verbundenheit und Entfremdung im
        zweistaatlichen Deutschland. Theoretische Überlegungen und empirische Befunde, in: Kölner Zeitschrift für Soziologie und Sozialpsychologie 42 (1990), S. 1-19 sowie Schweigler, Gebhard: Nationalbewußtsein in der BRD und der DDR, Düsseldorf 1973 und Gaus, Günter: Texte zur deutschen
        Frage, Darmstadt 1981. Die Debatte um eine „Bi-Nationalisierung" Deutschlands, die Günter Gaus,
        durchaus nicht „unpatriotisch", da auf den Begriff der „Kulturnation" zielend [so Heinrich August
        Winkler], entfachte, wird anschaulich analysiert bei Winkler, Heinrich August: Der lange Weg nach
        Westen. Zweiter Band, a. a. O., S. 434ff. „Vergleichsweise häufig", so bemerkt Hans-Peter Schwarz
        in diesem Kontext mit Blick auf die Reservation zahlreicher Wissenschaftler gegenüber der Frage
        nach der deutschen Nation bzw. nach einer nationalstaatlichen Einheit Deutschlands, seien 1989 die
        zurückliegenden Jahrhunderte deutscher Vielstaatlichkeit positiv beleuchtet worden – eine bemerkenswerte Umkehrung der Mittelalter-Perzeption seit der Reichsgründung im Sinne der Kontinuität
        von mittelalterlichem Reich und preußisch-deutschem Einheitsstaat. Darin kam zugleich eine histo-

nung der politischen Realitäten oder mit europa-, friedens- oder sicherheitspoliti-
schen Argumenten erklärt, sondern mit einem geschichtspolitisch motivierten impe-
rativen Moralismus gerechtfertigt worden.[941] So blieb „Auschwitz" nicht nur weiterhin Konstituens bundesdeutschen Selbstverständnisses und Wertehorizonts, vielmehr entstand eine aus Auschwitz abgeleitete Verzichtsethik, welche die Teilung als
„gerechte Strafe" klassifizierte und im Umkehrschluss auch noch die totalitäre
DDR-Diktatur[942] durch ihre „antifaschistische Staatsräson" indirekt zu legitimieren

---

riographische Neuentdeckung und Neubewertung des Alten Reiches, auch des Deutschen Bundes
zum Ausdruck, die als solche mit der nationalen Frage erst einmal nichts zu tun hatte, nach Meinung
mancher aber eben doch eine aktuelle Nutzanwendung erlaubte." Ders.: Mit gestopften Trompeten –
Die Wiedervereinigung Deutschlands aus der Sicht westdeutscher Historiker, in: Geschichte in Wissenschaft und Unterricht 44 (1993), S. 683-704, S. 694 [Schwarz bezieht sich seinerseits auf Ausführungen von Jakobi, Franz-Josef: Mittelalterliches Reich und Nationalstaatsgedanke – Zur Funktion
der Mittelalterrezeption und des Mittelalterbildes im 19. und 20. Jahrhundert, in: Jeismann, Karl
Ernst (Hrsg.): Einheit – Freiheit – Selbstbestimmung. Die Deutsche Frage im historisch-politischen
Bewußtsein, Bonn 1987, S. 155-176.

[941] Vgl. dazu die Ausführungen „Negativer Nationalismus" bei Roth, Florian: Die Idee der Nation im
politischen Diskurs, S. 359f.

[942] Vgl. im Zusammenhang den Bericht der Enquête-Kommission „Aufarbeitung von Geschichte und
Folgen der SED-Diktatur in Deutschland" (hrsg. v. Deutschen Bundestag), Neun Bände in 18 Teilbänden, Baden-Baden 1995. Im interfraktionellen Entschließungsantrag zum Abschlussbericht, den
der Bundestag am 17. Juni 1994, dem 41. Jahrestag des Aufstands in der DDR, verabschiedete, wurde die DDR als eine „Diktatur" gekennzeichnet. „Die Herrschafts*formen* wandelten sich in den 45
Jahren des Systems; sie konnten subtiler werden, je vollkommener der Herrschaftsapparat ausgebaut
wurde. In der Substanz aber blieb der SED-Staat das, als was er angelegt war: ein totalitäres System,
in dem der Machtanspruch der führenden Partei bzw. ihrer Führungsgruppe auf alle Bereiche des politischen, gesellschaftlichen und wirtschaftlichen Lebens erstreckt und durch staatliche Lenkungsin-
strumente bis hin zum ‚Schild und Schwert der Partei', dem MfS, durchgesetzt wurde. [...] Die
Hauptverantwortung für das Unrecht, das von diesem System begangen wurde, trägt die SED". Zitiert nach dem Entschließungsantrag, enthalten in: Band I: Die Enquête-Kommission „Aufarbeitung
von Geschichte und Folgen der SED-Diktatur in Deutschland" im Deutschen Bundestag, ebd., S.
779-789, S. 781f [Hervorhebung im Original, V. K.]. Während Heinrich August Winkler in diesem
Kontext zurecht darauf hinweist, dass der Begriff „totalitär" zur Kennzeichnung der DDR bereits
während der Kommissionsarbeit und auch in der Folgezeit heute umstritten geblieben ist [vgl.
ders.: Der lange Weg nach Westen, Erster Band, S. 635], so lässt sich bei Jürgen Habermas, der sich
im Verlauf des Historikerstreits aus geschichtspolitischen Gründen vehement gegen einen Vergleich
von Nationalsozialismus und Kommunismus im Zeichen der Totalitarismustheorie wandte, ein interessanter Einstellungswandel beobachten. Recht unvermittelt und überraschend spricht Habermas im
Verlauf der 76. Sitzung der Enquête-Kommission „Zur Auseinandersetzung mit den beiden Diktaturen in Deutschland in Vergangenheit und Gegenwart" davon, dass sich „heute [...] zum erstenmal ein
antitotalitärer Konsens bilden [könne, V. K.]. Sie wissen, daß er in der frühen Bundesrepublik zur
Gründungsidee unseres Staates gehört hat, aus vielen Gründen aber niemals eingelöst worden ist. Ich
sage, heute kann sich zum erstenmal ein antitotalitärer Konsens bilden, der diesen Namen verdient,
weil er nicht selektiv ist. Dieser sollte eine gemeinsame Basis sein, auf der sich dann erst linke und
rechte Positionen voneinander differenzieren. Das mag jüngeren und nachwachsenden Generationen
– ich sage das selbstkritisch – leichter fallen als uns Älteren". Vgl. Band IX: Formen und Ziele der
Auseinandersetzung mit den beiden Diktaturen in Deutschland, ebd., S. 690. Vgl. in diesem Zusammenhang die Ausführungen Habermas' zu der Bedeutung des „Verfassungspatriotismus" hinsichtlich
eines in der Bundesrepublik „sozial und ökonomisch sehr gut begründeten Systemvertrauens": „Was
die Bürger einer durch gesellschaftlichen, kulturellen und weltanschaulichen Pluralismus bestimmten
Gesellschaft einigt, sind ja zunächst die abstrakten Grundsätze und Verfahren einer künstlichen, nämlich im Medium des Rechts erzeugten, republikanischen Ordnung. [...] Irreführend ist die Suggestion,
als könnte sich die politische Ordnung eines modernen Gemeinwesens überhaupt auf einen fraglosen
Hintergrundkonsens stützen [...]". Vgl. ebd., S. 685.

vermochte.[943] Die gemäßigte Linke entdeckte im „Historikerstreit" so nachhaltig wie nie zuvor die Bundesrepublik aufgrund ihrer politischen, geistigen und kulturellen Westbindung als „ihre" Republik. Konsequenz war bei vielen ein De-facto-Verzicht auf eine etwaige Wiedervereinigung.[944] Als die Einheit unverhofft bzw. gar „unerhofft"[945] kam, wurde sie vielerorts als Störfall wahrgenommen. Setzte sich 1990 die intellektuelle Skepsis, ja Antipathie gegenüber Deutschland als Ganzem fort, so verstärkte sich nicht selten sogar ein retrospektiver altbundesrepublikanischer Patriotismus[946]. Die Bundesrepublik, wie sie sich 1989 präsentierte, „wurde gleichermaßen als das Werk Adenauers wie der Linken, wurde als Definitivum, nicht als Provisorium gefeiert".[947] In gewissem Sinne war die Parole „Nie wieder Deutschland!" Wirklichkeit geworden.

---

[943] Vgl. vor diesem Hintergrund die Anmerkungen Winklers zu einer sich verstärkenden „deutschdeutschen Entfremdung", die nach 1990 bei manchem Intellektuellen der alten Bundesrepublik in den „verspäteten Versuch" umgeschlagen sei, „sich in ‚die anderen Deutschen' hineinzuversetzen. Merkwürdigerweise waren ‚die anderen' nicht etwa ehemalige Bürgerrechtler oder jene vielen Bürger der DDR, die sich mit dem Regime notgedrungen arrangiert, aber dabei nicht kompromittiert hatten.' Die besondere Zuwendung habe vielmehr jenen staatstragenden Kräften gegolten, „die sich jetzt als Opfer westdeutscher ‚Kolonisatoren' oder westlicher ‚Siegerjustiz' fühlten. [...] Der ‚IM' avancierte nachträglich zum ‚ideellen Gesamtossi' – einer tragischen Gestalt, in der sich freilich eher einige westdeutsche Intellektuelle als die Mehrheit der Ostdeutschen wiedererkennen konnten". Vgl. ders.: Der lange Weg nach Westen, Erster Band, S. 634.

[944] Vgl. dazu die prononcierte Position bei Hacker, Jens: Über die Tabuisierung der nationalen Frage im intellektuellen Diskus, in: Langguth, Gerd (Hrsg.): Die Intellektuellen und die nationale Frage, S. 315. Vgl. auch Herf, Jeffrey: Demokratie auf dem Prüfstand. Politische Kultur, Machtpolitik und die Nachrüstungskrise in Westdeutschland, in: Vierteljahrshefte für Zeitgeschichte 40 (1992), S. 1-28; vgl. Roth, Florian: Die Idee der Nation im politischen Diskurs, S. 352f.

[945] Vgl. Jarausch, Konrad H.: Die unerhoffte Einheit 1989-1990, Frankfurt a. M. 1995; vgl. auch ders.: Die postnationale Nation. Zum Identitätswandel der Deutschen 1945-1995, in: Historicum 1 (1995), S. 30-35.

[946] Vgl. dazu die Ausführungen bei Herzinger, Richard: Left is Right and Right is Left. Über die Transformation ideeller Paradigmen in den nationalen Intellektuellendebatten, in: Langguth, Gerd (Hrsg.): Die Intellektuellen und die nationale Frage, S. 298-313. Einstige „linksradikale Kulturrevolutionäre" wie Peter Schneider oder Daniel Cohn-Bendit" präsentierten sich Herzinger zufolge nunmehr „als die entschiedensten Verteidiger" der Grundprinzipien der parlamentarischen Demokratie und der formalen Verfahrensregeln der offenen Gesellschaft. Sie optierten für eine enge Westbindung, namentlich für die Bindung an die USA, „welche sie einst als Hauptfeind der Menschheit bekämpft haben. Ein langer, widersprüchlicher Weg führte sie von Bakunin, Che Guevara oder Mao Tse Tung zurück zu Karl Popper". Vgl. ebd., S. 301.

[947] Wolfrum, Edgar: Geschichtspolitik in der Bundesrepublik Deutschland, S. 343. Vgl. diesbezüglich das Unterkapitel „Ein deutschlandpolitischer Konsens zeichnet sich ab" bei Roth, Florian: Die Idee der Nation im politischen Diskurs, S. 344-347, wo Roth auf die parteipolitischen Positionen und Stellungnahmen zum 17. Juni 1989 verweist [so u.a. auf Äußerungen von Heiner Geißler und Friedbert Pflüger und entsprechende Medienberichte wie jenen „CDU: Abschied von alten Einheits-Träumen", in: Der Spiegel Nr. 17 v. 15.02.1988]. Vgl. in diesem Kontext die mit zahlreichen Belegzitaten fundierte Analyse jenes parteiübergreifenden Konsenses bei Hacker, Jens: Deutsche Irrtümer – Schönfärber und Helfershelfer der SED-Diktatur im Westen, 3. Aufl. Frankfurt a. M. 1994.

a)   *Politische Positionen*

Die SPD hatte im Verlauf der achtziger Jahre als parlamentarische Opposition den Gedanken an die Wiederherstellung der staatlichen Einheit Deutschlands und an den Fortbestand der deutschen Nation Schritt für Schritt aufgegeben.[948] Offenkundig wurde diese veränderte deutschlandpolitische Akzentuierung großer Teile innerhalb der SPD, als Willy Brandt sich im Bewusstsein des Epplerschen Diktums vom 17. Juni 1989 – man wolle „nicht Vergangenes restaurieren, sondern Neues schaffen", und bewege sich insofern „diesseits unrealistischer und potentiell destabilisierender Einheitsforcierung"[949] – 1990 mit dem Gedanken trug, das Amt des Ehrenvorsitzenden der SPD niederzulegen. Brandt behielt sich diesen Rücktritt für den Fall vor, dass seine eigene Partei unter dem dominierenden Einfluss der jüngeren „Enkelgeneration" die Entscheidung der Ostdeutschen für einen einheitlichen deutschen Staat nicht mitgetragen hätte. Brandt selbst, der zwar 1989 in seinen „Erinnerungen" von der „Wiedervereinigung als der „spezifischen Lebenslüge der zweiten Deutschen Republik"[950] gesprochen und dennoch nie das Selbstbestimmungsrecht des deutschen Volkes in Ost und West in Frage gestellt hat[951], sah die Entwicklung vom Fall der Mauer bis zur Vollendung der Einheit im Oktober 1990 als einen Glücksfall der Geschichte, nicht zuletzt auch als eine Bestätigung seiner eigenen, auf das Ziel gerichteten Ostpolitik, das Bewusstsein der Nation durch möglichst viele Begegnungen der Menschen, der Mauer zum Trotz, für bessere Zeiten lebendig zu halten. Während für Brandt der Nationgedanke ein eindeutig positives Bestimmungselement der Politik darstellte[952] und er damit durchaus in der Tradition Kurt Schumachers gesehen werden kann, der die Selbstbehauptung der Nation als „eines der wichtigsten Postulate der Demokratie" erkannte und entsprechend die Auffassung vertrat, die Internationalität der SPD beruhe wesentlich auf der Bejahung der Nation – während die Bejahung der Nation die Aufgabe habe, das deutsche Volk zur internationalen

---

[948]   Vgl. Hacker, Jens: Über die Tabuisierung der nationalen Frage im intellektuellen Diskus, in: Langguth, Gerd (Hrsg.): Die Intellektuellen und die nationale Frage, S. 315. Vgl. auch Fichter, Tilman: Die SPD und die Nation. Vier sozialdemokratische Generationen zwischen nationaler Selbstbestimmung und Zweitstaatlichkeit, Berlin 1993.

[949]   Vgl. Eppler, Erhard: Wir wollen nicht Vergangenes restaurieren, sondern Neues schaffen. Rede am 17. Juni im Deutschen Bundestag, in: Ders.: Reden auf die Republik. Deutschlandpolitische Texte 1957-1990, München 1990, S. 31-46. „Es gibt", so formulierte Eppler im Bundestag, „zwischen allen politischen Kräften dieses Hauses in der Deutschlandpolitik mehr Konsens als Kontroverse". Ebd., S. 34. Am Ende seiner Ausführungen bekannte der Redner als Ausdruck dieses Konsenses: „Je souveräner deutsche Politik wird, desto weniger bedarf sie des souveränen Nationalstaats, um die Einheit der Deutschen darzustellen und zu festigen".

[950]   Vgl. Brandt, Willy: Erinnerungen, Berlin 1989, S. 157.

[951]   Vgl. die überzeugende Argumentation aufgrund breiter Quellenlage bei Merseburger, Peter: Willy Brandt 1913-1992. Visionär und Realist, Stuttgart 2002, S. 833.

[952]   Vgl. diese Einschätzung bestätigend Weidenfeld, Werner: Die Frage nach der Einheit der deutschen Nation, München 1981, S. 67.

Zusammenarbeit zu befähigen[953] –, so folgten Brandts Enkel bzw. Schumachers Ur-
enkel dieser Überzeugung nicht.[954]

Während schon in dem im Januar 1989 vom SPD-Vorstand vorgelegten Entwurf
eines neuen Grundsatzprogramms nicht länger von der Existenz der deutschen Nation sondern lediglich von der „Frage der Nation" die Rede war, welche im übrigen
den Erfordernissen des Friedens unterzuordnen sei[955], erklärte der spätere Kanzler-
kandidat Oskar Lafontaine, das „Nationale" sei dem Sozialen zu subordinieren und
zum Supranationalen hin zu transzendieren.[956] Lafontaine exponierte sich als Vertreter der dominierenden Fraktion innerhalb der SPD, für die die bundesrepublikanische Wirklichkeit und die westeuropäische Annäherung, vielleicht noch die globalen
Probleme und Zusammenhänge, nicht aber der für sie archaisch anmutende Komplex nationaler Bindung von Bedeutung war. Die Fixierung auf – wie Lafontaine ab-
schätzig formulierte – „Fahnen und Lieder", „Hymnen und staatliche Zeremonien"
lenke nur von den wahren Problemen ab, die man mit nationalem Pathos zu übertün-
chen trachte. Den emotionalen wie symbolischen, aber auch den staatsrechtlichen
Dimensionen der nationalen Frage setzte er den unbedingten Primat des Sozialen
entgegen. Nicht „staatliche Einheit", sondern die Herstellung der „Einheitlichkeit
der Lebensverhältnisse" sei entscheidend. Weil die soziale Frage auf der eigenen
Werteskala vor der nationalen Frage rangiere, sei die Verbesserung der Lebensverhältnisse der Menschen in der früheren DDR und die Integration der in Deutschland
lebenden „Ausländer" die vorrangige und allein zukunftsweisende politische Zielsetzung, wie Lafontaine im Gegensatz zu Willy Brandt im Zuge des Einigungsprozesses bekannte. Während Brandt, im Bewußtsein des aufgeklärten Nation-Begriffs
und eingedenk des Selbstbestimmungsrechts des deutschen Volkes davon sprach,
nun wachse zusammen, was zusammen gehöre, warnte Gerhard Schröder vor einer
„denkbaren nationalen Aufwallung", sekundiert von Oskar Lafontaine, der – offensichtlich in Unkenntnis der sozialdemokratischen Traditionen in Deutschland – erklärte, die Wiederherstellung eines Nationalstaates könne nicht das Ziel einer SPD
sein, die stets internationalistisch gedacht habe.[957] Doch nicht nur innerhalb der SPD
war in den achtziger Jahren eine Neupositionierung hinsichtlich der Deutschen Frage, des Selbstbestimmungsrechts und eines vereinten deutschen Nationalstaates erfolgt. Während der CDU 1988 der Entwurf eines Parteiprogramms vorlag, in dem
das Wort „Wiedervereinigung" keine Erwähnung mehr fand, hatte sich der spätere
„Kanzler der Einheit" Helmut Kohl bereits im Jahre 1981 in einem Beitrag für die
„Lutherischen Monatsheft" davon überzeugt gezeigt, dass „die verlorene Einheit so,
wie sie war, im Sinne eines alten Nationalstaates nicht mehr wiederherstellbar"

---

[953] Vgl. exemplarisch Schumacher, Kurt: Nach dem Zusammenbruch, Hamburg 1948; vgl. dazu auch
       Takeshi, Nakai: Die deutsche Sozialdemokratie zwischen Nationalismus und Internationalismus
       1945-1952, Bonn 1975.
[954] Vgl. kritisch dazu Seebacher-Brandt, Brigitte: Die Linke und die Einheit, in: Frankfurter Allgemeine
       Zeitung v. 21.11.1989; vgl. auch dies.: Nation im vereinigten Deutschland, in: Aus Politik und Zeit-
       geschichte 42 (1994), S. 3-9.
[955] Vgl. dazu Hacker, Jens: Deutsche Irrtümer, S. 214f.
[956] Vgl. Lafontaine, Oskar: Deutsche Wahrheiten. Die nationale und die soziale Frage, Hamburg 1990.
[957] Vgl. Merseburger, Peter: Willy Brandt, S. 844f.

sei.[958] 15 Jahre zuvor hatte Franz Josef Strauß in einem Interview bekannt, er glaube „nicht an die Wiederherstellung eines deutschen Nationalstaates, auch nicht innerhalb der Grenzen der vier Besatzungszonen".[959]

Der signifikante Unterschied bestand zwischen beiden großen Parteien bzw. Parteilagern von CDU/CSU und FDP auf der einen und SPD und (mit noch deutlicheren Vorbehalten gegenüber der deutschen Einheit) Grünen[960] auf der anderen Seite, jedoch darin, dass führende Unionspolitiker – wie Helmut Kohl selbst während des Besuchs von Erich Honecker in Bonn – sich weitaus häufiger und klarer zur Einheit der Deutschen bekannten, auch wenn ihre Verwirklichung in weiter Zukunft liegen mochte. Darüber hinaus gab es, anders als bei der SPD, im Zuge der revolutionären Veränderungen 1989/90 innerhalb der Union keinerlei parteiinterne Auseinandersetzungen hinsichtlich der Wünschbarkeit eines geeinten deutschen Staates. Demgegenüber waren, im Lichte des 1987 gemeinsam von SPD und SED verfassten Papiers über den „Streit der Ideologien und die gemeinsame Sicherheit"[961] Einheit und Selbstbestimmung als politische Zielbestimmungen der SPD immer weiter in den Hintergrund getreten.[962] Während Kohl und Genscher an der Spitze der CDU/CSU/FDP –Koalition im Bewusstsein der günstigen historischen Situation die Einheit in Frieden und Freiheit binnen Monaten entschlossen realisierten, zeigte die parlamentarische Opposition ein unentschlossenes oder ablehnendes Bild, welches ihre Vorbehalte hinsichtlich der Frage nach einer Wünschbarkeit einer nationalstaatlichen deutschen Einheit dokumentierte.

b)   *Intellektuelle Positionen*

Als die Geschichte ein halbes Jahrhundert nach der Katastrophe in einer plötzlichen Wendung Deutschland wieder möglich werden ließ, musste entschieden werden: Durfte ein deutscher Nationalstaat noch einmal sein? Das entschiedenste, geschichtsteleologische Nein von Günter Grass implizierte die stärkste Steigerung jenes Loyalitätsvorbehaltes gegen die Bundesrepublik und etwas weit Prinzipielleres als der alte Vorbehalt.[963] Erstmals hatte Günter Grass seine Bedenken gegen eine

---

[958] Zitiert nach ebd., S. 835; vgl. demgegenüber Kohls Ausführungen zur Frage nach der deutschen Einheit und sein damit verbundenes Bekenntnis zu der „einen deutschen Nation" auf dem CDU-Parteitag 1981 in Mannheim, bei Weidenfeld, Werner: Die Frage nach der Einheit der deutschen Nation, S. 77ff; vgl. im Gesamtkontext die Analyse der Ost- und Deutschlandpolitik der CDU/CSU im Zeichen der „neuen" Ostpolitik der sozialliberalen Koalition seit 1969 bei Hacke, Christian: Die Ost- und Deutschlandpolitik der CDU/CSU. Wege und Irrwege der Opposition seit 1969, Köln 1975.

[959] Vgl. Merseburger, Peter: Willy Brandt, S. 844f.

[960] Vgl. dazu die Ausführungen bei Hacker, Jens: Deutsche Irrtümer, S. 228-231.

[961] Vgl. dazu Garton Ash, Timothy: Im Namen Europas. Deutschland und der geteilte Kontinent, München 1993, S. 474ff.

[962] Vgl. Merseburger, Peter: Willy Brandt, S. 835ff.

[963] Zu der Position von Günter Grass vgl. die vergleichende Analyse bei Kiesel, Helmuth: Drei Ansichten des Wiedervereinigungsprozesses: Heiner Müller, Günter Grass, Volker Braun, in: Langguth, Gerd (Hrsg.): Die Intellektuellen und die nationale Frage, S. 210-229. Mit Blick auf die publizistischen und literarischen Äußerungen von Günter Grass stellt Kiesel bilanzierend fest: „Noch engagierter und auffälliger als Heiner Müller hat sich Günter Grass nach der Öffnung der Mauer für die Beibehaltung der Zweistaatlichkeit Deutschlands und mithin gegen die Wiedervereinigung ausge-

„Wiedervereinigung" Deutschlands im Oktober 1989 geäußert, als er von einer „a-bermaligen Vereinigung der Restteile des Deutschen Reiches" sprach, welches „als Machtballung in der Mitte Europas" immer nur „Zerstörung und Leid" gebracht ha-be. Um die Gefahr zu bannen, die ein vereintes Deutschland mit seinem wirtschaftli-chen, militärischen und demographischen Potential in sich berge, sei „nach einer dritten Antwort auf *die deutsche Frage*" zu suchen. „Zwei konföderierte Staaten ei-ner Kulturnation" lautete die von Grass favorisierte Antwort.[964] Im Februar 1990 bekennt der „vaterlandslose Geselle" Grass, wer gegenwärtig über Deutschland nachdenke und Antworten auf die Deutsche Frage suche, müsse Auschwitz mitden-ken. Der Ort des Schreckens, als Beispiel für das bleibende Trauma, schließe einen künftigen deutschen Einheitsstaat aus: „Ich fürchte mich nicht nur vor dem aus zwei Staaten zu einem Staat vereinfachten Deutschland, ich lehne den Einheitsstaat ab und wäre erleichtert, wenn er – sei es durch deutsche Einsicht, sei es durch Ein-spruch seiner Nachbarn – nicht zustande käme."[965] Vereinigungsskepsis, Widerwille gegen die Vereinigung war unter den ost- und westdeutschen Intellektuellen nicht die Ausnahme, sondern eher die Regel. Die Motive waren unterschiedlich. Im Osten war bei vielen der kritischen Intellektuellen ein Sozialismus-Glaube von erstaunli-cher Unerschütterlichkeit festzustellen. Gewichtige Argumente, die von westdeut-scher Seite vorgebracht wurden, betrafen das Verfahren, die Sorge der Nachbarn, die Gefahr des Rückfalls.[966]

Und doch gab es auch entgegengesetzte Strömungen im politisch-kulturellen Raum, welche die „geistige Kategorie der Nation als produktive Chance"[967] zu nut-zen und einen entsprechenden national-weltoffenen Patriotismus zu restituieren suchten. Neben Karl Heinz Bohrer[968] waren es nicht zuletzt Martin Walser, Botho Strauß [„Kein Deutschland gekannt zeit meines Lebens. Zwei Staaten nur, die mir verboten, je im Namen eines Volkes der Deutsche zu sein. Soviel Geschichte, um so zu enden?"][969] oder Fritz J. Raddatz, die jenseits einer „Phanatsieverweigerung"[970]

---

sprochen. „Nicht zu Unrecht", meint Kiesel, sei Grass' Roman *Ein weites Feld* als „eine ehrgeizige Allegorie auf das utopische Einheitsstreben der deutschen Nation und dessen allemal üble Folgen – von 1848 über 1871 bis heute" gedeutet worden; es habe - so Kiesel - durchaus seine Berechtigung, „dass das Einheitsstreben ‚utopisch' und die Folgen ‚allemal übel' genannt werden, insofern damit die Tendenz des Romans angezeigt wird; ansonsten ist es im Hinblick auf die Wiedervereinigung ei-ne völlig ungerechtfertigte und äußerst bedenkliche Negativ-Prophetie". Vgl. ebd., S. 216ff; vgl. im Kontext auch Kiesels Analyse in: Ders.: Die Intellektuellen und die deutsche Einheit, in: Die politi-sche Meinung 36 (1991), S. 49-62.

[964] Zitiert nach Roth, Florian: Die Idee der Nation im politischen Diskurs, S. 357 [Hervorhebung im O-riginal, V. K.].

[965] Vgl. Grass, Günter: Kurze Rede eines vaterlandslosen Gesellen, in: Die Zeit v. 09.02.1990; vgl. e-benso ders.: Ein Schnäppchen namens DDR. Letzte Reden vorm Glockengeläut, Frankfurt a. M. 1990.

[966] Vgl. Kielmansegg, Peter Graf von: Nach der Katastrophe, S. 657.

[967] So die Zwischenüberschrift bei Roth, Florian: Die Idee der Nation im politischen Diskurs, S. 362ff.

[968] Bohrer, Karl Heinz: Editorial, in: Merkur 12 (1989), S. 1037-1039; vgl. auch ders.: Warum wir keine Nation sind. Warum wir eine werden sollten, in: Frankfurter Allgemeine Zeitung v. 13.01.1990; vgl. ebenso zu einem früheren Zeitpunkt: Ders.: Deutschland – noch eine geistige Möglichkeit? Bemer-kungen zu einem nationalen Tabu, in: Frankfurter Allgemeine Zeitung v. 28.04.1979.

[969] Zitiert nach Strauß, Botho: Diese Erinnerung an einen, der nur einen Tag zu Gast war, München 1985, S. 50. Aus diesem langen Gedicht von Strauß „spricht der Dichter als besorgter Patriot", wie Michael Braun feststellt. „Gegen die negativen Erfahrungen mit der nationalen Einheit Deutschlands

für die deutsche Einheit bzw. für eine nationale Identität plädierten[971]. Raddatz bekannte dementsprechend: „Ja. Emotionen. Warum muß ich mich eigentlich schämen, wenn ich zugebe: Die Salzluft von Hiddensee oder das trockene Knarren der Fichten in der Mark Brandenburg, das silbrige Flirren über dem Schilf Mecklenburgischer Seen – das ist auch ein Teil von mir? [...] Ich kann schlechter leben mit Tabu-Verordnungen, die mir untersagen wollen meine Ratio und mein Gefühl, meine Wurzeln und mein Gezweig: deutsch. Und daß mein Kopf zwar weiß – das geht nicht heute, wohl auch nicht morgen in vernünftige staatliche Form zu bringen mit Paß und Stempel. Aber daß mein Herz denkt – es soll nicht so bleiben. Das mag anstößig sein. Wer keinen Anstoß erregt, gibt auch keinen".[972]

Anstoß erregte – um Anstoß zu geben – auch Martin Walser, der – nachdem er 1979 sein „Bedürfnis nach geschichtlicher Überwindung des Zustands Bundesrepublik"[973] artikuliert hatte – 1988 eine Rede über „Deutschland" hielt[974] und mit Blick

---

beschwört er ein Geschichtsvertrauen, wie es Hölderlin für die ‚nationelle' Verständigung eingefordert hatte". Vgl. Braun, Volker: „Anschwellender Bocksgesang" und die Folgen. Anmerkungen zur Botho-Strauß-Debatte, in: Langguth, Gerd: Die Intellektuellen und die nationale Frage, S. 264-279. Braun stellt einleitend zu seiner Analyse fest, die Debatte um Strauß' „Anschwellenden Bocksgesang" habe „den Höhepunkt der literarischen Kontroverse in Deutschland" gebildet: „Wie ein Brennspiegel bündelt der Essay die Probleme, die seit der Wende die intellektuellen Debattierzirkel bewegten, von der Medienkritik bis zur Frage der nationalen Einheit Deutschlands". Ebd., S. 264. Vgl. dazu auch die Anmerkungen bei Ross, Werner: Der Streit um Botho Strauß, in: Die politische Meinung 11 (1994). Vgl. Strauß, Botho: Anschwellender Bocksgesang, in: Schacht, Ulrich / Schwilk, Heimo (Hrsg.): Die selbstbewußte Nation: „Anschwellender Bocksgesang" und weitere Beiträge zu einer deutschen Debatte, Berlin 1994, S. 19-40. „Es scheint undenkbar", so Strauß, „daß jemand in den Verhältnissen, in denen er lebt, die letzte und beste Erfüllung des gesellschaftlich unmöglichen Zusammenlebens erfährt. Wer vermöchte schon der Apologie der Schwebe, das Gerade-Eben-Noch einen glaubwürdigen Ausdruck verleihen? Von ihrem Ursprung (in Hitler) an hat sich die deutsche Nachkriegs-Intelligenz darauf versteift, daß man sich nur der Schlechtigkeit der herrschenden Verhältnisse bewußt sein kann; sie hat uns sogar zu den fragwürdigsten Alternativen zu überreden versucht und das radikal Gute und andere in Form einer profanen Eschatologie angeboten. [...] Intellektuelle sind freundlich zum Fremden, nicht um des Fremden willen, sondern wie sie grimmig sind gegen das Unsere und alles begrüßen, was es zerstört – wo solche Gemütsverkehrung ruchbar wird, und in Latenz geschieht dies vielerorts, scheint sie geradezu bereit und begierig, einzurasten mit einer rechten Perversion, der brutalen Affirmation. Selbstverständlich muß man grimmig sein dürfen gegen den ‚Typus' des Deutschen als Repräsentanten der Bevölkerungsmehrheit. [...] Das ‚Deutsche', das sie meinen, ist nur ein Codewort, darin verschlüsselt: die weltgeschichtliche Turbulenz, der sphärische Druck von Machtlosigkeit, die parricide antiparricide Aufwallung in der zweiten Generation, Tabuverletzung und Emanzipation in später Abfolge und unter umgekehrten Vorzeichen, die Verunsicherung und Verschlechterung der näheren Lebensumstände, die Heraufkunft der ‚teuren Zeit' im Sinne des Bibelworts; es ist der Terror des Vorgefühls." S. 22ff. Vgl. auch ders.: Die Fehler des Kopisten, München 1997, S. 107: „Die Deutschen waren fünf oder sechs Jahre von ihrer Gemeinschaft berauscht. Zur Strafe mußten sie tausend Jahre lang untersuchen, wie es dazu kommen konnte. Ihr Ingenium erschöpft sich in Nachträglichkeit". Vgl. mit impliziter Bezugnahme auf Strauß die Ausführungen von Brigitte Seebacher-Brandt in: Dies.: Norm und Normalität. Über die Liebe zum eigenen Land, in: Schwilk, Heimo / Schacht, Ulrich (Hrsg.): Die selbstbewußte Nation, S. 43-56.

[970] Raddatz, Fritz J.: Deutschland, bleiche Mutter. Ein Plädoyer für die deutsche Einheit, in: Die Zeit v. 01.09.1990.

[971] Vgl. ders.: Patriotismus ist nicht Nationalismus. Ein Plädoyer für die deutsche Einheit, in: Politik und Kultur I 1990, S. 19-29.

[972] Ders.: Deutschland, bleiche Mutter. Ein Plädoyer für die deutsche Einheit.

[973] Vgl. Walser, Martin: Händedruck mit Gespenstern, in: Habermas, Jürgen: „Geistige Situation der Zeit". Erster Band: Nation und Republik, Frankfurt a. M. 1979, S. 39-50, wo Walser bereits formu-

auf die nationale Teilung Deutschlands bemerkte: „Wenn sich das Gespräch um
Deutschland dreht, weiß man aus Erfahrung, daß es ungut verlaufen wird. Egal ob
ich mich allein in das Deutschland-Gespräch schicke, ins Selbstgespräch also, ob ich
es schreibend oder diskutierend versuche – es verläuft jedesmal ungut: ich gerate in
Streit mit mir und anderen.[975] [...] Die Nation ist im Menschenmaß das mächtigste
geschichtliche Vorkommen, bis jetzt. Mächtig im geologischen, nicht im politischen
Sinn. Die Nation wird sich sicher auflösen irgendwann. Aber doch nicht durch eine
Teilung. Doch nicht durch Jalta-Churchill-Roosevelt-Stalin. Einer solchen Fehlwei-

---

liert: „Jeder sozusagen natürliche Identifikationsprozeß – der möchte ja jeden Tag vor sich gehen und
zu immer größeren Zugehörigkeitsempfindungen führen – wird andauernd durch den anderen Teil
der Nation gestört. Allmählich erfahre ich, daß nur noch eine Identifikation übrigbleibt: die mit dem
Widerspruch zwischen den beiden deutschen Teilen. Gerechtfertigt scheint mir nur die Schärfe zu
sein, in der sie einander widersprechen. Mit diesem Widerspruch kann ich mich aber überhaupt nicht
inhaltlich identifizieren [...] [Ebd. S. 44] Man erwartet von mir geradezu, daß ich mein Deutschsein
mit einer Art Fassung trage, wie man ein Leiden erträgt, für das man nichts kann, das man aber auch
nicht mehr loswerden kann. Wenn ich mich durch das liebenswürdige Wohlgefühl, mit dem meine
Gesprächspartner Amerikaner sind, und durch die imponierende Vehemenz, mit der meine Gesprächspartner Russen sind, verleiten lasse, mein Deutschsein auch ein bißchen positiv werden zu
lassen, aktiviere ich sofort Widerspruch. Wenn nicht bei den anderen, dann bei mir selbst. Auschwitz.
Und damit hat sich's. Verwirkt. [...] [Ebd., S. 48] Vgl. im Kontext Walsers Nachdenken über „Unser
Auschwitz", in: Ders.: Deutsche Sorgen, S. 187-202; vgl. ebenso ders.: Auschwitz und kein Ende, in:
Ebd., S. 228-234, wo Walser einleitend feststellt: „Seit Auschwitz ist noch kein Tag vergangen".
Ebd., S. 228. „Schlimm genug, daß wir nur durch Schlimmstes, durch die Auschwitz-Schuld auf unsere Gemeinsamkeit hingewiesen werden können." Ebd., S. 232.] Wenn wir Auschwitz bewältigen
könnten, könnten wir uns wieder nationalen Aufgaben zuwenden. Aber ich muß zugeben, eine rein
weltliche, eine liberale, eine vom Religiösen, eine überhaupt von allem Ich-Überschreitenden flie-
hende Gesellschaft kann Auschwitz nur verdrängen. Wo das Ich das Höchste ist, kann man Schuld
nur verdrängen. Aufnehmen, behalten und tragen kann man nur miteinander. Aber jede Tendenz zum
Miteinander reizt bei uns den Verdacht auf Obsoletes. Wo Miteinander, Solidarität und Nation auf-
scheinen, da sieht das bundesrepublikanisch-liberale Weltkind Kirche oder Kommunismus oder Faschismus. [...] Warum akzeptieren wir eine Teilung wie ein Naturgesetz, obwohl wir einsehen können, daß sie aus ganz und gar zeitlichen Bedingungen entstand? [...] In dieser Republik wird ein hek-
tischer Aufwand betrieben zur Rechtfertigung des augenblicklichen Zustands. Der Widerspruch wird
gewünscht nur als geschichtsloser, als radikal unglückliche Geste, als hoffnungslose und deshalb an-
spruchslose Ich-Exzentrik. Ich habe ein Bedürfnis nach geschichtlicher Überwindung des Zustand
Bundesrepublik. Von Grund auf sollten wir weiter. Aber die herrschende öffentliche Meinung, das
herrschende Denken, der vorherrschende Sprachgebrauch nennen dieses Bedürfnis obsolet, obsolet
heißt veraltet; ich glaube nur, es sei alt". Ebd., S. 48ff.

[974]   Vgl. ders.: Über Deutschland reden. Ein Bericht, in: Ders.: Deutsche Sorgen, Frankfurt a. M. 1997, S.
406-427. Vgl. sodann ders.: Deutsche Sorgen II, in: Ders.: Deutsche Sorgen, S. 453-467, wo Walser
aufgrund der Resonanz seines Nachdenkens über „Deutschland" bzw. die „Nation" bilanziert: „Eine
Zeitlang habe ich gehofft, meine Schwierigkeit mit dem von mir aus gesehen unempfindlich groben
Umgang der Linken mit Nationalem [„Nation", so Walser ebd., S. 457, „war nicht angesagt. Deutsche Intellektuelle wollten jetzt Europäer sein. Aus dem Stand sprangen sie über die höchste Zu-
kunftslatte: Europa. Vermittlung nicht nötig. Daheim Bayer, draußen Europäer."] werde an meiner
Plazierung auf der Links-Rechts-Skala nichts ändern. Was die Einstellung zu allen Widersprüchen
und Problemen der Gesellschaft angeht, habe ich mich ja, nach meinem eigenen Gefühl - aber was ist
schon ein Gefühl! -, nicht verändert. [...] Aber die Reaktionen verschiedenster Linker auf meinen
Umgang mit Traditionen wie Nation haben mir gezeigt, daß es linke Tabus gibt und was es heißt, dagegen zu verstoßen. Sollen sie mit ihren Tabus leben. Links – das sehe ich jetzt als ein jeweils mo-
disch sich zusammenfindendes Credosortiment, dem ich nicht entsprechen kann. Ein ebenso schicker
wie skurriler Fundamentalismus". Ebd., S. 465.

[975]   Ders.: Über Deutschland reden. Ein Bericht, in: Ders.: Deutsche Sorgen, S. 408f.

sung folgt viel Aktuelles, aber nichts Entscheidendes. So das zum Beweisen unkräftige, aber trotzdem unabweisbare Gefühl. Falls so was überhaupt sein darf, ein Geschichtsgefühl. Man kann am Ende damit nicht viel mehr anfangen, als zu bezeugen, daß es existiert. Aber das kann man. Ein Gefühl ist auch nicht vorschreibbar. Man hat es oder hat es nicht. Aber wenn man es hat, kann man ja zugeben, daß man es hat: das Geschichtsgefühl. Ich will es hiermit zugegeben haben. [...] Die Mehrheit der Wortführer, links und rechts, arbeiten mit an der Vernünftigmachung der Teilung.[976] Die Grundgesetzpräambel und anderes Institutionelles ist keine belebende Gesellschaft. [...] Man möchte, geleitet von diesem Geschichtsgefühl, sagen, die Deutschen würden, wenn sie könnten, in ihren beiden Staaten für einen Weg zur Einheit stimmen. [...] Vielleicht wirkt da dieses Geschichtsgefühl".[977]

c)   Art. 23 GG versus Art 146 GG

Wie ambivalent sich dieses Geschichtsgefühl schließlich artikulieren sollte, als der ostdeutsche Ruf *"Wir sind das Volk!"* in jenem nationalpolitischen Weckruf *„Wir sind ein Volk!"* kulminierte, zeigen nicht zuletzt die Diskussionen um die Bundesrepublik „zwischen Abschied und Neuanfang"[978] oder um den Modus der Vereinigung gemäß Artikel 23 bzw. 146 GG. Jürgen Habermas figurierte als Stimmführer derer, die für eine Vereinigung gemäß Art. 146 GG plädierten. Denn, so argumentierte Habermas, eine Identifizierung mit den Grundsätzen und den Institutionen unserer Verfassung verlange eine Agenda des Vereinigungsprozesses, auf der das nichtmediatisierte Recht der Bürger auf Selbstbestimmung Vorrang genieße vor einem clever in die Wege geleiteten, letztlich nur administrativ vollzogenen Anschluss, der sich an einer wesentlichen Bedingung für die Konstituierung jeder Staatsbürgernati

---

[976] „Wer beim Deutschland-Gespräch nicht unter sein Niveau gerät, hat keins", meint Walser: „Ich will ein paar dieser Wörter, die mich regelmäßig erbittern, ein paar Reizwörter also, hier aufsagen: Deutschland habe es sowieso nie gegeben. Von tausend Jahren nur die paar Jahrzehnte 1870 bis 1945. Und das seien in der ganzen Geschichte doch wahrhaft die schlimmsten gewesen. [...] Also nie mehr Deutschland. Denn nie mehr dürfe von deutschem Boden ... Diese Phrase kennt jeder". Ebd., S. 409. Vgl. dazu exemplarisch die differnzierten Ausführungen zu Hans Magnus Enzensberger bei Lermen, Birgit: „Die Geschichte ist so wahr, daß sie erfunden klingt" (Günter Kuhnert). Die deutsche Einheit im Spiegel der Gegenwartsliteratur, in: Langguth, Gerd: Die Intellektuellen und die nationale Frage, S. 173-194, S. 178ff. Auch Enzensberger, so Lermen, merkte hinsichtlich der deutschen Wiedervereinigung an „daß die deutsche Einheit die Ausnahme und nicht die Normalität der deutschen Geschichte' sei. Die deutsche Kleinstaaterei oder, ,positiv ausgedrückt', der deutsche Föderalismus sei die historische Grunderfahrung der Deutschen und nicht die Einheit". Ebd., S. 179. Zu Enzensbergers „Schreiben über das eigene Land" vgl. die Ausführungen bei Buck, Theo: „Armes reiches Deutschland". Hans Magnus Enzensbergers Schreiben über das eigene Land, in: Ebd., S. 230-251.

[977] Walser, Martin: Über Deutschland reden. Ein Bericht, in: Ders.: Deutsche Sorgen, S. 426f.

[978] Vgl. die Anmerkungen bei Charlier, Michael: Zwischen Abschied und Neuanfang, in: Blätter für deutsche und internationale Politik 4 (1990), S. 395-398. Vgl. auch die Anmerkungen bei Meier, Christian: Die westöstliche Metropole, in: Die Zeit v. 10.08.1990. „Auch von der Bundesrepublik", so Meier, „gilt es Abschied zu nehmen". Vgl. ebenso die Ausführungen bei Wilhelm Hennis in: Ders.: Die Chance einer ganz anderen Republik, in: Frankfurter Allgemeine Zeitung v. 10.03.1990 sowie bei Hondrich, Karl Otto: Der deutsche Weg. Von der Heilsuche zum nationalen Interessenausgleich, in: Frankfurter Allgemeine Zeitung v. 23.06.1990.

on vorbeimogele – an dem öffentlichen Akt einer in beiden Teilen Deutschlands wohlüberlegt getroffenen Entscheidung der Bürger selbst.[979] Sollte die auf dem Wege des Plädoyers für Art 146 GG „nun angezettelte Verfassungsdebatte", wie Micha Brumlik mit Blick auf Habermas meinte, die Funktion übernehmen, der deutschen Bevölkerung zu verdeutlichen, dass weder Staat, noch Geschichte oder Ethnizität das politische Gemeinwesen konstituieren, sondern allein ihre eigenen vernünftigen Beratungen?[980] So sehr man Habermas auch darin zustimmen könne, dass recht verstanden weder Ethnizität noch transzendente Ideen das Wesen eines politischen Verbandes stifteten, so sehr müsse man doch stutzen, wenn mit der Verfassungsdebatte um Art 23 GG bzw. 146 GG eine Art Befreiung von der Geschichte angezielt werde, so Brumlik. Gewiss könne auch die Geschichte einer Bevölkerung keine Begründung für den politischen Verband, in dem sie lebt, liefern – jedenfalls dann nicht, wenn man unter „Begründung" kritisierbare und ausweisbare, intersubjektiv überprüfbare Normen des Zusammenlebens verstehe. Umgekehrt sei jedoch zu fragen, ob die reichlich vorhandenen *Neugründungs*vorstellungen nicht ihrerseits einem mythologischen Denken unterliegen, das in einem krassen Widerspruch zu dem beanspruchten antimetaphysischen Demokratiekonzept stehe. Es zeige sich nun mit aller bitterer Konsequenz, dass die vermeintlich antimetaphysische Diskurspolitik der Verfassungsrevision die kosmopolitische Bezugnahme der einen Menschheit aufgegeben habe und in einem gesinnungsethischen Leerlauf um der bloßen Diskussion willen bereit sei, garantierte Rechtsnormen auch für die Fernsten und Schwächsten, d. h. wirklich universalistische Normen, preiszugeben. Hieran, so Brumlik, werde zweierlei deutlich: Erstens entpuppe sich der ohnehin schillernde „Verfassungspatriotismus" im Sinne von Habermas nun als ein „Verfassungsgebungspatriotismus", der zweitens in seinem zum Selbstzweck gewordenen Formalismus genau jene Regression im wirklichen Leben riskiere, wider die er doch sonst in der Theorie so vehement zu Felde ziehe.[981] Eine vermittelnde Position zwischen Befürwortern eines Vorgehens gemäß Art 23 GG[982] bzw. Art 146 GG nahm Dieter

---

[979] Vgl. Habermas, Jürgen: Der DM-Nationalismus, in: Die Zeit v. 30.03.1990, vgl. im Sinne des Habermas'-Plädoyers für eine Neu-Konstitution gemäß Art 146 GG die Argumentation bei Ridder, Helmut: Art 23 GG – Ein Phantom entlarvt sich selbst. Über Inhalt, Funktion und Stellenwert der Artikeldebatte, in: Blätter für deutsche und internationale Politik 6 (1990), S. 666-670. Vgl. das – verfassungspatriotische - Plädoyer für einen Weg gemäß Art 23 GG bei Herles, Wolfgang: Nationalrausch. Szenen aus dem gesamtdeutschen Machtkampf, München 1990, S. 250: „Eine neue gesamtdeutsche Verfassung aber würde den bürgerlichen Verfassungspatrioten in der Bundesrepublik das Herzstück ihrer Identität mit dem Staat rauben. Wer glaubt, daß das Nationalgefühl die Verfassungsfrage überwölbe, irrt mit Helmut Kohl, der meinte, der Verfassungspatriotismus in der Bundesrepublik sei immer nur ein Umweg gewesen [...]".

[980] Vgl. Brumlik, Micha: Verfassungspatriotismus. Grundsätzliches zu einer imaginären Debatte, in: Blätter für deutsche und internationale Politik 6 (1990), S. 702-708.

[981] Vgl. ebd., S. 705ff.

[982] Vgl. im Sinne eines Plädoyers für eine Wiedervereinigung gemäß Art. 23 GG Hennis, Wilhelm: Die Chance einer ganz anderen Republik. Zur Verfassung des künftigen Deutschland, in: Frankfurter Allgemeine Zeitung v. 10.03.1990; vgl. ebenso Isensee, Josef: Wenn im Streit um den Weg das Ziel verlorengeht. Ein schonsamer Beitritt der DDR ist der sicherste Weg zur Einheit, in: Frankfurter Allgemeine Zeitung v. 12.04.1990: „Wenn die pluralistische Begehrlichkeit einmal geweckt ist, zerbricht leicht der fragile gesellschaftliche Konsens, der bisher im Zeichen des Grundgesetzes besteht. Die Deutschen begäben sich ohne Not in einen fundamentalen Konflikt über Verfassungswerte, just zu einem Zeitpunkt, an dem sie zu neuen politischen, wirtschaftlichen, sozialen und kulturellen An-

Grimm ein[983], der „für ein weitgehend unverändertes Grundgesetz" plädierte, was freilich nicht als Diskussionsbegrenzung verstanden werden dürfe. Auch wenn eine Verfassungsdiskussion angesichts einer geglückten Verfassung immer ein Verfassungsrisiko darstelle, so müsse dieses Risiko hingenommen werden, denn unterdrückte Diskussionen pflegten sich in einer Demokratie zu rächen. Gleichwohl dürfe sich die Neukonstituierung von ihrem Anlass, der Herstellung der staatlichen Einheit, nicht allzuweit entfernen. Die beste Möglichkeit, eine Pflicht zur Neukonstituierung festzulegen, böte dabei ein zweiter Staatsvertrag. In diesem solle die Einberufung eines Verfassungsrates nach dem Muster des Parlamentarischen Rates für 1991 vereinbart werden, der die notwendigen Änderungen des Grundgesetzes berate, mit Zweidrittelmehrheit verabschiede und dann dem Volk zur Abstimmung unterbreite. Sollte dieser Entwurf scheitern, bliebe das Grundgesetz in seiner jetzigen Form in Kraft, wie der Umkehrschluss aus Artikel 146 ergebe.[984]

E   Zwischenbilanz

Die Bundesrepublik Deutschland, dies zeigt die Diskussion um Art. 23 GG bzw. Art. 146 GG, dies zeigen die politisch-kulturellen Deutschland-Debatten während der achtziger Jahre, sie war ein Provisorium, ein Provisorium von hoher Permanenz, das im Laufe der Jahre und Jahrzehnte Bezugsgröße eines spezifischen, historisch-reflektierten Patriotismus, eben des „Verfassungspatriotismus" geworden war.

Der „Verfassungspatriotismus", von Dolf Sternberger angesichts der besonderen Verfasstheit Deutschlands *nicht* als Substitut eines nationalen Patriotismus konzipiert sondern als komplementäre Identifikationsform einer konkreten, freiheitlichen und historisch-verantwortungsvollen Republik, wurde im Verlauf der achtziger Jahre durch Jürgen Habermas signifikant weiterentwickelt bzw. unter gleicher terminologischer Chiffre neu konzipiert als universalistisch-abstrakte Identifikationsform jenseits einer konkreten deutschen Nation bzw. eines Nationalstaates. Verfassung, bei Sternberger als „gemischte Verfassung" weitaus mehr als ein Rechtsdokument, ersetzte sukzessive die Nation, „Europa" das deutsche Provisorium bzw. den „unerhofften" vereinten Nationalstaat. Retrospektiv wird deutlich, dass und wie weit es gerade der Charakter des Provisorischen gewesen war, der sich mit den Jahren als eine große und in zivilem Sinne „anschlussfähige" Stärke der Bundesrepublik erwiesen hatte. Sie war, wie Thomas Schmidt die psychologische Befindlichkeit der großen Mehrheit in Politik und Kultur heute sehr zutreffend artikuliert, ein staatliches

---

strengungen genötigt werden"; vgl. analog zu der Argumentation Isensees die Ausführungen bei Nipperdey, Thomas: Die Deutschen wollen und dürfen eine Nation sein, in: Frankfurter Allgemeine Zeitung v. 13.07.1990: „Die neue Vereinigung ist kein Anschluß (auch wenn sie nach Artikel 23 erfolgt) und keine Vereinnahmung. Das sind Kritikwörter aus Zorn, die das Ganze verteufeln sollen. In eine künftige Vereinigung bringt jeder Partner Neues und Eigenes ein. Schwieriges auch – die Erfahrung von Jahrzehnten".

[983] Vgl. im Sinne einer gewissen vermittelnden Argumentation die Ausführungen bei Grimm, Dieter: Plädoyer für eine verfassungsgebende Versammlung, in: Ders.: Die Verfassung und die Politik, S. 48-57.

[984] Vgl. Ebd., S. 56f. Vgl. auch Grimms Ausführungen in: Ders.: Zwischen Anschluß und Neukonstitution, ebd., S. 35-47.

Wartewesen zwischen Nationalstaat und etwas Neuem, zur Welt hin Offenem: „Mit dem Zustand Bundesrepublik wurden Türen offengehalten. Die gesellschaftliche (und nicht mehr nationale, mithin letztlich völkische) Definition der Bürgerrechte war auf dem Vormarsch; daß dieser Staat – nach innen leidlich föderativ angelegt – rechtlich ein Zwitter war, gehörte zu den schöneren Seiten".[985] Die Bundesrepublik, eine „postnationale Demokratie" unter Nationalstaaten. Mit diesem Bewusstsein, in einer „postnationalen Demokratie" unter Nationalstaaten zu leben, korrespondierte der postnational konzipierte Verfassungspatriotismus von Jürgen Habermas, der seinerseits 1989/1990 mit der Souveränität der Bundesrepublik als Nationalstaat unter Nationalstaaten erneut ein Provisorium zu postulieren sucht hin zu einer Überwindung der Nationalstaatlichkeit nach Europa. Die „Vereinigten Staaten von Europa" sollen an die Stelle der Nationalstaaten der Europäischen Union treten. Der nationalstaatliche Ist-Zustand steht unter dem Vorbehalt seiner Überwindung; eine Selbstanerkennung der Bundesrepublik als Nationalstaat scheint aus dieser Perspektive ebenso wenig notwendig wie wünschenswert.

Gleichwohl: Wer seit 1990 Politik auf der Grundlage der veränderten Realitäten machen will, muss die politischen Realitäten in Europa anerkennen. Die Zeit, in der die Bundesrepublik kein normaler Staat gewesen, sondern sich als Provisorium unter Aufsicht der Siegermächte in einem merkwürdigen Schwebezustand von Bewährung oder verlängerter Adoleszenz befunden hatte, ist zu Ende.[986] Die Aufgabe, sich ein Nationalbewusstsein zu erarbeiten, traf die Deutschen 1990 einigermaßen unvorbereitet. Wie sonst wäre die Frage des Fraktionsvorsitzenden der CDU/CSU in einer Haushaltsdebatte am 25. November 1992 – im Zeichen rechtsextremistischer Anschläge in der Nacht vom 22. zum 23. November 1992 – zu deuten, mit der Schäuble nach den tieferen Gründen der damaligen Krise des liberalen und toleranten Gemeinwesens Bundesrepublik suchte: „Hat es nicht auch damit zu tun, daß wir uns in den zurückliegenden Jahren und Jahrzehnten zu wenig mit den Grundlagen unseres staatlichen Gemeinwesens, unserer Identität, dessen, was unsere nationale Gemeinschaft bildet, befaßt haben? Haben wir die Menschen nicht zu wenig mit der Frage ‚Was ist eigentlich das Gemeinsame, was uns als deutsche Nation verbindet?' beschäftigt?"[987]

---

[985] Vgl. Schmid, Thomas: Ein Staat, zwei Gesellschaften oder: Plädoyer wider die Selbstaufgabe der Bundesrepublik, in: Blätter für deutsche und internationale Politik 10 (1990), S. 1182-1189, S. 1186. Vgl. auch die Bemerkungen bei Süßkind, Patrick: Deutschland, eine Midlife Crisis, in: Der Spiegel 38 (1990). „Nein", so Süßkind, „die Einheit der Nation, das Nationale überhaupt war unsere Sache nicht. [...] Was hatten wir mit Leipzig, Dresden oder gar Halle im Sinn? Nichts. Aber alles mit Florenz, Paris oder London. [...] Ja, und ein wenig traurig bin ich, wenn ich daran denke, daß es den faden, kleinen, ungeliebten, praktischen Staat Bundesrepublik Deutschland, in dem ich groß geworden bin, künftig nicht mehr geben wird".

[986] Vgl. dazu Charlier, Michael: Zwischen Abschied und Neuanfang, in: Blätter für deutsche und internationale Politik, S. 397; vgl. antipodisch dazu die Kommentierung bei Heinrich, Arthur / Naumann, Klaus: Die provisorische Republik, in: Blätter für deutsche und internationale Politik 3 (1990), S. 263-268. Vgl. auch Naumann, Klaus: Wenn die Deutschen Staaten gründen, in: Blätter für deutsche und internationale Politik 10 (1990), S. 1241-1249.

[987] Zitiert nach Verhandlungen des Deutschen Bundestages. 12. Wahlperiode, 123 Sitzung vom 25.11. 1992, Stenographische Berichte, Band 164, S. 10459.

Schäuble zielte mit seiner Frage auf den gewohnheitsmäßigen Umstand, dass derjenige, der wissen wollte, ob dem Bedürfnis nach Aussöhnung mit der eigenen Geschichte auch weniger bedenkliche Angebote gegenüberstünden, meist mit dem knappen Befund abgespeist wurde, das Denken in nationalen Kategorien sei überholt und „nach Auschwitz" gänzlich unzulässig.[988]. Doch in einer Situation, in der die Deutschen jeden Tag mit ihrer „nationalen Frage" konfrontiert wurden, weil Deutschland wieder zu einem Nationalstaat geworden war, reichten die gewohnt knappen Befunde nicht länger aus, wie Michael Charlier in den „Blättern für deutsche und internationale Politik" feststellte.[989] Deutschland, ein schwieriges Vaterland: Zu einem Zeitpunkt, an dem sich die Chance der Wiedervereinigung eröffnete, war die Bundesrepublik für diese Möglichkeit schlichtweg nicht mehr disponiert – im Gefühl ihrer Bürger so wenig[990] wie nach den Vorstellungen zahlreicher ihrer Politiker, so dass die Deutschen mit dem nationalstaatlichen Geschenk nichts Rechtes mehr anzufangen wussten[991] – ein Befund, der lager- und parteiübergreifend zu einer Rück-Besinnung, zu einer Reflexion der Kategorien des Nationalen wie auch des Patriotismus angesichts von deutscher Einheit, europäischer Integration und Globalisierungstendenzen führte.

Keineswegs zufällig erinnerte Hermann Rudolph eingedenk der deutschen „Schwierigkeiten mit einem Glücksfall" an das mahnende Wort, das Theodor Heuss den Deutschen 1949 mit auf den schwierigen Weg zu einem wiedervereinigten Vaterland in Frieden und Freiheit gab, und das auch mehr als vier Jahrzehnte später nichts an seiner Aktualität verloren hatte: „Wir stehen vor der großen Aufgabe, ein neues Nationalgefühl zu bilden".[992] Eben dazu eignet sich jener Verfassungspatriotismus, den Dolf Sternberger zur Zeit der deutschen Teilung formuliert und auf die Bundesrepublik Deutschland als Provisorium aber zugleich auch auf Deutschland als vereinten Nationalstaat bezogen hat. Hier liegt der große Vorzug des Sternbergerschen Ansatzes, der das Partikulare, den jeweiligen Nationalstaat gerade nicht überwinden, sondern in seiner konkreten Verfassung annehmen und zugleich universalistisch kontrollieren will. Indem der Verfassungspatriotismus die bewusste Option für die verfassungsstaatliche Ordnungsidee westlicher Observanz, d.h. für die Staatsbürgernation, signalisiert, bedeutet das nichts anderes, als dass die nationale Identität der Gesellschaft in der „lebenden Verfassung" eine konkret-

---

[988] Vgl. dazu auch Charliers Ausführungen, in: Ders.: Deutschland, schwierig Vaterland, in: Blätter für deutsche und internationale Politik 2 (1990), S. 179-187.

[989] Vgl. ders.: Zwischen Abschied und Neuanfang, in: Blätter für deutsche und internationale Politik, S. 397

[990] Hatten im Jahre 1976 noch 60% der Bundesbürger auf die Frage „Wünschen Sie sehr, dass die Wiedervereinigung kommt, oder ist Ihnen das nicht so wichtig?" mit „Wünsche ich mir sehr" geantwortet, so waren es 13 Jahre später nur noch 52 %, die diese Antwort gaben. Vgl. Noelle-Neumann, Elisabeth / Köcher, Renate (Hrsg.): Allensbacher Jahrbuch der Demoskopie 1984-1992, München 1993, S. 432. Im Rahmen einer im Dezember 1989 durchgeführten Umfrage antwortete eine Mehrheit der Bundesbürger (43%) auf die Frage, „Sollten wir nach den Umwälzungen in der DDR jetzt die Wiedervereinigung anstreben, oder sollte das jetzt nicht unser Ziel sein?" mit „Sollte jetzt *nicht* unser Ziel sein", nur 40% der Befragten sprachen sich dafür aus, die Wiedervereinigung nun anzustreben. Vgl. ebd., S. 438.

[991] Vgl. Rudolph, Hermann: Schwierigkeiten mit einem Glücksfall, in: Der Tagesspiegel v. 31.10. 1993.

[992] Ebd., vgl. im Original: Heuss, Theodor: Vor dem Parlamentarischen Rat, in: Ders.: Die großen Reden, Erster Band, S. 95.

geschichtliche Realisierung findet, wie dies in den westlichen Nationalkulturen in vielfältiger Form geschehen ist. Der nationalstaatliche Ist-Zustand steht bei Sternberger insoweit nicht unter Vorbehalt, als er sich in seiner Verfasstheit an den Prinzipien der Humanität, der Freiheit und Gleichheit seiner Bürger orientiert. Leistet er dies, gebührt ihm der Patriotismus seiner Bürger. Diese Konzeption nationaler Identität delegitimiert jede nationalistische Ideologie, welche das soziale Kollektiv der Nation zur höchsten Realität allen Seins erklärt und damit die Nation sakralisiert. Ein national fundierter Verfassungspatriotismus kann eine auf das je spezifische Gemeinwesen bezogene patriotische und zugleich ausdrücklich universalistisch kontrollierte, kollektive Identität begründen[993], insofern sich diese an einem allgemeinen Begriff der Humanität messen lässt.

---

[993] Vgl. Kluxen-Pyta, Donate: Verfassungspatriotismus und nationale Identität, in: Zeitschrift für Politik 37 (1990), S. 119-133, S. 130.

VII. Patriotismus an der Schwelle zum 21. Jahrhundert

A   **Patriotismus ohne Patria? – Der Nationalstaat im Zeichen der Globalisierung**

a)   Das Phänomen der „Globalisierung"

Der Begriff der „Globalisierung"[994], aufgrund seiner definitorischen Mehrdeutigkeit inzwischen fast zu einem Schlagwort geworden[995], ist mit widersprüchlichen Emotionen, teils Hoffnungen, teils Ängsten besetzt.[996] „Globalisierung" soll im Folgenden verstanden werden als Zunahme und Verdichtung der weltweiten sozialen Beziehungen.

Eine solche zunächst als profilarm erscheinende Definition ist jedoch plausibel, weil dadurch nicht eine bestimmte Dimension – wie die ökonomische – herausgestellt wird, sondern alle Dimensionen der „Globalisierung", also auch die politische und kulturelle, Berücksichtigung finden können.[997] Globalisierung zeigt sich durch einen dreifachen Sachverhalt charakterisiert: Einerseits eine durch ungeheuren technologischen Fortschritt möglich gewordene weltweite Vernetzung von Informations-, Verkehrs- und Datenübertragungsmitteln, die zu einem vor wenigen Jahren noch kaum vorstellbaren Schrumpfen der Übermittlungszeiten und zu einem entsprechenden Bedeutungsverlust räumlicher Distanzen führt – immer mehr Ereignisse können weltweit gleichzeitig wahrgenommen und immer mehr Leistungen mit immer kürzeren Verzögerungen an unterschiedlichen Orten der Welt wirksam werden. Zweitens durch die sprunghafte Zunahme von wirtschafts-relevanten Transaktionen, die die staatlichen Grenzen überschreiten und die Bereiche von Handel, Kapitalverkehr, In-

---

[994]   Vgl. bereits vorab und im Folgenden die Analyse „Was meint Globalisierung? Dimensionen, Kontroversen, Definitionen" bei Beck, Ulrich: Was ist Globalisierung? Irrtümer des Globalismus – Antworten auf Globalisierung, 5. Aufl., Frankfurt a.M. 1998, S. 48-192.

[995]   Vgl. Friedrichs, Jürgen: Globalisierung – Begriff und grundlegende Annahmen, in: Aus Politik und Zeitgeschichte 33-34 (1997), S. 3-11, S. 3. Die Schwierigkeit mit „Globalisierung" beginnt nach Ansicht Friedrichs damit, „daß der Terminus sowohl einen *Zustand* als auch einen *Prozeß* bezeichnen soll. Nicht genug damit, oft werden die *Folgen* der Globalisierung zu Bestandteilen der Definition gemacht, obgleich das ein wissenschaftlich unfruchtbares Vorgehen ist". Unter „Globalisierung" versteht Friedrich „die weltweite Vernetzung ökonomischer Aktivitäten". Vgl. ebd. [Hervorhebung im Original, V. K.]. Vgl. auch ausführlich dazu ders.: Die These von der „Globalisierung": Eine Explikation der Annahmen für unterschiedliche räumliche Ebenen, in: Hradil, Stefan (Hrsg.): Differenz und Integration. Verhandlungen des 28. Kongresses der Deutschen Gesellschaft für Soziologie, Frankfurt a. M. 1997, S. 769-782.

[996]   Vgl. Höffe, Otfried: Demokratie im Zeitalter der Globalisierung, München 1999; vgl. diesbezüglich auch die Anmerkungen zu „Globalisierung, Tradition, Unsicherheit", bei Giddens, Anthony: Jenseits von Links und Rechts. Die Zukunft radikaler Demokratie, Frankfurt a. M. 1997, S. 23ff.

[997]   Vgl. Höffe, Otfried: Demokratie im Zeitalter der Globalisierung, S. 13.

formationsaustausch, Mobilität von Personen und Dienstleistungen tangieren – ein Vorgang, der vor allem wirtschaftlichen Internationalisierung. Und drittens durch die wachsende Einbindung der Staaten wie auch privater Akteure in praktisch unkündbare internationale Abkommen, die auf weltweite Liberalisierung und Entgrenzung zielen und für die Staaten einem sich kontinuierlich ausweitenden partiellen Souveränitätsverzicht gleichkommen – ein Vorgang der *Transnationalisierung.*[998]

So verstanden hat der Begriff der Globalisierung für die gegenwärtige Epoche einen hohen diagnostischen Wert, indem er eine historisch keineswegs ganz neue[999] Herausforderung präzisiert, ohne ihre Antwort zu präjudizieren. Eine wesentliche Herausforderung stellt Globalisierung für den nationalen Einzelstaat dar: Ob innere oder äußere Sicherheit, ob Daseinsvorsorge, das volkswirtschaftliche Wohlergehen oder der Schutz der Umwelt – ein Großteil jener Aufgaben, die die Rechts- und Staatsform menschlicher Selbstorganisation auf den Plan rufen, überschreiten heute staatliche Grenzen. Zusätzlich gewinnen auf der internationalen Bühne neue Akteure – international tätige Unternehmen, inter- und transnationale Institutionen[1000] und regierungsunabhängige Organisationen – Macht und Einfluss[1001].[1002]

„Was sich vor unseren Augen abspielt", so stellt, ausgehend von seiner theoretischen Grundannahme einer „reflexiven Modernisierung"[1003], Ulrich Beck hinsicht-

---

[998] Vgl. Böckenförde, Ernst-Wolfgang: Die Zukunft politischer Autonomie. Demokratie und Staatlichkeit im Zeichen von Globalisierung, Europäisierung und Individualisierung, in: Ders.: Staat, Nation, Europa, S. 103-126. Ebd., S. 103f. Vgl. ebd. Böckenfördes Ausführungen zu der Individualisierung im Zeichen der Globalisierung, S. 105; vgl. analog auch Franz-Xaver Kaufmann: Herausforderungen des Sozialstaates, Frankfurt a. M. 1997.

[999] Zur historischen Dimension der Globalisierung vgl. die Ausführungen von Rothschild, Emma: Globalisation and Democracy in Historical Perspective, Cambridge 1999. Unter Einbeziehung der Gedanken von Chataubriand, Smith, Condorcet oder auch Burke stellt Rothschild mit Blick auf die gegenwärtige Globalisierungsdiskussion fest, „that the sense of inevitability – of total technological novelty – which sometimes accompanies discussions of globalisation is itself, often, a source of passivity". [...] The 18th century theorists with whom I have been concerned thought a lot about the reduction of distance". Ebd., S. 12. Vgl. analog dazu Ralf Dahrendorfs historische Bezugnahme hinsichtlich der Globalisierungseffekte auf Tocqueville und Karl Marx; vgl. ders.: Das Zerbrechen der Ligaturen und die Utopie der Weltbürgergesellschaft, in: Beck, Ulrich / Beck-Gernsheim, Elisabeth (Hrsg.): Riskante Freiheiten. Individualisierung in modernen Gesellschaften, Frankfurt a. M. 1994, S. 421-436, S. 423f.

[1000] Mit Blick auf die transnationalen Institutionen vgl. die Ausführungen „Von transnationalen zu globalen Institutionen" bei Albrow, Martin: Abschied vom Nationalstaat. Staat und Gesellschaft im Globalen Zeitalter, Frankfurt 1998, S. 189ff. Das Transnationale, so betont Albrow unter Verweis auf einschlägige Studien zur transnationalen Politik, sei „lange Zeit eine Standardkategorie für die Weltpolitik gewesen". Vgl. ebd., S. 190. Vgl. die wegweisenden Studien zur transnationalen Politik bei Keohane, Robert / Nye, Joseph (Hrsg.): Transnational Relations and World Politics, Cambridge 1971; vgl. ebenso bereits Rosenau, James (Hrsg.): Linkage Politics: Essays on the Convergence of National and International Systems, New York 1969; vgl. auch Aron, Raymond: Frieden und Krieg, Frankfurt a. M. 1986 [Erstveröffentlichung New York 1967].

[1001] Vgl. Höffe, Otfried: Demokratie im Zeitalter der Globalisierung, S. 13f.

[1002] Vgl. grundsätzlich in diesem Zusammenhang und im Folgenden die Analyse bei Kaiser, Karl: Transnationale Politik. Zu einer Theorie der multinationalen Politik, in: Czempiel, Ernst-Otto (Hrsg.): Die anachronistische Souveränität. Zum Problem des Verhältnisses von Innen- und Außenpolitik (Politische Vierteljahresschrift, Sonderheft 1), Köln 1969, S. 80-109.

[1003] Zur Theorie der „reflexiven Modernisierung", wie Ulrich Beck sie in zahlreichen seiner Publikationen der Edition „Zweite Moderne" entfaltet, vgl. paradigmatisch: Beck, Ulrich u.a.: Reflexive Modernisierung, Frankfurt a. M. 1996. Vgl. dazu auch die Anmerkungen bei Hitzler, Ronald: Die Wie-

lich der Chancen und Risiken einer „Politik der Globalisierung"[1004] fest, sei vergleichbar mit der Entdeckung Amerikas: „Unter den Segeln der Weiter-so-Modernisierung sind wir nach ‚Indien' aufgebrochen, und in der Einen Welt (-Gesellschaft) mit ihrer noch unvertrauten, unerforschten, ‚entterritorialisierten' sozialräumlichen Ordnung gelandet – mit ihren neuartigen transnationalen Machtspielen, Lebensformen, Lebensstilen, Kulturlandschaften, Managementeliten, Gegensätzen von lokalisierter Armut und globalisiertem Reichtum [„Glo*kal*isierung"[1005]], grenzüberschreitenden sozialen Bewegungen sowie Regierungsmöglichkeiten jenseits des Nationalstaates." Individuelle Biographien werden demnach im Zeichen der Globalisierung *selbstreflexiv*, sozial vorgegebene Biographien in selbst hergestellte und herzustellende Biographien transformiert. In der individualisierten Gesellschaft muss der einzelne entsprechend bei Strafe seiner permanenten Benachteiligung lernen, sich selbst als Handlungszentrum, als Planungsbüro, in Bezug auf seinen eigenen Lebenslauf, seine Fähigkeiten, Orientierungen, Partnerschaften usw. zu begreifen. Gesellschaft, so Beck, müsse unter Bedingungen des herzustellenden Lebenslaufes als eine Variable individuell gehandhabt werden. Gefordert sei ein aktives Handlungsmodell des Alltags, welches das Ich zum Zentrum habe, ihm Handlungschancen zuweise und eröffne und es auf diese Weise erlaube, die aufbrechenden Gestaltungs- und Entscheidungsmöglichkeiten in Bezug auf den eigenen Lebenslauf sinnvoll kleinzuarbeiten. Dies bedeute, dass hinter der Oberfläche intellektueller Spiegelfechtereien für die Zwecke des eigenen Überlebens ein ichzentriertes Weltbild entwickelt werden müsse.[1006]

---

derentdeckung der Handlungspotentiale. Problemstellungen politischer Soziologie unter den Bedingungen reflexiver Modernisierung, in: Zeitschrift für Politik 2 (2000), S. 183-200, S. 193.

[1004] Vgl. Beck, Ulrich: (Hrsg.): Politik der Globalisierung, Frankfurt a. M. 1998.

[1005] Globalisierung und Territorialisierung, Integration und Fragmentierung sind nach Ansicht Zygmunt Baumans jeweils sich ergänzende Prozesse der weltweiten Umverteilung von Souveränität, Macht und Handlungsfreiheit. Aus diesem Grund sei es sinnvoll, einem Vorschlag von Roland Robertson folgend, von „'*Glokalisierung*' statt von ‚Globalisierung' zu sprechen, von einem Prozess, innerhalb dessen die Gleichzeitigkeit und das Ineinander von Synthesis und Auflösung, Integration und Dekomposition alles andere als zufällig und erst recht nicht korrigierbar sind". Ders.: Schwache Staaten. Globalisierung und die Spaltung der Weltgesellschaft, in: Beck, Ulrich (Hrsg.): Kinder der Freiheit, S. 315-323. „Glokalisierung polarisiert Mobilität – die Möglichkeit, die Zeit zu nutzen, um die Beschränkungen des Raums zu annullieren. Diese Möglichkeit – oder Unmöglichkeit – trennt die Welt in die globalisierte und die lokalisierte. ‚Globalisierung' und ‚Lokalisierung' mögen untrennbare Seiten derselben Medaille sein, aber die zwei Teile der Weltbevölkerung leben auf verschiedenen Seiten und sehen nur eine Seite – so wie die Menschen auf der Erde nur die eine Seite des Mondes sehen und beobachten. Einige bewohnen den Globus, andere sind an ihrem Platz gefesselt." Ebd., S. 327f [Hervorhebung im Original, V. K.]. Vgl. auch die Ausführungen zu „Glokalisierung" bei Robertson, Roland: Glokalisierung: Homogenität und Heterogenität in Raum und Zeit, in: Beck, Ulrich (Hrsg.): Perspektiven der Weltgesellschaft, S. 192-220; vgl. ebenso mit grundsätzlichen Erwägungen ders.: Globalization: Social Theory and Global Culture, London 1992. Vgl. auch die Anmerkungen zu dem Phänomen der „Glokalisierung" bei Friedmann, Thomas L.: Globalisierung verstehen. Zwischen Marktplatz und Weltmarkt, München 2000, S. 375f; vgl. ebenso die diesbezüglichen Ausführungen bei Brunkhorst, Hauke: Globalisierungsparadoxien. Das doppelte Inklusionsproblem moderner Gesellschaften, in: Blätter für deutsche und internationale Politik 9 (2000), S. 1096-1104, S. 1103.

[1006] Vgl. in diesem Kontext Ulrich Becks Ausführungen „Individualisierung, Institutionalisierung und Standardisierung von Lebenslagen und Biographiemustern", in: Ders.: Risikogesellschaft. Auf dem Weg in eine andere Moderne, Frankfurt a. M. 1986, S. 205-219, ebd., S. 216f [Hervorhebung im Original, V. K.]. Vgl. auch ders.: Das Zeitalter des eigenen Lebens: Die Globalisierung der Biographien,

Die Moderne mit ihrem territorialstaatlich geprägten Politikmonopol, Gemein-
schafts- und Gesellschaftsverständnis[1007], mit ihren Idealen von technischem Fortschritt und nationaler Einheit wird in Frage gestellt und überlagert durch die Herausforderungen und Konturen des ‚Globalen Zeitalters‘[1008].‚[1009]

Wenn die Entwicklungen, die mit dem Begriff der „Globalisierung" umschrieben
werden, der Demokratie, wie sie im Westen seit 200 Jahren verstanden wird, nicht
förderlich sind, wie Ralf Dahrendorf in seinen „Anmerkungen zur Globalisierung"[1010] überzeugend zu bedenken gibt, wenn Globalisierung dem einzigen Domizil
der repräsentativen Demokratie, das bisher funktioniert hat, dem Nationalstaat, die
ökonomische Grundlage zu entziehen droht und nicht zuletzt den Zusammenhalt von
Bürgergesellschaften, in denen der demokratische Diskurs gedeihe, beeinträch-
tigt[1011], so bedarf es jenseits der Vorstellung einer abstrakten Weltbürgergesell-

---

Frankfurt a. M. 1998. Vgl. dazu auch die Ausführungen über die „Unlebbarkeit der Moderne: Entrou-
tinisierung des Alltags" bei Ders. / Beck-Gernsheim, Elisabeth: Individualisierung in modernen Gesellschaften – Perspektiven und Kontroversen einer subjektorientierten Soziologie, in: Dies. (Hrsg.):
Riskante Freiheiten. Individualisierung in modernen Gesellschaften, Frankfurt a. M. 1994, S. 10-39,
S. 17ff. „Das Leben", so betonen die beiden Autoren, „verliert an Selbstverständlichkeit, heißt: selbst
der soziale ‚Instinkt-Ersatz‘, der es trägt und leitet, gerät in die Mühen und Mühlen dessen, was bedacht, bestimmt werden muß. Wenn es richtig ist, daß Routinisierung und Institutionalisierung eine
entlastende, Individualität und Entscheidung ermöglichende Funktion haben, dann wird deutlich,
welche Art von Beschwernis, Anstrengung, Nervigkeit mit dem Zermürben der Routinen entsteht."
Ebd., S. 18. Vgl. an dieser Stelle auch Ansgar Weymanns Überlegungen hinsichtlich verschiedenster
Anstrengungen, die das Individuum unternimmt, um der „Tyrannei der Möglichkeiten" im Sinne
Hannah Arendts zu entkommen. Das Individuum „sucht, findet und produziert zahllose Instanzen so-
zialer und psychologischer Interventionen, die ihm professionell-stellvertretend die Frage nach dem
‚Was bin ich und was will ich‘ abnehmen und damit die Angst vor der Freiheit mindern". Vgl. ders.:
Weymann, Ansgar: Handlungsspielräume im Lebenslauf, in: Ders. (Hrsg.): Handlungsspielräume.
Untersuchungen zur Individualisierung und Institutionalisierung von Lebensläufen in der Moderne,
Stuttgart 1989, S. 3. Vgl. im Kontext die Ausführungen von Hitzler, Ronald: Der unberechenbare
Bürger. Über einige Konsequenzen der Emanzipation der Untertanen, in: Beck, Ulrich (Hrsg.): Kin-
der der Freiheit. Frankfurt a. M. 1997, S. 175-194; Ronald Hitzler hat vor diesem skizzierten Hinter-
grund den Begriff der „Bastelexistenz" geprägt; vgl. dazu Ders. / Honer, Anne: Bastelexistenz. Über
subjektive Konseqeunzen der Individualisierung, in: Beck, Ulrich / Beck-Gernsheim, Elisabeth
(Hrsg.): Riskante Freiheiten, S. 307-315.

[1007] Vgl. grundsätzlich auch an dieser Stelle die Analyse bei Kaufmann, Franz-Xaver; Globalisierung und
Gesellschaft, in: Aus Politik und Zeitgeschichte 18 (1998), S. 3-10.

[1008] Martin Albrow [vgl. ders.: Abschied vom Nationalstaat; vgl. ebd. v. a. „Die These vom Globalen
Zeitalter", S. 285ff.] vertritt die These, das „Globale Zeitalter" sei als ein nichtmodernes Zeitalter zu
verstehen, insofern als die gesellschaftliche Moderne unauflöslich mit Rationalität im Sinne Max
Webers, Nationalstaat und funktionaler Differenzierung im Sinne Talcott Parsons und Niklas Luh-
manns verbunden sei und ende.

[1009] Beck, Ulrich: Wie wird Demokratie im Zeitalter der Globalisierung möglich? – Eine Einleitung, in:
Ders. (Hrsg.): Politik der Globalisierung, S. 7-66, S. 10f. Vgl. auch ders.: Das Demokratie-Dilemma
im Zeitalter der Globalisierung, in: Aus Politik und Zeitgeschichte 38 (1998), S. 3-11.

[1010] Vgl. grundsätzlich in diesem Kontext die wegweisenden „Anmerkungen zur Globalisierung" bei
Dahrendorf, Ralf: Anmerkungen zur Globalisierung, in: Beck, Ulrich (Hrsg.): Perspektiven der Weltgesellschaft, Frankfurt a. M. 1998, S. 41-54. „Globalisierung", so Dahrendorf, „vollzieht sich in
Räumen, für die noch keine Strukturen der Kontrolle und Rechenschaft erfunden sind, geschweige
denn solche, die den einzelnen Bürger ermächtigen." Ebd. S. 51.

[1011] Ebd. Ulrich Beck hat in diesem Kontext den Begriff der „Gesellschaft der Ichlinge" geprägt. Vgl.
ders.: Kinder der Freiheit: Wider das Lamento über den Werteverfall, in: Ders. (Hrsg.): Kinder der
Freiheit, S. 9-33.

schaft[1012] der kritischen Reflexion von Funktion und Zukunft des Nationalstaats in einem „grenzen-losen?"[1013] Zeitalter der Globalisierung.

Sind in Europa mit dem Ost-West-Konflikt auch die „Relikte der Staatenwelt" beseitigt worden?[1014] Hat die Globalisierung den Siegeszug des Nationalstaats beendet?[1015] Hat damit auch die Demokratie ein Ende gefunden? Heute, so Jean-Marie Guéhenno, müsse man sich fragen, ob es eine Demokratie ohne Nation geben könne. Das große Gebäude des institutionellen Zeitalters sei seiner Fundamente beraubt; vom Wasser mitgerissen wie ein Fertighaus bei einer Überschwemmung, treibe es nun haltlos in den Fluten.[1016] Hat womöglich die Globalisierung von Handel und Kapital die Autonomie des Staates heute bereits so weit untergraben, dass die Grundlagen des Nationalstaates als Brennpunkt politischer Autorität heute zerstört sind?[1017] Befinden wir uns also bereits jenseits der Staatlichkeit?[1018] Die Menschheit, so betont Michael Zürn, habe in Form von globalen Finanzmärkten, dem Internet, der Klimaerwärmung und dem Ozonloch sowie der organisierten Kriminalität gemeinsam „goods" und „bads" produziert, die sich einer räumlich-territorialen Zuordnung vollständig entzögen. In diesen Fällen überschritten Informationen, Men-

---

[1012] Vgl. ders.: Das Zerbrechen der Ligaturen und die Utopie der Weltbürgergesellschaft, in: Beck, Ulrich / Beck-Gernsheim, Elisabeth (Hrsg.): Riskante Freiheiten, S. 421-436.

[1013] Vgl. dazu die entsprechenden Beiträge des Bandes von Weizsäcker, Ernst-Ulrich von (Hrsg.): Grenzen – los? Jedes System braucht Grenzen – aber wie durchlässig müssen diese sein?, Berlin 1997.

[1014] Vgl. die These von Czempiel, Ernst-Otto: Konturen einer Gesellschaftswelt. Die neue Architektur der internationalen Politik, in: Merkur 44 (1990), S. 835-851, S. 50f; vgl. mit ähnlicher Argumentation die Ausführungen bei Held, David: Democracy, the Nation-State, and the Global System, in: Economy and Society 2 (1991), S. 139-172; vgl. ders.: Democracy: from City-States to a Cosmopolitan Order?, in: Ders. (Hrsg.): Prospects for Democracy, Stanford 1993, S. 13-52; auch ders.: Democracy and the New International Order, in: Ders. / Archibugi, Daniele (Hrsg.): Cosmopolitan Democracy, Cambridge 1995, S. 96-120. Zur These vom Ende des Nationalstaates im Zeichen der Globalisierung vgl. auch die Diskussions-Beiträge des Bandes von Dunn, John (Hrsg.): Crisis of the Nation State, London 1994 (Political Studies, Sonderheft 42). Vgl. mit Bezugnahme auf Czempiel auch die Analyse bei Niedhart, Gottfried: Staatenwelt und Gesellschaftswelt: Zur Rolle des neuzeitlichen Territorialstaats in der internationalen Politik des 19. und 20. Jahrhunderts, in: Hasse, Rolf (Hrsg.): Nationalstaat im Spagat: Zwischen Suprastaatlichkeit und Subsidiarität, Stuttgart 1997, S. 39-51.Vgl. auch die Überlegungen bei Schulze, Hagen: Staat und Nation in der europäischen Geschichte, München 1994.

[1015] Vgl. Mann, Michael: Hat Globalisierung den Siegeszug des Nationalstaats beendet?, in: Prokla 106 (1997), S. 113-141.

[1016] Guéhenno, Jean-Marie: Das Ende der Demokratie, München 1996, S. 12; vgl. auch ders.: Europas Demokratie erneuern – Stärkung der gemeinschaftsbildenden Kraft der Politik, in: Weidenfeld, Werner (Hrsg.): Demokratie am Wendepunkt, a. a. O., S. 391-411. Vgl. ebd. Guéhennos Anmerkungen zur „Überwindung des Nationalstaates": „[...] Als modernes Projekt muß die europäische Integration sich sowohl vom historisch-geographischen Modell des Nationalstaates als auch des föderalen Nationalstaates befreien. Europa muß bemüht sein, in die politischen Institutionen ‚Netzwerkstrukturen' einzubringen, wie sie in besonders erfolgreichen Unternehmen immer häufiger anzutreffen sind. Diese politische Neuerung ist um so schwieriger durchzuführen, als die Beziehung zwischen Identität und Funktion, die Basis jeder stabilen menschlichen Gemeinschaft, durch die Globalisierung gelockert wird." Ebd., S. 405f.

[1017] Vgl. Strange, Susan: The Retreat of the State. The Diffusion of Power in the World Economy, Cambridge 1996. Vgl. im Kontext die Analyse bei Brock, Dietmar: Wirtschaft und Staat im Zeitalter der Globalisierung. Von nationalen Volkswirtschaften zur globalisierten Weltwirtschaft, in: Aus Politik und Zeitgeschichte 33-34 (1997), S. 12-19.

[1018] Vgl. Zürn, Michael: Jenseits der Staatlichkeit, in: Leviathan 20 (1992), S. 490-513.

schen, Risiken[1019], Waren und Kapital nicht nur die Grenzen, hier handele es sich vielmehr um originär grenzenlose Aktivitäten, welche die neue Qualität der, wie Zürn es formuliert, „Denationalisierung"[1020] ausmachten.[1021]

Dass der moderne Nationalstaat den Herausforderungen der „Globalisierung" nicht gerecht werde, davon zeigt sich ebenfalls Jürgen Habermas überzeugt, der betont, die Globalisierung des Verkehrs und der Kommunikation, der wirtschaftlichen Produktion und ihrer Finanzierung, des Technologie- und Waffentransfers und vor allem der ökologischen und militärischen Risiken stelle die Menschen heute vor Probleme, die innerhalb eines nationalstaatlichen Rahmens oder auf dem bisher üblichen Wege der Vereinbarung zwischen souveränen Staaten nicht mehr gelöst werden könnten. „Wenn nicht alles täuscht, wird die Aushöhlung der nationalstaatlichen Souveränität fortschreiten und einen Auf- und Ausbau politischer Handlungsfähigkeiten auf supranationaler Ebene nötig machen, den wir in seinen Anfängen schon beobachten."[1022] Was fehlt, so betont Habermas in diesem Kontext unter Rückbezug auf sein Postualt eines postnationalen Verfassungspatriotismus, sei bislang die Ausbildung einer weltbürgerlichen Solidarität, die gewiss eine schwächere Bindungsqualität haben würde als die innerhalb von Nationalstaaten im Laufe von ein bis zwei Jahrhunderten gewachsene staatsbürgerliche Solidarität. Aber warum sollte sich jener große, historisch folgenreiche Abstraktionsschub vom lokalen und dynastischen zum nationalen und demokratischen Bewusstsein nicht fortsetzen lassen?

b)   Der Funktionswandel von „Grenzen"

Jene Thesen vom Ende des Nationalstaates im Zeitalter der Globalisierung ist – eingedenk der „Wiederkehr eines Totgesagten"[1023], d.h. des Nationalstaats und des Nationalismus infolge des Zusammenbruchs der kommunistischen Regime in Osteuropa zu Beginn der 90er Jahre[1024] – mittels der Analyse der politischen und sozialen

---

[1019]   Vgl. analog zu Zürn auch die Ausführungen bei Beck, Ulrich: Weltrisikogesellschaft. Zur politischen Dynamik globaler Gefahren, in: Internationale Politik 50 (1995), S. 13-20.

[1020]   Die These von einem „Denationalisierungsprozess" wird entfaltet und mit Daten grundiert in Zürn, Michael / Beisheim, Martin u. a.: Im Zeitalter der Globalisierung? Thesen und Daten zur gesellschaftlichen und politischen Denationalisierung, Baden-Baden 1998; vgl. auch darüber hinaus die Analyse von Zürn in: Ders.: Regieren jenseits des Nationalstaats, Frankfurt a. M. 1998 sowie in: Ders.: Über den Staat und die Demokratie im europäischen Mehrebenensystem, in: Politische Vierteljahresschrift 37 (1996), S. 27-55.

[1021]   Vgl. ders.: Schwarz-Rot-Grün-Braun: Reaktionsweisen auf Denationalisierung, in: Beck, Ulrich (Hrsg.): Politik der Globalisierung, S. 297-330.

[1022]   Habermas, Jürgen: Der europäische Nationalstaat – Zu Vergangenheit und Zukunft von Souveränität und Staatsbürgerschaft, in: Ders.: Die Einbeziehung des Anderen. Studien zur politischen Theorie, Frankfurt a. M. 1996, S. 128-153, S. 129f. Vgl. in diesem Sinne auch ders.: Jenseits des Nationalstaats? Bemerkungen zu Folgeproblemen der wirtschaftlichen Globalisierung, in: Beck, Ulrich (Hrsg.): Politik der Globalisierung, S. 67-84. Ebd., S. 78.

[1023]   So die Formulierung bei Weißmann, Karlheinz: Wiederkehr eines Totgesagten: Der Nationalstaat am Ende des 20. Jahrhunderts, in: Aus Politik und Zeitgeschichte 14 (1993), S. 3-10.

[1024]   Vgl. dazu die Beiträge des Bandes von Winkler, Heinrich August / Kaelble, Hartmut (Hrsg.): Nationalismus – Nationalitäten – Supranationalität, Stuttgart 1993; vgl. ebd. vor allem die Ausführungen bei Schödl, Günter: Die Dauer des Nationalen. Zur Entwicklungsgeschichte des „neuen" Nationalismus im östlichen Europa, S. 123-155; vgl. sodann auch ebd. Geyer, Dietrich: Der Zerfall des Sowjet-

Funktionen von „Grenzen"[1025] auf ihre Plausibilität hin überprüft worden.[1026] Dabei ist zwar ein Funktionswandel der Grenzen festgestellt worden, keineswegs jedoch das Ende des Nationalstaates. Denn immerhin: die Erde ist gegenwärtig restlos aufgeteilt unter Staaten, die weißen Flecken auf der politischen Weltkarte sind verschwunden, selbst das hohe Meer wird zunehmend dem alleinigen Herrschafts- und Nutzungsanspruch der Anliegerstaaten unterworfen, die ihre Küstengewässer ausweiten, um eine exklusive Wirtschaftszone ergänzen und sich souveräne Rechte über den Festlandsockel zur Erforschung und Ausbeutung seiner natürlichen Ressourcen vorbehalten. Nicht einmal die Zahl der Staaten hat sich im „Zeitalter der Globalisierung" verringert, im Gegenteil: aus dem Zerfall der Kolonialimperien und aus dem Zusammenbruch der Sowjetunion und Jugoslawiens sind zahlreiche neue (National-)staaten hervorgegangen. Die Vereinten Nationen, die bei ihrer Gründung 51 Mitgliedstaaten umfassten, zählen im Jahr 2002 191 Mitgliedstaaten. „Die bisherige Bilanz der Globalisierung: Die Staaten haben sich vermehrt und über die ganze Erde verbreitet. Die Eine Welt, wie sie heute besteht, manifestiert sich in der globalen Präsenz des Staates."[1027]

Zum Funktionswandel von Grenzen: Zunächst gilt es grundsätzlich hinsichtlich der politischen und sozialen Funktion von Grenzen zu bedenken, dass es *ohne* Grenzen im Grunde keine Ausdifferenzierung von Systemen, auch nicht von politischen Systemen, geben kann.[1028] Zivilisationen brauchen nicht nur Grenzen, sie haben

---

imperiums und die Renaissance der Nationalismen, S. 156-186; vgl. grundsätzlich im Kontext auch die Ausführungen zu der neu/alten „nationalstaatlichen Herausforderung in Europa bei: Mayer, Tilman: Die nationalstaatliche Herausforderung in Europa, in: Aus Politik und Zeitgeschichte 14 (1993), S. 11-20. Vgl. auch ders.: Die Rolle von Nation und Nationalität in der internationalen Politik, in: Weinacht, Paul-Ludwig (Hrsg.): Von der geteilten zur offenen Welt. Verflechtungen und Balancen, Würzburg 1993, S. 35-56. Mit Blick auf Osteuropa resp. die UdSSR vgl. Stölting, Erhard: Eine Weltmacht zerbricht. Nationalität und Religionen in der UdSSR, Frankfurt a. M. 1990; vgl. ders.: Soziale Trägergruppen des Nationalismus in Osteuropa, in: Estel, Bernd / Mayer, Tilman (Hrsg.): Das Prinzip Nation in modernen Gesellschaften. Länderdiagnosen und theoretische Perspektiven, Opladen 1994, S. 299-322; vgl. auch mit Blick auf Osteuropa die Analyse bei Simon, Gerhard: Die Osteuropaforschung, das Ende der Sowjetunion und die neuen Nationalstaaten, in: Aus Politik und Zeitgeschichte 52-53 (1992), S. 32-38; vgl. grundsätzlich auch die Analyse bei Brubaker, Rogers: Nationalism Reframed. Nationhood and the National Question in the New Europe, Cambridge 1996; Smith, Anthony: Nations and Nationalism in a Global Era, Cambridge 1995. Vgl. auch Jeismann, Michael / Ritter, Henning (Hrsg.): Grenzfälle. Über alten und neuen Nationalismus, Leipzig 1993; vgl. ebd. vor allem die bilanzierende Analyse von Ritter, Henning: Der Gast, der bleibt. Anmerkungen zur Rückkehr der Nationen, S. 356-371.

[1025] Vgl. in diesem Kontext die ausgreifenden und fundierten Bemerkungen zur Bedeutung, zu Wort und Bedeutungswandel von „Grenzen" bei Illich, Ivan: Philosophische Ursprünge der grenzenlosen Zivilisation, in: Weizsäcker, Ernst-Ulrich (Hrsg.): Grenzen-los?, S. 202-211.

[1026] Vgl. Dittgen, Herbert: Grenzen im Zeitalter der Globalisierung. Überlegungen zur These vom Ende des Nationalstaates, in: Zeitschrift für Politikwissenschaft 1 (1999), S. 3-26.

[1027] Vgl. Isensee, Josef: Die vielen Staaten in der einen Welt – eine Apologie, S. 8f.

[1028] Vgl. grundsätzlich dazu Luhmann, Niklas: Die Gesellschaft der Gesellschaft, Frankfurt a. M. 1997, Kapitel 4. Herbert Dittgen unterscheidet den Funktionswandel der „Grenze" in fünf verschiedenen Dimensionen: der traditionell militärischen Schutzfunktion, der rechtlichen Funktion, der wirtschaftlichen Funktion, der ideologischen sowie der sozialpsychologischen Funktion. In jeder dieser fünf Dimensionen lässt sich Dittgen zufolge ein signifikanter Funktionswandel, nicht jedoch ein grundsätzlicher Funktionsverlust feststellen. Vgl. ders: Grenzen im Zeitalter der Globalisierung, S. 8ff; vgl. dazu auch: Fürst, Joachim: Raum – die politikwissenschaftliche Sicht, in: Staatswissenschaften und Staatspraxis 4 (1993), S. 293-315.

Grenzen und definieren sich selbst geradezu in Abgrenzung von anderen. Eine grenzenlose Zivilisation ist ein Widerspruch in sich. Selbst das euro-nordamerikanische
Zivilisationsmodell kann nicht einförmig planetarisch sein: Während es an der einen
Stelle Grenzen aufhebt, schafft es an der anderen Stelle neue. Keine Zivilisation ist
mit sich selbst allein; jede hat sich bisher dadurch definiert und stabilisiert, dass sie
sich deutlich und bewusst von dem abhob, was sie für das Nichtzugehörige hielt; für
das extern Fremde, in vielen Fällen: das Barbarische. Kulturelle Grenzen sind fle-
xibler und variabler als politische Grenzen, dadurch schwerer zu erkennen, aber
leichter definierbar und auch manipulierbar als Staatsgrenzen, mit denen sie keineswegs zwangsläufig übereinstimmen müssen. Kulturellen Grenzen fehlt vielfach die
solide Fundierung in Territorialität. Wie die Träger von Kultur, die menschlichen
Gemeinschaften, so sind auch kulturelle Grenzen mobil.[1029]

Wenn in der gegenwärtigen wissenschaftlichen Diskussion vom Ende des Nationalstaates die Rede ist, dann liegt dieser These zumeist eine bestimmte Staatsvorstel-
lung zugrunde, nämlich die eines hierarchisch integrierten Staates, der sich im Inneren gegen konkurrierende Gewalten durchsetzen und international als gleichberech-
tigter Konkurrent behaupten muss.[1030] Betrachtet man jedoch Innen- und Außenpolitik unter den realen Bedingungen gesellschaftlicher Veränderungen, dann wird deutlich, dass unbestreitbare Autonomieverluste des Staates durchaus nicht automatisch
mit Souveränitätsverlust gleichgesetzt werden könnten. Was bedeutet das? Selbst die
Eingliederung des modernen Nationalstaates in supranationale Zweckverbände ist
weniger Zeichen seiner Untergangsreife als vielmehr Zeichen seiner Überlebens-
kunst und Wandlungsfähigkeit, indem er sich den neuen Gegebenheiten seiner Umwelt anpasst und sich dadurch Vitalität bewahrt. Er erweitert und steigert seine Effi-
zienz, indem er neue Handlungsebenen schafft, auch wenn er dafür Hoheitsrechte
opfert, und gewinnt neue Dimensionen der Machtausübung. Die Souveränität als
solche gibt er jedoch nicht preis, solange er der maßgebliche Akteur – „Herr der
Verträge" – auf supranationaler Bühne bleibt.

Zwar vollzieht sich in der Innen- wie in der Außenpolitik[1031] eine Vergesellschaftung über Grenzen hinweg, so dass einerseits politische Entscheidungen von
Regierungen nicht autonom, gegen externe Einflüsse durchgesetzt werden können
und andererseits staatliche Politik heute unbestreitbar in ein immer weiter verzweig-
tes und immer dichteres Netz von transnationalen und innergesellschaftlichen Abhängigkeiten eingebunden ist. Aber diese Autonomieverluste bedeuten keineswegs

---

[1029] Vgl. grundsätzlich Osterhammel, Jürgen: Kulturelle Grenzen in historischer Perspektive, in: Weizsä-
cker, Ernst-Ulrich (Hrsg.): Grenzen – los?, S. 213-219. Vgl. dazu Dahrendorf, Ralf: Die Zukunft des
Nationalstaates, in: Merkur 48 (1993), S. 751-761; vgl. auch ders.: Die Sache mit der Nation, in:
Jeismann, Michael / Ritter, Henning (Hrsg.): Grenzfälle, S. 101-118.

[1030] Vgl. Dittgen, Herbert: Grenzen im Zeitalter der Globalisierung, S. 22.

[1031] Vgl. vor allem mit Blick auf die außenpolitische Dimension in diesem Kontext die Ausführungen bei
Meyers, Reinhard: Grundbegriffe und theoretische Perspektiven der Internationalen Beziehungen, in:
Grundwissen Politik (hrsg. v. d. Bundeszentrale für politische Bildung), 3. Aufl., Bonn 1997, S. 313-
434; vgl. vor allem auch das Unterkapitel „Der Weg zur Weltgesellschaft – Dialektik von Verflechtung und Entgrenzung", S. 387-403; vgl. im Kontext klassisch die Analyse bei Herz, John H.: Staatenwelt und Weltpolitik. Aufsätze zur internationalen Politik im Nuklearzeitalter, Hamburg 1974;
vgl. auch fundierend Morgenthau, Hans J.: Macht und Frieden. Grundlegung einer Theorie der internationalen Politik, Gütersloh 1963.

das Ende staatlicher Souveränität, also des Gewaltmonopols und der Territorialität des Staates. Die paradox anmutende Entwicklung von Autonomie*verlust* einerseits und Souveränitäts*bewahrung* andererseits kann in funktionaler wie in normativer Hinsicht gerade positiv bewertet werden: Hinsichtlich des Autonomieverlustes deshalb, weil die Regierungen der wachsenden Aufgabenflut nur noch durch das Koordinieren von verschiedenen netzwerkartigen innen- und außenpolitischen Handlungszusammenhängen gerecht werden können und hinsichtlich der Souveränitätsbewahrung des Nationalstaates deshalb, weil kein alternativer Rahmen für eine Demokratie im Sinne verantwortlicher Politik und für die politische Integration denkbar ist. Mit anderen Worten: „Wer den Nationalstaat aufgibt, verliert damit die bisher einzige effektive Garantie seiner Grundrechte. Wer heute den Nationalstaat für entbehrlich hält, erklärt damit – sei es auch noch so unabsichtlich – die Bürgerrechte für entbehrlich".[1032]

Cum grano salis: Zwischen neuer Interdependenz und überwundenem Obrigkeitsstaat steht heute der moderne heterogene Nationalstaat, dessen Grundlage Gewaltenteilung, Pluralismus und Grundrechtsschutz ist und der aufgrund seiner Struktur nicht zuletzt die in verschiedener Virulenz anzutreffenden Minderheitenprobleme moderieren und politisch kanalisieren kann.

Entgegen der verbreiteten Ansicht, der Nationalstaat werde zunehmend zu einem Anachronismus vergangener Zeiten, stellt Werner Link in seiner Analyse der Grundprobleme globaler Politik an der Schwelle zum 21. Jahrhundert[1033] denn auch eine signifikante Tendenz zur Selbstbehauptung des Territorialstaats im Globalisierungsprozess[1034] fest. Der Staat, so Link, entwickele sich im Zeichen der Globalisierung zu einer strategisch plazierten Vermittlungsinstanz zwischen subnationalen und supranationalen Politikanforderungen. Er bleibe zugleich bzw. sei in noch höherem Maße als früher Entscheidungsinstanz; d.h. er entscheide, mit welchen Staaten und Organisationen er zusammenarbeite und was verbindlich vereinbart werde. Territorialstaatliche Grenzen werden Link zufolge demnach nicht bedeutungslos, ganz im Gegenteil: Sie grenzen Gebiete mit unterschiedlichen Wirtschaftspolitiken[1035] und

---

[1032] Vgl. Dahrendorf, Ralf: Die Sache mit der Nation, in: Jeismann, Michael / Ritter, Henning (Hrsg.): Grenzfälle, S. 106. Vgl. analog dazu die Analyse bei Kaiser, Karl: Zwischen neuer Interdependenz und altem Nationalstaat. Vorschläge zur Re-Demokratisierung, in: Weidenfeld, Werner (Hrsg.): Demokratie am Wendepunkt, S. 311-328; vgl. im Kontext die Überlegungen bei Kühnhardt, Ludger: Die Zukunft der Demokratisierung, in: Kaiser, Karl / Schwarz, Hans-Peter (Hrsg): Weltpolitik im neuen Jahrtausend, Bonn 2000, S. 233-242.

[1033] Vgl. Link, Werner: Die Neuordnung der Weltpolitik. Grundprobleme globaler Politik an der Schwelle zum 21. Jahrhundert, 2. Aufl., München 1999.

[1034] Vgl. ebd., das Unterkapitel „Die Selbstbehauptung des Territorialstaats im Globalisierungsprozeß", S. 61-69. Auf den damit verbundenen notwendigen Wandlungsprozess im Sinne einer Konzentration auf die dem Staat obliegenden Kernaufgaben verweist rückblickend Peter Evans, in: Ders.: The Eclipse of the State. Reflections on Stateness in an Era of Globalization, in: Worl Politics 10 (1997), S. 62-87, S. 83. „[...] States took on more than they could handle during the period following World War II. Dealing with the capacity gap clearly required rethinking the state's role. Readjustment was necessary [...]".

[1035] Vgl. dazu auch die Ausführungen bei Kaiser, Karl / May, Bernhard: Weltwirtschaft und Interdependenz, in: Kaiser, Karl / Schwarz, Hans-Peter (Hrsg): Weltpolitik im neuen Jahrtausend; „[...] der Territorialstaat", so stellen Kaiser und May unter Bezugnahme auf Richard Rosecrance fest, "wurde in wichtigen Teilbreeichen vom 'Handelsstaat' abgelöst. Allerdings gilt dies nicht in diesem

politischen Institutionen voneinander ab. „„Nationale Grenzen'", so zitiert Link Robert Wade, „demarkieren die national spezifischen Systeme in den Bereichen der Erziehung, der Finanzen, des Managements und der Regierung, die soziale Konventionen, Normen und Gesetze schaffen und dadurch Investitionen in Technologie und Unternehmertum nachhaltig beeinflussen'[1036]"[1037] und bieten, wie Rudolf Stichweh ganz grundsätzlich analog zu Ulrich von Alemanns „Versuch über das wohltätig Trennende"[1038] betont, eine relativ stabile Identifikation für Personen, denen herkömmliche lokale „settings" eine hinreichende Erwartungssicherheit hinsichtlich ihrer eigenen Lebensbedingungen nicht mehr garantieren können[1039]: In diesem Sinn ist die nationale Identifikation als eine Folge sozialer Mobilisierung und einer durch sie verursachten zunehmenden Erwartungsunsicherheit zu verstehen[1040]. Angesichts von Erwartungsunsicherheit ruhen folglich die Leistungen der Nation zu einem wesentlichen Teil darauf, dass sie Ungleichheit ausschließt, weil sie sie in die Weltgesellschaft externalisiert, und eine scheinbare Gleichheit aller Mitglieder der Nation

---

Ausmaße für den Bereich der Sicherheit und die großen Fragen von Krieg und Frieden." Ebd., S. 474. Vgl. dazu Rosecrance, Richard: Der neue Handelsstaat, Frankfurt a. M. 1987.

[1036] Wade, Robert: Globalization and Its Limits, in: Berger, Suzanne / Dore, Ronald (Hrsg.): National Diversity and Global Capitalism, Ithaca 1996, S, 60-87.

[1037] Link, Werner: Die Neuordnung der Weltpolitik, S. 68f [Hervorhebung im Original, V. K.]. Vgl. ebd., S. 69 ff auch Links Thematisierung der Regionalisierung bzw. des Regionalismus im Globalisierungsprozess.

[1038] Alemann, Ulrich von: Grenzen schaffen Frieden. Gegen die Ungebundenheit in der Politik. Ein Versuch über das wohltätig Trennende, in: Die Zeit v. 04.02.1999. Bilanzierend stellt von Alemann am Ende seiner Analyse fest, dass überall dort, wo Grenzen aufgehoben werden, ob in Osteuropa, in der ehemaligen Sowjetunion oder in der Europäischen Union, neue Grenzen geschaffen werden müssen. „Dies", so der Autor, „mag manchem reaktionär oder paradox erscheinen – sind Grenzen nicht Relikte der Kleinstaaterei? Nicht Behinderungen der Völkerverständigung und Freiheit? Doch es ist ja nicht von Mauern, Schlagbäumen oder Ausweiskontrollen die Rede. Gemeint sind Identifikationsräume, Orientierungsmarken, die Wir-Gefühl erlauben, ohne daß sie zu Freund-Feind-Bildern führen müssen. [...] Dies gilt in anderer Form, auch für die europäische Einigung, die nicht nur die Euphorie der Integration, sondern auch Angebote zur überschaubaren kulturellen Identifikation enthalten muß. Dies ist gleichfalls eine Riesenaufgabe für Rußland und andere Vielvölkerstaaten in Osteuropa, insbesondere auf dem Balkan. Wir werden auch in diesen Staaten Grenzen brauchen: Es kommt darauf an, sie friedlich und föderal als Räume zu entwickeln, die das Bedürfnis nach kultureller Autonomie befriedigen, ohne in die Grenzkonflikte vergangener Jahrhunderte zurückzuführen. Grenzen müssen sein, als Einfriedung von Identität. Und wir brauchen Grenzen, um sie überschreiten zu können".

[1039] Vgl. Stichweh, Rudolf: Nation und Weltgesellschaft, in: Estel, Bernd / Mayer, Tilman (Hrsg.): Das Prinzip Nation in modernen Gesellschaften, S. 83-96. Stichweh geht es bei seiner Analyse des Verhältnisses von Nation und Weltgesellschaft um „eine normative Erwartungsstruktur, die der Möglichkeit internationaler Beziehungen und der Etablierung nationaler Staatlichkeit in jedem einzelnen Fall zugrundeliegt. Schon Talcott Parsons hat bei der Analyse des internationalen Systems das klassische Durkheimsche Argument wiederholt: auch Vertragsschlüsse zwischen Staaten setzen eine normative Ordnung voraus, die die Möglichkeit von Verträgen allererst begründet". Ebd., S. 88; vgl. diesbezüglich im Original die klassische Analyse bei Parsons, Talcott: Order and Community in the International Social System, in: Rosenau, James (Hrsg.): International Politics and Foreign Politicy, Glencoe 1961, S. 120-129.

[1040] Vgl. dazu auch bereits Deutsch, Karl W.: Nation und Welt, in: Winkler, Heinrich August (Hrsg.): Nationalismus, 2. Aufl., Königstein i.Ts. 1966, S. 49-66, S. 53ff; vgl. im Sinne eines komprimierten modernisierungstheoretischen Überblicks die Ausführungen „Moderne und Identität: Befreiung und Entwurzelung. Identität und organisierte Moderne: Die Beseitigung der Ambivalenz", bei Peter Wagner: Soziologie der Moderne. Freiheit und Disziplin, Frankfurt a. M. 1995, S. 227-236.

einschließt.[1041] Wenn im System der Weltgesellschaft gelten soll, so bemerkt Stichweh im Hinblick auf das Beziehungsverhältnis von Staat, Nation und Weltgesellschaft, dass im Prinzip an jeden einzelnen Staat dieselben Erwartungen hinsichtlich der Institutionen der Moderne und der Wohlfahrtsverpflichtung des Staates zu richten seien und dass es sich dabei jeweils um Verpflichtungen des Staates gegenüber der ihn konstituierenden Nation handele, dann müsse dies andererseits auch Folgen für die Beziehungen der Staaten untereinander und für die Statusordnung der Staaten haben. „Ein sich seit Jahrzehnten nach dem Zweiten Weltkrieg durchsetzendes Muster scheint zu sein, daß das Prinzip der Inklusion[1042], das seit dem Anfang des 19. Jahrhunderts die politische Ordnung des Nationalstaats hervorgebracht hat, sich auch auf der Ebene des politische Systems der Weltgesellschaft etabliert. [...] Inklusion in das politische System der Welt nimmt damit die Form an, daß eine *egalitäre Basisstruktur nationaler Souveränität* entsteht, die im Prinzip alle Staaten einander gleichstellt.“[1043]

B   Statt einer Zwischenbilanz: Hannah Arendt und die Partikularität des Politischen

Im Bewusstsein jenes von Manning Nash bereits vor mehr als zehn Jahren skizzierten „Alptraum" unseres Zeitgenossen, entwurzelt zu sein, ohne Papiere, staatenlos, allein, entfremdet, und dem Geschick preisgegeben in einer Welt organisierter Anderer[1044], an den der britische Soziologe Zygmunt Bauman angesichts der „Suche nach Schutz" vor den „Antinomien der Postmoderne"[1045] heute keineswegs zufällig erinnert, lohnt es, Hannah Arendt[1046] zu Rate zu ziehen. Ihre republikanische Perspektive auf das Verhältnis von Politik und Weltgesellschaft lässt eingedenk einer

---

[1041]   Stichweh, Rudolf: Nation und Weltgesellschaft, in: Estel, Bernd / Mayer, Tilman (Hrsg.): Das Prinzip Nation in modernen Gesellschaften, S. 86; zu Stichwehs theoretischem Ansatz einer „Weltgesellschaft" vgl. ders.: Zur Theorie der Weltgesellschaft, in: Soziale Systeme – Zeitschrift für soziologische Theorie 1 (1995), S. 29-45. Kritisch zu Stichwehs Interpretationsansatz vgl. Wagner, Gerhard: Die Weltgesellschaft – Zur Überwindung einer soziologischen Fiktion, in: Leviathan 24 (1996), S. 539-556.

[1042]   Zu Stichwehs Verständnis von „Inklusion" vgl. ders.: Inklusion in Funktionssysteme der modernen Gesellschaft, in: Mayntz, Renate u. a. (Hrsg.): Differenzierung und Verselbständigung. Zur Entwicklung gesellschaftlicher Teilsysteme, Frankfurt a. M. 1988, S. 261-293

[1043]   Ders.: Nation und Weltgesellschaft, ebd., S. 91f.

[1044]   Vgl. Nash, Manning: The Cauldron of Ethnicity in the Modern World, Chicago 1989, S. 128f.

[1045]   Vgl. Bauman, Zygmunt: Moderne und Ambivalenz. Das Ende der Eindeutigkeit, Frankfurt a. M. 1995; vgl. ebd. die Unterkapitel „Neotribalismus oder Die Suche nach Schutz", S. 299-306 sowie daran anschließend "Die Antinomien der Postmoderne", S. 307-313. „Überleben in der Welt der Kontingenz und Diversität ist nur möglich", so Bauman, „wenn jede Differenz die andere Differenz als notwendige Bedingung der Bewahrung ihrer eigenen anerkennt. Solidarität bedeutet, im Unterschied zur Toleranz, ihrer schwächeren Version, die Bereitschaft zu kämpfen; und an der Schlacht teilzunehmen um der Differenz des anderen willen, nicht der eigenen. Toleranz ist ich-zentriert und kontemplativ; Solidarität ist sozial orientiert und militant." Ebd., S. 312.

[1046]   Zu Person, Werk, Rezeption und Aktualität vgl. exemplarisch Ganzfied, Daniel / Heft, Sebastian (Hrsg.): Hannah Arendt – Nach dem Totalitarismus, Hamburg 1997; vgl. auch Young-Bruehl, Elisabeth: Hannah Arendt. Leben und Werk, Frankfurt a. M. 1986; vgl. auch Grunenberg, Antonia: Arendt, Freiburg 2003.

notwendigen Partikularität des Politischen[1047] einen „Konservatismus der Grenze"[1048] plausibel erscheinen.[1049] Auch wenn es Hannah Arendt nicht darum ging, die Nation als Grundlage staatlicher Organisation zu verteidigen, so war sie dennoch im Hinblick auf die politisch-ökonomischen Realitäten weit davon entfernt, eine globale Vergesellschaftung im Sinne eines Weltstaaten-Konzepts oder einer Weltregierung zu begrüßen, vielmehr bezeichnete sie das humanistische Ideal eines „Weltbürgertums" als Utopie.[1050] Hannah Arendts Skepsis gegenüber kosmopolitischen Hoffnungen hatte biographische Gründe: die eigene Erfahrung der Rechtlosigkeit von Flüchtlingen und Staatenlosen machte ihr bewusst, dass Menschenrechte nur als *Bürger*rechte, d.h. für Mitglieder einer politischen Gemeinschaft zu garantieren sind. Tatsächlich korrespondiert dem Anspruch auf universelle Geltung der Menschenrechte bis heute kein universaler Konsens über deren Inhalt. Substantielle Eindeutigkeit gewinnen Menschenrechte erst vor der Interpretationsfolie ihres europäischen Verständnisses, insofern sie auf dem Kulturboden Europas gewachsen und durch diesen geprägt sind. Vieldeutbare, als Formelkompromisse konzipierte Normen erfahren ihre Identität erst durch Interpretation. Wer im weltstaatlichen Gremium über die Mehrheit verfügt, disponiert auch über den Inhalt der Menschenrechte. Dabei setzen diejenigen Europäer, welche die universale Einheit eines Weltstaates postulieren, als selbstverständlich voraus, dass sich diese Mehrheit auf europäischem, genauer: auf dem Niveau der höchstentwickelten Nationalstaaten des europäischen Kontinents bewegt. Auf die Realisierbarkeit dieser Annahme deutet jedoch wenig hin, am wenigsten die Statistik der Weltbevölkerung und der Zahlenvergleich zwischen dem europäischen und den außereuropäischen Kulturkreisen. Dagegen entwickelt sich im Staatenpluriversum das Menschenrechtsverständnis von unten nach oben, im Wettbewerb und in Verständigung auf gemeinsame Lösungen. Die Kompetenz der Staaten gründet darin, weil sie in ihrem Bereich durch verfassungsrechtlich gewährleistete Grundrechte den Menschenrechten Positivität, Identität und Durchsetzbarkeit in einem Grade vermitteln, wie es die auch heute schon partiell bestehenden internationalen Institutionen zum Schutz der Menschenrechte nicht erreichen können.

Eingedenk dessen wollte Hannah Arendt eine politische Gemeinschaft als räumliche Gemeinschaft und nicht als grenzenlosen Kommunikationszusammenhang ver-

---

[1047] Vgl. dazu Thaa, Winfried: Die notwendige Partikularität des Politischen. Über Hannah Arendts republikanische Perspektive auf Politik und Weltgesellschaft, in: Zeitschrift für Politik 4 (1999); S. 404-423.

[1048] Der Begriff des „Konservatismus der Grenze" findet sich mit Blick auf Hannah Arendt erstmals geprägt bei Canovan, Margaret: Hannah Arendt as a Conservative Thinker, in: May, Larry / Kohn, Jerome (Hrsg.): Hannah Arendt. Twenty Years Later, Cambridge 1996. Vgl. sodann die Verwendung des Begriffs als Zwischenüberschrift bei Thaa, Winfried: Die notwendige Partikularität des Politischen. Über Hannah Arendts republikanische Perspektive auf Politik und Weltgesellschaft, S. 419ff.

[1049] Vgl. analog dazu auch die Analyse bei Kohler-Koch, Beate / Ulbert, Cornelia: Internationalisierung, Globalisierung und Entstaatlichung, in: Hasse, Rolf H. (Hrsg.): Nationalstaat im Spagat, S. 53-88; S. 67f. Vgl. darüber hinaus auf politisch-philosophischer Ebene die Variationen über die Funktionalität und Notwendigkeit von „Grenzen" bei Spaemann, Robert: Grenzen. Zur ethischen Dimension des Handelns, Stuttgart 2001. Vgl. dazu die Anmerkungen bei Kronenberg, Volker: Nicht verhindern, aber aufhalten, in: liberal. Vierteljahreshefte für Politik und Kultur 3 (2001), S. 81f.

[1050] Vgl. dazu Arendt, Hannah: Karl Jaspers: Bürger der Welt, in: Saner, Hans (Hrsg.): Karl Jaspers in der Diskussion, München 1973, S. 408.

standen wissen. Räumlichen Gemeinschaften korrespondieren zwangsläufig „Grenzen", so dass ein „Konservatismus der Grenze" für Arendt im Sinne einer Effektuierung von Bürgerrechten in politischen Gemeinschaften geradezu zwangsläufig erscheint.

Ob diese Grenzziehung[1051] allein durch die Assoziationskraft politischen Handelns, d. h. jenseits ethischer, kultureller bzw. nationaler Identitäten, wie Winfried Thaa in Anlehnung an Arendt argumentiert, bestimmt werden kann, erscheint doch eher fraglich[1052] – ob sie überhaupt erwünscht ist, gilt es mit Blick auf jenen publizistisch höchst erfolgreichen Versuch einer „Erfindung des Politischen" der reflexiven Modernisierungstheorie jenseits der Kategorie des Nationalen grundsätzlich zu bezweifeln.[1053]

[1051] Zu Hannah Arendts Verständnis von Gesetzen als „Zäune" oder „Gehege", die sowohl ein- und ausgrenzen als auch Raum zur freien Entfaltung schaffen, vgl. dies.: Elemente und Ursprünge totaler Herrschaft, 4. Aufl., München 1995.

[1052] Vgl. Thaas entsprechende Argumentation in: Ders.: Die notwendige Partikularität des Politischen, S. 420: „Da die Grenzziehung durch die Assoziationskraft politischen Handelns bestimmt wird, ist sie anders als der Bezug auf ethisch oder kulturell bestimmte Identitäten prinzipiell veränderbar und kann [...] auch erweitert werden". Gleichwohl formuliert Thaa die Frage, wie weit der analytischen eine empirische Unterscheidung entspricht, ein Gemeinsames „Zwischen" [zu Hannah Arendts Weltbegriff als etwas außerhalb und zwischen den Menschen Liegendes vgl. dies.: Vita Activa oder vom tätigen Leben, München 1981] nicht zwangsläufig auch zur Herausbildung einer gemeinsamen Identität beiträgt. Vgl. ebd., S. 420 (FN 63).

[1053] Vgl. diesbezüglich die Argumentation bei Beck, Ulrich: Die Erfindung des Politischen. Zur Theorie einer reflexiven Modernisierung, Frankfurt a. M. 1993. Ebd., S. 9ff [Hervorhebung im Original, V. K.]. Jede neue Epoche des Politischen habe ihre Schlüsselerfahrung, wie Beck einleitend betont: „Mit dem Sturm auf die Bastille im Jahre 1789 endete die ‚Rechtsjenseitigkeit' des Monarchen, sein Gottesgnadentum, und die ‚Volksherrschaft', die Demokratie in den Grenzen des Nationalstaates begann ihren immer fragwürdigen Siegeszug. Zwei Jahrhunderte später kündigt sich der Einbruch des *und* [Beck bezieht sich hierbei auf den Titel von Kandinsky, Wassily: und, in: Ders.: Essays über Kunst und Künstler, Zürich 1955, wo Kandinsky, wie Beck erläutert, nach dem das 20. Jahrhundert im Vergleich zum 19. Jahrhundert charakterisierenden Wort frage. „Seine Antwort überrascht. Während das 19. Jahrhundert vom *entweder-oder* regiert wurde, sollte das 20. Jahrhundert der Arbeit am *und* gelten. Dort: Trennung, Spezialisierung, das Bemühen um Eindeutigkeit, Berechenbarkeit der Welt – hier: Nebeneinander, Vielheit, Ungewißheit, die Frage nach dem Zusammenhang, Zusammenhalt, das Experiment des Austausches, des eingeschlossenen Dritten, Synthese, Ambivalenz. Die Unschärfen des *und* sind das Thema der einen, unserer Welt.". Ders.: Die Erfindung des Politischen, S. 9, Hervorhebung im Original, V. K.] bezeichnenderweise durch zwei Erfahrungen an: die Reaktorkatastrophe von Tschernobyl und der Zusammenbruch der Berliner Mauer. Dort werden die Entweder-Oder-Institutionen der Industriegesellschaft, ihr Sicherheits- und Kontrollanspruch durch die Erfahrung der globalen Risikogesellschaft widerlegt. Hier zerbricht das entweder-oder der Ost-West- und der Rechts-Links-Ordnung des Politischen. [...] Viele ängstigt das Globale, Diffuse, die Konturlosigkeit des *und*. Die Ent-Fremdung des Fremden und damit der Ent-Eignung des Eigenen, die das *und* unfreiwillig herstellt, wird als Bedrohung erlebt. [...] So oder so beginnen Auseinandersetzungen, Experimente *jenseits von entweder-oder*, in der Sprache dieses Buches. Es beginnt die *Erfindung des Politischen.*" Vgl. ebd. auch das Unterkapitel „Das politische Programm der radikalen Moderne ist der Skeptizismus", S. 260-268. „Der Gott der durchgesetzten Moderne", so Beck hinsichtlich der Notwendigkeit einer „Neuerfindung" des Politischen jenseits historischer Gewissheiten und Paradigmen, „ist der Zweifel. Er ist die Ureinsamkeit des nur noch mit sich selbst und seinem reflektierten Scheitern konfrontierten Menschen." Ebd., S. 265. Am Ende seiner Reflexion des Politischen im Zeitalter der Globalisierung stellt Beck fest: „Hoffnungen zwingen zur Umtriebigkeit, sind sogar gefährlich, wie dieses Jahrhundert lehrt. Ausweglosigkeiten sind späte Gottesgeschenke, in denen man es sich bequem machen und sein Leben mit Nichtstunmüssen polstern kann. So betrachtet ist die Lehre der Ausweg- und Hoffnungslosigkeit befreiend. Sie befreit zu einem Selbstsein, das nicht län-

Jedenfalls dürften grenzenlose Kommunikations- und Bewegungsformen zu einer Neubegründung oder Erfindung des Politischen im Zeitalter der Globalisierung nicht ausreichen. Vielmehr scheint, wie auch Thaa überzeugend darlegt, der politische Raum als Ort von Dissens und Übereinstimmung, von Verantwortung und Solidarität, kurz als ein Ort, der Handeln mit anderen ermöglicht, nicht nur durch die ökonomischen Zwänge internationaler Märkte, sondern auch durch die Schwächung politischer Strukturen zugunsten subjekt- und grenzlos gewordener gesellschaftlicher Prozesse gefährdet. Nicht zufällig taucht im Zusammenhang der Argumentationslinien einer grenzüberschreitenden Diskursgesellschaft bei Habermas oder Beck immer wieder die Metapher des „Netzes" auf, die ihrerseits nicht nur antihierarchische Konnotationen evoziert, sondern zugleich beliebig viele Anknüpfungsmöglichkeiten suggeriert. Assoziationen zum willkürlichen Ein- und Ausklinken im „WorldWideWeb" dürften dabei nicht nur sprachlich nahe liegen. Doch ohne räumliche Begrenzung droht Kommunikation, das lehrt uns Hannah Arendt, die Dimension gegenstandsvermittelter Pluralität, der konkreten Auseinandersetzung mit konkreten Anderen sowie des wechselseitigen Überzeugens und des verantwortungsbewussten Urteilens und Entscheidens zu verlieren. Optimistische Szenarien einer frei fließenden globalen Kommunikation übertragen den liberalen Glauben an eine dem Allgemeinwohl dienende „invisible hand" von der Ökonomie in der Tradition Adam Smiths auf das Feld der Kommunikation. Dass sich in diesem Vertrauen auf selbstgesteuerte Prozesse ein Vorbehalt gegen jede Form des Regierens, und sei es des republikanischen Selbstregierens im Sinne Arendts, äußert, ist offensichtlich und nicht unproblematisch, weil es von einer freiwilligen Disziplinierung der Macht der Mächtigen zugunsten eines global wirksamen Harmoniemodells ausgeht.

Es mag – vorsichtig formuliert – *vielleicht* möglich sein, den Bürgerstatus aus dem partikularen Raum politischer Selbstbestimmung herauszulösen und ihn universalistisch, als abstraktes, individuelles Rechtssubjekt neu zu bestimmen. Man sollte sich dann allerdings darüber im Klaren sein, dass bei diesem Projekt nicht nur das Problem der institutionellen Garantie universaler Rechte virulent bleibt[1054], sondern eine derartige Umformulierung des Bürgerstatus darüber hinaus die Dimension der politischen Partizipation an einem klar definierten und begrenzten Gemeinwesen preisgibt[1055] – eines Gemeinwesens, welches im Sinne der Effektuierung des individuellen Rechtsschutzes, eines demokratischen Kontrollverfahrens, einer demokratischen Öffentlichkeit und der Generierung eines notwendigen Minimums an patrioti-

---

ger das Schimpfwort ,Egoismus' dulden muß, weil nun die Dummheit des Hoffens vor allen Zwängen schützt, mehr als sich selbst verwirklichen zu müssen. Natürlich muß die Auswegslosigkeit überwältigend sein und unanzweifelbar objektiv, damit dieser alte Tatenzwang und die Gewissensbisse, die ihn bewachen, endgültig in sich zusammenbrechen. Nur eine endgültige Auswegslosigkeit befreit zu sich selbst, du aber hoffst und bist gefährlich – schießt es mir durch den Kopf, bevor ich aufwache und dadurch meinen Wirklichkeitssinn verliere". Ebd., S. 274.

[1054] Hier stellt sich nicht zuletzt die Frage nach einer – für Hannah Arendts politisches Denken so bedeutsamen – Verfassung als normativer Grundordnung eines Gemeinwesens. Vgl. dazu vor allem dies.: Über die Revolution, München 1974.

[1055] Vgl. Thaa, Winfried: Die notwendige Partikularität des Politischen, S. 421f. Vgl. in diesem Kontext die Bedenken, die Niall Ferguson im Hinblick auf jene Universalisierungstendenzen äußert, in: Ders.: Politik ohne Macht. Das fatale Vertrauen in die Wirtschaft, Stuttgart 2001, S. 356ff.

schem Gemeinsinn[1056] bis auf weiteres seine Ausformung in einem heterogenen Nationalstaat – wie ihn Ralf Dahrendorf vorbildhaft skizziert – findet.

[1056] „In der Tat", so formuliert Vittorio Hösle in seiner Grundlegung einer politischen Ethik für das 21. Jahrhundert, könne „kein Staat auf ein Gefühl der Zusammengehörigkeit verzichten, das den rationalen Egoismus transzendiert und zu Opfern dort, wo sie nötig sind, motiviert. Patriotismus [...] impliziert keineswegs notwendig eine Abgrenzung von anderen politischen Gebilden, sondern nur das erhabene Gefühl, der eigene Wert ergebe sich daraus, daß man sich für etwas Größeres einsetze, als man selbst ist." Ders.: Moral und Politik, S. 938; vgl. ebd. das gesamte Unterkapitel „Universalstaat oder Vielheit der Staaten", S. 932-943. Vgl. ebd. auch Hösles Konkretisierung seines Patriotismus-Begriffs, S. 939. Vgl. diesbezüglich auch Hösles Ausführungen im Anhang der vorliegenden Arbeit.

VIII. Der Blick nach Westen (II): Die amerikanische Kommunitarismus-Debatte und ihre Implikationen für die Frage nach einem zeitgemäßen Patriotismus in Deutschland

In Analogie zu Hannah Arendts „Konservatismus der Grenze" im Sinne einer „Partikularität des Politischen" kann Michael Walzers kommunitaristisches Plädoyer[1057] für eine „exklusive Inklusivität"[1058] zu politischen Gemeinschaften jenseits eines projektierten Weltstaates gedeutet werden.

„Gute Zäune", argumentiert Walzer in Abgrenzung zu John Rawls Gerechtigkeitstheorie eines „Politischen Liberalismus"[1059], garantierten gerechte Gesellschaften[1060] als nationale Segmentierungen.[1061] Für Walzer ebenso wie für Alasdair Mac-

---

[1057] Die Zuordnung Michael Walzers zur „Großfamilie" des Kommunitarismus erfolgt exemplarisch bei Höffe, Otfried: Demokratie im Zeitalter der Globalisierung, S. 296; Otto Kallscheuer bezeichnet Walzer als „liberalen Kommunitarier" bzw. als „kommunitaristischen Liberalen"; vgl. ders.: Michael Walzers kommunitaristischer Liberalismus oder Die Kraft der inneren Opposition. Nachwort zu Walzer, Michael: Kritik und Gemeinsinn, Berlin 1990, S. 126-143. Auf die Schwierigkeiten einer eindeutigen Zuordnung Walzers zu der von Höffe apostrophierten kommunitaristischen Großfamilie weist Michael Haus in seiner Dissertation über die politische Philosophie Michael Walzers hin; vgl. ders.: Die politische Philosophie Michael Walzers. Kritik, Gemeinschaft, Gerechtigkeit, Opladen 2000. Vgl. ebd. das Unterkapitel „Walzer und der Kommunitarismus", S. 333ff. Jenseits der antagonistischen kommunitären bzw. liberalen Positionen im Rahmen der Kommunitarismusdebatte verortet Walter Reese-Schäfer Walzer an einer „eigenständigen dritten Stelle"; vgl. Reese-Schäfer, Walter: Grenzgötter der Moral. Der neuere europäisch-amerikanische Diskurs zur politischen Ethik, Frankfurt a. M. 1997, S. 51. Die von Kallscheuer vorgenommene Charakterisierung Walzers als – liberalen – Kommunitarier wird nicht zuletzt auch im Rahmen der von Rainer Forst überzeugend geleisteten Analyse des Verlaufs der Debatte zwischen Kommunitarismus und Liberalismus deutlich; vgl. ders.: Kommunitarismus und Liberalismus – Stationen einer Debatte, in: Honneth, Axel (Hrsg.): Kommunitarismus. Eine Debatte über die moralischen Grundlagen moderner Gesellschaften, 2. Aufl., Frankfurt a. M. 1994, S. 181-212.

[1058] Vgl. die gleichlautende Zwischenüberschrift bei Haus, Michael: Die politische Philosophie Michael Walzers, S. 267.

[1059] Vgl. Rawls, John: Political Liberalism, New York 1993.

[1060] Walzer, Michael: Sphären der Gerechtigkeit. Ein Plädoyer für Pluralität und Gleichheit, Frankfurt a. M. 1998, S. 449. Wenn die politische Gemeinschaft bei John Rawls als „umgrenzte Welt", innerhalb derer Verteilungen gestaltet werden, einfach vorausgesetzt wird, dann, so Michael Haus mit Blick auf Rawls „Politischen Liberalismus", werde so die erste und wichtigste Verteilungsfrage ausgelassen, nämlich die nach der Verteilung von Mitgliedschaft und Zugehörigkeit zu politischen Gemeinschaften, die alle nachfolgenden Verteilungsentscheidungen vorstrukturiert. Vgl. ders.: Die politische Philosophie Michael Walzers, S. 267. Vgl. dazu ausführlich das Kapitel „Mitgliedschaft und Zugehörigkeit" bei Walzer, Michael: Sphären der Gerechtigkeit, S. 65-107. Bei Rawls wird als idealer Rahmen eine „geschlossene Gesellschaft" als gegeben vorausgesetzt, in die der Eintritt nur durch „Geburt" und der Austritt nur durch „Tod" erfolgt. Vgl. ders.: Political Liberalism, S. 12.

Intyre gilt der Territorialstaat als höchste bzw. abstrakteste soziale Einheit, in der es gemeinsam geteilte Werte geben kann, derentwegen moralische und politische Begriffe Sinn und Bedeutung haben. Folglich wehren sie sich vehement gegen dessen Auflösung. Um der Moral auch im Zeitalter der Globalisierung eine Chance zu lassen, ist für sie die Integrität bestehender Gemeinschaften zu schützen, namentlich die der politischen Gemeinschaft, des Einzelstaates.[1062]

A   Der kommunitaristische Ansatz

Fasst man den kommunitaristischen Ansatz, d.h. den Versuch einer Wiederbelebung von Gemeinschaftsdenken unter den Bedingungen heutiger Dienstleistungsgesellschaften,[1063] zusammen[1064], so kann er auf die Begriffe der Zugehörigkeit und der Bindung fokussiert werden.

Das bindungslose, entwurzelte, bindungsscheue Individuum sei unfähig, eben dies einzugehen, was eine gesellschaftliche Kontinuität trage: Bindung. Bindung in unmittelbaren sozialen Kontexten, wie Ehe und Familie, sowie auch im größeren Zusammenhang, der Nation, an die es sich nicht gebunden fühle und der es sich entbunden wähne. Die mangelnde Verbundenheit mit verpflichtenden Gemein-schaften bedrohe letztlich diese Gemeinschaften, beute sie aber auch aus. Auch eine pluralistische Gesellschaft baue auf einer gerechten Verteilung der Pflichten auf, dass also das Gemeinwohl eine Verpflichtung aller darstelle. Der Verlust an Bindung, den die Institutionen Familie, Nachbarschaft, Kirche, Partei, Verein, Nation habe hinnehmen müssen, stelle die gesellschaftliche und moralische Herausforderung dar[1065], wie nicht zuletzt auch Tilman Mayer im Hinblick auf „Kommunitarismus, Patriotismus und das nationale Projekt"[1066] bemerkt.[1067] So heißt es in einem gemeinsamen Mani-

---

[1061] Vgl. in diesem Sinne die Deutung Walzers bei Höffe, Otfried: Demokratie im Zeitalter der Globalisierung, S. 297; vgl. analog dazu Walzers Ausführungen zum Nationalitätenprinzip sowie zur Territorialität, in: Ders.: Sphären der Gerechtigkeit, S. 80-92.

[1062] Vgl. Höffe, Otfried: Demokratie im Zeitalter der Globalisierung, S. 297.

[1063] Vgl. dazu Reese-Schäfer, Walter: Die politische Rezeption des kommunitaristischen Denkens in Deutschland, in: Aus Politik und Zeitgeschichte 36 (1996), S. 3-11. Bernhard Peters spricht in diesem Kontext von der „Verselbständigung" bzw. „Verdinglichung des Sozialen"; vgl. ders.: Die Integration moderner Gesellschaften, Frankfurt a. M. 1993, S. 225ff.

[1064] Grundsätzlich zum kommunitaristischen Ansatz sowie der um seine Kritik an liberalen Positionen entbrannten Debatte vgl. neben den Ausführungen bei Kallscheuer, Honneth und Forst auch die Beiträge des Bandes von Brumlik, Micha / Brunkhorst, Hauke (Hrsg.): Gemeinschaft und Gerechtigkeit, Frankfurt a. M. 1993 sowie Frankenberg, Günter (Hrsg.): Auf der Suche nach der gerechten Gesellschaft, Frankfurt a. M. 1994; vgl. ebenso die Gesamtdarstellung bei Reese-Schäfer, Walter: Was ist Kommunitarismus?, 2. Aufl., Frankfurt a. M. 1995; vgl. auch Forst, Rainer: Kontexte der Gerechtigkeit. Politische Philosophie jenseits von Liberalismus und Kommunitarismus, Frankfurt a. M. 1994; Tönnies, Sybille: Kommunitarismus – diesseits und jenseits des Ozeans, in: Aus Politik und Zeitgeschichte 36 (1996), S. 13-19.

[1065] Mayer, Tilman: Kommunitarismus, Patriotismus und das nationale Projekt, in: Ders. / Estel, Bernd (Hrsg.): Das Prinzip Nation in modernen Gesellschaften, S. 115-128.

[1066] Vgl. ebd.

[1067] Mayers Definition des kommunitaristischen Ansatzes und dessen Fokussierung auf die Nation – die im übrigen Otfried Höffe genauso vorgenommen hat – ist auf Kritik von verschiedener Seite gestoßen. So kritisiert Walter Reese-Schäfer Mayers „ausschließliche Fixierung auf den Nationalstaat" als

fest der amerikanischen Kommunitaristen: „Wenn sich immer mehr Amerikaner zu-sammenschließen und aktive Gemein-schaften bilden, um die moralische und sozia-le Ordnung zu stärken, werden wir in der Lage sein, mit den Problemen unserer Gemeinschaft besser fertig zu werden und uns weniger auf staatliche Regelungen, Kontrollen und Autorität zu verlassen. Und wir werden neue Wege finden, unsere Gesellschaft zu einem Ort zu machen, wo individuelle Rechte sorgsam gehütet und der Nährboden für bürgerliche Tugenden gepflegt wird."[1068]

a)   Michael Sandel versus John Rawls

Was dem Lager der „Kommunitaristen" ursprünglich den Titel gab, war die gegen John Rawls gerichtete Idee, dass es immer der vorgängige Rückbesinnung auf einen Horizont gemeinschaftlicher Werte bedürfe, wenn über Fragen der gerechten Ord-nung und einer Gesellschaft sinnvoll entschieden werden solle; das Lager der „Libe-ralen" hingegen erhielt seinen Namen umgekehrt durch die gemeinsame Orientie-rung an der Rawlschen Leitidee, dass unter den modernen Bedingungen eines Wer-tepluralismus nur das allgemeine Prinzip gleicher Rechte, Freiheiten und Chancen als ein normativer Maßstab dienen könne, an dem sich die Gerechtigkeit eines Ge-meinwesens messen dürfe.[1069] Waren es dort also *gemeinschaftliche Vorstellungen des Guten*, denen in der Ordnung einer Gesellschaft normativ der Vorrang gebührte, so hier die *Rechte freier und gleicher Bürger*. Im Ausgang dieser dichotomischen Zuschreibungen entstand freilich schnell die Gefahr, die Entgegensetzung der beiden Lager noch um eine weitere Drehung zuzuspitzen, indem sie in das ursprünglich so-ziologisch gemeinte Oppositionspaar von „Gemeinschaft" und „Gesellschaft" über-tragen wurde.[1070]

„nationalstaatliches Begriffsdenken", das „dogmatische Züge" trage. Vgl. Reese-Schäfer, Walter: Die politische Rezeption des kommunitaristischen Denkens in Deutschland, in: Aus Politik und Zeitge-schichte, S. 10. Vgl. ebd. auch Sibylle Tönnies' Verortung Mayers auf Seiten der „Neuen Rechten", weil dieser „Fragmente zur Bestimmung der deutschen Nationalstaatlichkeit" [vgl. Mayer, Tilman: Fragmente zur Bestimmung der deutschen Nationalstaatlichkeit, in: Zitelmann, Rainer / Weißmann, Karlheinz / Großheim, Michael (Hrsg.): Westbindung, S. 501-521] aufspürt, die nach Ansicht von Tönnies ein „Ausscheren" Deutschlands aus dem „okzidentalen Rationalismus" symbolisieren. Vgl. dies.: Kommunitarismus – diesseits und jenseits des Ozeans, in: Aus Politik und Zeitgeschichte, S. 16. Doch Mayers Ausführungen zum Kommunitarismus sind weder auf den Nationalstaat „fixiert" noch „enggeführt"; der Nationalstaat stellt für Mayer – wie im übrigen für Dahrendorf – die bislang abstrakteste Vergemeinschaftungsform einer Bürgergesellschaft mit einklagbaren Grundrechten dar; eine Vergemeinschaftungsform, die auch im deutschen Nationalstaat an der Schwelle des 21. Jahr-hunderts keineswegs für ein Ausscheren aus dem okzidentalen Rationalismus steht. Der Nationenge-danke steht für Aufklärung, Menschen- und Bürgerrechte, für Freiheit, Recht und Sicherheit eines je-den Bürgers. Dass kommunitaristisches Denken sich nicht ausschließlich auf die Nation bezieht, son-dern in kleinen Gemeinschaftsformen – wie der Familie als Nukleus jeder weiteren Vergemeinschaf-tung – wurzelt, ist Mayer, wie obiges Zitat belegt, ebenfalls nicht entgangen.

[1068] Vgl. dazu Etzioni, Amitai: Die Entdeckung des Gemeinwesens. Ansprüche, Verantwortlichkeiten und das Programm des Kommunitarismus, Stuttgart 1995.

[1069] Vgl. Honneth, Axel: Einleitung, in: Ders.: Kommunitarismus, S. 8.

[1070] Zu dem Oppositionspaar „Gemeinschaft" und „Gesellschaft" vgl. ursprünglich Tönnies, Ferdinand: Gemeinschaft und Gesellschaft. Grundbegriffe der reinen Soziologie, 3. Aufl. des Nachdrucks der 8. Aufl. von 1935, Darmstadt 1991; vgl. dazu Sibylle Tönnies Thematisierung des Begriffspaars „Ge-

Der normative Kern der Gerechtigkeitskonzeption, um deren Herausarbeitung es John Rawls in seiner „Theorie der Gerechtigkeit"[1071] ursprünglich ging, bestand aus zwei Prinzipien, die das Verhältnis des Zieles maximaler Freiheitsrechte mit dem Gebot der ökonomischen Gleichheit festlegen sollten. Die normative Rechtfertigung der beiden Grundsätze, des Gleichheits- wie des Differenzprinzips, war in Form der Konstruktion einer vertraglichen Ausgangssituation gedacht, in welcher bereits Bedingungen der Fairness als vorausgesetzt gelten durften: unter den fiktiven Bedingungen eines Urzustandes, in dem die zweckrational orientierten Subjekte sich unter einem Schleier der Unkenntnis über ihre tatsächlichen Begabungen und zukünftigen Positionen darüber beraten, auf welche Organisationsform von Gesellschaft sie sich vertraglich einigen sollen, würden sie sich mit hoher Wahrscheinlichkeit auf jene beiden zuvor ausgezeichneten Grundsätze festlegen. Für die Eröffnung der Kommunitarismus-Debatte[1072] waren nun weniger die Argumente von Bedeutung, mit denen John Rawls dieses normative Modell einer fairen Vertragssituation zu rechtfertigen suchte, als vielmehr die anthropologischen Prämissen, die er in seiner Beschreibung vorausgesetzt hatte – es war die Tatsache, dass Subjekte darin als eigenschaftslose und voneinander isolierte Wesen in Erscheinung treten, die Michael Sandel paradigmatisch in seiner Replik auf Rawls kritisierte[1073].

Sandel stellte vermittels seiner Kritik an Rawls zugrundegelegtem Menschenbild dessen gesamte Theorie der Gerechtigkeit in Frage und schloss sich damit Charles Taylors hegelianischer These von der Notwendigkeit eines sittlich situierten Selbst an, nach der individuelle und kollektive Identität einen wechselseitig konstitutiven Zusammenhang bilden und auf dessen Basis es allein möglich sei, normativ gehaltvolle Aussagen über Gerechtigkeit zu machen.[1074] Sandel argumentierte, dass

---

meinschaft-Gesellschaft" in: Dies.: Der Dimorphismus der Wahrheit. Universalismus und Relativismus in der Rechtstheorie, Opladen 1992. Die Tradition des „dichotomischen Denkens" von Gesellschaft und Gemeinschaft zeichnet Lothar Probst nach, vgl. ders.: Gesellschaft versus Gemeinschaft? Zur Tradition des dichotomischen Denkens in Deutschland, in: Aus Politik und Zeitgeschichte 36 (1996), S. 29-35.

[1071] Vgl. Rawls, John: Eine Theorie der Gerechtigkeit, Frankfurt a. M. 1975. Vgl. dazu und im Folgenden auch ders.: Die Idee des politischen Liberalismus. Aufsätze 1978-1989 (hrsg. v. Wilfried Hinsch), Frankfurt a. M. 1992; vgl. auch ders.: Das Ideal des öffentlichen Vernunftgebrauchs, in: Zur Idee des politischen Liberalismus. John Rawls in der Diskussion (hrsg. v. d. Philosophischen Gesellschaft Bad Homburg und Wilfried Hinsch), Frankfurt a. M. 1997, S. 116-141; vgl. ebd. auch ders.: Erwiderung auf Habermas, S. 196-262.

[1072] Zur Vorgeschichte der Kommunitarismus-Debatte in den Vereinigten Staaten vgl. die komprimierte Analyse bei Joas, Hans: Gemeinschaft und Demokratie in den USA. Die vergessene Vorgeschichte der Kommunitarismus-Diskussion, in: Blätter für deutsche und internationale Politik 7 (1992), S. 859-869.

[1073] Zu Sandels Position vgl. dessen Ausführungen in: Ders.: Liberalism and the Limits of Justice, Cambridge 1982; vgl. sodann ders.: Die verfahrensrechtliche Republik und das ungebundene Selbst, in: Honneth, Axel (Hrsg.): Kommunitarismus, S. 18-35; vgl. auch ders.: Liberalismus oder Republikanismus. Von der Notwendigkeit der Bürgertugend, Wien 1995.

[1074] Vgl. Taylor, Charles: Hegel and Modern Society, Cambridge 1979, S. 87; 153ff; vgl. im Gesamtkontext auch ders.: Aneinander vorbei: Die Debatte zwischen Liberalismus und Kommunitarismus, in: Honneth, Axel (Hrsg.): Kommunitarismus, S. 103-130. Vgl. ebenso ders.: Negative Freiheit? Zur Kritik des neuzeitlichen Individualismus, Frankfurt a. M. 1988 sowie ders.: Die Beschwörung der Civil Society, in: Michalski, Krzysztof (Hrsg.): Europa und die Civil Society. Castelgandolfo-Gespräche 1989, Stuttgart 1991, S. 52-81.

Rawls' moralisches Subjekt ein *ungebundenes Selbst* sei und als solches der moralischen Identität von Person widerspreche. Rawls' Selbst sei „vor seinen Zielen da",
es sei nicht gemeinschaftlich konstituiert und durch Werte, Auffassungen des Guten
und gemeinschaftliche Bindungen definiert, sondern „wähle" seine Ziele und Werte
nach subjektiven Präferenzen. Sandel betonte demgegenüber die Einbettung des
Selbst in „konstitutive Gemeinschaften", in der die Identität des Einzelnen mit der
des Kollektivs untrennbar verbunden, „aufgehoben" sei.[1075] Darüber hinaus interpre-
tierte Sandel Kants „transzendentales Subjekt" als metaphysischen Vorläufer von
Rawls' Subjektbegriff, wonach Autonomie nichts anderes als die willkürliche, von
empirischen und konstitutiven Bestimmungen ungehinderte Wahl von Zielen und
Gütern bedeute. Moralische Prinzipien bildeten den rechtlichen Rahmen für die ungehinderte Selbstwahl kontextloser Subjekte.[1076] Die „Grenze der Gerechtigkeit"
liege, wie Sandel in Abgrenzung zu Rawls betont, in den partikularen, gemeinschaftlichen sowie unhintergehbaren Selbstverständnissen „konstitutiver Subjekte",
denn letztlich könne es keine kontextlosen Subjekte und daher auch keine kontextlo-
se Moral geben: „Können wir uns je als unabhängiges Selbst betrachten – unabhängig in dem Sinn, dass unsere Identität nie an unsere Ziele und Bindungen geknüpft
ist? Ich denke nein – es sei denn auf Kosten jener Loyalitäten und Überzeugungen,
deren moralische Kraft teilweise auf dem Faktum beruht, dass sie in unserem Leben
untrennbar mit unserem jeweiligen Selbstverständnis verknüpft sind, d.h. mit uns als
den Mitgliedern dieser Familie, dieser Gemeinschaft, dieser Nation oder dieses Volkes, mit uns als den Repräsentanten dieser Geschichte, als den Bürgern dieser Republik. Solche Loyalitäten gehören nicht zu meinen bloß zufällig erworbenen und in
einer gewissen Distanz behaltenen Werten."[1077]

Im Verlauf der von Sandels Kritik angestoßenen Debatte versuchte Rawls, jener
von ihm entworfenen originären Vertragssituation der Individuen eine *stärkere historische Deutung* zu geben und ihr damit den Charakter eines universell gültigen
Gedankenexperimentes zu nehmen, ganz so, wie Amy Gutman bereits 1985 aus liberaler Perspektive im Sinne Rawls argumentierte, dieser müsse nicht behaupten,
dass Gerechtigkeit die erste Tugend gesellschaftlicher Institutionen in allen Gesellschaften sei, um zu zeigen, dass Gerechtigkeit in all *solchen* Gesellschaften unbedingten Vorrang genieße, in denen Menschen verschiedene Meinungen über das gute Leben hätten und ihre Freiheit, ein solches zu wählen, für ein wichtiges Gut hiel-
ten.[1078]

Rawls vertritt im Sinne einer stärker historischen Deutung nunmehr die Auffassung, dass die Personen, die unter den normativen Einschränkungen des *Schleiers
der Unkenntnis* an einer Verfassungsdiskussion teilnehmen, nicht länger als abstrak-

---

[1075] Vgl. vor allem den Abschnitt „Vom transzendentalen Subjekt zum ungebundenen Selbst" in Sandels
       Aufsatz. Ders.: Die verfahrensrechtliche Republik und das ungebundene Selbst, in: Honneth, Axel
       (Hrsg.): Kommunitarismus, S. 24ff.
[1076] Vgl. ebd. S. 20ff
[1077] Ebd. S. 29.
[1078] Gutman, Amy: Die kommunitaristischen Kritiker des Liberalismus, in: Honneth, Axel (Hrsg.):
       Kommunitarismus, S. 68-83, S. 74ff. Vgl. auch dies.: The Central Role of Rawls' Theory, in: Dissent
       2 (1989), S. 338-342 sowie dies.: Kommentar, in: Taylor, Charles (Hrsg.): Multikulturalismus und
       die Politik der Anerkennung, S. 117-145.

te Individuen gedacht werden sollen, die nur mit rationalen Fähigkeiten ausgestattet sind, sondern konkrete Staatsbürger, die in der Tradition der westlichen Demokratie moralisch großgeworden sind. Nunmehr wird die Idee der vertraglichen Einigung bei Rawls als Entwurf einer demokratischen Prozedur verstanden, die ihrerseits ü- berhaupt erst in den kollektiv geteilten Wertüberzeugungen der westlichen Demo- kratien begründet sei, insofern als deren Bürger die normativen Einschränkungen der Beratungssituation als angemessenen Ausdruck für jene moralischen Ideale ak- zeptierten, die sie unter der faktischen Voraussetzung divergierender Vorstellungen über das Gute gemeinsam von einem gerechten System der gesellschaftlichen Ko- operation besäßen.[1079]

b)   Die Argumentation Alasdair MacIntyres

Mit einer derartigen kontextualistischen Rückbindung der „original position" an die konkrete Sittlichkeit eines demokratischen Gemeinwesens verlor die anthropologi- sche Kritik Sandels ihre Berechtigung, da auch Rawls die menschlichen Subjekte nicht länger als Wesen deutete, denen jede kommunikativ erworbene Wertbindung fehle, zumal Rawls als Entgegnung auf Sandels Kritik darauf hinwies, dass sein Per- sonenbegriff gar nicht den Anspruch erhebe, die Konstitution des Selbst zu erklären, da sein Begriff der Person *nicht metaphysisch*, sondern *politisch* zu verstehen sei. So beziehe er sich auf die *öffentliche Identität* von Personen als „Sache des Grund- rechts", nicht aber auf die *nichtöffentliche Identität* von Personen, d.h. ihre spezifi- schen „konstitutiven Bindungen" und ethischen Werte.[1080]

Alasdair MacIntyre[1081] seinerseits knüpfte insofern an Sandels Kritik an, als er die Frage aufwarf, inwiefern eine gemeinsame Vorstellung des Guten zu den moti- vationalen Voraussetzungen einer jeden demokratischen Gesellschaft gehören müs- se.[1082] Eine liberale Gesellschaft, darin stimmten Sandel und MacIntyre überein, die moralisch allein von den individuellen Einstellungen lebe, die in der gemeinsamen Verpflichtung auf die Prozeduren der demokratischen Willensbildung enthalten sind, würde zwangsläufig das Maß an Gemeinschaftssinn zerstören, auf das sie zugleich auch vital angewiesen ist, da eine Verwirklichung der Ziele, die sie sich mit ihren eigenen Gerechtigkeitsprinzipien selbst gesetzt hat, immer wieder die Mobili- sierung von moralischen Motiven verlange, die nur aus einem zusätzlichen Horizont

---

[1079] Vgl. Rawls, John: Gerechtigkeit als Fairneß: politisch und nicht metaphysisch, in: Honneth, Axel (Hrsg.): Kommunitarismus. Die vorgenommene Akzentverschiebung bei der „origin position" wird besonders in den Abschnitten III und IV seines Aufsatzes deutlich. Vgl. ebd. S. 45ff.

[1080] Vgl. ebd. S. 54f.

[1081] Zu MacIntyres Position vgl. grundsätzlich dessen Analyse „zur moralischen Krise der Gegenwart", in: Ders.: Der Verlust der Tugend. Zur moralischen Krise der Gegenwart, 2. Aufl. Frankfurt a. M. 1997; vgl. sodann ders.: Die Anerkennung der Abhängigkeit. Über menschliche Tugenden, Hamburg 2001; vgl. auch ders.: Geschichte der Ethik im Überblick. Vom Zeitalter Homers bis zum 20. Jahr- hundert. 3. Aufl., Weinheim 1995; zur Kritik an MacIntyres politischer Philosophie vgl. den Band von Horton, John / Mendus, Susan (Hrsg.): After MacIntyre: Critical Perspectives on the Work of Alasdair MacIntyre, Cambridge 1994; vgl. ebd. auch MacIntyres Replik: Ders.: A Partial Response to my Critics, S. 283-304.

[1082] Vgl. ders.: Ist Patriotismus eine Tugend ?, in: Honneth, Axel (Hrsg.): Kommunitarismus, S. 84-102.

gemeinschaftlicher Werte stammen könnten.[1083] Während Sandel argumentierte, nur positive Einstellungen wechselseitiger Hilfe und Solidarität könnten jener ökonomischen Umverteilung den Weg bereiten[1084], die Rawls in seinem zweiten Gerechtigkeitsgrundsatz anvisiert hatte, ist es für MacIntyre die Tugend des Patriotismus, auf die eine liberale Gesellschaft – bis hin zum Fall der kriegerischen Bedrohung von außen[1085] – moralisch angewiesen bleibe.[1086]

[1083] Vgl. dazu und im Folgenden die komprimierten und prägnanten Ausführungen bei Münkler, Herfried: Politische Tugend. Bedarf die Demokratie einer sozio-moralischen Grundlegung?, in: Ders. (Hrsg.): Die Chancen der Freiheit. Grundprobleme der Demokratie, S. 25-46.

[1084] Vgl. diesbezüglich Sandels Kritik an der Vollendung eines liberalen Projekts, das vom New Deal über die Great Society bis in die Gegenwart reiche, in: Ders.: Die verfahrensrechtliche Republik und das ungebundene Selbst, in: Honneth, Axel (Hrsg.): Kommunitarismus, S 30ff. Vgl. im Kontext, mit Blick auf den „New Deal" und seine Auswirkungen auf die „neu entstandenen fruchtbaren selbstinitiierten Ansätze" innerhalb der amerikanischen Gesellschaft, Tönnies, Sybille: Kommunitarismus – diesseits und jenseits des Ozeans, in: Aus Politik und Zeitgeschichte, S. 19: „Der New Deal überrollte wie eine Dampfwalze alles, was sich an arbeitsträchtigen Ansätzen am Boden gebildet hatte. In solchen Konflikten – das lehrt das Subsidiaritätsprinzip, und das ruft der Kommunitarismus jetzt mit Recht wieder in Erinnerung – sollte der Staat zurückweichen. Denn in der Tat ist er nicht imstande, durch seine Maßnahmen einen Ersatz zu liefern für die gesellschaftlichen Eigenkräfte, und in der Tat ‚ginge es alles dahin und würde ein wild, wüst Leben', wenn man auf die gesellschaftlichen Eigenkräfte verzichten würde".

[1085] Vgl. zu diesem Aspekt MacIntyres die Anmerkung bei Höffe, Otfried: Demokratie im Zeitalter der Globalisierung, S. 301f. Höffe verweist zurecht auf eine gedankliche Verbindung von MacIntyre zu Carl Schmitt und dessen Explikation eines Begriffs des Politischen. Schmitt, so Höffe, spitze Max Schelers „Willensauseinandersetzung der Staaten" [vgl. im Original Scheler, Max: Das Ressentiment im Aufbau der Moralen, in: Ders.: Gesammelte Werke, Band 3, Bern 1955, S. 32-147]zur „Unterscheidung von Freund und Feind" zu und leite daraus einen notwendigen „Pluralismus der Staatenwelt" ab. Vgl. im Original Schmitt, Carl: Der Begriff des Politischen. Text von 1932 mit einem Vorwort und drei Corollarien, Berlin 1963, S. 54. „Aus dem Begriffsmerkmal des Politischen [das Kriterium des Politischen war nach Schmitt die Unterscheidung von Freund und Feind – vgl. ebd., S. 26. Diese Unterscheidung machte keinerlei Inhaltsangaben über ein Gebiet des Politischen, sie meinte vielmehr ein letztes Unterscheidungsmerkmal, das Kriterien anderer Disziplinen analog sein sollte: Gut und Böse in der Moral, Schön und Häßlich in der Ästhetik, Rentabel und Unrentabel in der Ökonomie. Zu Schmitts Begriff des Politischen vgl. Böckenförde, Ernst-Wolfgang: Der Begriff des Politischen als Schlüssel zum Staatsrechtlichen Werk Carl Schmitts, in: Ders.: Recht, Staat, Freiheit, S. 344-366] folgt der Pluralismus der Staatenwelt. Die politische Einheit setzt die reale Möglichkeit des Feindes und damit eine andere, koexistierende, politische Einheit voraus [Der Staat, so Schmitt, ist die politische Einheit eines Volkes; vgl. ders.: Verfassungslehre, München 1928, S. 3]. Es gibt deshalb auf der Erde, solange es überhaupt einen Staat gibt, immer mehrere Staaten und kann keinen die ganze Erde und ganze Menschheit umfassenden Welt'staat' geben. Die politische Welt ist ein Pluriversum, kein Universum. [...] Die politische Einheit kann ihrem Wesen nach nicht universal in dem Sinne einer die ganze Erde und ganze Erde umfassenden Einheit sein. Sind die verschiedenen Völker, Religionen, Klassen und anderen Menschengruppen der Erde sämtlich so geeint, daß ein Kampf zwischen ihnen unmöglich und undenkbar wird, kommt auch innerhalb eines die ganze Erde umfassenden Imperiums ein Bürgerkrieg selbst der Möglichkeit nach für alle Zeiten tatsächlich nie wieder in Betracht, hört also die Unterscheidung von Freund und Feind auch der bloßen Eventualität nach auf, so gibt es nur noch politikreine Weltanschauung, Kultur, Zivilisation, Wirtschaft, Moral, Recht, Kunst, Unterhaltung usw., aber weder Politik noch Staat. Ob und wann dieser Zustand der Erde und der Menschheit eintreten wird, weiß ich nicht."

[1086] MacIntyres Ausführungen setzen bei seiner These ein, „daß - wenn man Patriotismus so versteht, wie ich ihn verstanden habe – ‚Patriotismus' nicht nur eine Tugend bezeichnet, sondern auch eine Untugend, denn ein so verstandener Patriotismus ist mit der Moral [bzw. dem liberalen Moralbegriff, auf den sich MacIntyre bezieht, V.K.] unvereinbar." Ders.: Ist Patriotismus eine Tugend?, in: Honneth, Axel (Hrsg.): Kommunitarismus, S. 86.

In modernen Gesellschaften, in denen Mitgliedschaft nur oder vorrangig in Begriffen gegenseitigen Selbstinteresses verstanden wird, gibt es MacIntyre zufolge nur zwei Ressourcen, auf die zurückgegriffen werden könne, wenn zerstörerische Interessenkonflikte diese Gegenseitigkeit stören. Eine sei die Aufoktroyierung einer Lösung durch Gewalt, die andere die Berufung auf die neutralen, unparteiischen und „unpersönlichen" Maßstäbe der liberalen Moral. Die Bedeutung dieser Ressource dürfe nicht unterschätzt werden, doch stelle sich die Frage, wie stark diese sei.

Das Problem besteht für MacIntyre darin, dass eine Motivation für die Anerkennung der Maßstäbe der Unparteilichkeit und Neutralität vorhanden sein muss, die sowohl rational gerechtfertigt ist als auch in der Lage, interessengeleitete Überlegungen zu übertrumpfen. Da aber die Notwendigkeit einer solchen Anerkennung in dem Maße steige wie die Möglichkeit, an die Gegenseitigkeit von Interessen zu appellieren, zerbreche, könne eine solche Wechselseitigkeit nicht länger die relevante Art der Motivation darstellen. Der Appell an moralische Subjekte qua rationale Wesen, ihre Verpflichtung gegenüber der neutralen Rationalität über ihre Interessen zu stellen, müsse, gerade weil es ein Appell an die Rationalität sei, einen hinreichenden Grund liefern, dies zu tun. Dies ist für MacIntyre ein notorisch schwacher Punkt liberaler Moralkonzeptionen, der an einem zentralen Punkt in einer gesellschaftlichen Ordnung zu einem manifesten praktischen Problem werde: der Landesverteidigung. Jede politische Ordnung müsse von den Mitgliedern der eigenen Streitkräfte verlangen können, dass sie sowohl bereit seien, ihr Leben für die Sicherheit der Gemeinschaft zu riskieren, wie auch, dass ihre Bereitschaft dazu von ihrer eigenen individuellen Beurteilung, ob die Sache ihres Landes – gemessen an einem gegenüber den Interessen ihrer eigenen Gemeinschaft und den Interessen anderer Gemeinschaften neutralen und unparteiischen Maßstab – in bestimmten Fällen richtig oder falsch ist, unabhängig sei. Dies heißt, im Sinne MacIntyres, dass gute Soldaten kaum Liberale sein dürften und dass in ihren Handlungen zumindest ein gewisses Maß an Patriotismus vorhanden sein müsse. So hinge das politische Überleben eines Staatswesens, in der sich die liberale Moral einer breiten Zustimmung versichern könne, davon ab, dass es genügend junge Bürger gebe, die die liberale Moral zurückwiesen.[1087]

So verstanden führt die liberale Moral nach Ansicht MacIntyres zu einer Auflösung gesellschaftlicher Bindungen. Denn wenn es zum Wesen der liberalen Moral gehöre, dass es für die Kritik des Status quo keine Grenzen gebe, dass keine Institutionen, keine Praxis, keine Loyalität dagegen immun sein könne, in Frage gestellt und vielleicht abgelehnt zu werden, so gehöre es zur Moral des Patriotismus, dass diese einige grundlegende Strukturen der Gemeinschaft der Kritik enthebt, vor allem

---

[1087] Vgl. in diesem Kontext MacIntyres Ausführungen „Die Tugenden, die Einheit des menschlichen Lebens und der Begriff von Tradition" in: Ders.: Der Verlust der Tugend?, S. 273-300 sowie die Ausführungen „Von den Tugenden zur Tugend und nach der Tugend" ebd., S. 301-323. Ebd. S. 97f. Zur Kritik an dieser Argumentation MacInytres vgl. komprimiert Forst, Rainer: Kommunitarismus und Liberalismus – Stationen einer Debatte, in: Honneth, Axel (Hrsg.): Kommunitarismus, S. 193ff. Zu MacIntyres Argumentation sowie grundsätzlich zu seiner politischen Philosophie vgl. die Kritik bei Holmes, Stephen: Die Anatomie des Antiliberalismus, Hamburg 1995, S. 160-216. Holmes erblickt in MacIntyre nicht viel mehr als einen „rückwärtsgewandten", auf die antike Polis bezogenen „Kulturkritiker"; vgl. ebd., S. 201.

das Projekt der eigenen Nation.[1088] Der Glaube an eine besondere Mission der eigenen Nation bedeute jedoch nicht, so MacIntyre unter exemplarischem Verweis auf Adam von Trott, dass diese Mission nicht die Erweiterung der ursprünglich den partikularen Institutionen der Heimat entstammenden Gerechtigkeit einschließen könne. Offensichtlich könnten bestimmte Regierungen so radikal von der Mission abweichen – und als abweichend angesehen werden –, dass sich der Patriot an einem Punkt angekommen sehe, an dem er zwischen den Ansprüchen des Projekts, das seine Nation konstituiere, und den Ansprüchen der Moral entscheiden müsse, die er als Mitglied der Gemeinschaft erlernt habe, deren Leben von diesem Projekt bestimmt werde.

Den durch diese veränderte Fragestellung hergestellten Anschluss der Diskussion an jene sozialphilosophische Tradition, in der über die moralischen Ressourcen moderner liberaler Gesellschaften diskutiert wird, greift Charles Taylor wiederum dadurch auf, dass er eine Unterscheidung zweier Fragerichtungen vorschlägt: Von der ontologischen Frage, die Sandel aufwarf, indem er einen intersubjektivistischen Begriff der Person entwickelte, trennt Taylor „Fragen der Parteinahme".[1089] Unter dem ontologischen Gesichtspunkt unterscheidet Taylor einerseits die entgegengesetzten Positionen des „Atomismus" und des „Holismus" unter dem normativen Gesichtspunkt die Pole des „Individualismus" und „Kollektivismus", wobei Taylor zu bedenken gibt, dass ein jeder Standpunkt in der Atomismus-Holismus-Debatte mit einem jeden in der Individualismus-Kollektivismus-Frage kombiniert werden könne. Es gebe nicht nur atomistische Individualisten (im Sinne von Nozick) und holistische Kollektivisten (im Sinne von Marx), sondern auch holistische Individualisten, wie Humboldt – und sogar atomistische Kollektivisten, wie in dem albtraumhaften, programmierten Utopia Skinners, jenseits von Freiheit und Würde. Auch wenn die letzte Kategorie lediglich für das Studium des Bizarren oder Fürchterlichen interessant sein möge, zeigt sich Taylor überzeugt, dass Humboldt und seine Nachfolger einen äußerst wichtigen Platz in der Entwicklung des modernen Liberalismus einnehmen, indem sie einen Strang des Denkens repräsentierten, der sich der ontologischen, sozialen Einbettung menschlichen Handelns voll bewusst sei, zugleich jedoch Freiheit und individuelle Unterschiede sehr hoch schätze.[1090]

In Anwendung seiner eigenen Unterscheidung verfolgt Taylor das Ziel, die normative Position des prozeduralistischen Liberalismus dadurch einer Bewährungsprobe zu unterziehen, dass sie im Licht der ontologischen Auffassung des Holismus auf ihre Gefahren und Risiken hin befragt wird. Auf diesem Weg arbeitete Taylor heraus, dass der von Rawls und in Deutschland von Habermas entwickelte Prozeduralismus an der Unfähigkeit scheitere, die kulturellen Bedingungen der Reproduktion einer gerechten Gesellschaft hinreichend zu berücksichtigen[1091]: Ohne ein Maß an patriotischer Gemeinschaftsbindung, das über die gemeinsame Orientierung an

---

[1088] Vgl. MacIntyre, Alasdair: Ist Patriotismus eine Tugend?, S. 95f.
[1089] Vgl. Taylor, Charles: Aneinander vorbei: Die Debatte zwischen Liberalismus und Kommunitarismus, in: Honneth, Axel (Hrsg.): Kommunitarismus, S. 103f.
[1090] Ebd. S. 108. Mit Blick auf Robert Nozick vgl. exemplarisch dessen Analyse in: Ders.: Anarchie, Staat und Utopie, München 1976.
[1091] Vgl. Taylor, Charles: Aneinander vorbei: Die Debatte zwischen Liberalismus und Kommunitarismus, in: Honneth, Axel (Hrsg.): Kommunitarismus, S. 129.

dem Gut der „Gerechtigkeit" hinausgehe, seien liberaldemokratische Gesellschaften, „wohlerwogene Republiken" (Dietmar Herz)[1092], nicht in der Lage, ihre freiheitsver-bürgenden Institutionen aktiv lebendig zu erhalten.[1093]

Unter Bezugnahme auf die republikanisch-humanistische Denktradition akzentu-iert Taylor – eingedenk der Tatsache, dass Republiken durch den Sinn eines geteil-ten, unmittelbar gemeinsamen Gutes erfüllt seien und in diesem Maße ihr Band dem der aristotelischen Freundschaft ähnele – den Umstand, dass eine jede politische Ge-sellschaft von ihren Mitgliedern einige Opfer und einige Disziplin verlange, indem sie Steuern zahlen oder in den Streitkräften dienen und im allgemeinen bestimmte Beschränkungen beachten müssten. Im Despotismus, einem Regime, in dem die Masse der Bürger der Herrschaft eines einzelnen oder einer Clique unterworfen sei, werde die notwendige Disziplin durch Zwang aufrechterhalten. Um eine freie Ge-sellschaft zu haben, müsse dieser Zwang durch etwas anderes ersetzt werden. Dies aber könne nur die *freiwillige Identifizierung der Bürger* mit der *polis* sein, d.h. die Überzeugung, dass die politischen Institutionen, unter denen sie leben, ein Ausdruck ihrer selbst seien. Deshalb seien die Gesetze als etwas anzusehen, das ihre Würde als Bürger spiegele und verfestige, und so in gewisser Weise eine Erweiterung ihrer selbst. Dieses Verständnis der politischen Institutionen als gemeinsames Bollwerk der Bürgerwürde sei die Basis für das, was Montesquieu *vertu* nannte: der Patrio-tismus als ein Impuls, der nicht einfach der Klassifikation egoistisch/altruistisch zuzu-ordnen sei. Patriotismus, so Taylor, transzendiere den Egoismus in dem Sinne, dass die Menschen wirklich das gemeinsame Gute, die allgemeine Freiheit verfolgten.

[1092] Vgl. ebd., S. 115. Vgl. in diesem Kontext die Analyse und geistesgeschichtliche Verortung des ame-rikanischen Republikanismus bzw. der Entstehung der amerikanischen Verfassung bei Herz, Diet-mar: Die wohlerwogene Republik. Das konstitutionelle Denken des politisch-philosophischen Libe-ralismus, Paderborn 1999; vgl. ebd. vor allem das Kapitel „Republikanismus zwischen Tugend und dem Kaleidoskop der Institutionen", S. 116-145; vgl. ebd. auch Herz' Ausführungen zur „kommuni-taristischen Kritik", S. 139ff. Zurecht verweist Herz auf die Anknüpfung der neueren Kommunita-rismus-Debatte an das Denken von Leo Strauß [vgl. Strauß, Leo: On Classical Political Philosophy, in: The Rebirth of Classical Political Rationalism. An Introduction to the Thought of Leo Strauß (hrsg. v. Thomas L. Prangle), Chicago 1989, S. 49-62; vgl. dazu Herz, Dietmar: Der Philosoph als Verführer – Überlegungen zur Philosophie des Leo Strauß, in: Archiv für Rechts- und Sozialphiloso-phie 4 (1993), S. 544-549] oder Eric Voegelin [vgl. Voegelin, Eric: Die neue Wissenschaft von der Politik, Sonderausgabe, Salzburg 1977]. Wenn Herz urteilt, der Kommunitarismus sei letztlich „Spielart eines Kulturpessimismus, der über Erkenntnisse von Strauss [...] nicht hinausgeht, sondern diese lediglich trivialisiert" [vgl. ders.: Die wohlerwogene Republik, S. 144], so sei auf die eher posi-tive Würdigung dieses unbestreitbaren Anknüpfens hingewiesen, die Hans Vorländer vornimmt. Vgl. ders.: Gemeinschaft und Demokratie in der Kommunitarismusdebatte. Die Ressourcen der Moral, in: Klein, Ansgar (Hrsg.): Grundwerte in der Demokratie, S. 21-25. „Wenn die Kommunitaristen nun an die gemeinschaftsorientierte Perspektive des individuellen Tuns und politischen Handelns erinnern, so stehen sie in [..] große[r] Tradition. Zugleich ist die Renaissance dieses Denkens auch ein sicheres Symptom für die innere Krise, in der moderne Gesellschaft und liberale Demokratie stecken und die sich nun [...] kaum überdecken läßt. So muß der Kommunitarismus auch als Appell an die Selbsthei-lungskräfte der Demokratie gelesen werden. Ebd., S. 24f. [...]".

[1093] Vgl. diesbezüglich Taylors kritische Bezugnahme auf Ronald Dworkin, ebd., S. 104. Vgl. exempla-risch Dworkins Liberalismus-Konzeption, die dieser entfaltet in: Ders.: A Matter of Principle, Cam-bridge 1985; vgl. ebd. ders.: Principle, Policy, Procedure, S. 72-103; vgl. auch ders.: Bürgerrechte ernstgenommen, Frankfurt a. M. 1990.

Patriotismus sei somit etwas anderes als die apolitische Verpflichtung gegenüber u-
niversalen Prinzipien, welche die Stoiker vertraten oder die für die moderne Ethik
des Gerechten zentral sei[1094] [eine – an Diogenes angelehnte – Selbstbeschreibung
als „a citizen of the world", wie Martha C. Nussbaum sie in ihrer Kritik des Patriotismus als „morally dangerous"[1095] vornimmt, weist Taylor entsprechend zurück].

c)   Kritik

Charles Taylor ist in diesem Kontext wohl insofern Recht zu geben, dass Freiheit,
verstanden als individuelle Freiheit, unauflöslich mit politischer Tugend im Sinne
einer sozio-moralischen Grundlegung des Gemeinwesens verbunden ist.

Ist von *politischer Tugend* die Rede, so soll damit, worauf bereits Montesquieu
hingewiesen hat, diese eindeutig abgegrenzt werden von *moralischer Tugend*, mit
der die Handlungsorientierungen in individualethischem Sinne bezeichnet sind; unter keinen Umständen ist damit jedoch gemeint, politische könne von gesellschaftlicher Tugend unterschieden werden, gleichsam als Separatmoralen in Analogie zu
den ausdifferenzierten Teilsystemen Staat und Gesellschaft. Im Gegenteil: Es ist ein
zentraler Punkt im Tugenddiskurs des klassischen Republikanismus, dass er sich
solchen Differenzierungen und Separierungen verweigert oder doch zumindest auf
der unauflöslichen Interdependenz beider Ebenen besteht, etwa dort, wo die Steigerung des Wohlstandes, insbesondere die Verbreitung von Luxus, als die Ursache von
beidem bezeichnet wird: einer zunehmenden sozialen Differenzierung der Gesellschaft und einer fortschreitenden Korrumpierung der Sitten, der schließlich auch die
politische Tugend zum Opfer fällt.[1096]

Taylors Argumentation lässt keinen Zweifel daran, dass sich die zentralen Probleme im Rahmen der Kommunitarismus- bzw. Patriotismus-Debatte heute dort ergeben, wo Liberale und Kommunitaristen aufeinandertreffen, welche die ontologische
Prämisse des *Holismus* teilen; hier nämlich lautet die gemeinsame Frage, von welcher Art die kollektiven Wertüberzeugungen sein sollen, die zur moralischen Aufrechterhaltung freiheitsverbürgender Institutionen in der Lage sein können.[1097]
Kaum wird mittlerweile noch bestritten, dass den empirischen Bezugspunkt der Diskussion die liberaldemokratischen Gesellschaften des Westens zu bilden haben, die
auf das notwendige Maß einer zusätzlichen Wertintegration hin befragt werden müssen.[1098] An die Stelle der Diskussion über einen angemessenen Begriff der menschli-

---

[1094] Ebd., S. 110f.

[1095] Vgl. Nussbaum, Martha C.: Patriotism and Cosmopolitanism, in: Dies.: For love of country, S. 3-17,
S. 4.

[1096] Vgl. in diesem Sinne Münkler, Herfried: Politische Tugend. Bedarf die Demokratie einer sozio-
moralischen Grundlegung?, in: Ders. (Hrsg.): Die Chancen der Freiheit, S. 30ff.

[1097] Vgl. Honneth, Axel: Einleitung, in: Ders. (Hrsg.): Kommunitarismus, S. 15.

[1098] Die Liberalen, soweit sie die kontextualistische Wende von John Rawls nachvollzogen haben, stimmen mit den Kommunitaristen heute in der These überein, dass ohne einen bestimmten Grad der gemeinsamen Bindung an übergreifende Werte, also an eine kulturelle Gemeinschaft oder Lebensform,
die Funktionsfähigkeit einer liberalen Demokratie nicht zu garantieren ist. Vgl. ebd. S. 16, wo Honneth darauf verweist, dass sich aus „dieser ersten Gemeinsamkeit [..] sich als Konsequenz indes noch

chen Person ist nunmehr eine Auseinandersetzung getreten, in deren Zentrum die
Frage nach der Begründung, dem Inhalt und dem Umfang eines Konzeptes der liberalen, pluralen oder demokratischen Gemeinschaft steht.[1099]

Eben diese Einschätzung bestätigend, rezipiert Jürgen Habermas hinsichtlich der
Frage nach dem Verhältnis von „Staatsbürgerschaft und nationaler Identität"[1100] die
kommunitaristisch-republikanische Argumentation Charles Taylors bzw. Michael
Walzers, um diese aus universalistischer Perspektive zurückzuweisen. Das republikanische Modell der Staatsbürgerschaft erinnert Habermas zufolge daran, dass die
verfassungsrechtlich gesicherten Institutionen der Freiheit nur so viel wert seien, wie
eine an politische Freiheit gewöhnte, in die Wir-Perspektive der Selbstbestimmungspraxis eingewöhnte Bevölkerung aus ihr mache. Die rechtlich institutionalisierte Staatsbürgerrolle müsse in den Kontext einer freiheitlichen politischen Kultur
eingebettet sein.[1101] Das demokratische Recht auf Selbstbestimmung schließe über
das „Recht auf Bewahrung einer eigenen *politischen* Kultur" aber keinesfalls, wie
Habermas betont, „das Recht auf die Selbstbestimmung einer privilegierten *kulturellen* Lebensform ein. Im Rahmen der Verfassung eines demokratischen Rechtsstaates
können vielfältige Lebensformen gleichberechtigt koexistieren. [...] Allein eine demokratische Staatsbürgerschaft, die sich nicht partikularistisch abschließt, kann im
übrigen den Weg bereiten für einen *Weltbürgerstatus*, der heute schon in weltweiten
politischen Kommunikationen Gestalt annimmt. [...] Der weltbürgerliche Zustand ist
kein bloßes Phantom mehr, auch wenn wir noch weit von ihm entfernt sind. Staatsbürgerschaft und Weltbürgerschaft bilden ein Kontinuum, das sich immerhin schon
in Umrissen abzeichnet".[1102] In Anknüpfung an Habermas verweist Hauke Brunkhorst darauf, dass der moralische Universalismus, verglichen mit dem – wie immer
republikanischen – Ethos und der konventionellen Moral partikularer Wertgemein-
schaften eine Reihe von Vorteilen habe, auf die vermutlich niemand verzichten wolle und die ihn vor allem nicht *als solchen* zum Medium fortschreitender „Selbstentfremdung" und Verselbstständigung des Sozialen mache. Die Vorteile einer universalistischen Moral, die der Selbstentfremdung entgegenwirkten, bestehen Brunkhorst zufolge in ihrer inklusiven Tendenz, in ihrem egalitären Charakter und ihrem
ethischen Minimalismus. Der vielleicht wichtigste Vorzug einer universalistischen
Moral sei nunmehr der, dass die universalistische Moral die Menschen von moralischer Bevormundung und Gängelei entlaste. Moralischer Universalismus heiße

---

ein zweiter Konvergenzpunkt [ergibt, V. K.], der es fortan unmöglich machen wird, die beiden Gruppierungen weiterhin als entgegengesetzte Lager zu betrachten, die jeweils ausschließlich entweder für
‚Gesellschaft' oder ‚Gemeinschaft' plädieren: wenn die gemeinsame Frage nunmehr nämlich lautet,
bis zu welchem Maße die liberaldemokratischen Gesellschaften auf einen gemeinsamen Werthori-
zont angewiesen sind, dann ist damit für beide Theoriepositionen die Aufgabe verknüpft, den Begriff
einer posttraditionalen, demokratischen Gemeinschaft zu formulieren, der den umrissenen Anforderungen Genüge leisten kann".

[1099] Vgl. in diesem Zusammenhang aus liberaler Perspektive den amerikanischen Diskussionsbeitrag von
Larmore, Charles: Politischer Liberalismus, in: Honneth, Axel (Hrsg.): Kommunitarismus, S. 131-
156; vgl. ders.: Patterns of Moral Complexity, Cambridge 1987.

[1100] Vgl. Habermas, Jürgen: Staatsbürgerschaft und nationale Identität, in: Ders.: Faktizität und Geltung,
S. 632-660.

[1101] Vgl. ebd., S. 641.

[1102] Ebd., S. 659f [Hervorhebung im Original, V. K.].

demnach *weniger* Moral und nicht *mehr*. Nur noch die wenigen Handlungen, die nicht verallgemeinerbar seien, fielen der moralischen Verdammung anheim. Gerade der vielgescholtene Formalismus des Kantischen Verallgemeinerungsprinzips eröffne den Handelnden die Möglichkeit, eine Auswahl unter ihren inhaltlichen Antrieben und Bedürfnissen zu treffen und immer wieder neu ins Spiel zu bringen. Eine Moral der Selbstbegrenzung befreie vorhandene „Glückseligkeitsbestrebungen" im Sinne Kants von der Vorabverurteilung durch Bürgersitte oder Religion. So gesehen sei die von Konservativen beklagte Belastung oder gar „Überlastung" des Menschen durch Eigenverantwortung zugleich eine Entlastung unserer Wünsche und Phantasien von der Zensur durch die Gemeinschaft und ihre innere Seite, das „Über-Ich".[1103] Anknüpfend an Brunkhorst meldet Ingeborg Maus gravierende Vorbehalte gegen eine kommunitaristische „Resubstantialisierung" im Sinne einer sozio-moralischen Grundlegung moderner liberaler Gesellschaften, indem sie betont, dass die gutgemeinte Absicht, die besondere Identität einzelner gesellschaftlicher Gruppen durch konkrete Sonderrechte abzusichern, eher zur Verfestigung der Grenzen zwischen den Gruppen und zur Exklusion statt zur Inklusion führe. Dagegen würden die Abstraktionen der Aufklärungsphilosophie gesellschaftlichen Pluralismus nicht im Wege der rechtlichen Festschreibung partikularer Positionen, sondern durch die Gewährleistung gleicher Verfahrensrechte trotz Ungleichheit der gesellschaftlichen Interessenlagen anerkennen. Die abstrakten Prinzipien der Aufklärung, gerade indem sie die Hypostasierung einer inhaltlichen Allgemeinheit vermieden und als Allgemeines nur noch das Prozedere der Kompatibilisierung des je Besonderen bestimmten, bezeichnen nach Maus das einzige, worauf eine pluralistische und multikulturelle Gesellschaft sich noch einigen könne.[1104] Jenes von Maus in Analogie zu Habermas zuletzt angeführte Argument legt einen Exkurs zu dem Aspekt des „Multikulturalismus" und der damit verbundenen – mit Blick auf Deutschland virulenten – Frage nach Zuwanderung und Integration in Zeiten eines nachhaltigen demographischen Wandels nahe.

B   Exkurs: (Multi-)Kultur und Zuwanderung

Unbestreitbar lässt sich in Deutschland, ebenso wie in den meisten anderen hochentwickelten Industrienationen eine „demographische Krise"[1105], verursacht durch einen kontinuierlichen Geburtenrückgang, beobachten. Die demographischen Statistiken und Prognosen der Vereinten Nationen zeigen[1106], dass sich praktisch jedes der

---

[1103] Vgl. Brunkhorst, Hauke: Demokratie als Solidarität unter Fremden. Universalismus, Kommunitarismus, Liberalismus, in: Aus Politik und Zeitgeschichte 36 (1996), S. 21-28, S. 25ff [Hervorhebung im Original, V. K.].

[1104] Vgl. Maus, Ingeborg: „Volk" und „Nation" im Denken der Aufklärung, in: Blätter für deutsche und internationale Politik 5 (1995), S. 602-612.

[1105] Vgl. dazu ausführlich Mayer, Tilman: Die demographische Krise. Eine integrative Theorie der Bevölkerungsentwicklung, Frankfurt a.M. 1999.

[1106] Vgl. United Nations (Hrsg.): World Population Prospects. The 2002 Revision (Highlights), New York 2003; dazu näher: Birg, Herwig: World Population Projects for the 21st Century. Theoretical Interpretations and Quantitative Simulations, Frankfurt a. M. 1995; mit Blick auf die Konsequenzen

rund 180 Länder der Welt in einem Zustand des demographischen Ungleichgewichts befindet: In der weitaus größten Ländergruppe – in den Entwicklungsländern mit ihren rund fünf Milliarden Einwohnern – bewirkt die nach wie vor hohe Geburtenrate von etwa drei Kindern je Frau einen jährlichen Bevölkerungszuwachs von 75 Millionen, während die Bevölkerung in der weitaus kleineren Gruppe der Industrieländer mit ihren 1,2 Milliarden Menschen entweder, wie im Falle Deutschlands, schon seit Jahrzehnten schrumpft oder schrumpfen würde, wenn das Geburtendefizit nicht durch Einwanderung kompensiert bzw. überkompensiert würde. Falls die Zahl der Lebendgeborenen pro Frau in Deutschland von 1,4 auch künftig unverändert bliebe und im Gegenzug die Lebenserwartung der Bürger weiter zunähme[1107], würde die Bevölkerungszahl – ohne Ausgleich durch Wanderungen – bis 2050 von rund 82 Millionen auf 50, 7 Millionen und bis 2100 auf 22, 4 Millionen abnehmen. Sollte die Geburtenrate innerhalb eines Zeitraums von 15 Jahren auf das Niveau der EU (im Durchschnitt 1,5) steigen, so betrüge die Bevölkerungszahl im Jahre 2050 55,4 Millionen statt 50,7 Millionen und im Jahre 2100 32,2 Millionen statt 22, 4 Millionen. Umgekehrt gilt: Begänne der angenommene Anstieg der Geburtenrate nicht schon im Jahre 2000, sondern erst zehn oder zwanzig Jahre später, so betrüge die Bevölkerungszahl im Jahre 2050 53,6 Millionen bzw. 52,3 Millionen.[1108] Bereits vor der Jahrtausendwende hat sich die Linie des Anteils der noch nicht 20-Jährigen sowie diejenige der 60-Jährigen und älteren – bezogen auf den Zeitraum zwischen 1900 und 2030 – gekreuzt.[1109] Hat sich der Geburtenrückgang in Deutschland also zu einem „Jugendschwund" fortentwickelt, der nicht beliebig lang mit ökonomischer Produktivitätssteigerung kompensiert werden kann, so kommt der Frage nach Zuwanderung politisch wie wissenschaftlich ein hoher Stellenwert zu.[1110]

Die für Fragen der Bevölkerungsentwicklung zuständige Abteilung der Vereinten Nationen hat in einer im Jahre 2000 vorgelegten Untersuchung über die Auswirkungen der Migration[1111] auf die Bevölkerungszahl und die Altersstruktur in den Industrieländern veranschaulicht, dass bis zum Jahre 2050 fast 175 Millionen jüngere Menschen nach Deutschland zuwandern müssten, wenn dadurch der Altersquotient konstant gehalten werden sollte.[1112] Während die vom Statistischen Bundesamt vor-

---

für Deutschland vgl. ders.: Dynamik der demographischen Alterung, Bevölkerungsschrumpfung und Zuwanderung in Deutschland, in: Aus Politik und Zeitgeschichte (20) 2003, S. 6-16.

[1107] Beide Annahmen legt die 10. koordinierte Bevölkerungsvorausberechnung des Statistischen Bundesamtes, deren Ergebnisse im Juni 2003 veröffentlicht wurden, zugrunde. Vgl. Statistisches Bundesamt (Hrsg.): Bevölkerung Deutschlands bis 2050. 10. Koordinierte Bevölkerungsvorausberechnung, Wiesbaden 2003, S. 10; S. 19.

[1108] So die Kalkulationen bei Birg, Herwig: Die demographische Zeitenwende – der Bevölkerungsrückgang in Deutschland und Europa, München 2002, S. 97ff.

[1109] Vgl. Mayer, Tilman: Die demographische Krise, S. 116 (Abb. 11).

[1110] Vgl. in diesem Sinne Schmid, Josef: Die demographische Entwicklung Deutschlands – Ursachen, Folgen und politische Optionen, München 2000.

[1111] Vgl. grundsätzlich zu dem Phänomen der „Migration" in moderne Gesellschaften die gleichnamige Analyse bei Treibel, Annette: Migration in modernen Gesellschaften, 2. Aufl., Weinheim 1999.

[1112] Vgl. United Nations (Hrsg.): New Report on Replacement Migration – Is it a solution to declining and aging Population? UN-Population Division, New York 2000, S. 39, Tabelle 4.13 (www.un.org./esa/population/migration.htm); vgl. unter Zugrundelegung dieser Zahlen auch die Ausführungen bei Münz, Rainer: Deutschland muss Einwanderungsland werden, in: Spiegel-Online v. 27. April 2001;

gelegte „10. koordinierte Bevölkerungsberechnung" die Einschätzung des UNO-Berichtes bestätigt und zu dem Ergebnis kommt, dass sich „somit die derzeitige Altersstruktur in Deutschland durch Zuwanderung unter realistischen Rahmenbedingungen nicht erhalten" lasse[1113], suchen sowohl die Zuwanderungskonzepte der Parteien[1114], der Bericht der „Unabhängigen Regierungskommission Zuwanderung" („Süssmuth-Kommission")[1115] wie auch der Anfang August 2001 bzw. erneut[1116] Anfang Februar 2003 von Seiten der Bundesregierung vorgelegte Entwurf eines Zuwanderungsgesetzes[1117] eine Antwort auf das virulente Problemgeflecht zu formulieren. Dieses besteht aus den fortwirkenden Konsequenzen des Geburtendefizits, der fortschreitenden Alterung, aus einem Zuwanderungsdruck, der sich aus der demographischen und sozialen Weltlage ergibt und dem die geltende Gesetzeslage und bestehende Praxis nur unvollständig standhält sowie aus dem Zwang, ein leistungsfähiger Industriestaat zu bleiben, welcher den Anforderungen eines globalen Innovationswettbewerbs gerecht wird.[1118]

Ausgehend von den sechs verschiedenen Zuwanderungsformen mit je unterschiedlichem Aufenthaltsstatus – 1) Zuwanderung aus dem EU-Raum mit Niederlassungsfreiheit und Recht auf Arbeitsaufnahme; 2) Arbeitswanderung aus „Drittstaaten" außerhalb der EU, die zu Daueraufenthalten führt; 3) Aufnahme von Spätaussiedlern; 4) Asyl, welches, je nach Ergebnis des Asylverfahrens, sei es Anerkennung des Asylstatus oder Aufenthaltsduldung, zu Niederlassungen führt; 5) Flüchtlingsaufnahme nach Bestimmungen der Genfer Konvention, die in gewisser Zahl in de-facto-Niederlassungen mündet; 6) Familiennachzug, der nach Verwandtschaftsgrad und Alter bestimmt werden muss und für die zuvor genannten drei Zuwanderungsformen umstritten ist[1119] – wird es parteiübergreifend als die zentrale gesellschaftspolitische Herausforderung begriffen, Zuwanderung künftig zu „*steuern*" bzw. unkontrollierte Zuwanderung zu „*begrenzen*". Der Gesetzentwurf des Bundesinnenministeriums bringt diese Herausforderung ungeachtet der parteipolitischen Kontroversen um den Entwurf zum Ausdruck, wenn als Ziel formuliert wird:

---

vgl. die Zugrundelegung dieser Zahlen auch bei Birg, Herwig: Dynamik der demographischen Alterung, Bevölkerungsschrumpfung und Zuwanderung in Deutschland, S. 6.

[1113] Vgl. Statistisches Bundesamt (Hrsg.): Bevölkerung Deutschlands bis 2050, S. 34.

[1114] Vgl. exemplarisch: SPD-Bundestagsfraktion (Querschnittsgruppe Integration und Zuwanderung): Die neue Politik der Zuwanderung – Steuerung, Integration, innerer Friede v. Juli 2001 sowie dies.: Das Zuwanderungsgesetz ist gut, ausgewogen und es ist notwendig, in: www.spdfraktion.de (v. 24 Juni 2003); vgl. analog das Gemeinsame Positionspapier von CDU und CSU zur Steuerung und Begrenzung der Zuwanderung vom 10. Mai 2001 sowie den Beschluss „Zuwanderung steuern und begrenzen. Integration fördern" des Bundesausschusses der CDU Deutschlands vom 7. Juni 2001.

[1115] Vgl. Bundesministerium des Inneren: Zuwanderung gestalten – Integration fördern. Bericht der Unabhängigen Kommission „Zuwanderung" vom 4. Juli 2001.

[1116] Zur Frage der Nichtigkeit des von Bundestag und Bundesrat verabschiedeten ersten Zuwanderungsgesetzes vgl. die Pressemitteilung Nr. 113/2002 des Bundesverfassungsgerichts v. 18.Dezember 2002.

[1117] Vgl. Deutscher Bundestag (Drucksache 15/420): Entwurf eines Gesetzes zur Steuerung und Begrenzung der Zuwanderung und zur Regelung des Aufenthalts und der Integration von Unionsbürgern und Ausländern (Zuwanderungsgesetz).

[1118] Vgl. Schmid, Josef: Bevölkerungsentwicklung und Migration in Deutschland, in: Aus Politik und Zeitgeschichte (43) 2001, S. 20-30, S. 21.

[1119] Vgl. ebd., S. 25.

„Durch ein modernes Zuwanderungsrecht Deutschlands Wettbewerbsfähigkeit sichern, Arbeitsplätze schaffen und die Zuwanderung gestalten; zugleich Zuwanderung begrenzen, illegale Zuwanderung bekämpfen und dem Missbrauch des Asylrechts entgegenwirken."[1120] Diese Zielperspektive, die sich in dem 2004 gefundenen Gesetzkompromiss wieder findet, trägt den Interessen einer großen Mehrheit in der deutschen Bevölkerung insofern Rechnung, als 57% der Befragten einer im Jahre 2001 durchgeführten Umfrage *für* das Inkrafttreten eines Zuwanderungsgesetzes – und einer damit verbundenen quotierten jährlichen Zuwanderung – plädieren (25% dagegen) und 60% der Befragten als Hauptziel eines solchen Gesetzes die *Verringerung* der Zuwanderung bezeichnen (23% der Befragten sprechen sich dafür aus, die Zuwanderung auf dem jetzigen Stand zu halten).[1121] 68% sind der Auffassung, die Grenze der Zuwanderung nach Deutschland sei erreicht, 17% der Befragten sind gegenteiliger Ansicht.[1122]

Tatsache ist, dass die Bundesrepublik unter den großen Industrienationen der Welt seit Jahren das Land mit der höchsten Zuwanderung ist[1123] und im Vergleich zu den USA und westeuropäischen Nachbarstaaten – wie Frankreich[1124] – mit großem Abstand die meisten Asylbewerber und Flüchtlinge aufnimmt.[1125] Obwohl die Fläche der USA dreiundzwanzigfach so groß ist wie diejenige der Bundesrepublik und obwohl die Vereinigten Staaten dreimal so viele Einwohner haben, war die Zuwanderung nach Deutschland 1992 bis 1995 höher als diejenige in die Vereinigten Staaten[1126].[1127] Ende 1998 lebten insgesamt 7,32 Millionen Ausländer in Deutschland mit

---

[1120] Deutscher Bundestag (Drucksache 15/420): Entwurf eines Gesetzes zur Steuerung und Begrenzung der Zuwanderung und zur Regelung des Aufenthalts und der Integration von Unionsbürgern und Ausländern (Zuwanderungsgesetz).

[1121] Vgl. die Ergebnisse der repräsentativen Umfrage vom Dezember 2001 bei Allensbacher Jahrbuch der Demoskopie 1998-2002, S. 578.

[1122] Vgl. ebd. das Ergebnis einer Umfrage vom Juni 2001, S. 577.

[1123] Vgl. in diesem Sinne und unter Verweis darauf, dass sich seit 1955, als die Bundesrepublik mit Italien das erste Anwerbeabkommen für ausländische Arbeitskräfte abgeschlossen hat, zumindest vorübergehend 25 Millionen Zuwanderer in Deutschland niedergelassen haben, Seidel, Eberhard: Migrationspolitische Eiszeit, in: Blätter für deutsche und internationale Politik (2) 2003, S. 198-202, S. 198.

[1124] Mit Blick auf Frankreich bzw. die USA vgl. Dickel, Doris: Einwanderungs- und Asylpolitik der Vereinigten Staaten von Amerika, Frankreichs und der Bundesrepublik Deutschland. Eine vergleichende Studie der 1980er und 1990er Jahre, Opladen 2002; die vergleichende Perspektive um Großbritannien erweiternd, vgl. Joppke, Christian: Immigration and the Nation-State. The United States, Germany and Great Britain, Oxford 1999; vgl. Darüber hinausgehend ders. (Hrsg.): Challenge to the Nation-State. Immigration in Western Europe and the United States, Oxford 1998; vgl. auch – mit Blick auf Großbritannien - die Analyse bei Brinkmann, Tobias: Immigration and Identity in Britain, in: National Identities 2 (2002), S. 179-188.

[1125] „Die Zahl der Zuwanderungen pro Jahr", so bilanziert Herwig Birg seine statistischen Erhebungen, „erreichte schon 1970 die gleiche Größenordnung wie die Zahl der Geburten in Irland." Ders.: Dynamik der demographischen Alterung, Bevölkerungsschrumpfung und Zuwanderung in Deutschland, S. 16.

[1126] Zur statistischen Erfassung der Zuwanderung in die Vereinigten Staaten vgl. die regierungsamtlichen Informationen unter www.immigration.gov/graphics/shared/aboutus/statistics/ybpage.htm

[1127] Mit Blick auf die Vereinigten Staaten und die Bundesrepublik Deutschland bemerkt Rainer Münz, dass zwölf Prozent der in Deutschland lebenden Menschen im Ausland zur Welt gekommen seien, während der entsprechende Anteil in den USA bei neun Prozent liege. Könne zahlenmäßig also keinerlei Zweifel daran bestehen, dass die Bundesrepublik ein Einwanderungsland sei, so stimme das

einem Gesamtbevölkerungsanteil von 8,9%. Seit der Wiedervereinigung lässt sich ein Netto-Zuzug von ca. zwei Millionen Ausländern mit einem Durchschnitt von 200.000 pro Kalenderjahr in die Bundesrepublik verzeichnen. Im Rahmen einer starken Schwankung des Wanderungssaldos und eines beobachtbaren Wechsels zwischen positiven und negativen Wanderungssalden während der vergangenen Jahrzehnte gab es 1997 und 1998, nicht zuletzt in Folge der Rückführung von Bürgerkriegsflüchtlingen, bei der ausländischen Bevölkerung mehr Fort- als Zuzüge, was zu einem negativen Wanderungssaldo führte. Der Wanderungssaldo der gesamten Bevölkerung betrug im Jahr 1998 weniger als 50 000 und stieg 1999, bedingt durch die erneut positive Bilanz bei der ausländischen Bevölkerung, auf etwa 200 000. Der höchste Zuwanderungsüberschuss von 780 000 Personen lässt sich für das Jahr 1992 als Folge des starken Zustroms sowohl der deutschen als auch von ausländischen Personen nach Deutschland verzeichnen.

Doch eine zahlenfixierte Betrachtung der Zu- und Abwanderung in den verschiedenen Jahren allein ist wenig aussagekräftig. Denn welche Aussagekraft hat beispielsweise die Mitteilung, dass der positive Wanderungssaldo 1996 149.000 betrug?[1128] Diese Zahl besagt lediglich, dass 149.000 Ausländer nach Deutschland mehr ein- als auswanderten, gibt jedoch keine Auskunft darüber, ob die Zuwanderer die Bereitschaft und auch die Fähigkeit hatten, sich in der Bundesrepublik zu integrieren bzw. ob die arbeitsfähigen Zuwanderer über solche beruflichen Qualifikationen verfügten, die es ihnen erlaubten, ihren Lebensunterhalt durch Erwerbsarbeit zu finanzieren oder ob – umgekehrt – das Netz sozialer Sicherheiten für die Zuwanderungsentscheidung ausschlaggebend war. Kurzum: die Zahl an sich sagt nichts darüber aus, ob die Zuwanderung für die deutsche Gesellschaft eine Bereicherung oder eine Belastung war. Insofern keine Gesellschaft unbegrenzte Zuwanderung verkraftet, will sie nicht ihre innere Stabilität und Identität zur Disposition stellen[1129], ist eine balancierte Zuwanderungssteuerung unter Anerkennung der Tatsache, dass die Bundesrepublik, deskriptiv betrachtet, ein Einwanderungsland ist – wenn auch „wider Willen"[1130] –, notwendig. „Eine Zuwanderungspolitik ist nur dann sozial verträglich, wenn sie dem Subsidiaritätsprinzip folgt und nur insoweit in Anspruch genommen wird, wie die eigenen Kräfte überfordert sind oder fehlen"[1131] – Stichwort Familienpolitik: Die Entscheidung zur Elternschaft ist Privatangelegenheit, doch die

---

Bewusstsein hierzulande „mit dieser Realität noch nicht überein". Vgl. ders.: Wir müssen uns öffnen, in: Die Zeit (28) 2001.

[1128] Vgl. Müller, Peter / Bosbach, Wolfgang / Oberndörfer, Dieter: Zuwanderung und Integration, in: Zukunftsforum Politik (Nr. 23), Sankt Augustin 2001, S. 36f.

[1129] Vgl. hierzu überaus kritisch die Position von Hoffmann, Lutz: Identitätsstiftende Ausgrenzung, in: Blätter für deutsche und internationale Politik (2) 2003, S. 202-206.

[1130] So die Einschätzung bei Dickel, Doris: Einwanderungs- und Asylpolitik der Vereinigten Staaten von Amerika, Frankreichs und der Bundesrepublik Deutschland, S. 277; vgl. in diesem Sinne auch die Einschätzung bei Behr, Hartmut: Zuwanderung im Nationalstaat. Formen der Eigen- und Fremdbestimmung in den USA, der Bundesrepublik Deutschland und Frankreich, Opladen 1998, S. 56. Deskriptiv betrachtet wird man jedes Land - und damit auch die Bundesrepublik – als Einwanderungsland bezeichnen, in das Angehörige ausländischer Staaten einreisen, um sich dort auf Dauer niederzulassen. Normativ betrachtet wird man dieser Einschätzung widersprechen, wenn man als Einwanderungsland nur diejenigen Staaten bezeichnet, die sich gezielt und nachhaltig um Einwanderung bemühen. Dazu zählt die Bundesrepublik Deutschland heute nicht.

[1131] Schmid, Josef: Bevölkerungsentwicklung und Migration in Deutschland, S. 30.

Bedingungen, für ausreichend Nachwuchs zu sorgen und zeitadäquat zu erziehen, sind öffentliche Anliegen.[1132] „Einwanderung", so lautet denn auch der Befund einer Analyse der Friedrich-Ebert-Stiftung des Jahres 2001, „ist kein Ersatz für Familienpolitik. [...] Zuwanderung macht nur Sinn, wenn die Gesellschaft auf Dauer insgesamt familienfreundlicher wird und die Arbeitslosigkeit deutlich zurückgeht."[1133] Stellen familienpolitische wie auch zuwanderungspolitische Maßnahmen in Zeiten der demographischen Krise folglich zwei Seiten einer Medaille dar, so geht es darum, Zuwanderung aus humanitären Gründen und Zuwanderung aus legitimen nationalen Interessen zur Sicherung der Sozialsysteme[1134] in ein angemessenes Verhältnis zu bringen und damit *ungeregelte* Zuwanderung, die auch nach der Neufassung des entsprechenden Grundgesetzartikels im Jahre 1993, noch immer über den Missbrauch des Asylgrundrechts (Art 16a GG) erfolgt, zu unterbinden.[1135] Vernünftige Zuwanderungspolitik – die damit zugleich Bevölkerungspolitik ist[1136] – muss aber nicht nur die richtige Relation der verschiedenen Zuwanderungsgründe finden und beachten, sondern ebenfalls – auf allen staatlichen Ebenen – für eine Integration der dauerhaft und rechtmäßig in Deutschland lebenden Ausländer Sorge tragen, die ebensowenig an einem „Multikulturalismus" orientiert wie einer kulturellen „Assimilation" geschuldet ist.[1137]

Zuwanderungspolitisch weist der Bericht der „Süssmuth"-Kommission insofern in die richtige Richtung, als er erstens grundsätzlich feststellt, dass Deutschland Zuwanderung braucht, zweitens die Steuerung der Zuwanderung nach Deutschland und die Integration der Zugewanderten zu „den wichtigsten politischen Aufgaben der nächsten Jahrzehnte" zählt[1138] und – damit zusammenhängend – drittens für eine nach Vorzugspunkten quotierte Arbeitsimmigration plädiert, einschließlich der An-

---

[1132] Vgl. in diesem Zusammenhang die Forderung Tilman Mayers nach einer stärkeren Aufwertung der staatlichen Familienpolitik sowie Mayers damit korrespondierenden Vorschlag zur Entwicklung eines eigenständigen „Familiengesetzbuches"; ders.: Die demographische Krise, S. 182ff; vgl. analog dazu auch die familienpolitischen Überlegungen bei Wingen, Max: Familienpolitik. Grundlagen und aktuelle Probleme, Stuttgart 1997.

[1133] Pfeiffer, Ulrich: Einwanderung: Integration, Arbeitsmarkt, Bildung, Berlin 2001 (zitiert nach www. library.fes.de)

[1134] Vgl. in diesem Zusammenhang die fundierte Analyse bei Birg, Herwig: Perspektiven der Bevölkerungsentwicklung in Deutschland und Europa – Konsequenzen für die sozialen Sicherungssysteme (Materialen des Instituts für Bevölkerungsforschung und Sozialpolitik, Bd. 48), Bielefeld 2002; vgl. auch die komprimierten Ausführungen zum „Problemfeld Sozialstaat" bei Angenendt, Steffen: Deutsche Migrationspolitik im neuen Europa, Opladen 1997, S. 66-71.

[1135] Vgl. dazu, mit Verweis auf die „krass unterschiedlichen Betroffenheiten unter den 15 Mitgliedstaaten" der EU im Hinblick auf Asylanträge und -verfahren (100 000 Anträge jährlich in Deutschland; 30 000 Anträge in Frankreich; 1500 Anträge in Griechenland) Schmid, Josef: Bevölkerungsentwicklung und Migration in Deutschland, S. 26f.

[1136] Zu den historischen Implikationen bzw. der missbräuchlichen Etikettierung rassistischer nationalsozialistischer Politik als „Bevölkerungspolitik" vgl. Mackensen, Rainer (Hrsg.): Bevölkerungsfragen auf Abwegen der Wissenschaft. Zur Geschichte der Bevölkerungswissenschaft in Deutschland im 20. Jahrhundert, Opladen 1998.

[1137] Vgl. in diesem Sinne argumentierend Preuß, Ulrich K.: Multikulti ist nur eine Illusion. Deutschland wird zum Einwanderungsland. Das Grundgesetz taugt nicht als Wegweiser, in: Die Zeit (23) 2001.

[1138] Vgl. Bundesministerium des Inneren: Zuwanderung gestalten – Integration fördern. Bericht der Unabhängigen Kommission „Zuwanderung" vom 4. Juli 2001; „Deutschland", so heißt es im ersten Satz des Berichts der Kommission, „braucht Zuwanderinnen und Zuwanderer." Obiges Zitat schließt sich ebd. an.

werbung talentierter Jugendlicher, die in Deutschland und für Deutschland eine höhere Ausbildung absolvieren. Die Vorzugspunkte, wie sie ebenfalls Kanada [das sich seit 1971 aus „Überzeugung und mit Stolz als multikulturelle Gesellschaft betrachtet"[1139]] und Australien [„The Lucky Country"[1140], in dem infolge beachtlicher Wahlerfolge der rechtspopulistischen „One Nation Party" eine weitgehende Änderung der Zuwanderung- und Integrationpolitik seit 1996 erfolgte[1141]] kennen, entscheiden auch über die Zuwanderung der Familie. Maßnahmen zur sozialen, kulturellen und damit auch sprachlichen Integration werden in dem Bericht besonders akzentuiert. Die Kommission kalkuliert mit 50 000 realen und künftigen Arbeitskräften- Familienangehörige sind hierbei noch nicht einberechnet – und sucht damit der demographischen Implosion an zentraler Stelle mit dynamischen Arbeitsmigranten, die eine große Integrationsneigung zeigen, Rechnung zu tragen[1142], ohne dabei auf gesellschaftspolitische (Ab-)Wege des „Multikulturalismus" bzw. der kulturellen Assimilation zu geraten.

Doch was überhaupt meint „Multikulturalismus"? Dieses politische wie wissenschaftliche Reizwort[1143], welches, aus Kanada stammend, erstmals 1981 in die deutsche Diskussion eingeführt worden ist[1144], bezeichnet nicht nur eine Gesellschaft, in der Menschen mit verschiedener Abstammung, Sprache Herkunft und Religionszugehörigkeit so zusammenleben, dass sie deswegen weder benachteiligt noch bevorzugt werden.[1145] Es verheißt keineswegs nur eine Chance zur Förderung des europäischen und weltweiten friedlichen Zusammenlebens und für den gegenseitigen kulturellen Austausch.[1146] „Multikulturalismus" charakterisiert idealiter eine Gesellschaft

---

[1139] Geißler, Rainer: Multikulturalismus in Kanada – Modell für Deutschland?, in: Aus Politik und Zeitgeschichte (26) 2003, S. 19-25.

[1140] Die Formel wurde geprägt durch den Titel der Publikation von Horne, Donald: The Lucky Country: Australia in the Sixties, Ringwood 1964.

[1141] Vgl. dazu Baringhorst, Sigrid: Australia – the Lucky Country? Multikulturalismus und Migrationspolitik im Zeichen neokonservativer Reformen, in: Aus Politik und Zeitgeschichte (26) 2003, S. 12-18; zur vertieften Analyse der australischen Zuwanderungspolitik vgl. Betts, Katherine: The Great Divide: Immigration Politics in Australia, Sydney 1999; zu den einzelnen Aspekten und den Konsequenzen der von der Howard-Regierung 1999 beschlossenen „New Agenda for Multicultural Australia" vgl. www.dimia.gov.au/facts/).

[1142] Zur Qualifikation des „Süssmuth"-Berichts als „grandios" vgl. die Ausführungen bei Perger, Werner A.: Ausländer rein! Mit dem Süssmuth-Bericht beginnt eine neue Debatte, in: Die Zeit (28) 2001; zur Kritik an den Vorschlägen der „Süssmuth-Kommission" vgl. prononciert Birg, Herwig: Dynamik der demographischen Alterung, Bevölkerungsschrumpfung und Zuwanderung in Deutschland, S. 16. „Eine künftige Migrationspolitik", so bilanziert Steffen Angenendt seine Analyse deutscher Migrationspolitik überzeugend, „sollte drei Aspekte ganz besonders beachten: die *Festlegung von Zuwanderungsquoten*, wobei ein substantielles Asylrecht erhalten bleiben muß, die *Integration von Zuwanderern* mit dem Ziel der Einbürgerung, sowie eine entsprechende transparente Gestaltung der Zuwanderungspolitik, um eine *Akzeptanz der Öffentlichkeit* für diese Politik zu finden." Ders.: Deutsche Migrationspolitik im neuen Europa, S. 146 [Hervorhebung im Original, V.K.].

[1143] So die Einschätzung bei Mintzel, Alf: Multikulturelle Gesellschaften in Europa und Nordamerika: Konzepte, Streitfragen, Analysen, Befunde, Passau 1997, S. 21f bzw. 35f.

[1144] Vgl. ebd., S. 29.

[1145] Ein solch eingeschränktes Begriffsverständnis legt Axel Schulte bei seiner Analyse zugrunde; vgl. ders.: Multikulturelle Gesellschaft: Chance, Ideologie oder Bedrohung?, in: Aus Politik und Zeitgeschichte (23-24) 1990, S. 3-15.

[1146] Vgl. in diesem Sinne Miksch, Jürgen: Kulturelle Vielfalt statt nationaler Einfalt. Eine Strategie gegen Nationalismus und Rassismus, Frankfurt 1989, S. 33.

ohne kulturelles Zentrum bzw. ohne hegemoniale kulturelle Mehrheit.[1147] Dieser Aggregatzustand tritt Claus Leggewie zufolge ein, wenn das historische Gerüst des europäischen Universalismus und damit der Nationalstaat als politische Handlungseinheit nachgibt und transnationale Mobilität in einem Maße stattfindet, dass die Weltgesellschaft von einer Abstraktion zur täglich erfahrbaren Realität wird. Migrationen und grenzüberschreitende Kommunikationen lassen die „postmoderne" Vorstellung von der Dezentrierung Wirklichkeit werden, so dass es in der erfahrbarrealen Weltgesellschaft *keine dominanten* kulturellen Muster mehr gibt, sondern vielmehr eine mosaikartige Ausdifferenzierung, der jede allein und allgemein verbindliche geistliche oder weltliche Führung fehlt – eine Gesellschaft von Fremden[1148] mit „unbegrenzten Möglichkeiten und grenzenlosen Ängsten"[1149]. In einer multikulturellen Gesellschaft wird auf allen Gebieten der Alltagskultur deutlich, dass die Menschen ihr Leben auch anders führen können. Der Vergleich zwischen verschiedenen Lebensformen und das Ertragen von Ambivalenzen und Spannungen zwischen verschiedenen Lebensformen soll die Individuen zunehmend in die Lage versetzen, gegenüber allen vorgegebenen Formen, eigenständige, autonome und universalistische Haltungen einzunehmen. In dem Ausmaß, in dem die multikulturelle Gesellschaft eine pluralistische Palette von Lebensformen zulässt, die in ihrer Pluralität zugleich ihre Ausschließlichkeit aufgeben bzw. zu neuen Lebensformen zusammenschließen, verlieren Herkunft und Brauch ihre normative Kraft und werden zu dem, was – aus der Perspektive der Multikulturalisten – Kultur stets auch sein sollte: zu einem Medium der Kultivierung, der Verfeinerung, der Mäßigung und Aufgeschlossenheit. Die Kultur einer wirklich multikulturellen Gesellschaft wird sich von einem Reservoir der Abgrenzung und Identitätssicherung zu einem spielerischen Bereich der Flexibilisierung von Lebensformen verändern.[1150]

Handelt es sich bei dem Konzept des „Multikulturalismus" also keineswegs nur um die Zustandsbeschreibung einer Gesellschaft, die durch Einwanderung – in welchem Umfang auch immer – gekennzeichnet ist[1151], sondern vielmehr um die im Sinne einer „offenen Republik" angestrebte Umwandlung der nationalen Fundierung des Staates in die Offenheit einer Weltbürgerrepublik[1152] ohne verbindlichen Wertekanon jenseits universalistischer Grundnormen, so muss daran erinnert werden, dass Demokratie, Toleranz und individuelle Menschenrechte Werte einer politischen Kul-

---

[1147] Diese Charakterisierung folgt dem Vorschlag von Claus Leggewie: Multi Kulti. Spielregeln für die Vielvölkerrepublik, 3. Aufl., Nördlingen 1993. Vgl. in diesem Sinne auch die – kritisch konnotierte – Charakterisierung von Multikulturalismus bei Preuß, Ulrich: Multikulti ist nur eine Illusion, in: Die Zeit (23) 2001. Multikulturalismus, so Preuß, bezeichne „das Nebeneinander der verschiedenen soziokulturellen Gruppen, die teils unterschiedliche, teils gegensätzliche Werte und Normen vertreten und zugleich auf ihre gleichberechtigte öffentliche Repräsentation in den Institutionen der Gesellschaft pochen".

[1148] Vgl. Leggewie, Claus: Multi Kulti, S. XIII.

[1149] Vgl. die entsprechende Zwischenüberschrift bei Cohn-Bendit, Daniel / Schmid, Thomas: Heimat Babylon. Über das Wagnis der multikulturellen Demokratie, Hamburg 1992, S. 21.

[1150] Vgl. Brumlik, Micha: Bunte Republik Deutschland? Aspekte einer multikulturellen Gesellschaft, in: Blätter für deutsche und internationale Politik, 1 (1990), S. 101-107, S. 103.

[1151] Vgl. in diesem Sinne Cohn-Bendit, Daniel / Schmid, Thomas: Heimat Babylon, S. 14.

[1152] Vgl. exemplarisch Oberndörfer, Dieter: Die offene Republik. Zur Zukunft Deutschlands und Europas, Freiburg i. Br. 1991.

tur sind, die sich unter Bedingungen der westlichen Zivilisation – Charles Taylor spricht in diesem Zusammenhang von der nordatlantischen Zivilisation[1153] – heraus-gebildet haben und dass ihre Geltung nur gesichert werden kann, wenn sie ihrerseits als verbindlich akzeptiert werden.[1154] Genau dies aber, die Verpflichtung auf ge-meinsame Werte zur Regulierung des Zusammenlebens, stellt die entscheidende Voraussetzung dafür dar, dass eine Bevölkerung, die aufgrund von Zuwanderung ethnische und kulturelle Unterschiede aushalten muss, überhaupt in Frieden leben kann.[1155] Das bedeutet: Wenn Menschen aus unterschiedlichen Kulturen, Zivilisatio-nen[1156] und Religionen in einem durch eine verbindliche Werte-Orientierung ge-kennzeichneten Gemeinwesen zusammenleben, dann kann insofern *nicht* von einer „multikulturellen Gesellschaft" gesprochen werden, als dass Werte gerade in einem solchen Gemeinwesen weder beliebig noch relativ, sondern verbindlich sind. Aus-gehend von dieser Feststellung kommt Arthur Schlesinger Jr. mit Blick auf die Ver-einigten Staaten zu dem Ergebnis, diese seien als Einwanderungsland gerade nicht durch eine multikulturelle Gesellschaft charakterisiert. Schließlich habe die ameri-kanische, sich aus Migranten zusammensetzende Gesellschaft Menschen von unter-schiedlicher ethnischer und kultureller Herkunft nicht nur eine Heimat, sondern auch eine gemeinsame, d.h. eine amerikanische Identität gewährt. Dadurch seien die USA eine kulturpluralistische, nicht jedoch multikulturelle Gesellschaft. Multikulturalis-mus wird nach Schlesinger als Bedrohung des amerikanischen Gemeinwesens emp-funden, weil zu seinen Konsequenzen „the disuniting of America" gehöre.[1157] So, wenn neue Zuwanderer ihre ethnische Herkunft als Abgrenzung pflegen und damit einhergehend Kollektividentitäten konstruieren, die an die Stelle des „American Ci-tizen" als Individuum treten. Im Falle dieser konstruierten „Wir-Gruppen"-Identitäten handelt es sich um Bezüge auf „invented traditions", die, sei es als „Afro-Americanism" mit dem realen Afrika ebensowenig zu tun haben wie ein „Black Islam", der Bewegung der „Nation of Islam" von Louis Farrakhan mit einem authentischen Islam, der weder Rassen noch Hautfarben kennt[1158]. Farrakhans Postu-

---

[1153] Vgl. dazu ausführlich Taylor, Charles: Multikulturalismus und die Politik der Anerkennung, Frank-furt a.M. 1997 (zum Begriff der „nordatlantischen Zivilisation" vgl. ebd., S. 69).

[1154] Vgl. in diesem Sinne die Ausführungen zu „Einheit und Differenz in der multikulturellen Gesell-schaft" bei Münch, Richard: Das Projekt Europa. Zwischen Nationalstaat, regionaler Autonomie und Weltgesellschaft, 2. Aufl., Frankfurt a. M. 1995, S. 311-317, S. 311.

[1155] Vgl. Mickel, Wolfgang W.: Kulturelle Aspekte und Probleme der europäischen Integration, in: Aus Politik und Zeitgeschichte, 10 (1997), S. 14-24, S. 21; vgl. ebd. Mickels Ausführungen zu „Identität und Multikulturalität – ein Dilemma", S. 20ff.

[1156] Zum Verhältnis von Kultur und Zivilisation vgl. in diesem Kontext die Ausführungen bei Glatzer, Wolfgang: Zivilisation – das verbindende Element verschiedener Kulturen?, in: Kroker, Eduard J.M. (Hrsg.): Deutschland auf dem Weg zu einer multikulturellen Gesellschaft?, Frankfurt a.M. 1996, S. 33-48, S. 35.

[1157] Vgl. Schlesinger, Arthur Jr.: The Disuniting of America. Reflections of a Multicultural Society, New York 1992; vgl. dazu das die amerikanische Multikulturalismus-Debatte bis in die Gegenwart prägende Werk von Kallen, Horace: Cultural Pluralism and the American Idea. An Essay in Social Philosophy, Philadelphia 1956. Vgl. dazu und im Kontext ausführlich das Kapitel „Die USA – Sind die USA eine mutikulturelle Gesellschaft?", bei Mintzel, Alf: Multikulturelle Gesellschaften in Euro-pa und Nordamerika, S. 607-664.

[1158] Vgl. dazu Kepel, Gilles: Allah im Westen. Die Demokratie und die islamische Herausforderung, München 1996, 71ff.

lat eines exklusiv-schwarzen, messianischen, gar antisemitischen Islam[1159] zielt nicht auf die Aufnahme einer weiteren Religion in ein funktionierendes Gemeinwesen, die Vereinigten Staaten, sondern auf die Gefährdung des bestehenden Werte-Konsenses, auf die Ethnisierung sozialer Konflikte im Interesse bestimmter militanter Gruppen.

Weder amerikanische Kritiker des Multikulturalismus – wie Schlesinger – noch Kritiker in Deutschland – wie Bassam Tibi oder Helmut Quaritsch[1160] – wollen ihren Standpunkt als Plädoyer für eine ethnisch homogene Gesellschaft verstanden wissen. Die Kritik am Multikulturalismus und das damit korrespondierende Eintreten für einen kulturellen Pluralismus geht mehrheitlich weder von einer prinzipiellen Ablehnung der Migration aus, noch schließt sie das Modell des Zusammenlebens von Menschen unterschiedlicher Kulturen und Zivilisationen aus. Die Kritik richtet sich primär gegen die Relativierung von Werten und gegen die Aufgabe einer „Leitkultur", wie Bassam Tibi sie – in deutlicher Abgrenzung einer polemisch geführten Parteienkontroverse um diesen Begriff – verstanden wissen will.[1161]

Leitkultur als „europäische", nicht exklusiv deutsche Leitkultur meint die Geltung und Anerkennung des Primats der Vernunft vor religiöser Offenbarung, d.h. vor der Geltung absoluter Wahrheiten, der individuellen Menschenrechte, zu denen im besonderen Maße die Glaubensfreiheit zu zählen ist, der säkularen, auf der Trennung von Religion und Politik basierenden Demokratie, des Pluralismus sowie der gegenseitigen Toleranz. Anders ausgedrückt: Die Annahme bzw. das Plädoyer für eine „Leitkultur" geht keinesfalls von einer national homogenen Bevölkerung aus und beinhaltet keine Unter-/Überordnung in der Beziehung zu Fremden – sie akzentuiert vielmehr jene in anderen Demokratien selbstverständliche Tatsache, dass ein Gemeinwesen einen Konsens über Werte und Normen als unerlässliche Klammer zwischen den in diesem Gemeinwesen lebenden Menschen, unabhängig von ihrer Religion, Ethnie oder Ursprungskultur, benötigt. Ein die europäische Leitkultur charakterisierender kultureller Pluralismus opponiert dem Prinzip des „anything goes", ja bezeichnet vielmehr ein Konzept, nach dem Menschen unterschiedlicher Weltanschauungen zusammenleben und das Recht auf Anderssein und Andersdenken besitzen, sich gleichzeitig aber zu gemeinsamen Regeln – speziell der gegenseitigen Toleranz und des gegenseitigen Respekts – verpflichten. Ohne eine Leitkultur in diesem Sinne kann es kein Miteinander der Menschen, sondern allenfalls ein Nebeneinander in weltanschaulich unversöhnlichen Ghettos, die als Parallelgesellschaften nur Konfliktpotential bergen würden, geben.[1162] Parallelgesellschaften sind Ausdruck

---

[1159] In Entgegensetzung zu der These eines antisemitischen Islam betont Bernard Lewis den historischen Umstand, dass die jüdische Kultur gerade in einer „Symbiose mit dem Islam" zu ihrer höchsten Blüte gelangt sei. Vgl. ders.: Die Juden in der islamischen Welt, München 1987.

[1160] Vgl. exemplarisch Quaritsch, Helmut: Einwanderungsland Bundesrepublik Deutschland? Aktuelle Reformfragen des Ausländerrechts, München 1981.

[1161] Vgl. dazu Tibi, Bassam: Leitkultur als Wertekonsens. Bilanz einer missglückten Debatte, in: Aus Politik und Zeitgeschichte (1-2) 2001, S. 23-26.

[1162] Vgl. das aus der Perspektive eines kulturellen Pluralismus wenig überzeugende Plädoyer für die Existenz „oft wenig miteinander verbundener Parallelgesellschaften" innerhalb einer Gesellschaft bei Oberndörfer, Dieter: Leitkultur und Berliner Republik. Die Hausordnung der multikulturellen Gesellschaft Deutschlands ist das Grundgesetz, in: Aus Politik und Zeitgeschichte (1-2) 2001, S. 27-30, S. 30.

einer fragmentierten, nicht durch einen Wertkonsens, nicht durch eine Leitkultur miteinander verbundenen Gesellschaft.[1163]

In Auseinandersetzung mit religiösem Fundamentalismus[1164] und dem Konzept des Multikulturalismus streitet Bassam Tibi mittels der Vorstellung einer „Leitkultur", die eben die europäische, „westliche Kultur" ist[1165], wider einen Werte-Relativismus, der letztlich eine auf Geringschätzung und Gleichmacherei der Kulturen basierende Gesinnung darstellt[1166], die übersieht, dass in einem Gemeinwesen eine dominierende Kultur konsensual die Voraussetzung für den inneren Frieden darstellt.[1167] Der Vorbehalt gegen den Multikulturalismus bezieht sich *nicht* auf die Vielfalt von Kulturen. Vielmehr kann eine Gesellschaft kulturell vielfältig sein und dennoch eine Werte-Orientierung haben: „Das aber ist kein Multikulturalismus."[1168] Dass politische Integration und kulturelle Vielfalt bei Anerkennung einer Leitkultur kompatible, einander geradezu notwendig bedingende Verhaltensweisen einer friedlichen Koexistenz sind und den pluralen Interessenausgleich erst wirklich ermöglichen, macht die Berufung auf die Menschenrechte deutlich. Menschenrechte, so zeigt der Blick in die Charta der Vereinten Nationen, erheben ihrerseits einen universalen Geltungsanspruch, sind aber gerade nicht an die politische Demokratie im westlichen Sinne gebunden.[1169] Gerade an diesem zentralen Punkt gerät der aus multikultureller Perspektive erfolgte Verweis auf die „normativen Ansprüche der modernen universalistischen Moral und eines universalistischen Rechtsbewußtseins"[1170] allzu unverbindlich – Menschenrechte, wie sie im Westen mit Demokratie verbunden sind, sind es im universalen Maßstab eben nicht.[1171] Die europäische und damit auch deutsche „Leitkultur", wie sie die historisch geprägte freiheitliche demokratische Grundordnung des Grundgesetzes in Zusammenschau mit dem Grundrechtskatalog des Europäischen Gerichtshofs formuliert und wesentlich die Autonomie des

---

[1163] Vgl. die Entfaltung des Konzepts einer europäischen Leitkultur bei Tibi, Bassam: Europa ohne Identität? Leitkultur oder Werte-Beliebigkeit, Berlin 2000.

[1164] Vgl. exemplarisch Tibi, Bassam: Der religiöse Fundamentalismus im Übergang zum 21. Jahrhundert, Mannheim 1995.

[1165] Analog zu Tibis Plädoyer für eine „Leitkultur" fordert Richard Münch unter Verweis auf den Kampf gegen den religiösen Fundamentalismus einen kulturellen Pluralismus „unter dem Dach der westlichen Kultur" und fordert einen „absoluten Geltungsanspruch der westlichen Kultur". Vgl. ders.: Das Projekt Europa, S. 313.

[1166] Während Tibi in diesem Zusammenhang von „Gleichmacherei" der Kulturen spricht, verwendet Charles Taylor aus gleicher Perspektive den Begriff der „Homogenisierung" von Kulturen; vgl. ders.: Multikulturalismus und die Politik der Anerkennung, S. 69.

[1167] Tibi, Bassam: Multikultureller Werte-Relativismus und Werte-Verlust. Demokratie zwischen Werte-Beliebigkeit und pluralistischem Werte-Konsens, in: Aus Politik und Zeitgeschichte 52-53 (1996), S. 27-36, S. 28. Vgl. auch ders.: Im Schatten Allahs. Der Islam und die Menschenrechte, 2. Aufl., München 1996, S. 158-183, wo

[1168] Ders.: Weltfremde Träumerei von der multikulturellen Gesellschaft, in: Frankfurter Allgemeine Zeitung v. 14.07.1996.

[1169] Vgl. dazu Habermas, Jürgen: Wahrheit und Wahrhaftigkeit. Die Freiheit der Selbstvergewisserung und des Selbsteinkönnens, in: Die Zeit 50 (1995).

[1170] Brumlik, Micha: Bunte Republik Deutschland, S. 105.

[1171] Vgl. in diesem Sinne prägnant Böckenförde, Ernst-Wolfgang: Ist Demokratie eine notwendige Forderung der Menschenrechte?, in: ders.: Staat, Nation, Europa, S. 246-255; vgl. im Kontext auch die Überlegungen bei Hösle, Vittorio: Moral und Politik, S. 963f; grundsätzlich zur Universalität der Menschenrechte vgl. Kühnhardt, Ludger: Die Universalität der Menschenrechte, Bonn 19...

Individuums, die Achtung der Menschenrechte, Rechtsstaatlichkeit sowie die Teilhabe der Bürger am politischen Entscheidungsprozess umfasst[1172], begrenzt den kulturellen Pluralismus in der Bundesrepublik – der als solcher anerkannt wird! – nur insoweit, als dies für die Offenheit und Vitalität des kulturellen Pluralismus notwendig ist. Mit anderen Worten, auf die freiheitliche demokratische Grundordnung bezogen: Die basale Homogenität des säkularen Rechtsstaates ist die Bedingung der Möglichkeit kultureller Pluralität bei Bewahrung individueller Freiheit.[1173] Werte-Verbindlichkeit zu bejahen entspricht einer demokratischen Integration, die nicht gleichzusetzen ist mit Assimilation. Demokratische Integration und kulturelle Assimilation sind ebensowenig synonym wie kulturelle Vielfalt und Multikultur. Im Sinne eines kulturellen Pluralismus geht es um die Anerkennung einer Leitkultur als Quelle eines verbindlichen Werte-Konsenses[1174], eines friedlichen Miteinanders und eines demokratischen, pluralistischen Interessenausgleichs.

Jene entlang des Multikulturalismus geführte Kommunitarismus-Kritik bei Maus, Brunkhorst und Habermas erfährt bei Bernhard Sutor und seinem Versuch einer praxiorientierten Antwort auf die Frage nach einem angemessenen Verhältnis von „Nationalbewußtsein und universaler Ethik"[1175] eine notwendige Modifikation insofern, als der Autor – im Sinne einer universalen Ethik – darauf verweist, dass universale Ethik die konkrete Gestalt eines wirksamen Ethos in Kultur und Tradition umschreibbarer und erfahrbarer Gemeinschaften gerade bedürfe.[1176] Eine universal konzipierte Menschenrechtsethik impliziere als Gegenpol die kulturell-geschichtliche Eigenart der Menschengruppen, der Ethnien und der Völker sowie das Recht der einzelnen auf kulturelle Identität, auf Beheimatung in der eigenen Sprache, Kultur und Tradition. Die Nation sei darin eine wichtige Bezugsebene und habe als Ort der Verwirklichung demokratischer Freiheiten ihren Sinn nicht verloren.[1177] Eingedenk des materialen Kerns des ethischen Universalismus, welcher die

---

[1172] Vgl. dazu die Ausführungen „Der Kulturbegriff und nationale Ausprägungen" bei Mickel, Wolfgang W.: Kulturelle Aspekte und Probleme der europäischen Union, S. 15ff.

[1173] Vgl. Burger, Rudolf: Multikulturalismus im säkularen Rechtsstaat. Eine zivilisationstheoretische Grenzbestimmung, in: Leviathan 2 (1997), S. 173-185, S. 179.

[1174] Zur Frage nach der Herstellung bzw. dem Wandel jenes unumstrittenen Werte-Konsenses, jenes „Basiskonsenses" vgl. die Ausführungen „Integration, Konsens, Pluralismus" bei Schulte, Axel: Multikulturelle Gesellschaft, S. 12ff. Vgl. wegweisend in diesem Zusammenhang die neopluralistische Konsenstheorie bei Fraenkel, Ernst: Deutschland und die westlichen Demokratien, 7. Aufl., Stuttgart 1979; vgl. ebd. S. 40ff.

[1175] Vgl. Sutor, Bernhard: Nationalbewusstsein und universale Ethik, in: Aus Politik und Zeitgeschichte 10 (1995), S. 3-13.

[1176] Dieser Kultur- und Traditionsbegriff, den Sutor zugrunde legt, geht eindeutig über das hinaus, was Habermas für notwendig erachtet – die demokratischen Teilnahme- und Kommunikationsrechte der Bürger eines Staates.

[1177] Vgl. ebd. S. 12. Vgl. in diesem Sinne die Argumentation auch bei Thadden, Rudolf von: Die ungeliebte Nation. Gedanken zu einer immer noch aktuellen Diskussion, in: Aus Politik und Zeitgeschichte 42 (1994), S. 18-23, S. 22: „Die Nation sind und bleibt ein unentbehrlicher Ort demokratischer Bewährung. Wer Willy Brandts Ausspruch ‚Mehr Demokratie wagen' noch nicht ganz vergessen hat, der muß sich fragen, auf welchen Ebenen dies am besten zu verwirklichen ist: auf der regionalen, auf der nationalen, auf der europäischen? [...] Die Brüsseler Entscheidungen werden mehr durch einen Konsens der Regierungen als durch parlamentarische Beschlüsse herbeigeführt. Und ein europäisches Bürgerrecht gibt es erst in Ansätzen. Da drängt es sich auf, an den demokratischen Institutionen der Nation festzuhalten [...]. Die Nation als Ort der Verwirklichung demokratischer Freiheiten hat ihren

Grenze aller tradierten Verbindlichkeiten und eines jeden gemeinschaftlichen Ethos bezeichnet[1178], plädiert Bernhard Sutor heute für einen „republikanischen Patriotismus"[1179] als zeitgemäßer Bürgertugend.

C   Zwischenbilanz

Die in Frage stehende Paradoxie besteht darin, dass die Person kraft ihrer sittlichen Selbstbestimmungsfähigkeit und unter Bezugnahme auf ihr Gewissen prinzipiell jede sozial vorgegebene Verbindlichkeit in Frage stellen kann, obwohl sie zu ihrer Entfaltung im Miteinander mit den anderen zugleich auf solche Verbindlichkeit angewiesen ist. Das individuelle und soziale Leben kann dieser Polarität prinzipiell nicht entgehen; sie ist unaufhebbar, und aus ihr ergibt sich letztlich die Aufgabe, Ordnungen der Freiheit zu gestalten. Alle Ebenen und Formen der Vergesellschaftung und alle normativ-institutionellen Regelungen des Zusammenlebens bleiben relativ; relativ nicht nur im historischen Sinn, sondern auch ethisch gegenüber der unabdingbaren Freiheit der Person – gegenüber seiner „Autonomie des Besonderen"[1180] – und gegenüber den universalen Regeln der Gerechtigkeit zwischen Personen.

Polarität bedeutet aber letztendlich, dass die Normen und Institutionen in ihrer kulturspezifischen Ausprägung sowie die Ebenen der Vergesellschaftung ihr relatives Recht haben. Das muss eben auch für die *Nation* gelten. Zwar gilt dieses relative Recht gerade um der Menschen willen, die als Personen ein Recht auf ihre Heimat, auf ihre spezifische Kultur, auf Entfaltung in ihrer Region und in ihrer Nation haben.

Sinn nicht verloren. Dem Demokratiebedarf entspricht die Notwendigkeit, die Nation als Raum der politischen Öffentlichkeit zu bewahren. [...] Gleiche Sprache und gleiche kulturelle Prägungen bedeuten viel im Prozeß der politischen Meinungs- und Urteilsbildung einer Gesellschaft. Eine nüchterne Bilanz gebietet es jedoch festzustellen, daß hieran im europäischen Rahmen Mangel herrscht. Eine europäische Öffentlichkeit, die den Namen verdient, gibt es kaum. [...] Trotz und in mancher Hinsicht auch wegen aller Zerreißproben hat die Nation als Erinnerungsgemeinschaft ihre Bedeutung behalten. Sie bewahrt in ihrem kollektiven Gedächtnis Erfolge und Mißerfolge, Glücks- und Leidenserfahrungen, Hoffnungen und Ängste." Ebd. S. 23. Vgl. ebd., S. 22f auch von Thaddens Bezugnahme auf die Bedeutung der Nation als „Fundament der sozialen Sicherheit" sowie als „Ort der Kirchengeschichte". „In ihren Frömmigkeitsausprägungen und mentalen Strukturen erscheinen die Deutschen dem Ausland unvermindert als Deutsche". Ebd., S. 23.

[1178] Vgl. Sutor, Berhard: Nationalbewusstsein und universale Ethik, in: Aus Politik und Zeitgeschichte, S. 10.

[1179] Vgl. ebd. S. 11 (FN 25), wo Sutor in Auseinandersetzung mit Tilman Mayer betont: „Auch wir plädieren für ‚republikanischen Patriotismus', aber er kann, so unentbehrlich er für den Zusammenhalt des freien Gemeinwesens sein mag, nicht zur Instanz über dem personalen Gewissen gemacht werden". So eindeutig Sutor in dieser Einschätzung Recht zu geben ist, so eindeutig warnt Mayer – entsprechend der Position Sutors – davor, dass „Patriotismus zum Nationalismus oder gar Chauvinismus degeneriert, eine tugendhafte Einstellung krankhafte Formen annimmt" [vgl. ders.: Kommunitarismus, Patriotismus und das nationale Projekt, in: Ders. / Estel, Bernd (Hrsg.): Das Prinzip Nation in modernen Gesellschaften, S. 125] – krankhaft in dem Sinne, als dass die Freiheit des einzelnen bedroht wird durch ideologisch-umfassende Geltungsansprüche des Politischen auch bezogen auf den Bereich des personalen Gewissens. Eben dies unterscheidet die Verfallsform des National*ismus* von einem auf die Nation bezogenen Patriotismus als politische Tugend (im Sinne Münklers).

[1180] Vgl. Maus, Ingeborg: „Volk" und „Nation" im Denken der Aufklärung, S.611.

Das Selbstbestimmungsrecht der Völker ist zwar ein dehnbares Prinzip, aber es verdankt seine Existenz als ein Recht homogener Gemeinschaften gerade dem universal verstandenen Prinzip der Fähigkeit zur Selbstbestimmung der Personen, auch in der Gestaltung der Normen und Formen ihres Zusammenlebens. Es bildet den ethischen Kern der freiheitlich gedachten Staatsnation im Sinne Ernest Renans.[1181]

Wenn Ingeborg Maus insistiert, dass das äußerlich wirksame, positiv-rechtlich institutionalisierte Verfahren an die Stelle der Tugend trete, die nicht länger notwendig sei, um zu vernünftigen Regelungen zu kommen[1182] und wenn Hauke Brunkhorst angelehnt an Maus nachdrücklich betont, die Freistellung der Bürger von der Tugendpflicht mache glücklicherweise den Zensor arbeitslos[1183], so sei mit Herfried Münkler an eine notwendige Konkretisierung des Tugend-Begriffs und damit einhergehend an die wesentliche Unterscheidung von politischer Tugend und Tugend in individual-ethischem Sinne erinnert.

Ist von politischer Tugend die Rede, so wird damit die moralische Tugend abgegrenzt, mit der Handlungsorientierungen in individualethischem Sinne bezeichnet sind; keinesfalls ist damit gemeint, die politische könne von einer gesellschaftlichen Tugend unterschieden werden, gleichsam als Separatmoralen in Analogie zu den ausdifferenzierten Teilsystemen Staat und Gesellschaft. Im Gegenteil: Es ist mithin die Pointe im Tugenddiskurs des klassischen Republikanismus, dass er sich solchen Differenzierungen und Separierungen verweigert oder doch zumindest auf der unauflöslichen Interdependenz beider Ebenen besteht.[1184]

Worum es Mayer, Sutor und auch Münkler geht und worin ganz grundsätzlich die Anschlussfähigkeit der amerikanischen Kommunitarismus-Debatte für die Frage nach einem zeitgemäßen Patriotismus in Deutschland liegt, ist der Rekurs auf den antiken und frühneuzeitlichen Tugenddiskurs, um die dort auffindbaren Überlegungen zur sozio-moralischen Fundierung demokratischer Gesellschaften im Spannungsfeld einer „Kultur der Kohärenz" (Robert Bellah[1185]) und einer „Kultur des Konflikts" (Marcel Gauchet[1186]) zu explizieren.[1187] Denn politische Tugend, verstanden

---

[1181] Vgl. Sutor, Berhard: Nationalbewusstsein und universale Ethik, in: Aus Politik und Zeitgeschichte, S. 11.

[1182] Vgl. Maus, Ingeborg: „Volk" und „Nation" im Denken der Aufklärung, in: Blätter für deutsche und internationale Politik, S. 610.

[1183] Vgl. Brunkhorst, Hauke: Demokratie als Solidarität unter Fremden. Universalismus, Kommunitarismus, Liberalismus, in: Aus Politik und Zeitgeschichte, S. 28.

[1184] Vgl. Münkler, Herfried: Politische Tugend, in: Ders. (Hrsg.): Die Chancen der Freiheit, S. 29, wo sich Münkler von einer „Ethik der Verantwortung" im Sinne Hans Jonas' und dessen normativer Transformation der Elitenfunktion in der Demokratie abgrenzt. Vgl. dazu Jonas, Hans: Das Prinzip Verantwortung. Versuch einer Ethik für das technologische Zeitalter, Frankfurt a. M. 1979. Vgl. im Gesamtkontext Münkler, Herfried.: Die Idee der Tugend. Ein politischer Leitbegriff im vorrevolutionären Europa, in: Archiv für Kulturgeschichte 2 (1991), S. 379-403.

[1185] Vgl. exemplarisch in diesem Sinne Bellah, Robert u.a.: Gewohnheiten des Herzens. Individualismus und Gemeinsinn in der amerikanischen Gesellschaft, Köln 1987.

[1186] Vgl. exemplarisch Gauchet, Marcel: Die totalitäre Erfahrung und das Denken des Politischen, in: Rödel, Ulrich (Hrsg.): Autonome Gesellschaft und libertäre Demokratie, Frankfurt a. M. 1990, S. 207-238; vgl. ebd. das Kapitel „Der Konflikt und die Erzeugung des gesellschaftlichen Bandes", S. 232-237. Vgl. anknüpfend an Gauchet die Ausführungen bei Dubiel, Helmut: Der Konflikt als Medium der Identität. Das ethische Minimum der Demokratie, in: Klein, Ansgar: Grundwerte in der Demokratie, S. 36-39, wo Dubiel feststellt: „Wenn die Rede von einer kollektiven Identität demokratischer Gesellschaften überhaupt sinnvoll sein soll, dann ist der in zivilen Formen ausgetragene Kon-

als nicht erzwungene und nicht erzwingbare Intention der Orientierung unserer Handlungen am Gemeinwohl, ist der Zentralbegriff der Selbstexplikation einer Gesellschaft, welche die Ideale von Toleranz und Freiheit weniger mit dem Imperativ ihrer institutionell gebundenen Verstetigung, als vielmehr dem ihrer Regenerations- und Anpassungsfähigkeit unter den Bedingungen traditionelle Werte konsumierender und/oder korrumpierender gesellschaftlicher und technologischer Entwicklungen zu kombinieren sucht.

Diese These opponiert gleichermaßen gegen kalkülrational fundierte Kontraktualismen, die sozio-moralische Werthaltungen in Interessenorientierungen überführen oder durch diese ersetzen zu können meinen, wie gegen eine universalistische Diskursethik, die qua transzendental-pragmatischer Reflexion auf die Geltungsbedingungen der Rede zwar Legitimitätskriterien demokratischer Gesellschaften zu entfalten vermag, sich auf die Frage der sozio-politischen Realisierung solcher Legitimationen als handlungsleitende Orientierungen aber allenfalls postulatorisch einlässt. Wendet sich die kontraktualistisch begründete Minimalstaatskonzeption von der Idee evolutiver Normverwirklichung ab, um dem ausdifferenzierten politischen Teilsystem nur noch auf die Bestandserhaltung minimalisierte Funktionen zuzuweisen, so zieht sich die an der evolutiven Normverwirklichung festhaltende Theorie des kommunikativen Handelns von Jürgen Habermas von der kontraktualistischen Begründung zurück, und sie sucht diese durch die transzendental-pragmatische Reflexion auf die Geltungsbedingungen der Rede zu ersetzen. Was in beiden Auflösungen der problematisch gewordenen Verbindung von Kontraktualismus und Evolutionstheorie defizitär bleibt, ist die Reflexion auf die moralischen Traditionsbestände von Gesellschaften, die den Vertrag sichern bzw. aus der Reflexion auf die Legitimität von Normen überleiten auf die sozio-moralischen Antriebe der Verwirklichung von Normen.[1188]

Ein nicht zuletzt von Münkler, aber auch von Sternberger intendierter Tugend-Diskurs des Politischen entspricht der Vorstellung einer pluralistischen Gesellschaft, die, in Freiheit geordnet, zugleich die Chance enthält, ethisch tragfähige Gemeinschaften in Vielfalt hervorzubringen, in denen Gemeinsinn und Solidarität wachsen können. Solidarität wiederum ist notwendig selektiv[1189] – ein Umstand, der sich aus der Knappheit der Ressourcen, die für den solidarischen Einsatz verfügbar sind, insbesondere die Ressource Zeit, ergibt. Die rationale und gerechte Verteilung der Ressourcen kann keine Weltinstanz leisten. Diese ergibt sich in den konkreten Handlungsbeziehungen im jeweiligen Rahmen der Verantwortung. Diese aber schuldet der einzelne nicht den Menschen in abstracto in kosmopolitischer Brüderlichkeit, sondern den konkreten Menschen, denen er durch Familie, Beruf oder Interessen

---

flikt das Medium, in dem sich diese Identität, dieses Bewußtsein eines gemeinsam geteilten politischen Raumes herausbildet". S. 39.

[1187] Vgl. in diesem Kontext auch die Anmerkungen „Versuche zur Organisation einer kommunitaristischen Bewegung" bei Reese-Schäfer, Walter: Die politische Rezeption des kommunitaristischen Denkens in Deutschland, in: Aus Politik und Zeitgeschichte, S. 3f.

[1188] Vgl. Münkler, Herfried: Politische Tugend, in: Ders. (Hrsg.): Die Chancen der Freiheit, S. 28.

[1189] Vgl. näher zu Begriff und Ethos der Solidarität die Ausführungen bei Isensee, Josef: Solidarität – sozialethische Substanz eines Blankettbegriffs, in: Ders. (Hrsg.): Solidarität in Knappheit, Berlin 1998, S. 97ff.

verbunden ist. „Erst dann, wenn es sich um ‚meinen‘ Bruder, ‚meinen‘ Vater, ‚meinen‘ Freund, ‚meine‘ Frau, ‚meine‘ Kinder handelt, bin ich in besonderer Weise ethisch angesprochen; und nur ich, und eben darum, weil es um ‚meinen‘ Bruder handelt. Es ist kein Zufall, dass die universalistische Karriere des Fraternitätsprinzips gescheitert ist."[1190] Kurzum: Solidarität erwächst aus persönlicher Sympathie, aus gemeinsamen Interessen, aus räumlicher Nähe und verfestigt sich in Institutionen wie Familie, Gemeinde, Staat. Der Staat, der auf der Nation als Solidargemeinschaft gründet, ist der stärkste und stetigste Garant und Mittler von Solidarität und als solcher durch keine kosmopolitische Instanz zu substituieren, die nur auf die abstrakteste, weiteste, damit aber zwangsläufig auch schwächste Form der Solidarität zurückgreifen kann. Kosmopolitische Solidarität wird nur dann wirkmächtig, wenn sie durch staatsbürgerliche vermittelt wird, die ihrerseits wiederum durch vielfältige, gesellschaftliche, kommunitäre Solidarbeziehungen mediatisiert ist.[1191]

Mit dem Wiederverknüpfen von Nation und Demokratie im Bewusstsein der kommunitaristischen Erinnerung an die Notwendigkeit einer sozio-moralischen Grundlegung der freiheitlichen Demokratie – man erinnere sich an das „Böckenförde-Paradoxon", dass der freiheitliche säkularisierte Staat von Voraussetzungen lebt, die er selbst nicht garantieren kann[1192] – schließt sich der Kreis des Nationsdenkens. Er kehrt an seine Ursprünge zurück und verweist auf die zentrale Bedeutung des Patriotismus als korrespondierender Bürgertugend[1193] eines „europäischen Deutschland" (Thomas Mann) im Zeitalter der Globalisierung.

[1190] Kersting, Wolfgang: Pluralismus und soziale Einheit, in: Ders: Recht, Gerechtigkeit und demokratische Tugend, Frankfurt a. M. 1997, S. 495ff.

[1191] Vgl. ebd.

[1192] Böckenförde, Ernst-Wolfgang: Die Entstehung des Staates als Vorgang der Säkularisation, in: Ders.: Recht – Staat – Freiheit, S. 92-114, S. 112. „Als freiheitlicher Staat kann er einerseits nur bestehen, wenn sich die Freiheit, die er seinen Bürgern gewährt von innen her, aus der moralischen Substanz des einzelnen und der Homogenität der Gesellschaft, reguliert." Denn nur so sei die völlige Disparatheit zwischen öffentlicher und privater Sphäre zu verhindern, wie Böckenförde betont. „Andererseits kann er diese inneren Regulierungskräfte nicht von sich aus, das heißt mit den Mitteln des Rechtszwanges und autoritativen Gebots, zu garantieren suchen, ohne seine Freiheitlichkeit aufzugeben und [...]in jenen Totalitätsanspruch zurückzufallen, aus der er in den konfessionellen Bürgerkrieg herausgeführt hat". Ebd.

[1193] So auch die Einschätzung von Sutor, Bernhard: Nationalbewusstsein und universale politische Ethik, in: Aus Politik und Zeitgeschichte, S. 13, der von *Verfassungs*patriotismus im Sinne Dolf Sternbergers spricht.

IX. Patriotismus in Europa: Deutsche Erfahrungen und Einsichten zu Beginn des 21. Jahrhunderts

A Idee und Ziel Europas

a) *Die Idee Europas*

„Deutsch und stolz" – „Worauf?", fragte Josef Joffe unlängst in einem Leitartikel der „Zeit"[1194] und verwies als Antwort auf die Demokratie, die europäische Bindung und die „Abkehr von der alten Arroganz". Wolle ein Deutscher heute stolz auf die Bundesrepublik sein, so könne er darauf verweisen, dass sich auf einem „autoritär und totalitär verseuchten Boden" eine Demokratie entfaltet habe, die in mancher Hinsicht liberaler sei als die französische oder britische. Wer stolz sein wolle, der könne aber vor allem auf ein einziges Wort verweisen, welches die Überwindung der alten „Deutschtümelei" spiegele: „Europa".[1195]

Deutschland, historisch „stets das Rätsel Europas"[1196], doch am Ausgang des 20. Jahrhunderts zu einem „europäischen Deutschland" geworden[1197], hat Nietzsches verheerendes Urteil über Deutschlands Rolle in Europa spät, aber dafür dauerhaft,

---

[1194] Vgl. Joffe, Josef: Deutsch und stolz – Worauf? Auf Demokratie, die europäische Bindung und die Abkehr von der alten Arroganz, in: Die Zeit v. 22. März 2001.

[1195] Vgl. ebd. „Wer stolz auf *diese* Leistungen sein will [zu denen Joffe desweiteren die Selbstverpflichtung der Bundesrepublik zur dauerhaften Erinnerung an den Nationalsozialismus, die Überwindung des Machtstaatsdenkens nach 1945 sowie die Einführung eines neuen Einbürgerungsrechts zählt, V. K.], darf's gern sein, weil auch der wildeste Träumer sie den Deutschen 1945 nicht zugetraut hätte. Bloß wär's ein besonderer Stolz: einer, der sich nicht in Selbstgefälligkeit oder Überhebung erschöpft – und schon gar nicht in der Arroganz gegenüber anderen. [...] Er hätte die Selbstversicherung nicht nötig und würde mit der Gelassenheit von Amerikanern und Franzosen an seine Nation denken. Und mit einer Zuneigung, die mehr ist als ein lebenswichtiger, aber blutarmer ,Verfassungspatriotismus'" [Hervorhebung im Original, V. K.].

[1196] Weizsäcker, Carl Friedrich von: Wahrnehmung der Neuzeit, 2. Aufl., München 1983, S. 238. Aus der Perspektive des Jahres 1945 formulierte von Weizsäcker: „Deutschland ist bald der Spott, bald der Schrecken, und stets das Rätsel Europas."

[1197] Vgl. diesbezüglich Karl Dietrich Brachers Bezugnahme auf Thomas Mann in: Ders.: Deutschland in Europa. Historische Wandlungen und aktuelle Perspektiven zwischen nationaler Vielfalt und politischer Einigung, in: Ders.: Wendezeiten der Geschichte, S. 311-328. „Über fünfzig Jahre nach dem Ausbruch des Zweiten Weltkriegs ist das von Thomas Mann herbeigesehnte ,europäische Deutschland' fester Bestandteil unserer Geschichtslandschaft", wie Bracher mit Blick auf die Leitidee eines „neuen Europa" feststellt, die zum ersten Mal konkret und praktikabel nach Jahrhunderten der Kriege und Unterdrückung der Welt ein Modell der übernationalen Konfliktlösung und Zusammenarbeit zur Sicherung sowohl der Freiheit wie des Friedens biete. „Und uns, den Deutschen, bleibt nach der Erfahrung und Verantwortung einer Epoche mit so schrecklichen Folgen für die Menschen und Völkern die Verpflichtung auf die Grundwerte europäischer Kultur, voran die Bewahrung und Verteidigung der Menschenrechte." Ebd.

widerlegt. „Die Deutschen", so Nietzsche[1198] am Ausgang des 19. Jahrhunderts, „haben endlich, als auf der Brücke zwischen zwei *décadence*-Jahrhunderten eine *force majeure* von Genie und Wille sichtbar wurde, stark genug, aus Europa eine Einheit, eine politische *und wirtschaftliche* Einheit, zum Zweck der Erdregierung zu schaffen, mit ihren ‚Freiheits-Kriegen' Europa um den Sinn, um das Wunder von Sinn in der Existenz Napoleons gebracht, – sie haben damit Alles, was kam, was heute da ist, auf dem Gewissen, diese *kulturwidrigste* Krankheit und Unvernunft, die es gibt, den Nationalismus, diese *névrose nationale*, an der Europa krank ist, diese Verewigung der Kleinstaaterei Europas, der kleinen Politik: sie haben Europa selbst um seinen Sinn, um seine *Vernunft* – sie haben es in eine Sackgasse gebracht. – Weiß Jemand außer mir einen Weg aus dieser Sackgasse? ... Eine Aufgabe, groß genug, die Völker wieder zu *binden*?"

Welche Aufgabe bindet die europäischen Völker heute? Grundsätzlicher gefragt: was überhaupt ist „Europa"? Hellsichtige und zahlreiche Deutungsversuche vorwegnehmend, kam Hans Freyer bereits 1945 unter Verweis auf die mehrtausendjährige Geschichte des Abendlandes zu dem Ergebnis, Europa sei nicht von Natur, sondern durch Geschichte ein Kontinent, das heißt ein Zusammenhaltendes.[1199] Jacques Le Goff, der fünf Jahrzehnte später das umfangreiche Schrifttum zur Entstehungsgeschichte des „Abendlandes"[1200] komprimiert, stellt analog zu Freyer fest, Europa sei Vergangenheit und Zukunft zugleich. Seinen Namen habe es vor zweieinhalb Jahrtausenden erhalten, und gleichwohl befinde es sich noch im Zustand des Entwurfs.[1201]

Le Goff zielt mit dieser Charakterisierung Europas vor allem auf die Unbestimmtheit dessen, was räumlich unter Europa verstanden werden kann.[1202] Denn im Unterschied zu Afrika und Amerika wird Europa geographisch nicht eindeutig begrenzt. Nach Osten ist die Grenze offen. Das bedeutet: Das „europäische Drei-

---

[1198] Zitiert nach Nietzsche, Friedrich: Der Fall Wagner, in: Ders.: Werke in drei Bänden, Band 3 (hrsg. v. Rolf Toman), Köln 1994, S. 478-484, S. 481 [Hervorhebung im Original, V. K.].

[1199] Zitiert nach Freyer, Hans: Weltgeschichte Europas, 3. Aufl., Stuttgart 1969, S. 7 [1. Aufl., ebd. 1945]. Angesichts der katastrophalen Verheerungen des Zweiten Weltkriegs kommt Freyer zu der Einsicht, dass ungeachtet der kriegerischen Zerstörung und ungeachtet seiner Teilung Europas Einheit über alle politischen Grenzen hinweg in einer mehrtausendjährigen Geschichte begründet sei. „Für die Zukunft", so Freyer, „wird die Frage sein, ob es in Europa Kräfte gibt, die neue Wahrzeichen [...] schaffen können, weil sie im Mark unversehrt geblieben sind. Wir glauben, daß solche Kräfte an vielen Stellen verborgen sind und daß neue wachsen werden. Sie verbürgen die Zukunft. Eine Zukunft, die wir uns hart denken, doch nicht trüb, karg, doch rein. Eine Zukunft abendländischer Art – wenn wir nur wach bleiben". Ebd., S. 612.

[1200] Vgl. dazu Gollwitzer, Heinz: Europa, Abendland, in: Ritter, Joachim (Hrsg.): Historisches Wörterbuch der Philosophie, Band 2, Basel 1972, Sp. 824-828; Analog zu Gollwitzers einleitender Feststellung, „Herodots Antithese von Orient und Okzident" habe „erheblichen Einfluß auf das Verständnis von ‚Abendland' und ‚Europa' gewonnen" [ebd., Sp. 824] weist Hagen Schulze darauf hin, dass Europa sich „immer nur gegen etwas, nie für etwas" habe zusammenschließen können. Europa erlebt seine Einheit vor allem dann, wenn es um die Abwehr einer gemeinsamen, gedachten oder wirklichen Gefahr geht, und verliert diese Einheit stets in dem historischen Moment, wenn die Gefahr geschwunden ist. Vgl. Schulze, Hagen: Staat und Nation in der europäischen Geschichte, S. 327.

[1201] Zitiert nach: Langewiesche, Dieter: Nation, Nationalismus, Nationalstaat in Deutschland und Europa, S. 217; vgl. ebd. das gesamte Kapitel „Historische Wege nach Europa", S. 217-230.

[1202] Vgl. analog zu Le Goff die grundsätzliche Analyse bei Weidenfeld, Werner: Europa – aber wo liegt es?, in: Ders. (Hrsg.): Europa-Handbuch, Bonn 1999, S. 19-48.

eck"[1203] öffnet seine Schenkel von Gibraltar, dem Eingang zum Mittelmeer, bis in den Polarkreis nach nordöstlicher Richtung, und nach der östlichen bis in die weiten „eurasischen" Steppenregionen. Oder man konstatiert, dass die Landmasse Europa, reich an Buchten, Halbinseln, Delta- und Trichtermündungen wie kein zweiter Kontinent, nur unklar begrenzt ist von drei „Mittelmeeren", d.h. von der Ostsee mit dem schmalsten Zugang zum Weltmeer, von der Nordsee zwischen den englischen Inseln, Frankreich und Skandinavien und drittens von dem klassischen Mittelmeer mit dem schmalsten Zugang zum Atlantik und mit einer engen Pforte zum Schwarzen Meer, das diesem Mittelmeer im Osten noch anhängt und Meerescharakter bis weit ins Innere Eurasiens trägt.

Wo immer Europa endet und Asien beginnt – immer wieder wird die Grenze neu konstruiert, seit der Geburt Europas aus dem Geist der griechischen Antike.[1204] Dabei gilt es zu beachten, dass sich die Etymologie Europas mit seiner Mythologie stets kreuzte. Historisch wurde die Fruchtbarkeitsgöttin und Heroine Europa allenfalls im Winkelkult verehrt, aber weit verbreitet und mannigfach gestaltet waren die Göttersagen, die sich mit der Herkunft und dem Schicksal der Europa befassten. Ob aus den Ortsangaben des Mythos auf einen ursprünglich kretischen Herrschaftsbereich, Europa mit Namen, geschlossen werden kann, ob einzelne griechische Landschaften zuerst „Europa" benannt und „Europa" dann für das gesamte Festland namengebend wurde, lässt sich heute kaum zweifelsfrei feststellen, denn ebenso reich an Varianten wie die mythologische Überlieferung sind die Berichte der antiken Geographen. Auch wenn man heute weiß, dass die antike Erdkunde seit etwa dem 6. Jahrhundert drei Kontinente unterschied, ist gleichwohl fraglich, von welchem Standort aus diese Einteilung vorgenommen wurde. Gemäß der auf die Assyrer bezogenen êreb-açu-Etymologie nahm man an, dass griechische Seefahrer der ägäischen Inselwelt dieses geographische Ordnungsprinzip, soweit es sich um die Gegenüberstellung von Europa und Asien handelte, von vorderasiatischen Semiten übernommen hätten; eine Annahme, die sich für den Fall der nichtsemitisch-vorgriechischen Herkunft des Wortes als hinfällig erweisen könnte.[1205]

Wie auch die anhaltende Diskussion um eine potentielle EU-Mitgliedschaft der Türkei deutlich macht[1206], ist „Europa" kein Entwurf der Geographie, sondern vielmehr die „Geographie einer Kultur".[1207] Die geographische Betrachtungsweise führt stets zu der Einsicht, dass Europa in drei Vorfelder eingespannt ist: in ein eurasisches, in ein atlantisches und in ein mittelmeerisch-afrikanisches. Im eurasischen

---

[1203] Vgl. das entsprechende Unterkapitel zu dem „europäischen Dreieck" bei Seibt, Ferdinand: Die Begründung Europas. Ein Zwischenbericht über die letzten tausend Jahre, 4. Aufl., Frankfurt a. M. 2003, S. 50-52.

[1204] Vgl. Langewiesche, Dieter: Nation, Nationalismus, Nationalstaat in Deutschland und Europa, S. 217.

[1205] Vgl. Gollwitzer, Heinz: Europabild und Europagedanke. Beiträge zur deutschen Geistesgeschichte des 18. und 19. Jahrhunderts, München 1951, S. 14f. Vgl. dazu auch Berve, Helmut: Der Europa-Begriff in der Antike, in: Ders.: Gestaltende Kräfte der Antike, 1949, S. 170-187.

[1206] Vgl. exemplarisch die antagonistischen Diskussions-Positionen bei Wehler, Hans-Ulrich: Das Türkenproblem, in: Die Zeit 38 (2002) sowie Glos, Michael: Die Europäische Union am Scheideweg, in: Frankfurter Allgemeine Zeitung v. 09. Januar 2003 bzw. bei Seufert, Günter: Keine Angst vor den Türken!, in: Die Zeit 39 (2002).

[1207] So die Formulierung bei Schäfer, Hermann: Europas Einheit: Herkunft, Ziel, Form, in: Isensee, Josef (Hrsg.): Europa als politische Idee und rechtliche Form, 2. Aufl., Berlin 1994, S. 9-34, S. 18.

Vorfeld schwankten die Grenzen vom frühen Mittelalter bis in die Gegenwart zwischen Elbe und Ural. Im Süden beherrschten die Araber jahrhundertelang nicht nur die afrikanische Gegenküste, sondern zeitweise auch Sizilien und Teile der iberischen Halbinsel. Das atlantische Vorfeld definiert sich seinerseits durch das Gewicht und den Einfluss, den die Vereinigten Staaten seit dem Ende des Ersten Weltkriegs in Europa ausüben.

Das „Wunder Europa"[1208], das ist die Antike und die Bibel[1209], das ist das Latein, das Jahrhunderte lang die europäischen Gelehrten und die Bildungswelt miteinander verband[1210], und – infolge der damit verbundenen Spannung zwischen griechischer und römischer Klassik, infolge der Feindschaft zwischen Rom und Byzanz sowie der Spaltung der Christenheit und der nachfolgenden geistigen und politischen Konflikte – der „Rationalismus des Okzidents" (Max Weber)[1211].[1212] Auch wenn die Bedeutsamkeit des aus der jüdischen Glaubenswelt hervorgegangenen und durch spätantike Philosophie bereicherten Christentums für den allgemeinen Entwicklungsprozess Europas nicht leicht zu bestimmen ist, so kann jene aus dem christlichen Schuld-, Sühne-, Erlösungs- und Rechtfertigungsgedanken erwachsende Wertschätzung des Individuums als wesentlich für das abendländisch-europäische Selbstverständnis betrachtet werden. Denn es ist das darin zum Ausdruck kommende personale Prinzip, welches einerseits die kollektivistischen und despotischen, den Wert des Einzelnen negierende Tendenzen behindert und im Laufe der Geschichte immer wieder verhindert hat, und welches andererseits personale Verantwortung, Spontaneität und Dynamik begünstigte und schließlich zu Emanzipation und Selbstbestimmung auch in seinen säkularisierten Formen hinüberlenkte. Das personale Prinzip verhinderte eine für andere Kulturkreise oft charakteristische kastenmäßige Versteinerung sozialer Schichtungen und ständischer Differenzen ebenso wie die Degeneration der Hörigkeit zur Leibeigenschaft, also die Behandlung ganzer Bevölkerungsgruppierungen nach Kategorien des Sachenrechts.[1213]

Die „Europäisierung" des Kontinents und zugleich des gesamten Abendlandes ist ein Prozess, der mit der weltweiten Ausbreitung der wissenschaftlich-technischen

---

[1208] Vgl. begriffsprägend Jones, Eric Lionel: Das Wunder Europa. Umwelt, Wirtschaft und Geopolitik in der Geschichte Europas und Asiens, Tübingen 1991; vgl. im Kontext die Ausführungen Jones' ebd., S. 257-272. Dieses „Wunder", von dem auch Werner Weidenfeld spricht [vgl. ders.: Europa – aber wo liegt es?, in: Ders. (Hrsg.): Europa-Handbuch, S. 25], lässt sich nur aus der aus dem Zusammentreffen einer Vielzahl historischer, geographischer und kultureller Besonderheiten, zu denen nicht zuletzt der Kapitalismus als zentrale Schubkraft der industriellen Entwicklung zu zählen ist, erklären, derer sich sonst – eingedenk der Weberschen Analyse der protestantischen Ethik und des Geists des Kapitalismus – keine andere Hochkultur erfreute.

[1209] Vgl. Jaspers, Karl: Vom europäischen Geist, 1947, S. 9.

[1210] Zu diesem Aspekt eines „kulturellen Europabewusstseins" vgl. Möller, Horst: Europas Integration als Ergebnis der europäischen Geschichte, in: Die Zeit 32 (2002).

[1211] Vgl. Weber, Max: Wirtschaft und Gesellschaft (hrsg. v. Johannes Winckelmann), Teil 2, Tübingen 1956.

[1212] Vgl. in diesem Sinne auch die Analyse bei Schäfer, Hermann: Europas Einheit, in: Isensee, Josef (Hrsg.): Europa als politische Idee und rechtliche Form, S. 19ff.

[1213] Vgl. Brandt, Harm-Hinrich: Möglichkeiten und Grenzen europäischer Integration aus historischer Sicht, in: Weinacht, Paul-Ludwig (Hrsg.): Concordia discors – Europas prekäre Eintracht. Studien zur europäischen Staatenwelt, zur historischen Verfassung Deutschlands und zur Europäischen Union, Baden-Baden 1996, S. 15-60, S. 18.

Zivilisation infolge der Emanzipation des Bürgertums und des Aufstiegs des modernen Staates einhergeht. Die Überlegenheit des mathematisch-mechanischen Weltbildes und der politischen Organisationsfähigkeit der Europäer führt dazu, dass sich Europa seit dem Zeitalter der Entdeckungen gegenüber anderen Weltkulturen durchsetzt und zugleich zu einem eigenen Kulturbewusstsein findet. Europa ist insofern der Standort eines Subjekts, das die Welt, in Anlehnung an Descartes, erkennt, vermisst und einteilt, sie mit dem Netz seiner Kategorien überzieht und seinen Kategorien unterwirft. Nicht seine physiogeographische Beschaffenheit macht Europa aus, sondern sein Selbstverständnis. Europa findet zu sich selbst, indem es sich den Namen gibt. „Europa ist eine Erfindung des Europäers"[1214] und damit eine Frage des Selbstbewusstseins der Europäer.[1215] Demnach kommt es in letzter Konsequenz nicht darauf an, was Europa als empirischer Befund – objektiv – ist, sondern was es im Bewusstsein des Europäers – subjektiv – darstellt. In Anlehnung an Kant formuliert: Europa ist keine transzendente, sondern eine transzendentale Größe. Es gibt kein Europa „an sich", sondern nurmehr ein Europa, wie es im Denken und Wollen der Europäer erscheint. „Europas Grenzen", so bilanziert Ludger Kühnhardt im Hinblick auf die Entwicklung des europäischen Einigungsgedankens in der zweiten Hälfte des 20. Jahrhunderts, „lagen letzten Endes immer dort, wo die Grenzen der Organisation des politischen, kulturellen oder religiösen Willens von Europa lagen."[1216]

b)   *Zur Zielperspektive der europäischen Integration*

An der „Wiege" der europäischen Integration nach dem Ende des Zweiten Weltkriegs standen die Vereinigten Staaten von Amerika, die den verbliebenen eurasischen Rumpfraum gegenüber der Einflussnahme Stalins abgrenzen und mithilfe des Marshallplans stabilisieren wollten.[1217] Analog zu dem amerikanischen Interesse an einer europäischen Integration richtete sich die politische Idee „Europas", wie sie von Robert Schuman, Jean Monnet[1218], Alcide de Gasperi, Paul-Henri Spaak oder

---

[1214] Isensee, Josef: Europa – die politische Erfindung eines Erdteils, in: Ders.: Europa als politische Idee und als rechtliche Form, 2. Aufl., Berlin 1993, S. 103-138, S. 113.

[1215] Vgl. ebd., S. 114. „Selbstbewußtsein", so betont Isensee in diesem Zusammenhang, bedeute nicht notwendig Selbstüberhebung. Gleichwohl enthalte die Europa-Kategorie auch den Anspruch, dass die eigenen Maßstäbe die allgemeinen sind. Im Laufe seiner Geschichte verstand sich Europa insofern als das Reich des wahren Glaubens, der Gesittung, der Bildung, der Freiheit, des wissenschaftlichen und technischen, des sozialen und politischen Fortschritts. Vgl. ebd.

[1216] Kühnhardt, Ludger: Die Zukunft des europäischen Einigungsgedankens. ZEI-Discussion Paper 53 (1999), S. 23.

[1217] Vgl. Mayer, Tilman, Leitende Ideen in der transatlantischen Integration. Zu Fragen von Integration, Zusammenarbeit und dem Gleichgewicht der Kräfte in Europa und innerhalb der transatlantischen Beziehungen, in: Luther, Susanne (Hrsg.): Europa und die USA. Transatlantische Beziehungen im Spannungsfeld von Regionalisierung und Globalisierung, München 2002, S. 137-147, S. 137.

[1218] Vgl. exemplarisch Monnets Europa-Konzeption in: Ders.: Erinnerungen eines Europäers, München 1978. Monnet macht in seinen Erinnerungen deutlich, wie sehr sich steigernde Ost-West-Konflikt und das Drängen der Vereinigten Staaten auf einen deutschen Wehrbeitrag dazu führte, die Besorgnis vor der Wiederkehr des deutsch-französischen Gegensatzes nicht länger defensiv, durch Ruhrstatut und begrenzende Besatzungspolitik, anzugehen, sondern offensiv, durch die supranationale Verge-

von Konrad Adenauer personifiziert wurde[1219], gegen die nationalstaatliche Zersplitterung, Enge und Absonderung, gegen Antagonismus, gegen nationalen Egoismus, gegen Autarkie und Hegemonialstreben. Die Überwindung dieser Übel wurde jenseits des nationalstaatlichen Horizonts erwartet. Erhob sich das vereinte Europa, nicht zuletzt versinnbildlicht in Churchills Forderung nach den „Vereinigten Staaten von Europa"[1220], zur großen Vision und Hoffnung auf einen europäischen Neuanfang[1221] – wie auch die Ergebnisse einer repräsentativen Umfrage unter jugendlichen Deutschen zwischen 15 und 25 Jahren im Auftrag der französischen Militärregierung bereits 1947 zeigen[1222] –, so setzte Charles de Gaulle seit Beginn des europäischen Integrationsprozesses auf seine Konzeption eines Europa der Vaterländer.[1223] Als der General 1958 wieder – und in seinen Augen viel zu spät – das französische Staatsruder in die Hand nahm, waren wichtige Etappen der europäischen Einigung bereits durchlaufen – so die Montanunion – oder schon so weit vorbereitet– wie die für den 1. Januar 1959 vorgesehene erste Phase der Wirtschaftsunion, dass ein Ausscheiden bedeutende negative Folgen für Frankreich hätte herbeiführen müssen. Ein totales Zurück in den souveränen französischen Nationalstaat von vor 1939 konnte es demnach nicht mehr geben. Also nahm De Gaulle ein Mischsystem in Kauf, das ein Minimum von Integration mit einem Maximum an nationaler Souveränität verband und nur auf gewissen Gebieten der Wirtschaft Abstriche an der obersten staatlichen Kompetenz beinhalten sollte. Die im *Fouchet*-Plan vorgeschlagenen, bescheidenen Ansätze zu einer politischen Union stieß er zurück, und mit seinem Austritt aus der integrierten Militär-Struktur der NATO machte er jede Hoffnung auf einen Neubeginn auf dem Gebiet der Verteidigung zunichte. Das „Europa der Vaterländer" sollte ein so weit wie möglich einbindungsfreier Raum von nebeneinander existierenden, souveränen Nationalstaaten sein. Jeder alle Mitglieder bindende Be-

---

meinschaftung. Die Vergemeinschaftung des Montan-Bereichs erschien als geeignetes Instrument, einen erneuten Krieg zwischen Deutschland und Frankreich von vornherein unmöglich zu machen. Vgl. ebd., S. 372ff. Die Geburt des Schuman-Plans und der Montanunion aus der Situation des Kalten Kriegs heraus ist nach Ansicht Ernst-Wolfgang Böckenfördes kein „bizarrer Zufalle", sondern zeige vielmehr, „wie sehr politische Ideen und Konzepte, die auf einen Qualitätssprung abzielen, eine Konstellation des besonderen Handlungs- und Entscheidungsdrucks voraussetzen, damit sie ins Auge gefaßt und realiter möglich werden". Vgl. ders.: Welchen Weg geht Europa?, in: Ders: Staat, Nation, Europa, S. 68-102, S. 69f.

[1219] Sie alle traten für die Einheit Europas als Bollwerk des christlichen Abendlands gegen den Bolschewismus ein, was, wie Hagen Schulze bemerkt, „nicht nur politischer und wirtschaftlicher Opportunismus, sondern eine gemeinsame Idee" war, die sich „auf große gemeinsame Traditionen der europäischen Geschichte und Philosophie berufen konnte". Vgl. ders.: Staat und Nation in der europäischen Geschichte, S. 329.

[1220] Vgl. die dokumentierte Rede Churchills bei Lipgens, Walter (Hrsg.): 45 Jahre Ringen um die Europäische Verfassung. Dokumente 1939-1984, Bonn 1986, S. 214f.

[1221] Vgl. dazu exemplarisch Lipgens, Walter: Die Anfänge der europäischen Einigungspolitik 1945-1950. Erster Teil 1945-47, Stuttgart 1977; vgl. ebd. S. 43-60.

[1222] Auf die Frage: „Wären Sie, wenn jetzt über die Vereinigten Staaten von Europa abgestimmt würde, dafür oder dagegen, oder wäre Ihnen das gleichgültig?" antworteten 50 Prozent der Befragten und damit die Mehrheit mit „dafür"; vgl. Noelle-Neumann, Elisabeth/Petersen, Thomas: Europa aus der Sicht der Bürger, in: Allensbacher Jahrbuch für Demoskopie 1998-2002, S. 926-940, S. 926.

[1223] Vgl. dazu Rovan, Joseph: Europa der Vaterländer oder Nation Europa, in: Koslowski, Peter (Hrsg.): Europa imaginieren. Der europäische Binnenmarkt als kulturelle und wirtschaftliche Aufgabe, Berlin 1992, S. 55-96.

schluss musste daher im Prinzip einstimmig getroffen werden, was in allen wichtigen politischen Positionierungen der Mitgliedsstaaten mehr oder minder langwierige Verhandlungen voraussetzte.

Erst allmählich erfolgte nach dem Ausscheiden De Gaulles die Rückwendung zu Mehrheitsbeschlüssen, die mit der „Einheitlichen Europäischen Akte" von Luxemburg bedeutende Fortschritte machen konnte. Luxemburg und Maastricht zeigen aber auch, dass der Widerstand gegen integrierte und supranationale Entwicklungen keineswegs nur in Frankreich aktiv war und blieb. Mit dem Beitritt Großbritanniens zur Gemeinschaft wurde London die eigentliche Hauptstadt der Idee eines „Europa der Vaterländer". Schon Churchills Aufforderung zur Schaffung der „Vereinigten Staaten von Europa" war ganz dem Geist der klassischen britischen *balance-of-power*-Politik verpflichtet gewesen; einer Politik, die das unruhige Europa vor den Toren Englands durch Paktsysteme ruhig zu stellen suchte, um sich selbst den überseeischen Interessen ihrer britischen Majestät zu widmen. Der Zusammenbruch des britischen wie des französischen Kolonialreichs machte im Laufe der 50er Jahre deutlich, dass die Zeit europäischer Weltherrschaft für immer beendet, dass Europa ganz auf sich selbst zurückgeworfen worden war und nur dann eigenes Gewicht im Bündnis mit den Vereinigten Staaten würde behalten können, wenn es seine verbliebenen Kräfte bündelte und konzentrierte mittels intergouvernementaler Zusammenarbeit.[1224] „Europa" sollte nicht die souveränen Nationalstaaten substituieren, sondern zukunftsfähig machen. Diese britische Erwartung an einen Beitritt zu den Europäischen Gemeinschaften wurde in einem von Seiten der britischen Regierung 1971 vorgelegten Weißbuch über den Beitritt zur EG deutlich, wo als politische Argumente für eine EG-Mitgliedschaft Großbritanniens formuliert wurden: „unsere geographischen, militärischen, politischen, wirtschaftlichen und sozialen Gegebenheiten sind denen der Sechs so ähnlich, und unsere Ziele stimmen so weit überein, dass es in unserem ureigensten Interesse liegt, mit ihnen zusammen an der Schaffung einer umfassenderen europäischen Gemeinschaft freier Nationen mitzuwirken, deren gemeinsame Stärke und Einfluss in der Welt so viel größer sein können als die ihrer einzelnen Mitglieder. Wenn wir außerhalb der Gemeinschaften bleiben, müssten wir auf einer engeren Basis unserer nationalen Interessen wahrnehmen und unsere nationalen Ressourcen entwickeln. Ohne Zweifel wären wir dazu in der Lage. Doch diese Aufgabe würde uns zunehmend schwerere Lasten aufbürden [...]."[1225]

Der gemeinsame europäische Weg, der mit der Montanunion gewagt, im institutionellen Forum der EWG und EG fortgeführt und schließlich mit den Verträgen von Maastricht[1226], Amsterdam und Nizza in der Europäischen Union der Gegenwart

---

[1224] Vgl. Schulze, Hagen: Staat und Nation in der europäischen Geschichte, S. 327f.

[1225] Zitiert nach: Britisches Weißbuch über den Beitritt zu den Europäischen Gemeinschaften von 1971 (Auszug), in: Gasteyger, Curt: Europa von der Spaltung zur Einigung 1945 bis 1993. Darstellung und Dokumentation, Bonn 1994, S. 289-293, S. 290.

[1226] Zu Inhalt und Bedeutung des Vertrags von Maastricht vgl. die Analyse bei Schmuck, Otto: Der Maastrichter Vertrag zur Europäischen Union. Fortschritt und Ausdifferenzierung der Europäischen Einigung, in: Europa-Archiv 47 (1992), S. 97-106; vgl. ebenfalls Wessels, Wolfgang: Maastricht: Ergebnisse, Bewertungen und Langzeittrends, in: Integration 1 (1992), S. 2-16.

seinen vorläufigen Schlußpunkt gefunden hat[1227], wurde von deutscher Seite stets nachhaltig forciert.[1228] „Europa" figurierte dabei nicht zuletzt als Fluchtpunkt deutscher Politik und Kultur im Dienste einer „Aufhebung" jener Last der eigenen Geschichte im Horizont von Auschwitz und Treblinka, wie Sven Papcke Mitte der neunziger Jahre hinsichtlich des parteiübergreifenden Europa-Konsenses in der Bundesrepublik feststellte: „Solche Flucht in die fremde/europäische Identität wirkt jedoch nicht nur absonderlich, sondern ist erwiesenermaßen riskant. Ihr fehlen alle Anschlußstellen, weil es keine ‚europäische Staatsnation' (Aron) gibt. Überdies mutet sie in einem drastisch veränderten Umfeld nur noch neurotisch an und ist derart für andere unberechenbar".[1229]

Diesen Gedanken aus soziologischer Perspektive aufgreifend, stellt Karl Otto Hondrich heute problemadäquat fest: „Die Eigenschaft, Deutscher zu sein, möchten wir am liebsten überspringen, um vor uns selbst und anderen gleich als Europäer, ja als Weltbürger dazustehen. Sofern wir denn überhaupt Zusammengehörigkeitsgefühle oder Übereinstimmungen mit anderen, als kollektive Identität brauchen, soll es eine selbstgewählte und keine zugeschriebene, eine rationale und keine unreflektiert – emotionale, eine in die Zukunft gerichtete und keine herkunftsbestimmte sein. [...] Wir haben dabei verdrängt, daß sich kollektive Identitäten nicht wie Kleider anlegen oder ablegen lassen – und verstehen deshalb, heute von Deutschland aus, Amerikaner, Russen, Serben, Kroaten, Israelis, Franzosen etc. nicht mehr, die selbstverständlich von ihrem Volk oder ihrer Nation sprechen".[1230]

Folglich zeigt sich das deutsche Nachdenken über den künftigen Weg der EU als „Staatenverbund", „Bundesstaat" oder „Staatenbund", wie es sich vor allem mit der Frage nach der Finalität Europas zwischen den Polen eines „Vaterlands Europa" und eines „Europa der Vaterländer" verbindet, mit einer zentralen Paradoxie konfrontiert: Einerseits zeichnet sich die gegenwärtige posttotalitäre Befindlichkeit durch das Ende der großen Entwürfe, durch das Ende kollektivistischer Illusion, durch die Unglaubwürdigkeit der großen Meta-Erzählungen, d.h. vor allem durch die demokratische Vielzahl der sogenannten Kleinerzählungen aus, die die autoritäre Exklu-

---

[1227] Vgl. im Gesamtzusammenhang den Überblick bei Giering, Claus / Jung, Christian: Reform der Europäischen Union, in: Weidenfeld, Werner (Hrsg.): Europa-Handbuch, S. 424-444. Vgl. ebd. auch die Ausführungen zur Vorgeschichte und den Ergebnissen der Konferenz von Amsterdam, S. 433-440.

[1228] Hagen Schulze kommentiert diesen Umstand mit den Worten: „Namentlich auf deutscher Seite wucherten die Illusionen. [...] Die Wendung nach Europa war [..] für viele Deutsche ein Versuch, der eigenen nationalen Vergangenheit zu entkommen; das ‚Ende des Nationalstaats' zu beschwören, hatte etwas von der Geschichte vom Fuchs und den sauren Trauben". Vgl. ders.: Staat und Nation in der europäischen Geschichte, S. 329.

[1229] Vgl. Papcke, Sven: Nationalismus – ein Alptraum?, in: Aus Politik und Zeitgeschichte, S. 12; vgl. ganz auf dieser Linie auch Papckes Argumentation in: Ders.: Gibt es eine postnationale Identität der Deutschen?, in: Voigt, Rüdiger (Hrsg.): Der neue Nationalstaat, Baden-Baden 1998, S. 117-137, S. 130f. Papcke verweist in diesem Zusammenhang auf Arnulf Barings Beobachtung, es gäbe keine Politik Deutschlands, die mehr wäre als die allseitige Verkündung guten Willens. Vgl. dazu Baring, Arnulf: Deutschland, was nun?, Berlin 1991, S. 132. Karl Lamers formulierte im Hinblick auf die Euro-Einführung und die Abschaffung der Deutschen Mark jenen parteipolitisch lagerübergreifenden Konsens, der paradoxerweise „deutsches Interesse" mit „europäischem Interesse" identifiziert: „Ich bin sehr dafür, daß wir unsere nationalen Interessen klar definieren. [Allerdings, V. K.] sind unsere nationalen Interessen identisch mit denen unserer Partner in Europa."

[1230] Hondrich, Karl Otto: Der Neue Mensch, S. 117.

sivität der Großerzählungen abgelöst haben.[1231] Andererseits befinden wir uns gegenwärtig in einer Diskussion über einen dieser großen Entwürfe der Moderne – Europa. Aus dieser Perspektive wirkt die Idee einer europäischen Gesellschaft und einer mit ihr verbundenen kollektiven Identität „eigentümlich atavistisch".[1232] Wie aber bringt man die postmoderne Kritik an Moderne und Eurozentrismus und den Brüsseler Modernismus zusammen mit dem Konzept von Einheit, wirtschaftlichem Fortschritt und europäischer Dominanz?

Zwei konträre Bewegungsrichtungen treffen hier aufeinander[1233] und machen – entsprechend der unterschiedlichen Vorstellungen über die Zukunft Europas, wie sie beispielsweise in London, Paris, Prag oder Warschau[1234] im Unterschied zu Berlin geäußert werden – eine Neubestimmung des Verhältnisses von Nation, Nationalstaat und „Europa" in Deutschland ebenso notwendig, wie die damit korrespondierende Lösung des seit der deutschen Einheit drängenden Problems, festzulegen, wer wir sind und sein wollen, und das jeweils als richtig oder notwendig Erkannte in einer Welt des Widerspruchs und der Knappheit vertreten zu müssen.[1235] In diesem Zusammenhang betrachtet es der ehemalige Bundeskanzler Helmut Schmidt als die „eigentliche Herausforderung" auch der deutschen Politik, den Fortbestand des Nationalstaates mit der Notwendigkeit der Funktionalität der Europäischen Union in Einklang, in ein vernünftiges Gleichgewicht, zu bringen. Angesichts der Tatsache, dass die europäischen Völker seit Jahrhunderten ihre Identität im jeweiligen Nationalstaat gewahrt sähen, beobachte er mit Sorge, dass die EU die Nationalstaaten mittels einer aufgeblähten Bürokratie überwältige.[1236] Schmidt artikuliert damit eine Position, wie sie in Umfrageergebnissen des Instituts für Demoskopie in Allensbach deutlich wird.[1237] So lehnt eine Mehrheit der Deutschen – ungeachtet ihrer grundsätzlichen Zustimmung[1238] zur europäischen Einigung – ein bundesstaatliches Euro-

---

[1231] Vgl. die Ausführungen „Europäische als multikulturelle Identität" bei Lützeler, Paul Michael: Einleitung, in: Ders. (Hrsg.): Hoffnung Europa. Deutsche Essays von Novalis bis Enzensberger, Frankfurt a. M. 1994, S. 7-26, S. 14-24. Zitiert nach ebd., S. 14f.

[1232] Eder, Klaus: Integration durch Kultur? Das Paradox der Suche nach einer europäischen Identität, in: Viehoff, Reinhold / Segers, Rien T: (Hrsg.): Kultur, Identität, Europa. Über die Schwierigkeiten und Möglichkeiten einer Konstruktion, Frankfurt a. M. 1999, S. 147-179, S. 162.

[1233] Vgl. Lützeler, Paul Michael: Hoffnung Europa, S. 15.

[1234] Vgl. exemplarisch die Ausführungen zu den Zielen polnischer Politik im Zuge der Debatte um eine Erweiterung und Vertiefung der EU bei Kranz, Jerzy: Referat, in: Bergedorfer Gesprächskreis (Hrsg.): Ein föderatives Europa? Das politische Gesicht Europas im Zuge der Erweiterung, Hamburg 2001, S. 68-71, S. 68: „Wir sehen in der Mitgliedschaft in der NATO und in der EU auch eine Stärkung der staatlichen polnischen Souveränität [...]".

[1235] Papcke, Sven: Gibt es eine postnationale Identität der Deutschen?, in: Voigt, Rüdiger (Hrsg.): Der neue Nationalstaat, S. 129. Vgl. auch in diesem Sinne Bahr, Egon: Der deutsche Weg, S. 139, wo Bahr von der „Chance" spricht, „den neuen deutschen Weg mit Selbstvertrauen zu beschreiten".

[1236] Vgl. Schmidt, Helmut: Die EU beschließt zuviel Quatsch, in: Welt am Sonntag v. 15.10.2000; vgl. auch ders.: Wer nicht zu Europa gehört, in: Die Zeit v. 05.10.2000.

[1237] Vgl. Abschnitt „A. Europa" von „Teil 3: Internationale Beziehungen" des Allensbacher Jahrbuchs der Demoskopie 1998-2002, S. 915-961; zu dem Aspekt der „Bürokratie" vgl. ebd., S. 919.

[1238] So die Einschätzung von Noelle-Neumann, Elisabeth / Petersen, Thomas: Europa aus der Sicht der Bürger, S. 939; immerhin 72 Prozent der im Juni 2001 repräsentativ befragten Bundesbürger assoziieren mit Europa „Zukunft", übertroffen nur durch die Assoziation „Vielfalt" mit 78 Prozent. Gleichwohl vermochten beide Assoziationen noch im Jahre 1994 jeweils einen Wert von 80 Prozent zu erreichen. Vgl. ebd., S. 915.

pa ab: 71 Prozent der im März 2002 repräsentativ befragten Bundesbürger plädieren
für eine Europäische Union als „Bündnis einzelner Staaten" und nur 15 Prozent prä-
ferieren einen „gemeinsamen europäischen Staat".[1239] Auf die im Mai 2001 gestellte
Frage, „Sind Sie dafür oder dagegen, daß in der Europäischen Union die Nationen
wieder gestärkt werden, daß die einzelnen Nationen mehr entscheiden?" waren 67
Prozent der Befragten „dafür", 8 Prozent „dagegen", 25 Prozent waren „unentschieden" bzw. machten keine Angabe.[1240]

Im Rahmen jener „neuen Europadebatte"[1241], die angesichts einer sinkenden Zustimmung der Bürger zu „Europa"[1242], einer sinkenden Funktionstüchtigkeit der europäischen Institutionen und Entscheidungsverfahren in den neunziger Jahren, nicht
zuletzt aber auch angesichts des Erfolgs der Währungsunion, der bevorstehenden
Osterweiterung sowie den Herausforderungen der „Globalisierung"[1243] um die Finalität und das Leitbild der EU im 21. Jahrhundert geführt wird, macht ein Blick auf
die britische Position deutlich, wie groß die Unterschiede innerhalb der EU hinsichtlich der Beurteilung des Verhältnisses von Nationalstaat und Union sind [immerhin
67% der Briten identifizieren sich ausschließlich mit der eigenen Nation, während
sich nur 24% eine Verbindung von europäischer und nationaler Identität zu eigen
machen[1244]]. Im Rahmen seines Besuchs in Warschau im Oktober 2000 erklärte der
britische Premierminister in seinem Selbstverständnis als britischer Patriot[1245] mit
Blick auf die politische Zukunft Europas: „Wir müssen der Europäischen Union die
richtigen politischen Grundlagen geben. Diese Grundlagen haben ihre Wurzeln im
demokratischen Nationalstaat. [...] Wir wollen ein Europa, wo es nationale Unterschiede, aber keine nationalen Schranken gibt, wo wir in vielen Bereichen eine gemeinsame Politik verfolgen, aber unsere besonderen, getrennten Identitäten behalten."[1246]

Großbritannien interpretiert – im Grunde seit drei Jahrzehnten unverändert – die
Zusammenarbeit im Rahmen der EU im wesentlichen als eine intergouvernementale
Zusammenarbeit und betont statt der politischen Integration bzw. der Stärkung sup-
ranationaler Institutionen eine weitere wirtschaftliche Vereinigung. Die Insellage

---

[1239] Vgl. ebd., S. 921.

[1240] Vgl. ebd., S. 922.

[1241] Vgl. dazu Marhold, Hartmut (Hrsg.): Die neue Europadebatte: Leitbilder für das Europa der Zukunft,
Bonn 2001.

[1242] Vgl. exemplarisch die Jahresdurchschnittswerte auf die seit 1994 gestellte Frage, „Ist die Einigung
Europas, die Europäische Union, für Sie eher Anlaß zur Freude oder zur Sorge?", in: Allensbacher
Jahrbuch der Demoskopie 1998-2002, S. 917.

[1243] Vgl. die Nennung und Erörterung jener „fünf herausragenden Motive" für die neue Europadebatte bei
Marhold, Hartmut (Hrsg.): Die neue Europadebatte S. 10-14.

[1244] Vgl. EUROBAROMTER 52, S. 11 (Graphik 6).

[1245] Vgl. Blair, Tony: Being proud of Britain – a modern patriotism. Rede des britischen Premierministers
im Rahmen der "'Pride of Britain' awards" am 20. Mai 1999: „I am a British patriot. Proud of my
country and proud of the British people. In a world too full of cynicism and pessimism, we can and
should be optimistic about our future." Blair verweist in diesem Zusammenhang vor allem auf die
britischen Tugenden "hard working, tolerant, understated, creative, courageous, generous". Vgl.
www.britainusa.com/government.uk.

[1246] Vgl. Blair, Tony: Europas Politische Zukunft. Rede des britischen Premierministers in Warschau am
06. Oktober 2000, zitiert nach: Marhold, Hartmut (Hrsg.): Die neue Europadebatte, S. 239-253, S.
252.

und das Empire mit seiner globalen Dimension haben lange die Perspektive der politischen Elite Großbritanniens geprägt und sind Teil einer Reihe politischer, kultureller und konstitutioneller Faktoren, welche die Distanz zwischen Großbritannien und Europa bis heute prägen[1247] und welche in der Partei übergreifenden Sorge um eine kontinuierliche Aushöhlung der Souveränität des britischen Parlaments bei gleichzeitiger Übertragung dieser Kompetenzen an die supranationalen Institutionen der Europäischen Union kulminieren.[1248] „The British, and especially the English majority, have no nationalistic demons to exorcise".[1249]

Auch wenn die weitere Entwicklung der EU von der amtierenden Regierung Blair unterstützt wird, wie die Unterzeichnung der Verträge von Amsterdam und Nizza sowie die konstruktive Mitarbeit im Konvent zur Reform der EU zeigen, und obwohl der Premierminister in einer europapolitischen Grundsatzrede im November 2001 das Verhältnis Großbritanniens zu Europa als eine „Geschichte der verpassten Gelegenheiten" bezeichnete[1250], weichen die britischen Positionen bei grundsätzlichen Fragen zur Zukunft der EU heute kaum von denen der Vorgängerregierungen Major oder Thatcher ab.[1251] Selbst wenn es durchaus im Interesse Großbritanniens sei, in manchen Bereichen die Souveränität mit anderen zu teilen – die Alternative bestehe in Isolation und schrumpfendem Einfluss – , so könne es doch nicht um die Schaffung eines europäischen Superstaates gehen: „We want", so der Premierminister in einer Rede in Cardiff, „a Europe of sovereign nations, countries proud of their own distinctive identity, but co-operating together for mutual good. We fear that the driving ideology behind European integration is a move to a European superstate, in which power is sucked into an unaccountable centre. And what is more a centre of fudge and muddle, bureaucratic meddling, which in economic terms could impede efficiency and in security terms may move us away from the transatlantic alliance."[1252] Wenn Tony Blair das Modell eines europäischen Bundesstaates dem einer von Großbritannien favorisierten und akzeptierten Vereinigung von "stolzen Nationen" im Rahmen der EU kontrastiert, so lässt sich hinsichtlich dieser Kernfrage der Zukunft der EU eine Interessenidentität zwischen Großbritannien und Frankreich feststellen – ungeachtet dessen, dass Frankreich gemeinsam mit Deutschland,

---

[1247] Vgl. in diesem Sinne die Analyse bei Pilkington, Colin: Britain in the European Union today, 2. Aufl., Manchester 2001, S. 2ff.

[1248] Vgl. dazu die Ausführungen „Großbritannien in Europa" bei Becker, Bernd: Politik in Großbritannien, Paderborn 2002, S. 285-301; vgl. im Kontext ebenso die Analyse bei Volle, Angelika: Der mühsame Weg Großbritanniens nach Europa, in: Kastendieck, Hans u.a. (Hrsg.): Großbritannien – Geschichte, Politik, Wirtschaft, Gesellschaft, 2. Aufl., Frankfurt a. M. 1999, S. 459-475; vgl. auch Schieren, Stefan: Die stille Revolution – Der Wandel der britischen Demokratie unter dem Einfluss der europäischen Integration, Darmstadt 2001.

[1249] Zitiert nach "Undoing Britain? A survey of Britain", in: Economist v. 4. November 1999.

[1250] Vgl. Blair, Tony: Britain's Role in Europe. Rede vor dem European Research Institute am 23. November 2001, in: www.number-10.gov.uk. Vgl. dies auch einräumend die Ausführungen von Prodi, Romano: Die EU, das Vereinigte Königreich und die Welt. Rede in der Said Business School, Oxford, in: www.europa.eu.int/futurum/documents/speech.de

[1251] Vgl. Morgan, Roger: Großbritannien und Europa, in: Aus Politik und Zeitgeschichte 18 (1997), S. 22-30, S.23f.

[1252] Blair, Tony: A clear course for Europe (28. November 2002), zitiert nach www.number-10.gov.uk.

in einer „Schicksalsgemeinschaft" verbunden, auf eine Vertiefung und Erweiterung der EU zielt.[1253]

Ablehnend gegenüber einem künftigen europäischen Bundesstaat, in dem „die derzeitigen Staaten den Status eines deutschen Bundeslandes oder eines amerikanischen Bundesstaates" erhielten, bezeichnete es der französische Premierminister in Erwiderung der Grundsatz-Rede Joschka Fischers im Mai 2000 an der Humboldt-Universität in Berlin als „das politische Credo" der französischen Regierung, Europa zu schaffen, „ohne Frankreich – oder irgend eine andere europäische Nation – abzuschaffen".[1254] Übereinstimmend treten Frankreichs Staatspräsident und Premierminister für eine „Föderation der Nationalstaaten" im Sinne Jacques Delors ein, die eine ausgeglichene Machtverteilung zwischen den supranationalen Strukturen und den Mitgliedstaaten gewähren soll.[1255] „Aus unseren Nationen", so betonte Jacques Chirac in einer europapolitischen Grundsatzrede vor dem Deutschen Bundestag am 27. Juni 2000, „in denen wir verwurzelt sind, schöpfen wir unsere Identität. Die Vielfalt ihrer politischen, kulturellen und sprachlichen Traditionen ist eine der Stärken unserer Union. Auch in Zukunft werden die Nationen die wichtigsten Bezugspunkte unserer Völker sein. Sie abschaffen zu wollen, wäre genauso absurd wie zu leugnen, dass sie bereits einen Teil ihrer Souveränitätsrechte gemeinsam wahrnehmen und dies auch weiterhin tun werden, weil dies in ihrem Interesse liegt."[1256]

Berücksichtigt man neben diesen Positionen in London und Paris auch die Europadebatte in Politik und Öffentlichkeit der ostmitteleuropäischen EU-Beitrittsländer – in der zunehmend von der „Verteidigung nationaler Interessen", der Sorge vor einem Aufgehen in „übernationalen Strukturen"[1257] die Rede ist und in der vor einem gefährlichen „Brüsseler Integrationsfieber"[1258] gewarnt wird – und zieht man nicht

---

[1253] Vgl. die entsprechende gemeinsame Erklärung Bundeskanzler Schröders und Präsident Chiracs zum 40. Jahrestag des Elysée-Vertrags: „In einer Schicksalsgemeinschaft verbunden", in: Frankfurter Allgemeine Zeitung v. 23. Januar 2003.

[1254] Vgl. die Rede des französischen Premierministers Lionel Jospin zur Zukunft des erweiterten Europas vom 28. Mai 2001, abgedruckt in: Die Zeit 22 (2001). Zitiert nach ebd.

[1255] Vgl. komprimiert Ménudier, Henri: Frankreich, in: Weidenfeld, Werner (Hrsg.): Europa-Handbuch, Bonn 2002, S. 127-135, vgl. ebd., S. 135.

[1256] Zitiert nach: Europarede von Präsident Jacques Chirac vor dem Deutschen Bundestag, in: Die Zukunft der Europäischen Union. Osterweiterung und Fortsetzung des Einigungsweges als doppelte Herausforderung (hrsg. v. der Bundeszentrale für politische Bildung), 5. Aufl., Bonn 2000, S. 164f.

[1257] Vgl. Mildenberger, Markus: Die Europadebatte in Politik und Öffentlichkeit der ostmitteleuropäischen EU-Kandidatenländer, in: Aus Politik und Zeitgeschichte 1-2 (2002), S. 3-10; vgl. exemplarisch ebd. Die Ausführungen zu Tschechien und Polen, S. 5ff; vgl. ebenso Kraft, Daniel: Zur Zukunft der EU angesichts der bevorstehenden Erweiterung, in: Aus Politik und Zeitgeschichte 15 (2001), S. 6-12, wo Kraft in seiner abschließenden Betrachtung „Quo vadis Europa?" darauf verweist, dass es „noch immer keine allgemein akzeptierte Vision eines erweiterten und vertieften Europa" gebe. „Ist", so der Autor weiter, „die Formel eines in Frieden und Wohlstand vereinten Europas im 21. Jahrhundert noch ausreichend, oder ist sie zur hohlen Phrase verkommen? Wie sehr die westeuropäische Öffentlichkeit und auch die in den osteuropäischen Staaten auf eine solche Idee wartet, zeigen die Reaktionen auf die Rede von Joschka Fischer. [...] Doch Fischer ist, selbst wenn er seine Vorstellungen als persönliche Zukunftsvision formulierte, ein Repräsentant der Bundesrepublik und somit in einer denkbar ungünstigen Position, eine für alle europäischen Standpunkte annehmbare Vision zu formulieren." Ebd. S. 12.

[1258] Vgl. o.A.: „Klaus: EU braucht keine Verfassung", in: Frankfurter Allgemeine Zeitung v. 24. Dezember 2003.

zuletzt auch bestehende außenpolitische Dissonanzen innerhalb der EU bzw. zwischen EU-Mitgliedstaaten und EU-Beitrittsländern in Betracht, so wird deutlich, dass es einen „Bundesstaat Europa" bzw. eine „Europäische Föderation" (Joschka Fischer)[1259] im staatsrechtlichen Sinne bis auf weiteres nicht geben wird.[1260] Es ist in zeithistorischer Perspektive kein Zufall, dass der tschechische Präsident Václav Klaus wenige Tage nach dem Scheitern des EU-Verfassungsgipfels erklärte, aus tschechischer Perspektive brauche die Europäische Union *keine* Verfassung. Eine europäische Verfassung sei nur eine Methode, mit der einige Politiker die Beschleunigung des EU-Integrationsprozesses durchsetzen wollten: „Ich bin ganz klar gegen eine solche Beschleunigung".[1261]

Auch wenn das Schlagwort von der „Wiederkehr der Zwischenkriegszeit" in Mittel-Osteuropa[1262] infolge des Zusammenbruchs der dortigen kommunistischen Regime 1989/90 den historischen Realitäten nicht entspricht, so führten die demokratischen Revolutionen Prag, Warschau, Budapest und anderswo doch zu einem signifikanten Bedeutungsanstieg des Nationalen. Der Kampf um nationale und ethnische Interessen sowie der um die individuellen und politischen Freiheiten beförderte sich gegenseitig. Das galt auch für den zwar nicht allzu offensichtlich zur Schau getragenen, aber überall wirksamen antisowjetischen Faktor; der Kampf ge-

---

[1259] Vgl. Fischer Joschka: Vom Staatenverbund zur Föderation: Gedanken über die Finalität der europäischen Integration, in: www.jeanmonnetprogram.org., wo der Bundesaußenminister als Privatperson sich zu der Frage nach der Finalität des europäischen Einigungsprozesses äußert und dabei die Vision einer „Europäischen Föderation" als Vollendung der Integration skizziert. Gleichwohl setze diese Föderation der EU-Mitgliedstaaten einen bewussten politischen Neugründungsakt Europas voraus, wie Fischer zu bedenken gibt. „Dies alles", so das Fazit Fischers, „wird aber nicht die Abschaffung des Nationalstaates bedeuten. Denn auch für das finale Föderationssubjekt wird der Nationalstaat mit seinen kulturellen und demokratischen Traditionen unersetzlich sein, um eine von den Menschen in vollem Umfang akzeptierte Bürger- und Staatenunion zu legitimieren. [...] Auch in der europäischen Finalität werden wir also noch Briten und Deutsche, Franzosen und Polen sein. Die Nationalstaaten werden fortexistieren und auf europäischer Ebene eine wesentlich stärkere Rolle behalten als dies die Bundesländer in Deutschland tun." Ebd. Wenn der Nationalstaat mit seinen kulturellen und demokratischen Traditionen als unersetzliches Bezugsobjekt der Bürger anerkannt wird, so gilt es auch, ein auf den jeweils konkreten Nationalstaat der Briten, Franzosen, Polen und Deutschen gerichtetes Gemeinwohl orientiertes, patriotisches Verhalten nicht nur anzuerkennen, sondern dieses auch politisch zu fördern. Dass Fischers Modell einer künftigen EU letztlich aber doch über eine „politische Verbindung von Nationalstaaten" hinausgehen soll, belegt Fischers Hinweis, eine solche „politische Verbindung von Nationalstaaten" sei „kein Europa". Vgl. Fischer, Joschka / Chevènement, Jean-Pierre: Streitgespräch, in: Die Zeit v. 21. Juni 2000; wieder abgedruckt in: Marhold, Hartmut (Hrsg.): Die neue Europadebatte, S. 63-78, S.77. Zu Fischers europapolitischen Ambitionen vgl. die Analyse bei von Beyme, Klaus: Fischers Griff nach einer Europäischen Verfassung, in: Joerges, Christian u.a. (Hrsg.): What Kind of Constitution for What Kind of Policy? Responses to Joschka Fischer, Florenz 2000, S. 61-72.

[1260] Vgl. dazu Spiering, Menno: The Future of National Identity in the European Union, in: National Identities 2 (1999), S. 150-160.

[1261] Zitiert nach o.A.: Klaus: EU braucht keine Verfassung, in: Frankfurter Allgemeine Zeitung v. 24. Dezember 2003.

[1262] Eine Differenzierung der Begrifflichkeit nach geographischen Gesichtspunkten und einen Abschied von einem dehnbaren Osteuropa-Begriff fordert Maćków, Jerzy: Die Voraussetzungen demokratischer Entwicklung in Mittel-, Nordost-, Südost- und Osteuropa, in: Aus Politik und Zeitgeschichte 3-4 (1999), S. 3-17.

gen die jeweilige kommunistische Nomenklatura[1263] blieb stets untrennbar mit dem
Bestreben zur Überwindung der sowjetischen Hegemonie verbunden.[1264] „Für viele
nationale/ethnische Gruppen zog die Wende zu Beginn der neunziger Jahre einen
bedeutsamen Status-Wechsel nach sich. Infolge der staatlichen Neubildungen stellte
logischerweise der formelle Aufstieg den Regelfall, der Abstieg die Ausnahme dar.
Mindestens 11, 2 Millionen Menschen wurden so praktisch über Nacht zu ‚vollwer-
tigen' Staatsnationalitäten, nachdem sie zuvor bestenfalls als Juniorpartner in einer
multinationalen Verbindung angesehen werden konnten; das betraf 4,5 Mio. Slowaken, 3,7 Mio. Kroaten, 1,7 Mio. Slowenen und 1,3 Mio. Mazedonen. Einen eindeutigen Status-Verlust erfuhren dagegen [...] ‚nur' etwas mehr als 720 000 Menschen:
die ursprünglich insgesamt ca. 670 000 Serben in Kroatien, Mazedonien und Slowe-
nien sowie die etwa 53 000 Tschechen in der Slowakei. Selbst wenn man hier auch
die knapp über 300 000 Slowaken in der Tschechischen Republik hinzurechnet,
macht die Summe der ‚Absteiger'– etwas mehr als eine Million – nur ein Elftel derjenigen der ‚Aufsteiger' aus. Was die Nationalitätenfrage in Osteuropa angeht, so
hat sich nach 1989 also in erster Linie nicht die Minoritäten-, sondern die Majoritä-
tenproblematik vergrößert"[1265] – mit zum Teil verheerenden Folgen, wie die Konflikte auf dem Balkan gezeigt haben[1266]. Während in Südosteuropa der Aufbau demokratischer und bürgergesellschaftlicher Strukturen infolge der „jugoslawischen
Tragödie" (John Breuilly) ungleich schwerer fällt, schreitet die entsprechende Entwicklung in Mittel- und Nordosteuropa seit Jahren zügig voran[1267] – nicht zuletzt
aufgrund eines jeweils parteiübergreifenden nationalen Interesses an einer Westintegration in NATO und EU.[1268] Nach einer ersten Osterweiterung der NATO im Jahre 1999 um Polen, Ungarn und Tschechien erfolgt im Mai 2004 eine Erweiterung
der Europäischen Union um 10 Mitgliedstaaten. „Acht der zehn ‚Neuen'", rechnet
Heinrich August Winkler in diesem Kontext vor, „wurden bis zur großen Wende
von 1989/90 kommunistisch regiert. Nachdem sie mehr als vier Jahrzehnte lang allenfalls einen Schein von Souveränität genossen hatten (einige nicht einmal das),
bringen sie jetzt verständlicherweise wenig Sympathie für das Ansinnen auf, Abstriche an ihrer neu errungenen Souveränität hinzunehmen."[1269] In der Tat: Die Neumit-
glieder der EU, allen voran Tschechien und Polen, wünschen eher einer runderneu-
erten Europäischen Wirtschaftsgemeinschaft beizutreten und begegnen der politisch
„immer engeren Gemeinschaft" mit Misstrauen und Abwehr. Sie favorisieren, in

---

[1263] Vgl. dazu Stölting, Erhard: Soziale Trägergruppen des Nationalismus in Osteuropa, in: Estel, Bernd /
Mayer, Tilman (Hrsg.): Dass Prinzip Nation in modernen Gesellschaften, S. 299-322, S. 314f.

[1264] Vgl. Hatschikjan, Magarditsch A.: Haßlieben und Spannungsgemeinschaften. Zum Verhältnis von
Demokratien und Nationalismen im neuen Osteuropa, in: Aus Politik und Zeitgeschichte 39 (1995),
S. 12-21, S. 17.

[1265] Ebd., S. 13f.

[1266] Vgl. dazu das Kapitel „Nationalismus im Zusammenbruch Jugoslawiens" bei Breuilly, John: Nationalismus und moderner Staat, S. 146ff.

[1267] So der Befund bei Maćków, Jerzy: Die Voraussetzungen demokratischer Entwicklung in Mittel-,
Nordost-, Südost- und Osteuropa, S. 17.

[1268] Vgl. Hatschikjan, Magarditsch A.: Zum Spannungsverhältnis von Nation und Außenpolitik in Ostmitteleuropa, in: Aus Politik und Zeitgeschichte 3-4 (1999), S. 18-28, S. 21f.

[1269] Winkler, Heinrich August: Europa am Scheideweg, in: Frankfurter Allgemeine Zeitung v. 12. November 2003.

Übereinstimmung mit Großbritannien, eher ein „Europa der Vaterländer" als ein supranational geeintes „Vaterland Europa". Je näher der 1. Mai 2004 rückt, desto klarer wird: „Alle Seiten haben sich belogen."[1270]

In weiser Voraussicht verzichtete der „Verfassungskonvent" der Europäischen Union[1271] – soweit er eingedenk der besonderen staatsrechtlichen Qualität der EU als „Staatenverbund" die Frage der Finalität des europäischen Einigungsprozesses überhaupt zu beantworten suchte – auf die Überwindung der europäischen Nationalstaaten zugunsten der „Vereinigten Staaten von Europa" als Formulierung einer realistischen Ziel-Perspektive des Integrationsprozesses.[1272] „There are no references in the current text to a federal union" erklärte der britische Außenminister Jack Straw denn auch unmittelbar vor Fertigstellung des Verfassungsentwurfs in einer Debatte des britischen Unterhauses, in deren Verlauf Straw den Entwurf als „a great prize for Britain" qualifizierte und erläuternd hinzufügte: "What the Convention is in fact proposing [...] will not alter the fundamental constitutional balance between the Union's institutions and the member nation states."[1273]

c)   *Eine „Verfassung" für Europa*

Der in der Folge des Gipfels von Nizza initiierte, von Februar 2002 bis Juni 2003 tagende europäische „Verfassungskonvent"[1274] diente im Lichte der bevorstehenden Erweiterung der Europäischen Union von 15 auf 25 Mitgliedstaaten der Erarbeitung eines neuen „Gründungsdokumentes"[1275] der Europäischen Union, welches im Rahmen der von Oktober bis Dezember 2003 tagenden EU-Regierungskonferenz beschlossen werden sollte.[1276] Wurde der vorgelegte Entwurf von den Staats- und

---

[1270] Pinzler, Petra / Fritz-Vannahme, Joachim: Geht's nicht auch eine Nummer kleiner? Die EU übernimmt sich – an der Osterweiterung und an ihren inneren Reformen, in: Die Zeit 50 (2003).

[1271] Vgl. in diesem Zusammenhang die vom Europäischen Rat im Dezember 2001 verabschiedete „Erklärung von Laeken", die Aufgabe, Ziel und Struktur des Konvents zur Zukunft der Europäischen Union formuliert, in: www.european-convention.eu.int.

[1272] Vgl. dazu Schneider, Heinrich: Alternativen der Verfassungsfinalität: Föderation, Konföderation – oder was sonst?, in: Integration (3) 2000, S. 171-184. Vgl. Fritz-Vannahme, Joachim: Briefe, Bündnisse, Beschimpfungen, in: Die Zeit 10 (2003), wo der Autor mit Blick auf die Interessendivergenzen innerhalb der EU angesichts der Irak-Krise die Frage nach der künftigen Gestalt der EU lakonisch mit dem Hinweis beantwortet: „Wer Europa geschlossen sehen will, mag sich mit dem britisch-polnischen Realismus bescheiden. Der garantiert zumindest größtmögliche Einigkeit auf kleinem Nenner. Wer mehr Europa will, muss sich auf heftige Gegenwehr einstellen, von Washington bis Warschau."

[1273] Straw, Jack: EU Treaty „A great prize for Britain", edited transcript of a debate in the House Of Commons by the Foreign Secretary (11/06/03), in: www.european–convention.eu.int;

[1274] Vgl. im Sinne einer ersten Bilanz Scholz, Rupert: Eine Verfassung für Europa – Zum Verfassungskonvent der Europäischen Union, in: KAS-Auslandsinformationen 8(2003), S. 4-18.

[1275] Vgl. Nonnenmacher, Günther: Das neue Europa, in: Frankfurter Allgemeine Zeitung v. 14. Juni 2003.

[1276] Zu den früheren Diskussionen um eine „Verfassung" für die Europäische Gemeinschaft vgl. die Beiträge des Bandes von Wessels, Wolfgang / Weidenfeld, Werner (Hrsg.): Wege zur Europäischen Union: Vom Vertrag zur Verfassung?, Bonn 1986; zu der Entwicklung der europäischen Verfassungsdebatte seit 1999, von der Übernahme der deutschen Ratspräsidentschaft im Januar 1999 bis zum Beginn des „Post-Nizza-Prozesses" vgl. die Analyse bei Volkmann-Schluck, Sonja: Die Debatte um ei-

Regierungschefs auf ihrem Gipfel in Porto Carras noch vieldeutig als „gute Ausgangsbasis" qualifiziert[1277], so stand die Regierungskonferenz unmittelbar vor ihrem
Beginn insofern unter ungünstigen Vorzeichen[1278], weil ein „Block der Gleichge-
sinnten"[1279], d.h. kleinerer EU-Mitgliedstaaten, für eine Überarbeitung des Entwur-
fes plädierte, während Frankreich oder Deutschland diesen als bestmöglichen Kompromiss unverändert verabschieden wollten. Nachdem der „Verfassungsgipfel von
Brüssel"[1280] letztlich am polnischen Veto bei der Frage der Stimmengewichtung im
Ministerrat gescheitert ist[1281], konnte eine Verabschiedung der „Verfassung" erst unter irischer Ratspräsidentschaft im Jahr 2004 gelingen.

Indem die grundsätzlichen Fragen nach einer präzisen Abgrenzung der Zuständigkeiten zwischen europäischer und nationaler Ebene, nach dem Status einer
Grundrechte-Charta als „legitimierendem Eckstein einer Europäischen Verfassung"[1282] nach der Vereinfachung der existierenden Verträge sowie nach der Rolle
der nationalen Parlamente in der europäischen Architektur von Anfang an im Zentrum der Beratungen des Konventes standen, verstand das unter Vorsitz des früheren
französischen Staatspräsidenten Giscard d'Estaing tagende Gremium seine Tätigkeit
als Gelegenheit, die politische und kulturelle Identität Europas zu definieren, institutionelle Fehlentwicklungen der EU zu korrigieren und ihre Handlungsfähigkeit für
die Zukunft zu sichern.[1283] Der insgesamt vier Teile und rund 460 Artikel umfassende Verfassungsentwurf, der am 13. Juni 2003 vom Konvent per Akklamation gebil-
ligt wurde, definiert in einem ersten Teil die Ziele und Zuständigkeiten in der EU
sowie – allgemein – die Grundrechte. Eingedenk des staatsrechtlich einmaligen Charakters der EU wird diese als Union „der Bürger und Staaten Europas" bezeichnet.[1284] Auch künftig, daran lässt der Verfassungsentwurf somit keinen Zweifel, wird

ne europäische Verfassung. Leitbilder – Konzepte – Strategien (CAP Working-Paper Dezember
2001), S. 16-22; umfassend zur Verfassungsfrage der Europäischen Union vgl. auch Dorau, Christoph: Die Verfassungsfrage der Europäischen Union. Möglichkeiten und Grenzen der Europäischen
Verfassungsentwicklung nach Nizza, Baden-Baden 2001.

[1277] Vgl. Hort, Peter: Lob für den Entwurf der EU-Verfassung – Kritik im Detail, in: Frankfurter Allgemeine Zeitung v. 21. Juni 2003.

[1278] Vgl. Stabenow, Michael: Ungünstige Vorzeichen. Heute beginnt die Regierungskonferenz über die
EU-Verfassung, in: Frankfurter Allgemeine Zeitung v. 04. Oktober 2003.

[1279] Vgl. Pinzler, Petra / Fritz-Vannahme, Joachim: Aufstand der Zwerge. Auf dem EU-Gipfel in Rom
machen die kleinen Staaten gemeinsam Front, in: Die Zeit 41 (2003).

[1280] Vgl. dazu Villepin, Dominique de: Die Lehren von Brüssel, in: Frankfurter Allgemeine Zeitung v.
20. Dezember 2003.

[1281] Vgl. dazu Stabenow, Michael: Sterben für Nizza oder Leben für Europa?, in: Frankfurter Allgemeine
Zeitung v. 12. Dezember 2003.

[1282] Vgl. dazu Ronge, Frank: Die Charta der Grundrechte – Legitimierender Eckstein einer Europäischen
Verfassung, in: Ders. (Hrsg.): In welcher Verfassung ist Europa – Welche Verfassung für Europa?,
Baden-Baden 2001, S. 333-342; vgl. dazu auch Müller-Graff, Peter-Christian: Europäische Verfassung und Grundrechtscharta: Die Europäische Union als transnationales Gemeinwesen, in: Integration (1) 2000, S. 34-47.

[1283] Vgl. in diesem Sinne die Analyse bei Giering, Claus / Emmanouilidis: Hohe Hürden auf der Zielgeraden für den EU-Konvent, in: Centrum für angewandte Politikforschung (Hrsg.): Konvent-Spotlight
07/2003.

[1284] Vgl. Artikel I (1) des Teils I und II des Verfassungsentwurfs, in: www.european–convention.eu.int;
vgl. ebd. Artikel I (4), wo hinsichtlich der Beziehungen zwischen der Union und den Mitgliedstaaten
festgestellt wird: "Die Union achtet die nationale Identität ihrer Mitgliedstaaten, die in deren grund-

es ein Nebeneinander von intergouvernementaler und suprantionaler Zusammenarbeit geben. Von einer Union, die sich „vom Intergouvernementalismus mehr und mehr auf den Pfad der Suprastaatlichkeit begeben [hat]" bzw. infolge des vorliegenden Entwurfs begeben wird, kann nicht ernsthaft die Rede sein.[1285]

Der erste Teil des Verfassungsentwurfs regelt die künftige Machtbalance der Institutionen und deren Entscheidungsverfahren. Die Ämter eines hauptamtlichen EU-Ratspräsidenten[1286] sowie eines „europäischen Außenministers" sollen geschaffen und die europäische Kommission – mit 15 stimmberechtigten Mitgliedern – personell gestrafft werden. Der in seinen Befugnissen gestärkte Kommissionspräsident und die übrigen Kommissare sollen vom Europäischen Rat ernannt, aber vom EU-Parlament bestätigt werden (vgl. Teil I; Titel IV: Die Organe der Union).[1287] Die Grundrechte der Unionsbürger sind im zweiten Teil des Verfassungsentwurfs aufgeführt, der den Wortlaut der in Nizza angenommenen 54 Artikel der Charta der Grundrechte[1288] übernimmt. Die Grundrechtscharta soll künftig rechtsverbindlich sein, so dass die Bürger der EU-Mitgliedstaaten ihre politischen und sozialen Grundrechte gegebenenfalls einklagen können.[1289] Der dritte und mit fast 340 Artikeln um-

---

legender politischer und verfassungsrechtlicher Struktur einschließlich der regionalen und kommunalen Selbstverwaltung zum Ausdruck kommt."

[1285] Vgl. die entsprechende These bei Holzinger, Katharina / Knill, Christoph: Institutionelle Entwicklungspfade im Europäischen Integrationsprozess: Eine konstruktive Kritik an Joschka Fischers Reformvorschlägen, in: Zeitschrift für Politikwissenschaft (11) 2001, S. 987-1010; vgl. dazu die Kritik von Decker, Frank: Institutionelle Entwicklungspfade im europäischen Integrationsprozess. Eine Antwort auf Katharina Holzinger und Christoph Knill, in: Zeitschrift für Politikwissenschaft (2) 2002, S. 611-636; Decker weist zurecht darauf hin, dass eine von den Autoren beobachtete beständige Ausweitung der Tätigkeitsbereiche der Union, die allmähliche Ablösung des Einstimmigkeitsmodus durch das Prinzip der Mehrheitsentscheidung sowie die Einführung verschiedener Einzelelemente „föderaler Staatlichkeit" (Unionsbürgerschaft oder die Einrichtung eines Ausschusses der Regionen) keineswegs einseitig und ausnahmslos in Richtung Supranationalität weisen. Vgl. ebd., S. 614.

[1286] Zur Schaffung der Position eines hauptamtlichen EU-Ratspräsidenten vgl. die Ausführungen bei Decker, Frank: Parlamentarisch, präsidentiell oder semi-präsidentiell? Der Verfassungskonvent ringt um die künftige institutionelle Gestalt Europas, in: Aus Politik und Zeitgeschichte (1-2) 2002, S. 16-23. Die Schaffung eines Präsidentenamtes im Europäischen Rat würde, so betont Decker, die dualistische Struktur der Exekutive im Institutionensystem der EU nicht nur perpetuieren, sondern weiter zuspitzen. „Der Vorschlag [...] läuft auf eine Fortschreibung des bisherigen Entscheidungssystems hinaus, das durch eine komplexe Balance zwischen den gemeinschaftlichen und intergouvernementalen Institutionen gekennzeichnet ist." Ebd., S. 17.

[1287] Zur Beantwortung der Frage, ob ein solches institutionelles Gefüge die EU in die Nähe eines Semi-Präsidentialismus der V. Französischen Republik führt, vgl. die grundsätzlichen Ausführungen zum „Semi-Präsidentialismus" bei Steffani, Winfried: Semi-Präsidentialismus: ein eigenständiger Systemtyp? Zur Unterscheidung von Legislative und Parlament, in: Zeitschrift für Parlamentsfragen (4) 1995, S. 621-641.

[1288] Vgl. die Dokumentation der Charta der Grundrechte bei Ronge, Frank (Hrsg.): In welcher Verfassung ist Europa – welche Verfassung für Europa?, S. 343-353. In der Präambel der Charta der Grundrechte bekennt sich die Union dazu, zur Erhaltung und zur Entwicklung der gemeinsamen Werte der Würde des Menschen, der Freiheit, der Gleichheit und der Solidarität „unter Achtung der Vielfalt der Kulturen und Traditionen der Völker Europas sowie der nationalen Identität der Mitgliedstaaten und der Organisation ihrer staatlichen Gewalt auf nationaler, regionaler und lokaler Ebene" beizutragen. Vgl. ebd., S. 343.

[1289] Zur grundsätzlichen Analyse der „Charta der Grundrechte" der Europäischen Union vgl. Schachtschneider, Karl Albrecht: Eine Charta der Grundrechte für die Europäische Union, in: Aus Politik und Zeitgeschichte (52-53) 2000, S. 13-21.

fangreichste Verfassungsteil führt die einzelnen Politikfelder und Arbeitsweisen der Union auf. Sie reichen von der klassischen Binnenmarktgesetzgebung bis hin zu Aspekten der sicherheits- und verteidigungspolitischen Zusammenarbeit. Während es sich bei diesen Artikeln in weiten Teilen um die Übertragung heutiger vertraglicher Vorschriften in den Verfassungstext handelt, gelten die Neuerungen vornehmlich den Beschlussverfahren – so bspw. bei der signifikanten Ausweitung von Mehrheitsentscheidungen der Regierungen im Bereich der Innen- und Rechts-, nicht jedoch im Bereich der Außen- bzw. Sicherheitspolitik. Von 2009 an soll bei der Gesetzgebung – bei der das Europäische Parlament mit den nationalen Regierungen gleichgestellt sein würde – eine „doppelte Mehrheit" ausschlaggebend sein, die mindestens die Hälfte der Staaten sowie 60 Prozent der Bevölkerung der EU ausmacht. Der vierte, lediglich neun Artikel umfassende Teil des Verfassungsentwurfes enthält die Schlussbestimmungen, die besonders Möglichkeiten der Verfassungsänderung und die damit verbundene Rolle eines „Konventes" normieren.

Stellt der vorliegende Verfassungsentwurf nun eine „gute Voraussetzung" dar, um der Europäischen Union in einer „globalisierten, multipolaren und entsäkularisierten Welt" „Gestalt und Fundament", mithin die Identität eines „bürgerlichen Europas" zu geben?[1290] Bietet er also eine befriedigende Antwort auf die grundsätzliche Frage: „Welches Europa und zu welchem Zweck?"[1291] Oder muss – Stichwort: „Europäische Identitätsarmut" – „ein halbes Tausend höchstrangiger Vorschriften für den Verbund von 25 Staaten, die alle selbst eine komplette Verfassung und ausufernde Gesetzeswerke haben" das „Fehlen des Gemeinschaftsgeistes wettmachen", gar die Nichtbeantwortung der zentralen Frage verschleiern: „Was ist Europa, was soll die Europäische Union sein?"[1292]

Zunächst: Ohne Zweifel wird der vorliegende Entwurf, der in einem zweiten Anlauf doch noch ohne gravierende Änderungen angenommen wurde, die Europäische Union auf ihrem Weg vom Gemeinsamen Markt hin zu einer Politischen Union ein Stück weit voranbringen. Die Abgrenzungen der Zuständigkeiten zwischen europäischer und nationaler Ebene werden im vorliegenden Entwurf – wenngleich für manche noch immer unzureichend[1293] – präzisiert, das Subsidiaritätsprinzip gestärkt(vgl. Anlage II des Entwurfs), die Rolle der nationalen Parlamente in der europäischen Architektur neu justiert (vgl. Anlage I des Entwurfs) und der Status der Grundrechtecharta fundiert. Mit dem Bekenntnis zur Sozialen Marktwirtschaft und zur Wettbewerbsfähigkeit wird die freiheitliche Wirtschaftsverfassung der Union festge-

---

[1290] Altmaier, Peter: Eine Verfassung für das bürgerliche Europa, in: Frankfurter Allgemeine Zeitung v. 13. Juni 2003.

[1291] Vgl. Sterzing, Christian: Welches Europa und zu welchem Zweck?, in: Blätter für deutsche und internationale Politik (8) 2000, S. 960-965.

[1292] Hefty, Paul Georg: Europäische Identitätsarmut, in: Frankfurter Allgemeine Zeitung v. 16. Juni 2003. „Eine Verfassung, die den Namen verdient, würde einen annähernden Begriff von der ‚Finalität' des Integrationsprozesses voraussetzen" und bliebe ansonsten ein „Torso", wie Frank Decker zu bedenken gibt; vgl. ders.: Mehr Demokratie wagen: Die Europäische Union braucht einen institutionellen Sprung nach vorn, S. 33.

[1293] Vgl. die Kritik an der „unzureichenden Abgrenzung und der mangelnden Eindeutigkeit der Kompetenzkategorien als Grundlage einer beständigen und eindeutigen Kompetenzverteilung zwischen der EU und ihren Mitgliedstaaten" bei Giehring, Claus / Emmanouilidis, Janis: Hohe Hürden auf der Zielgeraden für den EU-Konvent, S. 2.

schrieben, und erstmals wird die kommunale Selbstverwaltung, ja nicht zuletzt die rechtliche Stellung der Kirchen, in der EU anerkannt – „Kompliment, Konvent!"[1294]

Und doch suggeriert die Bezeichnung „Verfassung" des vorliegenden Konvent-Entwurfs eine qualitative Fortentwicklung der Europäischen Union hin zu einem bundesstaatlichen Gebilde, welches sich weder aus der Genese der 460 Einzelartikel, noch aus dem Entwurf der Präambel noch aus dem Willen der meisten nationalstaatlichen Regierungen ergibt.[1295] „Verfassung" ist nicht zu verstehen ohne Staat. Dieser ist ihr Gegenstand und ihre Voraussetzung.[1296] Die Europäische Union bleibt trotz „Verfassung" eine unvollendete Gemeinschaft auf dem Weg zu einem unbekannten Ziel.[1297] Die im Hinblick auf die bestehenden „Demokratie-, Öffentlichkeits-, und Identitätsdefizite" in der EU von einigen Wissenschaftlern angemahnte „definitive Umwandlung" der Europäischen Union von einer „Freihandelszone wirtschaftlicher Prägung in eine politische Föderation, die ein effizientes und demokratisches Regieren im Dienste der europäischen Bürger ermöglichen soll"[1298], ist ausgeblieben.

Tatsache ist, dass die Europäische Union ihre Existenz einem vertraglich-parlamentarischen Gründungsakt der Mitgliedstaaten verdankt und auch in Zukunft von den Völkern der Mitgliedstaaten und deren Parlamenten demokratisch legitimiert wird; die Dynamik der Integrationsentwicklung ist unverändert auf die ständigen Impulse der Mitgliedstaaten angewiesen. Die Mitgliedstaaten der Europäischen Union bleiben „die Herren der Verträge".[1299] Zurecht stellt Dieter Grimm mit Blick auf den vorgelegten Konvent-Entwurf fest, dass „dem ‚Verfassung' genannten Dokument [..] ein wesentliches Element einer Verfassung im Vollsinne des Begriffs"[1300] fehlt: Es ist nicht Ausdruck der Selbstbestimmung eines europäischen Volkssouveräns, sondern geht auf einen Akt der Fremdbestimmung durch die Mitgliedstaaten zurück.[1301] Die Europäische Union wird auch künftig kein selbsttragendes, sondern ein weiterhin von den Mitgliedstaaten getragenes Gebilde sein. Die EU hat damit kein Recht, sich Kompetenzen von den Mitgliedstaaten zu nehmen, sie müssen ihr qua Einzelermächtigung von den nationalen Regierungen übertragen werden. Der „Traum oder Alptraum" einer Politikgestaltung im Spannungsfeld von

---

[1294] Vgl. Fritz-Vannahme, Joachim: Kompliment, Konvent! Die Brüsseler Versammlung zur europäischen Verfassung regelt die Macht der Institutionen neu, in: Die Zeit 24 (2003).

[1295] Vgl. Ross, Jan: Europa will uns erlösen. Was die Sprache verrät: Die EU-Verfassung ist ein Werk der Ideologie, in: Die Zeit 42 (2003).

[1296] Vgl. in diesem Sinne Isensee, Josef: Staat und Verfassung, §13 Rn.1.

[1297] Vgl. Weiler, Joseph: The Constitution of Europe, Cambridge 1999.

[1298] Vgl. die entsprechende Forderung bei Trenz, Hans-Jörg / Klein, Ansgar / Koopmans, Ruud: Demokratie-, Öffentlichkeits- und Identitätsdefizite in der EU: Diagnose und Therapiefähigkeit, in: Klein, Ansgar u.a. (Hrsg.): Bürgerschaft, Öffentlichkeit und Demokratie in Europa, Opladen 2003, S. 7-19, S. 7.

[1299] Vgl. Kirchhof, Paul: Die Gewaltenbalance zwischen staatlichen und europäischen Organen, in: Ronge, Frank (Hrsg.): In welcher Verfassung ist Europa – welche Verfassung für Europa?, S. 133-153, S. 139.

[1300] Grimm, Dieter: Die größte Erfindung unserer Zeit. Als weltweit anerkanntes Vorbild braucht Europa keine eigene Verfassung, in: Frankfurter Allgemeine Zeitung v. 16. Juni 2003; vgl. dazu bereits ders.: Braucht Europa eine Verfassung?, in: Juristenzeitung (12) 1995, S. 581-591.

[1301] Vgl. in diesem Sinne auch ders.: Die Verfassung und die Politik, S. 258f.

Nationalstaat und Europäischer Union" setzt sich auch in Zukunft fort.[1302] Denn auch nach der Proklamation bzw. Ratifizierung jenes vorgelegten Verfassungsentwurfs durch die Staats- und Regierungschefs sowie die nationalen Parlamente wird die Europäische Union weder auf einer gesellschaftlichen Basis ruhen, die für ein selbsttragendes Gebilde demokratisch hinreichend legitimiert wäre[1303], noch wird sie – damit korrespondierend – das Fehlen einer europäischen, die jeweiligen nationalen Diskurse transzendierende Öffentlichkeit kompensieren können. Die gesellschaftlichen und institutionellen Voraussetzungen von Demokratie, welche in den nationalen Mitgliedstaaten der Union gut ausgebildet sind, fehlen auf Unionsebene noch weitgehend. Eine europäische Öffentlichkeit und einen europaweiten Diskurs, der nicht bloß eine Addition von 15 bzw. künftig 25 nationalen Diskursen darstellt, gibt es, bezogen auf die Gesamtgesellschaften, nicht, denn Kommunikationsmedien, die in der Lage wären, einen europäischen Diskussionszusammenhang herzustellen, finden sich nur in Fachpublikationen und nicht auf dem weiten Feld der Massenkommunikation. Zwar spielt das im Konvent-Entwurf gestärkte Europäische Parlament diesbezüglich insofern eine zentrale Rolle, als es nationale Diskurse zusammenführen, die Herausbildung eines europäischen Parteiwesens fördern, die gegenwärtig vorherrschende gubernativ-bürokratische Entscheidungspraxis transparenter machen und ein Gegengewicht zum Experteneinfluss bilden kann. „Als Teil der europäischen Herrschaftsstruktur ist es aber nicht in der Lage, die fehlenden gesellschaftlichen Voraussetzungen eines lebhaften demokratischen Austauschprozesses zu ersetzen"[1304], zumal das Europäische Parlament bis auf weiteres darunter zu leiden hat, nur durch „second order elections"[1305], sprich: Wahlen konstituiert zu werden, die einerseits in ihrer Bedeutung hinter den nationalen Parlamentswahlen zurückbleiben und andererseits von den Parteien ganz oder überwiegend unter nationalen Gesichtspunkten geführt und zum Teil als nationale „Zwischenwahlen" Sinn entfremdet werden.

Auch wenn der mit Blick auf das Parlament wie die Kommission angemahnte „institutionelle Sprung nach vorn" ausgeblieben ist, das europäische „Volk nicht mit mehr Entscheidungsrechten ausgestattet wurde[1306], und es den einen, gesamtheitlichen Kommunikationsraum innerhalb der EU auch nach Inkrafttreten der „Verfassung" nicht geben wird – „wenn Europa Europa bleibt", wie Peter Graf Kielmansegg hinsichtlich des prekären Verhältnisses von europäischer Integration und demokratischer Verfasstheit bemerkt[1307], so lässt sich die Entstehung etlicher „issue-

---

[1302] Vgl. Gretschmann, Klaus: Traum oder Alptraum? Politikgestaltung im Spannungsfeld von Nationalstaat und Europäischer Union, in: Aus Politik und Zeitgeschichte (5) 2001, S. 25-32.

[1303] Vgl. dazu Höreth, Marcus: Das Demokratiedefizit lässt sich nicht wegreformieren. Über Sinn und Unsinn der europäischen Verfassungsdebatte, in: Internationale Politik und Gesellschaft/International Politics and Society (4) 2002, S. 11-38.

[1304] Grimm, Dieter: Die größte Erfindung unserer Zeit. Als weltweit anerkanntes Vorbild braucht Europa keine eigene Verfassung, in: Frankfurter Allgemeine Zeitung v. 16. Juni 2003.

[1305] So die Formulierung bei Blondel, Jean / Sinnott, Richard / Svensson, Palle: People and Parliament in the European Union. Participation, Democracy and Legitimacy, Oxford 1998, S. 14.

[1306] Vgl. Decker, Frank: Mehr Demokratie wagen: Die Europäische Union braucht einen institutionellen Sprung nach vorn, in: Aus Politik und Zeitgeschichte (5) 2001, S. 33-37, S. 35.

[1307] Vgl. Kielmansegg, Peter Graf von: Läßt sich die Europäische Gemeinschaft demokratisch verfassen?, in: Europäische Rundschau (2) 1994, S. 23-33, S. 27f; „Europa", so betont Kielmansegg ganz grund-

spezifischer" und damit sektoraler Kommunikationsräume innerhalb der Union gleichwohl ebensowenig bestreiten[1308] wie die – exemplarisch von John Dewey formulierte und von Cathleen Kantner rezipierte[1309] – Möglichkeit kategorisch ausschließen, dass sich *langfristig* ein kollektives Selbstverständnis auch durch politisch institutionalisierte und öffentlich ausgetragene kollektive Lernprozesse, die aus der Bewältigung konkreter interdependenter Problemlagen resultieren, herausbildet[1310].

Tatsächlich entstanden in der Vergangenheit und entstehen gegenwärtig Kommunikationsnetzwerke organisierter Akteure, die auf europäischer Ebene Interessen durchzusetzen versuchen und untereinander, d.h. in relativ begrenztem Rahmen, eine „Netzwerköffentlichkeit" herstellen, die fallweise über die engen Grenzen des Netzwerks hinauszureichen vermag. Zum anderen vermag Öffentlichkeit – im Sinne einer „Resonanzstruktur" – als kritische Reaktion auf Entscheidungen europäischer politischer Institutionen diese zu Rechtfertigungen ihres Handelns zu zwingen: „Eben die negative Resonanz auf ‚von oben' entfaltete Öffentlichkeit induziert eine Art Automatismus, der verstärkt Selbst-Legitimierung seitens der europäischen Institutionen nach sich zieht – ein Prozess der als solcher schon als intrinsisch demokratisch gewertet wird."[1311] Berücksichtigt man den Umstand, dass die Anzahl der regelungsbedürftigen Konflikte in Europa seit Jahren anwächst, so ließe sich folgern, dass in Europa ein Publikum entsteht, das zuhört. Dieses Publikum ist noch kein politischer Akteur im Sinne der Demokratietheorie, aber doch ein, wie Klaus Eder betont, „potentieller Träger eines kollektiven Meinungsbildungsprozesses".[1312]

Diese Argumentationslinie rückt – ausgehend von der Annahme, dass erst die Einbindung der europäischen Bürger in unterschiedliche, sich überlagernde Öffentlichkeiten und deren Teilnahme am politischen Prozess der EU eine Aussöhnung nationaler Konfliktlinien herbeiführen und interkulturelle Verständigungsprozesse im europäischen Raum stimulieren vermag – anstelle des einen europäischen Demos

---

sätzlich in diesem Kontext, sei keine Kommunikationsgemeinschaft, „kaum Erinnerungsgemeinschaft und nur sehr begrenzt eine Erfahrungsgemeinschaft. Europa ist keine Kommunikationsgemeinschaft, weil Europa ein vielsprachiger Kontinent ist – das banalste Faktum ist zugleich das elementarste [...]".

[1308] Vgl. Abromeit, Heidrun: Möglichkeiten und Ausgestaltung einer europäischen Demokratie, in: Klein, Ansgar u.a. (Hrsg.): Bürgerschaft, Öffentlichkeit und Demokratie in Europa, S. 31-54.

[1309] Europäische Identität erwächst Kantner zufolge „in modernen heterogenen Gesellschaften aus den kollektiven Erfahrungen, den Wunden, die wir einander zufügen und den positiven Erfahrungen, die wir in Europa miteinander bei der politischen Austragung dieser Konflikte sowie bei der Errichtung gemeinsamer Institutionen bereits machen und in Zukunft machen". Dies..: Öffentliche politische Kommunikation in der EU. Eine hermeneutisch-pragmatistische Perspektive, in: Klein, Ansgar u.a. (Hrsg.): Bürgerschaft, Öffentlichkeit und Demokratie in Europa, S. 213-229, S. 228.

[1310] Vgl. das entsprechende Modell bei Dewey, John: Die Öffentlichkeit und ihre Probleme, Bodenheim 1996 (Original 1927).

[1311] Ebd., S. 40.

[1312] Vgl. dazu ausführlich Eder, Klaus / Kantner, Kathleen: Transnationale Resonanzstrukturen in Europa, in: Bach, Maurizio (Hrsg.): Die Europäisierung nationaler Gesellschaften. Sonderheft 40 der Kölner Zeitschrift für Soziologie und Sozialpsychologie, Opladen 2000, S. 306-331; vgl. auch ders. / Hellmann, Kai-Uwe / Trenz, Hans-Jörg: Regieren in Europa jenseits öffentlicher Legitimation? Eine Untersuchung zur Rolle von politischer Öffentlichkeit in Europa, in: Kohler-Koch, Beate (Hrsg.): Regieren in entgrenzten Räumen. Politische Vierteljahresschrift, Sonderheft (29) 1998, S. 321-344.

„als *unteilbarem* Subjekt"[1313] die politische Öffentlichkeit ins Zentrum und behauptet folglich, der Demos als „kommunikatives Konstrukt" könne von „jeder Substanz des Kollektiven losgelöst werden"[1314]. Diese Argumentation – theoretisch im „Prinzip bestechend" (Heidrun Abromeit) – wird jedoch durch den wenig fortgeschrittenen Europäisierungsgrad der nationalen Medien als Vermittlungsagenturen des Diskurses bzw. der Resonanz ebenso in Frage gestellt wie durch die unterschiedlichen Sprachen und politischen Kulturen in Europa: „alles Faktoren, die eine transnational gemeinsame Problemwahrnehmung zu behindern vermögen"[1315] – zumindest, was die große Mehrheit der nationalen Bürgergesellschaften[1316] Europas angeht. Das bedeutet, dass europäische Öffentlichkeit bis auf weiteres eine Austauschbeziehung zwischen den geistigen und politischen Eliten ist und bleibt, die sich Europa als kollektiven Selbstverständigungshorizont zur Vergewisserung von Gemeinsamkeiten und Unterschieden zugrunde legen. Europäische Öffentlichkeit, verstanden als geistige Projektion der Intellektuellen – weist auf das Allgemeine jenseits des Partikularen, das sich in der Praxis interkultureller Kommunikation annähert und zu einer Diskursgemeinschaft vereint.[1317]

Als übergreifender Kommunikationszusammenhang, der die partikularen Kulturen transzendiert, leistet so verstandene europäische Öffentlichkeit vornehmlich eine Vermittlung von oben nach unten: Sie konstruiert einen exklusiven Diskursraum, in dem die nationalen Bürgergesellschaften [allenfalls] als passiver Rezipient von Kultur und Bildung inkludiert sind und mag doch – auszuschließen ist es in historischer Erfahrungsperspektive nicht – einen Beitrag leisten zu der Herausbildung einer im Vergleich zu den Nationalstaaten „noch viel dünneren Solidarität" der Europäer untereinander[1318], die ihrerseits aber wohl kaum die auf nationaler Ebene vorhandene – und eben nicht „allein rechtlich vermittelte"[1319] – Solidarität im Bewusstsein einer nationalen Identität wird substituieren können.

[1313] Vgl. die Hervorhebung bei Bach, Maurizio: Die Europäisierung der nationalen Gesellschaft? Problemstellungen und Perspektiven einer Soziologie der europäischen Integration, in: Ders. (Hrsg.): Die Europäisierung nationaler Gesellschaften, S. 11-35, S. 30.

[1314] Trenz, Hans-Jörg / Klein, Ansgar / Koopmans, Ruud: Demokratie-, Öffentlichkeits- und Identitätsdefizite in der EU, S. 17; vgl. in diesem Zusammenhang grundsätzlich Risse, Thomas: A European Identity? Europeanization and the Evolution of Nation—State Identities, in: Ders. u.a. (Hrsg.): Transforming Europe: Europeanization and Domestic Change, New York 2001, S. 198-216.

[1315] Abromeit, Heidrun: Möglichkeiten und Ausgestaltung einer europäischen Demokratie, S. 41; vgl. ausführlich dazu dies.: Demokratie und Öffentlichkeit, in: Dies. / Nieland, Jörg-Uwe / Schierl, Thomas (Hrsg.): Politik, Medien, Technik. Festschrift für Heribert Schatz, Wiesbaden 2001, S. 75-91.

[1316] Vgl. Lietzmann, Hans J. / Wilde, Gabriele: Der supranationale Charakter einer europäischen Bürgerschaft, in: Klein, Ansgar u.a. (Hrsg.): Bürgerschaft, Öffentlichkeit und Demokratie in Europa, S. 55-73, S. 66: „Die europäische Union kennt weder *europäische* BürgerInnen noch europäische *BürgerInnen*" [Hervorhebungen im Original, V.K.].

[1317] Vgl. in diesem Sinne Giesen, Bernhard: Europa als Konstruktion der Intellektuellen, in: Viehoff, Reinhold / Segers, Rien T. (Hrsg.): Kultur, Identität, Europa. Über die Schwierigkeiten und Möglichkeiten einer Konstruktion, Frankfurt a.M. 1999, S. 130-146, S. 137ff: „Intellektuelle als Konstrukteure kultureller Identität".

[1318] Vgl. dazu Jürgen Habermas in einem Gespräch mit Albrecht von Lucke: Europäische Identität und universalistisches Handeln. Nachfragen an Jürgen Habermas, in: Blätter für deutsche und internationale Politik (7) 2003, S. 801-806, S. 805.

[1319] Auch auf nationaler Ebene, so argumentiert Habermas, sei „ja die abstrakte, weil allein rechtlich vermittelte Solidarität unter Staatsbürgern relativ dünn". Ebd.

Ebensowenig, wie der vorliegende „Verfassungs"-Entwurf – präziser: der „Verfassungsvertrag"[1320] oder „Grundvertrag"[1321] – das europäische Demokratiedefizit beseitigt, wird er die Indifferenz der meisten Europäer gegenüber der Union überwinden, auf der symbolischen Ebene eine nachhaltige Wirkung entfalten und die Union in den Herzen der Bürger verankern, noch den Kristallisationspunkt für eine europäische Identität bilden können.[1322] Warum nicht – zumal, wenn die Möglichkeit der allmählichen, historisch langfristigen Herausbildung einer „Nation der Europäer", auf die Ernst-Wolfgang Böckenförde zurecht hinweist und die Jerzy Maćków mittels eines „Europäismus" befördern will[1323], keineswegs grundsätzlich auszuschließen ist? In der Tat: „Die EU besteht derzeit aus Völkern und Nationen, aber das Bewusstsein einer kulturellen und in gewissem Umfang auch politischen Identität der Europäer kann sich bilden [vgl. in diesem Sinne die Ausführungen zu „Nation" und „Nationaler Identität in Kapitel I, V.K.].[1324] Dieser Prozess kann durch Niederlegung der Grenzen, zunehmende wirtschaftliche Verflechtung, fortschreitendes Zusammenleben, geistig-kulturellen Austausch und entsprechende Kommunikation, ein stufenweise wachsendes Europa-Bürgerrecht, schließlich durch gemeinsame europäische Institutionen befördert werden."[1325]

Der vorliegende Konvent-Entwurf weist mit seinen ökonomischen, mit seinen grundrechtlichen sowie seinen institutionellen Normierungen unbestreitbar in diese Richtung und mag insofern aus supranationaler Perspektive als „sehr guter Entwurf" (Joschka Fischer)[1326] angesehen werden, während die Frage nach den Grenzen "Europas", der Europäischen Union, ebensowenig beantwortet, wie das geistig-kulturelle bzw. das kommunikative Defizit überwunden. Mit anderen Worten: Die Frage nach der „Identität" Europas, nach dem einigenden Band der Europäer jenseits wirtschaftlicher Integration sowie gemeinsamer Institutionen ist nicht bzw. unter Verweis auf gemeinsame Werte [„Gleichheit der Menschen, Freiheit, Geltung der Vernunft"] höchst allgemein und unverbindlich beantwortet worden. Es stellt sich also grundsätzlich die Frage, ob die fortschreitende Integration, wie sie durch die ökonomischen und institutionellen Normierungen intendiert wird, nicht dadurch

---

[1320] Vgl. Böckenförde, Ernst-Wolfgang: Staat, Verfassung, Demokratie. Studien zur Verfassungstheorie und zum Verfassungsrecht, Frankfurt a. M. 1991, S. 36.

[1321] Vgl. dazu Herdegen, Matthias: Das „konstitutionelle" Profil Europas, in: Ronge, Frank (Hrsg.): In welcher Verfassung ist Europa?, S. 255-261.

[1322] Vgl. in diesem Sinne Giering, Claus / Emmanouilidis: Hohe Hürden auf der Zielgeraden für den EU-Konvent, S. 2f: „Sprachlich und aufgrund eines komplexen strukturellen Aufbaus dürften die Bürger jedoch Schwierigkeiten haben, sich mit diesem Mega-Vertrag als ihrer Verfassung zu identifizieren [...]". Vgl. auch dies.: Licht und Schatten – eine Bilanz der Konventsergebnisse, in: Centrum für angewandte Politikforschung (Hrsg.): Konvent-Spotlight 08/2003, S. 2f.

[1323] Vgl. Maćków, Jerzy: Europäismus, in: Frankfurter Allgemeine Zeitung v. 17. Dezember 2003.

[1324] Zur Frage nach einer kollektiven europäischen Identität vgl. auch Scharpf, Fritz: Governing in Europe. Effective and Democratic?, Oxford 1999.

[1325] Böckenförde, Ernst-Wolfgang: Grundlagen europäischer Solidarität, in: Frankfurter Allgemeine Zeitung v. 20. Juni 2003; vgl. dazu die Ausführungen unter Bezugnahme auf das von Seiten der Europäischen Kommission vorgelegte Weißbuch „European Governance (2001)" bei Liebert, Ulrike: Transformationen europäischen Regierens: Grenzen und Chancen transnationaler Öffentlichkeiten, in: Klein, Ansgar u.a. (Hrsg.): Bürgerschaft, Öffentlichkeit und Demokratie in Europa, S. 75-100.

[1326] Vgl. Bundesaußenminister Fischer begrüßt Konventsergebnis, in: www.auswaertiges-amt.de/www/de/eu_politik/aktuelles.

konterkariert wird, dass es das einigende, spezifisch europäische historisch-kulturelle Band zur Schaffung einer die Nationen transzendierenden Union von 25 oder mehr Mitgliedern nicht gibt.[1327] Sind es nur „Gedanken von der Peripherie", wenn der irische, proeuropäische Schriftsteller Colm Tóibín hinsichtlich der Frage nach einer europäischen Identität feststellt: „Es gibt keinen Bestand an europäischen Wertvorstellungen; es gibt keine gemeinsame europäische Identität. Ich kann nicht über die Zukunft Europas sprechen, da ich nicht weiß, was Europas ist."[1328] Wenn Jürgen Habermas das Unverwechselbare, das Identifizierbare an Europa – als dasjenige, was Europa zusammenhalten, gar erneuern soll[1329] – in den historischen Errungenschaften, Erfahrungen und Traditionen wie Menschenrechten, Vertragsdenken, dem Wunsch nach Frieden und Ausgleich, den Werten Gleichheit der Menschen, Freiheit, Geltung der Vernunft, erblickte, so handelte es sich dabei zwar auch, doch keineswegs exklusiv um Europäisches. „Exklusiv ist es westlich – und dann müssten die Vereinigten Staaten wieder eingeschlossen sein"[1330], die Habermas unter Verweis auf den jüngsten Irak-Krieg sowie die westeuropäischen Massendemonstrationen gegen den amerikanisch angeführten Feldzug gegen Saddam Hussein gerade auszuschließen sucht. Habermas weiß dies und konzediert unter Anführung der Vereinigten Staaten, Kanadas und Australiens entsprechend, der „Westen" umfasse als geistige Kultur mehr als nur Europa. Doch wie steht es um die originären Quellen einer europäischen Mentalität, als welche er das Vertrauen der Europäer in staatliche Einhegungen des ökonomischen Marktgeschehens, ihre relative Skepsis gegenüber dem technischen Fortschritt sowie ihr Bestehen auf weltanschaulicher Neutralität politischer Entscheidungen bezeichnet? Dass „die" Europäer gegenüber der Leistungsfähigkeit des Marktes skeptisch sind, gilt für die EU-Kommission gerade nicht. Dass sie sich gegenüber dem technischen Fortschritt in Skepsis üben, lässt sich mit Blick auf Frankreich, Belgien oder Schweden nur schwerlich verallgemeinern. Im Übrigen konturieren die Vereinigten Staaten nur „bei erheblichem intellektuellem Abstraktionsgrad" eine Gestalt, die sich aus religiöser Nichtneutralität der Politik, aus Neoliberalismus, Hegemonialstreben sowie der Todesstrafe zusammensetzt.[1331] Die Debatte um eine europäische „Kern-Fusion"[1332], ein Kern-Europa, wie sie Ha-

---

[1327] Vgl. in diesem Sinne skeptisch die Argumentation bei Lietzmann, Hans J.: Europäische Verfassungspolitik. Die politische Kultur des „Verfassungsstaates" und die Integration der Europäischen Union, in: Vorländer, Hans (Hrsg.): Integration durch Verfassung, S. 291-312, S. 304f. „Dass sich mittels eines ‚moralisch-reflexiven Konstitutionalismus' tatsächlich, d.h. in der politischen Realität Europas ‚ein Raum ohne Tradition und Transparenz' errichten ließe, dass sich also ein politisches Entscheidungsverfahren ohne normative oder traditionale Konnotationen errichten lässt, mag man ohnehin nicht glauben."

[1328] Tóibín, Colm: Europäische Identität? Oder: Was Irland mit der Türkei verbindet. Gedanken von der Peripherie, in: Neue Zürcher Zeitung v. 14. April 2003.

[1329] Vgl. Habermas, Jürgen / Derrida, Jacques: Unsere Erneuerung. Nach dem Krieg: Die Wiedergeburt Europas, in: Frankfurter Allgemeine Zeitung v. 31. Mai 2003.

[1330] Schmid, Thomas: Mehr Zugluft wagen, in: Frankfurter Allgemeine Sonntagszeitung v. 08. Juni 2003.

[1331] Vgl. Kaube, Jürgen: Sind wir denn vernünftig? Zivilisation im Test: Das Modelleuropa von Jürgen Habermas, in: Frankfurter Allgemeine Zeitung v. 03. Juni 2003; dies konzediert Habermas selbst in einem Gespräch mit Albrecht von Lucke; vgl. ders.: Europäische Identität und universalistisches Handeln. Nachfragen an Jürgen Habermas, S. 801f.

[1332] Vgl. Hoffmann, Gunter: Europas Kern-Fusion. Die Vordenker in Ost und West verbindet mehr, als sie trennt, in: Die Zeit (26) 2003.

bermas in Kooperation mit europäischen Intellektuellen anstoßen wollte, zeigt, dass Europa sich ex negativo nicht einigen bzw. erneuern lässt. Weder lassen sich europäische und westliche Werte eindeutig unterscheiden, noch lässt sich europäische Identität aus der Freiheitsgeschichte Westeuropas nach 1945 und derjenigen Mittel- und Osteuropas nach 1989 schaffen. Jenseits des historisch überwundenen „Eisernen Vorhangs" zielt die historische Erinnerung auf anderes als in Westeuropa: hier richtet sich der Blick und das nationale Interesse auf Eigenständigkeit und Souveränität als Konsequenz der Befreiung aus dem Imperium des Ostblocks. Eine neue Einordnung in ein supranational organisiertes Europa scheint weniger attraktiv als die Bewahrung der Souveränität im Rahmen einer tendenziell intergouvernementalen Union. Die Option in Polen und Tschechien für die Vereinigten Staaten und gegen Frankreich und Deutschland im Zuge des Irak-Konflikts bringt dies zum Ausdruck. Die Vereinigten Staaten und nicht die Europäische Union sind für sie die Schutzmacht, die ihre Freiheit möglich gemacht hat und die verlässlichen Schutz gegenüber neuen imperialen Interessen, bspw. Russlands, gewährt. In einer Europäischen Union mit 25 Mitgliedern wird es eine Wiedergeburt Europas in Abgrenzung zu den Vereinigten Staaten nicht geben. Bei einem solchen Europa „stören die ‚Neuen' irgendwie"[1333]; gehören fortan aber dazu. Imre Kertész kritisiert die europapolitischen Vorschläge von Jürgen Habermas folglich als „hochmütige Theorie, die wahrscheinlich nur dazu dienen dürfte, die künftigen neuen Mitgliedstaaten von den unmittelbaren Entscheidungen fernzuhalten".[1334]

Spricht vor diesem Hintergrund also einiges dafür, dass die differenzierte Integration – im Konvent-Entwurf als Möglichkeit einer „verstärkten Zusammenarbeit" formuliert [Kapitel III; Titel V; Teil I] und im Zuge der Einführung der Wirtschafts- und Währungsunion bereits praktiziert[1335] – in einer größer und damit auch heterogener werdenden Union eine Zukunft hat[1336], wie Hans-Ulrich Wehler in Anknüpfung an Jürgen Habermas meint?[1337] Ein Europa der zwei oder noch mehr Geschwindigkeiten mit einem von Joschka Fischer favorisierten „Gravitationszentrum"[1338] böte insofern ein großes Maß an Flexibilität, als dass jeder Staat je nach Interessenlage und Tradition selbst entscheiden könnte, wann er in welchem Politikbereich wie viel Souveränität abzugeben bereit ist. Andererseits wäre eine fexible EU schwieriger zu steuern, vor allem dann, wenn sich eine Avantgarde parallele Organe aufbaute und nur noch schwer erkennbar würde, ob es sich um einen EU-Beschluss handelt oder um eine Aktion einiger Kerneuropa-Staaten. Die drohende Gefahr des

---

[1333] Vgl. ebd.

[1334] Kertész, Imre: Hat Europa die Geister der Barbarei wirklich verscheucht?, in: Frankfurter Allgemeine Sonntagszeitung v. 05. Oktober 2003.

[1335] Vgl. dazu Delors, Jacques: Eine Avantgarde als Motor für den europäischen Einigungsprozess, in: Weidenfeld, Werner: Europa-Handbuch, Bonn 2002, S. 854-859, S. 857f; zur Diskussion um die Konzeption eines „Kern-Europa" vgl. auch die Zwischenbetrachtung bei Busse, Christian: Braucht Europa einen Kern? Zur gegenwärtigen Diskussion um die Zukunft der europäischen Integration, in: Aus Politik und Zeitgeschichte (47) 2000, S. 3-12.

[1336] Oswald, Bernd: Was wird aus der Idee EU?, in: Süddeutsche Zeitung v. 18. Juni 2003.

[1337] Wehler, Hans-Ulrich: Laßt Amerika stark sein! Europa bleibt eine Mittelmacht: Eine Antwort auf Jürgen Habermas, in: Frankfurter Allgemeine Zeitung v. 27. Juni 2003.

[1338] Vgl. Fischer, Joschka: Vom Staatenverbund zur Föderation: Gedanken über die Finalität der europäischen Integration, in: www.jeanmonnetprogram.org

„Separatismus" erkennt auch Habermas, wenn er betont, „vorangehen heiße nicht ausschließen" und zugleich davor warnt, „das avantgardistische Kerneuropa" dürfe sich nicht zu einem „Kleineuropa verfestigen". Wie auch immer die Konsequenzen einer verstärkten Zusammenarbeit von einzelnen Mitgliedstaaten der EU aussehen werden, zu jenem von Fischer diesbezüglich antizipierten „letzten Schritt" einer Vollendung der Integration in einer europäischen „Föderation"[1339] werden einige Mitgliedstaaten, allen voran Großbritannien, nicht bereit sein – selbst dann nicht, wenn „eine Bundesstaatsverfassung [..] den Gliedern so starke Positionen im Willensbildungssystem einräumen [kann, V.K.], dass man den Eindruck gewinnt, es handele sich um einen ,Staatenbund'"[1340]. Die „Verfassung" für Europa als „a great prize for Britain"?

Tatsache ist, dass das Dokument keinen europäischen Staat konstituiert; die Europäische Union wird auch künftig durch intergouvernementale und supranationale Elemente charakterisiert sein, eine Konstruktion *sui generis*[1341]. Die EU: ein „Staatenverbund", der seine Identität gerade aus der Lebendigkeit, dem Mit- und auch Gegeneinander der Nationalstaaten und ihrer Interessen gewinnt. Weder Traum, noch Albtraum, vielmehr einem gesunden Maß an Pragmatismus ist das „Grundaxiom der europäischen Integration" geschuldet, dessen Stempel auch die „Verfassung" für Europa tragen wird: dass nationale und übernationale Interessen – damit auch Identitäten – einander gerade nicht widerstreiten oder substituieren, sondern sich, ganz umgekehrt, gegenseitig bedingen.[1342]

So beweist also selbst die Diskussion um eine „Verfassung" für Europa, dass es „höchste Zeit"[1343] wird – und dies gerade auch im Interesse Europas bzw. der europäischen Nachbarstaaten der Bundesrepublik –, Deutschland als Nation – als heterogener Nationalstaat „jenseits nationalistischer Verirrungen und ethnischer Partikularismen"[1344] – wieder zu einer rationalen Größe des politischen Handelns zu machen. Nicht zuletzt auch in aussenpolitischer Perspektive, wie Christian Hacke unter Be-

---

[1339] Vgl. ebd.

[1340] Schneider, Heinrich: Alternativen der Verfassungsfinalität: Föderation, Konföderation – oder was sonst?, in: Integration 23 (2000) S. 171-184, S. 176; vgl. dazu – unter Bezugnahme auf Arend Lijphart [vgl. ders.: Patterns of Democracy: Government Forms and Performance in Thirty-six Countries, London 1999] – argumentierend, Decker, Frank: Demokratie und Demokratisierung jenseits des Nationalstaates: Das Beispiel der Europäischen Union, in: Zeitschrift für Politikwissenschaft (10) 2000, S. 585-629, S. 611ff.

[1341] Vgl. dazu Jachtenfuchs, Markus: Die europäische Union – ein Gebilde sui generis?, in: Wolf, Klaus Dieter (Hrsg.): Projekt Europa im Übergang? Probleme, Modelle und Strategien des Regierens in der Europäischen Union, Baden-Baden 1997, S. 15-35.

[1342] Vgl. Henrichsmeyer, Wilhelm / Hildebrand, Klaus / May, Bernhard (Hrsg.): Auf der Suche nach europäischer Identität, Bonn 1995; vgl. ebd. das Vorwort der Herausgeber, S. 9-15. Mit Blick auf eine „Nation der Europäer" stellt Böckenförde denn auch fest, zukunftsweisend sei dieser Prozess nur dann, wenn das sich entwickelnde Nation-Bewusstsein der Europäer sich nicht aufsaugend, sondern übergreifend versteht als eine Gemeinsamkeit und Identität, welche die Besonderheiten der Völker nicht ersetzt, sondern sie als fortbestehende selbstständige Teile integriert. Vgl. ders.: Grundlagen europäischer Solidarität, in: Frankfurter Allgemeine Zeitung v. 20. Juni 2003.

[1343] Vgl. Dahrendorf, Ralf: Warum Europa? Nachdenkliche Anmerkungen eines skeptischen Europäers, in: Die Botschaft des Merkur. Eine Anthologie aus fünfzig Jahren der Zeitschrift (hrsg. V. Karl Heinz Bohrer und Kurt Scheel), Stuttgart 1997, S. 554-572, S. 571.

[1344] Vgl. Gephart, Werner: Handeln und Kultur. Vielfalt und Einheit der Kulturwissenschaften im Werk Max Webers, Frankfurt a. M. 1998, S. 187.

zugnahme auf Thomas Manns Begriff von einem „europäischen Deutschland" betont. Gerade weil die Deutschen in den vergangenen fünfzig Jahren „ihre Identität über den nationalen Tellerrand hinaus erweitert"[1345] hätten, liege eine Chance für den wiedervereinigten deutschen Nationalstaat heute darin, ihre nationalen Interessen anzuerkennen und in Verbindung mit universellen Werten kooperativ verfolgen zu können: „Erst eine neue Balance zwischen atlantischer Zivilisation, europäischer Integration und Nation bietet die Chance, ein modernes außenpolitisches Konzept zu entwickeln und jene Identifikation des Bürgers mit seinem Staat und seiner Außenpolitik zu bewirken, die für die Sicherung der Existenz einer lebenswürdigen Zivilisation notwendig ist."[1346]

Nation und Europa widersprechen sich nicht, sie bedingen bzw. stärken einander. Ein Beispiel: Im Zuge einer lebhaften innerösterreichischen Debatte um den 1995 erfolgten EU-Beitritt der Alpenrepublik vermochte nicht zuletzt das Argument einer prospektiven Stärkung der österreichischen Nation im EU-Verbund vorhandene Skepsis innerhalb der Bevölkerung gegenüber einem EU-Beitritt zu überwinden. Die europäische Integration galt bzw. gilt im Nachbarland auch als Mittel zur Rettung, Sanierung und Modernisierung des österreichischen Nationalstaats in Zeiten der Globalisierung. „Das Projekt ‚Europa'", bilanziert Michael Gehler Österreichs „langen Weg nach Europa", „bedeutete und bedeutet keineswegs ein Absterben der Nationen und eine Abschaffung der nationalen Souveränität."[1347]

Wollen die Deutschen, wie ihre Nachbarvölker auch, Europäer sein, so müssen sie zunächst sich selbst, als Deutsche, akzeptieren und eigene Interessen formulieren, die keineswegs gegen „Europa" gerichtet sein müssen bzw. sollten. Die Erweiterung und Vertiefung der EU stellt ein signifikantes Interesse deutscher Politik dar. Nur können deutsche Interessen nicht stets mit europäischen Interessen identisch sein, wenn es gar nicht „das" europäische Interesse bzw. „die" europäischen Interessen gibt. Die Auseinandersetzung im Zuge des Irak-Kriegs des Jahres 2003 hat die Dilemmata einer gemeinsamen europäischen Außen- bzw. Sicherheits- und Verteidigungspolitik überaus deutlich gemacht. Im Namen „Europas" verstellten sich im Vorfeld des Krieges Großbritannien und Frankreich (in Koalition mit Deutschland) gegenseitig den Weg hin zu einer gemeinsamen europäischen Position; jedes der beiden Länder schien bereit, aus unterschiedlichen historisch-politischen Interessen heraus bis an den Abgrund, den Bruch der europäischen Bündnisbeziehungen zu gehen. London, um an der Seite der USA zu demonstrieren, dass das „alte Europa" noch den Willen hat, sich als Partner der Amerikaner nicht nur rhetorisch sondern auch handelnd einzusetzen. Paris zur Demonstration des Gegenteils: Das „alte Europa" soll den USA einen Riegel vorschieben und der „Hypermacht", wie der frühere französische Außenminister Védrine die Vereinigten Staaten bereits vor einem Jahr

---

[1345] Hacke, Christian: Die Außenpolitik der Bundesrepublik Deutschland, S. 580.

[1346] Ebd., S. 583. Die Kategorie des „nationalen Interesses" mache für die deutsche Aussenpolitik zu Beginn des 21. Jahrhunderts allein schon deshalb Sinn, so Hacke, weil in einer Welt von knapp 200 Nationalstaaten ohne diese Kategorie internationale Politik schwer erklärbar bliebe und „das Phänomen der Renationalisierung nach Maßstab eines aufgeklärten nationalen Interesses kritisch beurteilt werden kann". Vgl. ebd.

[1347] Gehler, Michael: Der lange Weg nach Europa. Österreich vom Ende der Monarchie bis zur EU, Innsbruck, 2002, S. 355.

nannte, zeigen, dass ihr Unilateralismus ins politische Abseits führe.[1348] Wenn zwei Schlüsselländer „mit Deutschland als Frankreichs Anhängsel"[1349] sich in einer weltpolitischen Krise diametral gegenüberstehen und sich öffentlich entsprechend äußern, dann geht nicht nur der Optimismus der Integrationisten und ihr Vertrauen in historische Einigungskräfte zu Bruch. Dann stellen sich ganz grundsätzliche Fragen: Müssen sich künftig ein karolingisches und eine atlantisches Europa zusammenraufen?[1350] Wird die EU in Zukunft stärker von wechselnden Koalitionen geprägt sein, die sich angesichts spezifischer Herausforderungen zusammenfinden? Werden sich gar – „atemberaubend kurzsichtig"[1351] – Frankreich, Deutschland und Russland dauerhaft zusammenfinden mit dem Ziel, die „hegemonialen USA" einzudämmen?[1352] Oder aber verleiht die Erfahrung des Irak-Kriegs einer gemeinsamen europäischen Verteidigungs- und Außenpolitik neue, bislang fehlende Dynamik, so dass es zu einem neuen Integrationsschub kommt?[1353]

Wie auch immer: Die Lehren, die Deutschland aus der Geschichte des 20. Jahrhunderts gezogen hat, lauten, dass Deutschland sich nicht mehr isolieren darf und dass die deutsch-amerikanischen Beziehungen über fünf Jahrzehnte hinweg stets die verlässlichsten waren. Deutschland kann eine Vermittlerrolle zwischen „atlantischem" Europa und „europäischem" Europa übernehmen, sollte aber nie den Eindruck erwecken, als ob es – neowilhelministisch – der weltpolitischen Führungsrolle der USA entgegen arbeitet. Dies widerspräche dem nationalen Interesse Deutschlands.[1354] Mit der „Hegemonie" der USA konnte die Bundesrepublik über Jahrzehnte hinweg bestens auskommen. Insofern wäre jede Tendenz zu einem neuen deutschen Hochmut verhängnisvoll – selbst wenn sie im Gewand der europäischen Integration bei einem französisch instruierten Bau eines europäischen Gegenpols aufträte. Deutschland war und ist außenpolitisch gut beraten, Absetzbewegungen der Europäer von den Vereinigten Staaten mit großer Skepsis und Zurückhaltung zu betrachten. In dieser Perspektive ist auch der Fortgang der europäischen Integration zu beurteilen.[1355]

Ein weiteres hat die Irak-Krise gezeigt bzw. in Erinnerung gerufen: Es gibt keinen Zugang zu Europa ohne die Vermittlung der Nationalstaaten bzw. der nationalen Interessen[1356]. Der Idee der europäischen Einheit korrespondiert nicht der Status des Einheitseuropäers. Der nationale Verfassungsstaat ist und bleibt bis auf weiteres –

[1348] Vgl. Kielinger, Thomas: Ein Krieg um die Deutung Europas. Die Irak-Krise treibt die nationalen Ich-AGs Frankreich und England zum Äußersten, in: Die Welt v. 18. März 2003.

[1349] Feldmeyer, Karl: Furor im Unterhaus, in: Frankfurter Allgemeine Zeitung v. 19. März 2003.

[1350] Vgl. in diesem Sinne Krönig, Jürgen: Auf zu neuen Ufern. Großbritannien verabschiedet sich von Europa und vom Euro, in: Die Zeit v. 20. Februar 2003.

[1351] Wehler, Hans-Ulrich: Laßt Amerika stark sein, in: Frankfurter Allgemeine Zeitung v. 27. Juni 2003.

[1352] Vgl. in diesem Sinne argumentierend Todd, Emmanuel: Amerikas Macht wird gebrochen, in: Der Spiegel (12) 2003.

[1353] Vgl. exemplarisch Schümer, Dirk: Neu-Europa. Sieger des Irak-Krieges wird die Weltmacht der Zukunft sein, in: Frankfurter Allgemeine Zeitung v. 08. April 2003.

[1354] Vgl. in diesem Sinne Hacke, Christian: Die Außenpolitik der Bundesrepublik Deutschland, S. 573.

[1355] Vgl. Mayer, Tilman: Leitende Ideen in der transatlantischen Integration, S. 141.

[1356] Vgl. übereinstimmend Krockow, Christian Graf von: Die Zukunft der Geschichte. Ein Vermächtnis, S. 110f: „Europa mag als ein ehrenwertes Ziel erscheinen, doch rings um uns her besteht es aus Nationen, die nicht davon lassen wollen, es zu sein."

auch im Zeichen des internationalen Terrorismus – der zentrale Friedensgarant.[1357] Von einer „Kalifornikation", die Timothy Garton Ash für Europa fordert, ist der europäische Staatenverbund weit entfernt.[1358] „Europa" lebt nur in und aufgrund der Vielheit seiner Völker – wie Josef Isensee[1359] und Egon Bahr[1360] übereinstimmend feststellen –, ja, es wird, verstanden als Projekt zur Schaffung eines supranationalen Staates, in den künftigen mittel- osteuropäischen Mitgliedsstaaten der EU gar als Bedrohung der nationalen Demokratien und Identitäten empfunden.[1361]

Konsequent ist mit der Frage nach einer nationalen Identität der Bundesrepublik Deutschland an der Schwelle des 21. Jahrhunderts diejenige nach einem zeitgemäßen deutschen Patriotismus[1362] verknüpft. Es ist offensichtlich weder sinnvoll, notwendig, ja überhaupt möglich, eine zeitgemäße politische Identität ohne jegliche patriotische Gehalte auszubilden und als strikt „postnationale" Identität zu begreifen. Denn in dem Augenblick, in dem im Namen weltbürgerlicher Öffnung und supranationaler Einigung auf die im kleinen deutschen Staatsrahmen gewachsenen Errungenschaften zu verzichten wäre, würde erst klar, wie sehr die eigene kollektive Identität an diesen Errungenschaften hängt, wie sehr sie eine zugleich staatlich und kulturell geprägte, herkunftsbestimmte, d.h., eine nationale ist. Ob daraus nun der Schluss gezogen würde, die als fortschrittlich empfundenen deutschen Eigenheiten gegen europäische Einheitsnormen abzuschotten oder diese Art der Fortschrittlichkeit der europäischen Gemeinschaft als maßgebliche aufdrücken zu wollen – für die anderen Mitgliedsstaaten der EU erschiene das eine wie das andere als nationalistisch. „Die Zukunft des Kosmopolitismus ist auch die Zukunft von Nationalität".[1363]

Gerade wenn die allenthalben geteilte Wahrnehmung zutreffend ist, dass mit der Wiedervereinigung zum ersten Mal in der deutschen Geschichte eine ausgewogene und politisch tragfähige Mischung aus nationalem Traditionalismus und Verfassungsbindung etabliert worden ist, mit einem signifikanten Übergewicht auf dem in seiner internationalen Dimension eher harmlosen Zusammenhalt als „Staatsnation" und verbreiteter Reserviertheit gegenüber einem traditionalistischen, deutschnatio-

---

[1357] Vgl. Isensee, Josef: Der Verfassungsstaat als Friedensgarant, in: Mellinghoff, Rudolf / Morgenthaler, Gerd / Puhl, Thomas: Die Erneuerung des Verfassungsstaates. Symposion aus Anlass des 60. Geburtstages von Paul Kirchhof, Heidelberg 2003, S. 7-43.

[1358] Vgl. Garton Ash, Timothy: Die Kalifornikation Europas, in: Süddeutsche Zeitung v. 02.September 2003.

[1359] Isensee, Josef: Europa – die politische Erfindung eines Erdteils, in: Ders. (Hrsg.): Europa als politische Idee und als rechtliche Form, S. 137. Vgl. in diesem Sinne auch – im Zeichen des Irak-Konflikts – argumentierend, Bundesaußenminister Joschka Fischer, der hinsichtlich der europäischen Zerstrittenheit bei der Beurteilung des Irak-Kriegs betont, Europa werde „immer vielstimmig sein, es wird niemals ein homogener kontinentaler Staat sein, mit all seinen Völkern, Sprachen und Kulturen. Die Vielfalt ist ja gerade eine der Stärken Europas". Ders.: Abrüstung wird man nicht mit Krieg erzwingen, in: Stern (11) 2003.

[1360] Vgl. in diesem Sinne das gesamte Kapitel „Der deutsche Weg nach vorn" Bahr, Egon: Der deutsche Weg, S. 135-155.

[1361] Vgl. in diesem Sinne die Argumentation des tschechischen Präsidenten Václav Klaus, in: Hofmann, Gunter/Schmid, Klaus-Peter: Europa als Bedrohung: Ein ZEIT-Gespräch mit dem tschechischen Präsidenten Václav Klaus, in: Die Zeit (17) 2003.

[1362] Vgl. dazu die Begriffsprägung eines „kosmopolitischen Patriotismus" bei Richter, Emanuel: Kosmopolitischer Patriotismus? Die deutsche Nation im Prozeß der Globalisierung, in: Voigt, Rüdiger (Hrsg.): Der neue Nationalstaat, S. 301-332.

[1363] Hondrich, Karl Otto: Der Neue Mensch, S. 126f.

nalen Volkstum, dann sind patriotische Elemente auch nicht prinzipiell als inneres und äußeres Bedrohungspotenzial einzustufen.[1364] Kein Zweifel: Deutschland ist heute „Teil des Westens, Teil einer großen Zivilisation, in das auch das Erbe des 19. Jahrhunderts, das des weltbürgerlichen Humanismus, miteingeworben werden kann".[1365]

Geht es im Sinne eines über Jürgen Habermas hinausgehenden und an Dolf Sternbergers Konzeption des „Verfassungspatriotismus" angelehnten „kosmopolitischen Patriotismus" – der damit zugleich einen europäischen Patriotismus inkludieren kann – heute darum, die territorial definierte Exklusion auf der Basis nationaler Identität möglichst gering und die Inklusion auf der Basis eines physisch grenzenlosen Universalismus möglichst groß zu halten, dann setzt ein entsprechendes Mischverhältnis von Inklusion und Exklusion die Akzeptanz und Pflege eines nationalen Patriotismus in Deutschland notwendigerweise voraus.

B   Die Frage nach „Heimat" im nationalstaatlichen Europa der Gegenwart

a)   „Heimat" als Utopie?

Entsprechend hat Dolf Sternberger seinerzeit davor gewarnt, den an universalistischen Maßstäben orientierten „Verfassungspatriotismus" als Substitut eines nationalen Patriotismus misszuverstehen, denn, so der liberale Staatsdenker: „Wir werden gewiß auch ein Element natürlicher Heimatlichkeit wieder einführen, das dort in dieser radikal rationalen Bestimmung gänzlich vermißt wird"[1366].

Heimat, so gilt es Sternbergers Stichwort heute aufzugreifen, ist zunächst ein Ort, wo die unmittelbaren persönlichen Beziehungen in Familie, nachbarschaftlichem Milieu, Schule, Dorf- und Stadtkommunität einen wesentlichen Teil der persönlichen Identität bestimmen.[1367] Zumeist macht erst der Verlust der unmittelbaren Heimat in ihrem kleinräumigen Sinne als Mikrokosmos der eigenen Sozialisation deutlich, welche existenzielle Bedeutung Heimat als Identitätsgrundlage jedes einzelnen hat. In diesem Sinne wird Heimat als existenzielle Lebensbasis umso wichtiger, je schneller bestimmte gesellschaftliche, zentrifugal wirkende Entwicklungen – die fortschreitende Anonymisierung der menschlichen Beziehungsgeflechte, die Auflösung traditioneller Bindungen sowie die erhöhte räumliche und soziale Mobilität –, die mit der modernen Industriegesellschaft zwangsläufig verknüpft sind, voranschreiten.[1368] So vermittelt Heimat in sozial- wie individualpsychologischer Hinsicht einen substantiellen Identitätsimpuls. Heimat wird zur Ausgangsbasis indivi-

---

[1364] Vgl. Richter, Emanuel: Kosmopolitischer Patriotismus? Die deutsche Nation im Prozeß der Globalisierung, in: Voigt, Rüdiger (Hrsg.): Der neue Nationalstaat, S. 324.
[1365] Hacke, Christian: Die Außenpolitik der Bundesrepublik Deutschland, S. 584.
[1366] Sternberger, Dolf: Verfassungspatriotismus, in: Ders.: Verfassungspatriotismus, S. 23.
[1367] Vgl. nachfolgend Kroboth, Rudolf: Heimat Deutschland – Nationale Einheit und Nationalstaatlichkeit in der Diskussion, in: Cremer, Will / Klein, Ansgar (Hrsg.): Heimat. Analysen, Themen, Perspektiven, Bonn 1990, S. 196-225, S. 201.
[1368] Ebd.

dueller wie auch kollektiver Identitätsstiftung, indem sie die Kräfteverteilung zwischen Individuum und Gesellschaft so zu justieren vermag, dass die Zentripetalkräfte der Tradition die Zentrifugalkräfte der Modernisierung auf ein für den Menschen verträgliches Maß reduzieren.

Vor dem Hintergrund der historischen Erfahrung des Nationalsozialismus kann es im Rahmen eines Nachdenkens über einen zeitgemäßen Patriotismus heute keineswegs darum gehen, die „Utopie" der Heimat[1369] als handlungsdominierende Kategorie des Politischen akzentuieren zu wollen.[1370] „Heimat", so hat es Sternberger einmal kurz und bündig formuliert, „ist, wovon wir ausgehen. Mehr nicht, aber soviel ist sie gewiß." Heimat als das je Konkrete und Persönliche, das mit jedem Menschen neu geboren wird und stirbt, wird „unkenntlich hinter Klischees und im Kitsch, in den Phrasen" der politischen Propaganda, wie Christian Graf von Krockow hinsichtlich der „Heimat als Erfahrungsraum der Vertrautheit" betont.[1371] Heimat verschwindet – „nein schlimmer: sie gerade zersetzt sich und entartet im politischen Mißbrauch. Was bleibt, ist dann das Dumme und Dumpfe, der Haß aufs Anderssein, ist das Ersticken jeder Freiheit und Weltoffenheit im Verfolgungswahn. Aber auch die Politik wird zerstört, auch sie gerät in den Haß und den Wahn, wo Gefühle sie überfrachten, die man aus der Heimatliebe gestohlen hat. Am Ende steht nicht zufällig, sondern folgerichtig der Verlust der Heimat ebenso wie der Verlust der Einheit."[1372] Kurt Tucholsky hat insofern Recht, wenn er in seiner Hommage an „Heimat" dazu auffordert: „Der Staat schere sich fort, wenn wir unsere Heimat lieben".[1373] Wozu also der Verweis auf die „Heimat", von der Julien Green einst behauptete, „die einzige wahre Heimat" sei der Bauch der Mutter – „unserer Mutter aus Fleisch und Blut"[1374]?

Der Verweis auf die Heimat als einem Urphänomen des menschlichen Lebens[1375] vermag im Zeichen von Globalisierungs- und Universalisierungstendenzen schlicht einer Rückbesinnung auf den Umstand dienen, dass der Mensch nur ausgehend von

---

[1369] Vgl. die prägnanten Ausführungen zu „Heimat als Utopie" bei Schlink, Bernhard: Heimat als Utopie, Frankfurt a. M. 2000. „So sehr Heimat auf Orte bezogen ist, Geburts- und Kindheitsorte, Orte des Glücks, Orte, an denen man lebt, wohnt, arbeitet, Familien und Freunde hat – letztlich hat sie weder einen Ort noch ist sie einer. Heimat ist Nichtort [...]. Heimat ist ein Ort nicht als der, der er ist, sondern als der, der er nicht ist." Ebd., S. 32f. Vgl. grundsätzlich in diesem Kontext die Beiträge zu „Heimat" in dem Band von Cremer, Will / Klein, Ansgar (Hrsg.): Heimat. Analysen, Themen, Perspektiven, Bonn 1990; zu den Konnotationen des Heimatbegriffs vgl. die Analyse von Cremer und Klein, in: Dies.: Heimat in der Moderne, in: Dies. (Hrsg.): Heimat, S. 33-55. Vgl. im Kontext ebenso die Beiträge bei Weigelt, Klaus (Hrsg.): Heimat und Nation. Zur Geschichte und Identität der Deutschen, Mainz 1984.

[1370] Vgl. dazu die eindringliche Formulierung bei Margarete Hannsmann: Heimweh oder: Der andere Zustand, in: Keller, J. (Hrsg.): Die Ohnmacht der Gefühle – Heimat zwischen Wunsch und Wirklichkeit, Weinheim 1986, S. 31: „Heimat. Es gibt kein Wort, das mich zerreißt wie dieses. Seit ich erwachsen bin, überschattet ein Mißtrauen, das sich zuweilen zu schierer Angst steigert, den reinsten Glückszustand, der mir beschieden sein kann."

[1371] Krockow, Christian Graf von: Heimat – Eine Einführung in das Thema, in: Cremer, Will / Klein, Ansgar (Hrsg.): Heimat, S. 56-69, S. 65f.

[1372] Ebd., S. 66; vgl. dazu auch ders.: Heimat. Erfahrungen mit einem deutschen Thema, Stuttgart 1992.

[1373] Vgl. Tucholsky, Kurt: Heimat, in: Ders.: Deutschland, Deutschland über alles, 1929.

[1374] Green, Julien: Tagebücher 1996-1998 (hrsg. V. Elisabeth Edl), München 2000, S. 79.

[1375] Vgl. dazu die Analyse bei Bossle, Lothar: Heimat als Daseinsmacht, in: Cremer, Will / Klein, Ansgar (Hrsg.): Heimat, S. 122-133

überschaubaren, erlebbaren Räumen, sei es der Familie, der Heimat bzw. der Region, auch die größeren Gebilde des sozialen Zusammenlebens letztlich begreifen kann.[1376] „Die Veränderlichkeit des Menschen", so formulierte Theodor Haecker angesichts der nationalsozialistischen Diktatur als Leitsatz für eine realistische, humanistische Politik, „ist um eine Ordnung kleiner als seine Unveränderlichkeit."[1377]

Nicht zuletzt im Bewusstsein dessen und angesichts der Diskussion um die Zukunft des Nationalstaates im Zeichen der Globalisierung appelliert Richard Rorty heute an ein neues Verhältnis bzw. an eine Wiederentdeckung des Patriotismus durch die politisch-kulturelle Linke. Die kulturelle Linke scheint nach Rorty oft überzeugt, dass der Nationalstaat überholt sei und es deshalb keinen Sinn habe, die nationale Politik wiederzubeleben. Dabei werde jedoch übersehen, dass die Regierung der Nationalstaaten auf absehbare Zukunft die einzige Instanz sein werde, die den Grad des Egoismus, unter dem Amerikaner – wie die Bürger anderer Staaten – zu leiden haben, wirklich beeinflussen kann. Für jene, denen durch die Globalisierung die Verelendung drohe, sei es kein Trost, zu hören, der Nationalstaat spiele keine Rolle mehr und folglich müsse man sich einen Ersatz dafür ausdenken. Die heutige linke Mode, in die fernere Zukunft und auf einen Weltstaat zu blicken, sei so nutzlos wie der Glaube an Marx Geschichtsphilosophie, für den sie ein Ersatz geworden sei. „Außerhalb der Hochschulen möchten die Amerikaner noch patriotisch empfinden. Sie möchten immer noch zu einer Nation gehören, die ihr Schicksal in die Hand nehmen und sich vervollkommnen kann."[1378] Ungeachtet nationaler Besonderheiten gilt, dass Menschen irgendwo hingehören müssen, bevor sie sich für weitere Horizonte öffnen können, so dass Patriotismus, wie Dahrendorf und Sternberger übereinstimmend betonen, die Voraussetzung des Weltbürgertums ist.[1379]

Die Erfahrungen und Einsichten, welche Hannah Arendt in ihren Analysen des totalitären 20. Jahrhunderts formuliert hat, weisen in die von Dahrendorf bzw. Sternberger angezeigte Richtung. In ihrer Abhandlung über die „Elemente und Ursprünge totaler Herrschaft" bekennt Arendt, die verschleppte, entwurzelte Person sei die am meisten repräsentative Kategorie des 20. Jahrhunderts. Diese Person müsse aus ihrer Erfahrung – sich selbst gleichsam zum Trotz – die Lehre ziehen, dass der Mensch seine Menschlichkeit weder aus der Liquidierung seiner eigenen Vergangenheit beziehe, noch aus der Nichtanerkennung seiner Herkunft, noch aus einer übergreifenden und allmächtigen Vernunft heraus, der er sein empfindliches Bewusstsein überlasse. Sobald von seiner Zugehörigkeit und seinem Eingebettetsein in

---

[1376] Vgl. dazu ausführlich Spranger, Eduard: Gedanken zur staatsbürgerlichen Erziehung, 3. Aufl., Bonn 1959. „Ein moderner Mensch", so bemerkt Maarten Brands in diesem Zusammenhang, „hat natürlich mehrfache Identitäten, man bündelt fortwährend: mal ist er regional orientiert, dann ist er ein wenig national, was nicht nationalistisch bedeutet, man ist ein wenig europäisch und ab und zu bemüht, auch noch ein bisschen Weltbürger zu sein. Das ist manchmal ziemlich ermüdend. Deshalb braucht man Übersichtlichkeit." Zitiert nach: Ackermann, Ulrike / Brands, Maarten / Michnik, Adam u.a.: Heimat als Utopie – Kann Europa Heimat sein? (hrsg. vom Europäischen Forum an der Berlin Brandenburgischen Akademie der Wissenschaften), Berlin 2003, S.2.
[1377] Haecker, Theodor: Was ist der Mensch?, 6. Aufl., München 1949, S. 12.
[1378] Rorty, Richard: Stolz auf unser Land. Die amerikanische Linke und der Patriotismus, Frankfurt a. M. 1999, S. 94 ff.
[1379] Vgl. in diesem Sinne auch die Argumentation bei Kirt, Romain: Der Nationalstaat – ein Auslaufmodell? Ordnende Einheit und letzter Hort der Zuflucht, in: Neue Zürcher Zeitung v. 11./12. Juli 1998.

einer besonderen Umgebung abstrahiert werde, sei der Mensch nicht mehr als nur noch ein Mensch. Und, weil er nicht mehr als nur noch ein reines Bewusstsein ohne Bindung und Wohnsitz sei, sei er schließlich auch kein Mensch mehr. Nicht die Exterritorialität macht den Menschen Arendt zufolge zum Menschen, sondern im Gegenteil, der dem Einzelnen bereitete Platz und die innige Verbundenheit mit einer Welt, die bereits mit Bedeutung versehen ist. An der „pragmatischen Richtigkeit" dieses Arguments, das vom romantischen Denken der Philosophie der Aufklärung entgegengestellt wurde, gibt es in den finsteren Zeiten der Verfolgung und des Exils, wie Arendt schreibt, „keinen Zweifel": „Vor der abstrakten Nacktheit des Menschseins hat die Welt keinerlei Ehrfurcht empfunden; die Menschenwürde war offenbar durch das bloße Auch-ein-Mensch-sein nicht zu realisieren".[1380]

Einer dieser von Hannah Arendt charakterisierten Schicksale, einer jener entwurzelten Parias war Jean Améry, der seine radikale und verzweifelte Erfahrung der „absoluten Nichtzugehörigkeit zur Welt" in seinen „Bewältigungsversuchen eines Überwältigten"[1381] Ausdruck zu verleihen sucht. Améry kann sich retrospektiv keineswegs damit zufrieden geben, die Entwurzelung in einen positiven Wert umzudeuten oder das Großtun des Kosmopolitismus den „reaktionären Ausdünstungen des Heimwehs gegenüberzustellen".[1382] Von seiner eigenen Verzweiflung hat er gelernt, dass kein Partikularismus das Recht hat, für sich sein gesamtes Wesen einzufordern. Er hat von ihm aber auch gelernt, dass man unabdingbar „eine Heimat haben [muss, V. K.], um sie nicht nötig zu haben".[1383] Améry: „Ich habe siebenundzwanzig Jahre Exil hinter mir, und meine geistigen Landsleute sind Proust, Sartre, Beckett. Nur bin ich immer noch überzeugt, daß man Landsleute in Dorf- und Stadtstraßen haben muß, wenn man der geistigen ganz froh werden soll, und daß ein kultureller Internationalismus nur im Erdreich nationaler Sicherheit recht gedeiht."[1384]

b) Das „Ich" zwischen Universalismus und Partikularismus

Unter Bezugnahme auf Arendt und Améry stellt Alain Finkielkraut zum Abschluss seines Traktats über den „Verlust der Menschlichkeit" mit provozierendem Pessimismus fest: „Was heutzutage für sich den schönen Namen des Kosmopolitismus in Anspruch nimmt, ist nicht mehr, um noch einmal Hannah Arendt zu zitieren, die Bereitschaft, ‚die Welt mit ihnen [mit den anderen Menschen] zu teilen', sondern die weltumspannende Ausdehnung des Ichs; nicht mehr die weltoffene Einstellung, die von Kant so treffend als Fähigkeit definiert wurde, sich gedanklich in andere Perspektiven hineinzuversetzen, sondern eine Aufblähung der Subjektivität und eine Eigenschaft, die dem planetarischen, endlich der Vorhölle entronnenen Menschen innewohnt. Nietzsche sagt: ‚Die Wüste wächst: weh dem, der Wüsten birgt! Dann

---

[1380] Arendt, Hannah: Elemente und Ursprünge totaler Herrschaft, S. 466.
[1381] Améry, Jean: Jenseits von Schuld und Sühne. Bewältigungsversuche eines Überwältigten, 3. Aufl., Stuttgart 1997.
[1382] Finkielkraut, Alain: Verlust der Menschlichkeit. Versuch über das 20. Jahrhundert, Stuttgart 1998, S. 163
[1383] Améry, Jean: Jenseits von Schuld und Sühne, S. 79.
[1384] Ebd. 78.

wehe uns, denn in Übereinstimmung mit der Sorge Chateaubriands und der Prophe-
zeihung Nietzsches gewinnt die Planetarisierung an Boden, und die Wüste wächst.
Trotz der Lehre Jean Amérys wird die Wüste durch die Erinnerung an die Katastrophe geborgen, und das heißt geschützt. Als ob dieses Jahrhundert nur stattgefunden
hätte, um das Heimweh nach der Erde zu verbieten und ansonsten den guten Ablauf
der Dinge zu überwachen."[1385]

Es geht bei der heutigen Frage nach Nation, nationaler Identität, Patriotismus
und Heimat keineswegs um eine rekonstruierte Blut-und-Boden-Mystik des Politischen. Im Gegenteil. Es geht um eine realistische, historisch aufgeklärte Relationierung von Gemeinschaft und Menschlichkeit im politisch-kulturellen Koordinatensystem der Gegenwart. Es geht um die Frage nach „Humanität" im Spannungsverhältnis von „Weltbürgertum und Nationalstaat", von Universalismus und Partikularismus, von Kosmopolitismus und Patriotismus an der Schwelle des 21. Jahrhunderts.

Kosmopolit, „global citizen", Weltbürger – das ist heute, für das Individuum der
„zweiten Moderne", die vielfach propagierte Zukunftsperspektive par excellence:
die sich selbst aufhebende kollektive Identität. Sie ist selbst gewählt und gilt als Alternative zu den partikularen, insbesondere nationalen Kollektividentitäten. „So tö-
richt", stellt Karl Otto Hondrich ernüchtert fest, „ist man erst heute."[1386] Dass man
Weltbürger anstatt Staatsbürger sein könne und müsse – dieser Illusion sind die Exponenten des deutschen Idealismus und der Romantik ebenso wie die der Französischen Revolution nie erlegen: „Immer haben sie die nationale zwar in Spannung zur
globalen Identität gesehen, aber auch als deren Voraussetzung und Grundlage. Heute, im Zeichen weltweiter ökonomischer und kultureller Vernetzung, erscheint die
Option zum Weltbürger nicht nur als eine Entfaltungschance, sondern fast als eine
Notwendigkeit. In der Tat. Das Individuum muss in vielen Fällen aus seinen engeren
Herkunftsbindungen heraustreten, um in Zukunft bestehen zu können. Illusionär ist
allerdings die Annahme, dass Herkunftsbindungen dadurch aufgehoben oder auch
nur schwächer würden. Das Gegenteil ist der Fall".[1387]

Entsprechend bekennt Václav Havel unumwunden: „Mein Zuhause ist das Haus,
in dem ich lebe, die Gemeinde oder die Stadt, in der ich geboren wurde oder in der
ich mich aufhalte [...] Mein Zuhause ist selbstverständlich auch das Land, in dem ich
lebe, die Sprache, die ich spreche, das geistige Klima, das mein Land hat [...] Mein
Zuhause ist also für mich auch mein Tschechentum, das heißt meine nationale Zugehörigkeit, und es gibt keinen Grund, warum ich mich zu diesem Teil meines Zu-
hauses nicht bekennen sollte, hat es doch für mich dieselbe existentielle Selbstverständlichkeit wie beispielsweise meine Männlichkeit. [...] Mein Zuhause ist dann
auch das Europa und mein Europäertum und – endlich – dieser Planet und dessen
gegenwärtige Zivilisation sowie verständlicherweise auch diese ganze Welt."[1388]

[1385] Finkielkraut, Alain: Verlust der Menschlichkeit. Versuch über das 20. Jahrhundert, Stuttgart 1998, S.
173.
[1386] Hondrich, Karl Otto: Der Neue Mensch, S. 197f.
[1387] Vgl. ebd.
[1388] Havel, Václav: Sommermeditationen, Berlin 1992, S. 24.

Jene von Havel als „existentielle Selbstverständlichkeit" apostrophierte nationale Zugehörigkeit anerkennend und gerade nicht als Gegensatz des Universalismus missverstehend, erklärte UNO-Generalsekretär Boutros Ghali anlässlich seines Besuchs im wiedervereinigten Deutschland, die Nation sei durch die Geschichte legitimiert und im Prinzip durch die Absicht, ein gemeinsames Leben zu führen. Die Nation sei ein günstiger Rahmen für die demokratische Partizipation, viel besser als eine Weltregierung es sein könnte.[1389]

Wenn Egon Bahr heute mit Blick auf Deutschland anerkennend feststellt, der gemeinsame Staat ohne territoriale Ansprüche, in dem die Nation ihr Haus gefunden hat, sei das überschaubare, durch Sprache und Gewohnheit vertraute Gebilde, Ereignis der Geschichte, die sich aus Siegen und Niederlagen, strahlenden Leistungen und beschämender Schuld zusammensetze[1390], dann sieht er dieses Gebilde keineswegs im Gegensatz zu dem Gedanken der europäischen Integration. Wer die nationale Identität Deutschlands leugne, so Bahr, werde durch unsere Nachbarn auf die Nation zurückgeworfen. Schließlich hegten unsere Nachbarn weder Neigung noch Absicht zu einer europäischen Nation. Mit der Aussicht auf eine Erweiterung der Europäischen Union erst recht nicht. Polen, Tschechen und Ungarn denken Bahr zufolge daran ebenso wenig wie Franzosen, Engländer, Italiener oder Spanier. Sie alle fühlen sich ihrer Identität sicher und vertreten ihre nationalen Interessen weiterhin. Warum nicht auch die Deutschen?[1391] György Konrád hat Recht, wenn er betont, dass die Tatsache, sich im Namen der eigenen Nation zu deren legitimen Interessen zu bekennen, keineswegs dazu zwinge, die in ihrem Namen begangenen Verbrechen zu billigen: „Je mehr ein Mensch um die Werte seiner Nation weiß, desto schmerzlicher berühren ihn deren Fehler"[1392]. Ein Teil des nationalen Erbes „sind auch wir, und zu jener Vergangenheit, deren Last zu tragen wir uns sträuben, gehört meine gesamte Biographie; je älter ich werde, desto eher. Aus dem Erbe strecken sich Arme hervor, zerren und schieben mich in irgendeine Richtung, sie wollen etwas von mir, wie sie einst schon so manches gewollt haben. Die Identität kann auch als denkende Beziehung zum Wollen unserer Vorfahren begriffen werden"[1393] – als denkende Beziehung zu allen Facetten der deutschen Geschichte, vom Aufbruch der Aufklärung bis zum Abgrund in Auschwitz als Inbegriff des „ontologischen Massakers" (George Steiner) im 20. Jahrhundert.

Die Millionen von Juden, die geschlagen, gefoltert, verbrannt wurden, die man marschieren und verhungern ließ, die man vergaste, um sie auszulöschen, die Männer und Frauen, die in Jauchegruben ertränkt wurden, die Kinder, die bei lebendigem Leibe ins Feuer geworfen wurden, die alten Männer, die man an Fleischerhaken hängte, hatten lediglich das Verbrechen begangen, dass sie existierten. Und selbst das Ungeborene musste – in der unerbittlichen, perversen Logik Hitlers – aus dem Mutterleib gerissen werden, damit nicht auch ein Jude übrigblieb, der Zeugnis able-

---

[1389] Zitiert nach Böckenförde, Ernst-Wolfgang: Die Nation – Identität in Differenz, in: Ders.: Staat, Nation, Europa, S. 58 (FN 59).

[1390] Bahr, Egon: Wie steht es um die Nation?, in: Voigt, Rüdiger (Hrsg.): Der neue Nationalstaat, S. 36.

[1391] Ebd.

[1392] Konrád, György: Von unseren Identitäten, in: Die Zukunft der Nation: Wer sind die Deutschen? Was müssen wir sein? (hrsg. V. Bundesverband deutscher Banken), Berlin 2001, S. 107-113.

[1393] Ebd., S. 109.

gen, der sich erinnern konnte[1394] an den Versuch, das mit-menschliche „Ich" zu einem un-menschlichen „Es" zu pervertieren.

„Ich", so steht es fünf Jahrzehnte später im „Wörterbuch des neuen alten jüdischen Lebens in Deutschland":

„Ich bin ein jüdischer Bundesrepublikaner.
Ich bin ein staatenloser Jude in Deutschland.
Ich bin ein deutscher Patriot jüdischen Glaubens.
Ich bin ein Jude mit deutschem Pass.
Ich lebe hier nicht, ich wohne hier nur.
Ich halte hier durch, begraben lass ich mich woanders.
Ich bin mal hier, mal dort.
Ich bin hier nur aus beruflichen Gründen.
Ich bin hier, weil ich diesen Aufsatz nicht auf Iwrit schreiben könnte.
Ich bin hier, weil es hier auch nicht schlechter ist als anderswo (aber auch nicht besser).
Ich bin hier, weil ich die jungen Deutschen in Ordnung finde.
Ich bin hier, denn Antisemitismus gibt es überall.
Ich bin hier, weil viele Deutsche aus der Geschichte lernen.
Ich bin hier, denn ich glaube an das Gute im Menschen."[1395]

C   Zwischenbilanz

Die Identität als denkende, lernende Beziehung zur eigenen Geschichte, vom Aufbruch der Aufklärung bis zum Abgrund in Auschwitz: so ist ein deutscher Patriotismus heute zulässig, zeitgemäß[1396], ja geradezu notwendig, denn der Patriot als *aufgeklärter Bürger* eines politischen Gemeinwesens, der Nation, handelt aus Vernunft und Gemeinsinn, ist engagiert für das Nützliche und das den Bürgern, ihrer Humanität und ihrem Gemeinwesen Dienende. Die deutsche Nation im 21. Jahrhundert, ihrer historisch-konkreten Eigenart bewusst, wird dafür offen und bereit sein, sich nicht abzuschließen und absolut zu setzen, sondern gleichberechtigt auch Teil eines größeren Ganzen zu sein und sich darin einzufügen.[1397]

Nicht zufällig weist Hagen Schulze zum Abschluss seiner unlängst erschienenen Analyse des Verhältnisses von Staat, Nation und Europa auf den Umstand hin, dass auch im Zeichen einer gemeinsamen europäischen Währung die Argumente für Europa lediglich die Köpfe der Bürger, die Argumente gegen Europa dagegen die Herzen ansprächen. Das entscheidende Hindernis für ein starkes europäisches Identitätsgefühl liege in den Europäern selbst. Gerade weil die Menschen ihre Gemeinsamkeit stets als gemeinsame Vergangenheit empfänden, nähmen sie sich in erster

---

[1394] Vgl. Steiner, George: Errata. Bilanz eines Lebens, München 1999, S. 139f.
[1395] Rheinz, Hanna: Warum wir bleiben, wo wir sind. Aus dem Wörterbuch des neuen und alten jüdischen Lebens in Deutschland, in: Kursbuch 9 (2000), S. 105-125, S. 113.
[1396] Vgl. Baring, Arnulf: Deutscher Patriotismus: zulässig, zeitgemäß, S. 29-35.
[1397] Böckenförde, Ernst-Wolfgang: Die Nation – Identität in Differenz, in: Ders.: Staat, Nation, Europa, S. 58.

Linie in ihren nationalen Geschichten wahr: „Im Laufe von tausend Jahren haben wir Europäer uns an unsere alten Staaten und Nationen gewöhnt; sie werden noch lange da sein, und sie werden gebraucht."[1398]

Gleichwohl und ungeachtet dessen sind wir Zeugen des historischen Vorgangs, dass die staatliche Souveränität, die bisher als unteilbar und unveräußerlich galt, tatsächlich geteilt und zu gewissen Anteilen überwunden wird. Das wird, langfristig gedacht, auch neue politische Zugehörigkeitserfahrungen prägen – in großen wie in kleinen Dimensionen. Tatsächlich könnte sich also zeigen, dass auch unsere Staatsnationen keineswegs auf ewig unteilbare Gebilde sind – und in einer institutionell gefestigten europäischen Gemeinschaft wäre das keineswegs beklagenswert.[1399] Wer weiß, dass Nationen *keine* naturwüchsigen Gebilde sind, sondern historisch entstandene Konstrukte und wer sich des Umstands bewusst ist, dass die deutsche Geschichte ihren Ursprung nicht in germanischen Urwäldern, sondern in Rom hat – jenem außerordentlichen italienischen Stadtstaat, dessen Einflussbereich sich schließlich um das gesamte Mittelmeerbecken erstreckte und der Europa bis zum Rhein, zum Limes und zur Donau beherrschte, dessen einheitliche und dennoch vielgestaltige Zivilisation für die Menschen der Antike eine klar umrissene Welt, eine Ökumene war –, für den kann die Vergänglichkeit und Veränderbarkeit von politisch-kulturellen Bewusstseinsgemeinschaften nicht schlimm sein. Denn immerhin: „Nichts Höheres gab es, als römischer Bürger zu sein: der Apostel Paulus war darauf ebenso stolz wie der Cheruskerfürst Arminius, aller Differenzen mit Rom ungeachtet."[1400] Paulus, Arminius, Rom - der moderne Nationalstaat entstand aus und in ständiger Wechselwirkung mit der europäisch-abendländischen Kultur und der sie prägenden Form des Christentums[1401], woran Ernst-Wolfgang Böckenförde heute, da der freiheitliche, säkularisierte Verfassungsstaat von Voraussetzungen lebt, die er selbst nicht garantieren kann, zurecht nachdrücklich erinnert. Tatsächlich kann der Staat als freiheitlicher Staat nur bestehen, wenn sich die Freiheit, die er seinen Bürgern gewährt, von innen heraus, aus der moralischen Substanz des einzelnen und der Homogenität – eines Mindestmaßes an kultureller Homogenität jenseits der Fiktion eines Multikulturalismus, die jede europäische und außereuropäische Gesellschaft als Ausdruck ihrer Eigenständigkeit bzw. ihrer Identität für sich in Anspruch nimmt –, reguliert.

[1398] Schulze, Hagen: Staat und Nation in der europäischen Geschichte, S. 340. Analog zu Schulze bemerkt Bundesaußenminister Joschka Fischer in seiner am 12. Mai 2000 an der Humboldt-Universität in Berlin gehaltenen Rede zur Zukunft der EU, der europäische Einigungsprozeß sei „gegenwärtig bei vielen Menschen ins Gerede gekommen, gilt als eine bürokratische Veranstaltung einer seelen- und gesichtslosen Eurokratie in Brüssel und bestenfalls als langweilig, schlimmstenfalls aber als gefährlich". Ders.: Vom Staatenverbund zur Föderation: Gedanken über die Finalität der europäischen Integration, in: www.jeanmonnetprogram.org. Vgl. im Gesamtkontext den Kommentar zu einem verbreiteten, diffusen Mißtrauen gegenüber einem zentralisierten, die nationalen Eigenheiten ignorierenden Europa bei Frankenberger, Klaus-Dieter: Mißtrauen gegen Europa, in: Frankfurter Allgemeine Zeitung v. 15. 05.2002.

[1399] Vgl. die analoge Schlussbemerkung bei Lübbe, Hermann: Abschied vom Superstaat. Vereinigte Staaten von Europa wird es nicht geben, Berlin 1994, S. 152.

[1400] Schulze, Hagen: Kleine deutsche Geschichte, S. 9.

[1401] Vgl. Brague, Rémi: Europa – Eine exzentrische Identität, Frankfurt a. M. 1993, S. 120f.

Andererseits kann und darf der freiheitliche Staat diese inneren Regulierungskräfte nicht von sich aus, mit Mitteln des Rechtszwanges und autoritativen Geboten, zu garantieren suchen, ohne seine Freiheitlichkeit preiszugeben und auf säkularisierter Ebene in jenen Totalitätsanspruch zurückzufallen, aus dem er in den konfessionellen Bürgerkriegen herausgeführt hat.[1402]

So wäre abschließend zu fragen[1403], ob nicht auch der säkularisierte weltliche Staat letztlich aus jenen Antrieben und Bindungskräften – vermittelt im Patriotismus – leben muss, die der religiöse Glaube seiner Bürger vermittelt. Wenn dem so ist, so wäre ein Eintreten für das Christentum[1404] „weder Parteilichkeit noch Eigennützigkeit, denn mit dem Christentum wird die gesamte europäische Kultur verteidigt"[1405], jene „tumultartige und chaotische Baustelle"[1406], von der Edgar Morin meint, ihre Einzigartigkeit liege darin, immer sowohl Verursacherin als auch das Ergebnis eines Strudels von Wechselwirkungen zwischen vielen „Dialogiken" gewesen zu sein, die sich miteinander verbanden oder im Widerstreit standen: „Religion / Vernunft; Glaube / Zweifel; mythisches Denken / kritisches Denken; Empirismus / Rationalismus; Existenz / Idee; das Spezielle / das Universelle; Problematisierung / Neubegründung; Philosophie / Naturwissenschaft; humanistische Bildung / naturwissenschaftliche Bildung; alt / neu; Tradition / Evolution; Reaktion / Revolution; Individuum / Kollektivität; Immanenz / Transzendenz; Hamlet / Prometheus; Don Quichotte / Sancho Panza".[1407]

Wenn diese „Dialogiken" als gemeinsames Band aller nationalen Identitäten in Europa anerkannt und die europäische Identität wie jede andere Identität als Komponente einer Poly-Identität erhalten bleibt, dann wird sich nicht „Europa" als „die große Illusion" (Tony Judt)[1408] erweisen, sondern vielmehr die Annahme, „daß Identität etwas Einheitliches und Unteilbares ist, während sie eigentlich immer eine unitas multiplex darstellt"[1409].

In der Tat, „wir alle sind Wesen mit einer Poly-Identität, weil wir eine familiäre, eine lokale, eine regionale, eine nationale, eine transnationale (slawische, germanische, lateinische) und letztlich auch eine religiöse oder weltanschauliche Identität in uns vereinigen".[1410] Wenn aus dem Umstand dieser Poly-Identität bzw. „exzentrischen Identität" die historisch richtige Einsicht gewonnen werden sollte, dann können wir uns mit Dolf Sternberger „doch ermutigt zur Hoffnung" fühlen.

1959 bekannte der große liberale Staatsdenker hinsichtlich des Vaterlands der Deutschen: „Hier ist nicht die Rede von verlorenen Provinzen, nicht vom abge-

---

[1402] Vgl. Böckenförde, Ernst-Wolfgang: Die Entstehung des Staates als Vorgang der Säkularisation, in: Ders.: Recht, Staat, Freiheit, S. 112.

[1403] Vgl. Dahrendorf, Ralf: Freiheit und soziale Bindungen. Anmerkungen zur Struktur einer Argumentation, in: Michalski, Krzystof (Hrsg.): Die liberale Gesellschaft, S. 18.

[1404] Vgl. dazu auch die Ausführungen im Rahmen eines „Abriß einer Politischen Ethik für das 21. Jahrhundert" bei Hösle, Vittorio: Moral und Politik, S. 1071.

[1405] Vgl. Brague, Rémi: Europa – Eine exzentrische Identität, S. 121.

[1406] Morin, Edgar: Europa denken, Frankfurt a. M. 1991, S. 126.

[1407] Ebd., S.126f.

[1408] Vgl. Judt, Tony: Europa: Die große Illusion, in: Merkur 50 (1996).

[1409] Morin, Edgar: Europa denken, S. 199. Vgl. dazu auch die entsprechenden Überlegungen bei Eder, Klaus: Integration durch Kultur?, S. 174ff.

[1410] Morin, Edgar: Europa denken, S. 199.

schnürten Land der Diktatur, nicht von der Unvollständigkeit des Territoriums. Nicht von Geographie noch sonstigen Gaben oder Mängeln der Natur. Schon gar nicht von dem Opportunismus oder von der Leichtherzigkeit jenes [..] lateinischen Satzes ‚ubi bene, ibi patria'. Das Vaterland ist die ‚Republik', die wird uns schaffen. Das Vaterland ist die Verfassung, die wir lebendig machen. Das Vaterland ist die Freiheit, deren wir uns nur wahrhaft erfreuen, wenn wir sie selber fördern, nutzen und bewachen. Es wäre eine Erlösung, wenn wir das Wort mit Ernst und ohne Scheu gebrauchen dürften. Das Wort ist gefallen. Ein Anfang ist gemacht."[1411] Ein Anfang, den Sternberger folgerichtig in seinem Postulat eines wohlverstandenen „Verfassungspatriotismus" münden ließ und der nun abschließend, unter Rückbezug auf Tocqueville, auf die Bürgergesellschaft im 21. Jahrhundert transponiert werden soll.

[1411] Sternberger, Dolf: Das Vaterland, in: Ders.: Schriften X, S.

X.   Blick zurück nach vorn: Bilanz und Ausblick

A   Bilanz

Patriotismus, das hat die historische Rekonstruktion im Rahmen neuzeitlicher deutscher Geschichte gezeigt, kann und soll ein aufgeklärtes, tolerantes, weltoffenes Gemeinwesen kennzeichnen, wie es im 18. Jahrhundert zunächst ein Konstrukt der Bürgergesellschaft im Zeichen der Aufklärung war. Patriotismus zielt auf die Nation bzw. den Nationalstaat und dient deren Erhalt und Weiterentwicklung. Patriotismus befand sich damit über weite Strecken deutscher Geschichte im Gegensatz zu den politisch-administrativen Verhältnissen der Zeit.

Im *18. Jahrhundert* richtete sich Patriotismus gegen Obrigkeitsstaatlichkeit, gegen territorialstaatliche Zersplitterung und intendierte einen Nationalstaat im Geiste der Aufklärung. Patriotisches Verhalten zielte auf eine Art von Gemeinschaftlichkeit, die einerseits Zugehörigkeit von lokalen und ständischen Bindungen abkoppelte, andererseits aber auch unterhalb der Schwelle zum universalistischen Kosmopolitismus der Aufklärung blieb, der alle Völker einschloss und für politische und praktische Zwecke, für die Organisation des Gemeinwesens, daher unbrauchbar war. Die für alle kulturellen Codes kollektiver Identität prekäre Konnotation von universalistischer Öffnung und partikularistischer Abschließung gelang im Patriotismus des ausgehenden 18. Jahrhunderts vor allem dadurch, dass er die Interessen und Verhaltensweisen des Bürgertums, den kosmopolitischen Impuls der Aufklärung, den konfessionellen Code des Pietismus und die herrschaftlichen Traditionselemente des Absolutismus – und die darin angelegten Widersprüche auf eine erfolgreiche Weise transformierte –, so dass sich kollektive Identität aus einer symbolisch konstruierten Einheit von Vielfalt und Widersprüchen ergab: Patriot war man nicht aufgrund von primordialen Merkmalen, sondern durch Tugendhaftigkeit und kulturelle Überzeugung! Ein so verstandener Patriotismus implizierte eine zweipolige Beziehung, insofern als dem Vaterland – das politisch umfassende Gebilde – der Bürger *als Subjekt* gegenübertrat. Die Besonderheit der Stellung des Patrioten zum Vaterland war dadurch gekennzeichnet, dass sie erstens unmittelbar war und zweitens sich der Patriot von anderen Bürgern unterschied, indem er das Wohl des Vaterlands reflektierte und zur Richtschnur seines Denkens und Handelns machte. So erhielt individuelles Handeln in den Augen der Patrioten eine gesellschaftliche Bedeutung dank der Auffassung, dass zum einen das Allgemeinwohl nur durch die patriotische Tat vor Ort gefördert werden könne, zum anderen das Partikularinteresse an der Verbesserung zwecks vernünftiger Zufriedenheit im Interesse der Allgemeinheit liege – persönlicher und allgemeiner Nutzen galten als miteinander verknüpft.

Diese Entwicklungslinie, die vom konkret freiheitlichen Patriotismus der Aufklärung ausging und die „politische Romantik" nicht wesentlich einschloss, fand ihren

Anknüpfungspunkt im *19. Jahrhundert* in dem Sieg über Napoleon: Mit Einfallsreichtum und Elan hatten die Patrioten nach dem Sieg über Napoleon versucht, den
nationalen Impuls des Befreiungskampfes durch neue Aktivitäten fortzusetzen und
zu intensivieren. So organisierten sich „Deutsche Gesellschaften" im Rheinland, und
am Jahrestag der „Völkerschlacht" bei Leipzig kam es zu einem ersten Nationalfest.
Nicht nur die aktiven Träger des Kampfes gegen die Fremdherrschaft, nicht nur die
radikalere Richtung unter den preußischen Reformern, nicht nur die Jugend, die unter den Fahnen der Verbündeten für Freiheit und Selbstbestimmung gekämpft hatte,
sondern weithin auch gerade die Bürger und Bauern in den französisch oder rheinbündisch gewesenen Teilen Deutschlands erstrebten fortan einen nationaldeutschen
Gesamtstaat, der sich auf Einheit und Freiheit gründen und der Nation Unabhängigkeit, Sicherheit und Wohlfahrt verbürgen sollte. Mit der Erinnerung an das alte
Reich verband sich in diesem Streben das Nationalbewusstsein der aufsteigenden
bürgerlichen Gesellschaft, deren freigesetzte Energien sich nun zum ersten Mal einem selbstgewählten politischen Ziel zuwandten. In einer Fülle von Bekundungen
hatte die deutsche Nation seit den Tagen Mösers und Klopstocks, Herders und Fichtes, Schillers, Lessings und Kleists ihren Anspruch auf geistige, dann auch auf politische Einheit und Freiheit ausgedrückt. Nach dem siegreichen Befreiungskampf
ging es nicht mehr um Beteuerungen und Bekenntnisse, sondern um die Verwirklichung und Formung des deutschen Nationalstaats in einer konkreten verfassungsmäßigen Gestalt. Während der Deutsche Bund – im Geiste der Restauration auf dem
Wiener Kongress beschlossen – ebenso wie die Karlsbader Beschlüsse den patroti-
schen Forderungen und Zielen entgegenstanden, vermochte erst die „Deutsche Revolution" von 1848, jener europäische Aufruhr gegen die Ordnung der Dinge, welche mit immer geringerem Glauben an sich selbst, seit dreiunddreißig Jahren geherrscht hatte, dem patriotisch-freiheitlichen Nationalgedanken Auftrieb zu verleihen, indem die Grenzen zwischen den sozialen Gruppen erschüttert und die traditionellen Konturen kollektiver Identität verwischt wurden. Denn die revolutionäre Bewegung ergriff nicht nur die radikaldemokratischen Intellektuellen sowie das liberale Bildungsbürgertum, sondern ebenso Arbeiter, Handwerker und auch große Teile
der bäuerlichen Bevölkerung, die vor allem in Süddeutschland, in Schlesien und
Sachsen gegen die Feudalherrschaft aufstand. Das Volk auf der Barrikade verband
sich mit dem gebildeten Bürgertum und gewann im Aufstand Bewusstsein und Identität. In der revolutionären Praxis verschwanden – so schien es – die Grenzen zwischen den verschiedenen sozialstrukturellen Gruppen: Bildungsbürger, Arbeiter,
Bauern, Handwerker und Intellektuelle repräsentierten eine Nation im gemeinsamen
Aufstand gegen den repressiven Fürstenstaat. Das Scheitern des nationalpolitischen
Laboratoriums von 1848 – nicht zuletzt aufgrund der unterschiedlichen Ausgangslage im Vergleich zu Frankreich, wo die neue politische Ordnung und eine entsprechende Verfassung in einem in seiner nationalen Grundlage unbestrittenen französischen Staat umkämpft war, wohingegen in Deutschland der Staat, den es zu verfassen galt, gar nicht vorhanden und in seinen äußeren Umrissen umstritten war – sowie neue gesellschaftliche Konfliktlagen im Zuge der Industrialisierung verursachte
schließlich jenen Wandlungsprozess vom linken zum rechten Nationalismus bzw.
eine Neuakzentuierung des Nationalgedankens im weiteren Verlauf des 19. Jahr-

hunderts – ausgehend von einem ursprünglich liberal-patriotischen Sinngehalt im Zeichen von bürgerlichen Einheits-, Freiheits- und Emanzipationskonzeptionen hin zu einem paradoxen, seinen patriotischen Ursprüngen als „Komplementärideologie" entfremdeten „National*ismus* ohne Nation". Hatten vor 1871 die Nicht-Nationalen geherrscht und waren die Nationalen Opposition, so herrschten seit 1871 die Nationalen. Damit war der Nationalgedanke zu einer Macht des Bestehenden geworden, denn er war nicht mehr die Macht der Veränderungen, die er in Europa seit 1789 und selbst in einem von der Romantik geprägten Deutschland gewesen war: eine progressive Bewegung oppositionell, ja revolutionär, auf die Veränderung des Bestehenden aus, auf den Sturz der Legitimitäten und Autoritäten der Tradition.

Dieser Nationalismus lieferte 1871 die nachträgliche Legitimation für eine Schöpfung – das „Deutsche Reich" –, die so, wie sie entstanden war, seinen eigenen Intentionen völlig zuwider lief. Denn der deutsche Nationalstaat und die deutsche Nation – so wie sie der freiheitliche Patriotismus erstrebte – wurden durch das Faktum der Reichsgründung von 1871 keineswegs erfüllt, sondern durch diese erst zu einem Problem! Bismarcks Versuch, mit der Reichseinigung "von oben" die politische Nation und den deutschen Nationalstaat, jene wahrhaft revolutionären Gebilde, zu vereiteln, misslang: Der Mythos der "Nation" wurde nicht von der Wirklichkeit des Bismarckreiches verzehrt, sondern politisch in dem Maß erinnert, wie das Deutsche Reich immer weniger jener zentrifugalen Kräfte Herr werden konnte, die von den tiefgreifenden sozioökonomischen Wandlungsprozessen der Industriellen Revolution freigesetzt wurden. So lag in dieser nichtidentischen Identität von Nationalstaat und Reichsidee etwas aufgehoben, was die Deutschen in Bewegung versetzte und die Europäer beunruhigte. Als „Machtstaat vor der Demokratie", nach außen von „ungeschickter Größe", d.h. für das Gleichgewicht Europas zu stark und für die Hegemonie über den Kontinent zu schwach, kennzeichnete ihn nach innen ein radikaler, ein integraler Nationalismus, der sich im Zeichen der „kleindeutschen Lösung" herauskristallisierte und der im Sinne Treitschkes die nationale Einheit zur moralischen Forderung der größeren Identität potenzierte. Die Deutschen mussten demnach deutscher noch werden, alles Nicht-Deutsche abstreifen, alles Indifferente mit diesem Deutschsein erfüllen. Die Nation war gefahrbedroht, sie wurde aus Bestand und Selbstverständlichkeit wieder etwas, was in der Zukunft lag, eine pädagogisch-politische Aufgabe; und weil Nation etwas Unbedingtes und Absolutes war, war diese Aufgabe im Grunde unbegrenzt und unendlich. Das bedeutete eine radikale Dynamisierung des Nationalismus und einen integralen Anspruch, offen für viele mögliche Abgrenzungen von „Feinden". Mit der Verwirklichung des deutschen Nationalstaates, nicht durch kulturelle Sendung oder liberale Ideen, sondern durch Bismarcks Maxime „Blut und Eisen", verloren das Bildungsbürgertum und die Intellektuellen die Chance, kulturelle Identität über das nationale Thema im Gegensatz zum Bestehenden zu konstruieren. Die Nation war nun nicht mehr ein kulturelles Projekt, sondern staatliche Wirklichkeit, die sich in gesellschaftsweiten Ritualen, in Denkmalskult und Kriegervereinen, in Kaiserverehrung und kolonialer Expansion äußerte. Im Jahre 1881 wurde der „Verein Deutscher Studenten" gegründet, der – wie die patriotischen Burschenschaften im Jahre 1815 – eine nationale Sammlungsbewegung deutscher Studenten sein wollte. Nachdem das im Jahre 1815 noch ersehnte Deutsche Reich nunmehr Wirklichkeit geworden war, ging es den Mitgliedern des Vereins um den inneren Ausbau des Nationalstaates. Sie verstanden diesen Ausbau jedoch als Kampf gegen Feinde im Inneren, gegen das Weltbürgertum, das Judentum, die Sozialdemokratie, die, als Kräfte der Modernisierung, für die Entwicklung der deutschen Nation als schädlich betrachtet wurden und entsprechend zurückgedrängt werden sollten. Der Begriff "deutsch", den dieser Studentenverein als Selbstbezeichnung verwendete, wurde also nicht integrativ, sondern ausgrenzend verstanden: die liberalen, sozialdemokratischen und jüdischen Deutschen sollten nicht dazugehören. In diesem studentischen Programm eines "inneren Reichsausbaus" trat der organisierte Nationalismus in Deutschland in der Gestalt auf, wie er sich in Frankreich bald schon als *nationalisme intégrale* bezeichnete: eine kämpferische antimodernistische Sammlungsbewegung von rechts, die eine qualitativ andere Nation als 1815 im Visier hatte, eine Nation, die nicht mehr auf Menschenrechte und Gleichberechtigung gegründet sein sollte, sondern auf ein elitär verstandenes Volkstum. Dieser integrale Nationalismus stand dem freiheitlichen Patriotismus mitsamt seinen weltbürgerlichen, nationalen und liberalen Absichten unvereinbar gegenüber – die Idee der Nation, im Patriotismus stets in einem Ausgleich von Partikularismus und Universalismus gesehen, wurde nunmehr absolut gesetzt. Der Kult der Nation wurde zum Selbstzweck, zur Waffe im Kampf gegen innere wie äußere Feinde des Staates; er geriet zu einer umfassenden Ideologie im *20. Jahrhundert*, welche die Interessen des Deutschen Reiches in zwei Weltkriegen rücksichtslos und expansiv behauptete. Der Mensch galt in diesem ideologisierten Nationalismus nicht mehr als Maß aller Dinge, seine Entfaltung und Bildung nicht mehr als der Zweck aller gemeinschaftlichen Einrichtungen, des Staates und der Gesellschaft, sondern er war nun zum Diener, zum Werkzeug eines größeren Ganzen geworden. Adolf Hitler sollte dies schließlich in die Worte:„Du bist nichts, dein Volk ist alles" kleiden.

Die Erfahrung der nationalsozialistischen Diktatur zeigt, dass das patriotisches Eintreten der Bürger für Staat und Nation einerseits pervertiert, für inhumane, ideologische Zwecke missbraucht werden kann; sie zeigt aber auch, dass Patriotismus keineswegs die Affirmation der bestehenden politischen und gesellschaftlichen Verhältnisse bedeuten muss, sondern sich – eingedenk des Naturrechts – an übergeordneten, bestimmten moralischen Prinzipien des Zusammenlebens selbstbestimmter Individuen in einer freiheitlichen Nation orientiert. Die Widerstandskämpfer gegen Hitler und den Nationalsozialismus, welche für Freiheit, Selbstbestimmung des Volkes, für Demokratie und Menschenrechte eintraten, sie handelten patriotisch. Denn wer den Mut aufbringt, das Naturrecht des aktiven Widerstandes in Anspruch zu nehmen, der handelt vorwegnehmend als Organ einer künftigen legitimen Regierung, deren Urteil er sich dann auch unterstellen und von der er nachträgliche Legalisierung seines Handelns erhalten wird. Die Männer des 20. Juli 1944 brachten jenen Mut auf, und so waren sie, nicht obwohl, sondern gerade weil sie ihren Führer und Obersten Befehlshaber verraten hatten, Patrioten.

Der sich im Widerstand gegen den Nationalsozialismus verkörpernde ethische Grund von Politik symbolisierte Freiheitswillen auch aus dem Gefühl heraus, in eine Zeit verstrickt, deshalb aber auch für sie verantwortlich zu sein. Die handelnden Widerstandskämpfer bekannten sich zum Risiko, das mit ihrem praktizierten Verantwortungsgefühl zwingend verbunden war. So wurden sie zu Repräsentanten einer neuen politischen Qualität, die sich mit den Begriffen "Recht" und "Freiheit" als Gegenentwurf zu einem totalitären Unrechtsstaat beschreiben lässt. Auch wenn sich im Widerstand das Ende der nationalsozialistischen Diktatur verkörperte, indem er die Grenzen ihrer Herrschaftsgewalt deutlich machte, so kulminierte die Niederlage Hitlers doch *nicht* in einer Zerstörung der deutschen Nation – auch wenn der deutsche Nationalstaat im Gefolge dessen, was auf den tiefen Einschnitt des Weltkriegsendes folgte, mehrfach geteilt wurde und sich seit 1949 „zwei Staaten in Deutschland" gegenüberstanden, deren einer, nach vierzig jähriger Existenz aufgrund der Freiheits- *und* Einheitsbestrebungen des eigenen Volkes, aufgrund des virulenten Nations-Bewusstseins implodierte und in der Folge am Patriotismus der eigenen Bürger zu Grunde ging. Denn dieser Patriotismus opponierte einer Diktatur unter „universalistisch-humanistischen" Vorzeichen und orientierte sich an der freiheitlichen demokratischen Grundordnung, welche der Bundesrepublik Deutschland Struktur und Orientierung verlieh und im Laufe der Jahre und Jahrzehnte zur Bezugsgröße eines spezifischen, historisch-reflektierten Patriotismus geworden war, eben des „Verfassungspatriotismus" im Sinne Dolf Sternbergers. Angesichts der besonderen Verfasstheit Deutschlands *nicht* als Substitut eines nationalen Patriotismus konzipiert, sondern als komplementäre Identifikationsform einer konkreten, freiheitlichen und historisch-verantwortungsvollen Republik, wurde dieser verfassungszentrierte Patriotismus im Verlauf der achtziger Jahre durch Jürgen Habermas signifikant weiterentwickelt bzw. unter gleicher terminologischer Chiffre neu konzipiert als universalistisch-abstrakte Identifikationsform jenseits einer konkreten deutschen Nation bzw. eines Nationalstaates. Verfassung, bei Sternberger als „gemischte Verfassung" weitaus mehr als ein Rechtsdokument, ersetzte sukzessive die Nation, „Europa" das deutsche Provisorium bzw. den „unerhofften" vereinten Nationalstaat. Retrospektiv wird deutlich, dass und wie weit es gerade der Charakter des Provisorischen gewesen war, der sich mit den Jahren als eine große und in zivilem Sinne „anschlussfähige" Stärke der Bundesrepublik erwiesen hatte. Sie war ein staatliches Wartewesen zwischen Nationalstaat und etwas Neuem, zur Welt hin Offenem: Die Bundesrepublik, eine „postnationale Demokratie" unter Nationalstaaten. Mit diesem Bewusstsein, in einer „postnationalen Demokratie" unter Nationalstaaten zu leben, korrespondierte der postnational konzipierte Verfassungspatriotismus von Jürgen Habermas, der seinerseits 1989/1990 mit der Souveränität der Bundesrepublik als Nationalstaat unter Nationalstaaten erneut ein Provisorium zu postulieren sucht hin zu einer Überwindung der Nationalstaatlichkeit nach „Europa". Gleichwohl, wer seit 1990 Politik auf der Grundlage der veränderten Realitäten machen will, muss die politischen Realitäten in Europa anerkennen. Die Zeit, in der die Bundesrepublik kein normaler Staat gewesen, sondern sich als Provisorium unter Aufsicht der Siegermächte in einem merkwürdigen Schwebezustand von Bewährung oder verlängerter Adoleszenz befunden hatte, ist mit der Wiedervereinigung Deutschlands 1990, mit dem Vollzug der deutschen Einheit gemäß Art. 23 GG zu Ende gegangen. Wenn Politik, Gesellschaft und Kultur heute also erneut, mit den Worten von Theodor Heuss, vor der „großen Aufgabe" stehen, „ein neues Nationalgefühl zu bilden", so eignet sich dafür eben jener Verfassungspatriotismus, den Dolf Sternberger zur Zeit

der deutschen Teilung formuliert und auf die Bundesrepublik Deutschland als Provisorium aber zugleich *prospektiv* auch auf Deutschland als vereinten Nationalstaat
bezogen hat. Hier liegt der große Vorzug des Sternbergerschen Ansatzes, der das
Partikulare, den jeweiligen Nationalstaat, gerade nicht überwinden, sondern in seiner
konkreten Verfassung annehmen und zugleich universalistisch kontrollieren will.
Indem der Verfassungspatriotismus die bewusste Option für die verfassungsstaatliche Ordnungsidee westlicher Observanz, d.h. für die Staatsbürgernation, signalisiert,
bedeutet das nichts anderes, als dass die nationale Identität der Gesellschaft in der
„lebenden Verfassung" eine konkret-geschichtliche Realisierung findet, wie dies in
den westlichen Nationalkulturen in vielfältiger Form geschehen ist. Der nationalstaatliche Ist-Zustand steht bei Sternberger insoweit nicht unter Vorbehalt, als er
sich in seiner Verfasstheit an den Prinzipien der Humanität, der Freiheit und Gleichheit seiner Bürger orientiert. Leistet er dies, gebührt ihm der Patriotismus seiner
Bürger. Diese Konzeption nationaler Identität delegitimiert jeden „integralen Nationalismus", jede nationalistische Ideologie, welche das soziale Kollektiv der Nation
zur höchsten Realität allen Seins erklärt und damit die Nation sakralisiert. Ein national fundierter Verfassungspatriotismus kann eine auf das je spezifische Gemeinwesen bezogene patriotische und *zugleich ausdrücklich universalistisch kontrollierte*
kollektive Identität begründen, insofern sich diese an einem allgemeinen Begriff der
Humanität messen lässt. Mit anderen Worten: Das Plädoyer für einen national fundierten Verfassungspatriotismus im Sinne Sternbergers bedeutet *nicht*, dass die Herausbildung einer politischen Identität jenseits des heutigen Nationalstaats westlicher
Prägung gänzlich ausgeschlossen wird. Keineswegs, schließlich basiert die vorliegende Analyse ja auf der zentralen Annahme, dass Nationen bzw. Nationalstaaten
nicht etwas Unabänderliches, sondern historisch Entwickeltes und damit auch Ver-
änderbares sind. Wenn auch vom Ende, vom Tod des Staates, den Nietzsche einst
bereits einläutete, gegenwärtig nichts zu spüren ist, so könnte der Struktur- und Bedeutungswandel des Staates im Zeichen der Globalisierung als Indiz dafür gedeutet
werden, dass das Pluriversum, wie es heute die Wirklichkeit prägt, nur eine Zwi-
schenstufe bilde, ja dass sich die Vielstaatlichkeit immer weiter verringere zugunsten größerer politischer Einheiten, so dass schließlich das Pluriversum in ein Universum übergehen werde. Das Universum müsste aber nicht zwangsläufig ein Weltstaat
sein. Die transnationalen Tendenzen der Gegenwart weisen eher in eine andere
Richtung, auf eine Weltgemeinschaft neuer Art, die von der Völkerrechtslehre mit
ihrer Begrifflichkeit der Staatenverbindungen nicht wahrgenommen wird: auf die
Bildung eines neuen Großreiches, das sich um die Weltmacht USA als Herrschafts-
zentrum formiert und dem die einzelnen Staaten, mehr oder weniger eng integriert,
unmittelbar oder durch Bündnissysteme vermittelt, angehören, in freier Unterwer-
fung unter die politisch-kulturelle Hegemonie, einig in der Idee der Menschenrechte
und der Demokratie, deren Auslegung sich unter der Autorität der Weltmacht vollzieht.

Wie auch immer die Zukunft jenseits heute existierender Nationalstaatlichkeit
aussehen mag, ob als Weltstaat oder als Großreich – es wird zu bedenken gegeben,
dass bei dem Projekt, den Bürgerstatus aus dem partikularen Raum politischer
Selbstbestimmung herauszulösen und ihn universalistisch, als abstraktes, individuel-

les Rechtssubjekt neu zu bestimmen, nicht nur das Problem der institutionellen Garantie universaler Rechte – Menschenrechte! – virulent bleiben, sondern eine derartige Umformulierung des Bürgerstatus darüber hinaus die Dimension der politischen Partizipation an einem klar definierten und begrenzten Gemeinwesen preisgeben würde – eines Gemeinwesens, welches im Sinne der Effektuierung des individuellen Rechtsschutzes, eines demokratischen Kontrollverfahrens und einer demokratischen Öffentlichkeit seine Ausformung in einem heterogenen Nationalstaat findet. Mit dem Wiederverknüpfen von Nation und Demokratie im Bewusstsein der kommunitaristischen Erinnerung an die Notwendigkeit einer sozio-moralischen Grundlegung der freiheitlichen Demokratie – man erinnere sich des „Böckenförde-Paradoxons", dass der freiheitliche säkularisierte Staat von Voraussetzungen lebt, die er selbst nicht garantieren kann – schließt sich der Kreis des Nationsdenkens: Er kehrt an seine Ursprünge zurück und verweist auf die zentrale Bedeutung des Patriotismus als korrespondierender Bürgertugend.

Ein nations- *und* zugleich verfassungszentrierter Patriotismus, verstanden als nicht erzwungene und nicht erzwingbare Intention der Orientierung unserer Handlungen am Gemeinwohl, als politische Tugend, vermag daher heute der Zentralbegriff der Selbstexplikation einer Gesellschaft zu sein, welche die Ideale von Toleranz und Freiheit weniger mit dem Imperativ ihrer institutionell gebundenen Verstetigung als vielmehr dem ihrer Regenerations- und Anpassungsfähigkeit unter den Bedingungen traditionelle Werte konsumierender und/oder korrumpierender gesellschaftlicher und technologischer Entwicklungen im Zeitalter der Globalisierung zu kombinieren sucht.

Ein solcher, mit der vorliegenden Arbeit anhand des Patriotismus eingeforderter Tugend-Diskurs des Politischen entspricht der Vorstellung einer pluralistischen Gesellschaft, die, in Freiheit geordnet, zugleich die Chance enthält, ethisch tragfähige Gemeinschaften in Vielfalt hervorzubringen, in denen Gemeinsinn und Solidarität wachsen können. Diese Chance zu nutzen, darum geht es. Auch in Zukunft. Wie dies geschehen könnte, soll ein abschließender Ausblick auf jenes alt/neue Konzept der Bürgergesellschaft (Zivilgesellschaft) aufzeigen.

B Ausblick: Tocqueville, die Bürgergesellschaft und der Patriotismus im 21. Jahrhundert

Der Blick zurück, er kann mit Alexis de Tocqueville zugleich ein Blick nach vorn sein, auf die Zivil- bzw. Bürgergesellschaft[1412] – *civil society* – als Quelle bzw. Bezugsgröße eines zeitgemäßen Patriotismus in Deutschland.

[1412] Eine komprimierte Analyse der Konzeption von „Zivilgesellschaft" bzw. Bürgergesellschaft unter Heranziehung der aktuellen Forschungsliteratur findet sich bei Schade, Jeanette: „Zivilgesellschaft" – eine vielschichtige Debatte, INEF Report des Instituts für Entwicklung und Frieden der Gerhard-Mercator-Universität Duisburg, 59 (2002). Vgl. auch Anheier, Helmut / Carlson, Lisa: Civil Society: What it is, and how to measure it, in: Centre for Civil Society, Briefing No. 3, London 2002: „Civil society is the sphere of institutions, organisations and individuals located between the family, the state and the market, in which people associate voluntarily to advance common interests." Ebd., S. 1.

Der Begriff der *civil society*, mittels dessen sich das antitotalitäre Bemühen der osteuropäischen Freiheitsbewegungen Ende der achtziger Jahre mit der Zielperspektive ausdrückte, dem Staat Zuständigkeiten zu entreißen und wieder eine vitale und in sich differenzierte Gesellschaft entstehen zu lassen[1413], er wirft in historischer Reminiszenz an die aristotelische *societas civilis*[1414] die ganz grundsätzliche Frage nach dem Verhältnis von Bürger und Staat in der modernen Gesellschaft am Ausgang des 20. Jahrhunderts als dem alten Problem der gemeinschaftlichen, über das Rational-Abstrakte hinausgehenden Bindung in der modernen Gesellschaft auf[1415]: Wie kann eine moderne Gesellschaft Bindungen stiften, die kräftig genug sind, um ein Zuhause zu schaffen, und doch privat genug bleiben, um dem Funktionieren der politischen Demokratie und der Marktwirtschaft nicht im Weg zu stehen?

Die Aktualität Alexis de Tocquevilles für die Frage nach (Verfassungs-) Patriotismus und Bürgergesellschaft kann darin gesehen werden, dass Tocqueville in dem einzigartigen Kontext der modernen amerikanischen Demokratie ein zentrales Dilemma der Demokratie analysiert hat, welches als solches bereits von Aristoteles hervorgehoben worden war. Während Aristoteles davor gewarnt hat, dass Demokratien dazu tendieren, das Phänomen der Freiheit misszuverstehen, so greift Tocqueville – hierin Aristoteles folgend – Freiheit und Gleichheit als Grundwerte der modernen Demokratie auf und erkennt in der Spannung zwischen diesen demokratischen Grundwerten die Ursache des Existenzproblems der Demokratie. Nach Tocqueville führt die konkrete Erfahrung der Gleichheit aller Individuen in der demokratischen Gesellschaft zu einem Individualismus, der sich von der politischen Selbstregierung und Verantwortung abwendet und als privatfreiheitliche Existenz von der Gesellschaft isoliert.[1416] Demnach fördert der gesamtgesellschaftliche Glaube an die Gleichheit einen gesellschaftsabgewandten Individualismus deshalb, weil der Zustand der individuellen Gleichheit keine gesamtgesellschaftliche, die Verhaltensnormen des öffentlichen Lebens bestimmende Autorität entstehen lässt. Demgegenüber besteht Tocqueville – wie Aristoteles – auf der offensichtlichen Priorität der Freiheit als Selbstregierung und Verantwortung für öffentliche Angelegenheiten, der Bürgertugend.[1417] Tocqueville knüpft gedanklich insofern an Montesquieu an, als er dessen Vorstellung von „corps intermédiaires", die sowohl in als auch außerhalb der

---

[1413] Vgl. dazu ausführlich Thaa, Winfried: Die Wiedergeburt des Politischen – Zivilgesellschaft und Legitimitätskonflikt in den Revolutionen von 1989, Opladen 1989; vgl. im Kontext auch Havel, Vaclav: Versuch, in der Wahrheit zu leben, Reinbek 1989, S. 87.

[1414] Vgl. den Rekurs auf Aristoteles bei Münkler, Herfried: Zivilgesellschaft und Bürgertugend. Bedürfen demokratisch verfasste Gemeinwesen einer sozio-moralischen Fundierung?, in: Öffentliche Vorlesungen (Heft 23) der Humboldt-Universität zu Berlin, Berlin 1994, S. 8-12, S. 10f.

[1415] Vgl. Nolte, Paul: Die Ordnung der deutschen Gesellschaft, S. 410.

[1416] Diesen Aspekt bei Tocqueville akzentuiert Stefan-Ludwig Hoffmann in seiner Analyse von Tocquevilles „Demokratie in Amerika"; vgl. ders.: Tocquevilles „Demokratie in Amerika" und die gesellige Gesellschaft seiner Zeit, in: Münkler, Herfried / Bluhm, Harald (Hrsg.): Gemeinwohl und Gemeinsinn, Band I, S. 303-325, S. 305.

[1417] Die Rezeption Tocquevilles für die Frage nach einem zeitgemäßen Patriotismus im Rahmen der Bürgergesellschaft folgt der überzeugenden Interpretation bei Horst Mewes; vgl. ders.: Zum Verhältnis von liberaler Demokartie, Verfassungspatriotismus und Bürgertugend, in: Gebhardt, Jürgen / Schmalz-Bruns, Rainer (Hrsg.): Demokratie, Verfassung und Nation, S. 169-186.

politischen Strukturen ein „Leben" besäßen[1418], aufgreift und in „freien Assoziationen" die wichtigsten Garanten eines freien Gemeinwesens erblickt. Für Tocqueville sind bürgerschaftliche Vereinigungen sozusagen die Schulen der Demokratie, in denen demokratisches Denken und ziviles Verhalten durch alltägliche Praxis eingeübt und habitualisiert werden. Damit die Assoziationen der Bürger tatsächlich Orte der Selbstregierung sein können, dürfen sie Tocqueville zufolge nicht übermäßig groß, dafür jedoch zahlreich sein und sich auf allen Ebenen des politischen Systems ansiedeln, denn wenn sie auf lokaler Ebene verkümmern, dann ist die Freiheit und Demokratie auch auf nationaler Ebene in Gefahr.[1419] Die bürgerlichen Vereinigungen dienen der Wertebildung und Wertverankerung von Bürgertugenden wie der Toleranz, der wechselseitigen Akzeptanz, der Ehrlichkeit, Zuverlässigkeit, des Vertrauens wie der Zivilcourage. Damit akkumulieren sie soziales Kapital, ohne das, wie Robert Putnam unlängst in einer kritischen Auseinandersetzung mit einem rückläufigen bürgerschaftlichen Engagement („Bowling Alone") in den Vereinigten Staaten – feststellte, Demokratien weder entstehen noch längerfristig sich konsolidieren können.[1420]

Tocqueville zeigt sich nun in seiner wegweisenden Analyse der „Demokratie in Amerika"[1421] davon überzeugt, dass Tugend als die Freiheit zu tun, was man tun *sollte* – im Interesse des Gemeinwesens! – in einer auf dem Eigentumsrecht gegründeten kommerziellen Republik *nicht* auf einer originären Liebe zur Republik basieren könne. Die erste Liebe des einzelnen als selbstverantwortliche Person gelte in der modernen Demokratie seinem Recht auf Eigentum. Ein Gefühl für die öffentlichen Anliegen der Republik entwickele sich erst als ein Mittel zum Zweck der Eigenliebe. Für Tocqueville entsteht die politische Tugend als die Förderung des öffentlichen Wohls nicht aus Gefühlen, sondern aufgrund von Kalkül. Tocqueville nennt dies die „Lehre vom wohlverstandenen Eigennutz".[1422] In der modernen Demokratie ist die Tugend als Gemeinsinn demnach keine heroische Selbstaufopferung: Tugend wird gepriesen und praktiziert aufgrund ihrer Nützlichkeit für jeden einzelnen. Es liegt im eigenen Interesse, dem Wohl der Gesellschaft seine Zeit und einen Teil seines Eigentums zu opfern. Doch kann Gemeinsinn als Eigeninteresse nach Ansicht Tocquevilles nicht dem Eigenkalkül überlassen, sondern muss Thema der öffentlichen Bildung werden. Warum? „Ich sehe die Zeit kommen, da die Frei-

---

[1418] Vgl. im Kontext die Ausführungen zu Montesquieu bei Taylor, Charles: Der Begriff der „bürgerlichen Gesellschaft" im politischen Denken des Westens, in: Brumlik, Micha / Brunkhorst, Hauke (Hrsg.): Gemeinschaft und Gerechtigkeit, Frankfurt a.M. 1993, S. 117-147, S. 143.

[1419] Vgl. dazu Merkel, Wolfgang / Lauth, Hans-Joachim (Hrsg.): Systemwechsel und Zivilgesellschaft: Welche Zivilgesellschaft braucht die Demokratie?, in: Aus Politik und Zeitgeschichte 6-7 (1998), S. 3-12, S. 5.

[1420] Vgl. zunächst Putnam, Robert: Making Democracy Work, Princeton 1993, S. 163ff; vgl. sodann ders.: Bowling Alone. America's Declining Social Capital, in: Journal of Democracy (6) 1995, S. 65-7; vgl. nunmehr die These monographisch entfaltet in ders.: Bowling Alone. The Collapse and Revival of American Community, New York 2000.

[1421] Tocqueville, Alexis de: Über die Demokratie in Amerika (hrsg. v. I.P. Mayer, Theodor Eschenburg, Hans Zbinden), Stuttgart 1959; vgl. dazu und im gegebenen Kontext auch die Analyse bei Gauchet, Marcel: Tocqueville, Amerika und wir. Über die Entstehung der demokratischen Gesellschaften, in: Rödel, Ulrich (Hrsg.): Autonome Gesellschaft und libertäre Demokratie, Frankfurt a. M. 1990, S. 123-206.

[1422] Tocqueville, Alexis de: Über die Demokratie in Amerika, S. 610.

heit, der öffentliche Friede und selbst die soziale Ordnung ohne Bildung nicht mehr bestehen können." „Bilde man" die Menschen „also um jeden Preis." Aber was heißt Bildung? Am wichtigsten gilt Tocqueville die praktische Bildung durch die eigene Erfahrung der Freiheit. Konkret heißt dies, dass der einzelne Bürger alltäglich den Grad seiner Abhängigkeit von der Gesellschaft erleben soll. „Die freien Einrichtungen, die die Bewohner der Vereinigten Staaten besitzen, und die politischen Rechte, von denen sie einen so regen Gebrauch machen, erinnern jeden Bürger beständig und in unzähligen Formen daran, dass er in Gesellschaft lebt. Sie lenken seinen Geist immerzu auf diesen Gedanken, dass Pflicht wie Vorteil den Menschen gebieten, sich ihren Mitmenschen nützlich zu erweisen; und weil er keinen besonderen Grund sieht, sie zu hassen, insofern er weder jemals ihr Sklave noch ihr Herr ist, neigt sein Herz leicht zum Wohlwollen."[1423]

Das bedeutet: Private und politische Vereinigungen, insbesondere auf lokaler Ebene, ermöglichen das Praktizieren von Bürgertugend, und „was Überlegung war, wird Instinkt", Neigung und Gewohnheit. „Die Kunst der Vereinigung wird zur Grundwissenschaft: alle studieren sie und wenden sie an."[1424] So stellt die Partizipation der Bürger auf Vereins- und lokaler Ebene eine Grundbedingung des Bürgersinns in der föderalen, repräsentativen Demokratie dar. Diesen Bürgersinn, der sich auf das Ganze der demokratischen Gesellschaft bezieht, bezeichnet Tocqueville als „vernunftmäßigen Patriotismus"[1425]. Wohlverstandener Eigennutz verwandelt sich mittels persönlicher Erfahrung der freiheitlichen Selbstregierung in eine instinkthafte Neigung, die letztlich zur Grundlage eines umfassenden, vernunftmäßigen Patriotismus wird. Diese „verstandesmäßige Liebe" entfalte sich „dank der Gesetze, sie wächst mit der Ausübung der Rechte und verschmilzt schließlich in gewissem Sinne mit dem persönlichen Vorteil."[1426] Die Ausübung von Rechten prägt dem Bürger den Gedanken vom allgemeinen Rechtswesen und der politischen Verfassung ein und verknüpft somit den persönlichen Vorteil mit dem allgemeinen Rechtsgedanken: Eigennutz, der Genuss von Freiheitsrechten, das Wohl der Gesellschaft und der Respekt vor dem Gesetz verschmelzen in der Bürgertugend als verstandesmäßiger Patriotismus: „Ein Mensch erfasst den Einfluss, den das Wohl des Landes auf sein eigenes ausübt; er weiß, dass das Gesetz ihm ermöglicht, zu diesem Wohlergehen beizutragen, und er nimmt am Gedeih seines Landes teil, einmal weil es etwas ist, das ihm nützt, und alsdann, weil er daran mitwirkt."[1427] Freiheit, Bürgersinn, vernunftmäßiger Patriotismus – es gibt für Tocqueville in der Bürgergesellschaft „einen besonderen Grund, der den menschlichen Geist hindert, seinem Hang zu folgen, und der ihn die Grenzen überschreiten lässt, vor denen er natürlicherweise haltmachen soll"[1428], einen Bedingungsgrund der Moral: Die Religion. „Die Freiheit sieht in der

---

[1423] Ebd., S. 593.

[1424] Ebd., S. 606.

[1425] Vgl. ebd., S. 270ff.

[1426] Ebd., S. 271.

[1427] Ebd.

[1428] Ebd., S. 454; vgl. ebd. ausführlich S. 332ff; zu der Bedeutung von Religion im Werk Tocquevilles vgl. im Folgenden Gauchet, Marcel: Tocqueville, Amerika und wir, S. 137ff; vgl. auch Mewes, Horst: Zum Verhältnis von liberaler Demokratie, Verfassungspatriotismus und Bürgertugend, S. 186;

Religion die Gefährtin ihrer Kämpfe und ihrer Siege, die Wiege ihrer Kindheit, den göttlichen Quell ihrer Rechte. Sie betrachtet die Religion als die Schutzwehr der Sitten, die Sitte als Bürgschaft der Gesetze und als Pfand ihres eigenen Bestehens."[1429]

Dient die Religion im Sinne Tocqevilles als ein Bollwerk der Moral, welche ihrerseits die Vorbedingung jeder Freiheit darstellt, so soll die Organisation der Gesellschaft doch keineswegs einer religiösen Gerichtsbarkeit unterstellt werden. Im Gegenteil soll diesbezüglich alles der „Diskussion und den Versuchen der Menschen" überlassen werden. Es wäre vergeblich, die mit der individuellen Unabhängigkeit verbundene Urteils- und Bewegungsfreiheit auf den Bereich der Verwaltung der gemeinsamen Angelegenheiten beschränken zu wollen, wie es umgekehrt wünschenswert wäre, dass sich in Abstand zu dem Bereich, der dem Zugriff der Staatsbürger untersteht, eine Sphäre „gesicherter und festgesetzter"[1430] moralischer Regeln errichtet, die der Macht der Menschen entzogen sind, insofern sie als dem Willen Gottes entsprungen anerkannt werden. Derart beschränkt durch „Wahrheiten, die er annimmt, ohne zu fragen"[1431], und in der moralischen Welt mit unantastbaren Geboten konfrontiert, bemerkt der menschliche Geist nach Tocqueville „nie ein unbegrenztes Feld vor sich: wie kühn er auch sein möge, von Zeit zu Zeit spürt er, dass er vor unüberschreitbaren Schranken stehen bleiben muss. Ehe er zu Neuerungen greift, muss er gewisse Grundgegebenheiten annehmen und seine verwegensten Vorstellungen bestimmten Formen unterwerfen, die ihn hemmen und zurückhalten."[1432] Mit anderen Worten: Gerade die Autonomie gegenüber der Politik, die für Tocqueville konstitutiv ist, verleiht der Religion politische Wirksamkeit, denn erlaubt das Gesetz dem Volk, „alles zu tun, so hindert die Religion es, alles auszudenken, und verbietet ihm, alles zu wagen."[1433]

Was kann nun, im Bewusstsein jenes von Tocqueville formulierten „vernunftmäßigen Patriotismus", der Individualismus und Gemeinsinn, Emanzipation und Engagement zu verbinden vermag, die alt/neue Idee der Bürgergesellschaft für die Bundesrepublik Deutschland heute bedeuten?[1434] Steht sie gar für einen „Akt der Neubegründung und der Wiederaneignung der Demokratie und des Sozialen" in Deutschland?[1435]

Immerhin, indem die Bürgergesellschaft eine neue Synergie zwischen Staat, Wirtschaft und Gesellschaft anvisiert, steht die Bundesrepublik in ihrer heutigen

---

vgl. ebenso Himmelfarb, Gertrude: Die Grenzen des Liberalismus, in: Michalski, Krzysztof (Hrsg.): Die liberale Gesellschaft, S. 133-162, S. 155f.

[1429] Tocqueville, Alexis de: Über die Demokratie in Amerika, S. 50.

[1430] Ebd., S. 440.

[1431] Ebd., S. 66.

[1432] Ebd., S. 441.

[1433] Ebd., S. 442.

[1434] Vgl. unter Bezugnahme auf Tocqueville die entsprechende Analyse bei Anheier, Helmut / Seibel, Wolfgang: Defining the Nonprofit Sector: Germany. Working Papers of the Johns Hopkins Comparative Nonprofit Sector Project No.6, Baltimore 1993. Vgl. ebd., S. 2ff; vgl. dazu die analoge, grundsätzliche Analyse bei Salamon, Lester M. / Hems, Leslie C. / Chinnock, Kathryn: The Nonprofit Sector: For What and for Whom? Working Papers of the Johns Hopkins Comparative Nonprofit Sector Project No.37, Baltimore 2000.

[1435] So die These bei Dettling, Warnfried: Bürgergesellschaft. Möglichkeiten, Voraussetzungen und Grenzen, in: Aus Politik und Zeitgeschichte 38 (1998), S. 22-28.

Kompetenzzuordnung grundsätzlich in Frage. Denn die Idee der Bürgergesellschaft verlangt einen Staat, der sich bei all seinen Strukturen und Tätigkeiten fragt, ob sie zur Aktivierung der Bürger beitragen oder diese eher hemmen, und der die Existenz des sogenannten „dritten Sektors", eines sozialen Feldes jenseits von Staat und Markt, anerkennt, das durch ein hohes Maß an Selbstbestimmung und ideellem Engagement gekennzeichnet ist.[1436] Schon Tocqueville geht, unter Rückgriff auf Hegels Kooperationen der bürgerlichen Gesellschaft[1437], von einem triadischen Gesellschaftsmodell aus, welches sich aus Staat, politischer Gesellschaft und Zivil- bzw. Bürgergesellschaft zusammensetzt. Während er den Staat als zentralistischen Verwaltungsapparat und die politische Gemeinschaft als Bereich versteht, in dem sich Bürger in Politik und öffentlichen Angelegenheiten mischen, sieht Tocqueville die Bürgergesellschaft als den Bereich privater und wirtschaftlicher Aktivitäten. Zur politischen Gesellschaft zählt er verschiedene Formen lokaler Selbstregierung, Parteien, Zeitungen sowie die öffentliche Meinung und freiwillige Vereinigungen.[1438] Insbesondere letztere ermöglichen es den Bürgern, ihre Belange weit in die politische Sphäre hinein zu kommunizieren; sie sorgen ebenfalls für eine demokratische Balance innerhalb der Zivilgesellschaft zwischen Mehrheiten und Minderheiten und sie tragen zur Integration und Sozialisation der Individuen bei, insofern sie auf der Reziprozität zwischen ihren Mitgliedern beruhen. Aus seiner Erörterung des Öffentlichkeitsbegriffs und der Rolle freiwilliger Vereinigungen leitet Tocqueville die Kompatibilität von Bürgergesellschaft und Demokratie her[1439] und vermag damit für die Gegenwart eine höchst hellsichtige Antwort zu geben auf die drängende Frage, durch welche gesellschaftlichen Kräfte gesichert werden kann, dass Markt und Staat als die beiden dominierenden Mechanismen moderner Vergesellschaftung durch ein drittes Prinzip relativiert und modifiziert werden, so dass wir nicht vor der Alternative stehen, entweder die Folgen unregulierten Marktgeschehens einfach passiv hinzunehmen oder umgekehrt zu ihrer Bewältigung ausschließlich auf staatliche Interventionen zu setzen mit der Gefahr einer erstickenden Bürokratisierung des gesellschaftlichen Lebens[1440]. Ganz in diesem Sinne formuliert das die gesellschafts- und sozialpolitische Debatte (so auch die von Seiten der Bundesregierung vorgelegte „Agenda 2010"[1441]) nach wie vor stimulierende „Schröder/Blair"-Papier als Über-

---

[1436] Vgl. in diesem Sinne auch Münkler, Herfried: Zivilgesellschaft und Bürgertugend, S. 22. Zur Bedeutung des „dritten Sektors" vgl. die komprimierten Ausführungen in vergleichender europäischer Perspektive bei Anheier, Helmut: The third sector in Europe: Five theses. Civil Society Working Paper 12, in: www.lse.ac.uk/collections/CCS/pdf/CSWP12.pdf

[1437] Vgl. dazu Kneer, Georg: Zivilgesellschaft, in: Ders. (Hrsg.): Soziologische Gesellschaftsbegriffe, München 1997, S. 228-251, S. 233f.

[1438] Vgl. das ausführliche Kapitel „Über den politischen Verein in den Vereinigten Staaten" bei Tocqueville, Alexis de: Über die Demokratie in Amerika, S. 216-224; vgl. ebd. auch Tocquevilles Ausführungen über die Pressefreiheit, S. 206ff.

[1439] Vgl. Anheier, Helmut / Priller, Eckhard / Zimmer, Annette: Zur zivilgesellschaftlichen Dimension des Dritten Sektors, in: Klingemann, Hans-Dieter / Neidhardt, Friedhelm (Hrsg.): Die Zukunft der Demokratie. Herausforderungen im Zeitalter der Globalisierung, Berlin 2000, S. 71-98.

[1440] Vgl. Joas, Hans: Ungleichheit in der Bürgergesellschaft. Über einige Dilemmata des Gemeinsinns, in: Aus Politik und Zeitgeschichte 25-26 (2001), S. 15-23, S. 15.

[1441] Vgl. dazu auch die Ausführungen von Gerhard Schröder: „In der Tradition von Freiheit und Gerechtigkeit", in: Berliner Republik 3 (2003), wo Schröder für eine Aktivierung der individuellen Freihei-

zeugung: „Dass der Staat schädliches Marktversagen korrigieren müsse, führte allzu oft zur überproportionalen Ausweitung von Verwaltung und Bürokratie [...] Allzu oft wurden Rechte höher bewertet als Pflichten. Aber die Verantwortung des einzelnen in Familie, Nachbarschaft und Gesellschaft kann nicht an den Staat delegiert werden. Geht der Gedanke der gegenseitigen Verantwortung verloren, so führt dies zum Verfall von Gemeinsinn, zu mangelnder Verantwortung gegenüber Nachbarn, zu steigender Kriminalität und Vandalismus und einer Überlastung des Rechtssystems [...]. Wenn die neue Politik gelingen soll, muß sie eine Aufbruchstimmung und einen neuen Unternehmergeist auf allen Ebenen der Gesellschaft fördern [...] Dazu gehört vor allem, die Bereitschaft und Fähigkeit der Gesellschaft zum Dialog und zum Konsens wieder neu zu gewinnen und zu stärken. Wir wollen allen Gruppen ein Angebot unterbreiten, sich in die gemeinsame Verantwortung für das Gemeinwohl einzubringen".[1442]

Wenn unter der Chiffre der „Bürgergesellschaft" von einem Akt der Neubegründung und der Wiederaneignung der Demokratie und des Sozialen in Deutschland die Rede ist, so zielt dies heute – in Zeiten, da der Anteil der Parteimitglieder an der Wählerschaft von über zehn Prozent in den 50er Jahren auf unter sechs Prozent in den 90er Jahren gesunken [die SPD verlor allein im Zeitraum von 1990 bis 2000 21,7% ihrer Mitglieder; die CDU selben Zeitraum 20,7%, die FDP aufgrund ihrer Marginalisierung in Ostdeutschland fast 65%, die PDS, obwohl sie im Osten Deutschlands nach wie vor die mitgliederstärkste Partei ist, verlor 68,5%][1443] da die Wahlbeteiligung seit 1950 kontinuierlich rückgängig oder das gewerkschaftliche Engagement seit 20 Jahren abnehmend ist[1444] – vor allem auf die gravierenden, die Fundamente der Demokratie berührenden Probleme des Sozialstaates bzw. auf jene „neue demokratische Frage", die sich mit dem oft zitierten Phänomen der Politik- bzw. Parteienverdrossenheit der Bürger in Deutschland verbindet.[1445] „Bürgergesell-

---

[1442] ten der Bürger plädiert und grundsätzlich bemerkt: „Nur in Freiheit können sich Gerechtigkeit und Solidarität in einer Gesellschaft entfalten." Zitiert nach www.b-republik.de
[1442] Zitiert nach: Der Weg nach vorne für Europas Sozialdemokarten. Ein Vorschlag von Gerhard Schröder und Tony Blair vom 08. Juni 1999, in: www.Blaetter.de/kommenta/dok. Vgl. die Bezugnahme auf den Inhalt des „Schröder/Blair"-Papiers im Zeichen der Diskussion um die Reform des Sozialstaates bei Poschardt, Ulf: Poliker, hört die Signale. Sofortige Abwahl als Drohkulisse. Wie die Deutschen die Parteien zur Vernunft zwingen, in: Welt am Sonntag v. 23. März 2003.
[1443] Vgl. die statistischen Angaben bei Glaab, Manuela / Kießling, Andreas: Legitimation und Partizipation, in: Korte, Karl-Rudolf / Weidenfeld, Werner (Hrsg.): Deutschland-TrendBuch, S. 571-611, S. 577.
[1444] Vgl. Bertelsmann Forschungsgruppe Politik (Hrsg.): Gemeinsinn. Gemeinschaftsfähigkeit in der modernen Gesellschaft, Gütersloh 2002, S. 10f.
[1445] Vgl. exemplarisch die entsprechende Passage bei Dettling, Warnfried: Bürgergesellschaft. Möglichkeiten, Voraussetzungen und Grenzen, S. 24f; vgl. auch mit Blick auf die „neue demokratische Frage" ders.: Demokratie von unten? Die Bedeutung der lokalen Gesellschaft für die Erneuerung der Demokratie, in: Weidenfeld, Werner (Hrsg.): Wege zur Erneuerung der Demokratie, Gütersloh 1998; vgl. im Kontext auch die übereinstimmende Diagnose bei Nothelle-Wildfeuer, Ursula: Soziale Gerechtigkeit und Zivilgesellschaft, Paderborn 1999, S. 99-104, S. 103. Die „Volksparteien in der Anspruchsfalle" verortet in diesem Kontext Helmut Klages, vgl. ders.: Der „schwierige Bürger". Bedrohung oder Zukunftspersonal?, in: Weidenfeld, Werner (Hrsg.): Demokratie am Wendepunkt. Die demokratische Frage als Projekt des 21. Jahrhunderts, Berlin 1996, S. 233-253, S. 237f; vgl. auch Leggewie, Claus: Die Kritik der Politischen Klasse und die Bürgergesellschaft. Muß die Bundesrepublik neu gegründet werden?, in: Aus Politik und Zeitgeschichte 31 (1993), S. 7-13.

schaft" intendiert die Stärkung eben jenes „dritten Sektors" der Bürgergesellschaft, der – gekennzeichnet durch die Existenz autonomer, nicht staatlicher oder in anderer Weise zentral geleiteter Organisationen wie gemeinnützige Stiftungen, autonome Universitäten, Unternehmen oder Kirchen – dem einzelnen Bürger Lebenschancen offeriert, ohne dass der Staat dabei eine Rolle zu spielen braucht – abgesehen von der Institutionalisierung und Garantie eben jenes staatsfreien Raumes.

Die Bürgergesellschaft ist „eine Welt, in der ein großer Teil des Lebens in freien Gesellschaften sich abspielen kann, eine Welt, die insoweit den Staat eigentlich nicht braucht, und die den demokratischen Staat allenfalls indirekt stützt, insoweit sie ihn entlastet und Menschen Lebensmöglichkeiten offeriert, für den diese den Staat nicht brauchen".[1446] Zu den autonomen Erscheinungen der modernen Bürgergesellschaft mögen Neue Soziale Bewegungen[1447] ebenso gezählt werden wie Nichtregierungsorganisationen (NGO's)[1448] – entscheidend ist eine Stimulierung, eine Stützung, ein „empowerment" der gesellschaftlichen Selbsthilfebereitschaften- und fähigkeiten im Dienste einer „Verantwortungsgesellschaft", die ihrerseits keineswegs den Staat und jene ihm obliegenden klassischen Funktionen ersetzen, vielmehr ihn auf diese reduzieren und damit zur Bekämpfung einer „ordnungspolitischen Verwahrlosung"[1449] effektuieren will. Was heißt das? Es geht der „Bürgergesellschaft" nicht um die Abkehr vom Sozialstaat und um die Errichtung eines „Nachtwächterstaates", vielmehr sucht sie daran zu erinnern und zugleich Konsequenzen daraus zu ziehen, dass sozialstaatliche Umverteilung die Gesellschaft auf Dauer nicht von innen heraus zusammenzuhalten vermag. Sozialstaatliche Umverteilung weckt bei den Transferbegünstigten Anspruchsegozentrik und bei den Transferbelasteten Vermeidungsbedürfnisse. Aber sie erzeugt nicht jene übergreifende Solidarität, deren die Umverteilung als ethische Grundlage bedarf. Diese Grundlage, die der So-

---

[1446] Dahrendorf, Ralf: Die Zukunft der Bürgergesellschaft, in: Guggenberger, Bernd (Hrsg.): Die Mitte. Vermessungen in Politik und Kultur, Opladen 1993, S. 74-83, S. 80; vgl. auch – unter Bezugnahme auf Tocqueville – ders.: Die gefährdete Civil Society, in: Michalski, Krzysztof (Hrsg.): Europa und die Civil Society (Castelgandolfo-Gespräche 1989), Stuttgart 1991, S. 247-263.

[1447] Vgl. Taylor, Charles: Der Trend zur politischen Fragmentarisierung. Bedeutungsverlust demokratischer Entscheidungen, in: Weidenfeld, Werner (Hrsg.): Demokratie am Wendepunkt, S. 254-273, S. 265f, wo Taylor darauf verweist, dass die Neuen Sozialen Bewegungen durch den Umstand, dass sie ihre internen Debatten öffentlich führen, dazu beitragen, die nationale Debatte mitzugestalten. Aus diesem Grund bezeichnet Taylor diese Bewegungen „eingebettete Öffentlichkeiten".

[1448] Zu der Frage, ob NGO's Erscheinungen der Bürgergesellschaft sind oder diese übergreifen vgl. ausführlich Schade, Jeanette: „Zivilgesellschaft" – eine vielschichtige Debatte, S. 53ff. Auf die vergleichsweise geringere Bereitschaft der Deutschen zu einem Engagement in NGO's wie Menschenrechtsorganisationen bzw. Umweltschützverbänden verweist mit Blick auf Frankreich und Großbritannien die Studie von Anheier, Helmut / Seibel, Wolfgang: Defining the Nonprofit Sector: Germany, S. 11; vgl. dazu die entsprechenden länderspezifischen Analysen bei Archambault, Edith: Defining the Nonprofit Sector: France. Working Papers of the Johns Hopkins Comparative Nonprofit Sector Project No.7, Baltimore 1993 sowie bei Kendall, Jeremy / Knapp, Martin: Defining the Nonprofit Sector: The United Kingdom. Working Papers of the Johns Hopkins Comparative Nonprofit Sector Project No.5, Baltimore 1993.

[1449] Vgl. Hennecke, Hans Jörg: Die dritte Republik, S. 341. Hennecke weist in diesem Zusammenhang auf den Umstand hin, dass die überdehnte Staatstätigkeit heute nurmehr noch eine Illusion von sozialer Sicherheit vermittle; „der oftmals reklamierte Primat der Politik bietet jedoch weniger denn je Schutz vor ihrem Verfall und entpuppt sich selbst als wesentliche Ursache für Wohlfahrtsrisiken und soziale Ungerechtigkeit." Ebd., S. 337.

zialstaat nicht schafft, sondern voraussetzt – und die das Bundesverfassungsgericht aus gegebenem Anlass heute verstärkt in Erinnerung ruft[1450] –, liegt in der Solidareinheit des staatlichen Gemeinwesens, das sich nicht in der Funktionalität eines Leistungs- Abgabe-Systems erschöpft.[1451] Auch wenn nur der Staat die zur Bekämpfung der Armut notwendigen finanziellen Transfers organisieren kann, bleibt eine intelligente Umverteilungspolitik, die dazu beiträgt, dass alle Bürger von den Veränderungen profitieren, zentrale Aufgabe des Staates vor allem im Zeichen der Globalisierungsfolgen. So bedeutet sozialer Ausgleich, etwa bei der Förderung bedürftiger Studenten, heute nicht mehr automatisch, dass die Hochschulen als staatliche Veranstaltungen betrieben werden und dass Bildung und Studium für alle Studierende – unabhängig der jeweiligen finanziellen Möglichkeiten – „freie Güter" sein müssen. Oder Stichwort „Familienpolitik": nimmt man den Gedanken der Bürgergesellschaft und das ihm korrespondierende Subsidiaritätsprinzip ernst, so stellt sich seit langem die drängende Frage nach einer Stärkung der Familie als derjenigen „Institution", in der die Primärsozialisation des Menschen erfolgt.[1452] Es muss heute darum gehen, die familienpolitischen Leistungen des Staates – gerade auch finanziell – deutlich zu erhöhen und damit die Familie als das Herzstück von Bürgergesellschaft zu stärken und zu fördern. Dass die Familie der Nukleus einer jeden menschlichen Gemeinschaft und damit auch der politischen ist, dieser aristotelische Gedanke des *zoon politikon* muss erneut in das öffentliche Bewusstsein gelangen. Schließlich ist es gerade die Familie, die es erlaubt, die öffentlich gewährte Freiheit moralisch zu regulieren, indem das Individuum durch seine Sozialisation und seine Lebenspraxis in der Familie Eigenschaften, Verhaltensweisen und Normen einübt, die zugleich auch wesentliche Grundlagen des öffentlichen Lebens darstellen, ohne jedoch hier herangebildet oder gepflegt werden zu können.[1453] Mit anderen Worten: Jenes „Böckenförde-Paradoxon" – dass der freiheitliche Staat von Voraussetzungen lebt, die er selbst nicht garantieren kann – es führt hin zur Familie als derjenigen Instanz, welche die Disparatheit zwischen privater und öffentlicher Sphäre entscheidend zu verhindern vermag.

So trivial es ist, dass Familien-, Sozial-, Bildungs- oder Wirtschaftspolitik in vielfältiger Weise voneinander abhängen und ihre jeweiligen Problemlagen den

---

[1450] Vgl. die entsprechenden Ausführungen von Di Fabio, Udo: Die Grundlagen der Gemeinschaft. Der Sozialstaat ist überspannt: Er gefährdet die soziale Gerechtigkeit, in: Frankfurter Allgemeine Zeitung v. 22. Oktober 2003, wo Di Fabio die Ausgewogenheit der Beziehung von Freiheit und Gemeinschaft als grundlegend für unser Verfassungssystem – „für jede gerechte Gesellschaftsordnung" - akzentuiert und betont: „Die staatliche Gemeinschaft gründet sich auf gegenseitige Leistung und subsidiäre Hilfe für die Leistungsfähigen. Individuelle Freiheit ist das grundlegende Prinzip, aber es ist in ein bestimmtes Selbstverständnis eingebunden: Echte Freiheit mündet stets in die freiwillige Übernahme von Verantwortung, sei es im Beruf, in einer Freundschaft, einer kirchlichen Gemeinschaft, einer politischen Partei oder – und nicht zuletzt – in der Familie."

[1451] Vgl. Isensee, Josef: Solidarität – sozialethische Substanz eines Blankettbegriffs, in: Ders. (Hrsg.): Solidarität, S. 139f.

[1452] Vgl. in diesem Kontext die Überlegungen der CDU-Vorsitzenden Angela Merkel, Kinderlose künftig stärker zur Finanzierung der Altersvorsorge heranzuziehen als Kinder; vgl. o.A. Merkel: Kinderlose stärker belasten, in: Frankfurter Allgemeine Zeitung v. 28. März 2003.

[1453] Vgl. in diesem Sinne Klinger, Cornelia: Private Freiheiten und öffentliche Ordnung. Triumph und Dilemma einer modernen Denkfigur, in: Weidenfeld, Werner (Hrsg.): Demokratie am Wendepunkt, S. 413-434, S. 428ff.

dringenden Reformbedarf in Staat und Gesellschaft demonstrieren – institutionell wie habituell[1454] –, so naheliegend und sinnvoll ist eine Besinnung auf die Kräfte der Bürgergesellschaft, die, durchaus auch als schöpferisches Chaos, als eine Vielfalt von sich überlappenden Assoziationen, schließlich jene Befürchtungen zerstreuen können, die von unterschiedlicher Seite vorrangig aus dem Bereich der politischen Alltagspraxis an das Konzept der Bürgergesellschaft herangetragen werden.[1455] Ob Betreuung von Asylanten, von ausländischen Studierenden oder älteren Leuten, ob Selbsthilfegruppen, freiwillige Feuerwehr, karitative Verbände oder sozial engagierte Bürgerclubs – es geht bei der Idee der Bürgergesellschaft weder um ein am Rätegedanken orientiertes Ideal, noch um die unhistorische Übertragung einer aus der griechischen Antike abgeleiteten Idylle, bzw. um die Rekonstruktion einer *societas perfecta*. Es geht um die Schaffung einer wertgebundenen Kultur der Kritik und der Toleranz im Rahmen einer offenen Gesellschaft.[1456] Eine solche Kultur, daran erinnert uns Tocqueville mit seinem Verweis auf die Religion als Bedingung von Freiheit, lässt sich nicht kontextfrei tradieren. Kritik und Toleranz sind voraussetzungsvolle Haltungen insofern, als sie eine Kultur der Selbstbeherrschung, des Nachdenkens, des uneigennützigen Interesses an der Wahrheit sowie eine Kultur der unbedingten Achtung der Würde des Menschen voraussetzen. Das wiederum bedeutet: Wo alle Maßstäbe der Kritik dauernd selbst zu Hypothesen gerinnen, kann eine Erziehung zu konstruktivem Denken nicht gelingen. Die freie und offene Gesellschaft, die Bürgergesellschaft, kann nur Bestand haben, wenn ihre Offenheit auf Überzeugungen gründet, die ihrerseits nicht zur Disposition stehen. Daran erinnert Tocqueville und dessen ist sich auch der Vater des „kritischen Rationalismus", Karl Popper, durchaus bewusst[1457]. So muss der Staat ein positives Interesse an nichthypotheti-

---

[1454] Vgl. in diesem Zusammenhang die Überlegungen bei Leicht, Robert: Heute prassen, morgen zahlen lassen, in: Die Zeit (12) 2003; Leicht wirft hier die ganz grundsätzliche Frage auf, ob Demokratien überhaupt in der Lage sind, sich unter den Bedingungen der Freiheit und der Freiwilligkeit materiell und sozial auf das zu beschränken, was ihnen in jeder Periode zusteht: „Ist also die freie Gesellschaft möglich unter der Voraussetzung, dass ihre Mitglieder auf Dauer nicht mehr verbrauchen, als sie in ihrer Lebenszeit hervorbringen – und zwar in einer umfassenden Gesamtkostenrechnung ihres Lebensstils?"

[1455] Einen Beitrag, jenen Befürchtungen wirkungsvoll entgegenzutreten, vermochte die Arbeit der Enquête-Kommission des Deutschen Bundestages zur „Zukunft des bürgerschaftlichen Engagements" zu leisten. Vgl. dazu Deutscher Bundestag (Hrsg.): Bürgerschaftliches Engagement und Zivilgesellschaft, Opladen 2002; vgl. ebd. exemplarisch die Analyse von Münkler, Herfried: Bürgerschaftliches Engagement in der Zivilgesellschaft, S. 29-36; vgl. im übrigen ders.: Die Bürgergesellschaft – Kampfbegriff oder Friedensformel? Potenzial und Reichweite einer Modeterminologie, in: Vorgänge (2) 2002, S. 115-125.

[1456] Vgl. dazu die Reflexionen über das „Problem der Toleranz" in der liberalen Demokratie bei Spaemann, Robert: Bemerkungen zu dem Begriff des Fundamentalismus, in: Michalski, Krzysztof (Hrsg.): Die liberale Gesellschaft, S. 177-203, S. 193f. Vgl. dazu auch die Ausführungen der CDU-Vorsitzenden Merkel am 13. Jahrestag der Deutschen Einheit: „Quo vadis Deutschland?, in: www.cdu.de. Merkel akzentuiert in ihrer Grundsatzrede zum einen die Notwendigkeit der Schaffung „von mehr Freiraum und mehr Eigenverantwortung der Menschen" im Sinne einer aktiven Bürgergesellschaft, zum anderen die Notwendigkeit des „gelassenen Selbstbewusstseins einer Gemeinschaft, die weiß, welche Institutionen sie zusammenhält", [...] „die die Werte, die hinter den Institutionen stehen, erkennt und achtet, die dafür eintritt, sie schützt und notfalls verteidigt. Und die das macht, weil sie es als Teil ihrer Identität versteht."

[1457] Vgl. Popper, Karl: Die Verteidigung des Rationalismus, in: Ders.: Lesebuch: ausgewählte Texte zu Erkenntnistheorie, Philosophie der Naturwissenschaften, Metaphysik, Sozialphilosophie (hrsg. V.

schen Überzeugungen haben, die die Grundlage der Freiheit selbst betreffen. Der freiheitlich demokratische Verfassungsstaat seinerseits kann und soll solche Überzeugungen nicht verordnen, er kann sie jedoch insofern begünstigen – Stichwort Staatskirchenrecht[1458] –, als diese für den Staat „transzendentalen" Überzeugungen von der Würde der Person, den Rechten der Menschen oder der Pflicht zur Toleranz vor allem in religiöse Kontexte eingebettet sind, die es von Seiten des Staates zu respektieren und institutionell zu garantieren gilt – um seinet- wie der Freiheit der Bürger willen.[1459] Wie wesentlich die Frage dem Verhältnis von Bürgergesellschaft, Gemeinsinn und Religion ist, zeigt nicht zuletzt jenes von Jürgen Habermas infolge des 11. Septembers 2001 akzentuierte Nachdenken über das Verhältnis von Glauben und Wissen in der zivilisierten Gesellschaft der Gegenwart.[1460] Angesichts der Bedrohung der westlichen Zivilisation, der offenen Gesellschaften durch modernen Fundamentalismus und angesichts der Herausforderungen von Globalisierung und Gentechnologie für Staat und Gesellschaft warnt Habermas davor, die säkulare Gesellschaft durch Ausschluss der Religion aus der Öffentlichkeit „von wichtigen Ressourcen der Sinnstiftung" abzuschneiden[1461]; der liberale Staat dürfe nicht die „religiöse Herkunft" seiner moralischen Grundlagen vergessen, weil er sonst Gefahr laufe, das „Artikulationsniveau der eigenen Entstehungsgeschichte" zu unterschreiten[1462]. An Tocqueville implizit erinnernd stellt Habermas fest: „Die Sprache des Marktes dringt heute in alle Poren ein und presst alle zwischenmenschlichen Beziehungen in das Schema der Orientierung an je eigene Präferenzen. Das soziale Band, das aus gegenseitiger Anerkennung geknüpft wird, geht aber in den Begriffen des Vertrags, der rationalen Wahl und der Nutzenmaximierung nicht auf".[1463] Deutlicher

---

David Miller), Tübingen 1995, wo Popper unter Bezugnahme auf den „kritischen Rationalismus" feststellt, dieser sei im Grundsatz weit und „mit Notwendigkeit weit davon entfernt, umfassend oder selbstgenügsam zu sein". Ebd. S. 14. Die Stärke des Christentums erkennt Popper darin, „dass es sich im Grunde nicht an die abstrakte Spekulation, sondern an die Vorstellungskraft wendet, wenn es die Leiden der Menschen in sehr konkreter Weise beschreibt". Ebd., S. 17 (FN 7). Zu den Grenzen des Rationalismus und seiner Verwiesenheit auf die Tradition vgl. auch ders.: Woran glaubt der Westen?, in: Ders.: Auf der Suche nach einer besseren Welt. Vorträge und Aufsätze aus dreißig Jahren, München 1984, S. 236ff.

[1458] Vgl. dazu Isensee, Josef: Demokratischer Rechtsstaat und staatsfreie Ethik, in: Krautscheid, Joseph / Marré, Heiner (Hrsg.): Essener Gespräche zum Thema Staat und Kirche (11), Münster 1977, S. 93ff. Im Hinblick auf die christlichen Kirchen in Deutschland stellt Isensee fest, diesen werde es durch die Verfassung leicht gemacht, das institutionalisierte Gewissen der Gesellschaft zu werden. Sie könnten die ethische Kultur beleben und kräftigen, so dass sie als ethische Stabilisierungsfaktoren letztlich zur Selbsterhaltung des säkularen Staates beitrügen. „Gleichwohl degradiert die verfassungsrechtliche Vorzugsstellung sie damit nicht zu Handlangern der Staatsraison." Ebd., S. 112.

[1459] Vgl. in diesem Sinne auch die abschließende Überlegung bei Böckenförde, Ernst-Wolfgang: Die Entstehung des Staates als Vorgang der Säkularisation, in Ders.: Recht, Staat, Freiheit, S. 113f.

[1460] Vgl. Habermas, Jürgen: Glauben und Wissen. Friedenspreis des Deutschen Buchhandels 2001, Frankfurt a. M. 2001. Vgl. ebd., S. 20ff.

[1461] Vgl. übereinstimmend und im Kontext diese These weiter entfaltend: Gephart, Werner: Zur Bedeutung der Religionen für die Identitätsbildung, in: Ders. / Waldenfels, Hans: Religion und Identität. Im Horizont des Pluralismus, Frankfurt a.M. 1999, S. 233-266;vgl. ebd. S. 261ff.

[1462] Vgl. bereits ders.: Metaphysik nach Kant, in: Ders: Nachmetaphysisches Denken. Philosophische Aufsätze, 3. Aufl., Frankfurt a. M. 1989, S. 23, wo Habermas im Hinblick auf das europäische Verständnis von Moralität, Sittlichkeit und Individualität auf die Bedeutung der jüdisch-christlichen Heilsgeschichte verweist.

[1463] Habermas, Jürgen: Glauben und Wissen, S. 23.

noch formuliert Wilhelm Hennis seine Kritik am „Seelenzustand" der Bundesrepublik: „Ein Gemeinwesen verarmt, verdorrt, wenn es keine Anlässe zur ,seelischen Erhebung' ex officio mehr kennt, sich ihrer geradezu geniert. Wie schmählich unfähig sind wir zur großen Feier, wie lächerlich der 3. Oktober als Nationalfeiertag, wo doch [...] der 9. November sich auch anbot, um Jahr für Jahr mehr als ein halbes Jahrhundert – von 1918, 1923, 1938 bis zu Fall der Mauer – zu rekapitulieren: Jahreszahlen der Hybris, aber zum guten Ende doch auch neuer Zuversicht."[1464]

Auch wenn Habermas' Religions-Verständnis als Sinn-Ressource „im Modus der Übersetzung" letztlich auf die Funktion einer „Zivilreligion"[1465] hinauslaufen mag, so wird schließlich doch sehr deutlich, woran der unpathetische Begriff der Bürgergesellschaft, der *civil society* orientiert ist: an der unscheinbaren Wirklichkeit funktionierenden Gemeinsinns, wie er in der politischen Kultur des Westens, vor allem in den angelsächsischen Ländern, zu beobachten ist, wo antietatistische Individualität, vitale Kommunität und überschaubare Publizität interagieren.[1466] Nicht also ein Negativbild des herrschaftsfreien Diskurses einer „ominösen Bürgergesellschaft"[1467] steht hinter diesen Überlegungen, nicht die Vision einer konfliktfreien Gemeinschaft[1468], sondern es geht darum, dass sich sowohl bestehende Gruppierungen, Vereine und Assoziationen, sofern sie in ihrer Zielsetzung und Struktur über reine Geselligkeitsveranstaltungen hinausgehen, als auch neu entstehende Bürgerinitiativen und -bewegungen auf Ziele im Bereich gesellschaftlicher bzw. im weitesten Sinne politischer Probleme ausrichten. So verstanden würden in einer demokratischen Bürgergesellschaft nicht mehr die Parteien in alle Bereiche der Gesellschaft hineinwirken, sondern es würden *idealiter* gesellschaftliche Kräfte gebündelt und auf das Gemeinwohl ausgerichtet. Solcherart starke Kräfte der Gesellschaft könnten und müssten auf die etablierten Kräfte der staatlichen Politik einwirken, ihnen Probleme deutlich vor Augen führen, Lösungsansätze nahe bringen und ihre Aktivitäten in gewisser Weise kontrollieren und stets zurückbinden an die konkreten Probleme. So wird mit Blick auf den Gemeinsinn bürgergesellschaftlichen Engagements konkret zu fragen sein, welche Verfasstheit des öffentlichen Lebens – z.B. im Hinblick auf das Wahlsystem, auf Partizipationsregeln – 71% der Bundesbürger plädieren für die Einführung von Volksabstimmungen in wichtigen politischen Fragen als ein Mittel zur Stärkung der Demokratie[1469] –, intermediäre Instanzen, Vereins- und Stif-

---

[1464] Hennis, Wilhelm: Die Überforderung der Menschenordnung, in: Frankfurter Allgemeine Zeitung v. 04. Oktober 2003.

[1465] Zu dem Konzept der „Zivilreligion" vgl. exemplarisch die prägnanten Ausführungen bei Lübbe, Hermann: Religion nach der Aufklärung, 2. Aufl., Graz 1990; vgl. ebenso Kleger, Heinz: Religion des Bürgers. Zur Zivilreligion in Amerika und Europa, München 1986.

[1466] Vgl. in diesem Sinne Brink, B. van den: Die politisch-philosophische Debatte über die demokratische Bürgergesellschaft, in: Ders. / Reijen, W. van (Hrsg.): Bürgergesellschaft, Recht und Demokratie, Frankfurt a.M. 1995, S. 7-26, S. 13.

[1467] Vgl. Veen, Hans-Joachim: Illusionen der Bürgergesellschaft. Die Volksparteien in der Integrationskrise, in: Hoffmann, Gunter / Perger, Werner (Hrsg.): Die Kontroverse. Weizsäckers Parteienkritik in der Diskussion, Frankfurt a.M. 1992, S. 153-162, S. 162.

[1468] Darauf weist Michael Walzer in seiner Analyse des Konzepts der „Zivilgesellschaft" entschieden hin; vgl. ders.: Was heißt zivile Gesellschaft?, in: Ders.: Zivile Gesellschaft und amerikanische Demokratie, Frankfurt a. M. 1996, S. 64-97.

[1469] Vgl. Noelle-Neumann, Elisabeth / Köcher, Renate: Allensbacher Jahrbuch der Demoskopie 1998-2002, S. 601. Während nur 9% der Bürger Volksabstimmungen ablehnen, zeigen sich 20% in dieser

tungsrecht – einer aktiven Öffentlichkeit förderlich oder hinderlich ist. Institutionelle Rahmungen bürgerschaftlichen Engagements stehen etwa im kommunalen Verfassungsrecht, im Planungsrecht, im Vereins- und Stiftungsrecht, in den Verfahren zur Ausgestaltung ordnungspolitischer Prinzipien der Subsidiarität und Pluralität, ja nicht zuletzt in den offenen Foren öffentlicher Partizipations- und Mediationsprozesse in Frage. In all diesen Feldern zwischen Markt und Staat könnten die Organisations- und Legitimationsmuster des „dritten Sektors" theoretisches Interesse und auch praktische Relevanz gewinnen, weil hier der Gemeinsinn von Ehrenamt und freiem Engagement nicht nur moralisch beschworen wird, sondern empirisch zu beobachten und praktisch zu befördern ist.[1470]

Derart konzipiert, basiert die Bürgergesellschaft vor aller unterschiedlichen Orientierung in Einzelfragen zunächst auf der gemeinsamen Sorge und Mitverantwortung für die Funktionsfähigkeit, das Ansehen sowie die Glaubwürdigkeit der demokratischen Staats- und Gesellschaftsform. Mit anderen Worten: Dieses Verständnis von Bürgergesellschaft bedeutet eine notwendige Aktivierung aller verfügbaren Kräfte der Mitglieder[1471] – die mehrheitlich, wie Umfragewerte belegen, zu einer stärkeren Eigenverantwortung anstelle von staatlicher Fürsorge ebenso bereit sind[1472], wie zu einem Engagement im Dienste der Gemeinschaft, sei es in Vereinen, religiösen Vereinigungen oder sonstigen selbstorganisierten Gruppen.[1473] Notwendig erscheint diese Aktivierung aus drei Gründen: zum einen, weil solche Arbeit und öf-

---

Frage unentschieden. Vgl. diesbezüglich die abwägende Analyse bei Oberreuter, Heinrich: Direkte Demokratie und die repräsentative Verfassung der Bundesrepublik Deutschland, in: Zeitschrift für Politik 3 (2002), S. 290-305; vgl. ebd. auch Jung, Otmar: Volksentscheid ins Grundgesetz? Die politische Auseinandersetzung um ein rot-grünes Reformprojekt 1998-2002, S. 267-289. „Die Konzepte der Zivilgesellschaft und der Öffentlichkeit", so gibt Karl-Heinz Nusser in diesem Kontext kritisch zu bedenken, „suggerieren eine immanente Harmonie der Bürgerinteressen, die weder erwartet, noch gewünscht werden kann. Unterschwellig sind rousseauistische Erwartungen moralischer Volksunmittelbarkeit am Werk, die jedoch durch Plebiszite, die immer über die Organisation von Interessen laufen, nicht eingelöst werden können." Ders.: Expansive Demokratietheorien bei Charles Taylor, Michael Walzer und Jürgen Habermas, ebd., S. 250-266.

[1470] Vgl. Pankoke, Eckart: Sinn und Form freien Engagements. Soziales Kapital, politisches Potential und reflexive Kultur im Dritten Sektor, in: Münkler, Herfried / Fischer, Karsten (Hrsg.): Gemeinwohl und Gemeinsinn, Band II, S. 265-287, S. 281.

[1471] Vgl. analog die Argumentation bei Nothelle-Wildfeuer, Ursula: Soziale Gerechtigkeit und Zivilgesellschaft, S. 338ff.

[1472] Vgl. Noelle-Neumann, Elisabeth / Köcher, Renate (Hrsg.): Allensbacher Jahrbuch der Demoskopie 1998-2002, S. 618. 53% der befragten Bürger treten für eine stärkere Eigenverantwortung anstelle von staatlicher Fürsorge ein; 28% lehnen eine stärkere Eigenverantwortung ab, 19% zeigen sich unentschieden. Vgl. ebd. auch S. 617. Die Aussage „Ich will nicht fragen: Was tut mein Land für mich, sondern: was tue ich für mein Land" macht sich eine relative Mehrheit von 34% der Befragten zu eigen; immerhin 30% widersprechen dieser Aussage, 36% zeigen sich unentschieden.

[1473] Vor allem die Bürger in den Altersgruppen zwischen 14 und 60 Jahren sind mehrheitlich engagementbereit oder aktuell engagiert, wie eine nach alten und neuen Bundesländern getrennt erhobene Umfrage aus dem Jahr 1999 erwiesen hat. Vgl. Gensicke, Thomas: Freiwilliges Engagement in den neuen und alten Bundesländern. Ergebnisse des Freiwilligensurveys 1999, in: Aus Politik und Zeitgeschichte 25/26 (2001), S. 24-32, S. 31. Auf die nach wie vor vorhandenen Unterschiede hinsichtlich eines zivilgesellschaftlichen Engagements in West- und Ostdeutschland („Lack of civic engagement" in East Germany) verweist die Studie von Anheier, Helmut / Priller, Eckhard / Zimmer, Annette: Civil society in transition: The East German third sector ten years after unification. Civil Society Working Paper 15, in: www.lse.ac.uk/collections/CCS/pdf/CSWP15.pdf

fentliche Diskussion unverzichtbarer Bestandteil der politischen Kultur einer pluralistischen Demokratie ist. Zweitens ist diese Form von Bürgergesellschaft notwendig, weil hier für vorhandene Probleme ganz andere Elemente einer Lösung gefunden werden können als eingefahrene politische und wirtschaftliche Strukturen zulassen. In diesem Sinne ist die Bürgergesellschaft selbstreflexiv, denn sie wird auf der jeweiligen Suche nach Lösungen selbst zum Gegenstand ihrer eigenen Bemühungen, kontrolliert und arbeitet an sich selbst und stellt in diesem Sinne diejenige Gesellschaftsform dar, die besser sein kann, als sie ist[1474]. Schließlich ist die Bürgergesellschaft drittens ganz grundsätzlich um der Menschen willen nötig, geht es doch bei solcher Aktivierung um die Entfaltung der Freiheit der Menschen als Bürger, einer Freiheit, welche sowohl persönliche Sekurität als *auch* politische Partizipation impliziert[1475]. Es ist dies ein emanzipatorischer, antihierarchischer Impuls, wie er sich mit dem Patriotismus-Diskurs im 18. Jahrhundert bereits verbunden hat. Die Bürgergesellschaft bildet, gemeinsam mit der Demokratie und der Marktwirtschaft, die Säulen der Freiheit.[1476] Der Patriotismus, er ist der Zement, der Säulen sowie das gemeinsame Haus, die Nation, zusammenhält. Um der Freiheit der Menschen, der Bürger willen.

Wie meinte Richard Rorty in seinem Nachdenken über die amerikanische Linke und den Patriotismus? „Wenn es um die Vervollkommnung unseres Landes geht, brauchen wir uns nicht über die Korrespondenztheorie der Wahrheit den Kopf zu zerbrechen, über die Grundlage der Normativität, die Unmöglichkeit von Gerechtigkeit oder die unendliche Entfernung, die uns voneinander trennt, und wir können Religion und Philosophie ruhig aus dem Spiel lassen. Es reicht völlig, wenn wir das zu lösen versuchen, was Dewey ‚die Probleme der Menschen' nannte. Über diese Probleme nachdenken [...] bedeutet, daß wir unsere moralische Identität mindestens zum Teil von unserem Status als Bürger in einem demokratischen Nationalstaat herleiten und von linksorientierten Versuchen, die Verheißung dieser Nation zu erfüllen."[1477] Rortys Plädoyer trägt der Tatsache Rechnung, dass im Zeichen von Globalisierung die potentiell unbegrenzte Ausdehnung von Solidarität zwangsläufig die unbegrenzte Ausdünnung nach sich zieht.[1478] Wenn ein Mensch für alle Menschen einstehen soll und jeder Beliebige Hilfe von jedermann einfordern kann, reduziert sich der Anteil des Einzelnen an der globalen Last auf jene minimale Quote, die seinem Verhältnis zur Gesamtbevölkerung der Erde entspricht. Die Verpflichtung zur Solidarität verliert sich ins Leere, ihre Realisierung wird Spiel des Zufalls. Kurzum: Planetarische Solidarität als solche leistet nicht mehr als moralischen Appell und bewirkt nicht mehr als moralische Aufwallung. Das Abstraktum Menschheit begründet al-

---

[1474] Vgl. Gohl, Christopher: Bürgergesellschaft als politische Zielperspektive, in: Aus Politik und Zeitgeschichte 6-7 (2001), S. 5-11, S. 10.

[1475] Es ist dies ein entscheidender Argumentationsgesichtspunkt bei Herfried Münklers Plädoyer für die Bürgergesellschaft; vgl. ders.: Zivilgesellschaft und Bürgertugend, S. 24.

[1476] Vgl. Dahrendorf, Ralf: Der moderne soziale Konflikt. Essays zur Politik der Freiheit, München 1994, S. 71.

[1477] Rorty, Richard: Stolz auf unser Land. Die amerikanische Linke und der Patriotismus, Frankfurt a. M. 1999, S. 94.

[1478] Vgl. dazu und nachfolgend Isensee, Josef: Solidarität – sozialethische Substanz eines Blankettbegriffs, in: Ders (Hrsg.): Solidarität, S. 112f.

lenfalls ein abstraktes moralisches Prinzip. Praktische Solidarität ist notwendig selektiv, insofern sie sich unter den Bedingungen der Knappheit der Ressourcen vollzieht: Sachleistungen wie Geldleistungen, Arbeitskraft wie persönliche Zuwendung; knapp ist vor allem die Ressource Zeit. Knappe Güter müssen haushälterisch verwaltet und gerecht zugeteilt werden. Diese Aufgabe vermag nur in einem handlungsrelevanten sozialen Kontext, nicht in einer Weltgesellschaft gelöst zu werden. Warum? Inspiration und Motivation zu Solidarität erwachen, wenn Menschen – als Bürger – einander zu Gesicht bekommen oder zumindest ein bestimmtes soziales Profil erkennen lassen. Solidarität, Gemeinsinn bedürfen eines Fundamentes spezifischer Gemeinsamkeit, die über die Zugehörigkeit zum Menschengeschlecht hinausgreift: persönliche Zuneigung, räumliche Nähe, Übereinstimmung der Interessen, Gruppenzugehörigkeit. Solidarität und Gemeinsinn gelangen zu rechtlicher Stabilität über staatliche Institutionen, welche die Pflichten nach rechtlichen Maßstäben dergestalt zuteilen, dass dem Bedarf aller Beteiligten wie der Belastbarkeit des Einzelnen Rechnung getragen wird[1479]; sie verdichten und verfestigen sich in personalen wie funktionalen Beziehungen wie Familie und Betrieb, im lokalen, regionalen Bereich, auf nationaler Ebene. Eben dies charakterisiert Nation: „dass gewissen Menschengruppen ein spezifisches Solidaritätsempfinden anderen gegenüber zuzumuten sei"[1480] und erklärt inwieweit die Nation historisch[1481] und auch, worauf Rorty anspielt, gegenwärtig ein „linkes" Projekt darstellt bzw. darzustellen vermag – „Anmut sparet nicht noch Mühe / Leidenschaft nicht noch Verstand / Daß ein gutes Deutschland blühe / Wie ein andres gutes Land" (Bertolt Brecht).

Ob links, ob rechts – *jenseits* politischer Lagerzuordnung zu versuchen, als Bürger einer ihrer Geschichtlichkeit und damit Veränderbarkeit bewussten Nation „die Probleme der Menschen" zu lösen, darin zeigt sich patriotisches Verhalten heute. Mehr pragmatisch als pathetisch und in jedem Falle ohne falsch verstandenen Stolz. Denn stolz kann man allenfalls auf das sein, was man selbst, als einzelner geleistet und erreicht hat. „Stolz", hinterläßt uns Christian Graf von Krockow als Vermächtnis seines Nachdenkens über die Zukunft der (deutschen) Geschichte, hat in den abendländischen Tugendkatalogen nie einen Platz gefunden, denn nur zu leicht und zu nahe gerät er an den Hochmut und an die Eitelkeit heran."[1482]

Ob Patriotismus, Verfassungspatriotismus, kosmopolitischer Patriotismus oder vernunftmäßiger Patriotismus – die Umschreibungen variieren, der Kerngedanke einer zeitgemäßen Konnotation von Freiheit und Bindung, von Freiheit und Solidarität im Horizont von Universalismus und Partikularismus ist derselbe. Überlagert und vermittelt, gründet Solidarität in der Idee der Nation, die Wille und Ethos zugleich bedeutet: füreinander einzustehen, ohne sich nach außen abzuschließen – „Daß die

---

[1479] Vgl. in diesem Sinne auch Stolleis, Michael: Erwartungen an das Recht. Die Rede von der sinkenden Steuerungsfähigkeit des Rechts und vom Verschwinden des Staates beruht möglicherweise auf einer Augentäuschung, in: Frankfurter Allgemeine Zeitung v. 30. Dezember 2003.

[1480] Weber, Max: Wirtschaft und Gesellschaft, 2. Halbband, S. 674ff.

[1481] Vgl. Gollwitzer, Heinz: Weltbürgertum und Patriotismus heute, in: Aus Politik und Zeitgeschichte (37-38) 1962, S. 458-462, S. 459.

[1482] Krockow, Christian Graf von: Die Zukunft der Geschichte. Ein Vermächtnis, S. 115. Vgl. in diesem Sinne auch Schäuble Wolfgang: Es muss nicht gleich Stolz sein. Ein Plädoyer für Vaterlandsliebe und Patriotismus, in: Süddeutsche Zeitung v. 01./02. Dezember 2001.

Völker nicht erbleichen / Wie vor einer Räuberin / Sondern ihre Hände reichen / Uns wie andern Völkern hin" (Bertolt Brecht). So stellt sich am Ende die Frage: Patriotismus in Deutschland als Patriotismus *für* Deutschland?

Ein angemessenes, historisch fundiertes Verständnis von Patriotismus nimmt dieser Frage eben jenes Maß an Pathos, welches allzu voreilige Antworten evoziert. Wenn sie gleichwohl bejaht wird, so erfolgt sie pragmatisch, sowohl im Bewusstsein deutscher Geschichte in Europa wie auch im Bewusstsein der Notwendigkeit, im Horizont von Universalismus und Partikularismus das prekäre Verhältnis von Freiheit und Bindung, von Freiheit und Solidarität human zu gestalten. „Warum überhaupt Deutschland", lautete Nietzsches eingangs zitierte Frage. Die Antwort wäre damit gegeben.

XI. Anhang

A   Bundeskanzler a.D. Dr. Helmut Kohl

Kronenberg: Herr Bundeskanzler, was bedeutet für Sie Patriotismus?

Dr. Kohl: Ich bin der Meinung, dass sich das Grundverhalten der Menschen auch im Zeitalter der Globalisierung nur bedingt ändert, und dass sich seit Adam und Eva trotz der Fortschritte im Bereich der Kultur und der Ausbildung nicht wirklich Entscheidendes verändert hat. Wir verwenden im Deutschen, anders als in anderen Sprachen, den Begriff „Muttersprache". Dieser Begriff spiegelt die Mutter-Kind-Beziehung als die engste Beziehung wider, die es unter Menschen gibt. Die Kulturgeschichte, die Literatur, unsere Lebenserfahrung und nicht zuletzt die Geschehnisse im Krieg reflektieren diese Bindung: der Ruf am bitteren Ende – etwa auf dem Schlachtfeld – geht an die Mutter. Wenn man dies zugrunde legt, ist die Muttersprache die Mutter der Hochsprache. Dieser Zusammenhang ist wichtig, weil der Terminus „Muttersprache" zu einem anderen Begriff führt, der wiederum ein sehr deutscher und auch schwer zu übersetzender Begriff ist, dem der „Heimat". Dort, wo ich meine Muttersprache erlernt habe, ist meine Heimat, welche wiederum mit der Heimatsprache in engem Zusammenhang steht. Auf meinen Reisen habe ich stets beobachten können, daß sich die Menschen stark über die Sprache identifizieren. Die Begriffe „Muttersprache" und „Heimat" führen zu dem Ausdruck: „Ich bin Deutscher" und schließlich zum Begriff „Patriotismus". Den Begriff des „Patriotismus" sollte man stets in sein Umfeld – also „Muttersprache" und „Heimat" – setzen. Patriotismus hat sehr viel mit Emotionen zu tun. Infolge des 11. September 2001 haben wir ja diesbezüglich ein Lehrstück erlebt. Bei der TV-Übertragung der Trauerfeier im Yankee-Stadion in New York zeigte sich, was die amerikanische Nation ausmacht: Eine bunte Gesellschaft, deren Mitglieder bei der Hymne die Hand aufs Herz legen und damit symbolisieren: Egal, wo ich herkomme, egal, welche Religion ich habe, ich bin amerikanischer Patriot.

An einem weiteren Beispiel lässt sich deutlich erkennen, dass Patriotismus kein leeres Wort ist: Das Scheitern der Weltsprache „Esperanto". Von der Logik her hätte Esperanto ein Welterfolg sein müssen. Jedoch fehlte dieser künstlichen Sprache jeglicher Bezug zur Heimat – kein Wunder also, dass sie scheiterte. Meine Generation, Jahrgang 1930, wurde mit dem Exzess des Nationalismus konfrontiert. Durch eine totale Überdrehung wurde „Deutschland" im Dritten Reich beinahe zum Religionsersatz hochstilisiert. Von da aus ist es eine eigentlich ganz normale Gegenreaktion, dass man in der Folge das Kind im Bade ausschüttete und den Patriotismus unter Verdacht stellte. Das pendelt sich aber wieder ein, davon bin ich überzeugt.

Noch ein Wort zu einer weiteren deutschen Besonderheit: Wir sind das wohl einzige Land in der Welt, in dem die Kinder in der Schule nicht die Nationalhymne lernen. Dass dies nicht richtig ist, darüber gibt es für mich überhaupt keinen Zweifel. Ich glaube die Leute wollen mit dem Singen der Nationalhymne ihre innere Situation ausdrücken. Die Nationalhymne ist das Lied, in dem sich die Menschen versammeln. In Frankreich ist das die Marseillaise. Und es ist nicht etwa der hinreißende Text der Marseillaise, der die Menschen bewegt, es ist eine starke Melodie voller Symbolkraft. Wir sind hingegen in diesem Zusammenhang noch aus der Vergangenheit mit Komplexen beladen.

Kronenberg: Wie sehen Sie gegenwärtig das Verhältnis von Patriotismus, Nationalstaat und Europa?

Dr. Kohl: Dieses Verhältnis drückt sich für mich in einem ganz einfachen, durch das Leben bedingten Dreiklang aus: Meine engere Heimat ist nicht Deutschland, sondern die Pfalz. Und mein Vaterland ist Deutschland. Ich bin unverwechselbar Deutscher, wenn Sie wollen, sogar ein ganz typischer Deutscher. Und das allumfassende Dach ist Europa. Thomas Mann hat einmal gesagt: „Ich bin ein europäischer Deutscher und ein deutscher Europäer". Dies halte ich für eine der wichtigsten Veränderungen der Neuzeit. Es erstaunt mich, dass dies so wenig beachtet oder überhaupt erkannt wird: Die Selbstverständlichkeit, mit der man heute Deutscher und Europäer zugleich sein kann.

Kronenberg: Besteht also im Grunde gar kein Gegensatz mehr zwischen dem „Vaterland Europa" im Sinne Thomas Manns und dem „Europa der Vaterländer" im Sinne Charles de Gaulles?

Dr. Kohl: Ich sehe diesen Gegensatz nicht. Außerdem glaube ich, dass die Entwicklung durch den Euro – der mehr ist als nur ein Zahlungsmittel – dramatisch beschleunigt wird. Mit der Umstellung auf den Euro verbinden sich nicht nur fiskalische, sondern auch ungeheure mentale Veränderungen, welche die Annäherung zwischen den Nationalstaaten und Europa verstärken und beschleunigen werden.

Kronenberg: Auch wenn es ein weites Feld ist, erlauben Sie doch die Frage: Was macht für Sie die Identität Europas aus?

Dr. Kohl: Die Identität Europas setzt sich aus einer Summe von vielen einzelnen Faktoren zusammen. Europa ist zunächst natürlich das Abendland. Europa ist die Geschichte, die Antike, die Aufklärung, das Christentum. Und trotzdem ist Europa unverwechselbar. Man muß nur einmal junge Leute am Picadilly, am Eiffelturm, an der spanischen Treppe oder auf der Karlsbrücke beobachten, wo Hunderte von Schülern und Studenten aus aller Herren Länder gemeinsam musizieren. Wenn Sie dann die Augen zumachen und zuhören, dann sind Sie mitten in Europa.

Kronenberg: Heute stellt sich die Frage nach der Finalität Europas...

Dr. Kohl: Das ist für mich eine reine Frage der Praktikabilität, keine ideologische. Beispiel Russland: Ich habe überhaupt nichts dagegen, so eng wie möglich mit Russland zu kooperieren. Aber eine NATO-Mitgliedschaft wird nicht funktionieren, weil auch Wladiwostok zu Russland gehört. Hier geht es weniger um eine staatsrechtliche als um eine kulturelle Dimension.

Kronenberg: Stichwort „Globalisierung": Wie sehen Sie die Rolle von Nationalstaaten im Zuge von wirtschaftlicher und technologischer Globalisierung?

Dr. Kohl: Diese Entwicklung halte ich für eine wohltuende Zwangsentwicklung. Wer die Vorstellung hat, er könne sich abschotten, irrt. Ich glaube, dass die Kraft des Faktischen jeden Abschottungsversuch zunichte machen wird. Es kommt ja im Vergleich zu früheren Zeiten noch etwas anderes hinzu: Wir haben im Zuge der Globalisierung heute ein Maß an Kommunikation, das sowieso jede Abschottung unmöglich macht.

Kronenberg: Eine abschließende Frage zum Verhältnis von Moral und Politik: Ernst-Wolfgang Böckenförde hat einmal jenes Paradoxon formuliert, dass der freiheitliche demokratische Verfassungsstaat von Voraussetzungen lebt, die dieser selbst nicht garantieren kann. Was sind das für Voraussetzungen bzw. wie können diese in Ihren Augen geschaffen und erhalten werden?

Dr. Kohl: Entgegen einer weit verbreiteten Meinung gibt es natürlich überhaupt keine spezielle politische Moral. Alles, was im privaten Leben gut ist, ist auch in der Politik gut und umgekehrt. Im Bereich der Außen- und Sicherheitspolitik ist die wichtigste Überschrift sicherlich „Vertrauen". Das war die Hauptregel des alten Adenauer, der stets sagte: „Wir müssen Vertrauen gewinnen, Vertrauen gewinnen, Vertrauen gewinnen." Dies ist im Privat- oder Geschäftsleben nicht anders. Die deutsche Einheit war möglich in einem Zeitfenster, in dem vier, fünf Leute aufeinander trafen, zwischen denen die Chemie stimmte und die Vertrauen zueinander hatten. Vertrauen war und ist das Entscheidende.

B   The Lord Ralf Dahrendorf

Kronenberg: Lord Dahrendorf, was bedeutet für Sie Patriotismus heute?

Lord Dahrendorf: Ein lebhaftes Zugehörigkeits- und Loyalitätsempfinden gegenüber dem Land, in dem man lebt.

Kronenberg: Bezieht sich Patriotismus automatisch auf einen "Nationalstaat"? Was ist mit Regional- bzw. Lokal-Patriotismus?

Lord Dahrendorf: Ohne Zusatz ist Patriotismus auf ein Land bezogen. Ich habe bewusst das Wort Land gewählt. Ob das immer ein Nationalstaat ist, ist schwer zu sagen. Dass es Lokal-Patriotismus gibt, steht außer Frage. Wenn die Leute in der Region Deutschlands, wo ich ein Haus habe, das Badenauer-Lied singen, dann steckt dahinter auch ein Ausdruck von Zugehörigkeit und Loyalität mit emotionalen Untertönen. Aber wenn man Patriotismus ohne Zusatz sagt, verbinde ich das mit einem Gebilde in der Regel von Art der Nationalstaaten.

Kronenberg: Ist für Sie Patriotismus eine Tugend?

Lord Dahrendorf: Ja.

Kronenberg: Inwiefern?

Lord Dahrendorf: Loyalität und Zugehörigkeit bezogen auf ein Gemeinwesen ist der Hintergrund für das Vertrauen, von dem Gemeinwesen getragen werden. Ohne Empfindungen dieser Art werden Gemeinwesen zu einer reinen Formalität, die vielleicht nicht auf Dauer tragfähig ist.

Kronenberg: Wie artikuliert sich in Ihren Augen Patriotismus in Deutschland? Gibt es in Ihren Augen zuviel oder eher zuwenig Patriotismus in Deutschland?

Lord Dahrendorf: Im Deutschland des Jahres 2002 muß die Antwort sicherlich sein: zuwenig. In Deutschland ist das Zugehörigkeits- und Zusammengehörigkeitsgefühl ziemlich unterentwickelt und übrigens von vielen auch nicht übermäßig gern gesehen. Ob es einen Patriotismus gibt, der den alten Osten und den alten Westen gleichermaßen einschließt, ist eine offene Frage. Aber schon im alten Westen war Patriotismus ein schwieriges Thema. Das ist in der deutschen Geschichte offenkundig nicht immer so gewesen. Obwohl es mit dem deutschen Patriotismus genauso schwierig ist wie mit der deutschen Nation. Es gab eigentlich nur eine relativ kurze Phase in der man ernsthaft davon sprechen konnte – vielleicht zwei Phasen: Die der Zeit der Befreiungskriege und dessen, was danach kam, und die Zeit nach 1870.

Kronenberg: Was sind die Gründe, dass Patriotismus heute in Deutschland oftmals nicht gern gesehen wird?

Lord Dahrendorf: In Deutschland ist Patriotimus zuerst 1914 und dann noch in viel entscheidenderer Weise nach 1933 umgeschlagen nicht in eine emotional betonte Loyalität gegenüber einem Gemeinwesen, das selbst Tugenden vertritt, sondern in eine aggressive Version der Vertretung eigener Machtansprüche eines Landes oder eines Staates, im Nationalismus. Die Grenze zwischen Patriotismus und Nationalismus ist nicht immer ganz leicht zu ziehen. Mit einem französischen Wort kann man auch unterscheiden zwischen Patriotismus und Chauvinismus. Manchmal fragt man sich, ob das, was wir nach dem 11. September 2001 in Amerika erlebt haben, noch Patriotismus ist oder schon ein mit Vormachtansprüchen verbundener Nationalismus. Da ist keine so ganz feste Grenze zu ziehen, aber hier liegt sicher einer der

Gründe, warum viele Deutsche zögern, ein Wort wie Patriotismus in den Mund zu nehmen.

Kronenberg: Sie haben sich an verschiedenen Stellen zu „Verfassungspatriotismus" geäußert und ihn als „Kopfgeburt" bezeichnet. Würden Sie differenzieren wollen zwischen dem „Verfassungspatriotismus" im Sinne von Dolf Sternberger und dem von Jürgen Habermas?

Lord Dahrendorf: „Verfassungspatriotismus" ist zu dünn. Natürlich muss man differenzieren zwischen Sternberger und Habermas, aber in beiden Fällen bin ich skeptisch.
Gewiss, die Amerikaner schwören auch auf ihre Verfassung. Aber da kommt dann gleich die Fahne noch dazu und überhaupt ist Tocquevilles Beobachtung über die amerikanische Bürgerreligion bis heute richtig.

Kronenberg: Nun hat Sternberger „Verfassungspatriotismus" ja nicht als Ersatz zu nationalem Patriotismus gefordert. Sternberger erinnerte an eine lange Tradition westlichen Verfassungsdenkens, an eine bestimmte Tradition von Rechten, Pflichten und Werten.

Lord Dahrendorf: Ich würde sagen, der 20.07.1944 war in gewisser Weise der Aufstand des Patriotismus gegen den Nationalismus und wenn ich hier von Patriotismus spreche, meine ich die Vorstellung von einem Deutschland, das für bestimmte Werte eintritt. Hier kommt man manchem von Sternberger schon näher. Es geht nicht um einen Text, den Text des Grundgesetzes, sondern es geht um bestimmte Wertvorstellungen, die man mit dem Vaterland verbindet.

Kronenberg: Sie sprachen vorhin von Tocqueville und der Bürgerreligion in den Vereinigten Staaten. Jürgen Habermas prägte jüngst den Begriff der „postsäkularen Gesellschaft". Wie sehen Sie das Verhältnis von Religion und Staat bzw. Gesellschaft in Deutschland?

Lord Dahrendorf: Das ist eine sehr schwierige Frage. Ich meine, Religion und Staat sind in Deutschland in eher misslicher Weise miteinander in der Vergangenheit verbunden gewesen. Man denke einerseits an den Pfarrer Stöcker und andererseits an den Kulturkampf. Man denke an die Zentrumspartei und an die deutschen Protestanten in der Nazizeit. In Amerika ist es ja so, dass praktisch alle Kirchen säkularisiert sind bis zu dem Punkt, an dem sie mühelos neben die Altäre die amerikanische Flagge stellen können, jedenfalls in den kleineren Gemeinden. In Polen ist es genauso. In Polen ist es gar nicht so selten, dass die Altardecken in den National-farben rot und weiß zu sehen sind. Derlei gibt es in Deutschland schon darum nicht, weil es zwei Konfessionen gibt, die sich seit Jahrhunderten gegenüberstehen. Das religiöse Element im Patriotismus hat in Deutschland eine viel kompliziertere Geschichte als in Amerika oder Polen.

Kronenberg: Sie haben 1996 im Merkur geschrieben, es werde höchste Zeit – auch im Interesse Europas – dass Deutschland sich als Nation, als Nationalstaat wiederentdecke. Heute, fünf Jahre später: Hat sich Deutschland inzwischen als Nation, als Nationalstaat wiederentdeckt? Wenn nein, warum nicht?

Lord Dahrendorf: Bis zu einem gewissen Grad hat das vereinigte Deutschland angefangen, sich als Nationalstaat zu sehen. Es sind Indizien auszumachen, die man im Tagesgeschäft nicht so unmittelbar beobachten kann. Nach Helmut Kohl, der gerade nicht den Nationalstaat vertrat, wird doch deutlich, dass die beiden großen Parteien stärker und fast wie selbstverständlich das national Besondere von Deutschland hervorheben.

Kronenberg: Werten Sie das positiv?

Lord Dahrendorf: Ja. Deutschland, das sein Selbstbewußtsein kundtut, ist viel glaubhafter als ein Deutschland, das dauerhaft so tut, als gelte das nur für alle anderen.

Kronenberg: Glauben Sie, dass das Auswirkungen haben wird auf das Projekt Europa, auf den Fortgang des europäischen Integrationsprozess?

Lord Dahrendorf: Was immer das Projekt Europa ist, was immer dieser Fortgang bedeuten soll: Ja, in gewisser Weise ist das, was Deutschland tut, von den anderen immer schon getan worden, vielleicht mit Ausnahme von Italien. Insofern wird Europa zugleich realer und weniger hochgestochen sein.

Kronenberg: Was ist für Sie mittelfristig die Zukunftsperspektive der EU?

Lord Dahrendorf: Eine auf bestimmte Bereiche konzentrierte Vertretung gemeinsamer Interessen bei gleichzeitig offenkundigen Divergenzen in vielen anderen Fragen. Europa ist für mich immer eine Kopfgeburt und keine Sache des Herzens gewesen, insofern sehe ich das ohne jede Trauer. Die Diskrepanz zwischen den großen Reden über EU und den täglichen Taten in Europa ist seit langem schon sehr groß. Sie ist am größten in Deutschland. Was wenige wissen, ist, dass Deutschland eigentlich immer schon im Alltagsgeschäft ganz uneuropäisch war und nur im Sonntagsgeschäft groß geredet hat. Aber eine ähnliche Diskrepanz gibt es auch in den Beneluxländern und bis zu einem gewissen Grad in Italien. Überhaupt nicht gibt es diese Ambivalenz in Großbritannien und selbst weniger in Frankreich, wo immer klar war, dass man Europa akzeptiert, solange es die eigene Interessenlage gebietet.

Kronenberg: Wie stehen Sie zum Projekt einer „europäischen Verfassung"? Klassischerweise ist eine Verfassung auf einen Nationalstaat bezogen; nun ist die EU kein Nationalstaat. Welchen Sinn kann dann eine solche Verfassung haben?

Lord Dahrendorf: Gar keinen. Sie wird Europa auf eine schiefe Ebene führen, wenn eine „Verfassung" das Ergebnis des Konvents ist. Manchmal sage ich, dass

eine Verfassung Europa auf eine lateinamerikanische Ebene führen wird. Die latein-
amerikanischen Länder sind Friedhöfe von Verfassungen. Fast jede Regierung
macht eine neue Verfassung. Man sollte in Europa die Hände davon lassen.

Kronenberg: Wie erklären Sie sich das vehemente deutsche Plädoyer für eine europäische Verfassung? Wenn man die etablierten Parteien ansieht, dann sind unterschiedliche, gegensätzliche Positionen kaum auszumachen. Warum nicht?

Lord Dahrendorf: Das ist das Spiegelbild des gestörten Verhältnisses zur eigene
Nation. Es zeigt sich hier der Versuch, sich zu drücken um das, was real ist, nämlich
das eigene Land mit seinen Stärken und Schwächen und seinem gesunden Selbstbewusstsein. Man gewinnt dadurch natürlich keinen zusätzlichen Realitätsgehalt. Man
ist eher verblüffend für andere.

Kronenberg: Sie sprachen vorhin von Großbritannien und den Benelux-Ländern.
Wie würden Sie deren Rolle sehen?

Lord Dahrendorf: Belgien ist kein Land. Belgien besteht aus mindestens zwei ganz
und gar verschiedenen Ländern. Inzwischen werden sogar internationale Verträge
vom flämischen und vom wallonischen Parlament gesondert ratifiziert. In eine solche Situation passt natürlich europäisches Unions-Gerede sehr gut hinein. Bei Holland liegen die Dinge viel schwieriger. Holland ist ein selbstbewusster Nationalstaat.
Frankreich hat einen sehr ausgeprägten Sinn für seine nationalen Interessen und
wird in Europa immer dort Grenzen ziehen, wo diese nationalen Interessen eingeschränkt werden.

Kronenberg: Einen Bundesstaat Europa halten Sie also für keine realistische politische Perspektive?

Lord Dahrendorf: Nein, überhaupt nicht.

Kronenberg: Was macht für Sie die Identität Europas aus?

Lord Dahrendorf: Das ist sehr schwer zu sagen. Eigentlich bin ich nicht derjenige,
der darauf antworten sollte. Europa ist im wesentlichen eine Vision der politischen
Linken, nachdem es jahrzehntelang die Vision der politischen Rechten war und
eigentlich gegen die Linke gegründet worden ist. Wenn man bei der politischen
Linken nachfragt, was sie heute so europabegeistert macht, dann ist es vor allem der
Wunsch, ein Gegengewicht gegenüber Amerika zu bilden. Man will den Euro als
Waffe gegen den Dollar und insistiert darauf, dass der europäische Kapitalismus
eine viel stärkere soziale Komponente habe als der amerikanische. Das sind, soweit
ich sehen kann, heute die wesentlichen Argumente für ein stärkeres Europa. Man
kann also nicht wirklich überrascht sein, dass es in vielen Ländern eher rechts der
Mitte zunehmend Zweifel gibt an dem europäischen Projekt. Wenn jetzt nicht
Wahlkampf wäre, dann würde man das auch noch deutlicher bei Herrn Stoiber se-

hen; bei Herrn Berlusconi sieht man dies ja schon sehr deutlich. Von den britischen Konservativen will ich gar nicht erst reden, aber ähnliches gilt auch für eine Reihe von anderen Ländern.

Kronenberg: Welchen Einfluss hat die Globalisierung auf die Rolle der National-staaten?

Lord Dahrendorf: Bestimmte Entscheidungen, vor allem solche, die direkt auf die Finanzmärkte bezogen sind, sind dem politischen Raum nationalstaatlicher Institutionen entflohen. Dies ändert aber nichts daran, dass der Spielraum nationaler Variation in entscheidenden Bereichen der Politik nach wie vor sehr groß ist. Viel größer als heute in der Regel angenommen wird. Vor allem von denen, die vom Tod des Nationalstaates reden. Sozialpolitik, Bildungspolitik sind zwei sehr wichtige Bereiche. Aber auch die Bereiche der Wirtschafts- und Kulturpolitik sind hier zu nennen. Das ist alles national geblieben und wird nach meiner Einschätzung auch national bleiben. Mir scheint, dass die Globalisierung zwar wichtige Neuerungen gebracht hat, aber nicht alles verändert hat.

Kronenberg: Welche Neuerungen?

Lord Dahrendorf: Überall da, wo Informationen und ihre unmittelbare Verfügbarkeit an allen Orten wichtig ist, haben sich zweifellos Dinge verändert und es ist für nationale Parlamente schwierig geworden, tätig zu werden.

Kronenberg: Im Zusammenhang mit der Globalisierungsdiskussion stellt sich die Frage nach der künftigen Rolle der UNO. Wird die ökonomisch technologische Dynamik der Globalisierung die staatlichen Gegensätze harmonisieren und die Mitglieder der UNO zu wirklich „Vereinten Nationen" machen?

Lord Dahrendorf: Globalisierung hat merkwürdigerweise die Vormachtstellung der Vereinigten Staaten von Amerika unterstrichen. Die Vereinigten Staaten tun sich ganz besonders leicht in einer Welt ohne Grenzen. Und die Mächtigen sind nie multilateral. Das Multilaterale ist die Hoffnung der Schwachen. Daher sind die Vereinigten Staaten auch nicht geneigt, das Kyoto-Protokoll oder den Vertrag über den Strafgerichtshof oder ähnliches zu akzeptieren. Eben deshalb sind sie auch nicht geneigt, die Schulden bei den Vereinten Nationen zu bezahlen – geschweige denn, deren Rolle zu erweitern. 1945 war es eine ganz besondere Situation, in der nicht ganz klar war, wer nun die Vormacht sein würde... Ich muß realistischer Weise sagen, dass die Vereinten Nationen zwar im Prinzip der richtige Ort für weltweite Regeln sind, aber ich halte die Wahrscheinlichkeit, dass die Vormacht USA sich darauf einläßt, für relativ gering. Auf absehbare Zeit und im Zeichen des 11. September 2001 sehe ich eine Vormacht USA als das entscheidende Faktum in der Weltpolitik und ihrer Analyse.

C   Prof. Dr. Drs. h.c. Ernst-Wolfgang Böckenförde

Kronenberg: Was bedeutet Patriotismus für Sie heute?

Prof. Böckenförde: Da bin ich mir gar nicht sicher, was er bedeuten kann. Im Patriotismus schwingt von der Entstehung her die alte Treue mit, die Treue zum Landesherrn, zum König und über den König zum Vaterland. Der Begriff des „Patriotismus" ist für den politischen Raum heute etwas in Abgang gekommen. Treue wird heute mehr auf den privaten Bereich bezogen. Treu ist man seinem Ehegatten oder dem Freund. Dem „Vaterland" bringt man heute eher Loyalität oder Respekt entgegen, aber Treue oder Liebe – erinnern wir uns an Gustav Heinemann – schon gar nicht. Ich vermute, dass Patriotismus heute mehr eine intellektuelle Kategorie ist, deren Rückhalt in der Realität problematisch erscheint.

Kronenberg: Gehört für Sie Patriotismus zu jenen Voraussetzungen, auf denen der freiheitliche Verfassungsstaat beruht, ohne sie selbst sichern zu können?

Prof. Böckenförde: Da habe ich Zweifel, ob der moderne Staat auf Patriotismus beruht. Worauf der moderne Staat angewiesen ist, ist Loyalität und Gesetzesgehorsam. Heute spricht man von Bürgersinn, weniger von Patriotismus. Mit Blick auf das von mir formulierte „Paradoxon" wird man sagen können, dass ein gewisses Maß an Loyalität zum Gemeinwesen unentbehrlich ist, aber ob man dies als Patriotismus bezeichnen sollte, mit dem stets etwas Emphatisches und Emotionales verbunden ist, weiß ich nicht. Ich wäre da zurückhaltend.

Kronenberg: Was sind für Sie die unentbehrlichen Voraussetzungen, auf die Sie in ihrem berühmten „Böckenförde-Paradoxon" anspielen?

Prof. Böckenförde: Der moderne Staat ist bewusst freiheitlich; er setzt keine bestimmte Religion voraus, sondern gibt die Religion frei. Gleichwohl bedarf er, damit seine Freiheitsordnung wirkkräftig bleiben kann, innerer Regulierungskräfte. Er bedarf einer Grundeinstellung der Bürgerinnen und Bürger die man als Ethos, als Gemeinsinn bezeichnen kann.

Kronenberg: Sehen Sie, im Zeitraum der vergangenen zwanzig, dreißig Jahre, einen Wandel des Gemeinsinns in der Bundesrepublik Deutschland?

Prof. Böckenförde: Mein Eindruck ist, dass sich in den letzten drei Jahrzehnten eine zunehmende Individualisierung ausgebreitet hat. Jeder Einzelne lebt für sich in Freiheit und ist auf diese zentriert. Was sich daraus an Problemen für die Bindekräfte tradierter Lebenszusammenhänge – wie die Familie – ergibt, die durchaus noch da sind, muss man sehen. Was früher selbstverständlich war – das füreinander Einstehen – wird im Zeichen der Individualisierung zunehmend begründungsbedürftig.

Kronenberg: Wie verhalten sich Patriotismus, Nationalstaat und Europa im Zeitalter der Globalisierung zu einander?

Prof. Böckenförde: Patriotismus ist, soweit vorhanden, auf den Nationalstaat bezogen. Globalen Patriotismus kann man sich nur schwer vorstellen. Der Nationalstaat kommt jetzt durch die Globalisierung in die Situation, dass er, im Hinblick auf die politische Gestaltung der Lebensverhältnisse, bereichsweise ohnmächtig wird. Er gerät in Abhängigkeiten und ist Einflüssen ausgesetzt, die er selbst gar nicht mehr beherrschen kann. Beispiel EU: Obwohl heute zwei Drittel der wirtschaftspolitischen Vorgaben aus Brüssel kommen, sieht sich der einzelne Mitgliedsstaat mit wirtschaftspolitischen Erwartungen seiner Bürger konfrontiert, die er gar nicht erfüllen kann. Die Erwartungshaltung der Bürger an die Regelungs- und Lösungskompetenz des eigenen Staates und dessen verbliebenen Fähigkeiten, diesen Erwartungen auch gerecht zu werden, driften auseinander.

Kronenberg: Wie sehen Sie die Zukunft Europas?

Prof. Böckenförde: Die Einigung Europas und die Fortentwicklung der Europäischen Union zu einer politischen Union halte ich für sehr wichtig. Ich bin nur skeptisch, dass sich das auch erreichen lässt. Aber ich halte es für notwendig, nicht zuletzt wegen der Globalisierung. Nur wenn Europa politisch zusammenfindet, bestehen im globalen Maßstab überhaupt Aktionsmöglichkeiten. Ich bin davon überzeugt, dass die europäische Wirtschafts- und Währungsunion eine politische Union nach sich zieht. Man sieht ja jetzt bereits, dass die EU eine gemeinsame Haushaltspolitik braucht. Ob die Europäische Union ein politisches Gemeinwesen wird – wenn auch sehr föderiert –, dass hängt natürlich davon ab, ob es ein europäisches Bewußtsein geben wird. Dieses Bewusstsein „Wir sind Europäer!" kann wachsen und muss sich mit den Eigenheiten der Völker verbinden. Mit dem Bewusstsein für ein gemeinsames Europa kann es sich verhalten wie bei der Entstehung des Nationalbewusstseins. Beispiel Deutschland: Erst waren es Bayern und Schlesier, Preußen, Sachsen sowie verschiedene andere Stämme, wie sie die Weimarer Reichsverfassung aufzählt. Daraus entstand schließlich eine gemeinsame Geschichte. Im 19. Jahrhundert waren es die Institutionen Schule und Militär, die diese Gemeinsamkeiten gebracht und dieses Bewusstsein hervorgerufen haben. Ein anderes Beispiel ist die Schweiz. Dort gibt es die eine Staatsnation und drei oder 3 ½ Kulturnationen.

Kronenberg: Kann die Schweiz ein Modell für die EU sein?

Prof. Böckenförde: Zur Vertiefung der politischen Integration der EU fehlt meines Erachtens momentan die notwendige Drucksituation. 1950 kam der europäische Integrationsprozess wegen des Kalten Krieges in Gang. Man wollte auf Deutschland nicht verzichten, musste es aber einbinden; außerdem sollte Krieg in Europa nicht mehr möglich sein. Das war eine Drucksituation, die heute nicht gegeben ist. Nationaler Egoismus und das Beharren auf sogenannten Souveränitätsrechten sind gegenwärtig sehr stark ausgeprägt. Zumal Europa für die meisten Bürger heute fremd, eine abstrakte Größe ist.

Kronenberg: In der bundesdeutschen Diskussion findet man den Begriff Patriotismus meist in der Verbindung mit der Verfassung: „Verfassungspatriotismus" ...

Prof. Böckenförde: ... für mich war „Verfassungspatriotismus" immer ein Reflex der Teilung. Weil man nicht auf die Nation zurückgreifen konnte, hat Sternberger Anfang der 80er Jahre den „Verfassungspatriotismus" entwickelt. Der Bezug auf die freiheitliche Verfassung war für die Übergangszeit, die Zeit der Teilung, sicher sinnvoll. Heute ist wieder von Nationalbewusstsein oder nationalem Empfinden die Rede. Insofern kommt es jetzt darauf an, ob sich unser nationales Bewußtsein von der ethnischen Nation zur politischen Nation – wie in Frankreich – umbilden kann. Das geht nicht von heute auf morgen. Dafür kann aber was getan werden. „Verfassungspatriotismus" und nationales Bewusstsein müssen in ein neues, zeitgemäßes Verhältnis gebracht werden. Das ist die Aufgabe, vor der die Deutschen heute stehen.

D   Prof. Dr. Vittorio Hösle

Kronenberg: Was heißt für Sie „Patriotismus" heute?

Prof. Hösle: Patriotismus ist die Fähigkeit, sich für etwas einzusetzen, was größer ist als man selbst und auch als der unmittelbare Kreis von Familie und Freunden. Er impliziert Opferbereitschaft, gegebenenfalls auch die Fähigkeit, das Leben einzusetzen. Diese Definition umfasst freilich auch Feuerwehrleute oder Missionare. Man wird sie daher einschränken durch Bezugnahme auf ein politisches Gebilde oder dessen Träger, das Staatsvolk, oder dessen Staatsgebiet.

Kronenberg: Sie schreiben in Ihrem Werk „Moral und Politik", der Verfassungspatriotismus sei eine Sonderform, nicht der Normalfall des Patriotismus, was ist das Besondere, das Kennzeichen des Verfassungspatriotismus?

Prof. Hösle: Den drei Momenten des Staates entsprechend unterscheide ich drei Formen des Patriotismus. Die normalste, weil emotional intensivste, ist bezogen auf das Staatsvolk. Der Verfassungspatriotismus ist abstrakter und daher auch rationaler: obwohl ich immer noch Deutscher bin, Englisch unvergleichlich schlechter spreche als deutsch und auch meine besten Freunde mehrheitlich Deutsche sind, fühle ich mich in den USA zu Hause und bin bereit, mich mit diesem Gemeinwesen zu identifizieren, weil ich die moralischen Prinzipien, die seine Verfassung tragen, teile. In Saudi-Arabien und erst recht im Irak könnte ich keine patriotischen Gefühle entwickeln.

Kronenberg: Sie schreiben in diesem Zusammenhang von der Liebe der Menschen, die einer „gerechten Verfassung" gelten solle – wie aber kann etwas so Abstraktes, Rationales wie ein Rechtsdokument die emotionale Zuneigung der Menschen wecken und auch erhalten?

Prof. Hösle: Es hängt vom Abstraktionsniveau ab, wieweit man von der eigenen Herkunft absehen und sich mit einer überlegenen Verfassung identifizieren kann. Zudem ist ja eine Verfassung mehr als ein Rechtsdokument – sie ist ein gelebtes Dokument, und man kann eine reale Verfassung nur lieben, wenn man den Volksgeist achtet, der sie trägt. Aber der Verfassungspatriot liebt eine reale Verfassung auch dann, wenn etwa das ethnische Substrat des Staatsvolkes über die Generationen ausgetauscht wird.

Kronenberg: Ralf Dahrendorf hat einmal kurz und bündig festgestellt „Patriotismus ist Voraussetzung des Weltbürgertums" – wie sehen Sie das?

Prof. Hösle: Dahrendorf hat recht: Wenn der Weltbürger mehr ist als ein globaler Bourgeois, wenn er citoyen ist mit dem Willen, sich für Größeres einzusetzen, muss er Patriot sein, in Zukunft in einem Universalstaat, heute in dem Staat, in dem er zu leben gewählt hat. Wer jeder Identifikationsfähigkeit mit größeren Zielen entbehrt, wird nie Weltbürger sein können.

Kronenberg: Stichwort Patriotismus und Globalisierung: Wie sehen Sie die Bedeutung des Nationalstaats heute und für die Zukunft?

Prof. Hösle: Verstehen Sie unter Nationalstaat ethnisch homogene Staaten, so ist klar, dass ihre Bedeutung abnehmen wird – schon aufgrund von Migrationen. Verstehen Sie darunter schlichtweg Staaten, dann wird zwar auch deren Bedeutung abnehmen (durch supranationale Organisationen, die UN, die Hegemonie der USA und besonders die weltwirtschaftliche Verflechtung), aber nicht dramatisch, weil der Staat weiterhin Funktionen ausübt, die durch nichts anderes zu ersetzen sind. Zwar werden die Bürger mit besonderen Qualifikationen sich ihren Staat immer auswählen können, aber sie wählen trotzdem immer ein Gebilde mit (für sie vielleicht temporärem) Rechts- und Rechtssetzungsmonopol.

E   Prof. Dr. Peter Glotz

Kronenberg: Was bedeutet für Sie „Patriotismus" heute?

Prof. Glotz: Die emotionale Beziehung zu einem Territorium und den Menschen, die auf diesem Territorium leben. Bei Justus Möser war der Patriotismus auf Osnabrück gerichtet. Bei Lafontaine richtet er sich eher auf die Region Saarland / Lothringen als auf Deutschland. Aber natürlich gibt es auch viele Menschen, deren Patriotismus sich auf Nationalstaaten bezieht. Wie schwierig das ist, kann man in Spanien oder Frankreich sehen. Da gibt es natürlich spanische Patrioten, aber eben auch baskische. Da gibt es natürlich französische Patrioten, aber auch okzitanische.

Kronenberg: Wie verhalten sich in ihren Augen Patriotismus, Nationalstaat und Europa zueinander?

Prof. Glotz: Wenn Patriotismus etwas mit Emotion zu tun hat, wird es die Superstruktur Europa schwer haben, sie zu mobilisieren. Allerdings entsteht eine Art „europäischer Patriotismus" bei Auswanderern, die sich in Brasilien oder Singapur plötzlich nach Europa sehnen.

Kronenberg: Ralf Dahrendorf hat einmal davon gesprochen, dass „Patriotismus Voraussetzung des Weltbürgertums sei" – wie sehen Sie das?

Prof. Glotz: Irgendwo stimmt das natürlich. Man kann Kosmopolitismus nur identifizieren, wahrnehmen, sich bewusst machen, wenn man die Differenz kennt: Patriotismus. Aber natürlich darf man nicht verkennen, dass vielen Millionen von Menschen der Patriotismus zwangsweise ausgetrieben wird – den Flüchtlingen. Sie sind froh, wenn sie irgendwo ein Dach über dem Kopf finden. Ich bin im Sudetenland geboren. Man hat mich von dort mit sechs Jahren vertrieben. Meine emotionale Bindung zu meiner Heimat ist relativ verschwommen. So geht es Millionen von Menschen. Wenn jemand dann beruflich zur „globalen Elite" gehört und Wohnungen in unterschiedlichen Ländern hat, in der Lingua Franca Englisch verkehrt und viel mit dem Flugzeug unterwegs ist, muss man sich natürlich fragen, was sein „Patriotismus" noch bedeutet.

Kronenberg: Könnte man „Kommunitarismus" als zeitgemäße Variante des Patriotismus bezeichnen?

Prof. Glotz: Eher nicht. Hier fehlt noch der Bezug zum Territorium. Kommunitarismus ist eine bestimmte Einstellung, die sich auf Mitmenschen, Gesellschaftlichkeit, Gruppenbildung etc. bezieht. „Kommunitaristisch" kann sich ein patriotischer Deutscher, der zur Emigration gezwungen wurde, in New York verhalten. Es ist schon Verschiedenes.

**F		Professor Dr. Axel Honneth**

Kronenberg: Herr Professor Honneth, was bedeutet für Sie „Patriotismus" heute?

Prof. Honneth: Wenn Ihre Frage zunächst auf die empirische Ebene zielt und die nach dem Wünschenswerten – was Patriotismus sein *sollte* – außen vor lässt, so glaube ich, kann man eine starke patriotische Welle zur Zeit vor allem in den USA beobachten, als Folge der Ereignisse vom 11. September 2001. Dieser sehr stark affektive Patriotismus ist tief in der amerikanischen Kultur verwurzelt, er ist etwas spezifisch Amerikanisches.

Kronenberg: Kann man einen solchen Patriotismus, wie er sich in den USA zeigt, also nicht in Europa beobachten?

Prof. Honneth: Nein, die Dinge liegen in Europa wesentlich komplizierter als in den Vereinigten Staaten. Schauen wir nur nach Frankreich oder Großbritannien. Patriotismus in Frankreich muss vor allem vor dem Hintergrund der großen republikanischen Tradition gesehen werden, Patriotismus zeigt sich hier wesentlich weniger affektiv. Die französische Geschichte ist im Unterschied zu der amerikanischen stark geprägt durch Klassenkonflikte. Das Bewusstsein einer tiefgreifenden gesellschaftlichen Spaltung ist in Frankreich wesentlich ausgeprägter als in den Vereinigten Staaten. Noch anders zeigt sich der Patriotismus in Großbritannien. Hier würde ich von einer unterkühlt-ironischen Form sprechen. Blickt man nun nach Deutschland, so glaube ich eine gewisse Tendenz von ethnischem Nationalismus ausmachen zu können. Ich will diese Tendenz aber nicht überbewerten. Und doch sehe ich hier gewisse historische Relikte, die nach wie vor vorhanden sind. Grundsätzlich ist eine patriotische Stimmung in Deutschland jedoch selten zu beobachten. In den Tagen des Mauerfalls 1989 konnte man Patriotismus beobachten, wobei hier bald wieder ein Spannungsverhältnis von Patriotismus und Nationalismus vorhanden war. Patriotismus und Nationalismus lassen sich empirisch sehr schwer trennen.

Kronenberg: Welche Form von Patriotismus ist für Sie die wünschbare?

Prof. Honneth: Hier ist natürlich der Verfassungspatriotismus zu nennen, wobei ich weiß, dass eine solche Vorstellung von Patriotismus nicht leicht zu verstehen ist. So habe ich doch meine Zweifel, ob der Verfassungspatriotismus, von dem Jürgen Habermas spricht, nicht ein zu rationalistischer Ansatz ist. Die emotionale Begeisterung für Verfassungsprinzipien bzw. für deren universalistischen Kern ist wohl doch ein wenig schwierig.

Kronenberg: Was also verstehen Sie unter „Verfassungspatriotismus"?

Prof. Honneth: Mit Verfassungspatriotismus meine ich die Zustimmung zu einer ganzen Rechtskultur. Verfassungspatriotismus bedeutet in diesem Sinne die Anteilnahme an und die Zustimmung zu einem kollektiven Lernprozess. Verfassungspatriotismus richtet sich auf eine Erfolgsgeschichte, als deren Ergebnis unsere heutige Rechtskultur zu sehen ist. Rechtskultur meint mehr als das gesetzte Recht. Rechtskultur umfasst die gesamte politische, soziale, moralische und historische Entwicklung seit dem Zweiten Weltkrieg, die Eingang gefunden hat in unser heutiges Rechtssystem. Als Beispiel könnte man das Verbot der Todesstrafe nennen, ein Verbot, das aus der Geschichte heraus zu verstehen ist und dem heute ein hoher Stellenwert beizumessen ist. Ein wichtiger Impuls für unsere Rechtskultur ist meiner Auffassung nach auch vom Frankfurter Auschwitz-Prozess ausgegangen – wichtig vor allem für die Frage nach unserem historischen Versäumnis und für die Frage, womit wir uns identifizieren. Verfassungspatriotismus verstehe ich in einem dichteren, umfassenderen Sinne als dies bei Habermas der Fall ist.

Kronenberg: Kann man sagen, Sie neigen in ihrer Auffassung mehr dem Konzept von Sternberger zu?

Prof. Honneth: Ja, das wird man sagen können. Wobei ich auf eines Wert lege: Verfassungspatriotismus in einem dichten Sinne bedeutet nicht, man könne die Verfassung ausklammern und nur von Patriotismus sprechen. Der Bezug zum Recht, zur Verfassung, zur Rechtskultur ist für mich zentral.

Kronenberg: Wie stellt sich für Sie vor diesem Hintergrund die Frage nach Europa, nach der europäischen Identität?

Prof. Honneth: Das Problem ist natürlich dasjenige einer politischen, demokratischen Identität. Es stellt sich die Frage nach den nationalstaatlichen Resten, nach den Resten von Zugehörigkeitsgefühlen. Vielleicht wird man von einem gestaffelten Patriotismus sprechen müssen, der letztlich in einer einheitlichen europäischen Rechtskultur gipfelt. Doch der Weg dorthin ist noch sehr lang. Europa dürfte nicht mehr nur verstanden werden als eine gemeinsame Administration. Es müsste sich eine gemeinsame europäische Öffentlichkeit, eine europäische Kultur herausbilden. Eine stärkere mediale Vernetzung wäre hierbei sehr wichtig, sie wäre auch Voraussetzung für das Herausbilden einer gemeinsamen Debattenkultur. Die Idee einer europäischen Verfassung als Inbegriff des wechselseitigen kulturellen Austauschs ist in diesem Zusammenhang sicherlich zu begrüßen. Doch das größte Hindernis auf dem Weg zu einer gemeinsamen europäischen Kultur stellen natürlich nach wie vor die unterschiedlichen Sprachen dar.

Kronenberg: Halten Sie den Weg zu einem solchen Europa für realistisch? Was ist mit Frankreich, mit Großbritannien?

Prof. Honneth: Bei Frankreich bin ich recht zuversichtlich, dort ist die republikanische Tradition ja sehr groß. Natürlich wird es verschiedene Erhaltungsmöglichkeiten der jeweiligen nationalen Kultur geben. Bei Großbritannien ist eine Einschätzung schwieriger, die Besonderheiten – v.a. die Insellage, der eigene Multikulturalismus, das Bewusstsein einer ehemaligen Weltmacht – sind sehr ausgeprägt. Es wird wahrscheinlich „kerneuropäische" Vorreiter geben. Frankreich, Deutschland, Benelux, Italien und Spanien werden auf dem Weg hin zu einer transnationalen Identität vorangehen, andere werden später folgen oder auch gar nicht. Bei der Herausbildung einer solchen Identität wird sich beispielsweise auch die Frage nach der europäischen Sicherheitsidentität jenseits der NATO neu stellen.

Kronenberg: Wenn Sie nun Frankreich und Spanien nennen: Weisen die jeweiligen separatistischen Bewegungen nicht in eine genau andere Richtung? Ist nicht Regionalismus das Stichwort der Zeit?

Prof. Honneth: In meinen Augen ist der Regionalismus für die Einheitsbildung nicht bedrohlich. Autonomierechte wird es geben. Am Ende wird ein sehr komplexes Gebäude namens Europa mit gestaffelten Hoheiten und nationalen Stümpfen stehen. Eine gesamteuropäische Identität widerspricht solchen Staffelungen nicht. Im übrigen besteht die große Herausforderung der Zukunft darin, eine gemeinsame europäische Identität aus den jeweiligen nationalen Identitäten zu schaffen, die ihrerseits bereits multikulturell geprägt sind. Es handelt sich insofern um eine parallele Einheitsbildung. Dies macht die Entwicklung, zu der es aber keine wirkliche Alternative gibt, noch komplizierter.

G   Botschafter a.D. Joachim Bitterlich

Kronenberg: Welche Bedeutung hat „Patriotismus" für die heutige deutsche Politik?

Bitterlich: Man kann die Scheu und Unsicherheit der Deutschen vor der Verwendung des Begriffs Patriotismus wohl am ehesten aus der jüngeren Geschichte heraus verstehen, vielleicht wäre es insofern leichter, von „deutschen Interessen" zu sprechen, die man vertritt, mit denen man sich identifizieren kann. Demgegenüber wird der Begriff in anderen europäischen Ländern, vornehmlich in Frankreich, ohne jede Zurückhaltung, ja natürlich benutzt. Interessant ist, dass z.B. in jüngster Zeit sich die spanische Partido Popular ideologisch den Begriff des Patriotismus zunutze zu machen versucht („patriotismo constitucional" – „konstitutioneller Patriotismus"). Nur dann, wenn die Deutschen es lernen, mit dem Begriff des „Patriotismus" bzw. der „Interessen" normal und offener umzugehen, dann werden sie auch die Diskussion mit den anderen Völkern Europas um die bestmögliche zukünftige Ausrichtung und Strukturen der Europäischen Union leichter und besser führen und bestehen können.

Kronenberg: Wie verhalten sich „Patriotismus" und der europäische Einigungsgedanke zueinander?

Bitterlich: Beide Begriffe beinhalten meines Erachtens keinen Gegensatz oder Widerspruch in sich selbst. Wir brauchen gerade heute in Europa mehr denn je einen gesunden „Patriotismus" zur Unterstützung der europäischen Einigung.

Gerade die vielleicht für andere Europäer nicht leicht verständliche typische deutsche Trias „Heimat – Vaterland – Europa" könnte dazu beitragen, das europäische Einigungswerk als Teil eines gesunden Patriotismus zu verstehen (wobei den Deutschen heute noch die Anknüpfung an die Heimat, d.h. Heimatregion, leichter fällt als an das „Vaterland").

Kronenberg: Wie sehen Sie die Zukunft der europäischen Nationalstaaten in einer fortschreitenden europäischen Integration?

Bitterlich: Struktur, Kompetenzen und Ausrichtung der europäischen Nationalstaaten haben sich in den letzten 50 Jahren im direkten wie indirekten Zusammenhang mit der fortschreitenden europäischen Integration bereits ein gutes Stück verändert; dieser Prozess wird sich in der kommenden Zeit fortsetzen, wenn nicht sogar verstärken.

Der Grund dieser These liegt vor allem darin begründet, dass die Nationalstaaten bisher innerstaatlich viel zu wenig die Konsequenzen aus den Veränderungen gezogen haben, die angesichts interner Strukturanpassungen sowie der Verlagerung von Kompetenzen „nach Europa" an sich notwendig gewesen wären. Die nationale Strukturdebatte „hinkt" in gewisser Weise seit Jahren „nach". In Wahrheit bräuchten die europäischen Nationalstaaten heute zunächst eine sorgfältige interne Kompetenzdebatte – in Deutschland mit der grundlegenden Frage, ob die Zuständigkeiten von Bund, Ländern und Gemeinden einschließlich ihrer entsprechenden Führungs- und Durchführungsinstrumente noch zeitgemäß sind. Eine solche Debatte ist in der Vergangenheit in Deutschland wie in der Mehrheit der übrigen EU-Mitgliedstaaten nur in Ansätzen geführt worden. Insbesondere die Einführung des von der Bevölkerung kaum verstandenen „Subsidiaritätsprinzips" in die EU-Verträge hat nicht nur seinen Zweck nicht erfüllt, sondern von der notwendigen Debatte mit dem Ziel klarerer Abgrenzung abgelenkt.

Erst auf der Grundlage zunächst einer Diskussion auf nationaler Ebene ist es meines Erachtens möglich, eine sinnvolle Kompetenzdebatte auf europäischer Ebene zu führen und zu bestehen. Insgesamt bedeutet dies jedoch in keiner Weise, dass wir uns auch langfristig in Richtung auf eine Abschaffung der Nationalstaaten hinentwickeln werden. Vielmehr werden sich die Schwergewichte der Zuständigkeiten des Handelns der Nationalstaaten bzw. der jeweiligen staatlichen Untergliederungen in erheblicher Weise weiter verändern. Das gleiche gilt für die zukünftigen Kompetenzen und Ausrichtungen der europäischen Integration. Ich gehe davon aus, dass sich sowohl Nationalstaat – einschließlich seiner innerstaatlichen Untergliederungen – als auch die Europäische Union viel stärker auf „Kernkompetenzen" werden konzentrieren müssen.

Kronenberg: Wo sehen Sie die Finalität Europas?

Bitterlich: Die Frage nach der „Finalität" Europas ist so alt wie die Idee der europäischen Einigung selbst. Kein Begriff der klassischen Staatslehre – das gilt auch und vor allem für die deutsche Lehre – vermag den Status der europäischen Integration in wirklich zutreffender Weise zu beschreiben. Die Europäische Union ist in ihrer heutigen Verfasstheit weder ein Bundesstaat noch ein Staatenbund. Das europäische Einigungswerk ist von Anfang an in seiner Grundanlage einen eigenen Weg, überwiegend mit völlig neuen Strukturmerkmalen, gegangen, die naturgemäß sowohl bundesstaatliche Elemente wie auch Elemente des Staatenbundes enthalten. Die europäische Einigung hat sich immer – und darin liegt wohl eines ihrer Erfolgsgeheimnisse – als offener, weiterführender Prozess verstanden – demgegenüber ist „Finalität" letztlich ein statischer Begriff.

Heute könnte man mit Jacques Delors am ehesten vielleicht von einer „Föderation der Nationalstaaten" oder wie das Bundesverfassungsgericht von einem „Staatenverbund" sprechen. Ich habe allerdings Zweifel, ob diese Begriffe in allen Mitgliedsstaaten aufgrund der unterschiedlichen Geschichte und Perzeption Missverständnisse ausschließen können. Meines Erachtens hätten die Europäer Anfang der 80er Jahre besser daran getan, an dem Begriff „Gemeinschaft" festzuhalten, der das Originäre an der europäischen Einigung wohl am besten ausdrückt. Daher würde ich die „Finalität" Europas als eine „Gemeinschaft europäischer Nationalstaaten" beschreiben – im Sinne einer Interessen- und Solidargemeinschaft. Wesentlich wäre es dabei, dass sich die EU künftig deutlicher auf Kernthemen und Kernkompetenzen konzentriert, die zur möglichst effizienten Lösung von Problemen zur Verfügung stehen müssen, die nur auf europäischer Ebene durch ein gemeinsames Vorgehen bewältigt werden können.

Solche Bereiche sind, vergröbert gesagt, in erster Linie Wirtschaft und Währung, innere und äußere Sicherheit, d.h. Wirtschafts- und Währungsunion einschließlich Binnenmarkt mit seinen notwendigen Begleitmechanismen (insbesondere Wettbewerbsrecht); Innen- und Justizpolitik, gemeinsame Außen- und Sicherheitspolitik.

Kronenberg: Wie sehen Sie das Verhältnis von „Patriotismus" und Globalisierung?

Bitterlich: Ich sehe zwischen beiden Begriffen weder einen Gegensatz noch einen Ausschluss. Sie betreffen verschiedene Ebenen und Zielsetzungen des Handelns.

Kronenberg: Wie verhalten sich Nationalstaat und Globalisierung zueinander?

Bitterlich: Gleiches gilt auch für dieses Begriffspaar. Globalisierung setzt als Grundlage entsprechende staatliche und internationale Institutionen voraus, die den Prozess begleiten und fördern. Ohne diese Flankierung kann die Wirtschaft den Prozess der Globalisierung nicht gestalten. Zu extrem forcierte Globalisierung kann auch letztlich zu einer Art „Renaissance" des Nationalstaates als dem „sicheren Hafen" beitragen. Interessant ist für mich in diesem Zusammenhang ein anderes Phänomen : Europa hat aufgrund seiner Beschäftigung mit dem Projekt des EU-Binnenmarktes und dann aufgrund des Zusammenbruchs des Kommunismus (und der damit verbundenen Konsequenz der deutschen Wiedervereinigung sowie der grundlegenden politischen und wirtschaftlichen Veränderungen in den Ländern Mittel- und Osteuropas) die Stärkung globalisierender Elemente in der Weltwirtschaft in der ersten Phase weitgehend „verschlafen". Daher traf die Globalisierung der 90er Jahre die Europäische Union weitaus stärker und ungeschützter.

Kronenberg: Könnte man aus Ihrer Sicht mit Blick auf Europa sowie die USA von einer (existierenden/entstehenden) „atlantischen Zivilisation" (Hannah Arendt) sprechen?

Bitterlich: Ich scheue mich, diese Frage zu bejahen. Meines Erachtens sind letztlich trotz mancher Übereinstimmung z.B. im Hinblick auf das Verständnis bestimmter Grundwerte, die zivilisatorischen Unterschiede zwischen Europa und den USA zu groß. Allenfalls kann man von bestehenden Ansätzen sprechen, weiter würde ich nicht gehen. Längerfristig gehe ich davon aus, dass Europa und die USA stärker gesellschaftlich auseinander driften werden. Dies weniger aufgrund der Entwicklung in Europa als in den USA selbst – aufgrund abnehmender Kenntnis und Interesse an Europa sowie aufgrund zunehmender Beeinflussung der USA durch die Einwanderung aus Lateinamerika: Entstehen zweiter Arbeitssprache neben Englisch; Reduzierung der Wirkung als Schmelztiegel; Relativierung europäisch geprägter Werte. Europäer und Amerikaner sollten bald in echten Dialog über ihr künftiges Verhältnis zueinander eintreten, um Reduzierung zu reiner Interessenkoalition zu vermeiden.

XII. Bibliographie

A   Quellen und Monographien

Abbt, Thomas: Vom Tod fürs Vaterland (1761), in: Aufklärung und Kriegserfahrung. Klassische Zeitzeugen zum Siebenjährigen Krieg (hrsg. von Johannes Kunisch), Frankfurt a.M. 1996, S. 589-650.

Adams, Willi Paul: Republikanische Verfassung und bürgerliche Freiheit. Die Verfassungen und politischen Ideen der amerikanischen Revolution, Darmstadt 1973.

Adorno, Theodor W. / Horkheimer, Max: Dialektik der Aufklärung. Philosophische Fragmente, Neuaufl., Frankfurt a.M. 1995.

Adorno, Theodor: Negative Dialektik, Frankfurt a.M. 1990.

Albrow, Martin: Abschied vom Nationalstaat. Staat und Gesellschaft im globalen Zeitalter, Frankfurt a.M. 1998.

Almond, Gabriel A. / Verba, Sidney: The Civic Culture. Political Attitudes and Democracy in Five Nations, Princeton 1963.

Alter, Peter: Nationalismus, Frankfurt a. M. 1985.

Améry, Jean: Jenseits von Schuld und Sühne. Bewältigungsversuche eines Überwältigten, 3. Aufl., Stuttgart 1997.

Anderson, Benedict: Die Erfindung der Nation. Zur Karriere eines folgenreichen Konzepts, erw. Ausgabe, Berlin 1998.

Angenendt, Steffen: Deutsche Migrationspolitik im neuen Europa, Opladen 1997.

Arendt, Hannah: Elemente und Ursprünge totaler Herrschaft, 4. Aufl., München 1995.

Arendt, Hannah: Über die Revolution, München 1974.

Arendt, Hannah: Vita activa oder vom tätigen Leben, München 1981.

Aretin, Karl Otmar Freiherr von: Das Reich. Friedensgarantie und europäisches Gleichgewicht, Stuttgart 1986.

Aretin, Karl Otmar Freiherr von: Vom Deutschen Reich zum Deutschen Bund, 2. Aufl., Göttingen 1993.

Aristoteles: Politik. Schriften zur Staatstheorie (hrsg. v. Franz F. Schwarz), Ditzingen 1989.

Arndt, Adolf: Das nichterfüllte Grundgesetz, Tübingen 1960.

Arndt, Ernst Moritz: Über Volkshaß, in: Jeismann, Michael / Ritter, Henning: Grenzfälle. Über neuen und alten Nationalismus, Leipzig 1993, S. 319-334.

Aron, Raymond: Frieden und Krieg, Frankfurt a.M. 1986 [Erstveröffentlichung New York 1967].

Aron, Raymond: Opium für Intellektuelle oder Die Sehnsucht nach Weltanschauung, Köln 1957.

Baader, Franz von: Über das durch die französische Revolution herbeigeführte Bedürfnis einer neuen und innigeren Verbindung der Religion mit der Politik, in: Die politische Romantik in Deutschland. Eine Textsammlung (hrsg. v. Klaus Peter), Stuttgart 1985, S. 339-352.

Backes, Uwe / Jesse, Eckhard: Politischer Extremismus in der Bundesrepublik Deutschland, 3. überarb. u. aktual. Aufl., Bonn 1993.

Bahr, Egon: Der deutsche Weg. Selbstverständlich und normal, München 2003.

Ballauf, Theodor / Schaller, Klaus: Pädagogik. Eine Geschichte der Bildung und Erziehung, Band II: Vom 16. bis zum 19. Jahrhundert, Freiburg i. Br. 1970.

Baring, Arnulf: Deutschland, was nun?, Berlin 1991.

Bärsch, Claus-Ekkehard: Die politische Religion des Nationalsozialismus. Die religiöse Dimension der NS-Ideologie in den Schriften von Dietrich Eckart, Joseph Goebbels, Alfred Rosenberg und Adolf Hitler, München 1998.

Bauman, Zygmunt: Moderne und Ambivalenz. Das Ende der Eindeutigkeit, Frankfurt a.M. 1995.

Baxa, Jakob: Einführung in die romantische Staatswissenschaft, 2. erw. Aufl., Jena 1931.

Beck, Ulrich: Das Zeitalter des eigenen Lebens: Die Globalisierung der Biographien, Frankfurt a.M. 1998.

Beck, Ulrich: Die Erfindung des Politischen. Zur Theorie einer reflexiven Modernisierung, Frankfurt a.M. 1993.

Beck, Ulrich: Risikogesellschaft. Auf dem Weg in eine andere Moderne, Frankfurt a.M. 1986.

Behrt, Hartmut: Zuwanderung im Nationalstaat. Formen der Eigen- und Fremdbestimmung in den USA, der Bundesrepublik Deutschland und Frankreich, Opladen 1998.

Bellah, Robert N. / Hammond, Philipp E.: Varieties of Civil Religion, San Francisco 1980.

Bellah, Robert N.: The broken Covenant. American Civil religion in Time of Trial, New York 1975.

Bellah, Robert u.a.: Gewohnheiten des Herzens. Individualismus und Gemeinsinn in der amerikanischen Gesellschaft, Köln 1987.

Bendrath, Wiebke: Ich, Region, Nation. Maurice Barrès im französischen Identitätskurs seiner Zeit und seine Rezeption in Deutschland, Tübingen 2003.

Berding, Helmut: Napoleonische Herrschafts- und Gesellschaftspolitik im Königreich Westfalen 1807 bis 1813 (Kritische Studien zur Geschichtswissenschaft 7), Göttingen 1973.

Berdjajew, Nikolai: Wahrheit und Lüge des Kommunismus, Baden-Baden 1957.

Berg, Nicolas: Der Holocaust und die westdeutschen Historiker. Erforschung und Erinnerung, 2. Aufl., Göttingen 2003.

Besson, Waldemar: Die Außenpolitik der Bundesrepublik Deutschland. Erfahrungen und Maßstäbe, München 1970.

Betts, Katherine: The Great Divide: Immigration Politics in Australia, Sydney 1999.

Beyme, Klaus von: Kulturpolitik und nationale Identität. Studien zur Kulturpolitik zwischen staatlicher Steuerung und gesellschaftlicher Autonomie, Opladen 1998.

Birg, Herwig: Die demographische Zeitenwende – der Bevölkerungsrückgang in Deutschland und Europa, München 2002.

Birg, Herwig: Perspektiven der Bevölkerungsentwicklung in Deutschland und Europa – Konsequenzen für die sozialen Sicherungssysteme (Materialien des Instituts für Bevölkerungsforschung und Sozialpolitik, Band 48), Bielefeld 2002.

Birg, Herwig: World Population Projects for the 21th Century. Theoretical Interpretations and Quantitative Simulations, Frankfurt a. M. 1995.

Birke, Adolf M.: Nation ohne Haus. Deutschland 1945-1961, Berlin 1989.

Binswanger, Otto: Die seelischen Wirkungen des Krieges, Stuttgart 1914.

Blitz, Hans-Martin: Aus Liebe zum Vaterland. Die deutsche Nation im 18. Jahrhundert, Hamburg 2000.

Boldt, Hans: Deutsche Verfassungsgeschichte. Politische Strukturen und ihr Wandel, Band II: Von 1806 bis zur Gegenwart, München 1990.

Bollenbeck, Georg: Bildung und Kultur. Glanz und Elend eines deutschen Deutungsmusters, 2. Aufl., Frankfurt a. M. 1994.

Boorstin, Daniel J.: The Americans. The Colonial Experience, New York 1958.

Boorstin, Daniel J.: The National Experience, New York 1965.

Boveri, Margaret: Der Verrat im 20. Jahrhundert, Band I, Hamburg 1956.

Bracher, Karl Dietrich: Die Auflösung der Weimarer Republik. Eine Studie zum Problem des Machtverfalls in der Demokratie, 7. Aufl., Stuttgart 1984.

Bracher, Karl Dietrich: Die deutsche Diktatur. Entstehung, Struktur, Folgen des Nationalsozialismus, 7. Aufl., Köln 1993.

Bracher, Karl Dietrich: Geschichte als Erfahrung. Betrachtungen zum 20. Jahrhundert, Stuttgart 2001.

Bracher, Karl Dietrich: Wendezeiten der Geschichte. Historisch-politische Essays 1987-1992, Stuttgart 1992.

Bracher, Karl Dietrich: Zeit der Ideologien. Eine Geschichte politischen Denkens im 20. Jahrhundert, Stuttgart 1982.

Brague, Rémi: Europa - Eine exzentrische Identität, Frankfurt a.M. 1993.

Bredow, Wilfried von: Deutschland - ein Provisorium?, Berlin 1985.

Breuilly, John: Nationalismus und moderner Staat. Deutschland und Europa, Köln 1999.

Brodocz, André: Die symbolische Dimension der Verfassung. Ein Beitrag zur Institutionentheorie, Opladen 2003.

Brubaker, Roger: Nationalism Reframed. Nationhood and the National Question in the New Europe, Cambridge 1996.

Brubaker, Roger: Staats-Bürger. Deutschland und Frankreich im historischen Vergleich, Hamburg 1994.

Burgdorf, Wolfgang: Reichskonstitution und Nation. Verfassungsprojekte für das Heilige Römische Reich Deutscher Nation, Mainz 1998.

Burke, Edmund: Betrachtungen über die französischen Revolution (in der deutschen Übertragung von Friedrich Gentz; bearbeitet und mit einem Nachwort von Lore Iser), Frankfurt a.M. 1967.

Burleigh, Michael: Die Zeit des Nationalsozialismus. Eine Gesamtdarstellung, Frankfurt a. M. 2000.

Calleo, David: The German Problem Reconsidered. Germany and the World Order, 1870 to the Present, Cambridge/London 1978.

Cannadine, David: Aspects of Aristocracy, New Haven 1994.

Christoph Martin Wieland: Werke in fünf Bänden (hrsg. v. Fritz Martini und Hans Werner Seiffert), München 1967.

Cicero: De legibus, in: Staatstheoretische Schriften (hrsg. v. Konrat Ziegler), Berlin 1974, S. 211-342.

Cicero: De re publica (hrsg. v. Konrat Ziegler), 7. Aufl., Leipzig 1969.

Cohn-Bendit, Daniel / Schmid, Thomas: Heimat Babylon. Über das Wagnis der multikulturellen Demokratie, Hamburg 1992.

Connor, Walker: Ethnonationalism. The Quest for Understanding, New Jersey 1994.

Conze, Werner. Die deutsche Nation. Ergebnis und Geschichte, Göttingen 1963.

Craig, Gordon A.: Geschichte Europas 1815-1980. Vom Wiener Kongress bis zur Gegenwart, 3. völlig überarb. u. rev. Aufl., München 1989.

Craig, Gordon A.: Über die Deutschen, München 1991.

Dahrendorf, Ralf: Der moderne soziale Konflikt. Essays zur Politik der Freiheit, München 1994.

Dann, Otto: Nation und Nationalismus in Deutschland 1770-1990, München 1993.

Dann, Otto: Nation und Nationalismus in Deutschland 1770-1990,3. überarb. und erw. Aufl., München 1996.

Decker, Frank: Der neue Rechtspopulismus, 2. überarb. Aufl., Opladen 2004.

Dehio, Ludwig: Deutschland und die Weltpolitik im 20. Jahrhundert, Frankfurt a.M. 1961.

Demandt, Alexander: Der Idealstaat. Die politischen Ideen der Antike, 3. Aufl., Köln 2000.

Deutsch, Karl W.: Nationenbildung - Nationalstaat - Integration, Düsseldorf 1972.

Dewey, John: Die Öffentlichkeit und ihre Probleme, Bodenheim 1996.

Dickel, Doris: Einwanderungs- und Asylpolitik der Vereinigten Staaten von Amerika, Frankreichs und der Bundesrepublik Deutschland. Eine vergleichende Studie der 1980er und 1990er Jahre, Opladen 2002.

Doering-Manteuffel, Anselm: Wie westlich sind die Deutschen? Amerikanisierung und Westernisierung im 20. Jahrhundert, Göttingen 1999.

Dorau, Christoph: Die Verfassungsfrage der Europäischen Union. Möglichkeiten und Grenzen der Europäischen Verfassungsentwicklung nach Nizza, Baden-Baden 2001.

Durkheim, Émile: Über soziale Arbeitsteilung. Studie über die Organisation höherer Gesellschaften, Frankfurt a. M. 1992 (Erstaufl. 1893).

Duverger, Maurice: Les Constitutions de la France, Paris 1950.

Dworkin, Ronald: A Matter of Principle, Cambridge 1985.

Dworkin, Ronald: Bürgerrechte ernstgenommen, Frankfurt a.M. 1990.

Echternkamp, Jörg: Der Aufstieg des deutschen Nationalismus (1770-1840), Fankfurt a. M. 1998.

Eichenberger, Thomas: Patria. Studien zur Bedeutung des Wortes im Mittelalter (6.-12. Jahrhundert), Sigmaringen 1991.

Elias, Norbert: Die Gesellschaft der Individuen, Frankfurt a.M. 1987.

Elias, Norbert: Über den Prozeß der Zivilisation - Soziogenetische und psychogenetische Untersuchungen, 2 Bände, 2. Aufl., Bern 1969.

Elton, Geoffrey R.: England unter den Tudors, London 1981.

Epstein, Klaus: Die Ursprünge des Konservatismus in Deutschland, Frankfurt a. M. 1973.

Eschenburg, Theodor: Jahre der Besatzung: 1945-49 (Geschichte der Bundesrepublik Deutschland, Band 1), Stuttgart 1983.

Etzioni, Amitai: Die Entdeckung des Gemeinwesens. Ansprüche, Verantwortlichkeiten und das Programm des Kommunitarismus, Stuttgart 1995.

Faber, Karl Georg: Deutsche Geschichte im 19. Jahrhundert. Restauration und Revolution. Von 1815-1851, Wiesbaden 1979.

Faulenbach, Bernd: Ideologie des deutschen Weges. Die deutsche Geschichte in der Historiographie zwischen Kaiserreich und Nationalsozialismus, München 1980.

Fehrenbach, Elisabeth: Traditionale Gesellschaft und revolutionäres Recht. Die Einführung des Code Napoléon in den Rheinbundstaaten, 3. Aufl., Göttingen 1983.

Ferguson, Niall: Politik ohne Macht. Das fatale Vertrauen in die Wirtschaft, Stuttgart 2001.

Fest, Joachim C.: Aufgehobene Vergangenheit. Portraits und Betrachtungen, Stuttgart 1981.

Fest, Joachim C.: Die schwierige Freiheit. Über die offene Flanke der offenen Gesellschaft, 2. Aufl., Berlin 1994.

Fest, Joachim C.: Das Gesicht des Dritten Reiches, München 1963.

Fest, Joachim C.: Hitler. Eine Biographie, Berlin 1995 (Nachdruck v. 1973).

Fetscher, Iring: Rousseaus politische Philosophie. Zur Geschichte des demokratischen Freiheitsbegriffs, Neuwied 1960.

Fichte, Johann Gottlieb: Der Patriotismus und sein Gegenteil. Patriotische Dialoge, in: Ders.: Nachgelassene Schriften 1805-1807, Band 9 (hrsg. v. Reinhard Lauth und Hans Gliwitzky), Stuttgart 1993.

Fichte, Johann Gottlieb: Philosophie der Maurerei. Briefe an Konstant, in: Ders.: Werke 1801-1806, Band 8 (hrsg. v. Reinhard Lauth und Hans Gliwitzky), Stuttgart 1991.

Fichter, Tilman: Die SPD und die Nation. Vier sozialdemokratische Generationen zwischen nationaler Selbstbestimmung und Zweitstaatlichkeit, Berlin 1993.

Finkielkraut, Alain: Verlust der Menschlichkeit. Versuch über das 20. Jahrhundert, Stuttgart 1998.

Finley, Moses I.: Das politische Leben in der antiken Welt, München 1991.

Fleischer, Helmut: Ethik ohne Imperativ. Zur Kritik des moralischen Bewußtseins, Frankfurt a.M. 1987.

Forst, Rainer: Kontexte der Gerechtigkeit. Politische Philosophie jenseits von Liberalismus und Kommunitarismus, Frankfurt a.M. 1994.

Fougeyrollas, Pierre: La nation. Essor et déclin des sociétés modernes, Paris 1987.

Fraenkel, Ernst: Deutschland und die westlichen Demokratien, 7. Aufl., Stuttgart 1979.

Frei, Norbert: Vergangenheitspolitik. Die Anfänge der Bundesrepublik und die NS-Vergangenheit, München 1996.

Freyer, Hans: Weltgeschichte Europas, 3. Aufl., Stuttgart 1969.

Fried, Johannes: Der Weg in die Geschichte. Die Ursprünge Deutschlands bis 1024, Berlin 1998.

Friedensburg, Ferdinand: Die Weimarer Republik, Hannover 1957.

Friedmann, Thomas L.: Globalisierung verstehen. Zwischen Marktplatz und Weltmarkt, München 2000.

Fuhrmann, Manfred: Cicero und die römische Republik, München 1989.

Fulbrook, Mary: German National Identity after the Holocaust, London 1999.

Furet, François / Richet, Denis: Die Französische Revolution, München 1981.

Furet, François: Das Ende der Illusion. Der Kommunismus im 20. Jahrhundert, München 1996.

Gabriel, Oscar W.: Politische Kultur. Postmaterialismus und Materialismus in der Bundesrepublik Deutschland, Opladen 1986.

Gall, Lothar: Bürgertum in Deutschland, Berlin 1989.

Gall, Lothar: Europa auf dem Weg in die Moderne 1850-1890, 3. überarb. und erw. Aufl., München 1997.

Gall, Lothar: Die Germania als Symbol nationaler Identität im 19. und 20. Jahrhundert, Göttingen 1992.

Gebhardt, Jürgen: Die Krise des Amerikanismus. Revolutionäre Ordnung und gesellschaftliches Selbstverständnis in der amerikanischen Republik, Stuttgart 1976.

Gehlen, Arnold: Moral und Hypermoral. Eine pluralistische Ethik, 4. Aufl., Wiesbaden 1981.

Gehler, Michael: Der lange Weg nach Europa. Österreich vom Ende der Monarchie bis zur EU, Innsbruck 2002.

Geiss, Imanuel: Der Hysterikerstreit. Ein unpolemischer Essay, Bonn 1992.

Geiss, Imanuel: Die Habermas-Kontroverse. Ein deutscher Streit, Berlin 1988.

Gellner, Ernest: Nationalismus und Moderne, Berlin 1991.

Gellner, Ernest: Nationalismus. Kultur und Macht, Berlin 1999.

Gephart, Werner: Handeln und Kultur. Vielfalt und Einheit der Kulturwissenschaften im Werk Max Webers, Frankfurt a. M. 1998.

Giddens, Anthony: Jenseits von Links und Rechts. Die Zukunft radikaler Demokratie, Frankfurt a.M. 1997.

Giesen, Bernhard: Die Intellektuellen und die Nation. Eine deutsche Achsenzeit, Frankfurt a. M. 1993.

Giordano, Ralph: Die zweite Schuld oder Von der Last ein Deutscher zu sein, Hamburg 1987.

Glaser, Hermann: Kulturgeschichte der Bundesrepublik Deutschland. Band Zwei: Zwischen Grundgesetz und Großer Koalition 1949-1967, München 1986.

Glaser, Hermann: Kulturgeschichte der Bundesrepublik Deutschland. Band Drei: Zwischen Protest und Anpassung 1968-1989, München 1989

Gleim, Johann Wilhelm Ludwig: Sämtliche Werke (hrsg. v. Wilhelm Körte, Band 1-7), Halberstadt 1811-1813.

Glotz, Peter: Der Irrweg des Nationalstaats, Stuttgart 1990.

Goethe, Johann Wolfgang: Winckelmann und sein Jahrhundert in Briefen und Aufsätzen. Mit einer Einleitung und einem erläuternden Register von Helmut Holtzhauer, Leipzig 1969.

Gollwitzer, Heinz: Europabild und Europagedanke. Beiträge zur deutschen Geistesgeschichte des 18. und 19. Jahrhunderts, München 1951.

Görres, Joseph: Deutschland und die Revolution (hrsg. v. Arno Duch), München 1921.

Görtemaker, Manfred: Geschichte der Bundesrepublik Deutschland. Von der Gründung bis Zur Gegenwart, München 1999.

Green, Julien: Tagebücher 1996-1998 (hrsg. v. Elisabeth Edl), München 2000.

Greiffenhagen, Martin / Greiffenhagen, Sylvia: Ein schwieriges Vaterland. Zur politischen Kultur Deutschlands, 2. erw. Neuaufl., München 1979.

Griewank, Kurt: Der Wiener Kongreß und die europäische Restauration 1814/15, 2. neubearb. Aufl., Leipzig 1954.

Groote, W von: Die Entstehung des Nationalbewußtseins in Nordwestdeutschland 1790-1830, Göttingen 1955.

Grunenberg, Antonia: Arendt, Freiburg 2003.

Guéhenno, Jean-Marie: Das Ende der Demokratie, München 1996.

Gusy, Christoph: "Verfassungspolitik" zwischen Verfassungsinterpretation und Rechtspolitik, Heidelberg 1983.

Häberle, Peter: Verfassung als öffentlicher Prozeß. Materialien zu einer Verfassungstheorie der offenen Gesellschaft, Berlin 1978.

Häberle, Peter: Verfassungslehre als Kulturwissenschaft, Berlin 1982.

Habermas, Jürgen: Faktizität und Geltung. Beiträge zur Diskurstheorie des Rechts und des demokratischen Rechtsstaats, 4. Aufl., Frankfurt a.m. 1994.

Habermas, Jürgen: Glauben und Wisssen. Friedenspreis des Deutschen Buchhandels 2001, Frankfurt a. M. 2001.

Habermas, Jürgen: Legitimationsprobleme im Spätkapitalismus, Frankfurt a.m. 1973.

Habermas, Jürgen: Strukturwandel der Öffentlichkeit - Untersuchungen zu einer Kategorie der bürgerlichen Gesellschaft, Neuwied 1962 [Neuausgabe Frankfurt a. M. 1990].

Habermas, Jürgen: Student und Politik. Eine soziologische Untersuchung zum politischen Bewußtsein Frankfurter Studenten, Neuwied 1961.

Habermas, Jürgen: Technik und Wissenschaft als 'Ideologie', 11. Aufl., Frankfurt a.m. 1981.

Hacke, Christian: Die Außenpolitik der Bundesrepublik Deutschland. Von Konrad Adenauer bis Gerhard Schröder, München 2003.

Hacker, Jens: Deutsche Irrtümer - Schönfärber und Helfershelfer der SED-Diktatur im Westen, 3. Aufl., Frankfurt a.m. 1994.

Haecker, Theodor: Was ist der Mensch?, 6. Aufl., München 1949.

Hattenhauer, Hans: Geschichte der deutschen Nationalsymbole. Zeichen und Bedeutung, 2. Aufl., München 1990.

Haus, Michael: Die politische Philosophie Michael Walzers. Kritik, Gemeinschaft, Gerechtigkeit, Opladen 2000.

Havel, Vaclav: Versuch, in der Wahrheit zu leben, Reinbek 1989.

Hayes, Carlton J.H.: Nationalism. A Religion, New York 1960.

Hayes, Carlton J.H.: The Historical Evolution of modern Nationalism, New York 1949.

Heck, Bruno: Vaterland Bundesrepublik, Osnabrück 1984.

Heckmann, Friedrich: Ethnische Minderheiten. Volk und Nation. Soziologie inter-ethnischer Beziehungen, Stuttgart 1992.

Heine, Heinrich: Die Romantische Schule, in: Ders.: Sämtliche Werke. Band IX (hrsg. v. Hans Kaufmann), München 1964, S. 7-152.

Heine, Heinrich: Kleine Schriften 1840-1856, in: Ders.: Sämtliche Werke. Band XIV (hrsg. v. Hans Kaufmann), München 1964, S. 7-109.

Heine, Heinrich: Ludwig Börne. Eine Denkschrift, in: Ders.: Sämtliche Werke. Band XI (hrsg. v. Hans Kaufmann), München 1964, S. 7-135.

Heine, Heinrich: Über die französische Bühne. Vertraute Briefe an August Lewald, in: Ders.: Sämtliche Werke. Band XII (hrsg. v. Hans Kaufmann), München 1964, S. 161-230.

Heller, Hermann: Staatslehre, Leyden 1934.

Hennecke, Hans Jörg: Die dritte Republik. Aufbruch und Ernüchterung, München 2003.

Hennis, Wilhelm: Politik als praktische Wissenschaft, München 1968.

Hennis, Wilhem: Politik und praktische Philosophie, Stuttgart 1977.

Herder, Johann Gottfried: Ueber Thomas Abbts Schriften. Der Torso von einem Denkmaal, an seinem Grabe errichtet. Erstes Stück 1768, in: Johann Gottfried Herders Sämtliche Werke (hrsg. v. Bernhard Suphan, Band II), Berlin 1877, Neuausgabe Hildesheim 1967.

Herles, Wolfgang: Nationalrausch. Szenen aus dem gesamtdeutschen Machtkampf, München 1990.

Herz, Dietmar: Die wohlerwogene Republik. Das konstitutionelle Denken des politisch-philosophischen Liberalismus, Paderborn 1999.

Heuss, Theodor: Geist der Politik, Frankfurt a.M. 1964.

Heuss, Theodor: Staat und Volk. Betrachtungen über Wirtschaft, Politik und Kultur, Berlin 1926.

Hildebrand, Klaus: Das Dritte Reich, 4. Aufl., München 1991.

Hildebrand, Klaus: Das Dritte Reich, 6. neubearb. Aufl., München 2003.

Hillgruber, Andreas: Die gescheiterte Großmacht. Eine Skizze des Deutschen Reiches 1871-1945, Düsseldorf 1980.

Hobsbawm, Eric: Das Zeitalter der Extreme. Weltgeschichte des 20. Jahrhunderts, Wien 1995.

Hobsbawm, Eric: Nationen und Nationalismus. Mythos und Realität seit 1780, Frankfurt a.M. 1991.

Höffe, Otfried: Demokratie im Zeitalter der Globalisierung, München 1999.

Höffe, Ottfried: Herausforderungen des Sozialstaates, Frankfurt a.M. 1997.

Hoffmann, Peter: Claus Schenk Graf von Stauffenberg und seine Brüder, Stuttgart 1992.

Holborn, Hajo: Deutsche Geschichte in der Neuzeit. Band II: Reform und Restauration, Liberalismus und Nationalismus (1790-1871), München 1970.

Hölderlin, Friedrich: Das Höchste, in: Deutsche Gedichte. Eine Anthologie (hrsg. v. Dietrich Bode), Stuttgart 1986.

Hölderlin, Friedrich: Hyperion oder Der Eremit in Griechenland (mit einem Nachwort hrsg. v. Karl von Hollander), Potsdam 1920.

Holmes, Stephen: Die Anatomie des Antiliberalismus, Hamburg 1995.

Hondrich, Karl Otto: Der Neue Mensch, Frankfurt a. M. 2001.

Horne, Donald: The Lucky Country: Australia in the Sixties, Ringwood 1964.

Hornung, Klaus: Das totalitäre Zeitalter: Bilanz des 20. Jahrhunderts, Berlin 1993.

Hösle, Vittorio: Moral und Politik. Grundlagen einer Politischen Ethik für das 21. Jahrhundert, München 1997.

Huber, Ernst Rudolf: Deutsche Verfassungsgeschichte seit 1789. Band 1: Reformen und Restauration 1789 bis 1830. Nachdruck der 2., verbesserten Aufl., Stuttgart 1975; Band 2: Der Kampf um Einheit und Freiheit 1830 bis 1850, Nachdruck der 2., verbesserten Aufl., Stuttgart 1975; Band 3: Bismarck und das Reich. Nachdruck der 2., verbesserten Aufl., Stuttgart 1978.

Hübner, Kurt: Das Nationale. Verdrängtes, Unvermeidliches, Erstrebenswertes, Graz 1991.

Hubrig, Hans: Die patriotischen Gesellschaften des 18. Jahrhunderts, Weinheim 1957.

Huntington, Samuel: American Politics: The Promise of Disharmony, Cambridge 1981.

Im Hof, Ulrich: Das Europa der Aufklärung, München 1993.

Isensee, Josef: Das Volk als Grund der Verfassung. Mythos und Relevanz der Lehre von der verfassungsgebenden Gewalt, Opladen 1995.

Jacob, Burckhardt: Über das Studium der Geschichte. Der Text der "Weltgeschichtlichen Betrachtungen" (hrsg. v. Peter Ganz), München 1982.

Jarausch, Konrad H.: Die unerhoffte Einheit 1989-1990, Frankfurt a.M. 1995.

Jaspers, Karl: Freiheit und Wiedervereinigung. Über Aufgaben deutscher Politik, München 1960.

Jaspers, Karl: Vom europäischen Geist, München 1947.

Jeismann, Karl-Ernst: Das preußische Gymnasium in Staat und Gesellschaft. Die Entstehung des Gymnasiums als Schule des Staates und der Gebildeten (1781-1817), Stuttgart 1974.

Jeismann, Michael: Das Vaterland der Feinde. Studien zum nationalen Feindbegriff und Selbstverständnis in Deutschland und Frankreich 1792-1918, Stuttgart 1992.

Jesse, Eckhard: Die Demokratie der Bundesrepublik Deutschland, 8. Aufl., Baden-Baden 1997.

Johnson, Paul: A history of the American People, New York 1997.

Jonas, Hans: Das Prinzip Verantwortung. Versuch einer Ethik für das technologische Zeitalter, Frankfurt a.M. 1979.

Jones, Eric Lionel: Das Wunder Europa. Umwelt, Wirtschaft und Geopolitik in der Geschichte Europas und Asiens, Tübingen 1991.

Joppke, Christian: Challange to the Nation-State. Immigration in Western Europe and the United States, Oxford 1998.

Joppke, Christian: Immigration and the Nation-State. The United States, Germany and Great Britain, Oxford 1999.

Judt, Tony: Europa: Große Illusion Europa? Herausforderungen und Gefahren einer Idee, München 1996.

Kaiser, Gerhard: Pietismus und patriotische Erweckung. Studien vornehmlich zu Friedrich Carl von Moser, Friedrich Gottlieb Klopstock, Johann Kaspar Lavater und Johann Gottfried Herder, München 1956.

Kaiser, Gerhard: Pietismus und Patriotismus im literarischen Deutschland. Ein Beitrag zum Problem der Säkularisation, Wiesbaden 1961.

Kallen, Horace: Cultural Pluralism and the American Idea. An Essay in Social Philosophy, Philadelphia 1956.

Kammen, Michael: A Machine that Would Go by Itself. The Constitution in American Culture, New York 1987.

Kant, Immanuel: Über den Gemeinspruch: Das mag in der Theorie richtig sein, taugt aber nicht für die Praxis / zum ewigen Frieden, hrsg. v. H. Klemme, Hamburg 1992.

Kant, Immanuel: Metaphysik der Sitten, § 46 (hrsg. von Karl Vorländer), Hamburg 1959.

Kant, Immanuel: Zum ewigen Frieden, in: Ders.: Schriften zur Anthropologie, Geschichtsphilosophie, Politik und Pädagogik 1 (Werkausgabe Band XI hrsg. von Wilhelm Weischedel), Frankfurt a. M. 1977, S. 195-251.

Karsten, Franz Christian Lorenz: „Zur Feier des Höchsterfreulichen Hervorganges der Durchlauchigsten Frau Erbprinzessin von Mecklenburg, Schwerin, Helena Paulowna", Rostock 1800 (Typoskript).

Kennan, George: Bismarcks europäisches System in der Auflösung: Die französisch-russische Annäherung 1875-1890, Frankfurt a.M. 1918.

Kepel, Gilles: Allah im Westen. Die Demokratie und die islamische Herausforderung, München 1996.

Kershaw, Ian: Hitler 1936-1945, Stuttgart 2000.

Kersting, Wolfgang: Wohlgeordnete Freiheit. Immanuel Kants Rechts- und Staatsphilosophie, Berlin 1984.

Kielmansegg, Peter Graf von: Lange Schatten. Vom Umgang der Deutschen mit der Nationalsozialistischen Vergangenheit, Berlin 1989.

Kielmansegg, Graf Peter von: Nach der Katastrophe. Eine Geschichte des geteilten Deutschlands, Berlin 2000.

Kirchhoff, Alfred: Was ist national?, Halle 1902.

Kittel, Manfred: Die Legende von der "Zweiten Schuld" - Vergangenheitsbewältigung in der Ära Adenauer, Frankfurt a.M. 1993.

Kleßmann, Christoph: Die doppelte Staatsgründung. Deutsche Geschichte 1945-1955, 5. erw. u. überarb. Aufl., Bonn 1991.

Kleßmann, Christoph: Zwei Staaten, eine Nation. Deutsche Geschichte 1955-1970, Bonn 1988.

Kluxen, Kurt: Englische Verfassungsgeschichte. Mittelalter, Darmstadt 1987.

Kluxen, Kurt: Geschichte Englands von den Anfängen bis zur Gegenwart, 4. Aufl., Stuttgart 1991.

Kluxen-Pyta, Donate: Nation und Ethos: die Moral des Patriotismus, München 1991.

Knabe, Hubertus: 17. Juni 1953. Ein deutscher Aufstand, München 2003.

Kohn, Hans: American Nationalism: An Interpretative Essay, New York 1961.

Kohn, Hans: Die Idee des Nationalismus, Ursprung und Geschichte bis zur Französischen Revolution, Heidelberg 1950.

Köhler, Henning: Deutschland auf dem Weg zu sich selbst. Eine Jahrhundertgeschichte, Stuttgart 2002.

Kolakowski, Leszek: Der Mensch ohne Alternative. Von der Möglichkeit und Unmöglichkeit, Marxist zu sein, München 1967.

Kolakowski, Leszek: Der revolutionäre Geist, Köln 1972.

Kolb, Eberhard: Die Weimarer Republik, München 1984.

Koop, Volker: Der 17. Juni 1953. Legende und Wirklichkeit, Berlin 2003.

Koopman, Helmut: Das junge Deutschland. Analyse eines Selbstverständnisses, Stuttgart 1970.

Korff, Hermann A.: Geist der Goethezeit. Versuch einer ideellen Entwicklung der klassisch-romantischen Literaturgeschichte. I. Teil: Sturm und Drang, 2. Aufl., Leipzig 1954; II. Teil: Klassik, 2. Aufl., Leipzig 1954; III. Teil: Frühromantik, 2. Aufl., Leipzig 1949; IV. Teil: Hochromantik, 2. Aufl., Leipzig 1955.

Korte, Hermann: Eine Gesellschaft im Aufbruch. Die Bundesrepublik in den sechziger Jahren, Frankfurt a.M. 1987.

Korte, Karl-Rudolf: Der Standort der Deutschen. Akzentverlagerungen der deutschen Frage in der Bundesrepublik seit den siebziger Jahren, Köln 1990.

Koselleck, Reinhart: Preußen zwischen Reform und Revolution. Allgemeines Landrecht, Verwaltung und soziale Bewegung von 1791 bis 1848, Stuttgart 1967.

Koselleck, Reinhart: Kritik und Krise. Ein Beitrag zur Pathogenese der bürgerlichen Welt, Freiburg i. Br. 1959.

Kramarz, Joachim: Claus Graf Stauffenberg. 15. November 1907- 20. Juli 1944. Das Leben eines Offiziers, Frankfurt a.M. 1965.

Krattinger, L.: Der Begriff des Vaterlandes im republikanischen Rom, Zürich 1944.

Krockow, Christian Graf von: Die Deutschen in ihrem Jahrhundert 1890-1990, Reinbek 1994.

Krockow, Christian, Graf von: Die Zukunft der Geschichte. Ein Vermächtnis, München 2002.

Kroll, Frank-Lothar: Utopie als Ideologie. Geschichtsdenken und politisches Handeln im Dritten Reich, Paderborn 1998.

Kronenberg, Volker: Ernst Nolte und das totalitäre Zeitalter. Versuch einer Verständigung, Bonn 1999.

Kühne, Jörg-Detlef: Die Reichsverfassung der Paulskirche. Vorbild und Verwirklichung im späten deutschen Rechtsleben, Frankfurt a. M. 1985.

Kühnhardt, Ludger: Die Universalität der Menschenrechte, 2. Aufl., Bonn 1991.

Lafontaine, Oskar: Deutsche Wahrheiten. Die nationale und die soziale Frage, Hamburg 1990.

Langewiesche, Dieter: Europa zwischen Restauration und Revolution 1815-1849, München 1985.

Langewiesche, Dieter: Liberalismus und Demokratie in Württemberg zwischen Revolution und Reichsgründung, Düsseldorf 1974.

Langewiesche, Dieter: Nation, Nationalismus, Nationalstaat in Deutschland und Europa, München 2000.

Laqueur, Walter: Weimar. Die Kultur der Republik, Frankfurt a.M. 1976.

Larmore, Charles: Patterns of Moral Complexity, Cambridge 1987.

Lasky, Melvin: Utopie und Revolution. Über die Ursprünge einer Metapher oder Eine Geschichte des politischen Temperaments, Hamburg 1976.

Leggewie, Claus: Multi Kulti. Spielregeln für die Vielvölkerrepublik, 3. Aufl., Nördlingen 1993.

Lemberg, Eugen: Geschichte des Nationalismus in Europa, Stuttgart 1950.

Lenk, Kurt: Volk und Staat. Strukturwandel politischer Ideologien im 19. und 20. Jahrhundert, Stuttgart 1971.

Lepsius, Rainer M.: Interessen, Ideen und Institutionen, Opladen 1990.

Lewis, Bernard: Die Juden in der islamischen Welt, München 1987.

Lijphart, Arend: Patterns of Democracy: Government Forms and Performance in Thirty-six Countries, London 1999.

Link, Werner: Die Neuordnung der Weltpolitik. Grundprobleme globaler Politik an der Schwelle zum 21. Jahrhundert, 2. Aufl., München 1999.

Lipgens, Walter: Die Anfänge der europäischen Einigungspolitik 1945-1950. Erster Teil: 1945-47, Stuttgart 1977.

Lipset, Seymour Martin: American Exceptionalism. A double-Edged Sword, New York 1996.

Loades, David M.: Politics and the Nation 1450-1660. Obedience, Resistance and Public Order, 3. Aufl., London 1986.

Löwith, Karl: Von Hegel zu Nietzsche. Der revolutionäre Bruch im Denken des neunzehnten Jahrhunderts, Stuttgart 1986 (Erstausgabe 1950).

Löwith, Karl: Weltgeschichte und Heilsgeschehen. Zur Kritik der Geschichtsphilosophie, Stuttgart 1983 (Erstausgabe 1949).

Lübbe, Hermann: Abschied vom Superstaat. Die Vereinigten Staaten von Europa wird es nicht geben, Berlin 1994.

Lübbe, Hermann: Religion nach der Aufklärung, 2. Aufl., Graz 1990.

Luhmann, Niklas: Die Gesellschaft der Gesellschaft, Frankfurt a.M. 1997.

Lukács, Georg: Die Zerstörung der Vernunft, Berlin 1953.

Lutz, Heinrich: Zwischen Habsburg und Preußen. Deutschland 1815-1866, Berlin 1985.

MacIntyre, Alasdair: Der Verlust der Tugend. Zur moralischen Krise der Gegenwart, 2. Aufl., Frankfurt a.M. 1997.

MacIntyre, Alasdair: Die Anerkennung der Abhängigkeit. Über menschliche Tugenden, Hamburg 2001.

MacIntyre, Alasdair: Geschichte der Ethik im Überblick. Vom Zeitalter Homers bis zum 20. Jahrhundert, 3. Aufl., Weinheim 1995.

Mai, Gunther: Europa 1918-1939. Mentalitäten, Lebensweisen, Politik zwischen den Weltkriegen, Stuttgart 2001.

Malinowski, Stephan: Vom König zum Führer. Sozialer Niedergang und politische Radikalisierung im deutschen Adel zwischen Kaiserreich und NS- Staat, Berlin 2003.

Malone, Henry O.: Adam von Trott. Werdegang eines Verschwörers 1890-1938, Berlin 1986.

Mandrou, Robert: Staatsräson und Vernunft. 1649-1775 (Propyläen Geschichte Europas, Band 3), 2. Aufl., Berlin 1992.

Mann, Golo: Deutsche Geschichte des neunzehnten und zwanzigsten Jahrhunderts, Frankfurt a.M. 1958/9.

Mannheim, Karl: Konservatismus, Frankfurt a.M. 1989.

Mayer, Tilman: Die demographische Krise. Eine integrative Theorie der Bevölkerungsentwicklung, Frankfurt a.M. 1999.

Mayer, Tilman: Prinzip Nation. Dimensionen der nationalen Frage am Beispiel Deutschlands, 2. Aufl., Opladen 1987.

Mazower, Mark: Der dunkle Kontinent. Europa im 20. Jahrhundert, Berlin 2000.

Mc Govern, William Montgomery: The History of Fascist-Nazi Philosophy, London 1946.

Meier, Christian: Die Entstehung des Politischen bei den Griechen, Frankfurt a.M. 1980.

Meinecke, Friedrich: Das Zeitalter der deutschen Erhebung (1795-1815), 6. Aufl., Göttingen 1957.

Meinecke, Friedrich: Die deutsche Katastrophe. Betrachtungen und Erinnerungen, 2. Aufl., Wiesbaden 1946.

Meinecke, Friedrich: Weltbürgertum und Nationalstaat, 9. Aufl., München 1969.

Miksch, Jürgen: Kulturelle Vielfalt statt nationaler Einfalt. Eine Strategie gegen Nationalismus und Rassismus, Frankfurt a. M. 1989.

Mintzel, Alf: Multikulturelle Gesellschaften in Europa und Nordamerika: Konzepte, Streitfragen, Analysen, Befunde, Passau 1997.

Mitscherlisch, Alexander / Mitscherlich, Margarete: Die Unfähigkeit zu trauern. Grundlagen kollektiven Verhaltens, München 1967.

Möller, Horst: Europa zwischen den Weltkriegen, München 1998.

Möller, Horst: Weimar. Die unvollendete Demokratie, München 1985.

Mommsen, Hans: Die verspielte Freiheit. Der Weg der Republik von Weimar in den Untergang 1918 bis 1933, Berlin 1989.

Mommsen, Wilhelm: Die Politischen Anschauungen Goethes, Stuttgart 1948.

Mommsen, Wilhelm: Größe und Versagen des deutschen Bürgertums. Ein Beitrag zur Geschichte der Jahre 1848-1849, Stuttgart 1949.

Mommsen, Wolfgang J.: Bürgerstolz und Weltmachtstreben. Deutschland unter Wilhelm II 1890 bis 1918, Berlin 1995 (Propyläen Geschichte Deutschlands 7/2).

Mommsen, Wolfgang J.: Das Ringen um den nationalen Staat. Die Gründung und der innere Ausbau des Deutschen Reiches unter Otto von Bismarck 1850 bis 1890, Berlin 1993 (Propyläen Geschichte Deutschlands 7/1).

Monnet, Jean: Erinnerungen eines Europäers, München 1978.

Morgenthau, Hans J.: Macht und Frieden. Grundlegung einer Theorie der internationalen Politik, Gütersloh 1963.

Morin, Edgar: Europa denken, Frankfurt a.M. 1991.

Moser, Friedrich Carl von: Von dem Deutschen Nationalgeist, Frankfurt a. M. 1765.

Möser, Justus: "Patriotische Phantasien" und "Was ist bei vielen die Liebe zum Vaterlande?", in: Ders: Sämtliche Werke, hist.-krit. Ausgabe (hrsg. von der Akademie der Wissenschaften zu Göttingen, Oldenburg), Hamburg 1981.

Müller, Adam: Schriften zur Staatsphilosophie (ausgewählt u. hrsg. v. Rudolf Kohler), München 1923.

Müller, Adam: Die Elemente der Staatskunst, in: Die politische Romantik - Eine Textsammlung (hrsg. v. Klaus Peter), Stuttgart 1980, S. 280-300.

Münch, Richard: Das Projekt Europa. Zwischen Nationalstaat, regionaler Autonomie und Weltgesellschaft, 2. Aufl., Frankfurt a. M. 1995.

Myrdal, Gunnar: An American Dilemma, New York 1944.

Nash, Manning: The Cauldron of Ethnicity in the Modern World, Chicago 1989.

Nietzsche, Friedrich: Der Fall Wagner, in: Ders.: Werke in drei Bänden, Band 3 (hrsg. v. Rolf Toman), Köln 1994, S. 478-484.

Nipperdey, Thomas: Deutsche Geschichte 1800-1866. Bürgerwelt und starker Staat, 3. Aufl., München 1985.

Nolte, Ernst: Der Faschismus in seiner Epoche. Action francaise - Italienischer Faschismus - Nationalsozialismus. Mit einem Rückblick nach fünfunddreißig Jahren, 10. Aufl., München 2000.

Nolte, Ernst: Deutschland und der Kalte Krieg, 2. neu bearb. Aufl., München 1985.

Nolte, Ernst: Marxismus und Industrielle Revolution, Stuttgart 1983.

Nolte, Ernst: Nietzsche und der Nietzscheanismus, Frankfurt a.M. 1990.

Nolte, Ernst: Streitpunkte. Heutige und künftige Kontroversen um den Nationalsozialismus, 2. Aufl., Berlin 1994.

Nolte, Paul: Die Ordnung der deutschen Gesellschaft. Selbstentwurf und Selbstbeschreibung im 20. Jahrhundert, München 2000.

Nothelle-Wildfeuer, Ursula: Soziale Gerechtigkeit und Zivilgesellschaft, Paderborn 1999.

Novalis: Die Christenheit oder Europa, in: Ders.: Werke (Rowohlt Klassiker 11), Reinbek 1967.

Oberndörfer, Dieter: Die offene Republik. Zur Zukunft Deutschlands und Europas, Freiburg i. Br. 1991.

Parsons, Talcott: The System of Modern Societies, New Jersey 1971.

Peters, Bernhard: Die Integration moderner Gesellschaften, Frankfurt a.M. 1993.

Pfeiffer, Ulrich: Einwanderung: Integration, Arbeitsmarkt, Bildung, Berlin 2001.

Platon: Der Staat, über das Gerechte (hrsg. v. Otmar Apelt), Hamburg 1961.

Plessner, Helmuth: Die verspätete Nation. Über die politische Verführbarkeit bürgerlichen Geistes, Stuttgart 1974.

Prignitz, Christoph: Friedrich Hölderlin. Die Entwicklung seines politischen Denkens unter dem Einfluß der Französischen Revolution, Hamburg 1976.

Prignitz, Christoph: Vaterlandsliebe und Freiheit. Deutscher Patriotismus von 1750-1850, Wiesbaden 1981.

Putnam, Robert: Bowling Alone. The Collapse and Revival of American Community, New York 2000.

Putnam, Robert: Making Democracy Work, Princeton 1993.

Quaritsch, Helmut: Einwanderungsland Bundesrepublik Deutschland? Aktuelle Reformfragen des Ausländerrechts, München 1981.

Radkau, Joachim: Das Zeitalter der Nervosität. Deutschland zwischen Bismarck und Hitler, München 1998.

Rawls, John: Die Idee des politischen Liberalismus. Aufsätze 1978-1989 (hrsg. v. Wilfried Hinsch), Frankfurt a.M. 1992.

Rawls, John: Eine Theorie der Gerechtigkeit, Frankfurt a.M. 1975.

Rawls, John: Political Liberalism, New York 1993.

Reese-Schäfer, Walter: Grenzgötter der Moral. Der neuere europäisch-amerikanische Diskurs zur politischen Ethik, Frankfurt a.M. 1997.

Reese-Schäfer, Walter: Was ist Kommunitarismus?, 2. Aufl., Frankfurt a.M. 1995.

Reinhard, Wolfgang: Geschichte der Staatsgewalt. Eine vergleichende Verfassungsgeschichte Europas von den Anfängen bis zur Gegenwart, 2. Aufl., München 2000.

Reiss, Hans: Politisches Denken in der deutschen Romantik, Bern 1966.

Richter, Dirk: Nation als Form, Opladen 1996.

Ritter, Gerhard: Carl Goerdeler und die deutsche Widerstandsbewegung, Stuttgart 1956.

Ritter, Gerhard: Das deutsche Problem. Grundfragen deutschen Staatslebens Gestern und Heute, neubearb. Aufl., München 1962.

Robertson, Roland: Globilization: Social Theory and Global Culture, London 1992.

Roons, Ger van: Neuordnung im Widerstand. Der Kreisauer Kreis innerhalb der deutschen Widerstandsbewegung, München 1967.

Rorty, Richard: Stolz auf unser Land. Die amerikanische Linke und der Patriotismus, Frankfurt a.M. 1999.

Rosecrance, Richard: Der neue Handelsstaat, Frankfurt a.M. 1987.

Rosenberg, Hans: Politische Denkströmungen im deutschen Vormärz, Göttingen 1972.

Roth, Florian: Die Idee der Nation im politischen Diskurs. Die Bundesrepublik Deutschland zwischen neuer Ostpolitik und Wiedervereinigung (1969-1990), Baden-Baden 1995.

Rothfels, Hans: Das politische Vermächtnis des deutschen Widerstandes, 4. Aufl., Bonn 1957.

Rothfels, Hans: Deutsche Opposition gegen Hitler. Eine Würdigung (hrsg. v. Hermann Graml), neue erw. Ausgabe, Frankfurt a.M. 1986.

Rothmann, Kurt: Kleine Geschichte der deutschen Literatur, 7. erw. Aufl., Stuttgart 1987.

Rothschild, Emma: Globalisation and Democracy in Historical Perspective, Cambridge 1999.

Rousseau, Jean-Jacques: Diskurs über die Ungleichheit. Kritische Ausgabe des integralen Textes (hrsg. von Heinrich Meier), Paderborn 1984.

Rousseau, Jean-Jacques: Vom Gesellschaftsvertrag oder Grundsätze des Staatsrechts (hrsg. von Hans Brockard), Stuttgart 1977.

Rürup, Reiner: Deutschland im 19. Jahrhundert 1815-1871, Göttingen 1984.

Rüstow, Alexander: Ortsbestimmung der Gegenwart. Eine universalgeschichtliche Kulturkritik, Band I: Ursprung der Herrschaft, Stuttgart 1950; Band II: Freiheit gegen Unfreiheit, Zürich 1952; Band III: Herrschaft oder Freiheit, Zürich 1957.

Safranski, Rüdiger: Wieviel Wahrheit braucht der Mensch? Über das Denkbare und das Lebbare, Frankfurt a. M. 1997.

Sahmland, Irmtraud: Christoph Martin Wieland und die deutsche Nation. Zwischen Patriotismus, Kosmopolitismus und Griechentum, Tübingen 1990.

Salewski, Michael: Geschichte Europas. Staaten und Nationen von der Antike bis zur Gegenwart, München 2000.

Sandel, Michael: Liberalism and the Limits of Justice, Cambridge 1982.

Sandel, Michael: Liberalismus oder Republikanismus. Von der Notwendigkeit der Bürgertugend, Wien 1995.

Sayles, George O.: The Medieval Foundations of England, 2. Aufl., London 1950.

Sbrik, Heinrich Ritter von: Metternich. Der Staatsmann und Mensch, 2 Bände, 2. Aufl., Darmstadt 1957.

Scharpf, Fritz: Governing in Europe. Effective and Democratic?, Oxford 1999.

Scheibe, Jörg: Der "Patriot" (1724-1726) und sein Publikum. Untersuchungen über die Verfassergesellschaft einer Zeitschrift der frühen Aufklärung, Göppingen 1973.

Schiller, Friedrich: Deutsche Größe. Fragmente und Entwürfe, in: Ders. (Hrsg.): Sämtliche Werke in zehn Bänden, Band 1: Gedichte (hrsg. v. Hans-Günther Thalheim), Berlin 1980, S. 556-560.

Schlesinger, Arthur Jr.: The Disuniting of America. Reflections of a Multicultural Society, New York 1992.

Schlink, Bernhard: Heimat als Utopie, Frankfurt a.M. 2000.

Schmid, Josef: Die demographische Entwicklung Deutschlands – Ursachen, Folgen und politische Optionen, München 2000.

Schmidt, Hajo: Politische Theorie und Realgeschichte. Zu Johann Gottlieb Fichtes praktischer Philosophie, Bonn 1978.

Schmitt, Carl: Der Begriff des Politischen. Text von 1932 mit einem Vorwort und drei Corollarien, Berlin 1963.

Schmitt, Carl: Politische Romantik, 2. Aufl., München 1925.

Schmitt, Carl: Römischer Katholizismus und politische Form, 3. Aufl., Stuttgart 1984.

Schmitt, Carl: Verfassungslehre, München 1928.

Scholl, Inge: Die Weiße Rose, 3. Aufl., Frankfurt a.M. 1993.

Scholtyseck, Joachim: Robert Bosch und der liberale Widerstand gegen Hitler 1933 bis 1945, München 1999.

Schulze, Hagen: Kleine Deutsche Geschichte, München 1996.

Schulze, Hagen: Staat und Nation in der europäischen Geschichte, München 1994.

Schulze, Hagen: Weimar. Deutschland 1917-1933, Berlin 1982.

Schwarz, Hans-Peter: Die Ära Adenauer. 1949-1957 (Geschichte der Bundesrepublik Deutschland, Band 2), Stuttgart 1982.

Schwarz, Hans-Peter: Die Ära Adenauer. 1963-1969 (Geschichte der Bundesrepublik Deutschland, Band 3), Stuttgart 1983.

Schwarz, Hans-Peter: Die Zentralmacht Europas. Deutschlands Rückkehr auf die Weltbühne, Berlin 1994.

Schweigler, Gebhard: Nationalbewußtsein in der BRD und der DDR, Düsseldorf 1973.

Schwerin, Detlef Graf von: "Dann sind's die besten Köpfe, die man henkt". Die junge Generation im Deutschen Widerstand, München 1991.

Seton-Watson, Hugh: Nations and States. An Enquiry into the Origins of Nations and the Politics of Nationalism, Boulder 1977.

Siegburg, Friedrich: Robespierre, Napoleon, Chateaubriand, Stuttgart 1967.

Siemann, Wolfram: Die deutsche Revolution 1848/49, Darmstadt 1997.

Smend, Rudolf: Staatsrechtliche Abhandlungen, Berlin 1968.

Smith, Anthony D.: National Identity, Reno 1991.

Smith, Anthony D.: Nationalism in the 20th Century, Oxford 1979.

Smith, Anthony D.: Nations and Nationalism in a Global Era, Cambridge 1995.

Sombart, Werner: Händler und Helden. Patriotische Besinnungen, München 1915.

Sontheimer, Kurt: Antidemokratisches Denken in der Weimarer Republik, Die politischen Ideen des deutschen Nationalismus zwischen 1918 und 1933, München 1962.

Sontheimer, Kurt: Die verunsicherte Republik. Die Bundesrepublik nach dreißig Jahren, München 1979.

Spaemann, Robert: Rousseau - Bürger ohne Vaterland - Rousseaus Weg von der Polis zur Natur, München 1980.

Speth, Rudolf: Nation und Revolution. Politische Mythen im 19. Jahrhundert, Opladen 2000.

Spranger, Eduard: Gedanken zur staatsbürgerlichen Erziehung, 3. Aufl., Bonn 1959.

Steiner, George: Errata. Bilanz eines Lebens, München 1999.

Steininger, Rolf: 17. Juni 1953. Der Anfang vom Ende der DDR, München 2003.

Sternberger, Dolf: Drei Wurzeln der Politik (Schriften II), Frankfurt a.M. 1978.

Sternberger, Dolf: Herrschaft und Vereinbarung, Frankfurt a.M. 1986.

Stölting, Erhard: Eine Weltmacht zerbricht. Nationalität und Religionen in der UdSSR, Frankfurt a.M. 1990.

Strange, Susan: The Retreat of the State. The Diffusion of Power in the World Economy, Cambridge 1996.

Strauß, Botho: Die Fehler des Kopisten, München 1997.

Strauß, Botho: Diese Erinnerung an einen, der nur einen Tag zu Gast war, München 1985.

Stürmer, Michael: Das ruhelose Reich. Deutschland 1866-1918, 2. Aufl., Berlin 1983.

Sykes, Christopher: Adam von Trott. Eine deutsche Tragödie, Düsseldorf 1969.

Taylor, Charles: Hegel and Modern Society, Cambridge 1979.

Thaa, Winfried: Die Wiedergeburt des Politischen – Zivilgesellschaft und Legitimitätskonflikt in den Revolutionen von 1989, Opladen 1989.

Thamer, Hans-Ulrich: Verführung und Gewalt. Deutschland 1933-1945, Berlin 1986.

Tibi, Bassam: Europa ohne Identität? Leitkultur oder Werte-beliebigkeit, Berlin 2000.

Tibi, Bassam: Der religiöse Fundamentalismus im Übergang zum 21. Jahrhundert, Mannheim 1995.

Tibi, Bassam: Im Schatten Allahs. Der Islam und die Menschenrechte, 2. aufl., München 1996.

Tilly, Charles: Die europäischen Revolutionen, München 1993.

Tocqueville, Alexis de: Über die Demokratie in Amerika. Erster Teil (hrsg. von Theodor Eschenburg), Stuttgart 1959.

Tönnies, Ferdinand: Gemeinschaft und Gesellschaft. Grundbegriffe der reinen Soziologie, 3.Aufl. des Nachdrucks der 8. Aufl. von 1935, Darmstadt 1992.

Tönnies, Sibylle: Der Dimorphismus der Wahrheit. Universalismus und Relativismus in der Rechtstheorie, Opladen 1992.

Treibel, Annette: Migration in modernen Gesellschaften, 2. Aufl., Weinheim 1999.

Ullrich, Volker: Die nervöse Grossmacht. Aufstieg und Untergang des deutschen Kaiserreichs 1871-1918, Frankfurt a. M. 1997.

Utz, Johann Peter: Sämtliche Poetische Werke (hrsg. v. August Sauer, Berlin 1890), Neudruck Darmstadt 1964.

Valentin, Veit: Das Hambacher Nationalfest, Berlin 1932.

Valentin, Veit: Geschichte der Deutschen, Neuaufl., Köln 1979 (Erstaufl. 1947).

Venohr, Wolfgang: Stauffenberg. Symbol der deutschen Einheit. Eine politische Biographie, Frankfurt a.M. 1986.

Vierhaus, Rudolf: Das Europa der Aufklärung, München 1993.

Voegelin, Eric: Autobiographische Reflexionen (hrsg. v. Peter Opitz), München 1994.

Voegelin, Eric: Die neue Wissenschaft von der Politik, Sonderausgabe, Salzburg 1977.

Voegelin, Eric: Die Politischen Religionen hrsg. und mit einem Nachwort v. Peter J. Opitz), München 1996.

Vorländer, Hans: Die Verfassung. Idee und Geschichte, München 1999.

Vorländer, Hans: Verfassung und Konsens. Der Streit um die Verfassung in der Grundlagen- und Grundgesetz-Diskussion der Bundesrepublik Deutschland, Berlin 1981.

Vossler, Otto: Der Nationalgedanke von Rousseau bis Ranke, München 1937.

Vossler, Otto: Rousseaus Freiheitslehre, Göttingen 1963.

Vovelle, Michel: Die Französische Revolution- Soziale Bewegung und Umbruch der Mentalitäten, München 1982.

Wagner, Peter: Soziologie der Moderne. Freiheit und Disziplin, Frankfurt a.M. 1995.

Walzer, Michael: Sphären der Gerechtigkeit. Ein Plädoyer für Pluralität und Gleichheit, Frankfurt a.M. 1998.

Wandruszka, Adam: Reichspatriotismus und Reichspolitik zur Zeit des Prager Friedens von 1635. Eine Studie zur Geschichte des deutschen Nationalbewusstseins, Graz 1955.

Wasser, Hartmut: Die vereinigten Staaten von Amerika. Portrait einer Weltmacht, 2. Aufl., Stuttgart 1982.

Weber, Alfred: Abschied von der bisherigen Geschichte. Überwindung des Nihilismus?, Hamburg 1946.

Weber, Max: Wirtschaft und Gesellschaft (hrsg. v. Johannes Winckelmann), Teil 2, Tübingen 1956.

Wehler, Hans-Ulrich: Deutsche Gesellschaftsgeschichte, Band II: 1815-1845/49, 2. Aufl., München 1989.

Wehler, Hans-Ulrich: Entsorgung der deutschen Vergangenheit? Ein polemischer Essay zum "Historiker-streit", 2. unveränderte Aufl., München 1991.
Weiler, Joseph: The Constitution of Europe, Cambridge 1999.

Weißmann, Karlheinz: Der Nationale Sozialismus. Ideologie und Bewegung 1890-1933, München 1998.

Weizsäcker, Richard von: Im Gespräch mit Gunter Hofmann und Werner A. Perger, Frankfurt a. M. 1992.

Wende, Peter: Radikalismus im Vormärz. Untersuchungen zur politischen Theorie der frühen deutschen Demokratie, Wiesbaden 1975.

Wiese, Benno von: Friedrich Schiller. Erbe und Aufgabe, Pfullingen 1964.

Willms, Johannes: Nationalismus ohne Nation. Deutsche Geschichte von 1789 bis 1914, Düsseldorf 1983.

Winckelmann, Johann Joachim: Gedanken über die Nachahmung der griechischen Werke in der Malerei und Bildhauerkunst, in: Ders.: Ewiges Griechentum. Auswahl aus seinen Schriften und Briefen (hrsg. u. eingeleitet v. Fritz Forschepiepe), Stuttgart 1943.

Wingen, Max: Familienpolitik. Grundlagen und aktuelle Probleme, Stuttgart 1997.

Winkler, Heinrich August: Der lange Weg nach Westen. Band 1: Deutsche Geschichte vom Ende des Alten Reiches bis zum Untergang der Weimarer Republik; Band 2: Vom „Dritten Reich" bis zur Wiedervereinigung, München 2000.

Winkler, Heinrich August: Preußischer Liberalismus und deutscher Nationalstaat, Tübingen 1964.

Witte, Barthold C.: Was ist des Deutschen Vaterland?, Mainz 1964.

Young-Bruehl, Elisabeth: Hannah Arendt. Leben und Werk, Frankfurt a.M. 1986.

Ziegler, Heinz O.: Die moderne Nation, Tübingen 1931.

Zimmermann, Harro: Freiheit und Geschichte. F.G. Klopstock als historischer Dichter und Denker, Heidelberg 1987.

Zürn, Michael: Regieren jenseits des Nationalstaats, Frankfurt a.M. 1998.

B   Aufsätze und Sammelbände

Abromeit, Haidrun: Möglichkeiten und Ausgestaltung einer europäischen Demokratie, in: Klein Ansgar u.a. (Hrsg.): Bürgerschaft, Öffentlichkeit und Demokratie in Europa, Opladen 2003, S. 31-54.

Abromeit, Haidrun: Demokratie und Öffentlichkeit, in: Dies / Nieland, Jörg-Uwe / Schierl, Thomas (Hrsg.): Politik, Medien, Technik. Festschrift für Heribert Schatz, Wiesbaden 2001, S. 75-91.

Adams, Willi Paul: Die Kolonialzeit, in: Ders. u.a. (Hrsg.): Länderbericht USA. Geschichte, Politik, Geographie, Wirtschaft, Gesellschaft, Kultur, 3. aktual. Aufl., Bonn 1998, S. 3-17.

Adorno, Theodor: Prismen. Kulturkritik und Gesellschaft, München 1963.

Albrecht, Clemens u.a. (Hrsg.): Die intellektuelle Gründung der Bundesrepublik. Eine Wirkungs-geschichte der Frankfurter Schule, Frankfurt a.M. 1999.

Anheier, Helmut / Carlson, Lisa: Civil Society: What it is, and how to measure it, in: Centre for Civil Society, Briefing No. 3, London 2002.

Anheier, Helmut / Priller, Eckhard / Zimmer, Annette: Zur zivilgesellschaftlichen Dimension des Dritten Sektors, in: Klingemann, Hans-Dieter / Neidhardt, Friedhelm (Hrsg.): Die Zukunft der Demokratie. Herausforderungen im Zeitalter der Globalisierung, Berlin 2000, S. 71-98.

Anheier, Helmut / Seibel, Wolfgang: Defining the Nonprofit Sector: Germany. Working Papers of the Johns Hopkins Comparative Nonprofit Sector Project No. 6, Baltimore 1993.

Annas, Julia: Platon, in: Fetscher, Iring / Münkler, Herfried (Hrsg.): Pipers Handbuch der Politischen Ideen, Band I: Frühe Hochkulturen und europäische Antike, München 1998, S. 369-395.

Archambault, Edith: Defining the Nonprofit Sector: France. Working Papers of the Johns Hopkins Com-parative Nonprofit Sector Project No. 7, Baltimore 1993.

Aretin, Karl Otmar Freiherr von: "Das heilige Römische Reich Deutscher Nation", in: Büsch, Otto / Sheehan James J. (Hrsg.): Die Rolle der Nation in der deutsche Geschichte und Gegenwart. Beiträge zu einer internationalen Konferenz in Berlin (West) vom 16. bis 18. Juni 1983, Berlin 1985, S. 73-83.

Aretin, Karl Otmar Freiherr von: Henning von Tresckow - Patriot im Opfergang, in: Klemperer, Klemens von / Syring, Enrico / Zitelmann, Rainer (Hrsg.): "Für Deutschland". Die Männer des 20. Juli, Frank-furt a.M 1993, S. 287-310.

Aretin, Karl Otmar Freiherr von: Reichspatriotismus, in: Birtsch, Günter (Hrsg.): Patriotismus, Hamburg 1991, S. 25-36.

Asch, Ronald (Hrsg.): Three Nations - A Common History? England, Scotland, Ireland and British History 1600 - 1920, Bochum 1993.

Augstein, Rudolf: Die neue Ausschwitz-Lüge, in: Historikerstreit. Die Dokumentation der Kontroverse um die Einzigartigkeit der nationalsozialistischen Judenvernichtung, 8. Aufl., München 1991, S. 196-203.

Bach, Maurizio: Die Europäisierung der nationalen Gesellschaft? Problemstellungen und Perspektiven einer Soziologie der europäischen Integration, in: Ders. (Hrsg.): Die Europäisierung der nationalen Gesellschaften, Sonderheft 40 der Kölner Zeitschrift für Soziologie und Sozialpsychologie, Opladen 2000, 11-35.

Bahr, Egon: Wie steht es um die Nation?, in: Voigt, Rüdiger (Hrsg.): Der neue Nationalstaat, Baden-Baden 1998, S.29-38.

Barber, Benjamin R.: Constitutional Faith, in: Nussbaum, Martha C.: For love of country: debating the limits of patriotism. Martha C. Nussbaum with respondents (ed. by Joshua Cohen), Boston 1996, S. 30-37.

Baring, Arnulf: Deutscher Patriotismus: zulässig, zeitgemäß, in: Die Zukunft der Nation: Wer sind die Deutschen? Was müssen wir sein? (hrsg. v. Bundesverband deutscher Banken), Berlin 2001, S. 29-35.

Baring, Arnulf: Gründungsstufen, Gründungsväter. Die lange Geschichte der Bundesrepublik zu sich selbst, in: Merkur 372 (1979), S. 424-431.

Baringhorst, Sigrid: Australia – the Lucky Country? Multikulturalismus und Migrationspolitik im Zeichen neokonservativer Reformen, in: Aus Politik und Zeitgeschichte (26) 2003, S. 12-18.

Baruzzi, Arno: Kant, in: Maier, Hans / Rausch, Heinz / Denzer, Hosrt (Hrsg.): Klassiker des politischen Denkens. Zweiter Band: Von Locke bis Max Weber, 5. Aufl., München 1987, S. 136-158.

Bauman, Zygmunt: Schwache Staaten. Globalisierung und die Spaltung der Weltgesellschaft, in: Beck, Ulrich: Kinder der Freiheit, Frankfurt a.M. 1997, S. 315-323.

Beck, Ulrich / Beck-Gersheim, Elisabeth: Individualisierung in modernen Gesellschaften - Perspektiven und Kontroversen einer subjektorientierten Soziologie, in: Dies. (Hrsg.): Riskante Freiheiten. Individualisierung in modernen Gesellschaften, Frankfurt a.M. 1994, S. 10-39.

Beck, Ulrich / Giddens, Anthony (Hrsg.): Reflexive Modernisierung, Frankfurt a.M. 1996.

Beck, Ulrich: Das Demokratie-Dilemma im Zeitalter der Globalisierung, in: Aus Politik und Zeitgeschichte 38 (1998), S. 3-11.

Beck, Ulrich: Das Zerbrechen der Ligaturen und die Utopie der Weltbürgergesellschaft, in: Beck, Ulrich / Beck-Gersheim, Elisabeth (Hrsg.): Riskante Freiheiten. Individualisierung in modernen Gesellschaften, Frankfurt a.M. 1994, S. 421-436.

Beck, Ulrich: Kinder der Freiheit: Wider das Lamento über den Werteverfall, in: Ders. (Hrsg.): Kinder der Freiheit, Frankfurt a.M. 1997, S. 9-33.

Beck, Ulrich: Was ist Globalisierung? Irrtümer des Globalismus - Antworten auf Globalisierung - Antworten auf Globalisierung, 5. Aufl., Frankfurt a.M. 1998, S. 48-192.

Beck, Ulrich: Weltrisikogesellschaft. Zur politischen Dynamik globaler Gefahren, in: Internationale Politik 50 (1995), S. 13-20.

Beck, Ulrich: Wie wird Demokratie im Zeitalter der Globalisierung möglich? - Eine Einleitung, in: Ders. (Hrsg.): Politik der Globalisierung, Frankfurt a. M. 1998, S. 7-66.

Behnen, Michael: Deutschland unter Napoleon. Restauration und Vormärz (1806-1847), in: Vogt, Martin (Hrsg.): Deutsche Geschichte [begründet von Peter Rassow], vollst. neu bearb. u. illustr. Ausg., Stuttgart 1987, S. 349-402.

Behrmann, Günter C.: Verfassung, Volk und Vaterland. Zur historischen, pädagogischen und politisch-kulturellen Verortung des Patriotismus, in: Ders. /Schiele, Siegfried (Hrsg.): Verfassungspatriotismus als Ziel politsicher Bildung, Schwalbach/Ts 1993, S. 5-24.

Behrmann, Günter C.: Die Erziehung kritischer Kritik als neues Staatsziel, in: Albrecht, Clemens u.a. (Hrsg.) : Die intellektuelle Gründung der Bundesrepublik, S. 448-496.

Bellah, Robert N.: Civil Religion in America, in: Daedalus 96 (1967), S. 1-21.

Berghahn, Cord-Friedrich: Klassizismus und Gemeinsinn. Antikerezeption und ästhetische Gemeinwohl- formeln in den Vereinigten Saaten am Beispiel Thomas Jeffersons, in: Münkler, Herfried / Bluhm, Harald (Hrsg.): Gemeinwohl und Gemeinsinn, Band I, Berlin 2002, S. 213-246.

Berlin, Isaiah: Der Nationalismus. Seine frühere Vernachlässigung und gegenwärtige Macht, in: Ders.: Der Nationalismus, Frankfurt a. M. 1990, S. 37-72.

Bernhardt, Rudolf: Die deutsche Teilung und der Status Gesamtdeutschlands, in: Isensee, Josef / Kirch- hof, Paul (Hrsg.): Handbuch des Staatsrechts der Bundesrepublik Deutschland, Band I, Heidelberg 1987, S. 321-350.

Best, Heinrich: Nationale Verbundenheit und Entfremdung im zweistaatlichen Deutschland. Theoretische Überlegungen und empirische Befunde, in: Kölner Zeitschrift für Soziologie und Sozialpsychologie 42 (1990), S. 1-19.

Betteridge, Harold: Klopstocks Wendung zum Patriotismus, in: Werner, Hans-Georg (Hrsg.): Friedrich Gottlieb Klopstock. Werk und Wirkung. Wissenschaftliche Konferenz der Martin-Luther-Universität Halle Wittenberg im Juli 1974, Berlin 1978, S. 179-184.

Beyme, Klaus von: Shifting National Identities: The Case of German History, in: National Identities 1 (1999), S. 39-52.

Birg, Herwig: Dynamik der demographischen Alterung. Bevölkerungsschrumpfung und Zuwanderung in Deutschland, in: Aus Politik und Zeitgeschichte (20) 2003, S. 6-16.

Blank, Thomas / Schmidt, Peter: Konstruktiver Patriotismus im vereinigten Deutschland?, in: Mummen- dey, Amelié / Simon, Bernd (Hrsg.): Identität und Verschiedenheit, Bern 1997, S. 127-148.

Blank, Thomas: Wer sind die Deutschen? Nationalismus, Patriotismus, Identität - Ergebnisse einer empi- rischen Längsschnittstudie, in: Aus Politik und Zeitgeschichte 13 (1997), S. 38-46.

Blasius, Rainer A.: Adam von Trott zu Solz, in : Lill, Rudolf / Oberreuter, Heinrich (Hrsg.): 20. Juli. Portraits des Widerstands, Düsseldorf 1984, S. 321-334.

Bleistein, Roman (Hrsg.): Dossier: Kreisauer Kreis. Dokumente aus dem Widerstand gegen den National- sozialismus, Frankfurt a.M. 1987.

Blomert, Reinhart / Kuzmics, Helmut / Treibel, Annette (Hrsg.): Transformationen des Wir-Gefühls. Studien zum nationalen Habitus, Frankfurt a.M. 1993.

Blondel, Jean / Sinnott, Richard / Svensson, Palle: People and Parliament in the European Union. Partici- pation, Democracy and Legitimacy, Oxford 1998.

Bock, Michael: Metamorphosen der Vergangenheitsbewältigung, in: Albrecht, Clemens u.a. (Hrsg.): Die intellektuelle Gründung der Bundesrepublik, S. 530-566.

Böckenförde, Ernst-Wolfgang: Anmerkungen zum Begriff des Verfassungswandels, in: Badura, Peter / Scholz, Rupert (Hrsg.): Wege und Verfahren des Verfassungslebens. Festschrift für Peter Lerche zum 65. Geburtstag, München 1993.

Böckenförde, Ernst-Wolfgang: Der Begriff des Politischen als Schlüssel zum staatsrechtlichen Werk Carl Schmitts, in: Ders.: Recht, Staat, Freiheit. Studien zur Rechtsphilosophie, Staatstheorie und Verfassungsgeschichte, 2. Aufl., Frankfurt a. M. 1992, S. 344-366.

Böckenförde, Ernst-Wolfgang: Der Zusammenbruch der Monarchie und die Entstehung der Weimarer Republik, in: Bracher, Karl Dietrich / Funke, Manfred / Jacobsen, Hans-Adolf (Hrsg.): Die Weimarer Republik 1918-1933. Politik - Wirtschaft - Gesellschaft, 2. Aufl., Bonn 1988, S. 17-43.

Böckenförde, Ernst-Wolfgang: Die Eigenart des Staatsrechts und der Staatsrechtswissenschaft, in: Achterberg, Norbert (Hrsg.): Recht und Staat im sozialen Wandel. Festschrift für Hans-Ulrich Scupin zum 80. Geburtstag, Berlin 1983.

Böckenförde, Ernst-Wolfgang: Die Entstehung des Staates als Vorgang der Säkularisation, in: Ders.: Recht, Staat, Freiheit, S. 92-114.

Böckenförde, Ernst-Wolfgang: Die Nation - Identität in Differenz, in: Ders.: Staat, Nation, Europa. Studien zur Staatslehre, Verfassungstheorie und Rechtsphilosophie, Frankfurt a.M. 1999, S. 34-58.

Böckenförde, Ernst-Wolfgang: Die Schweiz - Vorbild für Europa?, in: Ders.: Staat, Nation, Europa, S. 25-33.

Böckenförde, Ernst-Wolfgang: Die Zukunft politischer Autonomie. Demokratie und Staatlichkeit im Zeichen von Globalisierung, Europäisierung und Individualisierung, in: Ders.: Staat, Nation, Europa, S. 103-126.

Böckenförde, Ernst-Wolfgang: Ist Demokratie eine notwendige Forderung der Menschenrechte?, in: Ders.: Staat, Nation, Europa, S. 246-255.

Böckenförde, Ernst-Wolfgang: Staatliches Recht und sittliche Ordnung, in: Ders.: Staat, Nation, Europa, S. 208-232.

Böckenförde, Ernst-Wolfgang: Staatsbürgerschaft und Nationalitätskonzept, in: Ders.: Staat, Nation, Europa, S. 59-67.

Böckenförde, Ernst-Wolfgang: Welchen Weg geht Europa?, in: Ders.: Staat, Nation, Europa, S. 68-102.

Böckenförde, Ernst-Wolfgang: Zur Diskussion um die Totalrevison der Schweizerischen Bundesverfassung, in: Archiv des Öffentlichen Rechts 196 (1981), S. 580ff.

Bödeker, Hans Erich: Thomas Abbt, in: Birtsch, Günter (Hrsg.): Patriotismus, S. 103-105.

Bödeker, Hans Erich: Thomas Abbt: Patriot , Bürger und bürgerliches Bewußtsein, in: Vierhaus, Rudolf (Hrsg.): Bürger und Bürgerlichkeit im Zeitalter, Heidelberg 1981, S. 221-254.

Bohrer, Karl Heinz: Editorial, in: Merkur 12 (1989), S. 1037-1039.

Boldt, Hans: Die Weimarer Reichsverfassung, in: Funke, Manfred u.a. (Hrsg.): Demokratie und Diktatur. Geist und Gestalt politischer Herrschaft in Deutschland und Europa. Festschrift für Karl Dietrich Bracher, Düsseldorf 1987, S. 44-62.

Borst, Arno: Barbarossas Erwachen - Zur Geschichte der deutschen Identität, in: Marquard, Odo / Stierle, Karlheinz (Hrsg.): Identität, München 1979, S. 17-60.

Bossle, Lothar: Heimat als Daseinsmacht, in: Cremer, Will / Klein, Ansgar (Hrsg.): Heimat. Analysen, Themen, Perspektiven, Bonn 1990, S. 122-133.

Botein, Stephen: Religious Dimensions of the Early American State, in: Beeman, Richard (Hrsg.): Beyond Confederation: origins of the Constitution and American National Identity, Chapel Hill 1987, S. 315-332.

Bracher, Karl Dietrich / Funke, Manfred / Jacobsen, Hans-Adolf (Hrsg.): Nationalsozialistische Diktatur 1933-1945. Neue Studien zur nationalsozialistischen Herrschaft, 2. Aufl., Bonn 1993.

Bracher, Karl Dietrich / Leber, Annedore (Hrsg.): Das Gewissen entscheidet, Berlin 1957.

Bracher, Karl Dietrich: Der Weg zum 20. Juli 1944, in: Lill, Rudolf, Oberreuter, Heinrich (Hrsg.): 20. Juli. Portraits des Widerstands, Düsseldorf 1984, S. 15-28.

Bracher, Karl Dietrich u.a.: Deutscher Sonderweg - Mythos oder Realität? (Kolloquien des Instituts für Zeitgeschichte), München 1982.

Bracher, Karl Dietrich: Die Bewährung der Zweiten Republik, in: Hildebrand, Klaus: Von Erhard zur Großen Koalition 1963-1969, Stuttgart 1984 (Geschichte der Bundesrepublik Deutschland, Band 4), S. 7-16.

Bracher, Karl Dietrich: Politik und Zeitgeist. Tendenzen der siebziger Jahre, in: Ders. / Jäger, Wolfgang / Link, Werner: Republik im Wandel 1969-1974. Die Ära Brandt (Geschichte der Bundesrepublik Deutschland, Band 5 I), Stuttgart 1986, S. 285-406.

Bracher, Karl Dietrich: Theodor Heuss und die Gründung der Bundesrepublik, in: Ders.: Das deutsche Dilemma. Leidenswege der politischen Emanzipation, München 1971, S. 205-229.

Bracher, Karl Dietrich: Zur Widerstandsproblematik in "Rechtsdiktaturen" - Die deutsche Erfahrung, in: Bracher, Karl Dietrich / Funke, Manfred / Schwarz, Hans-Peter (Hrsg.): Deutschland zwischen Krieg und Frieden. Beiträge zur Politik und Kultur im 20. Jahrhundert. Festschrift für Hans-Adolf Jacobsen, Düsseldorf 1991, S. 117-129.

Brandt, Peter: Schwieriges Vaterland. Deutsche Einheit. Nationales Selbstverständnis. Soziale Emanzipation. Texte von 1980 bis heute, Berlin 1999.

Braun, Volker: "Anschwellender Bockgesang" und die Folgen. Anmerkungen zur Botho-Strauß-Debatte, in: Langguth, Gerd (Hrsg.): Die Intellektuellen und die nationale Frage, Frankfurt a.M. 1997, S. 264-279.

Brink, B. van den: Die politisch-philosophische Debatte über die demokratische Bürgergesellschaft, in: Ders. / Reijen, W. van (Hrsg.): Bürgergesellschaft, Recht und Demokratie, Frankfurt a.M. 1995, S. 7-26.

Brinkmann, Tobias: Immigration and Identity in Britain, in: National Identities 2 (2002), S. 179-188.

Brock, Dietmar: Wirtschaft und Staat im Zeitalter der Globalisierung. Von nationalen Volkswirtschaften zur globalisierten Weltwirtschaft, in: Aus Politik und Zeitgeschichte 33-34 (1997), S. 12-19.

Broszat, Martin: Wo sich die Geister scheiden. Die Beschwörung der Geschichte taugt nicht als nationaler Religionsersatz, in: Historikerstreit, S. 189-195.

Broszat, Martin: Die Ambivalenz der Forderung nach mehr Geschichtsbewusstsein, in: Ders.: Nach Hitler. Der schwierige Umgang mit unserer Geschichte, München 1988, S. 283-296.

Brumlik, Micha / Brunkhorst, Hauke (Hrsg.): Gemeinschaft und Gerechtigkeit, Frankfurt a.M. 1993.

Brumlik, Micha: Bunte Republik Deutschland? Aspekte einer multikulturellen Gesellschaft, in: Blätter für deutsche und internationale Politik 1 (1990), S. 101-107.

Brumlik, Micha: Verfassungspatriotismus. Grundsätzliches zu einer imaginären Debatte, in: Blätter für deutsche und internationale Politik 6 (1990), S. 702-708.

Brunkhorst, Hauke: Demokratie als Solidarität unter Fremden. Universalismus, Kommunitarismus, Liberalismus, in: Aus Politik und Zeitgeschichte 36 (1996), S. 21-28.

Brunkhorst, Hauke: Globalisierungsparadoxien. Das doppelte Inklusionsproblem moderner Gesellschaften, in: Blätter für deutsche und internationale Politik 9 (2000), S. 1096-1104.

Brunn, Gerhard: Germania und die Entstehung des deutschen Nationalstaates. Zum Zusammenhang von Symbolen und Wir-Gefühl, in: Voigt, Rüdiger (Hrsg.): Symbole der Politik - Politik der Symbole, Opladen 1989, S. 101-122.

Brunner, Otto: Die patriotische Gesellschaft in Hamburg im Wandel von Staat und Gesellschaft, in: Ders.: Neue Wege der Verfassungs- und Sozialgeschichte, 3. Aufl., Göttingen 1980, S. 335-344.

Buck, Theo: "Armes reiches Deutschland". Hans Magnus Enzensbergers Schreiben über das eigene Land, in: Langguth, Gerd (Hrsg.): Die Intellektuellen und die nationale Frage, Frankfurt a.M. 1997, S. 230-251.

Bundesministerium des Inneren: Zuwanderung gestalten – Integration fördern. Bericht der Unabhängigen Kommission „Zuwanderung" vom 4. Juli 2001.

Burger, Rudolf: Multikulturalismus im säkularen Rechtsstaat. Eine zivilisationstheoretische Grenzbestimmung, in: Leviathan 2 (1997), S. 173-185.

Busse, Christian: Braucht Europa einen Kern? Zur gegenwärtigen Diskussion um die Zukunft der europäischen Union, in: Aus Politik und Zeitgeschichte 47 (2000), S. 3-12.

Cannadine, David: The Context, Performance and Meaning of Ritual: The British Monarchy and the "Invention of Tradition" 1820-1977, in: Hobsbawm, Eric /Ranger, Terence (Hrsg.): The Invention of Tradition, Cambridge 1984, S. 101-164.

Canovan, Margaret: Hannah Arendt as a Conservative Thinker, in: May, Larry / Kohn, Jerome (Hrsg.): Hannah Arendt. Twenty Years Later, Cambridge 1996.

Charlier, Michael: Deutschland, schwierig Vaterland, in: Blätter für deutsche und internationale Politik 2 (1990), S. 179-187.

Charlier, Michael: Zwischen Abschied und Neuanfang, in: Blätter für deutsche und internationale Politik 4 (1990), S. 395-398.

Conze, Werner (Hrsg.): Staat und Gesellschaft im deutschen Vormärz 1815-1848, 2. Aufl., Stuttgart 1970.

Cramer, Will / Klein, Ansgar (Hrsg.): Heimat in der Moderne, in: Dies. (Hrsg.): Heimat, S. 33-35.

Czempiel, Ernst-Otto (Hrsg.): Die anachronistische Souveränität. Zum Problem des Verhältnisses von Innen- und Außenpolitik (Politische Vierteljahresschrift, Sonderheft 1), Köln 1969, S. 80-109.

Czempiel, Ernst-Otto: Konturen einer Gesellschaftswelt. Die neue Architektur der internationalen Politik, in: Merkur 44 (1990), S. 835-851.

Dahrendorf, Ralf: Anmerkungen zur Globalisierung, in: Beck, Ulrich (Hrsg.): Perspektiven der Weltgesellschaft, Frankfurt a.M. 1998, S. 41-54.

Dahrendorf, Ralf: Das Zerbrechen der Ligaturen und die Utopie der Weltbürgergesellschaft, in: Beck, Ulrich / Beck-Gernsheim, Elisabeth (Hrsg.): Riskante Freiheiten. Individualisierung in modernen Gesellschaften, Frankfurt a.M. 1994, S. 421-436.

Dahrendorf, Ralf: Die gefährdete Civil Society, in: Michalski, Krzysztof (Hrsg.): Europa und die Civil Society (Castelgandolfo-Gespräche 1989), Stuttgart 1991, S. 247-263.

Dahrendorf, Ralf: Die Zukunft der Bürgergesellschaft, in: Guggenberger, Bernd (Hrsg.): Die Mitte. Vermessungen in Politik und Kultur, Opladen 1993, S. 74-83.

Dahrendorf, Ralf: Die Zukunft des Nationalstaats, in: MERKUR 48 (1994), S. 751-761.

Dahrendorf, Ralf: Freiheit und soziale Bindungen. Anmerkungen zur Struktur einer Argumentation, in: Michalski: Krysztof (Hrsg.): Die liberale Gesellschaft (Castelgandolfo Gespräche 1992), Stuttgart 1993, S.11-20.

Dahrendorf, Ralf: Warum EUropa? Nachdenkliche Anmerkungen eines skeptischen Europäers, in: Die Botschaft des Merkur. Eine Anthologie aus fünfzig Jahren der Zeitschrift (hrsg. v. Karl Heinz Bohrer und Kurt Scheel), Stuttgart 1997, S. 554-572.

Dahrendorf, Ralf: Die Sache mit der Nation, in: Jeismann, Michael / Ritter, Henning (Hrsg.): Grenzfälle. Über alten und neuen Nationalismus, Leipzig 1993, S. 101-118.

Dann, Otto: Vereinsbildung und Nationsbildung (hrsg. v. Albert Eßer / Johannes Koll / Georg Mölich / Raimund Neuß), Köln 2003.

Decker, Frank: Institutionelle Entwicklungspfade im europäischen Integrationsprozess. Eine Antwort auf Katharina Holzinger und Christoph Knill, in: Zeitschrift für Politikwissenschaft (2) 2002, S. 611-636.

Decker, Frank: Mehr Demokratie wagen: Die Europäische Union braucht einen institutionellen Sprung nach vorn, in: Aus Politik und Zeiteschichte (5) 2001, S. 33-37.

Decker, Frank: Parlamentarisch, präsidentiell oder semi-präsidentiell? Der Verfassungskonvent ringt um die künftige institutionelle Gestalt Europas, in: Aus Politik und Zeitgeschichte (1-2) 2003, S. 16-23.

Delors, Jacques: Eine Avantgarde als Motor für den europäischen Integrationsprozess, in: Weidenfeld, Werner (Hrsg.): Europa-Handbuch, Bonn 2002, S. 854-859.

Dettling, Warnfried: Bürgergesellschaft. Möglichkeiten, Voraussetzungen und Grenzen, in: Aus Politik und Zeitgeschichte 38 (1998), S. 22-28.

Dettling, Warnfried: Demokratie von unten? Die Bedeutung der lokalen Gesellschaft für die Erneuerung der Demokratie, in: Weidenfeld, Werner (Hrsg.): Wege zur Erneuerung der Demokratie, Gütersloh 1998.

Deutsch, Karl W.: Nation und Welt, in: Winkler, Heinrich-August (Hrsg.): Nationalismus, 2. Aufl., Königstein i.Ts. 1966, S. 49-66.

Deutscher Bundestag (Hrsg.): Aufarbeitung von Geschichte und Folgen der SED-Diktatur in Deutschland, Neun Bände in 18 Teilbänden, Baden-Baden 1995.

Deutscher Bundestag: Entwurf eines Gesetzes zur Steuerung und Begrenzung der Zuwanderung und zur Regelung des Aufenthalts und der Integration von Unionsbürgern und Ausländern (Bundesdrucksache 15/420).

Diner, Dan (Hrsg.): Ist der Nationalsozialismus Geschichte? Zur Historisierung und Historikerstreit, Frankfurt a.M. 1987.

Dippel, Horst : Die politischen Ideen der Französischen Revolution, in: Fetscher, Iring / Münkler, Herfried (Hrsg.): Pipers Handbuch der Politischen Ideen. Band 4: Von der Neuzeit bis zum europäischen Nationalismus, München 1986, S. 21-69.

Dittgen, Herbert: Grenzen im Zeitalter der Globalisierung. Überlegungen zur These vom Ende des Nationalstaats, in: Zeitschrift für Politikwissenschaft 1 (1999), S. 3-26.

Dörner, Andreas: Politische Kulturforschung, in: Münkler, Herfried (Hrsg.): Politikwissenschaft. Ein Grundkurs, Reinbek 2003, S. 587-619.

Dubiel, Helmut: Der Konflikt als Medium der Identität. Das ethische Minimum der Demokratie, in: Klein, Ansgar: Grundwerte in der Demokratie, Bonn 1995, S. 36-39.

Dunn, John (Hrsg.): Crisis of the Nation State, London 1994 (Political Studies Sonderheft 42).

Eder, Klaus / Kantner, Cathleen: Transnationale Resonanzstrukturen in Europa, in: Bach, Maurozio (Hrsg.): Die Europäisierung nationaler Gesellschaften. Sonderheft 40 der Kölner Zeitschrift für Soziologie und Sozialpsychologie, Opladen 2000, S. 306-331.

Eder, Klaus / Hellmann, Kai-Uwe / Trenz, Hans-Jörg: Regieren in Europa jenseits öffentlicher legitimation? Eine Untersuchung zur Rolle von politischer Öffentlichkeit in Europa, in: Kohler-Koch, Beate (Hrsg.): Regieren in entgrenzten Räumen. Politische Vierteljahresschrift, Sonderheft 29 (1998), S. 321-344.

Ehmke, Horst: Was ist des Deutschen Vaterland?, in: Habermas, Jürgen: Stichworte zur 'Geistigen Situation der Zeit', Band I: Nation und Republik, Frankfurt a.M. 1979.

Elias, Norbert: Studien über die Deutschen. Machtkämpfe und Habitusentwicklung im 19. und 20. Jahrhundert (hrsg. v. Michael Schröter), 4. Aufl., Frankfurt a.M. 1990.

Enzensberger, Hans Magnus: Ach Deutschland! Eine patriotische Kleinigkeit, in: Kursbuch 9 (2000), S. 1-4.

Eppler, Erhard: Wir wollen nicht Vergangenes restaurieren, sondern Neues schaffen. Rede am 17. Juni im Deutschen Bundestag, in: Ders.: Reden auf die Republik. Deutschlandpolitische Texte 1957-1990.

Ermacora, Felix (Hrsg.): Der Föderalist, Wien 1958.

Estel, Bernd: Grundaspekte der Nation, in: Ders. / Mayer, Tilman (Hrsg.): Das Prinzip Nation in modernen Gesellschaften. Länderdiagnosen und theoretische Perspektiven, Opladen 1994, S. 13-81.

Evans, Peter: The Eclipse of the State. Reflections on Stateness in an Era of Globalization, in: World Politics 10 (1997), S. 62-87.

Faul, Erwin: Hitlers Über-Machiavellismus, in: Vierteljahrshefte für Zeitgeschichte 2 (1954), S. 344-372.

Fehrenbach, Elisabeth: Nation, in: Handbuch politisch-sozialer Grundbegriffe in Frankreich 1680-1820 (hrsg. v. Rolf Reichardt u. Eberhard Schmitt), München 1986, Heft 7, S. 75-107.

Fenkse, Hans (Hrsg.): Vormärz und Revolution 1840-1849, Darmstadt 1976.

Fink, Gonthier-Louis: Das Wechselspiel zwischen patriotischen und kosmopolitisch-universalen Bestrebungen in Frankreich und Deutschland (1750-1789), in: Hermann, Ulrich (Hrsg.): Volk - Nation - Vaterland, Hamburg 1996, S. 151-184.

Fluck, Winfried: Kultur, in: Adams, Willi Paul / Lösche, Peter (Hrsg.): Länderbericht USA. Geschichte – Politik – Geographie – Wirtschaft – Gesellschaft – Kultur, 3. aktual. Aufl., Bonn 1998, S. 719-803.

Forst, Rainer: Kommunitarismus und Liberalismus - Stationen einer Debatte, in: Honneth, Axel (Hrsg.): Kommunitarismus. Eine Debatte über die moralischen Grundlagen moderner Gesellschaften, 2. Aufl., Frankfurt a.M. 1994, S. 181-212.

Frankenberg, Günter (Hrsg.): Auf der Suche nach der gerechten Gesellschaft, Frankfurt a.M. 1994.

Friedrichs, Jürgen: Die These von der "Globalisierung": Eine Explikation der Annahmen für unterschiedliche räumliche Ebenen, in: Hradil, Stefan (Hrsg.): Differenz und Integration. Verhandlungen des 28. Kongresses der Deutschen Gesellschaft für Soziologie, Frankfurt a.M. 1997, S. 769-782.

Friedrichs, Jürgen: Globalisierung - Begriff und grundlegende Annahmen, in: Aus Politik und Zeitgeschichte 33-34 (1997), S. 3-11.

Fuchs, Peter: Vaterland, Patriotismus und Moral. Zur Semantik gesellschaftlicher Einheit, in: Zeitschrift für Soziologie, 2 (1991), S. 89-103.

Funke, Manfred: Republik im Untergang. Die Zerstörung des Parlamentarismus als Vorbereitung der Diktatur, in: Ders. / Bracher, Karl Dietrich / Jacobsen, Hans-Adolf (Hrsg.): Die Weimarer Republik 1918-1933. Politik – Wirtschaft – Gesellschaft, 3. Aufl., Bonn 1998, S. 505-531.

Funke, Manfred: Spurensuche. Kriegsende 1945: Davor und Danach, in: Ders. / Bracher, Karl Dietrich / Jacobsen, Hans-Adolf (Hrsg.): Deutschland 1933-1945. Neue Studien zur nationalsozialistischen Herrschaft, 2. Aufl., Bonn 1993, S. 532-541.

Funke, Manfred: Was führte zum Scheitern der Weimarer Republik? Aspekte einer Konstellationsanalyse, in: Weilemann, Peter R. / Küsters, Hanns Jürgen / Buchstab, Günter (Hrsg.): Macht und Zeitkritik. Festschrift für Hans-Peter Schwarz zum 65. Geburtstag, Paderborn 1999, S. 41-47.

Furet, François: Jean-Jacques Rousseau und die französische Revolution. Jan-Patocka-Gedächtnisvorlesung des IWM 1994, hrsg. vom Institut für die Wissenschaft vom Menschen, Wien 1994.

Fürst, Joachim: Raum - die politikwissenschaftliche Sicht, in: Staatswissenschaften und Staatspraxis 4 (1993), S. 293-315.

Gall, Lothar: Bürgertum, liberale Bewegung und Nation (hrsg. v. Dieter Hein, Andreas Schulz, Eckhardt Treichel), München 1996, S. 3-21.

Gallus, Alexander: Der 17. Juni im Deutschen Bundestag von 1954 bis 1990, in: Aus Politik und Zeitgeschichte 25 (1993), S. 12-21.

Gangl, Manfred / Raulet, Gérard (Hrsg.): Intellektuellendiskurse in der Weimarer Republik. Zur politischen Kultur einer Gemengelage, Frankfurt a.M. 1994.

Ganzfied, Daniel / Hefti, Sebastian (Hrsg.): Hannah Arendt - Nach dem Totalitarismus, Hamburg 1997.

Gauchet, Marcel: Die totalitäre Erfahrung und das Denken des Politischen, in: Rödel, Ulrich (Hrsg.): Autonome Gesellschaft und libertäre Demokratie, Frankfurt a.M. 1990, S. 207-238.

Gauchet, Marcel: Tocqueville, Amerika und wir. Über die Entstehung der demokratischen Gesellschaften, in: Rödel, Ulrich (Hrsg.): Autonome Gesellschaft und libertäre Demokratie, Frankfurt a. M. 1990, S. 123-206.

Gaus, Günter: Texte zur deutschen Frage, Darmstadt 1981.

Gebhardt, Jürgen: Amerikanismus - Politische Kultur und Zivilreligion in des USA, in: Aus Politik und Zeitgeschichte 49 (1990), S. 3-18.

Gebhardt, Jürgen: Politische Religion und Zivilreligion, in: Berg-Schlosser, Dirk / Schissler, Jakob (Hrsg.): Politische Kultur in Deutschland. Bilanz und Perspektiven der Forschung (Sonderheft 18 der Politischen Vierteljahresschrift), Opladen 1987, S. 49-60.

Gebhardt, Jürgen: Verfassungspatriotismus als Identitätskonzept der Nation, in: Aus Politik und Zeitgeschichte 14 (1993), S. 29-37.

Gebhardt, Jürgen: Verfassungspatriotismus in den USA, in: Akademie für Politische Bildung (Hrsg.): Zum Staatsverständnis der Gegenwart, München 1987.

Geißler, Rainer: Multikulturalismus in Kanada – Modell für Deutschland?, in: Aus Politik und Zeitgeschichte 26 (2003), S. 19-25.

Gensicke, Thomas: Freiwilliges Engagement in den neuen und alten Bundesländern. Ergebnisse des Freiwilligensurveys 1999, in: Aus Politik und Zeitgeschichte 25/26 (2001), S. 24-32.

Gephart, Werner: The Community and the Flag. Resurrection, Rebirth, Reconstruction or Renaissance? (Typoskript), St. Louis 2001.

Gephart, Werner: Zur Bedeutung der Religionen für die Identitätsbildung, in: Ders. / Waldenfels, Hans (Hrsg.): Religion und Identität. Im Horizont des Pluralismus, Frankfurt a. M. 1999, S. 233-266.

Giering, Claus / Emmanouilidis, Janis A.: Hohe Hürden auf der Zielgeraden für den EU-Konvent, in: Centrum für angewandte Politikforschung (Hrsg.): Konvent-Spotlight 07/2003.

Giering, Claus / Emmanouilidis, Janis A.: Licht und Schatten – eine Bilanz der Konventsergebnisse, in: Centrum für angewandte Politikforschung (Hrsg.): Konvent-Spotlight 08/2003.

Giering, Claus / Jung, Christian: Reform der Europäischen Union, in: Weidenfeld, Werner (Hrsg.): Europa-Handbuch, S. 424-444.

Giesen, Bernhard: Europa als Konstruktion der Intellektuellen, in: Viehoff, Reinhold / Segers Rien T. (Hrsg.): Kultur, Identität, Europa. Über die Schwierigkeiten und Möglichkeiten einer Konstruktion, Frankfurt a.M. 1999, S. 130-146.

Giesen, Bernhard / Junge, Kay / Kritschgau, Christian: Vom Patriotismus zum völkischen Denken: Intellektuelle als Konstrukteure der deutschen Identität, in: Berding, Helmut (Hrsg.): Nationales Bewußtsein und kollektive Identität, Frankfurt a. M. 1994.

Giesen, Bernhard / Junge, Kay: Deutsche Identität und intellektueller Diskurs, in: Berliner Journal für Soziologie 1 (1994), S. 21-32.

Giesen, Bernhard / Junge, Kay: Vom Patriotismus zum Nationalismus. Zur Evolution der "Deutschen Kulturnation", in: Giesen, Bernhard (Hrsg.): Nationale und kulturelle Identität. Studien zur Entwicklung des kollektiven Bewusstseins in der Neuzeit, 2. Aufl., Frankfurt a. M. 1991, S. 255-303.

Giesen, Bernhard: Transzendenz, Individualität und romantischer Nationencode, in: Ders.: Die Intellektuellen und die Nation, Frankfurt a. M. 1999, 142-158.

Giordano, Ralph: Der Widerstand und seine Widersacher, in: Tribüne 90 (1984), S. 48-64.

Glaab, Manuela / Kießling, Andreas: Legitimation und Partizipation, in: Korte, Karl-Rudolf / Weidenfeld, Werner (Hrsg.): Deutschland-TrendBuch: Fakten und Orientierungen, Bonn 2001, S. 571-611.

Glaser, Hermann: Der Weg nach innen. Kultur der Stunde null, die keine war, in: Volkmann, Hans-Erich (Hrsg.): Ende des Dritten Reiches - Ende des Zweiten Weltkriegs, S. 771-794.

Glatzer, Wolfgang: Zivilisation – das verbindende Element verschiedener Kulturen?, in: Kroker, Eduard J.M. (Hrsg.). Deutschland auf dem Weg zu einer multikulturellen Gesellschaft?, Frankfurt a.m. 1996, S. 33-48.

Gohl, Christopher: Bürgergesellschaft als politische Zielperspektive, in: Aus Politik und Zeitgeschichte 6-7 (2001), S. 5-11.

Göhler, Gerhard / Klein, Ansgar: Politische Theorien des 19. Jahrhunderts, in: Lieber, Hans-Joachim (Hrsg.): Politische Theorien von der Antike bis zur Gegenwart, Bonn 1991, S. 333f.

Gollwitzer, Heinz: Weltbürgertum und Patriotismus, in: Aus Politik und Zeitgeschichte B 37-38 (1962), S. 457-462.

Grab, Walter: Französische Revolution und deutsche Geschichtswissenschaft, in: Jahrbuch des Instituts für deutsche Geschichte der Universität Tel-Aviv 3 (1974), S. 11-43.

Graml, Hermann (Hrsg.): Widerstand im Dritten Reich. Probleme, Ereignisse, Gestalten, Frankfurt a.M. 1984.

Grass, Günter: Ein Schnäppchen namens DDR. Letzte Reden vorm Glockengeläut, Frankfurt a.M. 1990.

Greiffenhagen, Martin: Die Bundesrepublik Deutschland 1945-1990. Reformen und Defizite der politischen Kultur, in: Aus Politik und Zeitgeschichte 1-2 (1991), S. 16-26.

Gretschmann, Klaus: Traum oder Alptraum? Politikgestaltung im Spannungsfeld von Nationalstaat und Europäischer Union, in: Aus Politik und Zeitgeschichte 5 (2001), S. 25-32.

Grimm, Dieter: Braucht Europa eine Verfassung?, in: Juristenzeitung 12 (1995), S. 581-591.

Grimm, Dieter: Plädoyer für eine verfassungsgebende Versammlung, in: Ders.: Die Verfassung und die Politik. Einsprüche und Störfälle, München 2001, S. 48-57.

Grimm, Dieter: Verfassungspatriotismus nach der Wiedervereinigung, in: Ders.: Die Verfassung und die Politik, S. 107-117.

Grimm, Dieter: Zwischen Anschluß und Neukonstitution, in: Ders.: Die Verfassung und die Politik, S. 35-47.

Grindt, Helmut: Zum Problem der Legitimation politischen Handelns. Eine Auseinandersetzung mit Jürgen Habermas, in: Kielmansegg, Peter Graf (Hrsg.): Legitimationsprobleme politischer Systeme, Opladen 1976, S. 62-71.

Guéhenno, Jean-Marie: Europas Demokratie erneuern - Stärkung der Gemeinschaftsbildenden Kraft der Politik, in: Weidenfeld, Werner (Hrsg.): Demokratie am Wendepunkt. Die demokratische Frage als Projekt des 21. Jahrhunderts, Berlin 1996 , S. 391-411.

Gutman, Amy: Die kommunitaristischen Kritiker des Liberalismus, in: Honneth, Axel (Hrsg.): Kommunitarismus. Eine Debatte über die moralischen Grundlagen moderner Gesellschaften, 2. Aufl., Frankfurt a.M, S. 68-83.

Gutman, Amy: Kommentar, in: Taylor, Charles (Hrsg.): Multikulturalismus und die Politik der Anerkennung, Frankfurt a. M. 1997, S. 117-145.

Gutman, Amy: The Central Role of Rawl's Theory, in: Dissent 2 (1989), S. 338-342.

Häberle, Peter: Verfassungslehre als Kulturwissenschaft am Beispiel von 50 Jahren Grundgesetz, in: Aus Politik und Zeitgeschichte 16 (1999), S. 20-30.

Habermas, Jürgen: Anerkennungskämpfe im demokratischen Rechtsstaat, in: Taylor, Charles: Multikulturalismus, 2. Aufl., Frankfurt a.M. 1993.

Habermas, Jürgen: Braucht Europa eine Verfassung? Eine Bemerkung zu Dieter Grimm, in: Ders.: Die Einbeziehung des Anderen. Studien zur politischen Theorie. 2. Aufl., Frankfurt a.M. 1997, S. 185-191.

Habermas, Jürgen: Der europäische Nationalstaat - Zu Vergangenheit und Zukunft von Souveränität und Staatsbürgerschaft, in: Ders.: Die Einbeziehung des Anderen., S. 128-153.

Habermas, Jürgen: Drei normative Modelle der Demokratie: Zum Begriff der deliberativen Politik, in: Münkler, Herfried: Die Chancen der Freiheit. Grundprobleme der Demokratie, München 1992, S. 11-24.

Habermas, Jürgen: Entsorgung der Vergangenheit, in: Ders.: Die Neue Unübersichtlichkeit. Kleine Politische Schriften V, Frankfurt a.M. 1985.

Habermas, Jürgen: Geschichtsbewußtsein und posttraditionale Identität. Zur Westorientierung der Bundesrepublik, in: Ders.: Eine Art Schadensabwicklung, Frankfurt a.M. 1987, S. 159-179.

Habermas, Jürgen: Inklusion - Einbeziehen oder Einschließen? Zum Verhältnis von Nation, Rechtsstaat und Demokratie, in: Ders.: Die Einbeziehung des Anderen, S. 67-84.

Habermas, Jürgen: Jenseits des Nationalstaats? Bemerkungen zu Folgeproblemen der Wirtschaftlichen Globalisierung, in: Beck, Ulrich (Hrsg.): Politik der Globalisierung, Frankfurt a.M. 1998, S. 67-84.

Habermas, Jürgen: Können komplexe Gesellschaften ein eVernünftige Identität ausbilden? Rede anläßlich der Verleihung des Hegel-Preises, in: Ders. / Henrich, Dieter (Hrsg.): Zwei Reden. Aus Anlaß des Hegel-Preises, Frankfurt a.M. 1974, S. 25-84.

Habermas, Jürgen: Metaphysik nach Kant, in: Ders.: Nachmetaphysisches Denken. Philosophische Aufsätze, 3. Aufl., Frankfurt a. M. 1989.

Habermas, Jürgen: Staatsbürgerschaft und nationale Identität, in: Ders.: Faktizität und Geltung, S. 632-660.

Habermas, Jürgen: Vom öffentlichen Gebrauch der Historie. Das offizielle Selbstverständnis der Bundesrepublik bricht auf, in: Ders.: Eine Art Schadensabwicklung, S. 243-255.

Habermas, Jürgen: Was bedeutet ‚Aufarbeitung der Vergangenheit' heute?, in: Ders.: Die Normalität einer Berliner Republik. Kleine politische Schriften VIII, Frankfurt a.M. 1995, S. 21-45.

Habermas, Jürgen in einem Gespräch mit Albrecht von Lucke: Europäische Identität und universalistisches Handeln. Nachfragen an Jürgen Habermas, in: Blätter für deutsche und internatioanle Politik 7 (2003), S. 801-806.

Hacke, Christian: Die Entscheidung für die politische Westbindung nach 1945, in: Zitelmann, Rainer / Weißmann, Karlheinz / Großheim, Michael (Hrsg.): Westbindung. Chancen und Risiken für Deutschland, Berlin 1993, S. 129-150.

Hättich, Manfred (Hrsg.): Zum Staatsverständnis der Gegenwart, München 1987.

Hagen, Schulze: Fragen die wir stellen müssen. Keine historische Haftung ohne nationale Identität, in: Historikerstreit, S. 143-150.

Hammerstein, Notker: Das Politische Denken Friedrich Carl von Mosers, in: Historische Zeitschrift 212 (1971), S. 316-338.

Hannsmann, Margarete: Heimweh oder: Der andere Zustand, in: Keller, J. (Hrsg.): Die Ohnmacht der Gefühle - Heimat zwischen Wunsch und Wirklichkeit, Weinheim 1986.

Hatch, Nathan O.: In Pursuit of Religious Freedom: Church, State and People in the New Republic, in: Greene, Jack P. (Hrsg.): The American Revolution: Its Character and Limits, New York 1987, S. 338-406.

Hatschikjan, Magarditsch: Haßlieben und Spannungsgemeinschaften. Zum Verhältnis von Demokratien und Nationalismen im neuen Osteuropa, in: Aus Politik und Zeitgeschichte 39 (1995), S. 12-21.

Hatschikjan, Magarditsch: Zum Spannungsverhältnis von Nation und Außenpolitik in Ostmitteleuropa, in: Aus Politik und Zeitgeschichte 3-4 (1999), S. 18-28.

Hättich, Manfred: Nationalbewusstsein im geteilten Deutschland, in: Weidenfeld, Werner (Hrsg.): Die Identität der Deutschen, Bonn 1983, S. 274-293.

Hättich, Manfred: Nationale Identität in Deutschland und Europa - Zum Nationalverständnis des deutschen Volkes und seiner Nachbarn, in: Weigelt, Klaus (Hrsg.): Heimat und Nation. Zur Geschichte und Identität der Deutschen, Mainz 1984, S. 89-205.

Haungs, Peter: Einleitung, in: Ders.: Res Publica. Studien zum Verfassungswesen. Dolf Sternberger zum 70. Geburtstag, München 1977, S. 11-21.

Haungs, Peter: Staatsbewusstsein im vereinigten Deutschland. Verfassungspatriotismus oder was sonst?, in: Gabriel, Oskar W. / Sarcinelli, Ulrich / Sutor, Bernhard / Vogel, Bernhard (Hrsg.): Der demokratische Verfassungsstaat. Festschrift für Hans Buchheim zum 70. Geburtstag, München 1992, S. 195-210.

Haungs, Peter: Verfassungspatriotismus und politische Bildung - oder: Nachdenken über das, was das demokratische Gemeinwesen zusammenhält, in: Behrmann, Günter C. / Schiele, Siegfried (Hrsg.): Verfassungspatriotismus als Ziel politsicher Bildung, Schwalbach/Ts 1993, S. 55-78.

Havel, Václav: Sommermeditationen, Berlin 1992.

Heideking, Jürgen: Einheit aus Vielfalt: Die Entstehung eines amerikanischen Nationalbewußtseins in der Revolutionsepoche 1760-1820, in: Hermann, Ulrich (Hrsg.): Volk - Nation - Vaterland, Hamburg 1996, S. 101-117.

Heideking, Jürgen: Revolution, Verfassung und Nationalstaatsgründung 1763-1815, in: Adams, Willi Paul u.a. (Hrsg.): Länderbericht USA, S. 18-41.

Heimpel, Hermann: Entwurf einer deutschen Geschichte. Eine Rektoratsrede, in: Ders.: Der Mensch in seiner Gegenwart. Acht historische Essays, 2. erw. Aufl., Göttingen 1957.

Heinrich, Arthur / Naumann, Klaus: Die provisorische Republik, in: Blätter für deutsche und internationale Politik 3 (1990), S. 263-268.

Helbing, Hanno / Meyer, Martin (Hrsg.): Die Grosse Revolution. 1789 und die Folgen, Zürich 1990.

Held, David: Democracy and the New International Order, in: Ders. / Archibugi, Daniele (Hrsg.): Cosmopolitan Democracy, Cambridge 1995, S. 96-120.

Held, David: Democracy, the Nation-State, and the Global System, in: Economy and Society 2 (1991), S. 139-172.

Held, David: Democracy: from City-States to a Cosmopolitan Order?, in: Ders. (Hrsg.): Prospects for Democracy, Stanford 1993, S. 13-52.

Henke, Wilhelm: Der fließende Staat. Zu Peter Häberles Verfassungstheorie, in: Der Staat 20(1981), S. 580-592.

Henke, Wilhelm: Die Republik, in: Isensee, Josef / Kirchhof, Paul (Hrsg.): Handbuch des Staatsrechts der Bundesrepublik Deutschland, Band I: Grundlagen von Staat und Verfassung, Heidelberg 1987, S. 863-885.

Hennis, Wilhelm: Verfassung und Verfassungswirklichkeit. Ein deutsches Problem, in: Friedrich, Manfred (Hrsg.): Verfassung. Beiträge zur Verfassungstheorie, Darmstadt 1968, S. 232-267.

Hennis, Wilhelm: Vom gewaltenteiligen Rechtsstaat zum teleokratischen Programmstaat. Zur "lebenden Verfassung" der Bundesrepublik, in: Haungs, Peter (Hrsg.): Res Publica, S. 170-195.

Henrich, Dieter: Identität und Geschichte - Thesen über Gründe und Folgen einer unzulänglichen Zuordnung, in: Marquard, Odo / Stierle, Karlheinz (Hrsg.): Identität, München 1979, S. 659-664.

Henrichsmeyer, Wilhelm / Hildebrand, Klaus / May, Bernhard (Hrsg.): Auf der Suche nach europäischer identität, Bonn 1995.

Herdegen, Matthias: Das „konstitutionelle" Profil Europas, in: Ronge, Frank (Hrsg.): In welcher Verfassung ist Europa – Welche Verfassung für Europa, Baden-Baden 2001, S. 255-261.

Herf, Jeffrey: Demokratie auf dem Prüfstand. Politische Kultur, Machtpolitik und die Nachrüstungskrise in Westdeutschland, in: Vierteljahrshefte für Zeitgeschichte 40 (1992), S. 1-28.

Herrman, Ulrich (Hrsg.): Die Bildung des Bürgers. Die Formierung der bürgerlichen Gesellschaft und die Gebildeten im 18. Jahrhundert, Weinheim 1982.

Herz, Dietmar: Der Philosoph als Verführer - Überlegungen zur Philosophie des Leo Strauß, in: Archiv für Rechts-und Staatsphilosophie 4 (1993), S. 544-549.

Herz, John H.: Staatenwelt und Weltpolitik. Aufsätze zur internationalen Politik im Nuklearzeitalter, Hamburg 1974.

Herzinger, Richard: Left is Right and Right is Left. Über die Transformation idealer Paradigmen in den nationalen Intellektuellendebatten, in: Langguth, Gerd (Hrsg.): Die Intellektuellen und die nationale Frage, Frankfurt a.M. 1997, S. 298-313.

Heß, Jürgen C.: Die Bundesrepublik auf dem Weg zur Nation, in: Neue Politische Literatur 26 (1981), S.292-324.

Heuss, Theodor: Die deutsche Nationalidee im Wandel der Geschichte, in: Bundesministerium für Verteidigung (Hrsg.): Schicksalsfragen der Gegenwart. Vierter Band, Tübingen 1959, S. 7-31.

Heuss, Theodor: Ein Vermächtnis: Friedrich Schiller, in: Ders.: Die großen Reden, Tübingen 1965, S. 188-202.

Heuss, Theodor: Um die Freiheit, in: Ders.: Die großen Reden, S. 231-238.

Heuss, Theodor: Vom Recht zum Widerstand - Dank und Bekenntnis, in: Ders.: Die großen Reden, S. 247-262.

Hildebrand, Klaus: Der deutsche Eigenweg. Über das Problem der Normalität in der modernen Geschichte Deutschlands und Europas, in: Funke, Manfred u.a. (Hrsg.): Demokratie und Diktatur. Geist und Gestalt politischer Herrschaft in Deutschland und Europa. Festschrift für Karl Dietrich Bracher, Düsseldorf 1987, S. 15-34.

Hildebrand, Klaus: Deutscher Sonderweg und "Drittes Reich". Betrachtungen über ein Grundproblem der deutschen und europäischen Geschichte im 19. und 20. Jahrhundert, in: Michalka, Wolfgang (Hrsg.): Die nationalsozialistische Machtergreifung, Paderborn 1984, S. 386-394.

Hildebrand, Klaus: Staatskunst oder Systemzwang? Die "Deutsche Frage" als Problem der Weltpolitik, in: Historische Zeitschrift 228 (1979), S. 624-644.

Hillgruber, Andreas: Der historische Ort des Ersten Weltkriegs, in: Funke, Manfred / Jacobsen, Hans-Adolf / Knütter, Hans- Helmuth / Schwarz, Hans-Peter (Hrsg.): Demokratie und Diktatur, S. 109-123.

Himmelfarb, Gertrude: Die Grenzen des Liberalismus, in: Michalski, Krzysztof (Hrsg.): Die liberale Gesellschaft, S. 133-162.

Hippel, Wolfgang, von (Hrsg.): Freiheit, Gleichheit, Brüderlichkeit? Die französische Revolution im deutschen Urteil, München 1988.

Hirt, Simon (Hrsg.): Mit brennender Sorge. Das päpstliche Rundschreiben gegen den Nationalsozialismus und seine Folgen in Deutschland, Freiburg 1946.

Hitzler, Ronald / Honer, Anne: Bastelexistent. Über subjektive Konsequenzen der Individualisierung, in: Beck, Ulrich / Beck-Gersheim, Elisabeth (Hrsg.): Riskante Freiheiten. Individualisierung in modernen Gesellschaften, Frankfurt a.M. 1994, S. 10-39.

Hitzler, Ronald: Die Wiederentdeckung der Handlungspotentiale. Problemstellungen politischer Soziologie unter den Bedingungen reflexiver Modernisierung, in:Zeitschrift für Politik 2 (2000), S. 183-200.

Hobsbawm, Eric: Nationalismus und Ethnizität, in: Neue Gesellschaft/Frankfurter Hefte 7 (1992), S. 612-619.

Hoffmann, Hilmar (Hrsg.): Gegen den Versuch, Vergangenheit zu biegen. Eine Diskussion um politische Kultur in der Bundesrepublik aus Anlaß der Frankfurter Römerberggespräche 1986, Frankfurt a.M. 1987.

Hoffmann, Lutz: Identitätsstiftende Ausgrenzung, in: Blätter für deutsche und internationale Politik 2 (2003), S. 202-206.

Hoffmann, Peter: Claus Schenk von Stauffenberg - Der Attentäter, in: Klemperer, Klemens von / Syring, Enrico / Zitelmann, Rainer (Hrsg.): "Für Deutschland". Die Männer des 20. Juli, Frankfurt a.M 1993, S. 233-246.

Hoffmann, Stefan-Ludwig: Tocquevilles „Demokratie in Amerika" und die gesellige Gesellschaft seiner Zeit, in: Münkler, Herfried / Bluhm, Harald (Hrsg.): Gemeinwohl und Gemeinsinn, Band I, S. 303-326.

Hofmann, Lutz: Das Volk. Zur ideologischen Struktur eines unvermeidbaren Begriffs, in: Zeitschrift für Soziologie 20 (1991), S. 191-208.

Holzinger, Katharina / Knill, Christoph: Institutionelle Entwicklungspfade im Europäischen Integrationsprozess: Eine konstruktive Kritik an Joschka Fischers Reformvorschlägen, in: Zeitschrift für Politikwissenschaft 11 (2001), S. 987-1010.

Höreth, Marcus: Das Demokratiedefizit lässt sich nicht wegreformieren. Über Sinn und Unsinn der europäischen Verfassungsdebatte, in: Internationale Politik und Gesellschaft/International Politics and Society 4 (2002), S. 11-38.

Horton, John / Mendus, Susan (Hrsg.): After MacIntyre: Critical Perspectives on the Work of Alasdair MacIntyre, Cambridge 1994.

Illich, Ivan: Philosophische Ursprünge der grenzenlosen Zivilisation, in: Weizsäcker, Ernst-Ulrich (Hrsg.): Grenzen - los? Jedes System braucht Grenzen - aber wie durchlässig müssen diese sein?, Berlin 1997, S. 202-211.

Isensee, Josef: Demokratischer Rechtsstaat und staatsfreie Ethik, in: Krautscheid, Joseph / Marré, Heiner (Hrsg.): Essener Gespräche zum Thema Staat und Kirche (11), Münster 1977, S. 92-110.

Isensee, Josef: Der Verfassungsstaat als Friedensgarant, in: Mellinghoff, Rudolf / Morgenthaler, Gerd / Puhl, Thomas (Hrsg.): Die Erneuerung des Verfassungsstaates. Symposion aus Anlass des 60. Geburtstages von Paul Kirchhof, Heidelberg 2003, S. 7-43.

Isensee, Josef: Die Verfassung als Vaterland. Zur Staatsverdrängung der Deutschen, in: Mohler, Armin (Hrsg.): Wirklichkeit als Tabu. Anmerkungen zur Lage, München 1986, S. 11-35.

Isensee, Josef: Die vielen Staaten in der einen Welt – eine Apologie, in: Zeitschrift für Staats- und Europawissenschaften 1 (2003), S. 7-31.

Isensee, Josef: Europa - die politische Erfindung eines Erdteils, in: Ders.: Europa als politische Idee und als rechtliche Form, 2. Aufl., Berlin 1993, S. 103-138.

Isensee, Josef: Republik - Sinnpotential eines Begriffs, in: Juristische Zeitschrift 1981, S. 1ff.

Isensee, Josef: Staat und Verfassung, in: Ders. / Kirchhof, Paul (Hrsg.): Handbuch des Staatsrechts der Bundesrepublik Deutschland, Band I: Grundlagen von Staat und Verfassung, Heidelberg 1987, S.591-661.

Isensee, Josef: Verfassungsrecht als "politisches Recht", in: Ders. / Kirchhof, Paul (Hrsg.): Handbuch des Staatsrechts. Band VII: Normativität und Schutz der Verfassung - Internationale Beziehungen, Heidelberg 1992, S. 103-163.

Jaspers, Karl: Hoffnung und Sorge. Schriften zur deutschen Politik 1945-1965, München 1965.

Jachtenfuchs, Markus: Die europäische Union – ein Gebilde sui generis?, in: Wolf, Klaus-Dieter (Hrsg.): Projekt Europa im Übergang? Probleme, Modelle und Strategien des Regierens in der Europäischen Union, Baden-Baden 1997, S. 15-35.

Jarausch, Konrad H.: Die postnationale Nation. Zum Identitätswandel der Deutschen 1945-1995, in: Historicum 1 (1995), S. 30-35.

Jeismann, Michael / Ritter, Henning (Hrsg.): Grenzfälle. Über alten und neuen Nationalismus, Leipzig 1993.

Jenkins, Brian / Copsey, Nigel: Nation, Nationalism and National Identity in France, in: Jenkins, Brian / Sofos, Spyros (Ed.): Nation and Nationalism in Contemporary Europe, London 1996, S. 101-124.

Jenkins, Brian / Sofos, Spyros: Nation and Nationalism in Contemporary Europe: A theoretical Perspective, in: Dies. (Ed.): Nation and Nationalism in Contemporary Europe, S. 9-32.

Jesse, Eckhard: Die Totalitarismusforschung im Streit der Meinungen, in: Ders. (Hrsg.): Totalitarismus im 20. Jahrhundert. Eine Bilanz der internationalen Forschung, Baden-Baden 1996, S. 9-39.

Jesse, Eckhard / Kailitz, Steffen (Hrsg.): Prägekräfte des 20. Jahrhunderts. Demokratie, Extremismus, Totalitarismus, Baden-Baden 1997.

Jesse, Eckhard: Renaissance der Totalitarismuskonzeption?, in: Neue Politische Literatur 28 (1983), S. 459-492.

Jesse, Eckhard: Die Wechselbeziehungen der beiden Großtotalitarismen im 20. Jahrhundert. Interpretationen und Fehlperzeptionen, in: Siegel, Achim (Hrsg.): Totalitarismustheorien nach dem Ende des Kommunismus, Köln 1998, S. 125-142.

Joas, Hans: Gemeinschaft und Demokratie in den USA. Die vergessene Vorgeschichte der Kommunitarismus-Diskussion, in: Blätter für deutsche und internationale Politik 7 (1992), S. 859-869.

Joas, Hans: Ungleichheit in der Bürgergesellschaft. Über einige Dilemmata des Gemeinsinns, in: Aus Politik und Zeitgeschichte 25-26 (2001), S. 15-23.

Jung, Otmar: Volksentscheid ins Grundgesetz? Die politische Auseinandersetzung um ein rot-grünes Reformprojekt 1998-2002, in: Zeitschrift für Politik 3 (2002), S. 267-289.

Jurt, Joseph: Identität, in: Picht, Robert u.a. (Hrsg.): Fremde Freunde. Deutsche und Franzosen vor dem 21. Jahrhundert, München 1997, S. 78-84.

Kaiser, Karl / May, Bernhard: Weltwirtschaft und Interdependenz, in: Ders. / Schwarz, Hans-Peter (Hrsg.): Weltpolitik im neuen Jahrtausend, Bonn 2000.

Kaiser, Karl: Zwischen neuer Interdependenz und altem Nationalstaat. Vorschläge zur Re-Demokratisierung, in: Weidenfeld, Werner (Hrsg.): Demokratie am Wendepunkt, S. 311-328.

Kallscheuer, Otto: Michael Walzers kommunistischer Liberalismus oder Die Kraft der Inneren Opposition. Nachwort zu Walzer, Michael: Kritik und Gemeinsinn, Berlin 1990, S. 126-143.

Kandinsky, Wassily: Essays über Kunst und Künstler, Zürich 1955.

Kantner, Cathleen: Öffentliche politische Kommunikation in der EU. Eine hermeneutisch-pragmatistische Perspektive, in: Klein, Ansgar u.a. (Hrsg.): Bürgerschaft, Öffentlichkeit und Demokratie in Europa, Opladen 2003, S. 213-229.

Kaase, Max: Sinn oder Unsinn des Konzepts Politische Kultur für die vergleichende Politikforschung, oder auch: Der Versuch, einen Pudding an die Wand zu nageln, in: Ders. / Klingemann, Hans Dieter (Hrsg.): Wahlen und politisches System. Analysen aus Anlaß der Bundestagswahl 1980, Opladen 1983, S. 144-172.

Kaufmann, Franz-Xaver: Globalisierung und Gesellschaft, in: Aus Politik und Zeitgeschichte 18 (1998), S. 3-10.

Kendall, Jeremy / Knapp, Martin: Defining the Nonprofit Sector: The United Kingdom. Working Papers of the Johns Hopkins Comparative Nonprofit Sector Project No. 5, Baltimore 1993.

Keohane, Robert / Nye, Joseph (Hrsg.): Transnational Relations and World Politics, Cambridge 1971.

Kettenacker, Lothar (Hrsg.): Das "andere Deutschland" im zweiten Weltkrieg. Emigration und Widerstand in internationaler Perspektive, Stuttgart 1977.

Kielmansegg, Peter Graf von: Läßt sich die Europäische Gemeinschaft demokratisch verfassen?, in: Europäisceh Rundschau 2 (1994), S. 23-33.

Kiesel, Helmuth: Die Intellektuellen und die deutsche Einheit, in: Die politische Meinung 36 (1991), S. 49-62.

Kiesel, Helmuth: Drei Ansichten des Wiedervereinigungsprozesses: Heiner Müller, Günter Grass, Volker Braun, in: Langguth, Gerd (Hrsg.): Die Intellektuellen und die nationale Frage, Frankfurt a.M. 1997, S. 210-229.

Kimmel, Adolf: Nation, Republik, Verfassung in der französischen politischen Kultur, in: Gebhardt, Jürgen (Hrsg.): Verfassung und politische Kultur, Baden-Baden 1999, S. 129-138.

Kirchhof, Paul: Die Gewaltentbalance zwischen staatlichen und europäischen Organen, in: Ronge, Frank (Hrsg.): In welcher Verfassung ist Europa – Welche Verfassung für Europa?, S. 133-153.

Kittel, Manfred: Totschweigen, entlasten, umschulden. Die Bewältigung der Vergangenheit im Nachkriegsdeutschland, in: Tribüne 103 (1987), S. 117-124.

Klages, Helmut: Der „schwierige Bürger". Bedrohung oder Zukunftspersonal?, in: Weidenfeld, Werner (Hrsg.): Demokratie am Wendepunkt, S. 233-253.

Klein, Eckart: Die Staatsräson der Bundesrepublik, in: Hailbronner, Kai (Hrsg.): Staat und Völkerrechtsordnung. Festschrift für Karl Doehring, Berlin 1989, S. 459-478.

Klemperer, Klemens von / Syring, Enrico / Zitelmann, Rainer (Hrsg.): "Für Deutschland". Die Männer des 20. Juli, Frankfurt a.M 1993.

Klemperer, Klemens von: Adam von Trott zu Solz - Patriot und Weltbürger, in: Klemperer, Klemens von / Syring, Enrico / Zitelmann, Rainer (Hrsg.): "Für Deutschland", S. 311-327.

Klemperer, Klemens von: Naturrecht und der deutsche Widerstand gegen den Nationalsozialismus. Ein Beitrag zur Frage des deutschen "Sonderwegs", in: Steinbach, Peter / Tuchel, Johannes (Hrsg.): Widerstand gegen den Nationalsozialismus, Bonn 1994, S. 43-53.

Klinger, Cornelia: Private Freiheiten und öffentliche Ordnung. Triumph und Dilemma einer modernen Denkfigur, in: Weidenfeld, Werner (Hrsg.): Demokratie am Wendepunkt, S. 413-434.

Kluxen-Pyta, Donate: Verfassungspatriotismus und nationale Identität, in: Zeitschrift für Politik 37 (1990), S. 119-133.

Kneer, Georg: Zivilgesellschaft, in: Ders. (Hrsg.): Soziologische Gesellschaftsbegriffe, München 1997, S. 228-251.

Kocka, Jürgen: Bürgertum und bürgerliche Gesellschaft im 19. Jahrhundert. Europäische Entwicklungen und deutsche Eigenarten, in: Ders. (Hrsg.): Bürgertum im 19. Jahrhundert. Deutschland im europäischen Vergleich, München 1988, S. 11-76.

Koehler-Koch, Beate / Ulbert, Cornelia: Internationalisierung, Globalisierung und Entstaatlichung, in: Hasse, Rolf H. (Hrsg.): Nationalstaat im Spagat, S. 53-88.

Konrád, György: Von unseren Identitäten, in: Die Zukunft der Nation: Wer sind die Deutschen? Was müssen wir sein? (hrsg. v. Bundesverband deutscher Banken), Berlin 2001.

Kopitzsch, Franklin: Die Hamburgische Gesellschaft zur Beförderung der Künste und nützlichen Gewerbe (Patriotische Gesellschaft von 1765) im Zeitalter der Aufklärung. Ein Überblick, in: Wölfenbütteler Forschungen 8, München 1980, S. 71-118.

Koselleck, Reinhart: Zeitschichten. Studien zur Historik, Frankfurt a. M. 2000.

Krauss, Werner: "Patriote", "patriotique", "patriotisme" à la fin de l'Ancien Régime, in: The Age of Enlightenment - Studies presented to Theodore Besterman, hrsg. von W. H. Barber (u. a.), Edinburgh 1967, S. 387-394.

Krauth, Wolf-Hagen: Gemeinwohl als Interesse. Die Konstruktion einer territorialen Ökonomie am Beginn der Neuzeit, in: Münkler, Herfried / Bluhm, Harald (Hrsg.): Gemeinwohl und Gemeinsinn, Band I, S. 191-212.

Krockow, Christian Graf von: Die fehlende Selbstverständlichkeit, in: Weidenfeld, Werner (Hrsg.): Die Identität der Deutschen, S. 154-169.

Krockow, Christian Graf von: Heimat - Eine Einführung in das Thema, in: Cremer, Will / Klein, Ansgar (Hrsg.): Heimat, S. 56-69.

Kronenberg, Volker: Nicht verhindern, aber aufhalten, in: liberal. Vierteljahreshefte für Politik und Kultur 3 (2001), S. 81f.

Kronenberg, Volker: Patriotismus, in: Evangelisches Soziallexikon, Neuausgabe Stuttgart 2002.

Kronenberg, Volker: Quo vadis patria? Zeitgemäßer Patriotismus angesichts der europäischen Verfassungsdiskussion, in: liberal (1) 2003, S. 45-47.

Kühnhardt, Ludger: Die Zukunft der Demokratisierung, in: Kaiser, Karl / Schwarz, Hans-Peter (Hrsg.): Weltpolitik im neuen Jahrtausend, Bonn 2000, S. 233-242.

Kühnhardt, Ludger: Die Zukunft des europäischen Einigungsgedankens. ZEI-Discussion Paper 53 (1999).

Langewiesche, Dieter: Nation, Nationalismus, Nationalstaat: Forschungsstand und Forschungsperspektiven, in: Neue Politische Literatur 40 (1995), 190-236.

Larmore, Charles: Politischer Liberalismus, in: Honneth, Axel (Hrsg.): Kommunitarismus. Eine Debatte über die moralischen Grundlagen moderner Gesellschaften, 2. Aufl., Frankfurt a.M. 1994, S. 131-156.

Leggewie, Claus: Die Kritik der Politischen Klasse und die Bürgergesellschaft. Muß die Bundesrepublik neu gegründet werden?, in: Aus Politik und Zeitgeschichte 31 (1993), S. 7-13.

Leicht, Robert: Nur das Hinsehen macht uns frei. Wir und unsere Vergangenheit: Die Deutsche Geschichte läßt sich nicht retuschieren, in: Historikerstreit, S. 361-366.

Leist, Anton: Nation und Patriotismus in Zeiten der Globalisierung, in: Chwaszcza, Christine / Kersting, Wolfgang (Hrsg.): Politische Philosophie der internationalen Beziehungen, Frankfurt a. M. 1998, S. 365-408.

Lepsius, Rainer M.: Das Erbe des Nationalsozialismus und die politische Kultur der Nachfolgestaaten des "Großdeutschen Reiches", in: Ders.: Demokratie in Deutschland. Soziologisch-historische Konstellationsanalysen. Ausgewählte Aufsätze, Göttingen 1993, S. 229-245.

Lepsius, Rainer M.: Das Erbe des Nationalsozialismus und die politische Kultur der Nachfolgestaaten des "Großdeutschen Reiches", in: Kultur und Gesellschaft. Verhandlungen des 24. Deutschen Soziologentages, Frankfurt a.M. 1989, S. 247-262.

Lepsius, Rainer M.: Die Teilung Deutschlands, in: Ders.: Demokratie in Deutschland, S. 196- 228.

Lepsius, Rainer M.: Zur Soziologie des Bürgertums und der Bürgerlichkeit, in: Kocka, Jürgen (Hrsg.): Bürger und Bürgerlichkeit im 19. Jahrhundert, Göttingen 1987, S. 79-100.

Lermen, Birgit: "Die Geschichte ist so wahr, daß sie erfunden klingt" (Günter Kuhnert). Die deutsche Einheit im Spiegel der Gegenwartsliteratur, in: Langguth, Gerd (Hrsg.): Die Intellektuellen und die nationale Frage, Frankfurt a.M. 1997, S. 173-194.

Levinson, Daniel J: The study of ethnocentric ideology, in: Adorno, Theodor W. u.a. (Hrsg.) The authoritarian personality, New York 1969, S. 102-150.

Liebert, Ulrike: Transformationen europäischen Regierens: Grenzen und Chancen transnationaler Öffentlichkeiten, in: Klein, Ansgar u.a. (Hrsg.). Bürgerschaft, Öffentlichkeit und Demokratie in Europa, S. 75-100.

Lietzmann, Hans J.: Europäische Verfassungspolitik. Die politische Kultur des „Verfassungsstaates" und die Integration der Europäischen Union, in: Vorländer, Hans (Hrsg.): Integration durch Verfassung, Opladen 2002, S. 291-312.

Lill, Rudolf (Hrsg.): Hochverrat? Die Weiße Rose und ihr Umfeld, Konstanz 1993.

Lippgens, Walter (Hrsg.): 45 Jahre Ringen um die Europäische Verfassung. Dokumente 1939-1984, Bonn 1986.

Lietzmann, Hans J. / Wilde, Gabriele: Der supranationale Charakter einer europäischen Bürgerschaft, in: Klein, Ansgar u.a. (Hrsg.): Bürgerschaft, Öffentlichkeit und Demokratie in Europa, S. 55-73.

Loch, Dietmar / Heitmeyer, Wilhelm (Hrsg.): Schattenseiten der Globalisierung. Rechtsradikalismus, Rechtspopulismus und separatistischer Regionalismus in westlichen Demokratien, Frankfurt a. M. 2001.

Löwenthal, Richard / Zur Mühlen, Patrick von (Hrsg.): Widerstand und Verweigerung in Deutschland 1933 bis 1945, Berlin 1982.

Lübbe, Hermann: Der Nationalsozialismus im deutschen Nachkriegsbewußtsein, in: Historische Zeitschrift 236 (1983), S. 579-599.

Lübbe, Hermann: Die philosophischen Ideen von 1914, in: Ders: Politische Philosophie in Deutschland. Studien zu ihrer Geschichte, Basel 1963, S. 172-238.

Lübbe, Hermann: Identität und Kontingenz, in: Marquard, Odo / Stierle, Karlheinz (Hrsg.): Identität, München 1979, S. 655-659.

Lübbe, Hermann: Patriotismus, Verfassung und verdrängte Geschichte. Diskussion Zwischen Micha Brumlik und Hermann Lübbe, in: Neue Gesellschaft/Frankfurt Hefte 5 (1989), S. 408-415.

Lukács, Georg: Die Romantik als Wendung in der deutschen Literatur, in: Peter, Klaus (Hrsg.): Romantikforschung seit 1945, Königstein/Ts. 1980, S. 40-52.

Lüsebrink, Hans- Jürgen: Die Genese der "Grande Nation". Vom Soldat-Citoyen zur Idee des Empire, in: Hermann, Ulrich (Hrsg.): Volk - Nation - Vaterland, S. 118-130.

Lunn, Kenneth: Reconsidering „Britishness": The Construction and Significance of National Identity in Twentieth-Century Britain, in: Jenskins, Brian / Sofos, Spyros (Ed.): Nation and Identity in Contemporary Europe, S. 83-100.

Lutz, Heinrich: Die deutsche Nation zu Beginn der Neuzeit. Fragen nach dem Gelingen und Scheitern deutscher Einheit im 16. Jahrhundert, in: Historische Zeitschrift 234 (1982), S. 529-559.

Lützeler, Paul Micheal: Einleitung, in: Ders. (Hrsg.): Hoffnung Europa. Deutsche Essays von Novalis bis Enzensberger, Frankfurt a.M. 1994, S. 7-26.

Mackensen, Rainer (Hrsg.): Bevölkerungsfragen auf Abwegen der Wissenschaft. Zur Geschichte der Bevölkerungswissenschaft in Deutschland im 20. Jahrhundert, Opladen 1998.

Maćków, Jerzy: Die Voraussetzungen demokratischer Entwicklung in Mittel-, Nordost, Südost und Osteuropa, in: Aus Politik und Zeitgeschichte 3-4 (1999), S. 3-17.

MacIntyre, Alasdair: A Partial Response to my Critics, in: Horton, John / Mendus, Susan (Hrsg.): After MacIntyre: Critical Perspectives on the Work of Alasdair MacIntyre, Cambridge 1994. S. 283-304.

MacIntyre, Alasdair: Ist Patriotismus eine Tugend?, in: Honneth, Axel (Hrsg.): Kommunitarismus: eine Debatte über die moralischen Grundlagen moderner Gesellschaften, 2. Aufl., Frankfurt a.M. 1994, S. 84-102.

Maier, Hans: Konzepte des Diktaturvergleichs: "Totalitarismus" und "politische Religionen", in: Ders. (Hrsg.): "Totalitarismus" und "Politische Religionen". Konzepte des Diktaturvergleichs, Band I, Paderborn 1996, S. 233-250.

Maier, Hans: Rousseau, in: Ders. / Rausch, Hans / Denzer, Horst (Hrsg.): Klassiker des Politischen Denkens. Zweiter Band: Von Locke bis Max Weber, S. 80-100.

Maier, Hans: Totalitäre Herrschaft - neubesehen, in: Nipperdey, Thomas / Doering-Manteuffel, Anselm / Thamer, Hans-Ulrich (Hrsg.): Weltbürgerkrieg der Ideologien. Antworten auf Ernst Nolte, Berlin 1993, S. 233-243.

Maier, Hans: Verführung und Massenrausch. Voraussetzungen und Durchbruch totalitärer Politik im zwanzigsten Jahrhundert, in: Die politische Meinung 333 (1997), S. 55-62.

Malsch, Wilfried: Europa. Poetische Rede des Novalis: Deutung der französischen Revolution und Reflexion auf die Poesie in der Geschichte, in: Peter, Klaus (Hrsg.): Romantikforschung seit 1945, Königstein/Ts. 1980, S. 198-202.

Mann, Golo: Vorwort, in: Heuss, Theodor: Die großen Reden, Tübingen 1965, S. 9-15.

Mann, Michael: Hat Globalisierung den Siegeszug des Nationalstaats beendet?, in: Prokla 106 (1997), S. 113-141.

Marquard, Odo: Identität - Autobiographie - Verantwortung (ein Annäherungsversuch), in: Ders. / Stierle, Karlheinz (Hrsg.): Identität, S. 690-699.

Matz, Ulrich: Zur Dialektik von totalitärer Ideologie und pluralistischer Gesellschaft, in: Funke, Manfred u.a. (Hrsg.): Demokratie und Diktatur, S. 554-566.

Maurer, Michael: Nationalcharakter und Nationalbewusstsein. England und Deutschland im Vergleich, in: Herrmann, Ulrich: Volk - Nation - Vaterland, Hamburg 1996, S. 89-100.

Maus, Ingeborg: "Volk" und "Nation" im Denken der Aufklärung, in: Blätter für deutsche und internationale Politik 5 (1995), S. 602-612.

Mayer, Tilman: Die nationalstaatliche Herausforderung in Europa, in: Aus Politik und Zeitgeschichte 14 (1993), S. 11-20.

Mayer, Tilman: Die Rolle von Nation und Nationalität in der internationalen Politik, in: Weinacht, Paul-Ludwig (Hrsg.): Von der geteilten zur offenen Welt. Verflechtungen und Balancen, Würzburg 1993, S. 35-56.

Mayer, Tilman: Fragmente zur Bestimmung der deutschen Nationalstaatlichkeit, in: Zitelmann, Rainer / Weißmann, Karlheinz / Großheim, Michael (Hrsg.): Westbindung, S. 501-521.

Mayer, Tilman: Kommunitarismus, Patriotismus und das nationale Projekt, in: Ders. / Estel, Bernd (Hrsg.): Das Prinzip Nation in modernen Gesellschaften, S. 115-128.

Meier, Christian: Die politische Identität der Griechen, in: Marquard, Odo / Stierle, Karlheinz (Hrsg.): Identität, S. 371-406.

Meier, Christian: Kein Schlusswort. Zum Streit um die NS-Vergangenheit, in: Historikerstreit, S. 264-274.

Merkel, Wolfgang / Lauth, Hans-Joachim (Hrsg.): Systemwechsel und Zivilgesellschaft: Welche Zivilgesellschaft braucht die Demokratie?, in: Aus Politik und Zeitgeschichte 6-7 (1998), S. 3-12.

Mewes, Horst: Zum Verhältnis von liberaler Demokratie, Verfassungspatriotismus und Bürgertugend, in: Gebhardt, Jürgen / Schmalz-Bruns, Rainer (Hrsg.): Demokratie, Verfassung und Nation. Die politische Integration moderner Gesellschaften, Baden-Baden 1994, S. 169-186.

Meyers, Reinhard: Grundbegriffe und theoretische Perspektiven der Internationalen Beziehungen, in: Grundwissen Politik (hrsg. v. d. Bundeszentrale für politische Bildung), 3. Aufl., Bonn 1997, S. 313-434.

Michalka, Wolfgang / Niedhart, Gottfried (Hrsg.): Die ungeliebte Republik. Dokumente Zur Innen- und Außenpolitik Weimars 1918-1933, 4. Aufl., München 1986.

Michels, Robert: Zur historischen Analyse des Patriotismus, in: Archiv für Sozialwissenschaft und Sozialpolitik 36 (1913), S. 394-449.

Mickel, Wolfgang W.: Kulturelle Aspekte und Probleme der europäischen Integration, in: Aus Politik und Zeitgeschichte 10 (1997), S. 14-24.

Möller, Horst: Primat der Außenpolitik. Preußen und die Französische Revolution 1789-1795, in: Ders.: Aufklärung und Demokratie. Historische Studien zur politischen Vernunft (hrsg. v. Andreas Wirsching), München 2003, S. 67-86.

Moll, Christiane: Dic Weiße Rose, in: Steinbach, Peter / Tuchel, Johannes (Hrsg.): Widerstand gegen den Nationalsozialismus, Bonn 1994, S. 443-467.

Mommsen, Hans: Das Ressentiment als Wissenschaft. Anmerkungen zu Ernst Noltes ‚Europäischem Bürgerkrieg' 1917-1945. Nationalsozialismus und Bolschewismus', in: Geschichte und Gesellschaft 14 (1988), S. 195-512.

Mommsen, Hans: Der Widerstand gegen Hitler und die deutsche Gesellschaft, in: Historische Zeitschrift 241 (1985), S. 81-104.

Mommsen, Hans: Die künftige Neuordnung Deutschlands und Europas aus der Sicht des Kreisauer Kreises, in: Steinbach, Peter / Tuchel, Johannes (Hrsg.): Widerstand gegen den Nationalsozialismus, Bonn 1994, S. 246-261.

Mommsen, Hans: Die Opposition gegen Hitler und die deutsche Gesellschaft 1933-1945, in: Michalka, Wolfgang (Hrsg.): Der Zweite Weltkrieg. Analysen, Grundzüge, Forschungsbilanz, München 1989, S. 329-346.

Mommsen, Hans: Nationalismus und transnationale Integrationsprozesse in der Gegenwart, in: Aus Politik und Zeitgeschichte 9 (1980), S. 3-14.

Mommsen, Hans: Nationalsozialismus als politische Religion, in: Maier, Hans / Schäfer, Michael (Hrsg.): "Totalitarismus" und "Politische Religionen". Konzepte des Diktaturvergleichs, Band II, Paderborn 1997, S. 173-181.

Mommsen, Hans: Neues Geschichtsbewußtsein und Relativierung des Nationalsozialismus, in: Historikerstreit, S. 174-188.

Mommsen, Hans: Suche nach der ‚verlorenen Geschichte'? Bemerkungen zum historischen Selbstverständnis der Bundesrepublik, in: Historikerstreit, S. 156-173.

Mommsen, Theodor: Zur Beurteilung der deutschen Einheitsbewegung, in: Historische Zeitschrift 138 (1928), S. 523-545.

Mommsen, Wolfgang J.: Wandlung der nationalen Identität, in: Weidenfeld, Werner (Hrsg.): Die Identität der Deutschen, S. 170-192.

Morgan, Edmund S.: Die amerikanische Unabhängigkeit, in: Propyläen Weltgeschichte (Band 7), S. 558-567.

Mosse, George L.: Der Erste Weltkrieg und die Brutalisierung der Politik. Betrachtungen über die politische Rechte, den Rassismus und den deutschen Sonderweg, in: Funke, Manfred / Jacobsen, Hans-Adolf / Knütter, Hans- Helmuth / Schwarz, Hans-Peter (Hrsg.): Demokratie und Diktatur, S. 127-139.

Müller, Peter / Bosbach, Wolfgang / Oberndörfer, Dieter: Zuwanderung und Integration, in: Zukunftsforum Politik (23), Sankt Augustin 2001.

Müller-Graff, Peter-Christian: Europäische Verfassung und Grundrechtscharta: die Europäische Union als transnationales Gemeinwesen, in: Integration 1 (2000), S. 34-47.

Mummendey, Amélie / Simon, Bernd: Nationale Identifikation und die Abwertung von Fremdgruppen, in: Dies. (Hrsg.): Identität und Verschiedenheit, S. 175-193.

Münkler, Herfied: Bürgerschaftliches Engagement und Zivilgesellschaft, in: Deutscher Bundestag (Hrsg.): Bürgerschaftliches Engagement und Zivilgesellschaft, Opladen 2002, S. 29-36.

Münkler, Herfried u.a. (Hrsg.): Gemeinwohl und Gemeinsinn. Historische Semantiken politischer Leitbegriffe, Band I-IV, Berlin 2002.

Münkler, Herfried/Krause, Skadi: Geschichte und Selbstverständnis der Politikwissenschaft in Deutschland, in: Ders. (Hrsg.): Politikwissenschaft, S. 13-54.

Münkler, Herfried: Bürgersinn und Bürgerehre. Warum die Zivilgesellschaft engagierte Bürger braucht, in: Universitas 666 (2001), S. 1220-1233.

Münkler, Herfried: Die Bürgergesellschaft – Kampfbegriff oder Friedensformel? Potenzial und Reichweite einer Modeterminologie, in: Vorgänge 2 (2002), S. 115-125.

Münkler, Herfried: Die Idee der Tugend. Ein politischer Leitbegriff im vorrevolutionären Europa, in: Archiv für Kulturgeschichte 2 (1991), S. 379-403.

Münkler, Herfried: Die Moral der Politik. Politik, Politikwissenschaft und die sozio-moralische Dimesion politischer Ordnungen, in: Leggewie, Claus (Hrsg.): Wozu Politikwissenschaft? Über das Neue in der Politik, Darmstadt 1994, S. 228-242.

Münkler, Herfried: Gemeinwohl und Gemeinsinn. Thematisierung und Verbrauch soziomoralischer Ressourcen der modernen Gesellschaft (zus. mit Karsten Fischer), in: Berlin-Brandenburgische Akademie der Wissenschaften (Hrsg.): Berichte und Abhandlungen, Bd. 7, Berlin 1999, S. 237-265.

Münkler, Herfried: Politische Tugend. Bedarf die Demokratie einer sozio-moralischen Grundlegung?, in: Ders. (Hrsg.): Die Chancen der Freiheit. Grundprobleme der Demokratie, S. 25-46.

Münkler, Herfried: Zivilgesellschaft und Bürgertugend. Bedürfen demokratisch verfasste Gemeinwesen einer sozio-moralischen Fundierung?, in: Öffentliche Vorlesungen (Heft 23) der Humboldt-Universität zu Berlin, Berlin 1994.

Naumann, Klaus: Wenn die Deutschen Staaten gründen, in: Blätter für deutsche und internationale Politik 10 (1990), S. 1241-1249.

Niedhart, Gottfried: Staatenwelt und Gesellschaftswelt: Zur Rolle des neuzeitlichen Territorialstaats in der internationalen Politik des 19. und 20. Jahrhunderts, in: Hasse, Rolf (Hrsg.): Nationalstaat im Spagat: Zwischen Suprastaatlichkeit und Subsidiarität, Stuttgart 1997, S. 39-51.

Nippel, Wilfried: Politische Theorien der griechisch-römischen Antike, in: Lieber, Hans-Joachim (Hrsg.): Politische Theorien von der Antike bis zur Gegenwart, Bonn 1991, S. 17-46.

Nipperdey, Thomas: Der Verein als soziale Struktur in Deutschland im späten 18. und frühen 19. Jahrhundert, in: Ders.: Gesellschaft, Kultur, Theorie, Göttingen 1976, S. 174-205.

Nipperdey, Thomas: Probleme der Modernisierung in Deutschland, in: Ders.: Nachdenken über die deutsche Geschichte, München 1990, S. 52-70.

Noack, Hermann: Die geistesgeschichtlichen Grundlagen der patriotischen Gesellschaften, in: Die Patriotische Gesellschaft zu Hamburg 1765-1965, Festschrift der Hamburgischen Gesellschaft zur Beförderung der Künste und nützlichen Gewerbe, Hamburg o. J. (1965), S. 9-34.

Noelle-Neumann, Elisabeth / Köcher, Renate (Hrsg.): Allensbacher Jahrbuch für Demoskopie 1998-2002, München 2002.

Nolte, Ernst: Das Vor-Urteil als ,strenge Wissenschaft'. Zu den Rezensionen von Hans Mommsen und Wolfgang Schieder, in: Geschichte und Gesellschaft 15 (1989), S. 537-551.

Nolte, Ernst: Ideologie, Engagement, Perspektive, in: Schulz, Gerhard (Hrsg.): Geschichte heute. Positionen, Tendenzen und Probleme, Göttingen 1973, S. 281-304.

Nolte, Ernst: Marx und Nietzsche im Sozialismus des jungen Mussolini, in: Historische Zeitschrift 191 (1960), S. 249-335.

Nolte, Ernst: Nietzsche im Nationalsozialismus, in: Kroll, Frank.Lothar (Hrsg.): Neue Wege der Ideengeschichte. Festschrift für Kurt Kluxen zum 85. Geburtstag, Paderborn 1996, S. 379-389.

Nolte, Paul: Ideen und Interessen in der amerikanischen Revolution. Eine Zwischenbilanz der Forschung 1968-1988, in: Geschichte und Gesellschaft 17 (1991), S. 114-140.

Nozick, Robert: Anarchie, Staat und Utopie, München 1976, S. 485-519.

Nussbaum, Martha C.: Patriotism and Cosmopolitanism, in: Dies.: For love of country, S. 3-17.

Nusser, Karl-Heinz: Expansive Demokratietheorien bei Charles Taylor, Michael Walzer und Jürgen Habermas, in: Zeitschrift für Politik 3 (2002), S. 250-266.

Oberndörfer, Dieter: Kulturelle Freiheit und Verfassungspatriotismus. Die Entwicklung vom Nationalstaat zum republikanischen Europa, in: Klein, Ansgar (Hrsg.): Grundwerte in der Demokratie, S. 48-57.

Oberndörfer, Dieter: Leitkultur und Berliner Republik. Die Hausordnung der multikulturellen Gesellschaft Deutschlands ist das Grundgesetz, in: Aus Politik und Zeitgeschichte 1-2 (2001), S. 27-30.

Oberndörfer, Dieter: Sprachnation und Staatsnation. Sprache und Nationbuilding in Europa und der Dritten Welt, in: Weilemann, Peter R. u.a. (Hrsg.): Macht und Zeitkritik, S. 347-369.

Oberndörfer, Dieter: Vom Nationalstaat zur offenen Republik, in: Aus Politik und Zeitgeschichte 9 (1992), S. 24.

Oberreuter, Heinrich: Direkte Demokratie und die repräsentative Verfassung der Bundesrepublik Deutschland, in: Zeitschrift für Politik 3 (2002), S. 290-305.

O'Boyle, Lenore: Klassische Bildung und soziale Struktur in Deutschland zwischen 1800 und 1840, in: Historische Zeitschrift 202 (1969), S. 584-616.

Oevermann, Ulrich: Zwei Staaten oder Einheit? Der "dritte Weg" als Fortsetzung des deutschen Sonderwegs, in: Merkur 492 (1990), S. 89-106.

Olshausen, Eckart: Das politische Denken der Römer zur Zeit der Republik, in: Fetscher, Iring / Münkler, Herfried (Hrsg.): Pipers Handbuch der Politischen Ideen, Band I, Opladen 1994, S. 13-81.

Osterhammel, Jürgen: Kulturelle Grenzen in historischer Perspektive, in: Weizsäcker, Ernst-Ulrich (Hrsg.): Grenzen - los? Jedes System braucht Grenzen - aber wie durchlässig müssen diese sein?, Berlin 1997, S. 213-219.

Ottow, Raimund: Politische Gemeinwohl-Diskurse in Großbritannien: von den ‚Rosenkriegen' zum Bürgerkrieg, in: Münkler, Herfried / Bluhm, Harald (Hrsg.): Gemeinwohl und Gemeinsinn, Band I, S. 169-190.

Pankoke, Eckart: Sinn und Form freien Engagaments. Soziales Kapital, politisches Potential und reflexive Kultur im Dritten Sektor, in: Münkler, Herfried / Fischer, Karsten (Hrsg.): Gemeinwohl und Gemeinsinn, Band II, S. 265-288.

Papcke, Sven: Gibt es eine kulturelle Identität der Deutschen?, in: Weidenfeld, Werner (Hrsg.): Die Identität der Deutschen, S. 248-273.

Papcke, Sven: Gibt es eine postnationale Identität der Deutschen?, in: Voigt, Rüdiger (Hrsg.): Der neue Nationalstaat, S. 117-137.

Papcke, Sven: Nationalismus - ein Alptraum, in: Aus Politik und Zeitgeschichte B 42 (1994), S. 10-17.

Parsons, Talcott: Order and Community in the International Social System, in: Rosenau, James (Hrsg.): International Politics and Foreign Politicy, Glencoe 1961, S. 120-129.

Patriotism in Europe: Law, religion and the reconfiguring of communities in early modern Europe. Symposium der Herzog August Bibliothek Wolffenbüttel (AHF-Informationen Nr. 96, 2001).

Pearson, Raymond: The making of '89: nationalism and the dissolution of communist Eastern Europe, in: Nations and Nationalism 1 (1995), S. 69-79.

Pflüger, Friedbert: Von Heuss bis Weizsäcker. Hüter des Grundkonsenses. Das Amt des Bundespräsidenten in Theorie und Praxis, in: Funke, Manfred u.a. (Hrsg.): Demokratie und Diktatur, S. 383-399.

Popper, Karl: Die Verteidigung des Rationalismus, in: Ders.: Lesebuch: Ausgewählte Texte zu Erkenntnistheorie, Philosophie der Naturwissenschaften, Metaphysik, Sozialphilosophie (hrsg. V. David Miller), Tübingen 1995, S. 12-25.

Popper, Karl: Woran glaubt der Westen?, in: Ders.: Auf der Suche nach einer besseren Welt. Vorträge und Aufsätze nach dreißig Jahren, München 1984.

Portinaro, Pier Paolo: Über die Rehabilitierung des Gemeinwohldiskurses. Pro und Contra, in: Münkler, Herfried / Bluhm, Harald (Hrsg.): Gemeinwohl und Gemeinsinn, Band IV, S. 305-320.

Prignitz, Christoph: Hölderlins früher Patriotismus. Struktur und Wandlungen seines politischen Denkens bis zu den Tübinger Hymnen, in: Hölderlin-Jahrbuch 21 (1978/79), S. 36-66.

Probst, Lothar: Gesellschaft versus Gemeinschaft? Zur Tradition des dichotomischen Denkens in Deutschland, in: Aus Politik und Zeitgeschichte 36 (1996), S. 29-35.

Putnam, Hilary: Must We Choose between Patriotism and Universal Reason?, in: Nussbaum, Martha C.: For love of country, S. 91-97.

Putnam, Robert: Bowling Alone. America's Declining Social Capital, in: Journal of Democracy (6) 1995, S. 65-78.

Raaflaub, Kurt: Politisches Denken im Zeitalter Athens, in: Fetscher, Iring / Münkler, Herfried (Hrsg.): Pipers Handbuch der Politischen Ideen, Band I: Frühe Hochkulturen und europäische Antike, München 1998, S. 273-368.

Raddatz, Fritz J.: Patriotismus ist nicht Nationalismus. Ein Plädoyer für die deutsche Einheit, in: Politik und Kultur 1 (1990), S. 19-29.

Rathje, Jürgen: "Geschichte, Wesen und Öffentlichkeitswirkung von 1724 in Hamburg", in: Vierhaus, Rudolf (Hrsg.): Deutsche Patriotische und Gemeinnützige Gesellschaften, S. 51-69.

Raumer, Kurt v. / Botzenhart, Manfred (Hrsg.): Deutschland um 1800: Krise und Neugestaltung 1789-1815, in: Handbuch der deutschen Geschichte (Bd. 3), Wiesbaden 1980.

Rawls, John: Das Ideal des öffentlichen Vernunftgebrauchs, in: Zur Idee des politischen Liberalismus. John Rawls in der Diskussion (hrsg. v. d. Philosophischen Gesellschaft Bad Homburg und Wilfried Hinsch), Frankfurt a.M. 1997, S.116-141.

Rawls, John: Erwiderung auf Habermas, in: Zur Idee des politischen Liberalismus. John Rawls in der Diskussion (hrsg. v. d. Philosophischen Gesellschaft Bad Homburg und Wilfried Hinsch), Frankfurt a.M. 1997, S.196-262.

Rawls, John: Gerechtigkeit als Fairneß: politisch und nicht metaphysisch, in: Honneth, Axel (Hrsg.): Kommunitarismus, S. 36-67.

Reese-Schäfer, Walter: Die politische Rezeption des kommunitaristischen Denkens in Deutschland, in: Aus Politik und Zeitgeschichte 36 (1996), S. 3-11.

Rehm, Walther: Griechentum und Goethezeit. Geschichte eines Glaubens, Leipzig 1936, S. 240-267.

Renan, Ernest: Was ist eine Nation?. Vortrag an der Sorbonne am 11. März 1882, in: Jeismann, Michael / Ritter, Henning (Hrsg.): Grenzfälle. Über neuen und alten Nationalismus, Leipzig 1993, S. 290-311.

Rex, John: Multiculturalism in Europe and America, in: Nations and Nationalism 2 (1995), S. 243-259.

Rheinz, Hanna: Warum wir bleiben, wo wir sind. Aus dem Wörterbuch des neuen und alten jüdischen Lebens in Deutschland, in: Kursbuch, S. 105-125.

Richter, Emanuel: Kosmopolitischer Patriotismus? Die deutsche Nation im Prozeß der Globalisierung, in: Voigt, Rüdiger (Hrsg.): Der neue Nationalstaat, S. 301-332.

Ridder, Helmut: Art 23 GG - Ein Phantom entlarvt sich selbst. Über Inhalt, Funktion und Stellenwert der Artikeldebatte, in: Blätter für deutsche und internationale Politik 6 (1990), S. 666-670.

Riedel, Manfred: Forschung und Bildung. Wilhelm Humboldts ursprünglicher Begriff der Wissenschaft, in: Kaulbach, Friedrich / Krawietz, Werner (Hrsg.): Recht und Gesellschaft. Festschrift für Helmut Schelsky zum 65. Geburtstag, Berlin 1979, S. 419-433.

Risse, Thomas: A European Identity? Europeanization and the Evolution of Nation-State Identities, in: Ders. u.a. (Hrsg.): Transforming Europe: Europeanization and Domestic Change, New York 2001, S. 198-216.

Ritter, Gerhard: Der 20. Juli 1944: Die Wehrmacht und der politische Widerstand gegen Hitler, in: Bundesministerium für Verteidigung (Hrsg.): Schicksalsfragen der Gegenwart. Erster Band, Tübingen 1957, S. 349-381.

Ritter, Henning: Der Gast, der bleibt. Anmerkungen zur Rückkehr der Nationen, in: Ders. / Jeismann, Michael (Hrsg.): Grenzfälle. Über alten und neuen Nationalismus, S. 356-371.

Robertson, Roland: Glokalisierung: Homogenität und Heterogenität in Raum und Zeit, in: Beck, Ulrich (Hrsg.): Perspektiven der Weltgesellschaft, S. 192-220.

Rohe, Karl: Politische Kultur und ihre Analyse. Probleme und Perspektiven der Politischen Kulturforschung, in: Historische Zeitschrift 250 (1990), S. 321-346.

Rohrwasser, Michael: Religions- und kirchenähnliche Strukturen im Kommunismus und Nationalsozialismus und die Rolle des Schriftstellers, in: Maier, Hans (Hrsg.): "Totalitarismus" und "Politische Religionen", Band I, S. 383-400.

Ronge, Frank: Die Charta der Grundrechte – Legitimierender Eckstein einer Europäischen Verfassung, in: Ders. (Hrsg.): In welcher Verfassung ist Europa – Welche Verfassung für Europa?, S. 333-342.

Rosen, Klaus: Griechenland und Rom, in: Fenske, Hans u.a. (Hrsg.): Geschichte der politischen Ideen. Von Homer bis zur Gegenwart, 2. Aufl., Frankfurt a.M. 1987, S. 19-139.

Rossiter, Clinton (Hrsg.): The Federalist Papers. Alexander Hamilton, John Jay und James Madison, New York 1961.

Rothschild, Joseph: Nationalism and Democratization in East Central Europe: Lessons from the Past. An Essay, in: Nationalities Papers 1 (1994), S. 27-34.

Rumpf, Helmut: Die Frage nach der deutschen Nation, in: Zeitschrift für Politik 2 (1971), S. 146-159.

Rumpler, Helmut (Hrsg.): Deutscher Bund und deutsche Frage 1815-1866. Europäische Ordnung, deutsche Politik und gesellschaftlicher Wandel im Zeitalter der bürgerlich-Nationalen Emanzipation, Wien 1990.

Salamon, Lester M. / Hems, Leslie C. / Chinnock, Kathryn: The Nonprofit Sector: For What and for Whom? Working Papers of the Johns Hopkins Comapartive Nonprofit Sector Project No. 37, Baltimore 2000.

Sandel, Michael: Die verfahrensrechtliche Republik und das gebundene Selbst, in: Honneth, Axel (Hrsg.): Kommunitarismus, S. 18-35.

Schachtschneider, Karl Albrecht: Eine Charta der Grundrechte für die Europäische Union, in: Aus Politik und Zeitgeschichte 52-53 (2000), S. 13-21.

Schade, Jeanette: „Zivilgesellschaft" – eine vielschichtige Debatte, INEF Report des Instituts für Entwicklung und Frieden der Gerhard-Mercator-Universität Duisburg 59 (2002).

Schäfer, Hermann: Europas Einheit: Herkunft, Ziel, Form, in: Isensee, Josef (Hrsg.): Europa als politische Idee und rechtliche Form, 2. Aufl., Berlin 1994, S. 9-34.

Schauer, Hans: Nationale und europäische Identität. Die unterschiedlichen Auffassungen in Deutschland, Frankreich und Großbritannien, in: Aus Politik und Zeitgeschichte, 10 (1997), S. 3-13.

Schelsky, Helmut: Über das Staatsbewusstsein, in: Die politische Meinung 185 (1979), S. 30-35.

Scheuch, Erwin K. / Scheuch, Ute: Die Deutschen und der Westen. Konstanten und Veränderungen im ‚Nationalcharakter', in: Zitelmann, Rainer / Weißmann, Karlheinz / Großheim, Michael (Hrsg.): Westbindung. Chancen und Risiken für Deutschland, Berlin 1993, S. 297-321.

Schieder, Theodor: Das deutsche Geschichtsbild - gestern und heute. Im Spiegel der deutschen Frage, in: Die politische Meinung 159 (1975), S. 25-35.

Schieder, Theodor: Typologie und Erscheinungsformen des Nationalstaats, in: Ders.: Nationalismus und Nationalstaat. Studien zum nationalen Problem im modernen Europa (hrsg. v. Otto Dann u. Hans-Ulrich Wehler), Göttingen 1991, S. 107-112.

Schieder, Wolfgang: Der Nationalsozialismus im Fehlurteil philosophischer Geschichtsschreibung. Zur Methode von Ernst Noltes ‚Europäischem Bürgerkrieg', in: Geschichte und Gesellschaft 15 (1989), S. 89-114.

Schmid, Thomas: Ein Staat, zwei Gesellschaften oder: Plädoyer wider die Selbstaufgabe der Bundesrepublik, in: Blätter für deutsche und internationale Politik 10 (1990), S. 1182-1189.

Schmädeke, Jürgen / Steinbach, Peter (Hrsg.): Der Widerstand gegen den Nationalsozialismus. Die deutsche Gesellschaft und der Widerstand gegen Hitler, München 1985.

Schmitt, Carl: Die legale Weltrevolution. Politischer Mehrwert als Prämie auf juristische Legalität und Superlegalität, in: Der Staat 3 (1978), S. 321-339.

Schmitt-Sasse, Joachim: Der Patriot und sein Vaterland. Aufklärer und Reformer im Sächsischen Rétablissement, in: Bödeker, Hans Erich / Herrmann, Ulrich (Hrsg.): Aufklärung als Politisierung - Politisierung der Aufklärung (Studien zum achtzehnten Jahrhundert, Band 8), Hamburg 1987, S. 237-252.

Schmuck, Otto: Der Maastrichter Vertrag zur Europäischen Union. Fortschritt und Ausdifferenzierung der Europäischen Einigung, in: Europa-Archiv 47 (1992), S. 97-106.

Schneider, Heinrich: Alternativen der Verfassungsfinalität: Föderation, Konföderation – oder was sonst?, in: Integration 3 (2000), S. 171-184.

Schneiders, Werner: Der Zwingherr zur Freiheit und das deutsche Urvolk. J.G. Fichtes philosophischer und politischer Absolutismus, in: Hermann, Ulrich (Hrsg.): Volk - Nation - Vaterland, S. 222-243.

Scholz, Rupert: Eine Verfassung für Europas – Zum Verfassungskonvent der Europäischen Union, in: KAS-Auslandsinformationen 8 (2003), S. 4-18.

Schott, Andreas: Verfassungsrechtliche und - politische Auffassungen von Adam Trott zu Solz, in: Karpen, Ulrich / Schott, Andreas (Hrsg.): Der Kreisauer Kreis. Zu den verfassungspolitischen Vorstellungen von Männern des Widerstandes um Helmuth James Graf von Moltke, Heidelberg 1996, S. 111-117.

Schröder, Hans-Christoph: Die Geschichte Englands. Ein Überblick, in: Kastendiek, Hans, u. a. (Hrsg.): Länderbericht Großbritannien. Geschichte, Politik, Wirtschaft, Gesellschaft, Bonn 1994, S. 15-67.

Schulin, Ernst: Weltbürgertum und deutscher Volksgeist. Die romantische Nationalisierung, in: Hardtwig, Wolfgang / Brandt, Harm-Hinrich (Hrsg.): Deutschlands Weg in die Moderne. Politik, Gesellschaft und Kultur im 19. Jahrhundert, München 1993, S. 105-125.

Schulte, Axel: Multikulturelle Gesellschaft: Chance, Ideologie oder Bedrohunh?, in: Aus Politik und Zeitgeschichte 23-24 (1990), S. 3-15.

Schwan, Alexander: Politische Theorien des Rationalismus und der Aufklärung, in: Lieber, Hans Joachim (Hrsg.): Politische Theorien von der Antike bis zur Gegenwart, S. 157-258.

Schwan, Alexander: Verfassungspatriotismus und nationale Frage: Zum Verhältnis von deutschem Staats- und Nationalbewusstsein, in: Weidenfeld, Werner (Hrsg.): Politische Kultur und deutsche Frage. Materialien zum Staats- und Nationalbewusstsein in der Bundesrepublik Deutschland, Köln 1989, S. 135-152.

Schwarz, Hans-Peter: Die Rolle der Bundesrepublik in der Staatengemeinschaft, in: Kaiser, Karl / Morgan, Roger (Hrsg.): Strukturwandel der Außenpolitik in Großbritannien und der Bundesrepublik, München 1970, S. 225-256.

Schwarz, Hans-Peter: Mit gestopften Trompeten - Die Wiedervereinigung Deutschlands aus der Sicht westdeutscher Historiker, in: Geschichte in Wissenschaft und Unterricht 44 (1993), S. 683-704.

Schwarz, Hans-Peter: Patriotismus in Europa aus Sicht der Zeitgeschichte, in: Weigelt, Klaus (Hrsg.): Patriotismus in Europa, Bonn 1988, S. 21-43.

Schwarz, Hans-Peter: Patriotismus. Ein ruhiges deutsches Selbstbewußtsein würde Europa stärken, in: Die politische Meinung 232 (1987), S. 35-46.

Schweitzer, Carl Christoph: Die deutsche Nation. Aussagen von Bismarck bis Honecker, Köln 1976.

Schwengler, Walter: Das Ende des „Dritten Reiches" – auch das Ende des Deutschen Reiches?, in: Volkmann, Hans-Erich (Hrsg.): Das Ende des Dritten Reiches - Ende des Zweiten Weltkriegs, München 1995, S. 173-199.

Seebacher-Brandt, Brigitte: Nation im vereinigten Deutschland, in: Aus Politik und Zeitgeschichte 42 (1994), S. 3-9.

Seebacher-Brandt, Brigitte: Norm und Normalität. Über die Liebe zum eigenen Land, in: Schacht, Ulrich / Schwilk, Heimo (Hrsg.): Die selbstbewusste Nation: "Anschwellender Bockgesang" und weitere Beiträge zu einer deutschen Debatte, Berlin 1994, S. 43-56.

Seebacher-Brandt, Brigitte: Wenn der Geist der Zeit entflieht. Zum Selbstverständnis der Zeitgeschichte, in: Sabrow, Martin / Jessen, Ralph / Große Kracht, Klaus (Hrsg.): Zeitgeschichte als Streitgeschichte. Grosse Kontroversen seit 1945, München 2003, S. 188-204.

Seidel, Eberhard: Migrationspolitische Eiszeit, in: Blätter für deutsche und internationale Politik 2 (2003), S. 198-202.

Sheehan, James J.: Nation und Staat. Deutschland als "imaginierte Gemeinschaft", in: Hettling, Manfred / Nolte, Paul (Hrsg.): Nation und Gesellschaft in Deutschland. Historische Essays, München 1996, S. 33-45.

Sheldon, William F. : Der Mythos von "Gottes eigenem Lande": Zur geschichtslosen Identität der Amerikaner, in: Historische Mitteilungen 1 (1990), S. 73-84.

Shils, Edward: Nation, nationality, nationalism and the civil society, in: Nations and Nationalism 1 (1995), S. 93-118.

Shils, Edward: Was ist eine Civil Society?, in: Michalski, Krzysztof (Hrsg.): Europa und die Civil Society, S. 13-51.

Simon, Gerhard: Die Osteuropaforschung, das Ende der Sowjetunion und die neuen Nationalstaaten, in: Aus Politik und Zeitgeschichte 52-53 (1992), S. 32-38.

Smith, Anthony D.: Gastronomy or geology? The role of nationalism in the reconstruction of nations, in: Nation and Nationalism 1 (1995), S. 3-23.

Smith, Anthony D.: Memory and modernity: reflections on Ernest Gellner's theory of nationalism, in: Nations and Nationalism 3 (1996), S. 371-388.

Söllner, Alfons: Adorno und die politische Kultur der frühen Bundesrepublik, in: Mittelweg 2 (2002), S. 37-52.

Söllner, Alfons: Verwestlichung. Der Einluß der Remigranten auf die politische Kultur der frühen Bundesrepublik, in: Bude, Heinz / Greiner Bernd (Hrsg.): Westbindungen. Amerika in der Bundesrepublik, Hamburg 1999, S. 72-92.

Söllner, Alfons / Walkenhaus, Ralf / Wieland, Karin (Hrsg.): Totalitarismus. Eine Ideengeschichte des 20. Jahrhunderts, Berlin 1997.

Sontheimer, Kurt: Der "Deutsche Geist" als Ideologie. Ein Beitrag zur Theorie vom deutschen Sonderbewußtsein, in: Funke, Manfred u.a. (Hrsg.): Demokratie und Diktatur, S. 35-45.

Sontheimer, Kurt: Nation und Nationalismus in der Bundesrepublik, in: Steffen, Hans (Hrsg.): Die Gesellschaft in der Bundesrepublik. Analysen, Zweiter Teil, Göttingen 1971, S. 130-152.

Spaemann, Robert: Bemerkungen zum Begriff des Fundamentalismus, in: Michalski, Krzysztof (Hrsg.): Die liberale Gesellschaft, S. 177-203.

Spaemann, Robert: Grenzen. Zur ethischen Dimension des Handelns, Stuttgart 2001.

Spahn, Peter: Aristoteles, in: Fetscher, Iring / Münkler, Herfried (Hrsg.): Pipers Handbuch der Politischen Ideen, Band I: Frühe Hochkulturen und europäische Antike, München 1998, S.397-437.

Spiering, Menno: The Future of National Identity in the European Union, in: National Identities 2 (1999), S. 150-160.

Statistisches Bundesamt (Hrsg.): Bevölkerung Deutschlands bis 2050. 10. Koordinierte Bevölkerungsvorausberechnung, Wiesbaden 2003.

Staub, Ervin: Blind versus constructive patriotism. Moving from embeddedness in the group to critical loyalty and action. Paper presented at the meetings of the International Society for Political Psychology, Helsinki 1991.

Steffahn, Harald: Die Weiße Rose mit Selbstzeugnissen und Bilddokumenten, 2. Aufl., Hamburg 1993.

Steffani, Winfried: Semi-Präsidentialismus: ein eigenständiger Systemtyp? Zur Unterscheidung von Legislative und Parlament, in: Zeitschrift für Parlamentsfragen (4) 1995, S. 621-641.

Steinbach, Peter (Hrsg.): Widerstand. Ein Problem zwischen Theorie und Geschichte, Köln 1987.

Steinbach, Peter: Das Recht auf Widerstand, in: Steinbach, Peter / Tuchel, Johannes (Hrsg.): Widerstand gegen den Nationalsozialismus, Bonn 1994, S. 15-32.

Steinbach, Peter: Gruppen, Zentren und Ziele des deutschen Widerstands, in: Lill, Rudolf / Oberreuter, Heinrich (Hrsg.): 20. Juli. Portraits des Widerstands, Düsseldorf 1984, S. 29-46.

Steinberg, Rudolf: Verfassungspolitik und offene Verfassung, in: Juristische Zeitung 1980, S. 385ff.

Sternberger, Dolf: Anmerkungen beim Colloquium über ‚Patriotismus' in Heidelberg am 6. November 1987, in: Ders.: Verfassungspatriotismus. Schriften X (hrsg. von. Peter Haungs u.a.) Frankfurt a. M. 1990, S. 32-38.

Sternberger, Dolf: Aspekte des bürgerlichen Charakters, in: Ders.: "Ich wünschte ein Bürger zu sein". Neun Versuche über den Staat, S. 10-27.

Sternberger, Dolf: Das Vaterland, in: Ders.: Verfassungspatriotismus, S. 11-12.

Sternberger, Dolf: Der Staat des Aristoteles und der moderne Verfassungsstaat, in: Ders.: Verfassungspatriotismus, S. 133-155.

Sternberger, Dolf: Der Staat des Aristoteles und der unsere, in: Ders.: Staatsfreundschaft. Schriften IX, S. 37-52.

Sternberger, Dolf: Die neue Politie. Vorschläge zu einer Revision der Lehre vom Verfassungsstaat, in: Ders.: Verfassungspatriotismus, S. 156-231.

Sternberger, Dolf: "Ich wünschte ein Bürger zu sein". Neun Versuche über den Staat, 2. Aufl., Frankfurt a.M. 1970.

Sternberger, Dolf: Max Weber und die Demokratie, in: Ders.: "Ich wünschte ein Bürger zu sein", S. 93-113.

Sternberger, Dolf: Nicht alle Staatsgewalt geht vom Volke aus. Studien über Repräsentation, Vorschlag und Wahl, Stuttgart 1971.

Sternberger, Dolf: Politie und Leviathan. Ein Streit um den antiken und den modernen Staat, in: Ders.: Verfassungspatriotismus, S. 232-300.

Sternberger, Dolf: Staatsfreundschaft. Rede zur Hundertjahrfeier der Sozialdemokratischen Partei Deutschlands, in: Ders.: Staatsfreundschaft, S. 211-245.

Sternberger, Dolf: Verfassungspatriotismus, in: Ders.: Verfassungspatriotismus, S. 13-16.

Sternberger, Dolf: Verfassungspatriotismus. Rede bei der 25-Jahr-Feier der "Akademie für Politische Bildung", in: Ders.: Verfassungspatriotismus, S. 17-31.

Sterzing, Christian: Welches Europa und zu welchem Zweck?, in: Blätter für deutsche und internationale Politik 8 (2000), S. 960-965.

Stichweh, Rudolf: Inklusion in Funktionssysteme der modernen Gesellschaft, in: Mayntz, Renate u.a. (Hrsg.): Differenzierung und Verselbstständigung. Zur Entwicklung gesellschaftlicher Teilsysteme, Frankfurt a.M. 1988, S. 261-293.

Stichweh, Rudolf: Nation und Weltgesellschaft, in: Estel, Bernd / Mayer, Tilman (Hrsg.): Das Prinzip Nation in modernen Gesellschaften, S. 83-96.

Stichweh, Rudolf: Zur Theorie der Weltgesellschaft, in: Soziale Systeme - Zeitschrift für soziologische Theorie 1 (1995), S. 29-45.

Stolleis, Michael: Besatzungsherrschaft und Wiederaufbau 1945-49, in: Isensee, Josef / Kirchhof, Paul (Hrsg.): Handbuch des Staatsrechts der Bundesrepublik Deutschland, Band I, Heidelberg 1987, S. 173-217.

Stolleis, Michael: Reichspublizistik und Reichspatriotismus vom 16. zum 18. Jahrhundert, in: Birtsch, Günter (Hrsg.): Patriotismus, S. 7-23.

Stölting, Erhard: Soziale Trägergruppen des Nationalismus in Osteuropa, in: Estel, Bernd / Mayer, Tilman (Hrsg.): Das Prinzip Nation in modernen Gesellschaften, S. 299-322.

Strauß, Botho: Anschwellender Bockgesang, in: Schacht, Ulrich / Schwilk, Heimo (Hrsg.): Die selbstbewusste Nation: "Anschwellender Bockgesang" und weitere Beiträge zu einer deutschen Debatte, Berlin 1994, S. 19-40.

Strauß, Leo: On Classical Political Philosophy, in: The Rebirth of Classical Political Rationalism. An Introduction to the Thought of Leo Strauß (hrsg. v. Thomas L. Prangle), Chicago 1989, S. 49-62.

Stürmer, Michael: Was Geschichte wiegt, in: Historikerstreit, S. 293-295.

Stürmer, Michael (Hrsg.): Die Weimarer Republik: Belagerte Civitas, 2. Aufl., Königstein i.T. 1985.

Sturm, Roland: Das Vereinigte Königreich von Großbritannien und Nordirland. Historische Grundlagen und zeitgeschichtlicher Problemaufriß, in: Kastendiek, Hans u.a. (Hrsg.): Länderbericht Großbritannien, S. 68-82.

Sutor, Bernhard: Nationalbewusstsein und universale Ethik, in: Aus Politik und Zeitgeschichte 10 (1995), S. 3-13.

Sutor, Bernhard: Verfassungspatriotismus - Brücke zwischen Nationalbewusstsein und universaler Ethik?, in: Behrmann, Günter C. / Schiele, Siegfried (Hrsg.): Verfassungspatriotismus als Ziel politischer Bildung, Schwalbach/Ts 1993, S. 36-54.

Taylor, Charles: Aneinander vorbei: Die Debatte zwischen Liberalismus und Kommunitarismus, in: Honneth, Axel (Hrsg.): Kommunitarismus, S. 103-130.

Taylor, Charles: Der Begriff der „bürgerlichen Gesellschaft" im politischen Denken des Westens, in: Brumlik, Micha / Brunkhorst, Hauke (Hrsg.): Gemeinschaft und Gerechtigkeit, Frankfurt a. M. 1993, S. 117-147.

Taylor, Charles: Der Trend zur politischen Fragmentarisierung. Bedeutungsverlust demokratischer Entscheidungen, in: Weidenfeld, Werner (Hrsg.): Demokratie am Wendepunkt, S. 254-273.

Taylor, Charles: Die Beschwörung der Civil Society, in: Michalski, Krysztof (Hrsg.): Europa und die Civil Society. Castelgandolfo-Gespräche 1989, Stuttgart 1991, S. 52-81.

Taylor, Charles: Multikulturalismus und die Politik der Anerkennung, Frankfurt a. M. 1997.

Taylor, Charles: Why Democracy Needs Patriotism, in: Nussbaum, Martha C.: For love of country, S. 119-121.

Tenbruck, Friedrich H.: Alltagsnormen und Lebensgefühle in der Bundesrepublik, in: Löwenthal, Richard / Schwarz, Hans-Peter (Hrsg.): Die zweite Republik. 25 Jahre Bundesrepublik - eine Bilanz, Stuttgart 1974, S. 289-310.

Tenbruck, Friedrich H.: Von der verordneten Vergangenheitsbewältigung zur intellektuellen Gründung der Bundesrepublik: Die politischen Rahmenbedingungen, in: Albrecht, Clemens u.a.(Hrsg.): Die intellektuelle Gründung der Bundesrepublik, S. 78-96.

Tenbruck, Friedrich: Modernisierung - Vergesellschaftung - Gruppenbildung - Vereinswesen, in: Ders.: Die kulturellen Grundlagen der Gesellschaft, Opladen 1989, S. 215-226.

Thaa, Winfried: Die notwendige Partikularität des Politischen. Über Hannah Arendts Republikanische Perspektive auf Politik und Weltgesellschaft, in: Zeitschrift für Politik 4(1999), S. 404-423.

Thadden Rudolf von: Die ungeliebt Nation. Gedanken zu einer immer noch aktuellen Diskussion, in: Aus Politik und Zeitgeschichte 42 (1994), S. 18-23.

Tibi, Bassam: Leitkultur als Wertkonsens. Bilanz einer missglückten deutschen Debatte, in: Aus Politik und Zeitgeschichte 1-2 (2001), S. 23-26.

Tibi, Bassam: Multikultureller Werte-Relativismus und Werte-Verlust. Demokratie zwischen Werte-Beliebigkeit und pluralistischem Werte-Konsens, in: Aus Politik und Zeitgeschichte 52-53 (1996), S. 27-36.

Tönnies, Sybille: Kommunitarismus - diesseits und jenseits des Ozeans, in: Aus Politik und Zeitgeschichte 36 (1996), S. 13-19.

Trenz, Hans-Jörg / Klein, Ansgar / Koopmans, Ruud: Demokratie-, Öffentlichkeits- und Identitätsdefizite in der EU: Diagnose und Therapiefähigkeit, in: Klein, Ansgar u.a. (Hrsg.): Bürgerschaft, Öffentlichkeit und Demokratie in Europa, Opladen 2003, S. 7-19.

Troetsch, Ernst: Die Ideen von 1914, in: Ders.: Deutscher Geist und Westeuropa. Gesammelte kulturphilosophische Aufsätze und Reden (hrsg. von Hans Baron), Tübingen 1925, S. 31-58.

Trott zu Solz, Clarita von: Adam von Trott zu Solz. Eine erste Materialsammlung, Maschinenschrift, Reinbek 1958.

United Nations (Hrsg.): New Report on Replacement Migration – Is it a solution to declining and aging Population? UN-Population Division, New York 2000.

United Nations (Hrsg.): World Population Prospects. The 2002 Revision (Highlights), New York 2003.

Veen, Hans-Joachim: Illusionen der Bürgergesellschaft. Die Volksparteien in der Integrationskrise, in: Hoffmann, Gunter / Peger, Werner (Hrsg.): Die Kontroverse. Weizsäckers Parteienkritik in der Diskussion, Frankfurt a. M. 1992, S. 153-162.

Venohr, Wolfgang: Patrioten gegen Hitler. Der Weg zum 20. Juli 1944. Eine dokumentarische und szenische Rekonstruktion, Bergisch Gladbach 1994.

Vierhaus, Rudolf: Aufklärung und Reformzeit. Kontinuität und Neuansätze in der deutschen Politik des späten 18. und beginnenden 19. Jahrhunderts, in: Ders.: Deutschland im 18. Jahrhundert. Politische Verfassung, soziales Gefüge, geistige Bewegungen, Göttingen 1987, S. 249-261.

Vierhaus, Rudolf: Montesquieu in Deutschland. Zur Geschichte seiner Wirkung als politischer Schriftsteller im 18. Jahrhundert, in: Ders: Deutschland im 18. Jahrhundert, S. 9-32.

Vierhaus, Rudolf: Politisches Bewusstsein in Deutschland vor 1789, in: Ders.: Deutschland im 18. Jahrhundert, S. 183-201.

Vierhaus, Rudolf: " Sie und nicht wir ". Deutsche Urteile über den Ausbruch der französischen Revolution, in: Ders.: Deutschland im 18. Jahrhundert, S. 202-215.

Vierhaus, Rudolf: Umrisse einer Sozialgeschichte der Gebildeten in Deutschland, in: Ders.: Deutschland im 18. Jahrhundert, S. 167-182.

Vierhaus, Rudolf: Vom aufgeklärten Absolutismus zum monarchischen Konstitutionalismus. Der deutsche Adel im Spannungsfeld von Revolution, Reform, Restauration und Reformzeit (1789-1848), in: Ders.: Deutschland im 18. Jahrhundert, S. 235-248.

Vierhaus, Rudolf (Hrsg.): Deutsche patriotische und gemeinnützige Gesellschaften [Wolfenbütteler Forschungen Band 8], München 1980.

Volkmann-Schluck, Sonja: Die Debatte um eine europäische Verfassung. Leitbilder – Konzepte – Strategien (CAP Working-Paper Dezember 2001).

Vollrath, Ernst: Die Staatsformenlehre Montesquieus, in: Haungs, Peter (Hrsg.): Res Publica, S. 392-414.

Vollrath, Ernst: Verfassungspatriotismus als politisches Konzept, in: Birtsch, Günter (Hrsg.): Trierer Beiträge "Patriotismus in Deutschland". Öffentliche Ringvorlesung im Wintersemester 1988/89, S. 29-36.

Vollrath, Hanna: Deutsche Geschichte im Mittelalter, in: Vogt, Martin (Hrsg.): Deutsche Geschichte (begr. v. Peter Rassow), Stuttgart 1987, S. 1-143.

Vondung, Klaus: Die Absurdität des apokalyptischen Heilsversprechens, in: Bolz, Norbert / Reijen, Willem van (Hrsg.): Heilsversprechen, München 1998, S. 25-34.

Vorländer, Hans: Gemeinschaft und Demokratie in der Kommunitarismusdebatte. Die Ressourcen der Moral, in: Klein, Ansgar (Hrsg.): Grundwerte in der Demokratie, S. 21-25.

Vorländer, Hans: Integration durch Verfassung? Die symbolische Bedeutung der Verfassung im politischen Integrationsprozess, in: Ders. (Hrsg.): Integration durch Verfassung, S. 9-40.

Vorländer, Hans: Verfassung und politische Kultur, in: Gebhardt, Jürgen (Hrsg.): Verfassung und politische Kultur, Baden-Baden 1999, S. 75-83.

Vorländer, Hans: Verfassungsverehrung in Amerika. Zum konstitutionellen Symbolismus in den USA, in: Amerikastudien 1 (1989), S. 69-82.

Wade, Robert: Globalization and Its Limits, in: Berger, Suzanne / Dore, Ronald (Hrsg.): National Diversity and Global Capitalism, Ithaca 1996, S. 60-87.

Wagner, Gerhard: Die Weltgesellschaft - Zur Überwindung einer soziologischen Fiktion, in: Leviathan 24 (1996), S. 539-556.

Wahl, Rainer: Die Entwicklung des deutschen Verfassungsstaates bis 1866, in: Isensee, Josef / Kirchof, Paul (Hrsg.): Handbuch des Staatsrechts der Bundesrepublik Deutschland, Band I: Grundlagen von Staat und Verfassung, Heidelberg 1987, S. 3-34.

Walle, Heinrich: Der 20. Juli 1944. Eine Chronik der Ereignisse von Attentat und Umsturzversuch, in: Steinbach, Peter / Tuchel, Johannes (Hrsg.): Widerstand gegen den Nationalsozialismus, Bonn 1994, S. 364-376.

Walser, Martin: Auschwitz und kein Ende, in: Ders.: Deutsche Sorgen, Frankfurt a.M. 1997, S. 228-234.

Walser, Martin: Deutsche Sorgen II, in: Ders.: Deutsche Sorgen, S. 453-467.

Walser, Martin: Händedruck mit Gespenstern, in: Habermas, Jürgen: "Geistige Situation der Zeit". Erster Band: Nation und Republik, Frankfurt a.M. 1979, S. 39-50.

Walser, Martin: Über Deutschland reden. Ein Bericht, in: Ders.: Deutsche Sorgen, S. 406-427.

Walser, Martin: Unser Auschwitz, in: Ders.: Deutsche Sorgen, S. 187-202.

Walzer, Michael: Was heißt zivile Gesellschaft?, in: Ders.: Zivile Gesellschaft und amerikanische Demokratie, Frankfurt a. M. 1996, S. 64-97.

Wehler, Hans-Ulrich: Nationalismus und Nation in der deutschen Geschichte, in: Berding, Helmut (Hrsg.): Nationales Bewußtsein und kollektive Identität, Band 2, S. 163-175.

Weidenfeld, Werner: Europa - aber wo liegt es?, in: Ders.: Europa-Handbuch, Bonn 1999, S. 19-48.

Weidenfeld, Werner: Geschichte und Identität, in: Korte, Karl-Rudolf / Weidenfeld, Werner (Hrsg.): Deutschland-TrendBuch, S. 29-58.

Weigelt, Klaus (Hrsg.): Heimat und Nation. Zur Geschichte und Identität der Deutschen, Mainz 1984.

Weis, Eberhard: Deutschland im Zeichen der Restauration (1815-1829), in Ders.: Der Durchbruch des Bürgertums, S. 358-366.

Weiser, Thomas: K.W. Deutschs Modell der Nationswerdung und sein Beitrag für die historische Nationalismusforschung, in: Schmidt-Hartmann, Eva (Hrsg.): Formen des nationalen Bewusstseins im Lichte zeitgenössischer Nationalismustheorien, München 1994, S. 127-143.

Weißmann, Karlheinz: Wiederkehr eines Totgesagten: Der Nationalstaat am Ende des 20. Jahrhunderts, in: Aus Politik und Zeitgeschichte 14 (1993), S. 3-10.

Weizsäcker, Carl Friedrich von: Wahrnehmung der Neuzeit, 2. Aufl., München 1983.

Weizsäcker, Ernst-Ulrich (Hrsg.): Grenzen - los? Jedes System braucht Grenzen - aber wie durchlässig müssen diese sein?, Berlin 1997.

Weizsäcker, Richard von: Nachdenken über Patriotismus, in: Ders.: Reden und Interviews. Band 4 (hrsg. v. Presse- und Informationsamt der Bundesregierung), Bonn 1988, S. 127-138.

Weizsäcker, Richard von: Patriotismus, in: Ders.: Von Deutschland nach Europa. Die bewegende Kraft der Geschichte, Berlin 1991, S. 23-32.

Weizsäcker, Richard von: Zum Geleit, in: Steinbach, Peter / Tuchel, Johannes (Hrsg.): Widerstand gegen den Nationalsozialismus, Bonn 1994, S. 13f.

Wessels, Wolfgang: Maastricht: Ergebnisse, Bewertungen und Langzeittrends, in: Integration 1 (1992), S. 2-16.

Wessels, Wolfgang / Weidenfeld, Werner (Hrsg.): Wege zur Europäischen Union: Vom Vertrag zur Verfassung?, Bonn 1986.

Windbichler, Christine: Der Gemeinsinn der juristischen Person. Großunternehmen zwischen Shareholder Value, Mitbestimmung und Gemeinwohl, in: Münkler, Herfried / Fischer, Karsten (Hrsg.): Gemeinwohl und Gemeinsinn, Band III, S. 165-178.

Winkler, Heinrich August: Abschied von den Sonderwegen. Die Deutschen vor und nach der Wiedervereinigung, in: Ders.: Streitfragen der deutschen Geschichte, München 1997, S. 123-147.

Winkler, Heinrich August: Auf ewig in Hitlers Schatten? Zum Streit um das Geschichtsbild der Deutschen, in: Historikerstreit, S. 256-263.

Winkler, Heinrich August: Der Nationalismus und seine Funktionen, in: Ders.: Liberalismus und Antiliberalismus. Studien zur politischen Sozialgeschichte des 19. und 20. Jahrhunderts, Göttingen 1979, S.52-80.

Winkler, Heinrich August: Liberalismus: Zur historischen Bedeutung eines politischen Begriffs, in: Ders.: Liberalismus und Antiliberalismus. Studien zur politischen Sozialgeschichte des 19. und 20. Jahrhunderts, Göttingen 1979, S. 13-19.

Winkler, Heinrich August: Vom linken zum rechten Nationalismus. Der deutsche Liberalismus in der Krise von 1878/79, in: Ders.: Liberalismus und Antiliberalismus, S. 36-51.

Winkler, Heinrich August / Kaelble, Hartmut (Hrsg.): Nationalismus - Nationalitäten - Supranationalität, Stuttgart 1993.

Wolfrum, Edgar: Geschichtspolitik in der Bundesrepublik Deutschland. Der Weg zur Bundesrepublikanischen Erinnerung 1948-1990, S: 286-296.

Zürn, Michael / Beisheim, Martin u.a: Im Zeitalter der Globalisierung? Thesen und Daten zur gesellschaftlichen und politischen Denationalisierung, Baden-Baden 1998.

Zürn, Michael: Jenseits der Staatlichkeit, in: Leviathan 20 (1992), S. 490-513.

Zürn, Michael: Schwarz-Rot-Grün-Braun: Reaktionsweisen auf Denationalisierung, in: Beck, Ulrich (Hrsg.): Politik der Globalisierung, S. 297-330.

Zürn, Michael: Über den Staat und die Demokratie im europäischen Mehrebenensystem, in: Politische Vierteljahresschrift 37 (1996), S. 27-55.

C   Lexikonbeiträge

Forschner, Maximilian: Patriotismus - Kosmopolitismus, in: Höffe, Otfried u.a. (Hrsg.): Lexikon der Ethik, 5. Aufl., München 1992, S. 225f.

Furet, François / Ozouf, Mona: Kritisches Wörterbuch der Französischen Revolution. Band I: Ereignisse, Akteure, Frankfurt a.M. 1996.

Gollwitzer, Heinz: Europa, Abendland, in: Ritter, Joachim (Hrsg.): Historisches Wörterbuch der Philosophie, Band 2, Basel 1972, Sp. 824-828.

Grimm, Dieter: Verfassung, in: Geschichtliche Grundbegriffe. Historisches Lexikon zur politisch-sozialen Sprache in Deutschland, Band 6, S. 831-899.

Gschnitzer, Fritz: "Volk, Nation, Nationalismus, Masse", in: Geschichtliche Grundbegriffe, Abschnitt II (Altertum), S. 151-171.

Horstmann, Axel: Kosmopolit, Kosmopolitismus, in: Historisches Wörterbuch der Philosophie, hrsg. v. Joachim Ritter und K. Gründer, Band 4, Basel 1976, Sp. 1155-1167.

Koselleck, Reinhart u.a.: "Volk", "Nation", "Nationalismus", "Masse", in: Geschichtliche Grundbegriffe. Historisches Lexikon zur politisch-sozialen Sprache in Deutschland, hrsg. v. Brunner, Otto / Conze, Werner / Koselleck, Reinhart, Band 7, Stuttgart 1992, S. 141-431.

Koselleck, Reinhart: Einleitung, in: Ders. / Brunner, Otto / Conze, Werner (Hrsg.): Geschichtliche Grundbegriffe. Historisches Lexikon zur politisch-sozialen Frage in Deutschland, Band 1, Stuttgart 1972, S. XIII-XXVII.

Vierhaus, Rudolf: Bildung, in: Brunner, Otto / Conze, Werner / Koselleck, Reinhart (Hrsg.): Geschichtliche Grundbegriffe, Band I, Stuttgart 1972, S. 508-551.

Werner, Karl Ferdinand: Volk, Nation, Nationalismus, Masse [IV, 2], in: Geschichtliche Grundbegriffe, Band 7, Stuttgart 1992, S. 214-236.

Winkler, Heinrich August: Art. "Bürgertum", in: Sowjetsystem und demokratische Gesellschaft. Eine vergleichende Enzyklopädie, Band 1, Freiburg 1966, Sp. 934.

"Patriotismus", in: Der große Brockhaus, Band 14, Leipzig 1933, S. 245f.

"Patriotismus", in: Krug's Philosophisches Wörterbuch, Band 3, Leipzig 1828, S.148.

"Patriotismus", in: Lexikon für Theologie und Kirche, Band 7, 3. Aufl., Freiburg 1998, S. 1470.

"Verfassungspatriotismus", in: Nohlen, Dieter (Hrsg.): Lexikon der Politik, Band 7, München 1998, S. 674f.

D   Zeitungsartikel und Internet

Alemann, Ulrich von: Grenzen schaffen Frieden. Gegen die Ungebundenheit in der Politik. Ein Versuch über das wohltätig Trennende, in: Die Zeit v. 04. Februar 1999.

Altmaier, Peter: Eine Verfassung für das bürgerliche Europa, in: Frankfurter Allgemeine Zeitung v. 13. Juni 2003.

Anheier, Helmut: The third sector in Europe: Five theses. Civil Society Working Paper 12, in: www.lse.ac.uk/collections/CCS/pdf/CSWP12.pdf

Anheier, Helmut / Priller, Eckhard / Zimmer, Annette: Civil society in transition: The East German third sector ten years after unification. Civil Society Working Paper 15, in: www.lse.ac.uk/collections/CCS/pdf/CSWP15.pdf

Ash, Timothy Garton: Die Kalifornikation Europas, in: Süddeutsche Zeitung v. 02. September 2003.

Baring, Arnulf: Revolte von anrührender Humanität. Hunderttausende begehrten gegen das Ulbricht-Regime auf, in: Frankfurter Allgemeine Zeitung v. 05. Juni 2003.

Böckenförde, Ernst-Wolfgang: Grundlagen europäischer Solidarität, in: Frankfurter Allgemein Zeitung v. 20. Juni 2003.

Bohrer, Karl Heinz: Warum wir keine Nation sind. Warum wir eine werden sollten, in: Frankfurter Allgemeine Zeitung v. 28. April 1979.

Bütler, Hugo: Neuer Nationalismus. Die vielen Dimensionen eines wiederbelebten politischen Orientierungsmusters, in: Neue Zürcher Zeitung v. 14./15. Oktober 1995.

Di Fabio, Udo: Die Grundlagen der Gemeinschaft. Der Sozialstaat ist überspannt: Er gefährdet die soziale Gerechtigkeit, in: Frankfurter Allgemeine Zeitung v. 22. Oktober 2003.

EUROBAROMETER 57: Auf dem Weg zur Erweiterung. Image, Aufgaben und Zukunft der Europäischen Union (hrsg. v. der Vertretung der Europäischen Kommission in der Bundesrepublik Deutschland am 16. September 2002), in: www.europe.eu

EUROBAROMTER 58: Deutschland in Europa 2002. An der Schwelle zur Erweiterung. Die Europäische Union vor einer großen Aufgabe (hrsg. v. der Vertretung der Europäischen Kommission in der Bundesrepublik Deutschland am 31. Januar 2003), in: www.europe.eu

Feldmeyer, Karl: Furor im Unterhaus, in: Frankfurter Allgemeine Zeitung v. 19. März 2003.

Fischer, Joschka: Abrüstung wird man nicht mit Krieg erzwingen, in: Der Stern 11 (2003).

Fischer, Joschka: Vom Staatenverbund zur Föderation: Gedanken über die Finalität der europäischen Integration, in: www.jeanmonnetprogram.org

Frankenberger, Klaus-Dieter: Misstrauen gegen Europa, in: Frankfurter Allgemeine Zeitung v. 15.Mai 2002.

Fritz-Vannahme, Joachim: Kompliment, Konvent! Die Brüsseler Versammlung zur europäischen Verfassung regelt die Macht der Institutionen neu, in: Die Zeit 24 (2003).

Glotz, Peter: Der europäische Weg. Deutsche „Normalität" wird ein Fremdwort bleiben – auch in der Außenpolitik, in: Rheinischer Merkur v. 25. September 2003.

Grass, Günter: Kurze Rede eines vaterlandslosen Gesellen, in: Die Zeit v. 09. Februar 1990.

Grimm, Dieter: Die größte Erfindung unserer Zeit. Als weltweit anerkanntes Vorbild braucht Europa keine eigene Verfassung, in: Frankfurter Allgemeine Zeitung v. 16. Juni 2003.

Habermas, Jürgen: Der DM-Nationalismus, in: Die Zeit v. 30. März 1990.

Habermas, Jürgen: Wahrheit und Wahrhaftigkeit. Die Freiheit der Selbstvergewisserung und des Selbstseinkönnens, in: Die Zeit 50 (1995).

Habermas, Jürgen / Derrida, Jacques: Unsere Erneuerung. Nach dem Krieg: Die Wiedergeburt Europas, in: Frankfurter Allgemeine Zeitung v. 31. Mai 2003.

Hamm-Brücher, Hildegard: Die Freude des Volkes. Theodor Heuss, die junge Bundesrepublik und die Liebe zur Demokratie - Eine Erinnerung, in: Die Zeit 2 (2002).

Hefty, Georg Paul: Es geht ums Eingemachte, in: Frankfurter Allgemeine Zeitung v. 27. Dezember 2003.

Hefty, Georg Paul: Europäische Identitätsarmut, in: Frankfurter Allgemeine Zeitung v. 16. Juni 2003.

Hennis, Wilhelm: Die Chance einer ganz anderen Republik, in: Frankfurter Allgemeine Zeitung v. 10. März 1990.

Hennis, Wilhelm: Die Überforderung der Menschenordnung. Haben wir Günter Grass jemals lächeln sehen? Die Bundesrepublik beschreitet mit ihrem Verständnis von Religion, Staat und Kultur historisch riskante Wege, in: Frankfurter Allgemeine Zeitung v. 04. Oktober 2003.

Hoffmann, Gunter: Europas Kern-Fusion. Die Vordenker in Ost und West verbindet mehr als sie trennt, in: Die Zeit 26 (2003).

Hondrich, Karl Otto: Der deutsche Weg. Von der Heilssuche zum nationalen Interessenausgleich, in: Frankfurter Allgemeine Zeitung v. 23. Juni 1990.

Hort, Peter: Lob für den Entwurf der EU-Verfassung – Kritik im Detail, in: Frankfurter Allgemeine Zeitung v. 21. Juni 2003.

Isensee, Josef: Wenn im Streit um den Weg das Ziel verloren geht. Ein schonsamer Beitritt der DDR ist der sicherste Weg zur Einheit, in: Frankfurter Allgemeine Zeitung v. 12. April 1990.

Joffe, Josef: Deutsch und stolz - Worauf? Auf Demokratie, die europäische Bindung und die Abkehr von der alten Arroganz, in: Die Zeit 13 (2001).

Kamann, Matthias: Die Leerstelle namens Patriotismus, in: Die Welt v. 12. November 2003.

Kaube, Jürgen: Sind wir denn vernünftig? Zivilisation im Test: Das Modelleuropa von Jürgen Habermas, in: Frankfurter Allgemeine Zeitung v. 03. Juni 2003.

Kielinger, Thomas: Ein Krieg um die Deutung Europas. Die Irak-Krise treibt die nationalen Ich-AGs Frankreich und England zum Äußersten, in: Die Welt v. 18. März 2003.

Kirt, Romain: Der Nationalstaat – ein Auslaufmodell? Ordnende Einheit und letzter Hort der Zuflucht, in: Neue Zürcher Zeitung v. 11./12. Juli 1998.

Kronenberg, Volker: Vom Streiten zum Schweigen, in: Das Parlament v. 20. September 1996.

Leicht, Robert: Heute prassen, morgen zahlen lassen, in: Die Zeit 12 (2003).

Leicht, Robert: Ohne Patriotismus geht es nicht, in: Die Zeit 4 (1993).

Maćków, Jerzy: Europäismus, in: Frankfurter Allgemeine Zeitung v. 17. Dezember 2003.

Meier, Christian: Die westöstliche Metropole, in: Die Zeit v. 10. August 1990.

Merkel, Angela: Quo vadis Deutschland? Gedanken zum 13. Jahrestag der Deutschen Einheit, in: www.cdu.de

Mommsen, Hans: Aus Eins mach zwei. Die Bi-Nationalisierung Rest-Deutschlands, in: Die Zeit v. 06. Juni 1981.

Münz, Rainer: Deutschland muss Einwanderungsland werden, in: Spiegel-Online v. 27. April 2001.

Münz, Rainer: Wir müssen uns öffnen, in: Die Zeit 28 (2001).

Nonnenmacher, Günther: Das neue Europa, in: Frankfurter Allgemeine Zeitung v. 14. Juni 2003.

Nipperdey, Thomas: Die Deutschen wollen und dürfen eine Nation sein, in: Frankfurter Allgemeine Zeitung v. 13. Juli 1990.

o.A.: "CDU: Abschied von alten Einheits-Träumen", in: Der Spiegel Nr. 17 v. 15. Februar 1988.

o.A.: Der Weg nach vorne für Europas Sozialdemokarten. Ein Vorschlag von Gerhard Schröder und Tony Blair v. 08. Juni 1999, in: www. blaetter.de/kommenta/dok

o.A.: "Europäischer Patriotismus" gefordert, in: Frankfurter Allgemeine Zeitung v. 15. Oktober 1999.

o.A.: Klaus: EU braucht keine Verfassung, in: Frankfurter Allgemeine Zeitung v. 24. Dezember 2003.

o.A.: Merkel: Kinderlose stärker belasten, in: Frankfurter Allgemeine Zeitung v. 28. März 2003.

Oswald, Bernd: Was wird aus der Idee EU?, in: Süddeutsche Zeitung v. 18. Juni 2003.

Perger, Werner A.: Ausländer rein! Mit dem Süssmuth-Bericht beginnt eine neue Debatte, in: Die Zeit 28 (2001).

Pinzler, Petra / Fritz-Vannahme, Joachim: Aufstand der Zwerge. Auf dem EU-Gipfel in Rom machen die kleinen Staaten gemeinsam Front, in: Die Zeit 41 (2003).

Poschardt, Ulf: Politiker, hört die Signale. Sofortige Abwahl als Drohkulisse. Wie die Deutschen die Parteien zur Vernunft zwingen, in: Welt am Sonntag v. 23. März 2003.

Poschardt, Ulf / Schwilk, Heimo: Die Zukunft des Patriotismus, in: Welt am Sonntag v. 09. November 2003.

Prantl, Heribert: Ein Mittel gegen die Selbstvergiftung, in: Süddeutsche Zeitung v. 15. November 2003.

Preuß, Ulrich K.: Multikulti ist nur eine Illusion. Deutschland wird zum Einwanderungsland. Das Grundgesetz taugt nicht als Wegweiser, in: Die Zeit 23 (2001).

Prinzler, Petra / Fritz-Vannahme, Joachim: Geht's nicht auch eine Nummer kleiner? Die EU übernimmt sich – an der Osterweiterung und an ihren inneren Reformen, in: Die Zeit 50 (2003).

Prodi, Romano: Die EU, das Vereinigte Königreich und die Welt. Vortrag in der Said Business School, Oxford, in: www.europa.eu.int/futurum/documents/speech.de

Raddatz, Fritz J.: Deutschland, bleiche Mutter. Ein Plädoyer für die deutsche Einheit, in: Die Zeit v. 01. September 1990.

Rengeling, Hans-Werner: Eine Charta der Grundrechte. Die EU wird zur Wertegemeinschaft, in: Frankfurter Allgemeine Zeitung v. 21. Juli 1999.

Ross, Jan: Europa will uns erlösen. Was die Sprache verrät: Die EU-Verfassung ist ein Werk der Ideologie, in: Die Zeit 42 (2003).

Rudolph, Hermann: Schwierigkeiten in einem Glückfall, in: Der Tagesspiegel v. 31. Oktober 1993.

Schäuble, Wolfgang: Es muss nicht gleich Stolz sein. Ein Plädoyer für Vaterlandsliebe und Patriotismus, in: Süddeutsche Zeitung v. 01./02. Dezember 2001.

Schmid, Thomas: Mehr Zugluft wagen, in: Frankfurter Allgemeine Zeitung v. 08. Juni 2003.

Schröder, Gerhard: In der Tradition von Freiheit und Gerechtigkeit, in: Berliner Republik 3 (2003), zitiert nach: www.b-republik.de

Schümer, Dirk: Neu-Europa. Sieger des Irak-Krieges wird die Weltmacht der Zukunft sein, in: Frankfurter Allgemeine Zeitung v. 08. April 2003.

Seebacher-Brandt, Brigitte: Die Linke und die Einheit, in: Frankfurter Allgemeine Zeitung v. 21. November 1989.

SPD-Bundestagsfraktion: Das Zuwanderungsgesetz ist gut, ausgewogen und es ist notwendig, in: www.spdfraktion.de

SPD-Bundestagsfraktion: Die neue Politik der Zuwanderung – Steuerung, Integration, Innerer Friede v. Juli 2001

Stabenow, Michael: Sterben für Nizza oder Leben für Europa?, in: Frankfurter Allgemeine Zeitung v. 12. Dezember 2003.

Stabenow, Michael: Ungünstige Vorzeichen. Heute beginnt die Regierungskonferenz über die EU-Verfassung, in: Frankfurter Allgemeine Zeitung v. 04. Oktober 2003.

Sternberger, Dolf: Verfassungspatriotismus, in: Frankfurter Allgemeine Zeitung v. 23. Mai 1979.

Straw, Jack: EU Treaty „A great prize for Britain", edited transcript of a debate in the House Of Commons by the Foreign Secretary (11/06/03), in: www.european-convention.eu.int

Süßkind, Patrick: Deutschland, eine Midlife Crisis, in: Der Spiegel 38 (1990).

Tibi, Bassam: Weltfremde Träumerei von der multikulturellen Gesellschaft, in: Frankfurter Allgemeine Zeitung v. 14. Juli 1996.

Todd, Emmanuel: Amerikas Macht wird gebrochen, in: Der Spiegel 12 (2003).

Tóibín, Colm: Europäische Identität? Oder: Was Irland mit der Türkei verbindet. Gedanken von der Peripherie, in: Neue Zürcher Zeitung v. 14. April 2003.

„Undoing Britain? A survey of Britain", in: ECONOMIST v. 4. November 1999 (nach www.economist)

Villepin, Dominique de: Die Lehren von Brüssel, in: Frankfurter Allgemeine Zeitung v. 20. Dezember 2003.

Wehler, Hans-Ulrich: Laßt Amerika stark sein! Europa bleibt eine Mittelmacht: Eine Antwort auf Jürgen Habermas, in: Frankfurter Allgemine Zeitung v. 27. Juni 2003.

Weizsäcker, Richard von: Weltoffener Patriotismus, in: Frankfurter Allgemeine Zeitung v. 07. November 1987.

Zehnpfennig, Barbara: Was eint die Nation? Verfassungspatriotismus ist zuwenig: Eine Kultur, die sich ernst nimmt, muß im Angesicht der nationalen Geschichte integrativ sein wollen, in: Frankfurter Allgemeine Zeitung v. 27. Dezember 2002.

www.lse.ac.uk.collections/CCS/

www.nationalidentities.org

www.nationalitiespapers.org

www.nationsandnationalism.org

www.nationalismproject.org